Angstbewältigung und Erinnerung

AF167341

Jan H. Peters

Angstbewältigung und Erinnerung

Eine funktionale Sicht des Gedächtnisses

 Springer VS

Jan H. Peters
Bamberg, Deutschland

Dissertation Otto-Friedrich-Universität Bamberg, 2012

(Originaltitel: „Bewältigungsspezifische Unterschiede im Erinnern und Vergessen bedrohlicher Information: Sensitive Aufrechterhaltung und repressive Inhibierung")

ISBN 978-3-531-19525-4   ISBN 978-3-531-19526-1 (eBook)
DOI 10.1007/978-3-531-19526-1

Die Deutsche Nationalbibliothek verzeichnet diese Publikation in der Deutschen Nationalbibliografie; detaillierte bibliografische Daten sind im Internet über http://dnb.d-nb.de abrufbar.

Springer VS

© VS Verlag für Sozialwissenschaften | Springer Fachmedien Wiesbaden 2012
Das Werk einschließlich aller seiner Teile ist urheberrechtlich geschützt. Jede Verwertung, die nicht ausdrücklich vom Urheberrechtsgesetz zugelassen ist, bedarf der vorherigen Zustimmung des Verlags. Das gilt insbesondere für Vervielfältigungen, Bearbeitungen, Übersetzungen, Mikroverfilmungen und die Einspeicherung und Verarbeitung in elektronischen Systemen.

Die Wiedergabe von Gebrauchsnamen, Handelsnamen, Warenbezeichnungen usw. in diesem Werk berechtigt auch ohne besondere Kennzeichnung nicht zu der Annahme, dass solche Namen im Sinne der Warenzeichen- und Markenschutz-Gesetzgebung als frei zu betrachten wären und daher von jedermann benutzt werden dürften.

Satz: Marcel Dennhardt, Schkeuditz
Einbandentwurf: KünkelLopka GmbH, Heidelberg

Gedruckt auf säurefreiem und chlorfrei gebleichtem Papier

Springer VS ist eine Marke von Springer DE. Springer DE ist Teil der Fachverlagsgruppe Springer Science+Business Media
www.springer-vs.de

Vorwort

Das menschliche Gedächtnis funktioniert nicht wie eine Computerfestplatte, die alle einströmenden Informationen mit gleicher Priorität abspeichert. Eine *funktionale Sichtweise* des Gedächtnisses legt vielmehr nahe, dass Informationen, die für die Bewältigung künftiger Situationen eine besondere Relevanz haben, auch besonders dauerhaft erinnert bzw. aufrechterhalten werden. Als Indikator für die Relevanz einer Information kann man die Emotionen betrachten, die erlebt werden, während man dieser Information bzw. Situation ausgesetzt ist. Insbesondere können die in einer *bedrohungsassoziierten* Situation verarbeiteten Informationen für die Bewältigung der aktuellen aber auch künftiger ähnlicher Situationen dienlich sein.

Nun empfinden verschiedene Personen die gleiche Situation aber nicht immer in der gleichen Art und Weise als bedrohlich oder beängstigend. Während es für manche Menschen primär angstauslösend ist, nicht zu wissen, was auf sie zukommt, ist es für andere Menschen eher bedrohlich, wenn sie merken, dass sie selbst aufgeregt und nervös sind. Entsprechend versuchen die Ersteren möglichst viele Informationen über eine bevorstehende bedrohliche Situation zu erhalten, während Letztere derartige Informationen gerade vermeiden und sich vielleicht stattdessen abzulenken versuchen.

Dieses Buch setzt sich mit den angstbewältigungsspezifischen Unterschieden im Erinnern und Vergessen bedrohlicher Information auseinander, also damit, wie Personen, die auf unterschiedliche Weise auf Bedrohungsreize reagieren (insbesondere *Represser* und *Sensitizer*), sich auch längerfristig in der Erinnerung an solche Situationen bzw. Informationen unterscheiden. Hierbei werden vor allem die kognitiven Prozesse betrachtet, die während des Behaltensintervalls – einer in der Gedächtnisforschung häufig vernachlässigten Phase – auftreten und dazu beitragen, dass bedrohliche Informationen entweder besonders gut aufrechterhalten (*sensitive Aufrechterhaltung*) oder aber auch besonders schnell vergessen (*repressive Inhibierung*) werden.

Diese beiden Prozesse, die im *Zwei-Prozess-Modell bewältigungsspezifischer Erinnerungsunterschiede* genauer ausgeführt werden, wurden in jeweils vier Experimenten überprüft. Dabei konnte der Prozess der sensitiven Aufrechterhaltung recht eindeutig belegt werden, wohingegen hinsichtlich der repressiven Inhibierung noch mehr Forschungsbedarf besteht. Wenngleich die vorliegende Arbeit sich überwiegend mit dem nichtklinischen Angstbereich beschäftigt, also mit Ängsten und Bedrohungssituationen, wie sie wohl fast jeder Mensch zumindest hin und wieder erlebt, werden auch Bezüge zur posttraumatischen Belastungsstörung und somit zum klinischen Bereich der Angststörungen hergestellt.

Die Themen Gedächtnis und Angst(-bewältigung) beschäftigen mich bereits seit langem. Auf die Idee, diese beiden Bereiche miteinander zu verbinden, kam ich allerdings erst während meiner wissenschaftlichen Tätigkeit in der Mainzer Arbeitsgruppe von Prof. Dr. Heinz Walter Krohne und Prof. Dr. Michael Hock. Für diesen Anstoß und für ihre vielen weiteren hilfreichen Anregungen möchte ich beiden herzlich danken. Mein besonderer Dank gilt dabei Michael Hock für die wunderbare Zusammenarbeit in den letzten nunmehr sechs Jahren. Danken möchte ich aber auch den anderen Mainzer Kolleginnen und Kollegen sowie den Bamberger Kolleginnen und Kollegen, die mich seit Oktober 2008 bei sich aufgenommen haben. Ein spezieller Dank gilt weiterhin meinen studentischen Hilfskräften und Forschungspraktikant(inn)en, die ich hier namentlich gar nicht alle aufführen kann, sowie den Diplomandinnen (Ina Lambert, Nina Lück, Tanja Lange, Kinga Tarcsafalvi und Elisabeth Pieger) und Bachelor-Studierenden (Barbara Eckart, Julia Feldmann, Anna-Lena Pilgram, Julia Scheffel und Clara Ziegler), die ihre Abschlussarbeiten im Rahmen meiner Studien geschrieben haben. Ohne ihr fleißiges Mitwirken wäre die Durchführung der Erhebungen schlicht unmöglich gewesen.

Bamberg, im April 2012   Jan H. Peters

Inhaltsübersicht

Inhalt

1 Einleitung und Überblick

„Die Erinnerungen verschönern das Leben, aber das Vergessen allein macht es erträglich."
Dieser Satz, der Honoré de Balzac (1799–1850) zugeschrieben wird, drückt aus, was man als
eine funktionale Sichtweise des Gedächtnisses bezeichnen könnte: Positive Erinnerungen
dienen der Stimmungsverbesserung – sie verschönern das Leben. Aber auch das Nicht-
erinnern-Können, also das Vergessen, hat eine wichtige emotionsregulative Funktion, ohne
die – nach Balzac – das Leben sogar unerträglich wäre. Psychologisch könnte man formulieren:
Das selektive Vergessen aversiver Gedächtnisinhalte hilft bei der Aufrechterhaltung eines
positiven Bildes der eigenen Vergangenheit, des eigenen Selbst und der „Welt an sich" sowie
einer damit verbundenen positiven Grundstimmung.

Dass Vergessen etwas Positives sein kann, wird auch deutlich, wenn man die posttraumatische Belastungsstörung betrachtet: Die davon betroffenen Menschen wollen in der
Regel das traumatisierende Ereignis vergessen, sind jedoch – unter anderem aufgrund
intrusiver Gedanken – dazu nicht in der Lage. Aber auch bei alltäglicheren Ereignissen
moduliert Erinnerung die Bewältigung potentiell bedrohlicher Situationen: Erinnern Sie
sich, wie viele „Beinahe-Verkehrsunfälle" (also Situationen, in denen Sie nur wenige Zentimeter bzw. Hundertstelsekunden von einer Kollision entfernt waren) Sie als Autofahrer bereits erlebt haben? Sofern Sie sich an nur wenige Beinahe-Unfälle erinnern, könnte
man vermuten, dass ein spezifischer Bewältigungsmechanismus die Zahl solcher Erinnerungen gering hält. Dieser Bewältigungsmechanismus, also das Vergessen der bedrohlichen Erlebnisse oder zumindest eine Verringerung der Zugänglichkeit zu diesen, würde
dann dazu beitragen, dass man weiterhin angstfrei Auto fahren kann und keine Phobie
entwickelt. Allerdings wird es auch Menschen geben, bei denen die Erinnerung an solche Beinahe-Unfälle lebhafter ausfällt und die sich unter Umständen deshalb entscheiden, sich nicht mehr ans Lenkrad eines Wagens zu setzen. Auch dieses Verhalten könnte
einen funktionalen Kern haben, da Beinahe-Unfälle ein Indikator für eine reale Gefahr
sind. Die Erinnerung an Gefahrensituationen auf kognitiver Ebene so salient zu halten, dass sie künftig auf behavioraler Ebene vermieden werden, bringt einen Überlebens-
vorteil.

Es ist schon seit längerem bekannt, dass sich Personen in Abhängigkeit von ihrem Angstbewältigungsstil (repressiv vs. sensitiv) unterschiedlich gut an beängstigende oder bedrohliche
autobiographische Erlebnisse erinnern können (vgl. z. B. P. J. Davis, 1987, 1990). Wenngleich
bereits mehrfach der Versuch unternommen wurde, kognitive Prozesse, die zu diesen unterschiedlichen Erinnerungsleistungen von Repressern und Sensitizern führen, zu identifizieren
(z. B. C. H. Hansen, Hansen & Shantz, 1992; R. D. Hansen & Hansen, 1988; Myers & Derakshan, 2004; Schimmack & Hartmann, 1997), so ist es doch keinem dieser Ansätze gelungen,
eine allgemein anerkannte und sich in mehreren Studien bestätigende Erklärung zu liefern.
Zudem haben neuere Studien (z. B. Hock & Krohne, 2004; Krohne & Hock, 2008a; für einen
Überblick siehe Krohne & Hock, 2011) Befunde zum zeitlichen Verlauf der Erinnerungsleis-

tung von Personen mit unterschiedlichen Angstbewältigungsstilen erbracht, die sich durch keinen der bisherigen Ansätze befriedigend erklären lassen.

Die vorliegende Arbeit versucht, kognitive Prozesse, die zu diesen unterschiedlichen Erinnerungsleistungen führen, zu identifizieren und experimentell zu erfassen. Dazu werden zwei Prozesse postuliert: Der Prozess der *sensitiven Aufrechterhaltung* führt dazu, dass einige Personen (Sensitizer) sich besonders gut an bedrohliche Informationen erinnern; hingegen führt der Prozess der *repressiven Inhibierung* dazu, dass andere Personen (Represser) sich eher schlecht an derartige Inhalte erinnern bzw. diese besonders gut vergessen.

Im theoretischen Teil dieser Arbeit (Kapitel 2 bis 5) wird zunächst in Kapitel 2 dafür plädiert, Gedächtnisprozesse aus einer funktionalen Sicht zu betrachten. Außerdem wird ein motivational-kognitives Rahmenmodell eingeführt, das postuliert, dass emotionsspezifische Motive in Interaktion mit interindividuellen Unterschieden im Informations- und Emotionsregulationsbedürfnis zu kognitiven Gedächtnisprozessen führen, die sich wiederum in Erinnerungsunterschieden niederschlagen. Eine genauere Erörterung der im Rahmen dieser Arbeit relevanten Gedächtnisprozesse, primär des (motivierten) Vergessens und der (aktiven) Aufrechterhaltung, erfolgt in Kapitel 3. Kapitel 4 stellt Modelle dispositioneller Unterschiede in der Angstbewältigung vor, wobei vor allem das in dieser Arbeit verwendete *Modell der Bewältigungsmodi* (z. B. Krohne, 1993, 2010; Krohne, Hock & Kohlmann, 1992) als Weiterentwicklung des Repression-Sensitization-Konstrukts erläutert wird. In Kapitel 5 folgt ein Überblick über bisherige Befunde zu Erinnerungsunterschieden in Abhängigkeit vom Angstbewältigungsstil sowie über Erklärungsansätze zu diesem Phänomen. Da die bisherigen Ansätze jedoch nicht in der Lage sind, neuere Befunde zur „repressiven Diskontinuität", also zum zeitlichen Verlauf von Erinnerungsunterschieden zwischen Repressern und Sensitizern, zu integrieren, wird ein neues Erklärungsmodell benötig. Daher wird ein Zwei-Prozess-Modell mit den zwischen Enkodierung und Abruf auftretenden, entgegengesetzt wirkenden Gedächtnisprozessen der sensitiven Aufrechterhaltung und repressiven Inhibierung aufgestellt.

Aufbauend auf diesem Modell wird in Kapitel 6 die Zielsetzung der im Rahmen dieser Arbeit durchgeführten Studien formuliert. Im empirischen Teil der Arbeit (Kapitel 7 und 8) werden – getrennt für die beiden Prozesse des Zwei-Prozess-Modells – jeweils vier Studien zur sensitiven Aufrechterhaltung (Kapitel 7) und zur repressiven Inhibierung (Kapitel 8) dargestellt und diskutiert. In Kapitel 9 werden schließlich die gewonnenen Erkenntnisse hinsichtlich des Zwei-Prozess-Modells integriert und es werden Implikationen für die künftige Forschung erörtert. Kapitel 10 bietet eine kurze Zusammenfassung der gesamten Arbeit.

2 Eine funktionale Sicht des Gedächtnisses

Die meisten Studien zu Gedächtnisphänomenen und -mechanismen untersuchen, *an wie viel* und/oder *wie gut* Menschen sich erinnern. Dabei wird nur selten die Funktionalität von Erinnerungen betrachtet. Das hat Baddeley (1988) dazu veranlasst, die wissenschaftliche Gemeinschaft in einem Kongressbeitrag mit dem prägnanten Titel „But what the hell is it for?" aufzufordern, immer dann, wenn man meint, ein (robustes) Gedächtnisphänomen im Labor festgestellt zu haben, zu fragen, welche Rolle es im normalen menschlichen Handeln spielen, welchen Funktionen es dienen und welche evolutionäre bzw. adaptive Bedeutung es besitzen könnte.[1] Wenn es trotz intensiver Bemühungen nicht gelingt, eine Antwort darauf zu finden, sollte zumindest erwogen werden, dass es sich bei dem Phänomen um ein experimentelles Artefakt oder eine „psychologische Kuriosität" von geringer Relevanz für das Gedächtnis im realen Leben handelt. Auch noch zu Beginn des 21. Jahrhunderts konstatieren J. R. Anderson und Schooler (2000): „Most research on human memory has mainly focused on the question of understanding what memory does and not on why memory does what it does" (S. 557).

Die funktional orientierte Gedächtnisforschung seit Baddeley (1988) hat sich in zwei Richtungen ausdifferenziert. Die erste Richtung, die maßgeblich von J. R. Anderson und Kollegen geprägt wurde, fokussiert auf die *adaptive Abrufoptimierung* (z. B. J. R. Anderson & Milson, 1989; J. R. Anderson & Schooler, 1991, 2000; siehe auch E. L. Bjork & Bjork, 1988; Schacter, 1999, 2003; L. J. Schooler & Hertwig, 2005). Dabei wird angenommen, dass die Hauptfunktion des Gedächtnisses darin besteht, möglichst schnell situationsangemessene Informationen bereitzustellen, die dazu beitragen, aktuelle – von der Umwelt an das Individuum herangetragene – Herausforderungen zu meistern. Um das zu erreichen, müssen z. B. selten genutzte bzw. in der jeweiligen Situation nicht adäquate Informationen zumindest in ihrer Zugänglichkeit verringert werden, damit sie den Such- und Abrufprozess nicht stören. In mathematischen Modellen werden dabei zwei Arten von Kosten gegenübergestellt (z. B. J. R. Anderson & Milson, 1989): (a) die Kosten, auf eine gewünschte Information *nicht* zugreifen zu können, weil sie vergessen wurde; (b) die Kosten, die sich aus einem verlangsamten Abruf bzw. dem Abrufen und Verwerfen nicht adäquater oder irrelevanter Informationen ergeben, wenn sehr viele – auch extrem selten genutzte – Informationen abrufbar gehalten würden. Es wird somit auf der Ebene einer effizienten Informationsverarbeitung erklärt, warum bestimmte Informationen unzugänglich bzw. vergessen werden (vgl. auch die in Abschnitt 3.2.2.1 dargestellte funktio-

---

1 Eine ähnliche Forderung, nämlich Gedächtnisforschung stärker an ihrem Nutzen für Alltagsphänomene zu orientieren, findet sich bei Neisser (1978, 1982a). Als Vorläufer einer ökologisch valideren Gedächtnispsychologie kann die Arbeit von Bartlett (1932/1997) betrachtet werden.

nale Zerfallstheorie von Altmann & Gray, 2002). Diese Forschungsrichtung differenziert i. d. R. nicht zwischen episodischen und semantischen Gedächtnisinhalten, da ausschließlich der Informationsgehalt bzw. der informationelle Nutzen einer Gedächtnisrepräsentation interessiert.

Die zweite Richtung (z. B. Bluck, 2003, 2009; Pillemer, 1992) betrachtet eine größere Anzahl von Funktionen des Gedächtnisses. Ihre Vertreter würden viele Aussagen der ersten Richtung unterstützen, jedoch hinzufügen, dass das menschliche Gedächtnis ferner u. a. die Funktionen erfüllt, ein konsistentes Selbstkonzept zu erzeugen, Stimmungen und Emotionen zu regulieren sowie – durch die Kommunikation von Erlebnissen – soziale Bindungen herzustellen und zu festigen. Viele dieser Funktionen sind charakteristisch für das episodische oder, in engerem Sinne, autobiographische Gedächtnis.[2] Daher ist die Forschung hierzu auch stärker in der angewandten kognitiven Psychologie und der Sozialpsychologie angesiedelt, als es bei der ersten Richtung, deren Vertreter oft mit kognitionspsychologischen Computermodellierungen arbeiten, der Fall ist.

In diesem Kapitel wird als einleitendes Beispiel eine Einzelfallstudie über eine Frau vorgestellt, die offenbar ein außergewöhnlich „gutes" Gedächtnis besitzt und darunter leidet, negative Inhalte nicht vergessen zu können (Abschnitt 2.1). Es soll damit demonstriert werden, dass Vergessen keine Fehlfunktion des Gedächtnisses darstellt, sondern durchaus adaptiv sein kann und dass es forschungstheoretisch sinnvoll ist, Gedächtnisphänomene aus einer funktionalen Perspektive zu betrachten. Ferner können an dem Beispiel verschiedene Funktionen des episodischen Gedächtnisses aufgezeigt werden, die in Abschnitt 2.2 systematischer vorgestellt werden. Als weiteres Beispiel wird in Abschnitt 2.3 eine Studie von Charles, Mather und Carstensen (2003) beschrieben, die untersucht, wie der Positivitätsbias, also die bevorzugte Erinnerung positiver Inhalte, mit dem Lebensalter zunimmt. Hierbei spielen zwei Funktionen, nämlich die *Emotionsregulations-* und die *Informationsfunktion*, die häufig antagonistische Ziele verfolgen, eine entscheidende Rolle. Aufbauend auf diesem zweiten Beispiel wird mit dem Konstrukt der *emotionsspezifischen Zielgerichtetheit* (Abschnitt 2.4) von Gedächtnisprozessen ein motivational-kognitives Rahmenmodell eingeführt, das den forschungstheoretischen Hintergrund für die Betrachtung der in dieser Arbeit untersuchten interindividuellen Erinnerungsunterschiede bezüglich bedrohlicher Informationen beisteuert. Abschließend wird in Abschnitt 2.5 ein Fazit gezogen und zu den folgenden Kapiteln übergeleitet.

2.1   Beispiel 1: Eine Frau, die nicht vergessen kann

Landläufig wird angenommen, dass jemand dann ein „gutes" Gedächtnis besitzt, wenn er möglichst *wenig* vergisst. Vergessen wird dementsprechend häufig als *Fehlfunktion* oder *Versagen* des Gedächtnisses angesehen. Dieser Abschnitt illustriert, dass diese Ansicht zu einseitig ist und dass Vergessen oft – wenngleich nicht immer – funktional ist.

Die Erkenntnis, dass Vergessen nützlich sein kann, findet sich in der Psychologie bereits bei William James (1890/1931): „In the practical use of our intellect, forgetting is as important

---

2   Das autobiographische Gedächtnis wird im Rahmen dieser Arbeit als Teil des episodischen Gedächtnisses betrachtet. Zu Konzepten sowie Abgrenzungen des autobiographischen und episodischen Gedächtnisses vgl. Baddeley (2001) sowie Tulving (1983, 1986, 2001).

a function as recollecting" (S. 679). James ging es bei seiner Aussage allerdings um die Informationsverarbeitungsfunktion des Gedächtnisses, speziell darum, dass es den Informationsabruf sehr verlangsamen würde, wenn wir uns an alle irrelevanten Details erinnerten:

> If we remembered everything, we should on most occasions be as ill off as if we remembered nothing. It would take as long for us to recall a space of time as it took the original time to elapse, and we should never get ahead with our thinking. (James, 1890/1931, S. 681)

Der im Folgenden dargestellte Fall AJ, der Fall einer Frau mit außergewöhnlichem Gedächtnis, soll demgegenüber veranschaulichen, dass Vergessen auch für das emotionale Wohlbefinden bzw. die Emotionsregulation essentiell ist. Dass diese Ansicht keineswegs neu ist, wurde bereits durch den auf Seite 15 einleitend zitierten Satz von Balzac, wonach nur Vergessen das Leben erträglich macht, aufgezeigt.

Der Fall AJ wurde von Parker, Cahill und McGaugh (2006) untersucht und dokumentiert. Als die damals 34-jährige Frau sich hilfesuchend an den Psychologen und Neurobiologen James L. McGaugh wandte, beschrieb sie ihre Problematik in einer E-Mail folgendermaßen:

> Whenever I see a date flash on the television (or anywhere else for that matter) I automatically go back to that day and remember where I was, what I was doing, what day it fell on and on and on and on and on. It is non-stop, uncontrollable and totally exhausting.
>
> Some people call me the human calendar while others run out of the room in complete fear but the one reaction I get from everyone who eventually finds out about this "gift" is total amazement. Then they start throwing dates at me to try to stump me …. I haven't been stumped yet. Most have called it a gift but I call it a burden. I run my entire life through my head every day and it drives me crazy!!! (Parker et al., 2006, S. 35)

Um AJs Zustand zu charakterisieren, prägten Parker et al. (2006) den Begriff *hyperthymestisches Syndrom*. Sie beschreiben damit Personen, die sich an Ereignisse ihrer persönlichen Vergangenheit ungewöhnlich genau erinnern können und darüber hinaus täglich weit überdurchschnittlich viel Zeit darauf verwenden, ihre Erinnerungen abzurufen und darüber nachzudenken. Abzugrenzen sind solche Personen von „Gedächtniskünstlern", wie beispielsweise dem Fall S., der von Luria (1968/1975) beschrieben und später oft zitiert wurde. Der Zeitungsreporter S. zeichnete sich durch ein außergewöhnlich gutes Gedächtnis für Fakten und auch für experimentell vorgegebenes Material aus, benutzte dazu aber bestimmte Mnemotechniken wie die Loci-Methode (z. B. Stangl, 2006).[3] AJs außergewöhnliche Gedächtnisleistung ist hingegen selektiv und beschränkt sich auf autobiographische Erlebnisse sowie darüber hinaus auf Ereignisse, die sie als persönlich relevant empfindet (das können Ereignisse aus den Nachrichten, aber auch Inhalte von Fernsehserien sein). An andere Inhalte kann sie sich nur durchschnittlich gut erinnern. Auch im Auswendiglernen von Fakten bzw. in standardisierten Erinnerungstests, die mit relativ sinnfreiem Material operieren, zeigt sie keine außergewöhnlichen Leistungen. Ferner verwendet AJ keine Mnemotechniken. Parker et al. (2006) überprüften das Gedächtnis von AJ und versuchten auch, mögliche Täuschungen zu entlarven. Allerdings konnten sie in den fünf Jahren, in denen sie AJ wiederholt

---

3 Auch im Fall S. finden sich Hinweise darauf, dass ein sehr gutes Gedächtnis nicht nur Vorteile bringt. Folgt man Luria (1968/1975, Kap. 5), hatte S. – aufgrund der ständigen ablenkenden Assoziationen zu früher gelernten Inhalten – Schwierigkeiten mit abstrakterem Denken.

untersuchten, keine Anzeichen für Täuschungsversuche entdecken. Die erinnerten Inhalte blieben zeitlich sehr stabil und waren fehlerfrei, soweit dies durch externe Quellen verifiziert werden konnte.

Die Autoren kommen zu dem Schluss, dass AJs außergewöhnlich gute autobiographische Gedächtnisleistung zumindest teilweise darauf zurückzuführen ist, dass sie täglich – unwillentlich und zwanghaft – einen Großteil ihrer Zeit damit beschäftigt ist, Vergangenes Revue passieren zu lassen. Viele Erinnerungen treten dabei nur für einige Sekunden ins Bewusstsein. Darüber hinaus hat AJ Schwierigkeiten, den Strom ihrer Erinnerungen zu inhibieren:

> One way to conceptualize this phenomenon is to see AJ as someone who spends a great deal of time remembering her past and who cannot help but be stimulated by retrieval cues. Normally people do not dwell on their past but they are oriented to the present, the here and now. Yet AJ is bound by recollections of her past. As we have described, recollection of one event from her past links to another and another, with one memory cueing the retrieval of another in a seemingly "unstoppable" manner. […] AJ seems unable to turn off episodic retrieval mode as in normal individuals. She has trouble inhibiting her constant remembering of her personal past at will. (Parker et al., 2006, S. 46)

Eine emotionale Belastung ergibt sich für AJ daraus, dass auch negative Erlebnisse immer wieder ins Bewusstsein treten. Selbst kleine soziale Verfehlungen und Peinlichkeiten sowie z. B. familiäre Konflikte werden nicht vergessen, sondern auch nach vielen Jahren noch lebhaft und unter starker emotionaler Beteiligung erinnert. AJ litt wiederholt an Depressionen, Phobien und Zwangshandlungen, die sicherlich mit ihren Erinnerungen in Verbindung stehen, auch wenn mit dieser Einzelfallstudie die Wirkrichtung letztendlich nicht bestimmt werden kann. Wenngleich AJ ihr außergewöhnliches Gedächtnis einerseits als große Belastung empfindet, beschreibt sie andererseits auch häufig positive Erinnerungen, die sie nicht missen möchte.

Bemerkenswert ist, worauf AJ selbst die Entwicklung ihres Gedächtnisses zurückführt: Im Alter von 8 Jahren seien ihre Eltern mit ihr von der Ostküste in den Westen der USA gezogen. Wie AJ angibt, habe sie ihr Leben sowie ihre Freunde an der Ostküste geliebt und von dort nicht weggewollt. Der Umzug habe sie „traumatisiert". Nach dem Umzug habe sie begonnen, ihre Erinnerungen zu „organisieren". Sie habe Listen ihrer alten Freunde erstellt, sich Bilder des alten Zuhauses angeschaut und insgesamt viel an die Vergangenheit gedacht. Zu diesem Zeitpunkt setzten die ungewöhnlich minutiösen Erinnerungen ein. Der Auslöser von AJs Hyperthymie mag also der Versuch gewesen sein, die Trennung von ihrem bisherigen sozialen Umfeld durch die intensive Erinnerung daran emotional zu bewältigen. Vor diesem Hintergrund kann ihr Nicht-vergessen-Können negativer Inhalte auch als unerwünschte Folge bzw. Überkompensation eines ursprünglich funktionalen Emotionsregulationsversuchs betrachtet werden.

Ein weiterer hervorzuhebender Aspekt, auf den ich in Abschnitt 3.2.2.3 zur *exekutiven Kontrolltheorie des Vergessens* von M. C. Anderson (2003) zurückkommen werde, ist, dass AJ in einigen (neuro-)psychologischen Tests zur exekutiven Kontrolle weit unterdurchschnittliche Werte erzielte. Dies könnte erklären, warum es ihr so schwerfällt, z. B. negative Erinnerungen zu unterdrücken. Nicht inhibieren zu können, führt zu einem vermehrten Abruf unerwünschter Gedächtnisinhalte.

2.2   Funktionen des episodischen Gedächtnisses

Dem episodischen bzw. autobiographischen Gedächtnis werden eine Reihe von Funktionen zugeschrieben, die sich nach den meisten Einteilungen drei Kategorien zuordnen lassen (Bluck, 2003, 2009; Bluck, Alea, Habermas & Rubin, 2005; Pillemer, 1992, 2003; Pohl, 2007):

1. *Funktionen für das Selbst* bzw. *intrapersonale Funktionen:* Die Bildung eines Selbstkonzepts und Identitätsgefühls, das Gefühl einer kohärenten Lebensgeschichte, die Herausbildung von sogenannten Lebensthemen und eine Lebensrückschau sind ohne episodische Erinnerungen nicht möglich (z. B. A. E. Wilson & Ross, 2003). Diese Aspekte tragen vermutlich dazu bei, Sinnhaftigkeit im eigenen Handeln sehen zu können. Ferner dienen episodische Erinnerungen der *Stimmungs-* und *Emotionsregulation.*
2. *Direktive (handlungsleitende) Funktionen:* Episodische Erinnerungen stellen auf Erfahrungen beruhende *Informationen* bereit, die bei der Orientierung in der Gegenwart, beim Lösen von Problemen sowie bei der Planung aktuellen und künftigen Handelns dienlich sind. Beispielsweise werden Handlungen, die in der Vergangenheit in ähnlichen Problemlagen erfolgreich waren, eher erneut ausgeführt bzw. für künftiges Handeln eingeplant als Handlungen, die zu Fehlschlägen geführt haben. Auch die Erinnerungen an konkrete Gefahrensituationen oder andere aversive Situationen und die Motivation, diese künftig zu vermeiden, leiten das Handeln. Analoges gilt für das Aufsuchen positiv bewerteter Situationen. Ferner bilden sich Meinungen und Einstellungen, die das aktuelle Handeln beeinflussen, auf der Grundlage früherer Erfahrungen.
3. *Soziale* bzw. *sozial-kommunikative Funktionen:* Das Teilen und Mitteilen episodischer Erinnerungen ermöglicht es, soziale Bindungen aufzubauen, aufrechtzuerhalten und zu festigen. Dabei kann es sich sowohl um Erinnerungen an gemeinsame Erlebnisse handeln (z. B. den gemeinsamen Urlaub, gemeinsam durchgestandene schwierige Situationen) als auch um Erlebnisse, die der Zuhörer nicht teilt. Im letzteren Fall kann man durch Mitteilung eines solchen Erlebnisses beim Zuhörer z. B. Empathie auslösen bzw. ihn mit Informationen über die eigene Person versorgen. Dadurch lassen sich wiederum Anknüpfungspunkte in der Lebensgeschichte des Zuhörers finden.

Diese Aufzählung erhebt keineswegs Anspruch auf Vollständigkeit. So legt z. B. die Faktorenstruktur des „Think About Life Experiences"-Fragebogens, den Bluck et al. (2005) entwickelt haben, um Funktionen des episodischen Gedächtnisses zu erfassen, nahe, dass es sich bei der sozialen Funktion um getrennte Faktoren für den Aufbau und die Pflege sozialer Beziehungen handelt. Auch in anderen Kategorien lassen sich die Subfunktionen sicherlich ergänzen sowie weiter differenzieren. So geht beispielsweise Webster (2003) von insgesamt acht Funktionen aus (Information, Problemlösen, Konversation, Identität, Vorbereitung auf den eigenen Tod, Aufrechterhaltung von Intimität, Reduzierung von Verbitterung, Aufhebung von Langeweile), die er mittels multidimensionaler Skalierung auf zwei Dimensionen (reaktiv/Verlust vs. proaktiv/Wachstum; sozial vs. selbst) anordnet.

Die genaue Anzahl und Kategorisierung der Funktionen des episodischen Gedächtnisses ist für die vorliegende Arbeit nicht relevant, da hier lediglich zwei Subfunktionen interessieren, die in allen Kategorisierungen auftauchen, wenn auch teilweise unter anderen Bezeichnungen oder, wie bei Webster (2003), verteilt über verschiedene Bereiche. Es sind dies (a) die *Stimmungs-* bzw. *Emotionsregulation* als Teil der intrapersonalen Funktionen sowie (b) die Bereitstellung von *(Erfahrungs-)Wissen* bzw. von *Information* als Teil der direktiven Funktionen. Im Folgenden werde ich diese beiden Subfunktionen als *Emotionsregulations-* und als *Informationsfunktion* bezeichnen. Diese beiden Funktionen sind durchaus parallel zur emotionsorientierten und zur problem(löse)orientierten Stress- bzw. Emotionsbewältigung zu sehen, die im transaktionalen Stressmodell von Lazarus (z. B. 1999) unterschieden werden.

Übrigens können mehrere Funktionen episodischer Erinnerungen gleichzeitig aktiviert werden, so dass eine einzelne Erinnerung simultan mehrere Zwecke erfüllt. So könnte nach einem Ehestreit die Erinnerung an den eigenen, positiv bewerteten Hochzeitstag z. B. zur Stimmungsverbesserung beitragen, das künftige Handeln leiten und auch Selbstkonzeptaspekte aktivieren bzw. festigen („Ich habe versprochen, auch schlechte Zeiten mit dieser Person, die ich eigentlich liebe und die so viele positive Seiten hat, durchzustehen – da ich jemand bin, der zu seinen Versprechen steht, werde ich mich daran halten").

Im Fall von AJ wäre es plausibel, anzunehmen, dass ursprünglich emotionsregulative Funktionen ihrer positiven Erinnerungen an die Zeit an der amerikanischen Ostküste im Vordergrund standen. Auch dem Bedürfnis nach persönlichem Konsistenzerleben, das durch den Umzug gefährdet wurde, könnten die vermehrten Erinnerungen entsprochen haben. Darüber hinaus beschreiben Parker et al. (2006), dass AJ von ihrer Familie häufig als „Familienchronik" konsultiert wird. Die Erinnerung an gemeinsame Erlebnisse könnte dabei auch die Bindung zu vertrauten Personen verstärken, was – nach der Beschreibung der Autoren zu urteilen – ein Bedürfnis von AJ ist. – Die emotionale Belastung aufgrund der immer wiederkehrenden negativen Erinnerungen könnte somit ein unerwünschter Nebeneffekt sein. Dabei könnte bei AJ die eingeschränkte exekutive Kontrollfunktion, die zur schlechten Inhibierungsfähigkeit beiträgt, dazu führen, dass unselektiv *alles* – und nicht nur Positives – besonders gut und dauerhaft erinnert wird.

Für das Verständnis der funktionalen Betrachtung des Gedächtnisses ist eine weitere Grundannahme entscheidend, die auf den ersten Blick kontraintuitiv wirken mag: *Auch wenn Gedächtnisinhalte auf Vergangenes rekurrieren, so sind die Funktionen des Gedächtnisses doch auf die Gegenwart und Zukunft gerichtet* (z. B. Bluck, 2009; Dudai, 2009; E. J. Newman & Lindsay, 2009; Pillemer, 2009; Schacter & Addis, 2007a).

Beispielsweise kann ein leicht positiv verzerrtes Selbstbild, das beinhaltet, dass man sich für fähig hält, Herausforderungen erfolgreich zu bewältigen, dabei dienlich sein, die Aufnahme neuer Handlungen zu evozieren. Allerdings wäre ein zu stark positiv übersteigertes Selbstkonzept dysfunktional, da dann Handlungen aufgenommen werden, die höchstwahrscheinlich nicht ans Ziel führen. Selbst wenn, wie bei der Informationsfunktion, Erfahrungswissen, das in der Vergangenheit gewonnen wurde, bereitgestellt werden soll, so ist an diesen Erfahrungen relevant, ob sie für die Bewältigung der Gegenwart und der Zukunft nützlich sind. Selbst die Informationsfunktion dient also nicht dazu, ein vergangenes Erlebnis möglichst wirklichkeits- und/oder detailgetreu wiedergeben zu können, sondern dazu, es in einer Form zu erinnern, die für die Bewältigung künftiger Anforderungen möglichst nützlich ist. Diese Perspektive erlaubt es, eine Reihe von Gedächtnisphänomenen, die traditionell als „Fehlleistungen" angesehen werden (wie beispielsweise Erinnerungsverfälschungen oder Scheinerinnerungen an Erlebnisse, die niemals stattgefunden haben; vgl. E. J. Newman & Lindsay, 2009), entweder als funktional oder zumindest als Nebenprodukt eines grundlegend funktionalen und adaptiven Gedächtnisses zu interpretieren (z. B. Krans, Näring, Becker & Holmes, 2009; Levine, Lench & Safer, 2009; vgl. Abschnitt 3.3.1.3 zu Erinnerungsverfälschungen).

Wichtig ist ferner die Erkenntnis, dass die verschiedenen Funktionen des episodischen Gedächtnisses in Konflikt miteinander geraten können, z. B. darüber, welches Maß an Abweichung der Erinnerung von dem tatsächlichen Ereignis adaptiv ist. Wenn, um das obige Beispiel aufzugreifen, die Erinnerung an den eigenen Hochzeitstag zur Stimmungsverbesserung dienen soll, darf diese Erinnerung natürlich nicht zu negativ sein. Falls also am Hochzeitstag einiges schiefgelaufen ist, wäre es aus emotionsregulatorischer Perspektive vorteilhaft, diese Missgeschicke retrospektiv als „lustige Begebenheiten" umzubewerten (vgl. Levine et al., 2009). Auch könnten die negativen Ereignisse mit der Zeit an emotionaler Intensität verlieren (vgl. W. R. Walker & Skowronski, 2009) bzw. allgemein die positiven Elemente in den Vordergrund der Erinnerung treten. Zumindest kurz nach der ersten Hochzeit plant man i. d. R. nicht, demnächst erneut zu heiraten. Daher würde die Informationsfunktion einer Erinnerungsverfälschung nicht im Wege stehen. Wenn man allerdings weiß, dass man in Zukunft bei einer Hochzeit als Trauzeuge bzw. Trauzeugin fungieren wird, wäre es nicht funktional, zu vergessen, dass der eigene Trauzeuge die Ringe, die ihm kurz zuvor anvertraut wurden, aus Unachtsamkeit verloren hatte, da man dann Gefahr läuft, dass einem das Gleiche passiert. Auch die sozial-kommunikative Funktion der Erinnerung kann einer zu starken Veränderung der Gedächtnisrepräsentation widersprechen: So sollte die soziale Bindung zwischen den beiden Ehepartnern gefestigt werden, wenn diese sich gelegentlich Episoden ihres Hochzeitstags – als ein gemeinsames Erlebnis – erzählen. Wenn allerdings die Erinnerung eines Ehepartners so stark von der Erinnerung des anderen abweicht, dass die Hochzeit nicht mehr als gemeinsames Erlebnis wahrgenommen wird, wäre dies für die Festigung der Bindung kontraproduktiv. Daraus lässt sich ein weiteres Postulat der funktionalen Betrachtung des Gedächtnisses ableiten: *Erinnerungen sind i. d. R. so positiv wie möglich und so wahrheitsgetreu wie (für die Bewältigung künftiger Anforderungen) nötig.*[4] Diese Aussage wird in dem folgenden Beispiel an der Interdependenz der Emotionsregulations- und Informationsfunktion verdeutlicht.

2.3 Beispiel 2: Altern und Positivitätsbias – die sozioemotionale Selektivitätstheorie

Der Begriff *Positivitätsbias* wird in der Literatur unterschiedlich verwendet. Zunächst kann gemeint sein, dass positive Inhalte generell besser erinnert werden als negative. Neben Arbeiten, die dies empirisch bestätigen (Überblicke geben Matlin, 2004; Matlin & Stang, 1978; S. E. Taylor, 1991), existieren jedoch auch Befunde, die für einen Erinnerungsvorteil negativer Inhalte sprechen (Baumeister, Bratslavsky, Finkenauer & Vohs, 2001, für einen Überblick; vgl. auch Abschnitt 3.3.1.4). Baumeister et al. (2001) haben dokumentiert, dass negativen im Vergleich zu positiven Inhalten im Allgemeinen eine höhere Priorität in der Informationsverarbeitung zukommt. Sie fügen allerdings hinzu, dass das Gedächtnis eine Ausnahme darstellt, da beim Erinnern selbstwertdienliche Mechanismen wirken, die der Erinnerung negativer

---

4 Spezielle Erinnerungsphänomene, wie sie z. B. im Rahmen von posttraumatischen Belastungsstörungen beschrieben und oft als pathologisch klassifiziert werden (vgl. Brewin, 2003, 2007; McNally, 2003; Power & Dalgleish, 2008), sind an dieser Stelle ausgenommen. Allerdings gibt es auch Autorinnen und Autoren, die beispielsweise intrusive Gedanken als funktional bzw. adaptiv betrachten (Krans et al., 2009).

Inhalte entgegenstehen. Dieser Standpunkt ähnelt dem von Rozin und Royzman (2001), die für die meisten Domänen (z. B. physiologische Erregung, Wahrnehmung, Aufmerksamkeitslenkung, Motivation, Entscheidungsfindung) einen Negativitätsbias annehmen, für das Gedächtnis allerdings einen Positivitätsbias.

Uneinheitliche Befunde zur Dominanz positiver bzw. negativer Gedächtnisinhalte könnten durch eine weitere Annahme, die ebenfalls unter dem Begriff Positivitätsbias subsumiert wird, erklärt werden: Es könnte sein, dass der Erinnerungsvorteil positiver Inhalte mit dem Lebensalter zunimmt. Dann sollten ältere Menschen einen deutlichen Positivitätsbias zeigen, wohingegen jüngere Personen nur einen schwachen Positivitäts- bzw. sogar einen Negativitätsbias aufweisen sollten. Mehrere Längsschnittstudien konnten zeigen, dass die autobiographischen Erinnerungen der Probanden mit zunehmendem Alter positiver werden (z. B. Field, 1981; Kennedy, Mather & Carstensen, 2004; Wagenaar & Groeneweg, 1990), wobei hier methodisch die Konfundierung von Lebensalter und verstrichener Zeit seit dem untersuchten Erlebnis problematisch ist. Unklar lassen diese Studien somit, ob ältere Personen auch für neue Inhalte einen Positivitätsbias aufweisen oder ob die zugrunde liegenden Prozesse einfach längere Zeiträume brauchen, um wirksam zu werden (vgl. Rozin & Royzman, 2001; S. E. Taylor, 1991). Dessen ungeachtet wird der Positivitätsbias gerne herangezogen, um zu erklären, dass ältere Menschen häufig der Ansicht sind, dass „früher alles besser" war (Filipp, 1996; Pohl, 2007, Abschnitt 6.3).

Schließlich wird bei der Verwendung des Begriffs Positivitätsbias oft nicht spezifiziert, ob er sich auf die *Erinnerungsleistung* für spezifische Gedächtnisinhalte oder auf die *Bewertung* von diesen bezieht. Ist die Erinnerungsleistung betroffen, würde dies bedeuten, dass negative Ereignisse (mit der Zeit) weniger gut (d. h. weniger zahlreich bzw. weniger detailliert) und/oder positive Ereignisse besser abgerufen werden können. Ist hingegen die Bewertung der Ereignisse verändert, käme der Effekt dadurch zustande, dass vergangene Erlebnisse retrospektiv positiver *beurteilt* werden als zu dem Zeitpunkt, zu dem sie stattgefunden haben (z. B. T. R. Mitchell, Thompson, Peterson & Cronk, 1997). Es ändert sich somit nicht die Erinnerung an das Ereignis an sich, sondern lediglich dessen affektive Bewertung. Ein verwandtes, bei genauerer Betrachtung jedoch teilweise konträres Phänomen ist der *Fading-Affect-Bias* (W. R. Walker, Vogel & Thompson, 1997; ähnliche Überlegungen finden sich auch bereits bei Holmes, 1970). Der Fading-Affect-Bias beschreibt, dass die *Emotionalität* von negativen Erlebnissen schneller abnimmt als die von positiven, weshalb die Valenz von Erinnerungsinhalten insgesamt eher positiv ausfällt (vgl. W. R. Walker, Skowronski & Thompson, 2003, für einen Überblick). Während der Positivitätsbias somit darauf beruhen kann, dass die Erinnerung an ursprünglich nur leicht positive Ereignisse später stärker positiv ausfällt, diese Ereignisse also extremere Valenzausprägungen erhalten, regredieren beim Fading-Affect-Bias lediglich (extreme) emotionale Bewertungen mit der Zeit zur Mitte, und zwar bei negativen Inhalten schneller als bei positiven (vgl. auch Ritchie, Skowronski, Hartnett, Wells & Walker, 2009). Eine Gemeinsamkeit zwischen dem Positivitätsbias (in der letzten hier aufgeführten Definition) und dem Fading-Affect-Bias besteht allerdings darin, dass nicht die Erinnerung an das *Ereignis an sich* betroffen ist, sondern lediglich dessen affektive Bewertung.

Im Folgenden wird eine Arbeit von Charles, Mather und Carstensen (2003) vorgestellt, die neben der Frage, ob sich Menschen unterschiedlichen Alters unterschiedlich gut an neue negative, neutrale und positive Bilder erinnern, auch klären sollte, auf welche kognitiven Mechanismen etwaige Unterschiede zurückzuführen sind. In dem ersten Experiment von

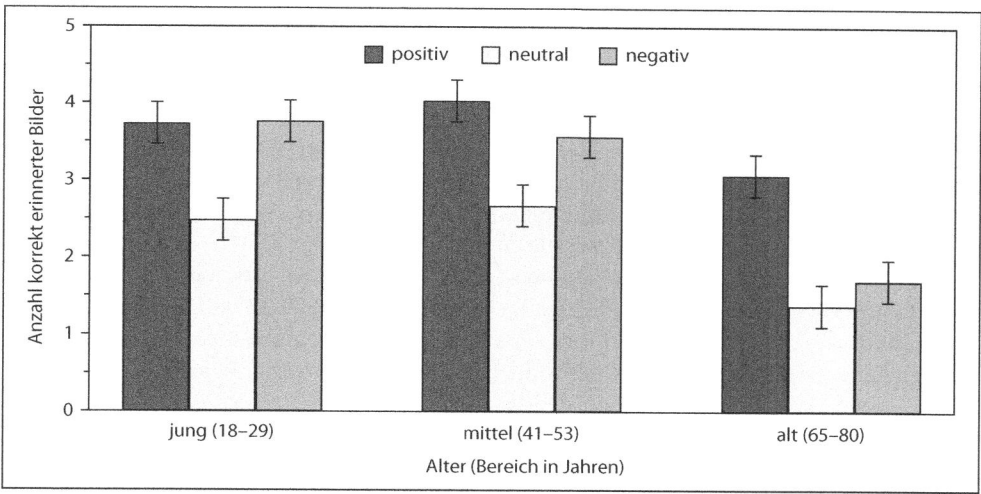

Abbildung 2.1 Ergebnisse des ersten Experiments zum Positivitätsbias in Charles et al. (2003). Dargestellt ist, getrennt nach den drei Valenzen, die durchschnittliche Anzahl korrekt frei wiedergegebener Bilder in den drei Altersgruppen. Fehlerbalken indizieren das 95%-Konfidenzintervall für die Alter-Valenz-Interaktion (Daten aus Charles et al., 2003, S. 313, Abb. 1).

Charles et al. (2003) wurden den Probanden positive, neutrale und negative Bilder für je 2 Sekunden dargeboten. Die Autoren verwendeten sehr viel Mühe darauf, die unterschiedlich valenten Bilder zu parallelisieren, um z. B. allgemeine Differenzen im Erregungsniveau der negativen und positiven Bilder zu vermeiden. Die Stichprobe setzte sich aus drei Altersgruppen zusammen: jungen (18–29 Jahre), mittelalten (41–53 Jahre) und älteren (65–80 Jahre) Erwachsenen. Diese Unterstichproben wurden sorgfältig bezüglich einer Reihe von Parametern (Geschlecht, Ethnizität, Bildungsstand, sozioökonomischer Status) parallelisiert. An die Darbietung der Bilder schloss sich eine 15-minütige Distraktoraufgabe an. Abschließend sollten die Probanden die Bilder, an die sie sich erinnerten, schriftlich beschreiben. Die Ergebnisse dieses nicht angekündigten freien Wiedergabetests sind in Abbildung 2.1 dargestellt.

Wie aus Abbildung 2.1 ersichtlich, erinnern sich die jungen Probanden an genauso viele positive wie negative Bilder. Die mittelalten Probanden, die sich in der Gesamtmenge der erinnerten Bilder nicht von den jungen Probanden unterscheiden, erinnern sich an signifikant mehr positive als negative Bilder. Dieser Unterschied verstärkt sich in der Gruppe der ältesten Probanden. Insgesamt erinnern sich die älteren Probanden an weniger Bilder als die jungen und mittelalten. Relativ gesehen ist bei den älteren Probanden aber der Einbruch in der Erinnerungsleistung für die negativen Bilder am größten (55% Verringerung gegenüber den jungen Probanden). Die Erinnerungsleistung für die positiven Bilder ist hingegen nur leicht beeinträchtigt (knapp 18% Verringerung im Vergleich zur Gruppe der jungen Probanden; bei den neutralen Bildern verringert sich die Erinnerungsleistung um 44%). Die in einem anschließenden Wiedererkennungstest erzielten Ergebnisse spiegeln die Befunde des freien Wiedergabetests weitestgehend wider, wenngleich die Effekte nicht ganz so prononciert ausfallen.

Charles et al. (2003) vermuteten, dass diese Unterschiede darauf zurückzuführen sind, dass ältere Menschen den negativen Bildern *weniger Aufmerksamkeit* widmen und diese

entsprechend schlechter enkodieren. Dies sollte sich in der Betrachtungszeit der Bilder niederschlagen. Daher schlossen Charles et al. (2003) ein zweites Experiment an, in dem sie die
Darbietungszeit nicht für alle Probanden und Bilder konstant hielten, sondern die Studien-
teilnehmer(innen) selbsttätig zum nächsten Bild weiterschalten ließen. Die Stichprobe setzte
sich in diesem Experiment aus jungen (19–30 Jahre) und älteren (63–86 Jahre) Probanden
zusammen, die wieder entsprechend parallelisiert waren. Wie im ersten Experiment wurden
positive, neutrale und negative Bilder dargeboten, wobei die Anzahl der Bilder gegenüber
dem ersten Experiment etwas erhöht wurde.

Die Betrachtungszeit, bis die Probanden zum nächsten Bild weiterschalteten, wurde als
Maß der Aufmerksamkeitszuwendung herangezogen (siehe Tabelle 2.1; aufgrund der hohen
Varianz innerhalb der Altersgruppen verwendeten Charles et al., 2003, Mediane als Maß der
zentralen Tendenz). Tatsächlich gab es für die Betrachtungszeit – über beide Altersgruppen
hinweg – einen Haupteffekt der Valenz, der dadurch zustande kam, dass die negativen Bilder
länger betrachtet wurden als die positiven oder neutralen. Ferner gab es einen deskriptiv
recht deutlichen Haupteffekt der Altersgruppe, da die älteren Probanden *alle* Bilder deutlich
länger betrachteten als die jüngeren (aufgrund der hohen Varianz innerhalb der Altersgruppen war dieser Effekt aber nur marginal signifikant). Allerdings gab es *keine* signifikante
Interaktion zwischen Altersgruppe und Valenz. Wenn man die Betrachtungszeiten der älteren
mit denen der jüngeren Probanden ins Verhältnis setzt, zeigt sich zudem, dass die prozen-
tuale Verlängerung der Betrachtung für alle Valenzen nahezu identisch ausfällt: Die älteren
Probanden betrachteten die positiven Bilder 1.78-mal, die negativen Bilder 1.77-mal und die
neutralen Bilder 1.72-mal so lange wie die jüngeren Probanden. Entgegen den Erwartungen
von Charles et al. (2003) betrachteten die älteren Probanden die negativen Bilder absolut
am längsten und immerhin eine Sekunde länger als die positiven Bilder. Somit kann von
einer Aufmerksamkeitsvermeidung negativer Bilder bei älteren Personen keineswegs die Rede
sein.

Obwohl die älteren Probanden die negativen Bilder deutlich länger betrachtet hatten
als die positiven, unterschieden sie sich sowohl im Test zur freien Wiedergabe als auch im
Wiedererkennungstest nicht in der Erinnerungsleistung für positive und negative Bilder. Die
jüngeren Probanden erinnerten hingegen in beiden Tests mehr negative Bilder. Abbildung 2.2
zeigt die Ergebnisse des nicht angekündigten freien Wiedergabetests.

Wie in Experiment 1 ergab sich für beide Erinnerungstests eine Interaktion zwischen Alter
und Valenz. Man kann also davon ausgehen, dass die längere Betrachtungszeit der negativen
im Vergleich zu den positiven Bildern bei den älteren Probanden die bevorzugte Erinnerung
an positive Bilder, die sich in Experiment 1 gezeigt hatte, kompensiert hat. Bei den jüngeren
Probanden, die sich in Experiment 1 (also bei fixierter Betrachtungszeit) bereits an genauso

Tabelle 2.1 Mediane der selbstbestimmten Betrachtungszeit (in Sekunden) der Bilder in Experiment 2 von
Charles et al. (2003, S. 316, Tabelle 2)

Altersgruppe	Valenz der Bilder			Gesamt
	Positiv	Neutral	Negativ	
Jüngere (*n* = 32)	2.46	2.40	3.06	2.64
Ältere (*n* = 32)	4.40	4.13	5.42	4.65
Gesamt	3.43	3.27	4.24	3.65

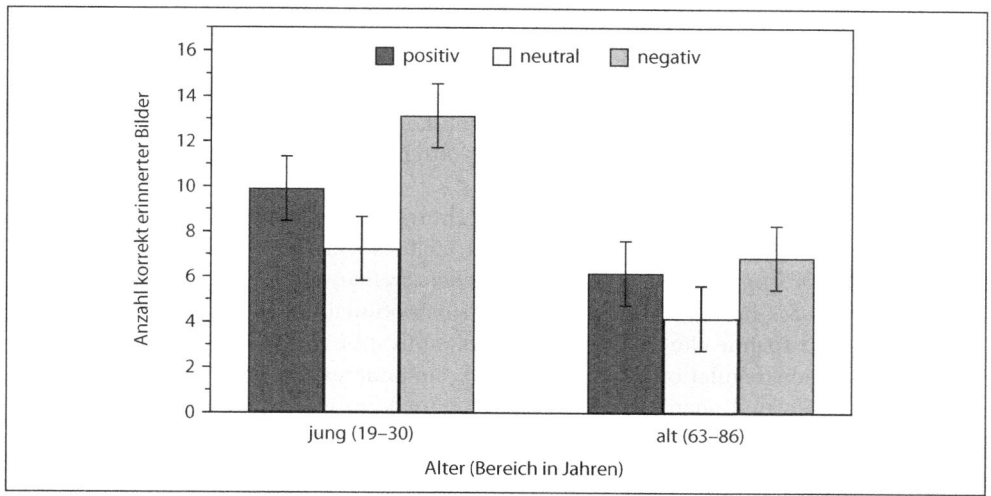

Abbildung 2.2 Ergebnisse des zweiten Experiments zum Positivitätsbias in Charles et al. (2003). Dargestellt ist, getrennt nach den drei Valenzen, die durchschnittliche Anzahl korrekt frei wiedergegebener Bilder in den beiden Altersgruppen. Fehlerbalken indizieren das 95%-Konfidenzintervall für die Alter-Valenz-Interaktion (Daten aus Charles et al., 2003, S. 317, Abb. 3).

viele negative wie positive Bilder erinnert hatten, schlug sich die längere Betrachtungszeit der negativen Bilder direkt in einer besseren Erinnerung an diese Bilder nieder.

Da sich der in Experiment 1 demonstrierte Positivitätsbias bei älteren Personen somit *nicht* durch vermeidendes Verhalten bei der Enkodierung erklären lässt, prüften Charles et al. (2003) eine alternative Erklärung, wonach die Erinnerungsunterschiede zwischen den Altersgruppen auf *Abrufmechanismen* zurückzuführen sind. Dazu zogen sie den Stimmungskongruenzeffekt (Bower, 1981) heran: Nach dem Stimmungskongruenzeffekt werden emotionale Ereignisse dann besser erinnert, wenn sich die Person zum Zeitpunkt des Abrufs in einer Stimmung befindet, die der emotionalen Färbung des Ereignisses entspricht. Wenn sich ältere im Vergleich zu jüngeren Personen also zum Zeitpunkt des Abrufs in einer positiveren Stimmung befinden, sollte es ihnen auch besser gelingen, sich an positive Bilder zu erinnern. Um dies zu überprüfen, erfassten Charles et al. im zweiten Experiment zusätzlich die Depressivität sowie den positiven und negativen Affekt aller Probanden. Tatsächlich zeigten die jüngeren Probanden eine negativere Stimmung und erreichten höhere Depressivitätswerte als die älteren; bezüglich des positiven Affekts gab es keinen Unterschied zwischen den Altersgruppen. Allerdings änderte die statistische Kontrolle von Stimmung und Depressivität nichts an der Signifikanz oder Stärke der Interaktion zwischen Valenz und Alter für die Erinnerungsleistung. Somit kann der Stimmungskongruenzeffekt die valenzabhängigen Erinnerungsunterschiede zwischen jüngeren und älteren Probanden nicht erklären.

Festzuhalten ist, dass – kontrolliert man die initiale Enkodierung mittels der Darbietungszeit – mit zunehmendem Alter bevorzugt positive gegenüber negativen Bildern erinnert werden. Lässt man die Probanden selbst über die Länge der Betrachtung entscheiden, kehrt sich zwar dieser „Positivitätsbias bei Älteren" in einen „Negativitätsbias bei Jüngeren" um, allerdings bleibt die Interaktion zwischen Alter und Reizvalenz für die Erinnerungsleistung bestehen. Der Versuch, diesen Effekt auf Enkodierungs- bzw. auf Abrufmechanismen zurück-zuführen, schlug fehl, wobei natürlich nicht ausgeschlossen werden kann, dass andere Enko-dierungsunterschiede, die z. B. auf einer unterschiedlichen Nutzung der Enkodierungszeit beruhen, bzw. andere Abrufeffekte als der Stimmungskongruenzeffekt zu der Interaktion bei-tragen können. Kohorteneffekte konnten übrigens durch eine Langzeitstudie ausgeschlossen werden (Charles, Reynolds & Gatz, 2001).

Vor dem Hintergrund einer funktionalen Betrachtung des Gedächtnisses bleibt zu fragen, *warum* der Positivitätsbias mit dem Alter zunimmt. Charles et al. (2003) ziehen zur Erklärung die *sozioemotionale Selektivitätstheorie* (*socioemotional selectivity theory*; z. B. Carstensen, 1995; Carstensen, Fung & Charles, 2003) heran. Die sozioemotionale Selektivitätstheorie ist eine Theorie der Lebensspanne, die postuliert, dass sich motivationale Ziele mit dem Lebensalter verändern. Emotionsregulation ist dabei ein Ziel. Ein anderes Ziel ist die Suche nach und Aufnahme von Informationen, die für die Bewältigung künftiger Situationen nützlich sein können. Mit fortschreitendem Lebensalter sollte die Motivation, neue Informationen auf-zunehmen, abnehmen, während die Motivation zur Emotionsregulation zunimmt. Dies hat mehrere Ursachen: Zum einen verfügen ältere Menschen bereits über mehr Erfahrungen, auf die sie zur Bewältigung neuer Situationen zurückgreifen können. Die relative Wichtigkeit weiterer, neuer Informationen ist für sie also geringer als bei jüngeren Personen, die einen begrenzteren Erfahrungsschatz aufweisen. Eine andere Ursache, die nach Charles et al. (2003) entscheidender ist, bezieht sich auf die *Zeitperspektive*, die menschliche Motive und Ziele struk-turiert. Danach sind sich Menschen – teils reflexiv, teils intuitiv – bewusst, wie viel Lebenszeit ihnen noch verbleibt. Wenn die Lebenszeit, wie bei gesunden jungen Erwachsenen, noch als sehr umfangreich wahrgenommen wird, steht die Informationsfunktion im Vordergrund. Die Neuartigkeit und damit der Informationsgehalt von Inhalten werden – zum Zwecke der langfristigen Adaptation sowie der Verfolgung anderer Ziele – als wichtiger eingestuft als das momentane emotionale Wohlbefinden. Auch negative Informationen, z. B. negative Rückmel-dungen zur eigenen Person, die aber positive Entwicklungsmöglichkeiten bieten, werden daher in Kauf genommen. Demgegenüber ist bei älteren Menschen, aber auch bei terminal kranken jungen Menschen (vgl. Carstensen & Fredrickson, 1998) die wahrgenommene verbleibende Lebenszeit beschränkter. Entsprechend tritt der Wert negativer Informationen für künftige Situationen in den Hintergrund und die Emotionsregulation gewinnt an Bedeutung.

Bezogen auf die Erinnerung an negative und positive Bilder sollte dies dazu führen, dass sich junge Menschen, bei denen die Informationsfunktion Priorität gegenüber der Emoti-onsregulationsfunktion besitzt, besser an negative Bilder als an positive erinnern können, da der Informationswert negativer Bilder höher bzw. deren Information relevanter ist als bei positiven Bildern (Begründungen für den unterschiedlichen Informationswert geben Baumeister et al., 2001; Rozin & Royzman, 2001). Wenn sich mit zunehmendem Alter, wie von der sozioemotionalen Selektivitätstheorie postuliert, die relativen Gewichtungen dieser bei-den Funktionen einander annähern bzw. schließlich umkehren, sollten irgendwann positive Bilder besser als negative erinnert werden. Dies erklärt die Befunde von Charles et al. (2003) zur Zunahme des Positivitätsbias mit dem Alter.

Für die vorliegende Arbeit ist besonders bedeutsam, dass interindividuelle Unterschiede im Positivitätsbias *motivational bedingt und beeinflussbar* sind. So haben Carstensen und Fredrickson (1998) drei Gruppen von relativ jungen Männern (*M* = 38 Jahre; *SD* = 7.8 Jahre) untersucht. Die erste Gruppe bestand aus gesunden Personen, die zweite Gruppe aus Personen mit einer HIV-Diagnose, die aber (noch) symptomfrei waren, und die dritte Gruppe umfasste nur Personen mit einer HIV-Diagnose und physischen Aids-Symptomen. Die drei Gruppen waren bezüglich des Alters sowie sozioökonomischer Variablen parallelisiert. Es zeigte sich, dass in diesen drei Gruppen von gleichaltrigen, aber unterschiedlich gesunden Personen das positive emotionale Erleben umso mehr an Bedeutung gewann und das Aufsuchen neuer Informationen umso mehr abnahm, je weniger antizipierte Lebenszeit aufgrund des Gesundheitszustands verblieb. In anderen Studien wurde gezeigt, dass sich die Priorisierung der Emotionsregulations- und der Informationsfunktionen auch experimentell manipulieren lässt (z. B. Mather, 2006): Wenn ältere Probanden sich vorstellen sollen, dass ihre Lebenserwartung aufgrund medizinischer Fortschritte verlängert wird, zeigen sie ähnliche Präferenzmuster für emotionsregulative und informative Aspekte wie junge Menschen; ebenfalls kann bei jüngeren Probanden das Präferenzmuster älterer Menschen erzeugt werden, wenn sie sich vorstellen sollen, dass ihnen nur noch wenig Zeit verbleibt (vgl. auch Carstensen, Fung & Charles, 2003; Kennedy, Mather & Carstensen, 2004). Damit werden viele neurophysiologische Alternativerklärungen (z. B. Leigland, Schulz & Janowsky, 2004) für die Zunahme des Positivitätsbias mit dem Alter – beispielsweise, dass bestimmte Hirnareale, die für die Erinnerung negativer Inhalte relevant sind, schneller degenerieren als Areale für positive Erinnerungen – ausgeräumt.

Mather und Knight (2005) konnten ferner zeigen, dass ältere Menschen *kognitive Ressourcen beanspruchen*, um positive Gedächtnisinhalte zu stärken und negative abzuschwächen. Dazu verwendeten die Autoren u. a. ein Paradigma der geteilten Aufmerksamkeit. Ähnlich wie Charles et al. (2003, Exp. 1) boten Mather und Knight (2005, Exp. 3) ihren Probanden positive und negative Bilder für ein festes Zeitintervall dar. Bei ungeteilter Aufmerksamkeit zeigten in einem anschließenden Test der freien Wiedergabe – in Übereinstimmung mit Charles et al. (2003) – ältere Probanden einen Positivitätsbias und jüngere Probanden einen Negativitätsbias. Mussten die Probanden während der Enkodierungsphase jedoch eine weitere – Aufmerksamkeitsressourcen beanspruchende – Aufgabe ausführen, büßten die älteren Probanden in einem anschließenden Erinnerungstest ihren Positivitätsbias vollständig ein und wiesen sogar einen sehr deutlichen Negativitätsbias auf. Jüngere Probanden zeigten sowohl unter ungeteilter als auch unter geteilter Aufmerksamkeit einen etwa gleich starken Negativitätsbias. Aus diesen und weiteren Befunden (z. B. Mather & Carstensen, 2005; Mather & Knight, 2005; Mather, 2006) lässt sich schließen, dass emotionsregulative Gedächtnisprozesse kognitive Ressourcen beanspruchen und somit eher den *strategischen* als den automatischen kognitiven Prozessen zuzurechnen sind.

Auch konnte demonstriert werden (z. B. Rösler et al., 2005), dass sich für frühe, eher automatische Aufmerksamkeitslenkungsprozesse keine Unterschiede zwischen jüngeren und älteren Personen finden lassen. Allerdings bleiben ältere im Vergleich zu jüngeren Menschen nicht so sehr an negativen Inhalten haften. Dass also bereits bei den Aufmerksamkeitsprozessen Unterschiede zwischen jüngeren und älteren Personen nicht auf automatische, sondern auf strategische Prozesse zurückzuführen sind (vgl. auch Knight et al., 2007), unterstützt die Annahme, dass dies auch bei emotionsregulativen Gedächtnisprozessen der Fall ist, zusätzlich. Hier finden sich einige Parallelen zu den in der vorliegenden Arbeit untersuchten angstbewältigungsspezifischen Gedächtnisprozessen, aber auch zu anderen kognitiven Informationsverarbeitungsprozessen, in denen sich Personen mit unterschiedlichen Angstbewältigungsdispositionen unterscheiden (vgl. z. B. Derakshan, Eysenck & Myers, 2007; Krohne & Hock, 2011).

2.4 Emotionsspezifische Zielgerichtetheit: Ein motivational-kognitives Rahmenmodell

Die obige Ausführung zur sozioemotionalen Selektivitätstheorie sollte aufzeigen, dass chronische motivationale Zustände – in dem Fall bedingt durch das Alter bzw. die subjektiv verbleibende Lebenszeit – das Emotionsregulations- und das Informationsbedürfnis beeinflussen können. Dies schlägt sich nach dieser Theorie in kognitiven Prozessen nieder, die letztendlich die Erinnerungsleistung für bestimmte Reize selektiv beeinflussen. Dieses Mediatormodell, dessen Ausgangspunkt die *Zielgerichtetheit von Gedächtnisprozessen* (*goal-directed memory*; Mather & Knight, 2005) ist, wird in Abbildung 2.3, beruhend auf einer Abbildung von Mather und Knight (2005), veranschaulicht.

Die antizipierte verbleibende Lebenszeit stellt allerdings nur *eine* Variable dar, die motivational bedingte Veränderungen in der Priorisierung informationeller und emotionaler Ziele hervorrufen kann. Es ist anzunehmen, dass andere chronische Zustände bzw. Bedürfnislagen ähnliche Einflüsse auf das Emotionsregulations- und Informationsbedürfnis und damit auf entsprechende Gedächtnisprozesse ausüben. Hier sind an erster Stelle Persönlichkeitseigenschaften zu nennen, die das Bedürfnis nach Emotionsregulation und nach Information beeinflussen können (vgl. Hamann & Canli, 2004, für neurobiologische Befunde zum Einfluss von Persönlichkeitseigenschaften auf die Verarbeitung emotionaler Inhalte).

Aber auch aktuelle Emotionslagen können die Zielausrichtung von Gedächtnisprozessen beeinflussen: So haben Arbeiten zur *Erinnerungsverengung* gezeigt, dass spezifische Emotionen zum Zeitpunkt der Enkodierung die Erinnerung an Informationen bzw. Reize verbessern, die *in Bezug auf diese Emotionen* als „inhaltlich zentral" einzustufen sind (Überblicke geben Levine & Pizarro, 2004, sowie Levine & Edelstein, 2009; vgl. Abschnitt 3.3.1.4 für detailliertere Ausführungen). Welche Reize oder Inhalte zentral sind, hängt aber von der mit der ausgelösten Emotion verbundenen Motivation ab (z. B. Power & Dalgleish, 2008). So werden z. B. bei Furcht andere Ziele aktiviert als bei Ärger (Levine & Pizarro, 2004; vgl. z. B. auch Laux & Weber, 1993). Bei Furcht steht im Vordergrund, der Gefährdung zu entkommen bzw. die Gefahrenquelle zu entfernen. Entsprechend sind Inhalte relevant, die helfen können, diese Ziele zu erreichen. Hingegen entsteht Ärger, wenn die eigene Zielerreichung bzw. Rollenausübung behindert oder der eigene Selbstwert willentlich von einer anderen Person verletzt wird. Die daraus resultierende Motivation ist, das behindernde Objekt auszuschalten bzw. die attackierende Person ebenfalls herabzuwürdigen. Anders als bei Furcht wären aber Informationen über Fluchtmöglichkeiten irrelevant. Entsprechend werden diejenigen Informationen besser erinnert, die unter der jeweiligen Emotion (und der damit

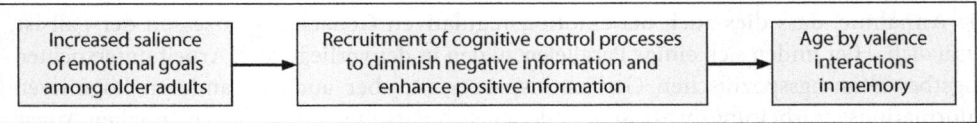

Abbildung 2.3 Mechanismen für die altersbedingte Veränderung, bevorzugt positive gegenüber negativen Informationen zu erinnern (Abbildung aus Mather & Knight, 2005, S. 555, Abb. 1).

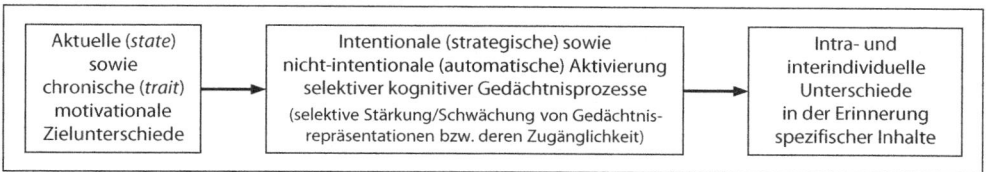

| Aktuelle (*state*) sowie chronische (*trait*) motivationale Zielunterschiede | Intentionale (strategische) sowie nicht-intentionale (automatische) Aktivierung selektiver kognitiver Gedächtnisprozesse (selektive Stärkung/Schwächung von Gedächtnis-repräsentationen bzw. deren Zugänglichkeit) | Intra- und interindividuelle Unterschiede in der Erinnerung spezifischer Inhalte |

Abbildung 2.4 Ein motivational-kognitives Rahmenmodell zur Zielgerichtetheit von Gedächtnisprozessen, die zu intra- und interindividuellen Erinnerungsunterschieden bezüglich spezifischer Reizinhalte führen.

verbundenen Motivation) handlungsleitende Relevanz besitzen (Levine & Edelstein, 2009; Levine & Pizarro, 2004).[5]

Mit diesem Ansatz der Zielgerichtetheit von Gedächtnisprozessen lässt sich übrigens auch der Effekt, dass man sich an nicht abgeschlossene Handlungen besser erinnern kann als an abgeschlossene (Zeigarnik, 1927), sehr gut erklären. Solange das Ziel, eine Aufgabe zu erfüllen, aktiv ist, sind damit verbundene Inhalte für die Zielerreichung relevant und gut erinnerbar. Nach Abschluss der Aufgabe sind viele der spezifischen Inhalte für die Erfüllung künftiger Anforderungen jedoch nicht mehr relevant und entsprechend schlechter erinnerbar. Förster, Liberman und Higgins (2005) konnten zudem zeigen, dass zielrelevante Inhalte umso besser erinnert werden, je stärker das Motiv zur Zielerreichung ist.

Die – chronisch oder aktuell – aktivierten Ziele beeinflussen, welche kognitiven Gedächt-nisprozesse ausgelöst und auf welche spezifischen Inhalte diese angewandt werden. Diese Prozesse könnten z. T. automatisch ablaufen, aber auch intentional beeinflusst werden. Ferner sind sowohl Prozesse vorstellbar, die zu einer selektiven Erinnerungsverbesserung beitragen (z. B. tiefere Enkodierung, intensivierte Elaboration, vermehrte Wiederholungsprozesse), als auch Prozesse, die Erinnerungen selektiv verschlechtern (z. B. Inhibierungsprozesse). Ein allgemeines motivational-kognitives Rahmenmodell, das die Zielgerichtetheit von Gedächt-nisprozessen annimmt, ist in Abbildung 2.4 dargestellt. Dieses Modell steht in der Tradition einer Reihe von Autorinnen und Autoren, die den adaptiven Nutzen und die Funktionalität von Emotion(sregulation) hervorgehoben (z. B. Carver & Scheier, 1990, 2002; Frijda, 1986; Laux & Weber, 1991, 1993; Lazarus, 1999) und/oder die Verbindung zu kognitiven Prozes-sen dargelegt haben (z. B. Arnold, 1960; Frijda, 1993; Gross, 1999, 2008; Lazarus, 1991a, 1991b, 1991c, 2001; Mandler, 1984; Oatley & Johnson-Laird, 1987; Power & Dalgleish, 2008; Scherer, 1984, 2001; Simon, 1967; Williams, Watts, MacLeod & Mathews, 1997).

Die vorliegende Arbeit fokussiert auf angstbewältigungsspezifische Unterschiede im Emotionsregulations- und Informationsbedürfnis und deren Einfluss auf die Erinnerung an bedrohliche Inhalte. Ausgehend von der Annahme, dass angstinduzierende Situationen durch *Unsicherheit*, was auf einen zukommt, sowie durch *emotionale Erregung* gekennzeich-net sind, wird im Rahmen des Modells der Bewältigungsmodi (MBM; z. B. Krohne, 1993; Krohne et al., 1992; vgl. Abschnitt 4.2.2 für eine ausführlichere Darstellung) postuliert, dass sich Personen stabil in ihrer Toleranz gegenüber Unsicherheit und gegenüber emotionaler Erregung unterscheiden. Eine direkte Ableitung daraus ist, dass Personen mit einer hohen Unsicherheitsintoleranz ein vermehrtes Informationsbedürfnis (Vigilanz) aufweisen und auch eine entsprechend gute Erinnerung an angstassoziierte bzw. bedrohliche Informationen

---

5   Dazu, dass emotionsregulative Ziele auch zum Zeitpunkt des Abrufs die Erinnerungsleistung für ursprünglich gleich gut enkodierte Gedächtnisinhalte beeinflussen können, siehe Holland, Tamir und Kensinger (2010).

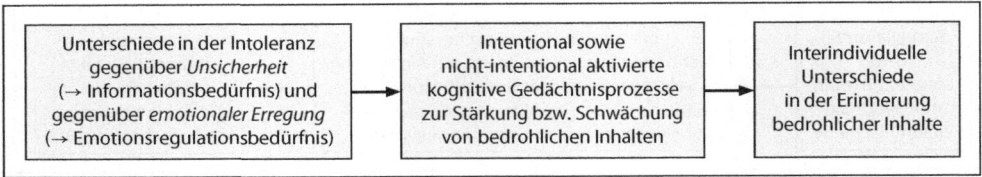

| Unterschiede in der Intoleranz gegenüber *Unsicherheit* (→ Informationsbedürfnis) und gegenüber *emotionaler Erregung* (→ Emotionsregulationsbedürfnis) | Intentional sowie nicht-intentional aktivierte kognitive Gedächtnisprozesse zur Stärkung bzw. Schwächung von bedrohlichen Inhalten | Interindividuelle Unterschiede in der Erinnerung bedrohlicher Inhalte |

Abbildung 2.5 Motivational-kognitives Modell zum angstbewältigungsspezifischen Informations- und Emotionsregulationsbedürfnis und zu den daraus resultierenden, durch kognitive Prozesse mediierten Erinnerungsunterschieden.

zeigen. Demgegenüber sind Personen mit einer hohen Intoleranz gegenüber emotionaler Erregung durch ein vermehrtes Emotionsregulationsbedürfnis gekennzeichnet (im Rahmen des MBM wird *kognitive Vermeidung* als Emotionsregulationsstrategie postuliert). Dies sollte sich in einer relativ schlechten Erinnerung an bedrohliche Inhalte manifestieren. Abbildung 2.5 zeigt dieses spezifische Modell, das ich in Abschnitt 5.4 wieder aufgreifen werde, um das dort erläuterte *Zwei-Prozess-Modell bewältigungsspezifischer Erinnerungsunterschiede*, das mit der vorliegenden Arbeit überprüft werden soll, abzuleiten.

Evidenz dafür, dass sich ressourcenbeanspruchende emotionsregulative Prozesse in der späteren Erinnerungsleistung niederschlagen, findet sich übrigens auch in verwandten Forschungsbereichen. So konnten Richards und Gross (2000, 2006) belegen, dass eine spezifische Form der Emotionsregulation, nämlich die Unterdrückung des Emotionsausdrucks während einer aversiven Episode, die spätere Erinnerung an diese verschlechtert.

2.5   Fazit und Ausblick

In diesem Kapitel sollte gezeigt werden, dass eine motivational-funktionale Sichtweise des Gedächtnisses es ermöglicht, plausible und sparsame Erklärungen für Phänomene aufzustellen, die sonst nicht oder allenfalls unter Zuhilfenahme vieler, in der Regel spekulativer Zusatzannahmen erklärt werden können (wie beispielsweise, dass im Alter Hirnareale, die für die Erinnerung an positive und negative Inhalte zuständig sind, unterschiedlich schnell degenerieren). In späteren Ausführungen dazu, ob bzw. wie Emotion die Erinnerungsleistung verbessert (Abschnitt 3.3) und wie Vergessen motivational beeinflusst werden kann (Abschnitt 3.2.3), werde ich weiter ausführen, welche Belege dafür sprechen, dass auch die Erinnerung an emotionale Inhalte stärker kognitiv beeinflussbar ist, als viele Ansätze – vor allem neurowissenschaftlich geprägte, aber auch allgemeinpsychologische – es nahelegen. Die Motivation zur kognitiven Modulation emotionaler Erinnerungen ergibt sich dabei aus einer Interaktion zwischen Emotionen und der individuellen Disposition, mit diesen Emotionen umzugehen. Als forschungstheoretischer Rahmen dient dabei die Annahme, dass zwei grundlegende Funktionen des menschlichen Gedächtnisses die Emotionsregulation und die Bereitstellung von Information sind und dass diese beiden Funktionen unter bestimmten Umständen miteinander konfligieren können.

In der vorliegenden Arbeit interessiert besonders die Interaktion zwischen angstassoziierten Inhalten und angstbewältigungsspezifischen Dispositionen (nämlich unterschiedlichen Toleranzen gegenüber Unsicherheit und emotionaler Erregung; vgl. Kapitel 4, speziell Abschnitt 4.2.2). Aus diesem Wechselspiel bildet sich die Motivation zu entsprechendem

Bewältigungsverhalten (nämlich Vigilanz und kognitive Vermeidung), das wiederum spezifischere kognitive Gedächtnismechanismen auslöst, die zur verbesserten bzw. verschlechterten Erinnerung an diese angstassoziierten Inhalte führen.

Bei der Untersuchung von interindividuellen Erinnerungsunterschieden wird üblicherweise primär nach Ursachen zum Zeitpunkt der Enkodierung und/oder des Abrufs gesucht. So haben auch Charles et al. (2003; vgl. auch Abschnitt 2.3) bei der Untersuchung altersbedingter Unterschiede im Positivitätsbias je eine Erklärungshypothese für Enkodierungs- und eine für Abrufursachen überprüft. Allerdings konnte in ihrer Studie keine der beiden Erklärungen bestehen.

Nur sehr selten wird nach interindividuellen Unterschieden *zwischen* Enkodierung und Abruf, also während des Behaltensintervalls, gesucht. Dies mag darin begründet sein, dass viele Forscher – zumindest implizit – eine Computermetapher für die menschliche Informationsverarbeitung verwenden. Danach wäre das menschliche Langzeitgedächtnis mit einer Festplatte, auf der Informationen dauerhaft und in unveränderlicher Form gespeichert werden, vergleichbar. Veränderungen in der Phase der Speicherung sollten somit nicht auftreten. In Kapitel 3 wird dargestellt, dass kognitive Prozesse, die zur Stärkung, Schwächung bzw. Veränderung von Gedächtnisrepräsentationen führen, auch während des Behaltensintervalls auftreten und dass diesen mehr Beachtung geschenkt werden sollte. Dieser Aspekt ist für die vorliegende Arbeit besonders relevant, da sich auch die bisherige Forschung, die sich mit Erinnerungsunterschieden in Abhängigkeit von Angstbewältigungsdispositionen beschäftigt hat, in ihren Erklärungsansätzen auf die Phasen der Enkodierung und des Abrufs beschränkt (siehe Kapitel 5). Derartige Erklärungsansätze sind mit neueren Befunden zum zeitlichen Verlauf von interindividuellen Erinnerungsunterschieden, wie sie in Abschnitt 5.3 zur repressiven Diskontinuität vorgestellt werden, jedoch nur schwer vereinbar. Die Betrachtung bewältigungsspezifischer kognitiver Prozesse *während* des Behaltensintervalls (siehe Abschnitt 5.4) könnte dazu beitragen, diesen zeitlichen Verlauf zu erklären.

3 Grundlegende Gedächtnisprozesse

Das menschliche Gedächtnis gehört, angefangen bei den experimentellen Studien von Ebbinghaus (1885/1966), zu den ältesten Forschungsbereichen der wissenschaftlichen Psychologie. Gleichwohl ist dieser Bereich weit davon entfernt, über ein kohärentes Modell des Erinnerns und Vergessens zu verfügen. Viele Befunde sind widersprüchlich, und Theorien, die einst als gut fundiert galten und allgemein anerkannt waren, haben heute keinen Bestand mehr (vgl. Bower, 2000, für eine kurze Historie der Gedächtnisforschung).

Zitate aus zwei Überblicksarbeiten mögen einen Eindruck vom aktuellen Stand der Gedächtnisforschung vermitteln. Roediger (2008) resümiert über die geringe Robustheit gedächtnispsychologischer „Gesetze": „For 120 years, cognitive psychologists have sought general laws of learning and memory. In this review I conclude that none has stood the test of time" (S. 225). Die Hoffnung solle jedoch noch nicht aufgegeben werden: „We may someday hope for a unified science of memory, but that day is not yet at hand" (S. 227).

Wixted (2004) beschreibt seine Sicht der *Theoriebildung* zum *Vergessen* folgendermaßen:

> The question of why people forget what they once knew has been continuously investigated for more than a century, and standard accounts of what we have learned about this fundamental issue can be found in almost any general psychology textbook. Unfortunately, the story that those books tell has changed over the years from a theoretically coherent (but ultimately incorrect) interference-based account of forgetting to an atheoretical laundry list of factors that may or may not play a role. (S. 236)

Ausgehend von dieser – bezüglich umfassender und definitiver Gedächtnismodelle ernüchternden – Bestandsaufnahme der gedächtnispsychologischen Forschung sollen in diesem Kapitel lediglich Prozesse der Erinnerungsverschlechterung (also des Vergessens) und der Erinnerungsverbesserung, die dem Verständnis der vorliegenden Arbeit dienlich sind, behandelt werden. Dabei beschränke ich mich auf Aspekte, die für das episodische Gedächtnis (z. B. Baddeley, 2001; Tulving, 1983, 1986, 2001) relevant sind.

In Abschnitt 3.1 wird der *Informationsverarbeitungsansatz* der Gedächtnispsychologie dargestellt und es werden grundlegende Begriffe definiert. Es folgen Erklärungsansätze zum *Vergessen* (Abschnitt 3.2), wobei speziell auf *motiviertes Vergessen* (Abschnitt 3.2.3) eingegangen wird. Da Emotionen oft eine starke erinnerungsförderliche Wirkung zugeschrieben wird, behandelt Abschnitt 3.3 den (erinnerungsförderlichen) Einfluss von Emotion auf die Erinnerung. Dazu werden klassische *autonome Erregungsansätze* vorgestellt und deren Limitationen diskutiert (Abschnitt 3.3.1). Kontrastiert werden diese autonomen Erregungsansätze mit der Annahme *aktiver Aufrechterhaltung*, also selektiver Wiederholungs- und Auffrischungsprozesse, die zwischen Aufnahme und Abruf eines Gedächtnisinhaltes stattfinden (Abschnitt 3.3.2). Die abschließende Zusammenfassung (Abschnitt 3.4) leitet zu den Folgekapiteln über, die sich damit befassen, warum Personen mit unterschiedlichen Angstbewältigungsstilen sich in ihren Erinnerungen an bedrohliche Informationen unterscheiden. Da auch bei Erklärungen bewältigungsspezifischer Erinnerungsunterschiede (vgl. Kapitel 5) bislang auf Enkodierung und Abruf fokussiert und die dazwischenliegende Phase vernachlässigt wurde, ermöglicht die Betrachtung des Behaltensintervalls als eine Phase aktiver und selektiver Erinnerungsverbesserung neue Forschungsansätze.

3.1   Der Informationsverarbeitungsansatz

Der Informationsverarbeitungsansatz der Gedächtnispsychologie (z. B. Crowder, 1976, Kap. 1; Melton, 1963) unterscheidet drei Phasen: Enkodierung (*encoding*), Speicherung (*storage*) und Abruf (*retrieval*).

Enkodierung meint, dass ein – in der Regel von außen eintreffendes – physikalisches Reizmuster (z. B. ein Ton oder Lichtwellen) in einen neuronalen Code transformiert wird, der vom Gehirn verarbeitet werden kann. Verschiedene Autoren unterscheiden sich in ihren Definitionen dahingehend, ob Enkodierung nur die Transformation in diesen Code umfasst (z. B. Vaterrodt-Plünnecke & Bredenkamp, 2006), wobei die Information nicht über beispielsweise einen sensorischen Kurzzeitspeicher hinausgelangen muss, oder auch bereits eine initiale Abspeicherung im (Langzeit-)Gedächtnis einschließt (z. B. S. C. Brown & Craik, 2000; Nairne, 2002).[6] In der vorliegenden Arbeit soll die letztere Definitionsweise verwendet werden. Eine initiale Abspeicherung ist Voraussetzung für jede längerfristige Informationsspeicherung: Wenn jemand „in Gedanken verloren" sein Schlüsselbund irgendwo ablegt und sich später nicht erinnern kann, wo er es hingelegt hat, liegt dies nicht daran, dass er den Ablageort „vergessen" hat – vielmehr wurde der Ablageort gar nicht enkodiert.

Mit *Speicherung* wird die „Aufbewahrung" oder Aufrechterhaltung der Gedächtnisinhalte bezeichnet. Wie die Bezeichnung Speicherung bereits ausdrückt, wird häufig eine passive Aufbewahrung angenommen. Dies spiegelt sich auch in verbreiteten Gedächtnismetaphern wider, die das Gedächtnis mit einer Bibliothek, einem Lagerhaus (*storehouse/warehouse metapher*) oder einer Computerfestplatte vergleichen (zu Gedächtnismetaphern vgl. Danziger, 2008; Draaisma, 2000; Fleckner, 1995). Eine gewisse Vernachlässigung des Behaltensintervalls wird auch dadurch belegt, dass in den meisten allgemein- und kognitionspsychologischen Lehrbüchern dieser Phase – im Vergleich zur Enkodierung und zum Abruf – wenig Platz eingeräumt wird (z. B. J. R. Anderson, 2007; Eysenck & Keane, 2010; Müsseler, 2008; Solso, 2005). Neuropsychologische Modelle gehen zwar davon aus, dass in der Phase der Speicherung Konsolidierungsprozesse stattfinden, allerdings wird Konsolidierung als automatisch ablaufender Prozess konzeptualisiert (vgl. Abschnitt 3.3.1). Eine Gegenposition, wonach in der Phase zwischen Enkodierung und Abruf *aktive Aufrechterhaltungsprozesse* stattfinden, wird in Abschnitt 3.3.2 – im Zusammenhang mit dem Einfluss von Emotion auf die Erinnerungsleistung – ausführlicher behandelt.

Unter *Abruf* versteht man die Nutzung der Gedächtnisinhalte. Der willentliche Abruf einer Information kann aus zwei Gründen fehlschlagen (Tulving & Pearlstone, 1966): (a) Die gewünschte Information ist prinzipiell *verfügbar* (*available*), wurde also adäquat enkodiert

---

6   Gruber (2011) stellt fest, dass die erstere Definition ein weitverbreitetes Missverständnis darstelle und dieser Vorgang besser nur als *Kodierung* bezeichnet werden solle. *Enkodierung* schließe die Abspeicherung der Information mit ein.

und auch bis zum Zeitpunkt des Abrufversuchs gespeichert, allerdings (momentan) nicht *zugänglich* (*accessible*), z. B. weil die für den Abruf verwendeten Hinweisreize nicht ausreichen, um die Information „aufzufinden". Wenn es jemandem in einer bestimmten Situation nicht gelingt, eine Information abzurufen, sie ihm aber später – z. B. in einem anderen Kontext – wieder einfällt, war diese Information vorübergehend nicht zugänglich. Zugänglichkeit kann dabei als dimensionales Konstrukt aufgefasst werden: Bestimmte Inhalte, wie der eigene Name, sind sehr leicht zugänglich und können sehr schnell abgerufen werden, wohingegen andere Inhalte, z. B. der Name einer Mitschülerin aus der Grundschule, schwer zugänglich sind, also einige Zeit und eine gewisse „Gedächtnissuche" bis zum erfolgreichen Abruf benötigen. (b) Die Information ist nicht verfügbar, d. h., es besteht gar keine Gedächtnisrepräsentation. Sofern dies nicht darauf zurückzuführen ist, dass nie eine Gedächtnisspur angelegt wurde, also keine Enkodierung bzw. initiale Speicherung stattgefunden hat (dann würde man auch nicht von „Vergessen" sprechen), muss die Gedächtnisrepräsentation „gelöscht" worden oder „zerfallen" sein (vgl. Abschnitte 3.2.1.1 und 3.2.1.4).[7]

3.2 Vergessen

In diesem Abschnitt werden zunächst *klassische Erklärungsansätze* für das Vergessen dargestellt (Abschnitt 3.2.1), wie man sie auch heute noch in fast jedem allgemein- oder kognitionspsychologischen Lehrbuch findet. Darüber hinaus wird aufgezeigt, warum zumindest einige dieser Erklärungen nicht mehr als gültig angesehen werden können bzw. einer Modifikation bedürfen. Derartige modifizierte Theorien, die innerhalb der letzten Dekade publiziert wurden, werden in Abschnitt 3.2.2 (Aktuelle Erklärungsansätze) vorgestellt. Es folgen Ausführungen zum *motivierten Vergessen* (Abschnitt 3.2.3), wobei speziell auf verschiedene Paradigmen des motivierten Vergessens sowie deren ökologische Validität eingegangen wird.

3.2.1 Klassische Erklärungsansätze

Es werden klassischerweise drei mögliche Ursachen für das Vergessen unterschieden: *Spurenzerfall*, *Interferenz* und *unzureichende Hinweisreize* (z. B. Gerstorf & Lindenberger, 2006; Pohl, 2007; Slamecka & Neath, 2003). Am Ende dieses Unterkapitels steht ein Exkurs zu der Frage, ob es „echtes" Vergessen überhaupt gibt.

3.2.1.1 Spurenzerfall

Spurenzerfall (*trace decay*) meint, dass Gedächtnisinhalte, die nicht wiederholt oder abgerufen werden, mit der Zeit schwächer und letztendlich gänzlich gelöscht werden. Zurückzuführen ist dies auf physiologische und metabolische Prozesse, die zu einer fortschreitenden Erosion der synaptischen Veränderungen, welche die Grundlage der Informationsspeicherung im Gehirn darstellen, führen. Ein direkter Nachweis von Spurenzerfall auf physiologischer Ebene erweist sich jedoch als schwierig und ist bisher erst tierexperimentell an einem sehr einfachen Organismus, nämlich an der Aplysia (einer Meeresschnecke), gelungen

---

7   Für eine alternative Unterscheidung der Begriffe *retrievability* und *availability* siehe Bower (1970).

(z. B. Bailey & Chen, 1989). – Metaphorisch kann man sich Spurenzerfall wie einen Trampel-pfad in einem Wald vorstellen, der, wenn er nicht mehr genutzt wird, irgendwann wieder zuwächst (z. B. Bower, 2000). Die Vorstellung des Spurenzerfalls ist sehr alt. Bereits bei John Locke (1694, zitiert nach Fleckner, 1995) findet sich eine recht explizite Beschreibung dieses Phänomens:

> Gleichwohl scheint ein ständiges Sichabschwächen aller unserer Ideen stattzufinden, auch derer, die sich am tiefsten in die treuesten Gedächtnisse eingeprägt haben, so daß, wofern sie nicht bisweilen durch wiederholten Gebrauch der Sinne oder durch Reflexion auf Objekte von der Art, durch die sie das erstemal angeregt worden, erneuert werden, der Eindruck verblaßt und schließlich nichts mehr zu sehen ist. (S. 115)

Auch die Forschung von Ebbinghaus (1885/1966) kann diesem Ansatz zugeordnet werden: Die Beschreibung und Formalisierung von Vergessenskurven bzw. Behaltensfunktionen ist aus dieser Tradition hervorgegangen. Während Ebbinghaus mit sinnfreien Silben und daher wenig ökologisch validem Material arbeitete, haben spätere Langzeitstudien auch Behaltens-kurven für alltagsnäheres Material untersucht, beispielsweise für fremdsprachige Vokabeln, die in der Schule gelernt wurden (Bahrick, 1984), oder für Nachrichten aus dem Fernsehen und Zeitungen (Meeter, Murre & Janssen, 2005). Diese Studien haben die Ergebnisse von Ebbinghaus weitestgehend bestätigt.

Bis heute hält allerdings der Diskurs darüber an, ob sich Vergessen besser durch eine Exponentialfunktion (Behaltensmenge $= a \times e^{-b \times \text{Zeit}}$, wobei e die Basis des natürlichen Loga-rithmus ist und a und b Parameter darstellen, die sich je nach Material und Lernkrite-rium unterscheiden können) oder durch eine – negativ beschleunigte – Potenzfunktion (Behaltensmenge $= a \times \text{Zeit}^{-b}$) beschreiben lässt (vgl. Rubin & Wenzel, 1996, für einen empiri-schen Vergleich sowie eine Diskussion dieser und weiterer Funktionen). Ferner ist es möglich, dass eine Potenzfunktion als Artefakt aus der Mittelung über verschiedene individuelle exponentielle Vergessenskurven, die unterschiedliche Vergessensraten aufweisen, entsteht (Sikström, 2002).

Thorndike (1914/1921) formulierte die Idee des Spurenzerfalls als *law of disuse* in folgender (heute sprachlich etwas befremdlich wirkender) Weise:

> To the situation, 'a modifiable connection not being made by him between a situation S and a response R, during a length of time T,' man responds originally, other things being equal, by a decrease in the strength of that connection. (S. 70)

Als problematisch an dieser Formulierung erwies sich, dass hier offenbar postuliert wird, dass das Verstreichen von Zeit *ursächlich* für die Abschwächung der Gedächtnisspur sei. Dies wurde von McGeoch (1932) auf formaler Ebene heftig kritisiert, da Zeit an sich niemals kausal auf etwas wirken könne, sondern – nicht näher bezeichnete – Prozesse dahinterstehen müssten, genauso wie Eisen nicht „aufgrund des Verstreichens der Zeit" roste, sondern aufgrund von Oxidation, deren Fortschreiten allenfalls mit der Zeit korreliert sein könne.

Auch wenn dieser Einwand formal richtig ist, scheint er aus heutiger Sicht trivial zu sein und am Kern der Sache vorbeizugehen: Wie am Anfang dieses Abschnittes formuliert, ist Spu-renzerfall sicherlich auf physiologische und metabolische Prozesse auf synaptischer Ebene, die mit dem Verstreichen der Zeit assoziiert sind, zurückzuführen. Gleichwohl war die Meinung von McGeoch in den 1930er und 1940er Jahren recht einflussreich und verhalf der im Folgenden dargestellten Interferenztheorie zu einem deutlichen Aufschwung (vgl. Wixted, 2004). In Abschnitt 3.2.1.4 werden weitere Gründe beschrieben, die dazu führten, dass die Theorie des Spurenzerfalls zwischenzeitlich wenig beachtet wurde.

3.2.1.2 Interferenz

Ein weiterer Erklärungsansatz für das Vergessen geht davon aus, dass nicht primär die Länge des seit der Enkodierung oder dem letzten Abruf vergangenen Zeitintervalls vergessens-relevant ist. Vielmehr sei Vergessen auf Interferenzprozesse zurückzuführen, wobei die *Anzahl* sowie die *Art* der Lernerfahrungen, die vor bzw. nach dem Enkodieren des Ziel-materials gemacht werden, entscheidend sind (für einen Überblick über Interferenz und Vergessen siehe R. A. Bjork, 2003). *Retroaktive Interferenz* beschreibt dabei das Phänomen, dass das neu gelernte Material die Erinnerung an zuvor gelernte (ähnliche) Inhalte erschwert. *Proaktive Interferenz* meint hingegen, dass bereits gelerntes Material die Speicherung der neuen Information behindert. In der Interferenztheorie wird Vergessen als Verringerung der Zugänglichkeit zu dem Gedächtnisinhalt angesehen, nicht jedoch als Auslöschung oder Zerfall der Gedächtnisspur.

Die verringerte Zugänglichkeit wird im Rahmen der Interferenztheorie klassischerweise als Folge konkurrierender Antworttendenzen (auch: Antwortwettbewerb, *response competition*; z. B. M. C. Anderson, Bjork & Bjork, 1994) bzw. von Hinweisreizüberlastung (*cue overload*; Ear-hard, 1967; O. C. Watkins & Watkins, 1975) interpretiert.[8] Wenn also zunächst eine deutsch-französische Vokabelliste A–B gelernt wird und im Anschluss eine deutsch-italienische Voka-belliste A–D mit den gleichen deutschen Wörtern, so stehen zu jedem Hinweisreiz (dem deutschen Wort) zwei Antwortwörter, nämlich eine französische und eine italienische Voka-bel, zur Verfügung. Da diese beiden Antwortwörter um den Abruf konkurrieren, verringert sich für jede einzelne französische bzw. italienische Vokabel die Wahrscheinlichkeit, korrekt abgerufen zu werden. Mit anderen Worten (vgl. O. C. Watkins & Watkins, 1975) ist der einzelne Hinweisreiz dadurch „überlastet", dass er mit mehreren Antworten verknüpft ist.

An dem Vokabellern-Beispiel lässt sich übrigens sowohl die proaktive als auch die retro-aktive Interferenz demonstrieren: Vergleicht man eine Experimentalgruppe, welche die Liste A–B und anschließend die Liste A–D lernt, mit einer Kontrollgruppe, welche die Lis-ten A–B und C–D lernt, so ist in der Experimentalgruppe – im Vergleich zur Kontrollgruppe – sowohl die Zugänglichkeit zu Liste B (retroaktive Interferenz) als auch zu Liste D (proaktive Interferenz) geringer.

Alternativ wurde – in neueren Theorien – die verringerte Zugänglichkeit mittels der Aktivationsausbreitung in assoziativen Netzwerken erklärt (Fächereffekt bzw. *fan effect*; z. B. J. R. Anderson, 1974, 1983; auch Mensink & Raajimakers, 1988): Wenn eine deutsche Vokabel aktiviert wird, breitet sich die Aktivation zu den fremdsprachigen Verknüpfungen aus. Da sich bei den Personen, welche die Listen A–B und A–D gelernt haben, nun die Aktivation auf mehrere Verknüpfungen verteilen muss, ist die Aktivation jeder einzelnen Verknüpfung geringer und damit deren erfolgreicher Abruf unwahrscheinlicher bzw. langsamer.

---

8 Zu sogenannten Verlernhypothesen als alternative Erklärungsansätze siehe Melton und Irwin (1940; vgl. auch Klimesch, 1979).

Eine klassische Studie zur *retroaktiven Interferenz* stammt von Jenkins und Dallenbach (1924). Wenn Vergessen überwiegend auf Spurenzerfall zurückzuführen ist, sollte es keinen Unterschied machen, ob nach der Phase des Lernens viele oder wenige potentiell interferierende Reize oder Informationen vom Lerner aufgenommen werden. Falls retroaktive Interferenz zum Vergessen beiträgt, sollte die Erinnerung an das Zielmaterial jedoch dann schlechter ausfallen, wenn während des Behaltensintervalls viel neue Information aufgenommen wird. Da davon ausgegangen werden kann, dass im Schlaf kaum neue Information auf den Lerner einströmt, sollten sich Personen, die nach dem Lernen schlafen, besser an das Zielmaterial erinnern als Personen, die während eines gleich langen Behaltensintervalls wach bleiben. In der Tat erhielten Jenkins und Dallenbach (1924) für die Erinnerung an sinnfreie Silben Befunde, die diesen Annahmen zur retroaktiven Interferenz entsprachen. Dieses und eine Reihe weiterer Experimente führten in den 1930er bis 1950er Jahren zur allgemeinen Akzeptanz der Theorie der retroaktiven Interferenz.

Die Theorie der *proaktiven Interferenz* entwickelte sich etwas später. Ihre Entstehung wird häufig mit dem Erscheinen des Artikels von Underwood (1957) gleichgesetzt (vgl. z. B. Wixted, 2004). Underwood kritisierte an der bisherigen Forschung zur retroaktiven Interferenz, dass sie nur sehr bedingt das Ausmaß des beobachteten Vergessens erklären könne. Im damaligen Standardparadigma zum Vergessen lernten die Probanden (i. d. R. Studierende) – in der Tradition von Ebbinghaus – sinnfreie Silben oder Wörter, bis sie in der Lage waren, diese ein Mal perfekt wiederzugeben. Nach einem festen Behaltensintervall, z. B. 24 Stunden, wurde die Erinnerung getestet. Das Vergessen, das nach 24 Stunden bei durchschnittlich etwa 75% lag, wurde der retroaktiven Interferenz zugeschrieben. Underwood bezweifelte allerdings, dass es im Alltag der Probanden viel Material gab, das den sinnfreien Silben bzw. Wörtern sehr ähnlich sei und daher zu retroaktiver Interferenz führe.

Eher zufällig hatten Greenberg und Underwood (1950) bemerkt, dass Probanden desto mehr Wörter während eines festen Behaltensintervalls vergaßen, an je mehr ähnlichen Lernexperimenten sie kurz zuvor teilgenommen hatten. Hieraus leitete Underwood (1957) ab, dass nicht primär retroaktive Interferenz die Erinnerung beeinträchtigt, sondern proaktive Interferenz durch die zuvor im Labor gelernten Wort- bzw. Silbenlisten. Vor diesem Hintergrund reanalysierte er 15 Experimente verschiedener Forschergruppen, für die Daten darüber vorlagen, wie viele Listen die Probanden zuvor gelernt hatten, und die alle einheitlich ein 24-stündiges Behaltensintervall verwendet hatten. Er fand einen starken negativen Zusammenhang zwischen der Anzahl der zuvor gelernten Listen und dem Anteil der erinnerten Items. Dabei konnte die Anzahl der zuvor gelernten Listen über 80% der Varianz der Erinnerungsleistung zwischen den Experimenten aufklären. (Die Erinnerungsleistung in den 15 Experimenten variierte zwischen ca. 10 und 82%.) Die Schlussfolgerung war, dass Vergessen zum größten Teil auf proaktive Interferenz und nur in geringem Maße auf retroaktive Interferenz zurückzuführen ist.

Während also in den späten 1950er Jahren der vorherrschende Erklärungsansatz der retroaktiven Interferenz durch den der proaktiven Interferenz abgelöst wurde, kamen in den späten 1960er Jahren vermehrt auch Zweifel an der Bedeutung des letzteren Ansatzes auf. Abgesehen davon, dass Demonstrationen der proaktiven Interferenz auf Laborbedingungen beschränkt blieben und daher die Relevanz für Lernen und Vergessen im realen Leben fraglich blieb, ließen Arbeiten von Underwood und Ekstrand (1966, 1967) weitere Zweifel am Konstrukt der proaktiven Interferenz aufkommen: Unter Laborbedingungen lässt sich proaktive Interferenz dann einfach herstellen, wenn das vorhergehende Lernen massiert geschieht; wird jedoch verteilt gelernt, wie es in der Regel auch mehr den Alltagssituationen entsprechen dürfte, tritt keine proaktive Interferenz auf. Underwood (1983) zog das Fazit:

> A relatively few years ago it seemed that a fairly comprehensive theoretical account of forgetting was close at hand, but that has slipped away. Some investigators have lost confidence in interference as a major cause of forgetting, but none of the proposed replacements thus far has created a feeling that things are on a productive new track. But that will surely come. (S. 262)

Ob inzwischen Erklärungsansätze entwickelt wurden, die zumindest hoffen lassen, auf dem richtigen Wege zu sein, wird in Abschnitt 3.2.2 (Aktuelle Erklärungsansätze) behandelt.

3.2.1.3 Unzureichende Hinweisreize

Eine weitere Erklärung, die davon ausgeht, dass Gedächtnisinhalte, an die man sich nicht erinnern kann, lediglich zeitweilig nicht zugänglich sind, ist die Annahme fehlender oder unzureichender Hinweisreize (*cue-dependent forgetting*; Tulving, 1974). So kann es, vor allem auf semantisches Wissen bezogen, sein, dass weitere semantische Hinweise helfen, eine Assoziation herzustellen oder auf einem alternativen Abrufpfad zum gewünschten Gedächtnisinhalt zu gelangen. Wenn jemand versucht, sich an den Namen der Hauptstadt von Libyen zu erinnern, und ihm dieser nicht sofort einfällt, kann der Hinweis helfen, dass er mit *T* beginnt. Falls dieser Hinweis nicht ausreicht, würden – elementare Griechischkenntnisse vorausgesetzt – vermutlich die folgenden Hinweise zum erfolgreichen Abruf führen: dass die Stadt eigentlich aus dem Zusammenschluss dreier Städte entstanden ist, dass der noch heute gültige Name im Altertum von den Griechen vergeben wurde und dass diese damit einfach zum Ausdruck bringen wollten, dass es sich um „drei Städte" handelt (*Tripolis*).

Darüber hinaus beinhaltet dieser Ansatz, dass bei jeglicher Abspeicherung episodischer Gedächtnisinhalte auch stets raum-zeitliche Kontextmerkmale enkodiert werden (M. J. Watkins & Tulving, 1975). Diese Kontextmerkmale, die beim Abruf als Hinweisreize dienen, können sowohl externaler Natur sein (z.B. Ort, Tageszeit, getragene Kleidung, Gerüche; *kontextabhängiges Erinnern* im engeren Sinne) als auch internaler Natur (z.B. Stimmungen, Emotionen, körperlicher Zustand oder besonderer Bewusstseinszustand aufgrund des Konsums psychoaktiver Substanzen; auch unter der Bezeichnung *zustandsabhängiges Erinnern* zusammengefasst). So konnten für externale Kontextmerkmale beispielsweise Godden und Baddeley (1975) in ihrer inzwischen klassischen Studie zeigen, dass Taucher, die Wortlisten an Land und unter Wasser gelernt hatten, diese dann deutlich besser wiedergeben konnten, wenn der Abrufort (an Land vs. unter Wasser) mit dem Lernort übereinstimmte. Für internale Kontextmerkmale haben J. E. Eich, Weingartner, Stillman und Gillin (1975) demonstriert, dass die Wiedergabeleistung für eine Wortliste dann besser ausfällt, wenn vor dem Lernen und dem Abrufen entweder konsistent gewöhnliche Zigaretten oder konsistent Marihuana-Zigaretten geraucht werden, als dann, wenn die Art der konsumierten Zigarette sich zwischen Enkodier- und Abrufphase unterscheidet. Ein Spezialfall des zustandsabhängigen Erinnerns ist das *emotions-* bzw. *stimmungsabhängige Erinnern* (*mood-state-dependent memory*; Bower, 1981; vgl. auch Blaney, 1986; E. Eich, Macaulay & Ryan, 1994). Demzufolge ist die Erinnerungsleistung besser, wenn die Emotion bzw. Stimmung in der Phase der Enkodierung mit der beim Abruf übereinstimmt. Ucros (1989) konnte den Effekt des stimmungsabhängigen Erinnerns – mit durchschnittlich moderater Effektstärke – auch meta-analytisch absichern, wobei der Effekt für positive Stimmungen etwa doppelt so groß ausfällt wie der für negative Stimmungen.

Eine Erklärung für all diese Effekte liefert das Prinzip der Enkodierungsspezifität (*encoding specificity principle*; Tulving & Thomson, 1973). Dieses besagt, dass die Wahrscheinlichkeit des erfolgreichen Abrufs von Gedächtnisinhalten mit dem Grad der Übereinstimmung zwischen Enkodier- und Abrufkontext ansteigt. Auch wenn die Theorie der Enkodierungsspezifität allgemein anerkannt ist, merkt Nairne (2002) an, dass sie in der üblichen Beschreibung (die Wahrscheinlichkeit eines erfolgreichen Abrufs ist umso höher, je größer die Übereinstim-mung zwischen Enkodierungs- und Abrufkontext ist) falsch konzeptualisiert sei. Nicht eine möglichst große Übereinstimmung sei relevant, sondern die „diagnostische Information", die gemeinsame Merkmale des Enkodierungs- und Abrufkontextes liefern. Anders formuliert: Die Übereinstimmung zwischen Enkodier- und Abrufkontext ist für die Erinnerung dann förderlich, wenn dies Merkmale betrifft, die für die Zielinformation distinkt sind. – Dies lässt sich durch die Hypothese der Hinweisreizüberlastung (vgl. Abschnitt 3.2.1.2) erklären: Kontext- oder Zustandsmerkmale, die als Hinweisreize für eine große Anzahl von Zielinfor-mationen dienen, helfen beim Abruf nicht, zwischen diesen Informationen zu diskriminieren. Im Rahmen von Netzwerkmodellen könnte man auch formulieren: Derartige unspezifische Hinweisreize können die relevante Zielinformation nur schwach – und für einen Abruf gegebenenfalls nicht ausreichend – aktivieren, da sich die Aktivierung auf viele potentielle Zielinformationen verteilt.

Mit dem Prinzip der Enkodierungsspezifität wurde auch versucht, zu erklären, warum Ereignisse durchschnittlich umso schlechter erinnert werden, je länger sie zurückliegen: Mit dem Verstreichen der Zeit wird es wahrscheinlicher, dass sich internale und externale Kontexte, die während der Abspeicherung vorhanden waren, geändert haben und daher beim Abruf eine größere Diskrepanz zwischen Enkodier- und Abrufkontext besteht (vgl. Estes, 1955). Unter der Bezeichnung „contextual fluctuation" wurde dieser Prozess auch in formale Gedächtnis-modelle integriert (z. B. Mensink & Raaijmakers, 1988, 1989). Während diese Kontextverände-rung eine plausible Erklärung für die infantile Amnesie sein mag, sofern man davon ausgeht, dass die frühen Kindheitsjahre auch dadurch geprägt sind, dass Erfahrungen weder verbal kodiert noch zeitlich strukturiert abgespeichert werden, so ist doch fraglich, ob diese Erklä-rung auch für das mittlere Erwachsenenalter, in dem sich internale und externale Kontexte oft nur langsam ändern, gültig ist.

Die Nichtzugänglichkeit von Gedächtnisinhalten aufgrund fehlender adäquater Hinweis-reize bzw. die abruffördernde Wirkung der Übereinstimmung von (distinkten) Merkmalen des Enkodier- und Abrufkontextes ist empirisch gut belegt. Ferner wird es wohl fast jeder aus dem Alltag kennen, dass Inhalte, die man in einem bestimmten Moment nicht abrufen kann, später – in einem anderen Kontext – wieder zugänglich sind. Ähnlich wie bei der Interferenztheorie bleibt aber auch bei dieser Theorie offen, wie groß ihr Aufklärungsbeitrag für Vergessensprozesse im Alltag ist. Es gibt Extrempositionen, die behaupten, dass jegli-ches „Vergessen" nur eine momentane Unzugänglichkeit darstellt und ein erfolgreicher Abruf durch entsprechende Hinweis- und Kontextreize herstellbar ist. Wie es zu solchen Extrem-positionen gekommen ist und ob diese haltbar erscheinen, wird in dem folgenden Exkurs erörtert.

3.2.1.4 Exkurs: Gibt es „echtes" Vergessen?

Wie dargestellt, geht von den klassischen Erklärungsansätzen für Vergessen nur die Spurenzerfallstheorie davon aus, dass einmal abgespeicherte Gedächtnisinhalte nicht nur schwer zugänglich werden, sondern auch tatsächlich zerfallen können. Zwar schreibt Pohl (2007):

> […] die meisten Forscher [sind sich] einig, dass es „echtes" Vergessen gibt, d. h. dass Informationen vollständig und unwiederbringlich aus dem Gedächtnis verschwinden (Loftus & Loftus, 1980; Schacter, 2001). Das Problem ist nur, dass man das nicht beweisen kann. Denn solange etwas nicht erinnert werden kann, kann man nie mit Sicherheit behaupten, dass es tatsächlich vergessen ist, denn es könnte ja trotz aller Bemühungen doch noch einen spezifischen, bisher nicht verwendeten Hinweisreiz geben, der die Erinnerung wieder hervorholt. (S. 40)

„Beweisen" kann man die Aussage, dass *alle* jemals abgespeicherten Gedächtnisinhalte nach wie vor verfügbar – wenngleich auch zum Großteil nicht zugänglich – sind, jedoch ebenfalls nicht. Gleichwohl erscheint es wenig plausibel, anzunehmen, das menschliche Gehirn leiste sich den Luxus, Unmengen von nicht zugänglichen Gedächtnisinhalten zu speichern. Auch wenn dieser Exkurs die Frage, ob es „echtes" Vergessen gibt, letztendlich nicht beantworten können wird, soll hier dargestellt werden, wie sich die Ansicht, dass es keinen Spurenzerfall gibt, durchgesetzt hat und ob die gegen den Spurenzerfall angeführten Argumente aus heutiger Sicht noch haltbar sind.

Loftus und Loftus (1980) befragten 75 Psychologen und 94 Nichtpsychologen, welcher der folgenden Aussagen sie zustimmen:

1. Everything we learn is permanently stored in the mind, although sometimes particular details are not accessible. With hypnosis, or other special techniques, these inaccessible details could eventually be recovered.
2. Some details that we learn may be permanently lost from memory. Such details would never be able to be recovered by hypnosis, or any other special technique, because these details are simply no longer there. (S. 410)

Von den Psychologen entschieden sich 84% für Aussage 1, die besagt, dass alle Inhalte im Langzeitgedächtnis erhalten bleiben, selbst wenn vieles davon nicht zugänglich ist, 14% entschieden sich für Aussage 2 und 2% stimmten keiner der beiden Aussagen zu. Bei den Nichtpsychologen stimmten 69% der Position 1 zu, 23% der Position 2 und 8% trafen keine Entscheidung. Nach den Gründen für ihre Entscheidung befragt, wurden vor allem persönliche Erfahrungen angegeben, z. B., dass man sich schon einmal an Erlebnisse, an die man lange nicht mehr gedacht hatte, spontan – durch den richtigen Hinweisreiz angestoßen – erinnert habe. Eine andere Begründung, die vor allem von Psychologen für Position 1 angeführt wurde, waren die Befunde des Neurochirurgen Wilder Penfield (z. B. Penfield, 1969; Penfield & Perot, 1963; Penfield & Roberts, 1959), dass epileptische Patienten, bei denen man während einer Gehirnoperation bestimmte Hirnareale elektrisch stimulierte, weit zurückliegende Erinnerungen, die vergessen schienen, in lebhafter Weise wiedergaben. Einige Befragte führten als Argument für Position 1 auch an, dass unter Hypnose oder durch Psychoanalyse vergessen geglaubte Erinnerungen wiedererlangt werden könnten.

Was ist von diesen „empirischen Evidenzbelegen", die vor allem von den befragten Psychologen angeführt wurden, zu halten? Loftus und Loftus (1980) gingen den einzelnen Begründungen nach und konnten in allen Fällen belegen, dass die vermeintlichen empirischen Belege wissenschaftlich nicht haltbar sind. Hier soll exemplarisch die Argumentation zur Evidenz durch Hirnstimulation herausgegriffen werden.

Eine Reanalyse der Daten von Penfield und seinen Mitarbeitern (Penfield, 1969; Penfield & Perot, 1963) durch Loftus und Loftus (1980) ergab, dass Penfield selbst bei allenfalls 40 von 520 Patienten, die einer elektrischen Hirnstimulation unterzogen wurden, Anzeichen für die Wiedergabe von Erinnerungen feststellte. Auch die Äußerungen dieser 40 Patienten waren zum Großteil jedoch vage und können keineswegs eindeutig als Erinnerung klassifiziert werden. Beispielsweise antwortete eine Patientin auf die Stimulation hin: „'Oh, a kind of sound in the distance like people singing.' When asked what they were singing, she replied, 'I don't know. It was like a bunch of old folks in the background, probably some hymns.'" (Penfield & Perot, 1963, S. 624).

Folgt man der Einschätzung von Loftus und Loftus (1980), bleiben 12 Patienten übrig, die erinnerungsähnliche Äußerungen von sich gaben, aber selbst bei diesen ist fraglich, ob es sich um wahre Erinnerungen oder eher um Konfabulationen bzw. um den Versuch handelte, irgendwelche – durch die Stimulation hervorgerufenen – Sinneseindrücke sinnvoll zu interpretieren. In einem der Fälle, der von Penfield und Perot (1963) als starker und beeindruckender Beleg für die Unauslöschbarkeit von Erinnerungen gewertet wurde, wird folgendermaßen beschrieben, was die Patientin auf die Stimulation hin äußerte:

> "I think I heard a mother calling her little boy somewhere. It seemed to be something that happened years ago." When asked if she knew who it was, she said, "Somebody in the neighbourhood where I live." [...]
>   Repeated [stimulation] eighteen minutes later. "Yes, I hear the same familiar sounds, it seems to be a woman calling. The same lady. That was not in the neighbourhood. It seemed to be at the lumberyard." She added "I have never been around a lumberyard." (S. 650)

Abgesehen davon, dass Penfield und Perot (1963) keinerlei Belege dafür haben, dass die Patientin diese Situation tatsächlich erlebt hat und es sich somit um eine echte Erinnerung handelt, ist die Aussage in sich schon widersprüchlich: Das Ereignis soll sich zunächst in der Nachbarschaft zugetragen haben, dann korrigiert sich die Frau, dass es doch nicht in der Nachbarschaft, sondern bei einem Holzlager gewesen sei – allerdings habe sie sich nie bei einem Holzlager aufgehalten. Neisser (1967/1974) resümiert über die Befunde von Penfield:

> Kurz, der Inhalt dieser Erlebnisse ist keineswegs überraschend. Er scheint völlig mit dem Inhalt von Träumen vergleichbar, von welchen im allgemeinen zugegeben wird, daß sie synthetische Konstruktionen und keine genauen Erinnerungen sind. Aus Penfields Arbeit erfahren wir nichts Neues über das Gedächtnis. Was immer sie in bezug auf die Vollständigkeit der „Speicherung der sich abfolgenden Erfahrungen" zeigt, folgt ebenso oder ebensowenig überzeugend aus der alltäglichen Erinnerung in Träumen oder im Wachzustand. (S. 217)

Vor diesem Hintergrund scheint also die Schlussfolgerung, dass die Äußerungen von Patienten unter elektrischer Hirnstimulation ein eindeutiger Beleg dafür sind, dass längst vergessen geglaubte Inhalte doch irgendwo im Gehirn erhalten bleiben, mehr als fragwürdig (vgl. auch Squire, 1987, Kap. 6, für eine ähnliche Kritik). Es wäre ja gar nichts gegen die Annahme einzuwenden, dass Erinnerungsfragmente durch Hirnstimulation ins Bewusstsein der Patienten gelangen können. Aus den vorliegenden Äußerungen allerdings zu folgern, dass es sich bei diesen um „tatsächliche" Erinnerungen handelt, die noch dazu unter normalen Umständen einem intentionalen Abruf nicht zugänglich gewesen wären, scheint sehr wenig fundiert. Im Gegensatz zu dem obigen Zitat von Neisser (1967/1974) wurden die Befunde von Penfield unkritisch in einige Psychologielehrbücher (z. B. Zimbardo & Ruch, 1975, S. 48 f.) übernommen. Auch in dem populärwissenschaftlichen Bestseller „Ich bin o.k., Du bist o.k." von T. A. Harris (1967/1975) zur Transaktionsanalyse, der in 25 Sprachen übersetzt wurde und in Deutschland im Jahre 2011 die 44. unveränderte Auflage bei Rowohlt erreicht hat, heißt es: „Penfields Experimente lassen den gesicherten Rückschluß zu, daß unser Gehirn alles, was unser Bewußtsein jemals registriert, genau aufzeichnet und so speichert, daß es jederzeit abgerufen werden kann" (S. 20).

Auch bei vermeintlichen Erinnerungen, die unter Hypnose oder in einer Psychoanalyse geäußert werden, ist in aller Regel fraglich, ob es sich um tatsächliche Erinnerungen oder vielmehr um „generierte Scheinerinnerungen" handelt. Ein früher Beleg dafür, wie stark rekonstruktiv menschliche Erinnerungen sind, findet sich in dem bekannten „War of the Ghosts"-Experiment von Bartlett (1932/1997). Später haben viele Studien (u. a. aus der Arbeitsgruppe um Elizabeth Loftus) belegt, dass viele „Erinnerungen" – und zwar auch solche, die eine hohe subjektive Evidenz besitzen und von den Personen als sehr lebhaft und detailreich wahrgenommen werden – tatsächlich falsche Erinnerungen sind, die später selbst erschaffen oder suggeriert wurden (z. B. Brainerd & Reyna, 2005; Davies & Dalgleish, 2001; Hyman & Loftus, 1998; Lanciano, Curci & Semin, 2010; Loftus, 1993, 1997, 2004, 2005; Loftus & Davis, 2006; Nourkova, Bernstein & Loftus, 2004; Pezdek & Banks, 1996). Auch bezüglich Zeugenaussagen gibt es Belege dafür, dass sich unter Hypnose zwar die Anzahl der berichteten Details erhöht, aber auch weitaus mehr falsche Aussagen getroffen werden (für einen Überblick siehe z. B. Mazzoni & Lynn, 2007).

Eine andere Quelle, aus der sich die Annahme speisen könnte, dass es *keinen* Spurenzerfall von Erinnerungen im Langzeitgedächtnis gibt, ist das einflussreiche Mehrspeichermodell von Atkinson und Shiffrin (1968; Shiffrin & Atkinson, 1969). Dieses Modell war lange Zeit sehr populär und wird auch heute Psychologiestudierenden oder z. B. Pädagogen oft als einfaches – wenngleich inzwischen überholtes – Gedächtnismodell vermittelt.[9] Die grundlegende Annahme dieses Modells ist, dass zwar Inhalte des Kurzzeitspeichers (*short-term store*, STS) relativ schnell zerfallen, sofern sie nicht permanent wiederholt werden (*maintenance rehearsal*). Wenn ein Gedächtnisinhalt allerdings, aufgrund ausreichender Wiederholung, den Transfer in den Langzeitspeicher (*long-term store*, LTS) geschafft hat, ist er dort für immer abgelegt (vgl. auch bereits Waugh & Norman, 1965). Zumindest bei einem gesunden Menschen soll es folglich kein „echtes" Vergessen, keinen Spurenzerfall geben. Shiffrin und Atkinson (1969) beschreiben dies wie folgt:

> The long-term store is assumed to be a *permanent* [Hervorhebung im Original] repository of information; we realize that factors such as traumatic brain damage, lesions, and deterioration with extreme age must lead to memory loss, but such effects should be negligible in the types of

---

9   Die Kritik an dem Modell bezieht sich (a) auf die Konzeption des Kurzzeitspeichers (z. B. Baddeley, 2000), (b) auf den vorgesehenen Transfermechanismus vom Kurzzeit- in den Langzeitspeicher (z. B. Craik, 2002; Craik & Lockhart, 1972; einen Überblick gibt auch Baddeley, 2004) und (c) generell auf die Unterscheidung von Kurzzeit- und Langzeitspeicher (z. B. G. D. A. Brown & Lewandowsky, 2010; G. D. A. Brown, Neath & Chater, 2007; Crowder, 1982).

experiments considered in this paper. Thus it is hypothesized that information, once stored in LTS, is never thereafter destroyed or eliminated. (S. 180)

Seit der Umfrage von Loftus und Loftus (1980) hat sich der Erkenntnisstand der Gedächtnisforschung weiterentwickelt. Daher erschien es interessant, diese Befragung nach über 25 Jahren zu wiederholen. Dazu wurden von mir in den Jahren 2007 und 2008 an der Universität Mainz insgesamt 224 Personen schriftlich befragt. Darunter waren 123 Psychologiestudierende (29 im Grundstudium, 94 im Hauptstudium des Diplomstudiengangs) sowie 101 Nichtpsychologen (78 Studierende anderer Fächer, 22 Personen mit einem abgeschlossenen nichtpsychologischen Hochschulstudium und eine Person mit einer Ausbildung). Die Fragen wurden sehr ähnlich formuliert wie in der Originalstudie von 1980. Die beiden Antwortalternativen, von denen eine gewählt werden musste, waren:

1. Alles, was wir lernen, wird dauerhaft in unserem Gedächtnis gespeichert, auch wenn manchmal bestimmte Einzelheiten nicht zugänglich sind. Mit speziellen Techniken (z. B. unter Hypnose oder mit anderen Techniken, die den Abruf einer Erinnerung erleichtern) könnten aber auch diese Details letzten Endes wiederhergestellt werden.
2. Einige Einzelheiten, die wir einmal gelernt haben, können dauerhaft aus unserem Gedächtnis verschwinden. Solche Details können auch nie wiederhergestellt werden (sei es durch Hypnose oder durch andere spezielle Erinnerungstechniken), da diese Einzelheiten schlicht nicht länger im Gedächtnis vorhanden sind.

Die Ergebnisse der Befragung lassen sich Tabelle 3.1 entnehmen. Auch wenn nicht mehr so viele Befragte wie bei Loftus und Loftus (1980) der Aussage 1 zustimmen, so ist es mit 62.5% doch nach wie vor signifikant über die Hälfte, welche die Meinung vertritt, dass alle Gedächtnisinhalte permanent gespeichert bleiben, $\chi^2(1) = 14.00$, $p < .001$.

Die Unterschiede zwischen den Psychologiestudierenden und den Nichtpsychologen bzw. den Psychologiestudierenden im Grund- vs. Hauptstudium sind nicht signifikant. Gleichwohl tendieren Psychologiestudierende im Hauptstudium mit 68.1% etwas stärker dazu, Aussage 1 zuzustimmen, als die Nichtpsychologen und die Psychologiestudierenden im Grundstudium mit durchschnittlich insgesamt 58.5%, $\chi^2(1) = 3.56$, $p = .06$. Dies könnte ein Indiz dafür sein, dass Psychologiestudierende auch heute noch vermittelt bekommen bzw. in entsprechenden Lehrbüchern lesen, dass Gedächtnisinhalte zwar unzugänglich werden, aber nicht zerfallen können. Tatsächlich gaben einige der Psychologiestudierenden, die Aussage 1 gewählt hatten, auf die offene Frage nach den Gründen für ihre Wahl an, dass sie sich aufgrund von im Studium erworbenem Wissen für diese Position entschieden haben. Wie in der Studie von

Tabelle 3.1 Absolute Häufigkeiten (und Prozent) der gewählten Antwortoption (Replikation der Studie von Loftus & Loftus, 1980, aus den Jahren 2007/2008)

Stichprobe	Gewählte Antwortoption	
	1. Dauerhafte Speicherung	**2. Zerfall von Erinnerung**
Psychologiestudierende ($n = 123$)	81 (65.9%)	42 (34.1%)
Grundstudium ($n = 29$)	17 (58.6%)	12 (41.4%)
Hauptstudium ($n = 94$)	64 (68.1%)	30 (31.9%)
Nichtpsychologen ($n = 101$)	59 (58.4%)	42 (41.6%)
Gesamt ($N = 224$)	140 (62.5%)	84 (37.5%)

Loftus und Loftus (1980) war ein weiterer häufig genannter Grund für die Zustimmung zu Aussage 1 die eigene persönliche Erfahrung.

Dieser Exkurs sollte verdeutlichen, dass die Belege, die gewöhnlich gegen Spurenzerfall vorgebracht werden, bei genauer Betrachtung wenig überzeugend sind. Selbstverständlich ist dies kein Beleg für „echtes" Vergessen. Dennoch erscheint es plausibel, dass auch Spurenzerfall, als ein Prozess unter mehreren, zum Vergessen beiträgt. Das schließt keineswegs aus, dass es Gedächtnisinhalte gibt, die prinzipiell verfügbar, aber zeitweilig nicht zugänglich sind. Sicherlich gibt es Fälle, in denen Erinnerungen, die über einen langen Zeitraum nicht zugänglich waren, doch schließlich wieder korrekt abgerufen werden können. Aber dies sollte nicht zu der Verallgemeinerung führen, dass *alle* jemals ins Langzeitgedächtnis gelangten Inhalte dort dauerhaft und unveränderlich aufbewahrt werden. Auf die Frage, wie veränderlich menschliche Erinnerungen tatsächlich sind, wird bei der Erörterung der Erinnerungsverfälschung (Abschnitt 3.3.1.3) noch eingegangen.

3.2.2 Aktuelle Erklärungsansätze

Wie bereits dargestellt, wurde im 20. Jahrhundert der Erklärungsansatz des Spurenzerfalls zunächst durch den der retroaktiven und später durch den der proaktiven Interferenz abgelöst. Dabei war der Wechsel von einem zum anderen Ansatz damit verbunden, dass dem vorherigen Ansatz von Seiten vieler Forscher keine (im Fall der Ablösung der Theorie des Spurenzerfalls) bzw. nur noch eine marginale (im Fall der Ablösung der Theorie der retroaktiven Interferenz) Erklärungskraft für Vergessensprozesse zugesprochen wurde. Zwar sind heute die *Effekte* von retroaktiver und proaktiver Interferenz gut belegt und werden wohl von fast niemandem bezweifelt. Unklar ist allerdings nach wie vor, welche Relevanz retroaktive und proaktive Interferenz für das Vergessen im realen Leben haben und welche kognitiven bzw. neurophysiologischen Mechanismen ihnen zugrunde liegen. Ferner gibt es Gründe, die dafür sprechen, Spurenzerfall als eine von mehreren – sich nicht ausschließenden, sondern sich ergänzenden – Erklärungen für das Vergessen heranzuziehen. Spurenzerfall ermöglicht es, ohne die Annahme eines nicht kapazitätsbeschränkten Gedächtnisses auszukommen, und erklärt zudem auf einfache Weise, warum viele Erinnerungen falsch bzw. fehlerhaft sind, also eher Erinnerungsrekonstruktionen als Erinnerungswiedergaben darstellen (vgl. Abschnitt 3.3.1.3).

Die im folgenden Abschnitt 3.2.2.1 beschriebene *funktionale Zerfallstheorie* von Altmann und Gray (2002) versucht, die Beziehungen zwischen Spurenzerfall und Interferenz herauszuarbeiten bzw. beide Erklärungen zu integrieren. Der Geltungsbereich dieser Theorie ist, zumindest zurzeit, allerdings recht beschränkt, da unklar ist, ob sich die Ergebnisse aus Studien mit relativ kurzen Zeitintervallen auch auf langfristige Vergessensprozesse übertragen lassen.

Eine Theorie von Wixted (2004) baut darauf auf, dass retroaktive Interferenz nicht primär ein Phänomen der Hinweisreizüberlastung ist, sondern dass vielmehr Konsolidierungsprozesse unterbrochen werden. Auf diese *Theorie der gestörten Konsolidierung* wird in Abschnitt 3.2.2.2 eingegangen, wobei auch eine Einführung in das Konzept der Konsolidierung gegeben wird.

Abschließend wird die *exekutive Kontrolltheorie des Vergessens* von M. C. Anderson (2003) dargestellt (Abschnitt 3.2.2.3). Auch diese Theorie vertritt einen funktionalen Ansatz: Verges-

sen wird nicht als akzidentelle Nebenwirkung von neuem Lernen, sondern als lernerleich-
ternde Leistung inhibitorischer Kontrollmechanismen verstanden. Da diese inhibitorische
Leistung der exekutiven Kontrolle auch willentlich gesteuert werden kann, stellt diese Theorie
die Verbindung zum in Abschnitt 3.2.3 behandelten intentionalen bzw. motivierten Vergessen
her.

3.2.2.1 Funktionale Zerfallstheorie

Nach der funktionalen Zerfallstheorie (Altmann & Gray, 2002) sind Spurenzerfall und Interferenz einander funktional ergänzende Prozesse. Die Grundannahme ist, dass für einen
erfolgreichen und schnellen Abruf die Stärke von älteren, nicht mehr relevanten Gedächtnisspuren verringert werden muss, um zu starke Interferenzeffekte zu vermeiden. Dabei passt
sich die Geschwindigkeit des Zerfalls adaptiv der Geschwindigkeit der Gedächtnismodifika-
tion an.

Als Beispiel führen Altmann und Gray (2002) die Situation eines Autofahrers an, der sich an
die aktuell geltende Geschwindigkeitsbegrenzung erinnern muss. Würde es hier keinen Zerfall
geben, nähme die Interferenz mit jedem Wechsel des Tempolimits immer mehr zu und es
wäre bald unmöglich, sich an die aktuelle Geschwindigkeitsbegrenzung zu erinnern. Darüber
hinaus beeinflusst die Frequenz, mit der sich die geltende Höchstgeschwindigkeit ändert, wie
schnell sich eine Schwächung der Gedächtnisspuren vollzieht. Anders als klassische Ansätze
geht die funktionale Zerfallstheorie also davon aus, dass die Spurenzerfallsrate nicht konstant
ist, sondern sich dem Informationszufluss so anpasst, dass die Interferenz zwischen aktuell
relevanten und alten Gedächtnisinhalten nicht überbordet. Dies dient der Zugänglichkeit der
aktuell relevanten Information.

Ihre Annahmen können die Autoren mittels Aufgabenwechsel-Experimenten belegen:
Die Leistungsverläufe in Aufgabenwechsel-Aufgaben, in denen die Frequenz der einströmenden Information variiert wurde, lassen sich nicht mit pro- und retroaktiver Interferenz
allein erklären, wohl aber durch Einbeziehen eines adaptiven Zerfallsprozesses. Der Verdienst der Autoren besteht in der funktionalen Verbindung von Zerfall und Interferenz, die
in traditionellen Ansätzen als explikative Kontrahenten betrachtet werden. Wie allerdings
bereits das Beispiel des Autofahrers impliziert, beziehen sich die Experimente von Altmann
und Gray (2002) auf Situationen, in denen nur die zeitlich letzte Information relevant ist
und nicht die Notwendigkeit besteht, auf frühere Inhalte zurückzugreifen (vgl. auch Altmann, 2002, 2009; Altmann & Gray, 2008; Altmann & Schunn, 2002). Dies ist sicherlich
ein Spezialfall, und inwiefern sich die Befunde auf andere situative Anforderungen und auf
längerfristige Erinnerungen übertragen lassen, ist zurzeit noch offen.

3.2.2.2 Theorie der gestörten Konsolidierung

Eine weitere Theorie zur Integration von Spurenzerfall und Interferenz stammt von Wixted (2004, 2010; zur Kritik an dem Modell von Wixted vgl. G. D. A. Brown & Lewandowsky, 2010). Wixted betrachtet retroaktive Interferenz nicht lediglich als Hinweisreizüberlastung und somit als bloßes Abrufphänomen. Vielmehr geht er davon aus, dass jegliche
mentale Aktivität, die nach der initialen Abspeicherung auftritt, dem Konsolidierungsprozess
kognitive Ressourcen entzieht. Davon sind vor allem junge Gedächtnisspuren sowie kürzlich

reaktivierte Gedächtnisinhalte betroffen, da sich bei diesen die Konsolidierung noch (bzw. wieder) in einem frühen Stadium befindet, wodurch sie weniger stabil sind und leichter zerfallen (vgl. auch Abschnitt 3.3.2.4).

Nach Wixted (2004) haben sich die Neurowissenschaften und die Psychologie bezüglich des Konzepts der Erinnerungs- oder Gedächtniskonsolidierung in den letzten hundert Jahren auseinanderbewegt. Während Konsolidierung in den Neurowissenschaften zu den allgemein anerkannten und relevanten Standarderklärungen für Erinnerungsprozesse zählt, wird sie in der kognitiven und allgemeinen Psychologie selten auch nur erwähnt.

Mit Konsolidierung ist gemeint, dass Gedächtnisspuren nach ihrer initialen Abspeicherung nicht ihre finale Stärke erreicht haben, sondern fortlaufend gefestigt werden. Ein Indiz für diese Annahme findet sich darin, dass die Vergessenskurve einer Potenzfunktion folgt und daher *negativ beschleunigt* ist (vgl. Abschnitt 3.2.1.1). Bei einer *Exponentialfunktion*, wie sie z. B. dem radioaktiven Zerfall zugrunde liegt, wäre die Vergessensrate innerhalb von zwei gleich langen, aufeinanderfolgenden Zeitintervallen konstant. Wenn also z. B. während der ersten 24 Stunden die Erinnerungsleistung von 100% auf 60% abfällt, würde sie in den nächsten 24 Stunden von 60% auf 36% abfallen und in den folgenden 24 Stunden von 36% auf 21.6% etc. Die tägliche Vergessensrate beträgt hierbei konstant 40%.

Tatsächlich wird die Vergessensrate von Gedächtnisinhalten aber wohl mit der Zeit geringer, wie es mathematisch durch eine *Potenzfunktion* beschrieben wird (vgl. Wickelgren, 1974; Sikström, 2002). Wenn also während der ersten 24 Stunden die Erinnerungsleistung von 100% auf 60% abfällt, würde sie in den nächsten 24 Stunden nur noch von 60% auf 44.5% abfallen (also eine Reduktion um 25.8% statt um 40% erfolgen) und in den folgenden 24 Stunden nur noch von 44.5% auf 36% (das entspricht einer Reduktion um 19.1%). Obwohl also die Vergessensrate am ersten Tag, wie bei der obigen Exponentialfunktion, bei 40% lag, ist sie am dritten Tag auf 19.1% gesunken. Diese Gesetzmäßigkeit wurde bereits von Jost (1897) formuliert: „Sind zwei Assoziationen von gleicher Stärke, aber verschiedenem Alter, so fällt die ältere in der Zeit weniger ab" (S. 41). Das wird heute als ein Zeichen dafür interpretiert, dass Erinnerungsspuren mit der Zeit an Stabilität gewinnen, also konsolidieren.

Die Bezeichnung *Konsolidierung* geht auf den deutschen Psychologen Georg Elias Müller und seinen Mitarbeiter Alfons Pilzecker zurück (Müller & Pilzecker, 1900, zitiert nach Lechner, Squire & Byrne, 1999). Zunächst fiel Müller und Pilzecker auf, dass Probanden häufig berichteten, dass ihnen zwischen zwei Sitzungen im Labor wiederholt die in der ersten Sitzung gelernten Paare sinnloser Silben ins Bewusstsein kamen, obwohl sie versuchten, diese Intrusionen zu unterdrücken. Für die Konsolidierungstheorie ist bedeutsam, dass Müller und Pilzecker vermuteten, dass diese sogenannten *Perseverationen* – also das bewusste (wenngleich unter Umständen ungewollte) Erinnern – notwendig sein könnten, um die Gedächtnisspuren aufrechtzuerhalten bzw. zu stärken (vgl. auch Abschnitt 3.3.2).

Zwar postulierten Müller und Pilzecker (1900, zitiert nach Lechner et al., 1999), dass dem Prozess der Konsolidierung physiologische Vorgänge zugrunde liegen, allerdings lieferte erst Hebb (1949) eine elaboriertere neurobiologische Erklärung. Als Hebb-Regel ist folgende Passage aus Hebb (1949) bekannt geworden:

> Let us assume then that the persistence or repetition of a reverberatory activity (or "trace") tends to induce lasting cellular changes that add to its stability. The assumption can be precisely stated

as follows: *When an axon of cell* A *is near enough to excite a cell* B *and repeatedly or persistently takes part in firing it, some growth process or metabolic change takes place in one or both cells such that* A's *efficiency, as one of the cells firing* B, *is increased* [Hervorhebung im Original]. (S. 62)

Hebb (1949) führt übrigens auch noch genauer aus, was mit „growth process" und „metabolic change" gemeint ist (vgl. z. B. auch Birbaumer & Schmidt, 2006). Heute werden in der Neurowissenschaft zwei Arten der Konsolidierung unterschieden: *synaptische Konsolidierung* und *Systemkonsolidierung* (z. B. Dudai, 1996). *Synaptische Konsolidierung* vollzieht sich innerhalb von Minuten bis Stunden und findet an lokalen Knoten neuronaler Schaltkreise statt (für eine detailliertere Darstellung siehe z. B. Dudai, 2004). Vermutlich spielt der Mechanismus der Langzeitpotenzierung (*long-term potentiation*, z. B. Lynch, 2004) hierbei eine entscheidende Rolle. *Systemkonsolidierung* trägt über Wochen, Monate oder sogar Jahre hinweg zur Festigung von Inhalten bei und bezieht sich auf die Reorganisation und Umverteilung frisch enkodierter Gedächtnisinhalte aus der Region des medialen Temporallappens (MTL), speziell des Hippocampus, in den Neokortex, dergestalt, dass der Erinnerungsabruf vom Hippocampus unabhängig wird (z. B. Marr, 1970; McClelland, McNaughton & O'Reilly, 1995; Squire & Alvarez, 1995; Winocur, Moscovitch & Sekeres, 2007). Trotz dieser Erkenntnisse ist der Prozess der Konsolidierung noch nicht genau verstanden (z. B. Wixted, 2010).

Schlaf verbessert die Erinnerungsleistung für zuvor gelerntes Material (z. B. Stickgold, 2005; Stickgold & Walker, 2005). Aktuell wird davon ausgegangen, dass Slow-Wave-Schlaf (also die Tiefschlafstadien 3 und 4) die Systemkonsolidierung unterstützt und Rapid-Eye-Movement-Schlaf (REM-Schlaf) zur synaptischen Konsolidierung beiträgt (einen Überblick geben Diekelmann & Born, 2010; vgl. auch Gais & Born, 2004; Peigneux, Schmitz & Urbain, 2010; Rasch & Born, 2007; M. A. Wilson & McNaughton, 1994). Mit traditionellen interferenztheoretischen Theorien fällt es schwer, zu erklären, warum sich Personen, die nach einer Lernphase geschlafen haben, im Vergleich zu einer wach gebliebenen Kontrollgruppe besser erinnern, sofern das gelernte Material *keinerlei Ähnlichkeit* mit den Reizen aufweist, die den wach gebliebenen Probanden während des Behaltensintervalls begegnen (vgl. die Darstellung der Studie von Jenkins & Dallenbach, 1924, in Abschnitt 3.2.1.2). Nach Wixteds (2004, 2010) Ansatz der gestörten Konsolidierung ist – anders als in klassischen interferenztheoretischen Erklärungen – die Ähnlichkeit des interferierenden Materials nicht entscheidend, sondern es kommt allein auf die kognitive Aktivität an, die im Hippocampus aufgrund der Aufnahme neuer Information die Konsolidierung vorheriger Inhalte abschwächt. Da im Schlaf keine neuen Reize von außen einströmen, können die Konsolidierungsprozesse für zuvor aufgenommene Inhalte ungestört ablaufen.[10]

Weitere Evidenz für die Konsolidierungstheorie speist sich aus der Forschung zur Amnesie. Ein physisches Hirntrauma (z. B. Schädel-Hirn-Trauma, ischämischer Schlaganfall) führt oft zu einer kongraden Amnesie, welche das unmittelbare Ereignis betrifft, sowie zu einer retrograden Amnesie, die unterschiedlich weit zurückwirken kann. Retrograde Amnesien sind in aller Regel dadurch gekennzeichnet, dass jüngere Erinnerungen stärker vom Vergessen betroffen sind als weiter zurückliegende Erinnerungen. Diesen „zeitlichen Gradienten der retrograden Amnesie" beschrieb bereits Ribot (1882, zitiert nach Wixted, 2004). Daraus kann man schlussfolgern, dass die jüngeren Erinnerungen noch nicht so stark gefestigt sind und daher leichter

---

10 Inwieweit Konsolidierung bewusste sowie – z. B. im Schlaf – unbewusste Wiederholungsprozesse erfordert, behandeln z. B. Meeter und Murre (2004).

gestört werden können. – Gleichwohl muss man allerdings berücksichtigen, dass ältere Erinnerungen oft weniger zum episodischen Gedächtnis (man erinnert sich an den *einen Moment*, als etwas geschehen ist oder als man eine Information erhalten hat), als vielmehr zum semantischen Gedächtnis gehören (d. h., man „weiß" beispielsweise, wie die Weihnachtsfeste in der Kindheit abliefen, hat also ein Kindheitsweihnachts-Schema entwickelt; vgl. z. B. Baddeley, 2001; Pohl, 2007). Neisser (1981) prägte für derartige Erinnerungen den Begriff des *repisodischen* Gedächtnisses (abgeleitet von *repeated episodic memories*): Im Laufe der Zeit werden – entweder durch wiederholtes Erleben ähnlicher Situationen oder auch durch das wiederholte Erzählen oder gedankliche Durchgehen eines Ereignisses – aus spezifischen episodischen Erinnerungen generalisierte Erinnerungen, die eine Transformation vom episodischen zum semantischen Gedächtnis darstellen (für eine konträre Auffassung siehe Tulving, 2001).

Neben dem Verlauf der Behaltenskurve, der (neuro-)psychologischen Forschung zum Schlaf und der neurologischen Forschung zu Hirnverletzungen kann noch die Psychopharmakologie zur Fundierung der Konsolidierungstheorie beitragen: Sowohl Alkohol als auch Benzodiazepine können zu einer zeitlich beschränkten anterograden Amnesie führen, d. h., Informationen, die in einem gewissen Zeitfenster nach dem Konsum dieser Stoffe aufgenommen werden, sind später nicht oder nur schlecht erinnerbar. Die Extremform im Fall von Alkohol stellt der „Filmriss" oder das „Blackout" dar: Obwohl die Person die Ereignisse unter Alkoholeinfluss bewusst erlebt hat, ist die Einspeicherung ins Gedächtnis fehlgeschlagen. Allerdings zeigen viele Studien, dass Information, die kurz *vor* dem Alkoholkonsum gelernt wurde, im Vergleich zu einer Kontrollbedingung ohne Alkoholkonsum *besser* erinnert wird (z. B. Bruce & Pihl, 1997; Lamberty, Beckwith, Petros & Ross, 1990; Mann, Cho-Young & Vogel-Sprott, 1984; Parker et al., 1980, 1981). Analoge Befunde zeigen sich für den Konsum von Benzodiazepinen (z. B. Fillmore, Kelly, Rush & Hays, 2001; Hinrichs, Ghoneim & Mewaldt, 1984; Weingartner, Sirocco, Curran & Wolkowitz, 1995).

Wie lässt sich dieser anscheinend paradoxe Effekt, dass eine Substanz gleichzeitig eine anterograde Amnesie und eine *retrograde Erinnerungserleichterung (facilitation)* erzeugen kann, erklären? Ein Ansatz geht von einer direkten neurochemischen Wirkung auf die Konsolidierungsprozesse aus (z. B. McGaugh, 2003). Dann müssten Alkohol und Benzodiazepine aber sowohl eine spezifische inhibitorische Wirkung auf anterograde Konsolidierungsprozesse als auch eine spezifische exzitatorische Wirkung auf retrograde Konsolidierungsprozesse haben. Dies ist zwar nicht auszuschließen, erscheint jedoch wenig wahrscheinlich (Mueller, Lisman & Spear, 1983).

Alternativ kann man die Befunde dadurch erklären, dass diese Stoffe *primär die Abspeicherung neuer Gedächtnisinhalte behindern*. Es strömen also weniger neu zu enkodierende Informationen in den medialen Temporallappen ein. Dadurch können sich die älteren Gedächtnisspuren ungehindert konsolidieren. Dies ist eine Form der Verringerung der retroaktiven Interferenz, wobei Interferenz hier nicht als Hinweisreizüberlastung verstanden wird, sondern einfach als kognitive Aktivität, die dazu führt, dass dem Konsolidierungsprozess weniger Ressourcen zur Verfügung stehen (Wixted, 2004). Die empirische Evidenz scheint eher für diese Erklärungsalternative zu sprechen (vgl. Mueller et al., 1983; Weingartner et al., 1995). Dies wird auch auf neuronaler Ebene durch Tierexperimente sowie durch Laborbefunde an Gehirngewebe gestützt, die zeigen, dass eine aktuell induzierte Langzeitpotenzierung im Hippocampus durch Alkohol (Givens & McMahon, 1995; Roberto, Nelson, Ur & Gruol, 2002; Sinclair & Lo, 1986) bzw. durch Benzodiazepine (Del

Cerro, Jung & Lynch, 1992; Evans & Viola-McCabe, 1996) temporär inhibiert wird, wobei diese Substanzen keinen Einfluss auf Langzeitpotenzierungen haben, die eine Stunde vor der Substanzzufuhr initiiert wurden (Givens & McMahon, 1995).

Die Theorie der gestörten Konsolidierung lässt sich folgendermaßen zusammenfassen (Wixted, 2004, S. 264): Der Hippocampus spielt, wie die Neurowissenschaften deutlich belegt haben, eine entscheidende Rolle bei der Konsolidierung neuer Gedächtnisinhalte. Jegliche Art kognitiver Aktivität und Abspeicherung neuer Informationen interferiert mit diesem Konsolidierungsprozess, vermutlich deshalb, weil die hippocampalen Ressourcen begrenzt sind. Die interferierende kognitive Aktivität muss daher mit dem ursprünglich gelernten Material nicht in Beziehung stehen – die Bildung neuer Gedächtnisinhalte per se stört die Konsolidierung kürzlich gebildeter Inhalte. Diese neue Konzeption von Interferenz als *gestörte Konsolidierung aufgrund unspezifischer kognitiver Aktivität* steht in Einklang mit der klassischen interferenztheoretischen, der psychopharmakologischen sowie der neurowissenschaftlichen Literatur.

3.2.2.3 Exekutive Kontrolltheorie des Vergessens

Eine weitere Neukonzeption des Interferenzansatzes stammt von M. C. Anderson (2003, 2005; auch Levy & Anderson, 2008). Auf dieser Theorie beruht auch das Think-/No-Think-Paradigma (TNT-Paradigma), das in Abschnitt 3.2.3.2 dargestellt wird und den Experimenten 5 bis 8 der vorliegenden Arbeit zugrunde liegt.

Wie Altmann und Gray (2002; vgl. Abschnitt 3.2.2.1) geht M. C. Anderson (2003) davon aus, dass Vergessen funktional ist, um den Abruf des relevanten Gedächtnisinhaltes zu ermöglichen bzw. zu erleichtern. Dabei betrachtet er den Erinnerungsabruf als Spezialfall einer größeren Klasse von Situationen (zu denen z. B. auch motorische Reaktionen oder Reaktionstendenzen gehören), die *exekutive Kontrollprozesse* erfordern. *Item-Unterdrückung*[11] als exekutiver Kontrollmechanismus, der *Interferenz überwindet*, führt zu Vergessen – nicht, wie in anderen Theorien angenommen, die Interferenz an sich bzw. die Anzahl konkurrierender Antworten (vgl. Abschnitt 3.2.1.2).

Netzwerkmodelle des Gedächtnisses gehen davon aus, dass die am stärksten aktivierte Antwort oder Reaktion auch als Erstes abgerufen bzw. ausgeführt wird. In vielen Situationen muss jedoch eine vorherrschende Antwort- bzw. Reaktionstendenz zugunsten einer zwar schwächeren, situativ aber adäquateren Antwort bzw. Reaktion außer Kraft gesetzt werden. Dies bezeichnet man als Antwort- bzw. Reaktionsaufhebung (*response override*). Um seine Theorie zu veranschaulichen, liefert M. C. Anderson (2003, S. 416) einen persönlichen Erfahrungsbericht: Als er eines Abends das Küchenfenster öffnete, stieß er mit dem Fenster versehentlich eine kleine Topfpflanze von der Fensterbank. Reflexartig schoss seine Hand nach vorne, um das fallende Objekt aufzufangen. Wenige Zentimeter bevor sie zugreifen konnte, um die Pflanze zu umfassen, stoppte seine Hand jedoch. Der Kaktus fiel zu Boden und der Topf ging kaputt, aber M. C. Anderson war erleichtert, dass seine Hand den tausenden kleinen Stacheln entgangen war. – Die vorherrschende motorische Reaktion, nämlich das fallende

---

11 M. C. Anderson (2003) nennt diesen Mechanismus Inhibition (*inhibition*). Da Inhibition aber in der Regel als Bezeichnung für eine breitere Klasse von Mechanismen verwendet wird, soll hier – in Anlehnung an Bäuml (2008) – der spezifischere Ausdruck Item-Unterdrückung (*item suppression*) verwendet werden.

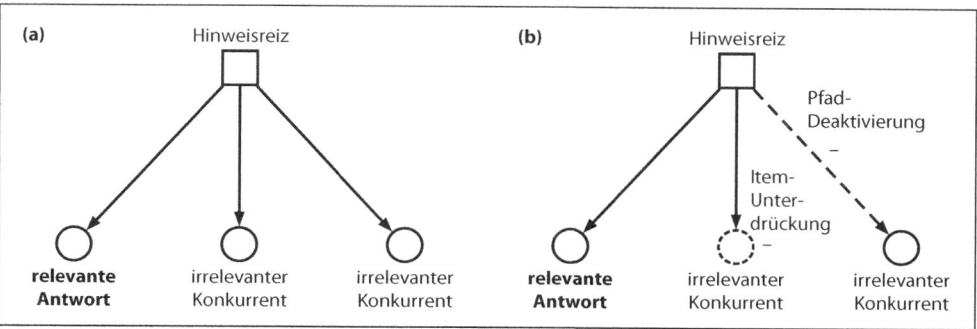

Abbildung 3.1 **(a)** Antwortwettbewerb. **(b)** Pfad-Deaktivierung und Item-Unterdrückung.

Objekt aufzufangen, wurde gestoppt bzw. durch eine andere, bei einem Kaktus angemessenere Reaktion aufgehoben.

Genauso muss beim selektiven Erinnerungsabruf oft eine vorherrschende Antwort durch eine schwächer assoziierte, aber kontextuell adäquatere bzw. gewünschte Antwort aufgehoben werden. Ein Beispiel wäre, dass ein Freund seit kurzem eine neue Telefonnummer hat. Möchte man diesen Freund anrufen, muss sich beim Abruf die neue Telefonnummer über die ältere, die allerdings noch leichter zugänglich ist, hinwegsetzen.

Auf welche Weise geschieht es nun, dass die relevante Antwort sich über eine – ggf. stärker aktivierte – irrelevante Antwort hinwegsetzt und tatsächlich zum Abruf gelangt? Dafür gibt es prinzipiell zwei Möglichkeiten: *Pfad-Deaktivierung* (*route deactivation*; Bäuml, 2008) und *Item-Unterdrückung* (z. B. M. C. Anderson, 2009a; vgl. auch Fußnote 11).[12] Abbildung 3.1a illustriert die Situation des Antwortwettbewerbs, in der auf einen Hinweisreiz hin mehrere Antworten um den Abruf konkurrieren (vgl. Abschnitt 3.2.1.2). In der Abbildung sollen die Pfade zu allen Antwortoptionen gleich stark sein, was durch die Verwendung identischer Strichstärken angedeutet wird. Oft wird es allerdings der Fall sein, dass ein Pfad zu einer irrelevanten Antwort stärker ausgeprägt ist als der Pfad zur relevanten Antwort. Abbildung 3.1b zeigt, wie Pfad-Deaktivierung und Item-Unterdrückung dazu führen, dass die relevante Antwort leichter abgerufen werden kann.

Bei der *Pfad-Deaktivierung* wird die Verbindung zu einer (irrelevanten) Antwort abgeschwächt. Der Begriff *Deaktivierung* mag ein vollständiges „Abschalten" eines Pfades suggerieren. Adäquater erscheint es mir jedoch, lediglich von einer Abschwächung auszugehen. Wichtig ist, dass der Effekt einer Pfad-Deaktivierung hinweisreizspezifisch ist. Wenn also z. B. auf den Hinweisreiz „aktueller Bundespräsident" der Pfad zu „Christian Wulff" abgeschwächt wird, damit die relevante Antwort „Joachim Gauck" besser abgerufen werden kann, wird dadurch nicht die Gedächtnisrepräsentation von „Christian Wulff" an sich geschwächt. Bei anderen Hinweisreizen – wie z. B. „ehemaliger niedersächsischer Ministerpräsident"

---

12 Eine dritte Möglichkeit, die in diesem Kontext oft erwähnt wird, hier aber nicht relevant ist, ist die *Blockierung*. Blockierung meint, dass die bereits stärker assoziierte Antwort deshalb, weil sie in einer Antwortwettbewerbs-Situation stets gewinnt und immer zuerst abgerufen wird (auch wenn sie dann als inadäquat wieder verworfen wird), weiter an Stärke zunimmt. Dadurch wird der relative Stärkevorteil dieser Antwort gegenüber konkurrierenden (schwächeren) Antworten weiter erhöht und der Abruf der konkurrierenden Antworten unwahrscheinlicher, ohne dass sich allerdings irgendetwas an den konkurrierenden Antworten selbst bzw. den Pfaden zu diesen verändert.

oder auch „(zweiter) zurückgetretener Bundespräsident" – tritt keine Erschwerung des Abrufs ein.

Bei der *Item-Unterdrückung* wird die Repräsentation der konkurrierenden Antwort an sich geschwächt. Diese Schwächung ist hinweisreizunspezifisch. Im obigen Beispiel würde das bedeuten, dass durch die Unterdrückung des Namens „Christian Wulff" für den Abruf des aktuellen Bundespräsidenten generell die Zugänglichkeit oder auch Verfügbarkeit dieses Gedächtnisinhaltes vermindert wird, auch wenn andere Abrufhinweise bereitgestellt werden.

Dadurch, dass Pfad-Deaktivierung hinweisreizspezifisch und Item-Unterdrückung hinweisreizunspezifisch operiert, lässt sich experimentell zwischen diesen beiden Möglichkeiten der Inhibition unterscheiden. Dabei bieten sich Experimente zum abrufinduzierten Vergessen (*retrieval-induced forgetting*) an, die sich des Abrufübungs-Paradigmas (*retrieval practice paradigm*; M. C. Anderson, Bjork & Bjork, 1994) bedienen. Dieses Paradigma umfasst drei Phasen: (a) Zunächst lernen die Probanden Wortpaare, die immer aus einer Oberkategorie und einem spezifischen Exemplar bestehen, beispielsweise „Frucht – Orange", „Frucht – Banane", „Getränk – Wein", „Getränk – Likör". (b) Danach wird der Abruf einiger dieser Wortpaare wiederholt geübt, z. B. wird der Hinweisreiz „Frucht – Or…" dargeboten und die Probanden müssen mit „Orange" antworten. Andere Exemplare derselben Kategorie (z. B. „Banane") werden nicht geübt. Auch werden von einigen Oberkategorien (z. B. „Getränk") gar keine Exemplare geübt. (c) Abschließend, nach einem längeren Behaltensintervall von z. B. 20 Minuten, sollen sich die Probanden an alle Exemplare zu allen Oberkategorien erinnern. Abbildung 3.2a stellt die Ergebnisse dieser abschließenden Phase paradigmatisch dar. Wie nicht anders zu erwarten, werden die geübten Exemplare (z. B. „Frucht – Orange") sehr gut erinnert. Interessant für das Konzept des abrufinduzierten Vergessens ist allerdings, dass die nicht geübten Exemplare der teilweise geübten Oberkategorien (z. B. „Frucht – Banane") *schlechter* abgerufen werden können als die nicht geübten Exemplare von Oberkategorien, die in der Abrufübungs-Phase gar nicht vorkamen, aber in der ersten Phase auch gelernt wurden (z. B. „Getränk – Wein"). Das heißt, der Abruf einiger Exemplare einer Kategorie vermindert die Abrufbarkeit inhaltlich verwandter Exemplare derselben Kategorie.

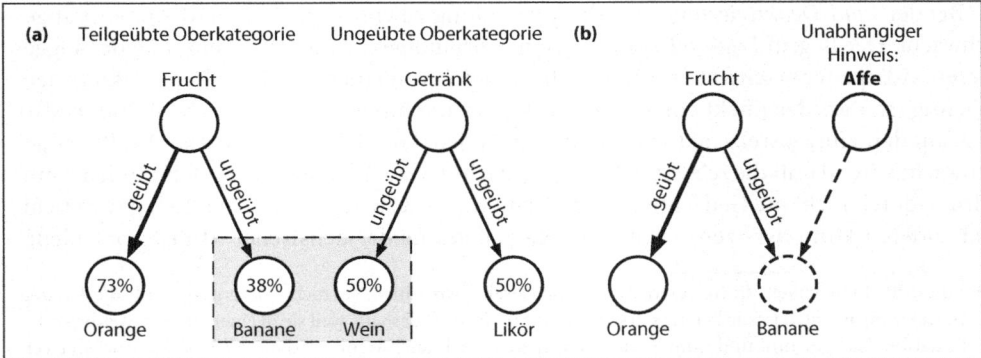

Abbildung 3.2 (a) Abrufinduziertes Vergessen. **(b)** Hinweisreiz-Unabhängigkeit des abrufinduzierten Vergessens spricht für Item-Unterdrückung (Abbildung in Anlehnung an M. C. Anderson, 2009a, S. 207 und 209).

Wird ein unabhängiger Hinweisreiz verwendet (Abbildung 3.2b), d. h., wird die Zugänglichkeit von „Banane" nicht mittels des Hinweisreizes „Frucht" geprüft, sondern z. B. mittels des bisher nicht verwendeten Hinweisreizes „Affe", so ist die Wahrscheinlichkeit, dass mit „Banane" geantwortet wird, ebenfalls verringert (gegenüber einer Kontrollgruppe, bei der „Frucht – Orange" *nicht* geübt wurde). Diese *Hinweisreiz-Unabhängigkeit* (*cue independence*) der Verringerung der Abrufwahrscheinlichkeit spricht für die These der Item-Unterdrückung und dagegen, dass lediglich der Pfad abgeschwächt wird (z. B. M. C. Anderson, 2003; M. C. Anderson, Bjork & Bjork, 1994; M. C. Anderson & Spellman, 1995). Ferner widerspricht der Befund der Hinweisreiz-Unabhängigkeit des Vergessens auch den klassischen interferenztheoretischen Ansätzen, die Vergessen mittels der Hinweisreizüberlastung erklären (vgl. Abschnitt 3.2.1.2): Diesen Erklärungen zufolge sollte die verringerte Zugänglichkeit nur für einen spezifischen („überlasteten") Hinweisreiz gelten, aber nicht auf andere – unabhängige – Hinweisreize generalisieren.

Bemerkenswert ist zudem, dass abrufinduziertes Vergessen nur dann entsteht, wenn das *ungeübte* Oberkategorie-Exemplar-Paar einer teilgeübten Oberkategorie über eine starke präexperimentelle Assoziation verfügt, unabhängig von der präexperimentellen Assoziationsstärke des geübten Oberkategorie-Exemplar-Paares (M. C. Anderson et al., 1994). Dies sei an einem Beispiel verdeutlicht: Zunächst werden die Wortpaare „Frucht – Orange" und „Frucht – Guave" gelernt. Wenn anschließend der Abruf von „Frucht – Guave" (schwache präexperimentelle Assoziation) geübt wird, führt dies in einem abschließenden Erinnerungstest zu einer verringerten Abrufwahrscheinlichkeit für „Frucht – Orange" (starke präexperimentelle Assoziation). Wird hingegen umgekehrt der Abruf von „Frucht – Orange" geübt, resultiert dies *nicht* in einer verringerten Abrufwahrscheinlichkeit für „Frucht – Guave". Die Erklärung dafür ist (M. C. Anderson et al., 1994), dass die Item-Unterdrückung nur dann wirksam bzw. überhaupt „benötigt" wird, wenn eine dominante Antworttendenz (wie z. B. „Frucht – Banane") zugunsten einer anderen Antworttendenz (diese kann stark sein, wie in „Frucht – Orange", oder auch schwach, wie in „Frucht – Guave") inhibiert werden muss. Ist hingegen die ungeübte Assoziation ohnehin schon schwach (z. B. „Frucht – Guave"), bedarf es gar keiner Inhibition dieser schwachen Verbindung, um die geübte Assoziation abzurufen. Dieses Phänomen wird von M. C. Anderson (2003, 2009a) auch als Interferenzabhängigkeit (*interference dependence*) des abrufinduzierten Vergessens bezeichnet.

Mit diesem Phänomen steht auch die sogenannte Abrufspezifität (*retrieval specificity*; z. B. M. C. Anderson, 2003) des abrufinduzierten Vergessens in Verbindung: Allein die Stärkung einer Assoziation (z. B. „Frucht – Orange" in Abbildung 3.2a), beispielsweise durch eine wiederholte Darbietung des Wortpaares, führt *nicht* zu einer verringerten Zugänglichkeit der konkurrierenden Antwort auf einen unabhängigen Hinweisreiz hin. Erst der *Abruf* eines Exemplars einer Kategorie führt, vermittels der dazu erforderlichen Inhibierung eines konkurrierenden Exemplars, zu der verringerten Zugänglichkeit dieses Konkurrenten. Darüber hinaus steht die Zunahme der Stärke der geübten Assoziation empirisch in keinem direkten Zusammenhang zur Schwächung der ungeübten Assoziation. Diese Stärkeunabhängigkeit (*strength independence*; z. B. M. C. Anderson, 2009a) dient als weiterer Beleg dafür, dass sich abrufinduziertes Vergessen nicht durch klassische Antwortwettbewerbs-Ansätze erklären lässt, sondern dass das Inhibieren von Assoziationen eine Voraussetzung für deren verringerte Abrufbarkeit ist.

Die Existenz des abrufinduzierten Vergessens wurde auch für alltagsnähere Situationen belegt. Für die Situation eines fiktiven Diebstahls konnten Shaw, Bjork und Handal (1995) zeigen, dass Zeugen, die wiederholt nach bestimmten Details hinsichtlich des Tatorts gefragt wurden, sich anschließend – im Vergleich zu einer nichtbefragten Kontrollgruppe – an Details, nach denen sie *nicht* gefragt wurden, *schlechter* erinnerten (vgl. auch M. MacLeod, 2002, für ähnliche Befunde).

Welche kognitiven und neuronalen Prozesse liegen der Item-Unterdrückung zugrunde? Wie im Beispiel des fallenden Kaktus, in dem eine vorherrschende motorische Reaktion gestoppt wurde, werden beim Abruf eines Gedächtnisinhaltes konkurrierende Inhalte gestoppt bzw. unterdrückt. M. C. Anderson und Kollegen (M. C. Anderson, 2003, 2006; M. C. Anderson & Weaver, 2009; Levy & Anderson, 2008) nehmen an, dass bei der Unterdrückung oder Inhibierung von Gedächtnisinhalten die gleichen exekutiven Funktionen aktiviert sind, die auch bei der Aufhebung vorherrschender motorischer Reaktionen wirken. Analog zu Go-/No-Go-Experimenten, bei denen eine dominante motorische Reaktion gestoppt werden muss, haben M. C. Anderson und Green (2001) eine entsprechende Versuchsanordnung für die Inhibition von Erinnerungen entwickelt, das Think-/No-Think-Paradigma (TNT-Paradigma), das in Abschnitt 3.2.3.2 ausführlich vorgestellt wird. Hier sei nur erwähnt, dass bildgebende Verfahren bestätigt haben, dass beim Stoppen oder Zurückhalten des Abrufs zuvor gelernter Paarassoziationen ähnliche dorsolaterale und ventrolaterale präfrontale Gehirnregionen aktiviert werden wie beim Inhibieren in Go-/No-Go-Aufgaben (M. C. Anderson & Levy, 2009; M. C. Anderson et al., 2004; vgl. Aron, Fletcher, Bullmore, Sahakian & Robbins, 2003, für eine fMRI-Studie zur Go-/No-Go-Aufgabe). Genuin für die Unterdrückung von Erinnerungen ist allerdings eine zusätzlich auftretende *Verminderung* hippocampaler Aktivität, deren Stärke mit der Aktivierung im lateral-präfrontalen Cortex korreliert. M. C. Anderson und Kollegen (z. B. M. C. Anderson, 2006; M. C. Anderson & Levy, 2009; M. C. Anderson et al., 2004) interpretieren dies so, dass bei der Erinnerungsunterdrückung die exekutiven Kontrollfunktionen, die im lateralen präfrontalen Cortex lokalisiert sind, die Aktivität im Hippocampus, der für den eigentlichen Erinnerungsabruf zuständig ist, herunterregulieren.

Bei der Vorstellung des Falles AJ (Abschnitt 2.1) wurde darauf hingewiesen, dass AJ in Tests zur exekutiven Kontrolle weit unterdurchschnittliche Werte erreichte. Wenn – wie nach der hier erörterten Theorie – exekutive Kontrollfunktionen entscheidend sind, um prävalente Erinnerungsinhalte zu inhibieren und somit hinsichtlich ihrer langfristigen Zugänglichkeit bzw. Verfügbarkeit abzuschwächen, könnte dies erklären, warum es AJ so schlecht gelingt, zu vergessen. Auch ein Unterbrechen des „episodischen Erinnerungsstroms", den Parker et al. (2006) bei AJ beschreiben, bedarf sicherlich exekutiver Kontrolle – konkret der Fähigkeit, einer assoziativen Beziehung zu weiteren Gedächtnisinhalten *nicht* nachzugehen, diese also zu inhibieren.

Hervorzuheben an M. C. Andersons Theorie ist, dass Item-Unterdrückung als exekutive Kontrollfunktion sowohl „beiläufig" auftreten als auch intentional initiiert werden kann. Beiläufig oder inzidentell ist dies dann, wenn, um einen Gedächtnisinhalt (z. B. eine neue Telefonnummer) abzurufen, ein anderer, dominanterer Inhalt (z. B. eine alte Telefonnummer) inhibiert werden muss. Die exekutive Kontrollfunktion der Item-Unterdrückung kann aber auch intentional rekrutiert werden, um unerwünschte Erinnerungen (z. B. an den Verlust einer nahestehenden Person) zu stoppen. Damit stellt die exekutive Kontrolltheorie des Vergessens eine Verbindung zwischen den bisher behandelten allgemeinen Vergessenstheorien und dem *motivierten Vergessen* her.

3.2.3 Motiviertes Vergessen

Der Begriff *motiviertes Vergessen* wird in Abgrenzung zum inzidentellen Vergessen verwendet (z. B. M. C. Anderson, 2009a, 2009b). Inzidentelles Vergessen ereignet sich ohne die Absicht, etwas zu vergessen, als „Nebenprodukt" von Informationsverarbeitungsprozessen bzw. metabolischen oder physiologischen Prozessen, wie sie in den vorherigen Abschnitten 3.2.1 und 3.2.2 behandelt wurden.

Motiviertes Vergessen ist zunächst nur dadurch bestimmt, dass es den Motiven der Person dient, quasi „willkommen" ist. Diese Definition wird verwendet, um sowohl (a) bewusst gewollte als auch (b) unbewusste – aber gleichwohl motivierte – Vergessensprozesse subsumieren zu können. Motiviertes Vergessen, bei dem sich die Person der Motivation allerdings nicht bewusst ist, ist beispielsweise gegeben, wenn bei jemandem immer dann, wenn er eine Person sieht, die für ihn mit einer unangenehmen Erinnerung verbunden ist, die Gedanken zu anderen (angenehmeren) Inhalten wandern. Dieses Verhalten wäre zwar motiviert und könnte zu Vergessen führen, muss allerdings weder mit der Absicht initiiert worden sein, Vergessen zu erzeugen, noch muss es bewusst sein (M. C. Anderson, 2009b).

Intentionales Vergessen, als eine Unterkategorie von motiviertem Vergessen, ist dadurch gekennzeichnet, dass die Vergessensprozesse absichtlich und bewusst initiiert werden. Unter intentionales Vergessen fallen Strategien wie Unterdrückung, absichtlicher Kontextwechsel und bewusste Ablenkung (M. C. Anderson, 2009b). Die Abgrenzung zu motiviertem, aber nicht-intentionalem Vergessen wird allerdings dadurch erschwert, dass z. B. Ablenkung, bewusst als Strategie eingesetzt, um etwas zu vergessen, zum intentionalen Vergessen zählt, während die gleiche Form der Ablenkung, aber *ohne* die Intention, etwas zu vergessen, eingesetzt, nur motiviertes Vergessen darstellt.

Eine strenge Unterscheidung zwischen motiviertem und intentionalem Vergessen erscheint somit wenig nützlich, so dass sich die folgenden Ausführungen auch nicht an dieser Unterscheidung orientieren bzw. die Begriffe des motivierten und intentionalen Vergessens gelegentlich synonym verwendet werden. Wichtig ist allerdings der Gedanke, dass Vergessen unterschiedlich stark intendiert sein kann.

Im Folgenden werden zunächst die beiden wichtigsten experimentellen Paradigmen, mit denen intentionales Vergessen untersucht wurde, dargestellt und mit ihren theoretischen Grundlagen erörtert. Es sind dies das Directed-Forgetting-Paradigma (Abschnitt 3.2.3.1) und das Think-/No-Think (TNT)-Paradigma (Abschnitt 3.2.3.2). Dass intentionales Vergessen überhaupt möglich ist, mag zunächst kontraintuitiv erscheinen. Auch scheint intentionales Vergessen experimentellen Befunden aus dem Forschungsfeld der Gedankenunterdrückung, wie dem White-Bear-Paradigma und den dort beobachteten Rebound-Effekten, zu widersprechen. Um diese Widersprüche aufzuklären, wird das White-Bear-Paradigma in Abschnitt 3.2.3.3 vorgestellt und diskutiert. Neben dieser experimentalpsychologischen Forschung gibt es noch das von Sigmund Freud formulierte Konstrukt der Verdrängung (Abschnitt 3.2.3.4), das dem motivierten Vergessen zugeordnet werden kann und das daher kurz erörtert wird. Abschließend werden die Paradigmen und Konzepte zum motivierten Vergessen bezüglich ihrer Gemeinsamkeiten und Unterschiede analysiert und – soweit möglich – theoretisch integriert (Abschnitt 3.2.3.5).

3.2.3.1 Directed-Forgetting-Paradigma

Die wohl älteste experimentelle Methode zum intentionalen Vergessen ist das *Directed-Forget-ting-Paradigma* (J. Brown, 1954; Muther, 1965). Da die deutsche Bezeichnung „Paradigma des gerichteten Vergessens" sich nie wirklich etabliert hat, bleibe ich bei dem englischen Begriff. Tatsächlich handelt es sich bei dem Directed-Forgetting-Paradigma um zwei verschiedene Methoden, nämlich die *Item-Methode* und die *Listen-Methode*. C. M. MacLeod (1998) gibt eine sehr ausführliche Darstellung des Paradigmas, seiner historischen Entwicklung sowie der wechselhaften Geschichte der Erklärungsansätze. Hier sollen zunächst die beiden Methoden des Paradigmas vorgestellt und anschließend Erklärungen für den Directed-Forgetting-Effekt diskutiert werden.

Bei der *Item-Methode* des Directed-Forgetting-Paradigmas (Abbildung 3.3a) werden einzelne Items, in aller Regel Wörter, typischerweise für wenige Sekunden dargeboten. Nach jedem einzelnen Item erhalten die Probanden eine Instruktion, die angibt, ob das zuvor gezeigte Item erinnert oder vergessen werden soll. Die Items, die erinnert werden sollen, bezeichnet man als *Remember-Items* bzw. kurz *R-Items*, die zu vergessenden Items entsprechend als *Forget-Items* bzw. *F-Items*. Anschließend wird ggf. eine Zwischenaufgabe durchgeführt, um Recency-Effekte bei der Erinnerungsabfrage zu vermeiden. Danach werden die Probanden aufgefordert, *alle* Wörter, an die sie sich erinnern, aufzuschreiben (freie Wiedergabe). Der Directed-Forgetting-Effekt berechnet sich als Differenz aus der Anzahl der erinnerten R-Items und der erinnerten F-Items. Die gefundenen Effekte sind in der Regel recht groß (C. M. MacLeod, 1998). Beispielsweise berichten Basden und Basden (1996) für ein Experiment mit Wörtern eine Wiedergabeleistung der R-Wörter im Vergleich zu den F-Wörtern von 72% zu 46%; in einer anderen Variante, in der Bilder gezeigt wurden und diese am Ende in einem freien Wiedergabetest beschrieben werden sollten, fanden die Autoren einen noch deutlicheren Unterschied (R-Bilder: 78%; F-Bilder: 36%). Auch wenn Wiedererkennungstests statt der freien Wiedergabe verwendet werden, zeigen sich mit der Item-Methode deutliche und robuste Unterschiede in der Erinnerung an R- und F-Items (z. B. Basden & Basden, 1996; Basden, Basden & Gargano, 1993; J. C. Davis & Okada, 1971; C. M. MacLeod, 1998).

Die *Listen-Methode* des Directed-Forgetting-Paradigmas (Abbildung 3.3b) wird i. d. R. in einem Between-Subjects-Design realisiert. Dabei wird beiden Gruppen zunächst die erste Liste von Items (ebenfalls i. d. R. Wörter) dargeboten. Dann erhält die eine Gruppe die Instruktion, dass sie die bisherigen Items vergessen und sich nur an die folgenden Items der zweiten Liste erinnern soll. Diese Gruppe wird als *Forget-Remember-Gruppe* (*F-R-Gruppe*) bezeichnet. Die andere Gruppe wird instruiert, sich sowohl an die gerade dargebotene als auch an die folgende Liste zu erinnern. Entsprechend wird diese Gruppe als *Remember-Remember-Gruppe* (*R-R-Gruppe*) bezeichnet. Nach der Darbietung der zweiten Liste und ggf. einer Zwischenaufgabe sollen die Probanden beider Gruppen alle Items aus der ersten und der zweiten Liste frei wiedergeben.

Bei Verwendung der Listen-Methode lassen sich zwei Directed-Forgetting-Effekte berechnen: Zum einen gibt die F-R-Gruppe im Vergleich zur R-R-Gruppe weniger Items der ersten Liste wieder. Die Vergessen-Instruktion führt also zu einem Wiedergabedefizit (*directed*

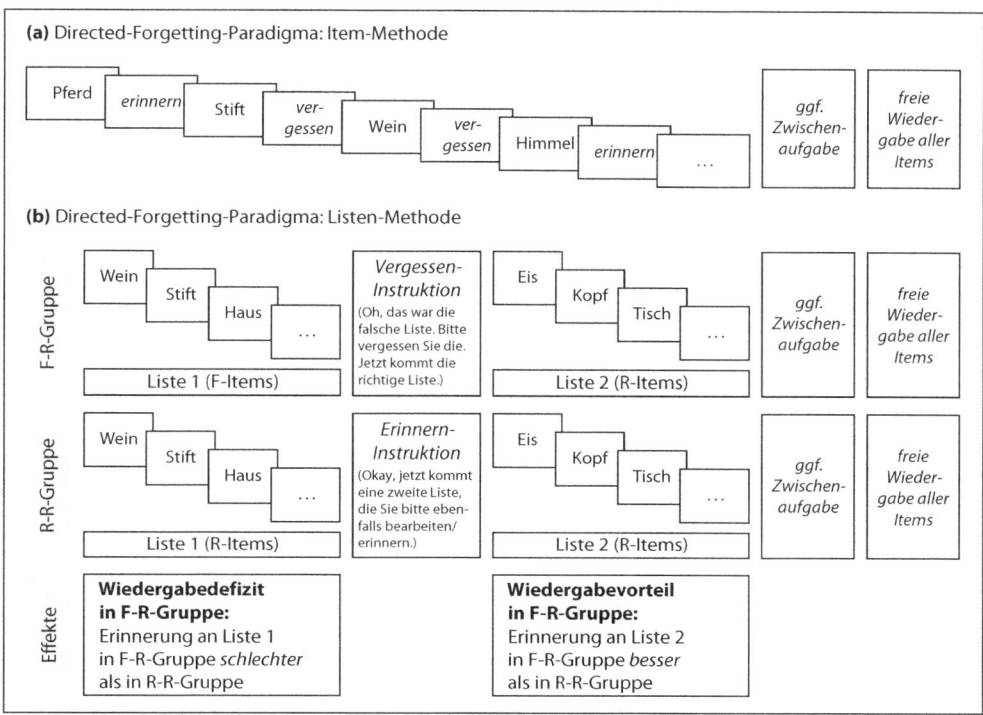

Abbildung 3.3 Schematische Darstellung des Directed-Forgetting-Paradigmas nach **(a)** der Item-Methode und **(b)** der Listen-Methode. R = remember, F = forget.

forgetting cost) in der F-R-Gruppe. Zum anderen gibt die F-R-Gruppe im Vergleich zur R-R-Gruppe mehr Items aus der *zweiten* Liste wieder. Somit führt die Vergessen-Instruktion für die erste Liste zu einem Wiedergabevorteil für die zweite Liste (*directed forgetting benefit*). Letzterer Effekt wird in der Regel der verringerten proaktiven Interferenz in der F-R-Gruppe zugeschrieben. Analysiert wird in den meisten Studien primär der erste Effekt, also das Wiedergabedefizit der ersten Liste aufgrund der Vergessen-Instruktion. Sofern nicht genauer spezifiziert, wird in der vorliegenden Arbeit unter „Directed-Forgetting-Effekt" diese Differenz in der Erinnerung an Liste 1 zwischen der F-R- und der R-R-Gruppe verstanden. Dieser Effekt ist sehr robust, fällt allerdings etwas schwächer aus als mit der Item-Methode. So fanden Basden und Basden (1996) in einem Listen-Methoden-Experiment, das mit dem oben dargestellten Item-Methoden-Experiment dieser Autoren in allen sonstigen Parametern identisch war, Unterschiede zwischen der R-R- und der F-R-Gruppe hinsichtlich der korrekten Wiedergabe der ersten Liste von 61% zu 42% für Wortmaterial und von 65% zu 55% für Bildmaterial. Directed-Forgetting-Effekte finden sich mit der Listen-Methode i. d. R. nur unter Verwendung von Wiedergabetests, allerdings nicht bei Wiedererkennungstests (z. B. Basden & Basden, 1998; Basden et al., 1993; C. M. MacLeod, 1998, 1999; für eine Ausnahme siehe Benjamin, 2006).

Bei differentialpsychologischen Fragestellungen, z. B. ob bestimmte Persönlichkeitseigenschaften mit dem Ausmaß des intentionalen Vergessens zusammenhängen, bzw. wenn untersucht werden soll, ob bestimmte Stimuluseigenschaften (z. B. die Valenz der Wörter) die Größe des Directed-Forgetting-Effekts beeinflussen, wird oft auch auf die R-R-Gruppe verzichtet und nur die Differenz aus der zweiten – zu erinnernden – Liste und der ersten – zu vergessenden – Liste als Maß des individuellen Vergessens betrachtet (z. B. Bohne, Keuthen, Tuschen-Caffier & Wilhelm, 2005; Golding & Gottlob, 2005; McNally, Clancy, Barrett & Parker, 2004). Hier ergibt sich zwar zum einen eine Konfundierung des Listentyps (zu vergessen vs. zu erinnern) mit der Listenposition und zum anderen ist das Wiedergabedefizit der F-Items nicht von dem Wiedergabevorteil der R-Items zu separieren. Kommt es allerdings nur auf Unterschiede im gerichteten Vergessen zwischen Personen bzw. experimentellen Bedingungen an, mag dieses globale Directed-Forgetting-Maß genügen.

Gegenüber der Item-Methode, bei der die Probanden stets explizite Instruktionen erhalten, was vergessen und was erinnert werden soll, bietet die Listen-Methode mehr Freiräume bezüglich der Vergessen- bzw. Erinnern-Instruktion und ermöglicht auch die Untersuchung von inzidentellem Lernen. Die Standardinstruktion im Listen-Paradigma ist, dass den Probanden vor der Darbietung der ersten Liste erzählt wird, dass sie an einem Lernexperiment teilnehmen und sich an die folgenden Items erinnern sollen. In der F-R-Gruppe wird die Vergessen-Instruktion nach der Darbietung der ersten Liste häufig so appliziert, dass der Versuchsleiter „erstaunt" feststellt, dass versehentlich die falsche Liste dargeboten wurde (z. B. aufgrund technischer Probleme oder wegen einer Unachtsamkeit des Versuchsleiters). Das Experiment könne aber noch gerettet werden, indem die Probanden jetzt die richtige Liste lernten. Das bisher Gelernte sei absolut irrelevant und solle möglichst vergessen werden. Gelegentlich wird auch begründend ergänzt, dass die letzte Liste vergessen werden soll, damit sie nicht das Lernen der neuen Liste behindert. Alternativ kann nach der ersten, zu vergessenden Liste auch die Instruktion erfolgen, dass die bisherigen Items nur Übungsdurchgänge waren und erst jetzt die tatsächlich relevanten Items, an die man sich später erinnern soll, dargeboten werden. Die R-R-Gruppe erhält nach der ersten Liste stets die Instruktion, dass nun eine weitere Liste folgt, die ebenfalls gelernt werden soll.

Soll inzidentelles Lernen untersucht werden, bekommen die Probanden in der Regel eine Aufgabe zu den dargebotenen Wörtern. Beispielsweise sollen die Probanden zu jedem Wort angeben, aus wie vielen Silben es besteht. Soll, z. B. in persönlichkeitspsychologischen Studien, die Selbstrelevanz der Wörter variiert werden, können auch Adjektive, die Persönlichkeitsmerkmale beschreiben, dargeboten werden. Die Probanden geben dann an, wie gut dieses Adjektiv sie selbst beschreibt, wodurch hohe Selbstrelevanz induziert werden soll, bzw. wie gut das Adjektiv z. B. einen „Durchschnittskommilitonen" beschreibt, was allenfalls geringe Selbstrelevanz erzeugen sollte. Selbstverständlich kann beim inzidentellen Lernen auch die Vergessen-Instruktion nicht so explizit ausfallen wie bei einem offenkundigen Lernexperiment. Daher wird hier als Vergessen-Instruktion i. d. R. die Variante gewählt, dass die Items der Liste 1 als Übungsdurchgänge bezeichnet werden, die für das eigentliche Experiment nicht relevant sind.

Welche Erklärungen gibt es für die Directed-Forgetting-Effekte der beiden Methoden des Paradigmas? C. M. MacLeod (1998) stellt, beginnend bei den 1960er Jahren, den Aufstieg, den Fall und z. T. sogar die Wiederbelebung einer ganzen Reihe von Erklärungsmodellen für beide Methoden dar (für einen neueren Überblick vgl. Hauswald, 2008). Hier sollen nur die derzeit vorherrschenden Erklärungsansätze dargestellt werden. Dabei muss allerdings zwischen der Item- und der Listen-Methode unterschieden werden.

Die dominierende Erklärung für das Vergessen bei Verwendung der *Item-Methode* ist die Hypothese *selektiver Wiederholung* (*selective rehearsal*; z. B. Basden et al., 1993; C. M. Mac-Leod, 1998; Hauswald, 2008): Da die Probanden wissen, dass auf das gerade dargebotene Item die Instruktion folgen kann, es zu vergessen, warten sie mit einer tieferen Enkodierung so lange, bis der Hinweis erscheint, dass sie sich dieses Item merken sollen. Bis zu diesem Hinweis erfolgt allenfalls ein phonologisches Wiederholen des Wortes zur aktuellen Aufrechterhaltung (*maintenance rehearsal*; vgl. Greene, 1987). Erst wenn der Erinnern- bzw. Merken-Hinweis gegeben wird, erfolgt eine tiefere – z. B. semantische – Enkodierung und die Zeit bis zur Darbietung des nächsten Items wird mit elaborativen Wiederholungsprozessen (*elaborative rehearsal*) verbracht (zu Wiederholungsprozessen vgl. Benjamin & Bjork, 2000; zur Verarbeitungstiefe vgl. Craik & Lockhart, 1972). Erfolgt jedoch ein Vergessen-Hinweis, werden die Wiederholung und die Elaboration des Items sofort abgebrochen (und die verbleibende Zeit wird ggf. genutzt, um zuvor dargebotene R-Items zu wiederholen; Roediger & Crowder, 1972). Entsprechend ist der Directed-Forgetting-Effekt der Item-Methode ein Enkodierungsphänomen, was dem Befund entspricht, dass nicht nur die freie Wiedergabeleistung, also die Zugänglichkeit, sondern auch die Wiedererkennungsleistung, und somit die Verfügbarkeit von F-Items, verringert ist (für weitere unterstützende Belege vgl. z. B. Hourihan, Ozubko & MacLeod, 2009; Hourihan & Taylor, 2006; Lehman, McKinley-Pace, Leonard, Thompson & Johns, 2001; Wetzel & Hunt, 1977; für alternative Ansichten vgl. Fawcett & Taylor, 2008, 2010, sowie die neuropsychologischen Befunde von Ullsperger, Mecklinger & Müller, 2000, und Wylie, Foxe & Taylor, 2008). – Demzufolge erfasst die Item-Methode aber eher „selektives Erinnern" der R-Items bzw. „selektives Nichtlernen" der F-Items, weshalb es fraglich erscheint, ob die Item-Methode überhaupt als ein Paradigma intentionalen *Vergessens* betrachtet werden sollte (vgl. H. M. Johnson, 1994).

Die Erklärungsansätze für den Directed-Forgetting-Effekt der *Listen-Methode* sind vielfältiger. Die drei aktuell prominentesten Ansätze sind Abrufinhibierung (*retrieval inhibition*), Kontextwechsel (*context shift*) und – wie bei der Item-Methode – selektive Wiederholung (*selective rehearsal*).

Der Ansatz der *Abrufinhibierung* (R. A. Bjork, 1989; Geiselman, Bjork & Fishman, 1983) postuliert, dass – im Sinne einer Pfad-Deaktivierung – auf die Vergessen-Instruktion hin die Abrufpfade zu den Items der Liste 1 inhibiert bzw. abgeschwächt werden.[13] Die Wiedergabeverbesserung für die Liste 2 resultiert aus einer Verringerung der von Liste 1 ausgehenden proaktiven Interferenz. Da durch diese Inhibierung nur die *Zugänglichkeit* der F-Liste verringert wird, ist die Erinnerung bei Verwendung ausreichender Hinweisreize, z. B. bei Wiedererkennungstests, möglich (vgl. auch Bäuml, 2008). Dieser Ansatz kommt dem „allgemeinen Verständnis" von gewolltem Vergessen bzw. von Unterdrückung sehr nahe und ist, vermutlich nicht zuletzt deshalb, seit Mitte der 1980er Jahre einer der am meisten rezipierten Erklärungsansätze (vgl. C. M. MacLeod, 1998; Sheard & MacLeod, 2005).

Der Erklärung der Abrufinhibierung zufolge sollte der einfache Hinweis, dass etwas vergessen werden soll, zu einer Inhibierung oder Unterdrückung des zu vergessenden Materials

---

13 Wie Sheard und MacLeod (2005; auch C. M. MacLeod, Dodd, Sheard, Wilson & Bibi, 2003) anmerken, wird im Rahmen der Abrufinhibierungs-Erklärungen i. d. R. *nicht* spezifiziert, welche Prozesse oder Mechanismen der Inhibierung zugrunde liegen. Daher bleibe Inhibierung ein sehr vager und breiter Begriff, der oft eher das Phänomen beschreibe, dass weniger erinnert werde, als tatsächlich Aussagen über kognitive Prozesse zu treffen.

führen. Allerdings tritt der Directed-Forgetting-Effekt für die Liste 1 nur auf, wenn nach dem Vergessen-Hinweis und vor der Erinnerungstestung eine zweite Liste gelernt wird; eine ebenso lange Pause anstelle des Lernens von Liste 2 führt zu keinerlei Verschlechterung in Erinnerungstests für Liste 1 (Pastötter & Bäuml, 2007). Tatsächlich wird der Directed-Forgetting-Effekt für die erste Liste umso größer, je mehr Items die zweite Liste umfasst (Pastötter & Bäuml, 2010). Mulji und Bodner (2010) konnten darüber hinaus zeigen, dass die Erinnerung an Liste 1 nur dann beeinträchtigt wird, wenn die Probanden – wie allgemein im Listen-Paradigma üblich – explizit instruiert werden, sich auf Liste 2 *zu konzentrieren*. Das bedeutet, die Instruktion, Liste 1 zu vergessen, sowie die reine Darbietung der zweiten Liste reichen nicht aus, um einen Directed-Forgetting-Effekt zu erzeugen. Mulji und Bodner folgern, dass Abrufinhibierung keine plausible Erklärung für den Directed-Forgetting-Effekt darstellt; wahrscheinlicher sei eine Kontextwechsel-Erklärung, wie sie von Sahakyan und Kelley (2002) vorgeschlagen wurde.

Die *Kontextwechsel-Hypothese* (Sahakyan & Kelley, 2002) ist ein relativ junger Erklärungsansatz. Gleichwohl finden sich Vorläufer dieser Hypothese in dem Ansatz der *Set-Differenzierung und selektiven Suche* (*set differentiation and selective search*; z. B. W. Epstein, 1972; W. Epstein & Wilder, 1972; W. Epstein, Massaro & Wilder, 1972) bzw. – nach Sahakyan und Kelley (2002) – auch in dem Ansatz der *Set-Differenzierung und selektiven Wiederholung* (*set differentiation and selective rehearsal*; z. B. R. A. Bjork, 1970; Reitman, Malin, Bjork & Higman, 1973; Spector, Laughery & Finkelman, 1973). Beiden Vorläufern ist gemein, dass durch den Vergessen-Hinweis die F- und die R-Wörter in verschiedenen mentalen Sets organisiert und somit segregiert werden. Je nach Ansatz sollten dann später primär die R-Items wiederholt werden (selektive Wiederholung; R. A. Bjork, 1972) bzw. es sollte beim Abruf primär das Set der F-Items durchsucht werden (selektive Suche; W. Epstein, 1972).

Der Kerngedanke des Kontextwechsel-Ansatzes ist, dass durch die Vergessen-Instruktion (oder auch durch die Instruktion, dass die bisherigen Items lediglich der Übung dienten und nur die kommenden Items relevant sind) die Probanden in der F-R-Gruppe zwischen den beiden Listen ihren „mentalen Kontext" (*mental context*) oder inneren Zustand ändern. Da ihr mentaler Kontext zum Zeitpunkt der Wiedergabe stärker dem der Liste 2 als dem der Liste 1 ähnelt, können sie sich auch besser an die Items der zweiten Liste erinnern (vgl. die Beschreibung des zustandsabhängigen Erinnerns in Abschnitt 3.2.1.3). Die R-R-Gruppe vollzieht keinen derartigen Zustandswechsel.

In den Experimenten von Sahakyan und Kelley (2002) sollten die Probanden einen *inneren Kontextwechsel* zwischen der Darbietung zweier Listen vollziehen, allerdings *ohne* die Instruktion, die Wörter der ersten Liste zu vergessen. Dazu sollten sie sich beispielsweise vorstellen, dass sie unsichtbar wären und was sie dann machen würden. Tatsächlich führte diese Manipulation zu nahezu identischen Ergebnismustern, wie sie sich bei einer Vergessen-Instruktion zeigen. Sollten sich die Probanden vor dem Erinnerungsabruf wieder in den inneren Kontext der Liste 1 zurückversetzen, wurden die durch den Kontextwechsel erzeugten Effekte größtenteils aufgehoben. In den letzten Jahren wurde eine Reihe von Befunden publiziert, welche die Kontextwechsel-Hypothese weiter unterstützen (z. B. Delaney & Sahakyan, 2007; Delaney, Sahakyan, Kelley & Zimmerman, 2010; Sahakyan, 2004; Sahakyan & Delaney, 2003; Sahakyan, Delaney & Waldum, 2008; Sahakyan & Goodmoon, 2010; Sahakyan, Waldum, Benjamin & Bickett, 2009).

Wenngleich Kontextwechsel vielleicht nicht der klassischen Vorstellung von intentionalem Vergessen, bei dem eine Erinnerung „unterdrückt" wird, entspricht, ist er zweifellos eine Strategie, die auch im realen Leben eingesetzt werden kann, um absichtlich zu vergessen. Menschen, die eine negative oder bedrohliche Erfahrung gemacht haben, meiden Situationen und Kontexte (ggf. auch innere Kontexte), die Hinweisreize für deren Erinnerungsabruf liefern könnten. Dies spiegelt sich auch darin wider, dass an den Schauplätzen von Gewaltverbrechen mitunter umfassende bauliche Veränderungen vorgenommen werden, um die kontextuellen Hinweisreize z. B. für Angehörige oder Tatzeugen zu verringern (Beispiele sind die drei Jahre dauernden Rekonstruktions- und Umbauarbeiten an dem Gutenberg-Gymnasium in Erfurt nach dem Amoklauf vom 26.04.2002 und der Abriss der kurz zuvor neu errichteten Bibliothek an der Columbine High School in Colorado nach dem Amoklauf vom 20.04.1999; vgl. auch M. C. Anderson, 2009b).

Auch wenn die Befunde dafür sprechen, dass Kontextwechsel zum Directed-Forgetting-Effekt der Listen-Methode beiträgt, so betonen Sahakyan und Kelley (2002, S. 1069 f.) selbst, dass dadurch andere Mechanismen nicht widerlegt werden. Es sei gut möglich, dass mehrere Mechanismen zum Directed-Forgetting-Effekt beiträgen.

Ein weiterer solcher Mechanismus ist *selektive Wiederholung* (z. B. R. A. Bjork, 1972; C. M. MacLeod, 1975). Im Hinblick auf diesen Mechanismus wird angenommen, dass in der F-R-Gruppe während der Darbietung der zweiten Liste alle kognitiven Ressourcen auf die Wiederholung ebendieser Liste gerichtet werden, wohingegen in der R-R-Gruppe während dieser Zeit beide Listen wiederholt werden, die kognitiven Ressourcen also entsprechend stärker verteilt werden. Gegen diese Erklärung wird oft vorgebracht, dass – anders als bei der Item-Methode – bei der Listen-Methode zu dem Zeitpunkt, wenn die Vergessen-Instruktion dargeboten wird, die Enkodierung für die Liste 1, also die F-Items, bereits weitestgehend abgeschlossen ist. Ferner sollten selektive Wiederholungsprozesse Unterschiede in der Enkodierung der Items erzeugen, und diese Enkodierungsunterschiede müssten sich sowohl in Wiedergabe- als auch in Wiedererkennungstests niederschlagen. Für die Listen-Methode finden sich allerdings in der Regel, wie oben berichtet, nur Directed-Forgetting-Effekte für Wiedergabetests, weshalb dieser Erklärungsansatz von vielen Autoren abgelehnt wird (z. B. Bäuml, 2008, S. 206).

Trotz dieser Argumente gegen die Hypothese der selektiven Wiederholung als Erklärung für Vergessen in der Listen-Methode gibt es in jüngerer Zeit wieder vermehrt Befürworter dieser Hypothese (z. B. M. A. Conway, Harries, Noyes, Racsmány & Frankish, 2000; Sheard & MacLeod, 2005). M. A. Conway et al. (2000) konnten zeigen, dass der Directed-Forgetting-Effekt reduziert bzw. eliminiert wird, wenn das Arbeitsgedächtnis während der Darbietung der Liste 2 belastet wird. Dies unterstützt die Annahme der selektiven Wiederholung, sofern man davon ausgeht, dass Wiederholungsprozesse kognitive Ressourcen benötigen. Sheard und MacLeod (2005) führten ein umfassendes Forschungsprogramm zur These der selektiven Wiederholung durch. Da die Möglichkeit, dass selektive Aufrechterhaltung zum Directed-Forgetting-Effekt beiträgt, für die vorliegende Arbeit von besonderer Bedeutung ist (vgl. Abschnitte 3.3.2 und 5.4), sollen die Studien von Sheard und MacLeod ausführlicher dargestellt werden.

In einer ersten Reihe von Studien untersuchten Sheard und MacLeod (2005), welche Effekte es auf die Erinnerung einer F-R-Gruppe hat, wenn nach der Darbietung der zweiten Liste eine

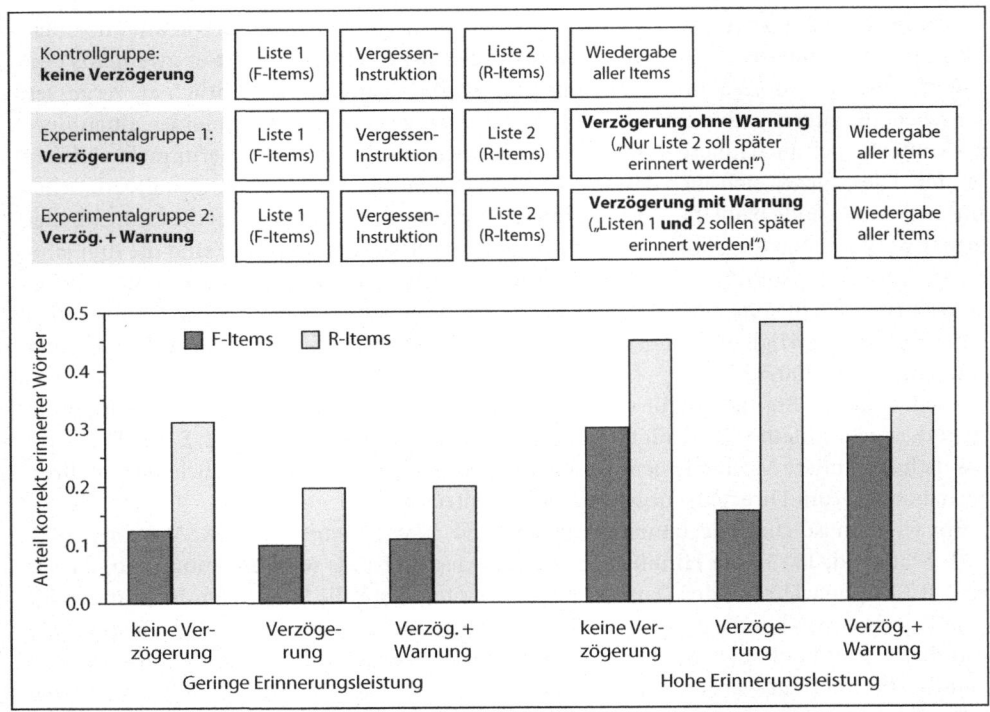

Abbildung 3.4 Darstellung der Bedingungen (oben) und der Ergebnisse (unten) der Directed-Forgetting-Experimente mit verzögerter Wiedergabe für Probanden mit geringer und hoher Gesamterinnerungsleistung (Daten aus Sheard & MacLeod, 2005, S. 234).

zeitliche Verzögerung einsetzt und die Probanden zu Beginn dieser Verzögerung entweder gewarnt oder nicht gewarnt werden, dass abschließend alle Wörter, auch die aus Liste 1, die zwischenzeitlich als irrelevant gekennzeichnet wurden, wiederzugeben sind. Abbildung 3.4 stellt im oberen Teil die drei experimentell erzeugten Between-Subjects-Bedingungen dar.

Die Kontrollgruppe *keine Verzögerung* entspricht einer F-R-Gruppe in einem klassischen Directed-Forgetting-Experiment der Listen-Methode: Nach einer ersten zu lernenden Liste erfolgte der Hinweis, dass diese zu vergessen und nur die folgende Liste relevant sei. Unmittelbar im Anschluss an die zweite Liste wurde die freie Wiedergabe aller Items (also der F-Items aus Liste 1 und der R-Items aus Liste 2) gefordert. In der Gruppe *Verzögerung ohne Warnung* wurde nach der Darbietung der Liste 2 eine – nicht durch eine Zwischenaufgabe ausgefüllte – Verzögerung oder Pause eingefügt, bevor wieder die freie Wiedergabe aller Items gefordert wurde. Da diese Probanden aber annahmen, dass sie sich nur an die Items der Liste 2 erinnern sollten, würden ggf. stattfindende Wiederholungsprozesse auf die Liste 2 beschränkt bleiben. Dies sollte zu einem noch prononcierteren Directed-Forgetting-Effekt (als Differenz von R- und F-Items) als in der Kontrollgruppe *keine Verzögerung* führen, da die R-Items aufgrund der Wiederholungsprozesse besser wiedergegeben werden sollten, während die F-Items aufgrund der zeitlichen Verzögerung schlechter zugänglich werden sollten. In der Gruppe *Verzögerung mit Warnung* lief die Phase bis zur Beendigung der Darbietung von

Liste 2 identisch ab wie in den ersten beiden Gruppen. Erst nach der Darbietung von Liste 2 – zu Beginn der Verzögerung – wurden die Probanden gewarnt, dass sie sich abschließend *auch* an die Wörter aus Liste 1 erinnern sollen. Dies sollte dazu führen, dass ggf. während der Verzögerung stattfindende Wiederholungsprozesse gleichmäßiger auf Liste 1 und 2 verteilt werden, so dass sich der Erinnerungsunterschied zwischen R- und F-Items (und damit der Directed-Forgetting-Effekt) verringern sollte.

Darüber hinaus nahmen Sheard und MacLeod (2005) an, dass die Anwendung von Wiederholungsstrategien zwischen Probanden variieren könnte. Daher teilten sie die Probanden anhand der Gesamterinnerungsleistung in solche mit geringer Erinnerungsleistung, die vermutlich generell wenig oder nur wenig effektive Wiederholungsstrategien anwenden, und solche mit hoher Erinnerungsleistung, die sich auch durch effektive Wiederholungsstrategien auszeichnen sollten. Die Befunde, die in der unteren Hälfte der Abbildung 3.4 dargestellt sind, entsprechen den Erwartungen. In der Gruppe mit insgesamt geringer Erinnerungsleistung hatte die Warnung, dass auch die F-Items zu erinnern sind, keinerlei Einfluss auf die Wiedergabeleistung. Auch gegenüber der Kontrollgruppe ohne Verzögerung zeigten sich keine Erinnerungsverbesserungen, sondern eher eine Verschlechterung in der Erinnerung an die R-Items, die auf den größeren zeitlichen Abstand zwischen Darbietung und Abruf zurückzuführen ist.

In der Gruppe mit hoher Gesamterinnerungsleistung erzeugten die beiden Experimentalbedingungen jedoch unterschiedliche Effekte: Die Verzögerung allein führte gegenüber der Kontrollgruppe zu einer leichten Verbesserung im Abruf der R-Items und zu einer deutlichen Verschlechterung im Abruf der F-Items. Das stimmt mit der Annahme überein, dass die R-Items – zuungunsten der F-Items – selektiv wiederholt wurden. In der Gruppe mit zusätzlicher Warnung, dass auch die F-Items zu erinnern sind, wurde der Directed-Forgetting-Effekt hingegen fast eliminiert, was dafür spricht, dass in dieser Gruppe nachträglich mehr Zeit bzw. Ressourcen auf die Wiederholung der F-Items gerichtet wurden. Statistisch relevant ist die deutliche Interaktion in der Gruppe mit hoher Gesamterinnerungsleistung für die Erinnerung an R- vs. F-Items mit den Bedingungen Verzögerung ohne vs. mit Warnung.

In einem weiteren Experiment von Sheard und MacLeod (2005) wurde die Variation *Verzögerung ohne Warnung* vs. *Verzögerung mit Warnung* orthogonal mit der Variation *Verzögerung mit einer kognitiv belastenden Aufgabe ausgefüllt* vs. *nicht ausgefüllt* gekreuzt. Die Probanden in den Bedingungen mit der nicht ausgefüllten Verzögerung zeigten ähnliche Ergebnisse wie die Gruppe der Personen mit hoher Erinnerungsleistung (also der „guten Wiederholer") in dem zuvor dargestellten Experiment, was auf Wiederholungsprozesse hindeutet. Hingegen spiegelten die Gruppen mit der ausgefüllten Verzögerung die Ergebnisse der Personen mit niedriger Gesamterinnerungsleistung (also der „schlechten Wiederholer") wider, was die Annahme unterstützt, dass durch die hohe kognitive Belastung Wiederholungsprozesse verhindert wurden. Dies fundiert die These, dass selektive Wiederholung auch bei der Listen-Methode zum Directed-Forgetting-Effekt beiträgt.

In einer zweiten Reihe von Studien untersuchten Sheard und MacLeod (2005) serielle Positionseffekte in der Abrufwahrscheinlichkeit von Items der R- und F-Listen. Geht man von Abrufinhibierung aus, sollten alle Items einer F-Liste, unabhängig von ihrer Listenposition, das gleiche Ausmaß an verminderter Abrufwahrscheinlichkeit erfahren. Tatsächlich beruhten die Directed-Forgetting-Effekte, leicht vereinfacht dargestellt, jedoch auf Unterschieden in den Primacy-Effekten zwischen den Listen und Bedingungen. Da Primacy-Effekte i. d. R.

dadurch erklärt werden, dass die ersten Items einer Liste besonders oft wiederholt werden können und daher von Wiederholungsprozessen stärker profitieren als die späteren Items, veranlassten auch diese Ergebnisse Sheard und MacLeod dazu, die Hypothese der selektiven Wiederholung gegenüber der Abrufinhibierung zu präferieren. Weitere Evidenz gegen die Annahme der Abrufinhibierung und für selektive Wiederholung findet sich bei Golding und Gottlob (2005).

Zusammenfassend kann festgehalten werden, dass die Erklärung für den Directed-Forgetting-Effekt in der Item-Methode relativ unstrittig ist, der dafür postulierte Mechanismus aber wenig mit „intentionalem Vergessen" zu tun hat (vgl. z. B. H. M. Johnson, 1994). Bezüglich der Listen-Methode ist das Bild wesentlich heterogener. Von den drei prominentesten Erklärungsansätzen kann keiner wirklich ausgeschlossen werden. Es ist auch möglich, dass alle drei Mechanismen zum Vergessen in der Listen-Methode beitragen, wobei der jeweilige Anteil am Effekt mit den spezifischen (Rahmen-)Bedingungen des Experiments variieren könnte. Zumindest einer der drei Mechanismen, nämlich selektive Wiederholung, sollte auch hier nicht als „Vergessensmechanismus" bezeichnet werden.

Die Listen-Methode wurde oft verwendet, um interindividuelle Unterschiede im „Vergessen" zu untersuchen, beispielsweise zwischen Repressern und Nichtrepressern (Myers, Brewin & Power, 1998; Myers & Derakshan, 2004; vgl. dazu auch Abschnitt 5.2.2.2), zwischen depressiven, ängstlichen sowie klinisch unauffälligen Personen (Power, Dalgleish, Claudio, Tata & Kentish, 2000) oder zwischen Erwachsenen mit und ohne Aufmerksamkeitsdefizit-/Hyperaktivitätsstörung (White & Marks, 2004). In diesen Beispielen sowie in den meisten anderen differentiellen Studien wird dabei *Abrufinhibierung als alleinige Grundlage* des Directed-Forgetting-Effekts betrachtet und die Befunde werden entsprechend interpretiert. Ähnliches gilt für Studien, in denen untersucht wird, ob sich emotionales Material bzw. Material einer bestimmten Valenz (positiv, neutral, negativ) besonders gut oder schlecht „vergessen" lässt (Hauswald, 2008; Minnema & Knowlton, 2008; B. K. Payne & Corrigan, 2007; Power et al., 2000; Wessel & Merckelbach, 2006; die Befunde dazu sind übrigens sehr uneinheitlich bzw. widersprüchlich).

Solange allerdings die kognitiven Prozesse, die den Effekten in der Listen-Methode zugrunde liegen, derart unklar sind und somit fast jedes Ergebnis mehrere alternative Interpretationen zulässt – unter anderem auch die, dass nicht Unterschiede im Vergessen, sondern Unterschiede im selektiven Wiederholen den Effekt konstituieren –, erscheint es wenig angebracht, dieses Paradigma zur Klärung solcher Fragestellungen zu verwenden. Ein neueres Paradigma zum intentionalen Vergessen, das Think-/No-Think-Paradigma (TNT-Paradigma), das weniger Interpretationsspielraum bezüglich der zugrunde liegenden kognitiven Mechanismen lässt, wird daher im folgenden Abschnitt behandelt.

3.2.3.2 Think-/No-Think-Paradigma

Das Think-/No-Think-Paradigma (im Folgenden wird *Think/No-Think* mit *TNT* abgekürzt), das erstmalig von M. C. Anderson und Green (2001) publiziert wurde, ist eng mit der exekutiven Kontrolltheorie des Vergessens verbunden und baut auf Go-/No-Go-Aufgaben auf (z. B. M. C. Anderson, 2003; vgl. Abschnitt 3.2.2.3). Hier wird zunächst die gegenüber M. C. Anderson und Green (2001) leicht modifizierte Version der TNT-Aufgabe aus

Bedingung (Within-Subjects)	Phase 1: Lernen	Phase 2: Think/No-Think (TNT)	Phase 3: Wiedergabetests	
			Gleicher Hinweisreiz	Unabhängiger Hinweisreiz
No-Think	Nagel – Bild	Nagel – XXX	Nagel – …	Kunstwerk – B…
Think	Boden – Tomate	Boden – ___	Boden – …	Gemüse – T…
Baseline	Haustier – Maus		Haustier – …	Nager – M…
Anmerkungen:	wenn mind. 50% korrekt, Übergang zu Phase 2	wiederholte Darbietung jedes Items		

Abbildung 3.5 Darstellung der Bedingungen und des Ablaufs einer Think-/No-Think-Aufgabe (TNT-Aufgabe; adaptiert nach M. C. Anderson et al., 2004, S. 233).

M. C. Anderson et al. (2004) vorgestellt. Diese Variante hat gegenüber ihrem Vorläufer den Vorteil, dass sie für die Probanden einfacher durchführbar ist. Dabei bestehen zwischen den beiden Versionen keine Unterschiede in den experimentellen Effekten (M. C. Anderson, persönl. Mitteilung, 14.06.2010). Ferner wird auf wesentliche Befunde und Erklärungen zum TNT-Effekt eingegangen.

Der Ablauf einer TNT-Aufgabe ist in Abbildung 3.5 dargestellt. Zunächst lernen die Probanden Wortpaare (z. B. „Nagel – Bild") auswendig, so dass sie auf die Darbietung des linken Wortes („Nagel") hin mit dem rechten Wort („Bild") antworten können. Die Standardprozedur gestaltet sich dabei so, dass – nachdem alle Wortpaare ein Mal dargeboten wurden – die Probanden in kombinierten Test-Feedback-Durchgängen abgefragt werden. Das heißt, es wird immer das linke Wort (*Reiz-* oder *Hinweiswort*) dargeboten und es soll mit dem rechten Wortpartner (*Reaktions-* oder *Antwortwort*) geantwortet werden. Unabhängig davon, ob die richtige, eine falsche oder gar keine Antwort gegeben wurde, wird am Ende jedes Durchgangs für einen kurzen Moment (z. B. eine Sekunde) das rechte Wort aufgedeckt, so dass die Probanden die Möglichkeit haben, nicht richtig wiedergegebene Wortpaare erneut zu lernen. Sobald die Probanden in diesen Test-Feedback-Durchgängen ein bestimmtes Lernkriterium erreichen (i. d. R. müssen sie mindestens 50% aller Wortpaare korrekt beantworten), wird zur nächsten Phase, zur eigentlichen TNT-Phase, übergegangen.

In der TNT-Phase wird ein Drittel der zuvor gelernten Wortpaare gar nicht dargeboten. Diese Wortpaare bilden die *Baseline-Bedingung*, die später zur Berechnung des TNT-Effekts herangezogen wird. Ein weiteres Drittel der Wortpaare ist der *No-Think-Bedingung* zugeordnet. Bei diesen Wortpaaren wird das linke Wort dargeboten und die Probanden haben den expliziten Auftrag, für die gesamte Zeit der Darbietung (i. d. R. 4 Sekunden) weder an den rechten Wortpartner zu denken noch diesen auszusprechen – vielmehr sollen sie jeglichen Gedanken an das rechte Wort vermeiden bzw. unterdrücken. Gleichwohl sollen sie während der gesamten Darbietungszeit das linke Wort bewusst wahrnehmen, also nicht etwa die Augen schließen oder wegschauen. Bei dem letzten Drittel der Wortpaare, den Wörtern der *Think-Bedingung*, wird ebenfalls das linke Wort dargeboten, aber nun haben die Probanden den Auftrag, so schnell wie möglich mit dem korrekten Reaktionswort zu antworten. Sobald sie eine Antwort geben, spätestens aber nach 4 Sekunden, wird zum nächsten Trial übergegangen. Dabei wird in den meisten Varianten der TNT-Aufgabe, wenn auf Think-Reizwörter keine oder eine falsche Antwort gegeben wird, am Ende der 4 Sekunden das korrekte Reaktionswort kurz aufgedeckt.

Damit die Probanden wissen, wie sie in der TNT-Phase auf das dargebotene Wort reagieren sollen, werden während dieser Phase i. d. R. die Reizwörter der No-Think-Bedingung in Rot und die Reizwörter der Think-Bedingung in Grün präsentiert (vgl. Abbildung 3.5).[14] In der Standardprozedur der TNT-Aufgabe wird jedes Think- und jedes No-Think-Reizwort 16 Mal wiederholt dargeboten (vgl. aber M. C. Anderson & Green, 2001, für eine Variation), wobei die Abfolge von Think- und No-Think-Durchgängen randomisiert ist, so dass sich die Reaktionsanforderung an die Probanden (also „antworten" vs. „unterdrücken") in einer für diese nicht prädizierbaren Reihenfolge abwechselt.

Ein wesentliches Element der TNT-Aufgabe ist – laut M. C. Anderson (persönl. Mitteilung, 14.06.2010) –, dass die Probanden denken, dass es sich *nicht* um ein Gedächtnisexperiment, sondern um eine Studie zur Aufmerksamkeit handelt. Ihnen wird daher mitgeteilt, dass es für eine gute Konzentrationsfähigkeit wichtig sei, zwischen den Anforderungen, sich auf etwas Relevantes zu konzentrieren und etwas Irrelevantes auszublenden, wechseln zu können. Dies werde in der Untersuchung dadurch operationalisiert, dass sie bei den grünen (relevanten) Wörtern möglichst schnell antworten und bei den roten (irrelevanten) Wörtern das Reaktionswort ausblenden sollen. Ziel dieser Phase sei es, sich zu verbessern, also beim Beantworten der grünen Reizwörter immer schneller zu werden und es bei den roten Reizwörtern immer besser zu schaffen, nicht an das Reaktionswort zu denken.

Nach der TNT-Phase, die üblicherweise 25 bis 40 Minuten beansprucht (in einem typischen TNT-Experiment werden in der TNT-Phase 24 bis 40 Items je 16 Mal dargeboten, wodurch sich zwischen 384 und 640 Durchgänge ergeben), kommt die Phase der Erinnerungstestung, wobei zwei verschiedene Varianten von gestützten Wiedergabetests (*cued recall*) Verwendung finden können (vgl. Abbildung 3.5). Die erste Variante ist ein gestützter Wiedergabetest, bei dem für alle in Phase 1 gelernten Wortpaare das jeweilige Reizwort dargeboten wird und mit dem dazugehörigen Reaktionswort geantwortet werden soll. Es wird also zum Abruf der *gleiche Hinweisreiz* (*same probe*) verwendet, der auch gelernt wurde. In einer zweiten Variante wird für den Abruf des Reaktionswortes ein neuer, *unabhängiger* (d. h. zuvor nicht gelernter) *Hinweisreiz* gegeben (*independent probe*). Dieser Hinweisreiz ist im TNT-Paradigma üblicherweise die semantische Oberkategorie des rechten Wortes. Zusätzlich wird der Anfangsbuchstabe des rechten Wortes präsentiert. Wenn also z. B. das Wortpaar „Boden – Tomate" gelernt wurde, erscheint im gestützten Wiedergabetest mit unabhängigem Hinweisreiz „Gemüse – T..." und die Probanden sollen mit „Tomate" antworten. Dies setzt voraus, dass die verwendeten Wortpaare – bzw. die Worttripel, bestehend aus den Wörtern des zu lernenden Wortpaares sowie der Oberkategorie des rechten Wortes – so konstruiert wurden, dass unter allen gelernten rechten Wörtern immer nur ein Exemplar der für den Abruf verwendeten Oberkategorien vorkommt (in unserem Beispiel dürfte also kein weiteres Gemüse in den zu lernenden Wortpaaren vorkommen). Sofern beide Varianten der Erinnerungstestung bei allen Probanden verwendet werden, wird die Darbietungsreihenfolge der beiden Tests i. d. R. zwischen den Probanden ausbalanciert.

---

14 Selbstverständlich sind andere Formen der Markierung (z. B. durch „XXX" vs. „___" rechts neben dem Wort) möglich. In der Markierung an sich besteht jedoch ein wesentlicher Unterschied gegenüber dem ursprünglichen Paradigma von M. C. Anderson und Green (2001), bei dem die Probanden vor der TNT-Phase noch auswendig lernen mussten, welches Wort zu welcher Bedingung gehört.

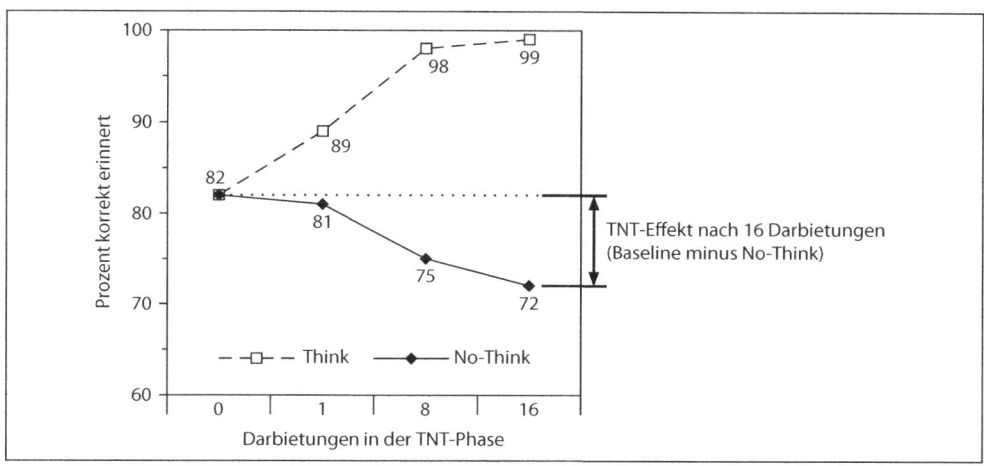

Abbildung 3.6 Typische Ergebnisse aus einem TNT-Experiment von M. C. Anderson und Green (2001, Exp. 1, S. 366) bei Verwendung gleicher Hinweisreize für den Abruf wie in der Lernphase. (Die im Original getrennt dargestellten Baseline-Bedingungen für Think- und No-Think-Wortpaare wurden in dieser Darstellung aggregiert.)

In Abbildung 3.6 sind die – nach M. C. Anderson und Green (2001) typischen – Ergebnisse eines TNT-Experimentes dargestellt, wobei die Erinnerung mit dem gleichen Hinweiswort getestet wurde. Als spezielle Manipulation, um die Validität ihres Paradigmas zu überprüfen, haben M. C. Anderson und Green in diesem Experiment die Anzahl der Darbietungen der einzelnen Think- bzw. No-Think-Wörter in der TNT-Phase systematisch variiert. So wurde je für einen Teil der Think- und No-Think-Wortpaare das linke Wort 1 Mal, 8 Mal bzw. 16 Mal präsentiert. *Null Darbietungen* entspricht dabei der Baseline-Bedingung, also Wortpaaren, die in Phase 1 gelernt wurden, aber in Phase 2 gar nicht vorkamen.

Der TNT-Effekt – als ein Maß intentionalen Vergessens – ist als Differenz aus der Erinnerung für die Baseline-Reaktionswörter und die No-Think-Reaktionswörter definiert und gibt somit an, inwieweit Wörter, die auf einen Hinweisreiz hin (wiederholt) intentional zurückgehalten wurden, später schlechter willentlich abgerufen werden können als Wörter, die weder getriggert noch zurückgehalten wurden. Wie Abbildung 3.6 zu entnehmen ist, reicht ein einmaliges Unterdrücken von No-Think-Reaktionswörtern nicht aus, um bedeutsames intentionales Vergessen zu erzeugen. Allerdings nimmt der TNT-Effekt mit der Anzahl der Inhibierungsversuche für das Reaktionswort zu, so dass in der Studie von M. C. Anderson und Green (2001, Exp. 1) bei acht Wiederholungen bereits ein TNT-Effekt von 7% und bei 16 Wiederholungen ein TNT-Effekt von 10% zu verzeichnen war. Dass der *einmalige* Versuch, nicht an etwas zu denken, nicht dazu führt, dass dieser Gedanke weniger salient bzw. abrufbar wird, sondern dass hierfür wiederholte Inhibierungsversuche notwendig sind, entspricht der Alltagserfahrung. Anders als z. B. im Directed-Forgetting-Paradigma wird intentionales Vergessen im TNT-Paradigma folglich als – mühevoller, da wiederholter Anstrengung bedürfender – *Prozess* und nicht als instantan (also unmittelbar) eintretendes Ergebnis konzeptualisiert.

Die Wiedergabeleistung für die Think-Reaktionswörter steigt mit der Anzahl der Wiederholungen an (Abbildung 3.6). Dies ist, neben der Abruferleichterung aufgrund wiederholter Abrufübung, bei diesen Daten auch darauf zurückzuführen, dass in der TNT-Phase bei nicht richtig wiedergegebenen Reaktionswörtern die korrekte Antwort nochmals präsentiert wurde, so dass hier mit zunehmender Anzahl der Darbietungen auch die Lernmöglichkeiten zunahmen. In einigen Studien (z. B. Depue, Banich & Curran, 2006; Joormann, Hertel, Brozovich & Gotlib, 2005; Marx, Marshall & Castro, 2008) wird auch die Wiedergabeleistung von Think-Reaktionswörtern mit der von No-Think-Reaktionswörtern verglichen. Dieser *total control effect* (M. C. Anderson, 2009b) kann aber *nicht* als valides Maß des *intentionalen Vergessens* betrachtet werden.

Wird zur Erinnerungstestung ein unabhängiger Hinweisreiz verwendet, ergibt sich ein dem in Abbildung 3.6 analoges Verlaufsmuster, allerdings fallen die Effekte typischerweise geringer aus. Levy und Anderson (2008) geben, beruhend auf einer Metaanalyse eigener Studien mit insgesamt 687 Probanden, den TNT-Effekt bei Abfrage mit gleichem Hinweisreiz mit ca. 6.4% und bei Abfrage mit unabhängigem Hinweisreiz mit ca. 4.6% an (Daten aus dem Diagramm in Levy & Anderson, 2008, S. 627). Allerdings gibt es auch vereinzelt Studien, in denen der TNT-Effekt nicht repliziert werden konnte (z. B. Bulevich, Roediger, Balota & Butler, 2006).

Wie zur exekutiven Kontrolltheorie des Vergessens (Abschnitt 3.2.2.3) ausgeführt, belegt die Existenz eines TNT-Effekts für unabhängige Hinweisreize, dass eine Item-Unterdrückung und *nicht nur* eine Pfad-Deaktivierung zum Reaktionswort stattgefunden hat (vgl. Abbildungen 3.1 und 3.2). Da der TNT-Effekt für unabhängige Hinweisreize aber geringer ausfällt als für gleiche Hinweisreize, ist nicht auszuschließen, dass beim TNT-Effekt für gleiche Hinweisreize zusätzlich zur Item-Unterdrückung noch weitere Mechanismen wirksam sind. Neben der Pfad-Deaktivierung könnte hier der *Abrufwettbewerb* aufgrund von *Antwortwort-Substitution* während der TNT-Phase eine Rolle spielen.[15] Hertel und Calcaterra (2005) hatten bemerkt, dass in TNT-Studien einige Probanden berichten, dass sie, um nicht an das Reaktionswort zu einem No-Think-Reizwort zu denken, andere Wörter mit dem linken Wort in Verbindung bringen (Abbildung 3.7; vgl. auch Levy & Anderson, 2008). Um also bei dem No-Think-Wortpaar „Nagel – Bild" auf die Darbietung von „Nagel" hin nicht an „Bild" denken zu müssen, bildeten sie andere Assoziationen zu „Nagel", z. B. „Hammer", „Sarg" oder „Maniküre". Es ist evident und entspricht den klassischen interferenztheoretischen Erklärungen zum Abrufwettbewerb (vgl. Abschnitt 3.2.1.2), dass dadurch die Abrufwahrscheinlichkeit für „Bild" auf den Hinweisreiz „Nagel" verringert wird. Ausgehend von ihrer Beobachtung variierten Hertel und Calcaterra die Bildung alternativer Assoziationen experimentell und fanden, dass Probanden, die in der Bildung solcher Assoziationen unterstützt wurden, einen verstärkten TNT-Effekt bei Testung mit gleichem Hinweisreiz zeigten.

Man kann also folgern, dass zum TNT-Effekt bei Erinnerungstestung durch den gleichen Hinweisreiz drei Mechanismen beitragen: Antwortwettbewerb, Pfad-Deaktivierung und Item-Unterdrückung, wobei Item-Unterdrückung allerdings den größten Anteil beiträgt, wie Vergleiche mit dem TNT-Effekt bei unabhängigem Hinweisreiz implizieren. Zum TNT-Effekt bei Testung mit einem unabhängigen Hinweisreiz sollte ausschließlich Item-Unterdrückung beitragen. Dies wird in Abbildung 3.7 veranschaulicht. Anders als beim Directed-Forgetting-Effekt kann ausgeschlossen werden, dass Wiederholungsprozesse an einem der TNT-Effekte beteiligt sind.

---

15 Für eine alternative nicht-inhibitorische Erklärung siehe Tomlinson, Huber, Rieth und Davelaar (2009), sowie die Entgegnung von Bäuml und Hanslmayr (2010).

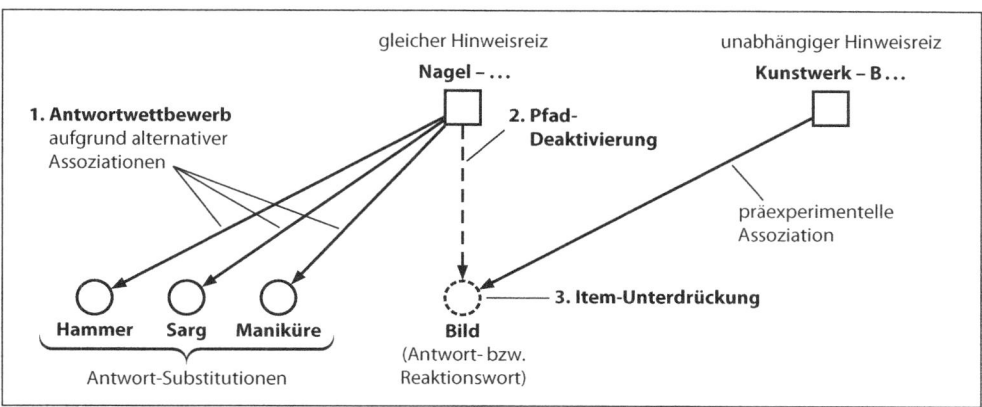

Abbildung 3.7 Drei Mechanismen, die zum TNT-Effekt bei gleichem (1, 2 und 3) und bei unabhängigem (3) Hinweisreiz beitragen können (in Anlehnung an M. C. Anderson & Green, 2001, S. 367).

M. C. Anderson und Green (2001) konnten ferner zeigen, dass die TNT-Effekte sowohl für gleiche als auch für unabhängige Hinweisreize weitestgehend unverändert bleiben, wenn für jedes korrekt wiedergegebene Wort ein Geldbetrag offeriert wird – der Aufforderungscharakter der experimentellen Situation (vgl. Orne, 1962) als Ursache der TNT-Effekte kann somit ausgeschlossen werden. Allerdings bleibt der TNT-Effekt aus, wenn die Probanden instruiert werden, in der TNT-Phase zwar das Aussprechen der Reaktionswörter der No-Think-Wortpaare zu unterdrücken, aber dennoch an diese zu denken. Daraus folgt, dass die für den TNT-Effekt tatsächlich relevante inhibitorische Leistung darin liegt, das Reaktionswort nicht ins Bewusstsein treten zu lassen, und nicht im Unterdrücken des motorischen Aktes des Aussprechens.

Einige fMRI-Befunde, die dafür sprechen, den TNT-Effekt als eine auf exekutiver Kontrolle beruhende Inhibierung aufzufassen (z. B. M. C. Anderson et al., 2004), wurden bereits im Abschnitt zur exekutiven Kontrolltheorie des Vergessens erörtert (siehe Abschnitt 3.2.2.3). Ergänzend kann hier angeführt werden, dass Depue, Curran und Banich (2007) die Ergebnisse, die M. C. Anderson et al. (2004) für neutrale Wörter erhalten haben, auch für emotionale Bilder replizieren konnten, nämlich dass die Aktivierung des rechten ventrolateralen präfrontalen Cortex, dem die exekutive Kontrollfunktion zugeordnet wird, der Deaktivierung des Hippocampus, dem die eigentliche Inhibierung des Erinnerungsabrufes zugeschrieben wird, vorausgeht. Weitere Unterstützung erfährt vor allem die Item-Unterdrückungs-Erklärung durch neuere elektrophysiologische Studien zur Gehirnaktivität, wobei ereigniskorrelierte Potentiale der Think- und der No-Think-Durchgänge verglichen wurden (Bergström, Velmans, Fockert & Richardson-Klavehn, 2007; Hanslmayr, Leipold, Pastötter & Bäuml, 2009; Mecklinger, Parra & Waldhauser, 2009; für einen Überblick siehe Bäuml, Pastötter & Hanslmayr, 2010).

In der Gesamtschau scheint das TNT-Paradigma kognitive Unterdrückungsprozesse, die in einer schlechteren Erinnerungsleistung für das unterdrückte Material resultieren, gut abzubilden. Konvergierende Befunde behavioraler und neuronaler Maße unterstützen die Annahme, dass primär Item-Unterdrückung maßgeblich für die Verringerung der Abrufwahrscheinlichkeit der No-Think-Reaktionswörter verantwortlich ist. Im Vergleich zu den

Erklärungsansätzen für den Directed-Forgetting-Effekt der Listen-Methode sind die Erklärungsansätze für intentionales Vergessen im TNT-Paradigma weitaus weniger ambivalent. Zudem ist es naheliegend, anzunehmen, dass der Prozesscharakter des TNT-Paradigmas (es sind wiederholte Unterdrückungsversuche notwendig, bevor die Abrufbarkeit merklich verringert ist) stärker dem intentionalen Vergessen im realen Leben entspricht als die einmalige Vergessen-Instruktion im Directed-Forgetting-Paradigma.

3.2.3.3 Gedankenunterdrückung (White-Bear-Paradigma)

Als Einwand gegen die Existenz eines Mechanismus des intentionalen Vergessens werden häufig die Gedankenunterdrückungsexperimente von Wegner und Kollegen (Wegner, Schneider, Carter & White, 1987; für einen Überblick vgl. Wenzlaff & Wegner, 2000) vorgebracht (vgl. z. B. Levy & Anderson, 2008). Oberflächlich betrachtet scheint das Fazit aus diesen Gedankenunterdrückungsexperimenten zu sein, dass der Versuch, Gedanken zu unterdrücken, dazu führt, dass diese später vermehrt zurückkehren (*rebound effect*). Folglich sollten die No-Think-Reaktionswörter im TNT-Paradigma später leichter und nicht, wie es tatsächlich der Fall ist, schwerer zu erinnern sein. In diesem Abschnitt werden das Gedankenunterdrückungsparadigma von Wegner, das auch als White-Bear-Paradigma in die Psychologiegeschichte eingegangen ist, sowie wesentliche Befunde dazu vorgestellt. Ferner werden Erklärungsansätze erläutert und es wird erörtert, worin Gemeinsamkeiten, aber auch Unterschiede zum intentionalen Vergessen bestehen und wie sich die vermeintlichen Widersprüche aufklären lassen.

Wegner et al. (1987) trainierten ihre Probanden zunächst in der Prozedur des lauten Denkens, also darin, die Gedanken, die ihnen durch den Kopf gingen, simultan zu berichten. Anschließend durchliefen alle Probanden zwei Phasen, die *Suppression-Phase* und die *Expression-Phase*, wobei deren Reihenfolge zwischen den Probanden ausbalanciert wurde. In der Suppression-Phase sollten die Probanden 5 Minuten lang *nicht* an einen weißen Bären denken. Während dieser Zeit sollten sie aber laut denken und jedes Mal, wenn sie doch an einen weißen Bären dachten oder die Wörter „weißer Bär" aussprachen, eine Klingel betätigen. Die Expression-Phase gestaltete sich analog, nur dass die Probanden nun instruiert wurden, sich zu bemühen, an einen weißen Bären zu denken.

In einem ersten Experiment von Wegner et al. (1987) zeigten sich folgende Ergebnisse: Lässt man die Reihenfolge der Suppression- und der Expression-Phase außer Acht, haben die Probanden in der Suppression-Phase durchschnittlich 6.8 und in der Expression-Phase 19.2 Mal an einen weißen Bären gedacht. Der deutliche und hochsignifikante Unterschied in der Häufigkeit ist nicht verwunderlich, bemerkenswert ist allerdings, dass in der Suppression-Phase, in der ja das Ziel war, *gar nicht* an einen weißen Bären zu denken, innerhalb von 5 Minuten dennoch durchschnittlich 6.8 Mal dieser Gedanke aufkam. Dabei machte es für die *Anzahl der intrusiven Gedanken in der Suppression-Phase* keinen signifikanten Unterschied, ob diese vor der Expression-Phase (durchschnittlich 6.3 Intrusionen) oder nach dieser (durchschnittlich 7.3 Intrusionen) durchlaufen wurde. Für die *Anzahl der „White-Bear-Gedanken" in der Expression-Phase* war es allerdings relevant, ob diese vor der Suppression-Phase (durchschnittlich 16.4 White-Bear-Gedanken) oder erst nach dieser (durchschnittlich 22.1 White-Bear-Gedanken) durchgeführt wurde. Dieser Effekt, dass nach einer anfänglichen Unterdrückung vermehrt an den zuvor unterdrückten Inhalt *gedacht werden kann*, wird von Wegner et al. (1987) als *Rebound-Effekt* bezeichnet.

In einem zweiten Experiment erfassten Wegner et al. (1987) neben der Anzahl der Gedanken an einen weißen Bären auch die zeitliche Dauer dieser verbalisierten Gedanken. Obwohl, ähnlich wie in Experiment 1, in der 5-minütigen Suppression-Bedingung durchschnittlich 6.2 Mal an einen weißen Bären gedacht wurde, betrug die Gesamtdauer dieser Gedanken lediglich 8.7 Sekunden, d. h., jede Gedankenintrusion nahm durchschnittlich nur 1.4 Sekunden in Anspruch.

Das White-Bear-Paradigma wurde auch genutzt, um zu demonstrieren, dass Gedankenunterdrückung ein aktiver, kognitive Ressourcen erfordernder Prozess ist (Muraven, Tice & Baumeister, 1998; Wegner, 1992, 1994): Wenn Probanden während der Suppression-Phase unter kognitive Belastung gesetzt werden, führt dies zu vermehrten Intrusionen des zu unterdrückenden Gedankens (Arndt, Greenberg, Solomon, Pyszczynski & Simon, 1997; L. S. Newman, Duff, Hedberg & Blitstein, 1996; Wegner & Erber, 1992; Wenzlaff & Bates, 1998, 2000).

Es gibt mehrere Theorien, die Teilaspekte dieses Ergebnismusters erklären können (vgl. Wenzlaff & Wegner, 2000, für einen Überblick). Nach Wenzlaff und Wegner (2000) ist allerdings nur die *Theorie ironischer Prozesse* (*theory of ironic processes*; Wegner, 1992, 1994, 1997, 2003; Wegner & Wenzlaff, 1996) in der Lage, das Ergebnismuster vollständig und umfassend aufzuklären. In dieser Theorie werden zwei Prozesse postuliert: (a) ein intentional operierender *Unterdrückungsprozess* (*operating process*), der versucht, Gedanken aufzuspüren, die vom zu unterdrückenden Inhalt ablenken und somit die Unterdrückung aufrechterhalten; (b) ein *ironischer Überwachungsprozess* (*ironic monitoring process*), der im Hintergrund – unbewusst und automatisch sowie wenig kognitive Ressourcen beanspruchend – kontrolliert, ob irgendwelche Gedankeninhalte das Fehlschlagen der Unterdrückung signalisieren. Wegner (1992; auch Wegner & Erber, 1992) bezeichnet diesen Prozess daher auch als „automatic target search". „Ironisch" sei dieser Überwachungsprozess deshalb, weil er dem Gesamtziel der Gedankenunterdrückung entgegenwirke, indem er aufmerksam bleibe für das Auftauchen des unterdrückten Gedankens. Dennoch sei dieser Prozess notwendig für die erfolgreiche Gedankenunterdrückung, da er den intentionalen Unterdrückungsprozess triggere, die Ablenkung zu erneuern, sobald der zu unterdrückende Gedanke unmittelbar davor stehe, wieder ins Bewusstsein zu treten.

Dadurch, dass der Unterdrückungsprozess als strategisch und ressourcenbeanspruchend, der ironische Überwachungsprozess hingegen als automatisch und wenig Ressourcen benötigend konzeptualisiert wird, lassen sich die oben dargestellten Befunde erklären: In der Suppression-Phase agieren der strategische Unterdrückungsprozess und der automatische Überwachungsprozess simultan, wobei der Überwachungsprozess im Hintergrund abläuft und lediglich den Unterdrückungsprozess subtil auf Abweichungen vom Ziel (der Unterdrückung des ungewollten Gedankens) aufmerksam macht. Wenn auf die Suppression-Phase allerdings die Expression-Phase folgt, wird der intentionale Unterdrückungsprozess „abgeschaltet", während der automatische Überwachungsprozess weiter agiert. Dadurch werden Anzeichen des zuvor zu unterdrückenden Gedankens nun sensiver wahrgenommen und führen – bei Ausbleiben der intentionalen Unterdrückung – zu vermehrten White-Bear-Gedanken. Dies erklärt den Rebound-Effekt, wenn die Expression-Phase auf eine Suppression-Phase folgt. Zudem erklärt dies die vermehrten Intrusionen bei kognitiver Belastung in der Suppression-Phase: Zwar wird hier der Unterdrückungsprozess nicht intentional aufgehoben, aber durch die kognitive Belastung beeinträchtigt. Der kaum Ressourcen benötigende Überwachungsprozess hingegen läuft auch hier ungehindert weiter, wodurch es zu den vermehrten Intrusionen kommt.

Die Originalarbeit zum White-Bear-Paradigma von Wegner et al. (1987) wurde von der Zeitschrift „Psychological Inquiry" im Jahre 2003 in die Riege der „modernen Klassiker" aufgenommen (vgl. Wegner & Schneider, 2003), was angesichts der starken Rezeption dieses Artikels absolut gerechtfertigt erscheint. Gleichwohl lieferte und liefert diese Arbeit Anlass zu vielfältiger Kritik (vgl. Golding & Long, 1998; zu weiteren Kritikpunkten, auf die im Folgenden nicht eingegangen wird, siehe Levy & Anderson, 2008).

Kritisiert wurde die Realitätsferne bzw. geringe ökologische Validität des White-Bear-Paradigmas (z. B. Golding & Long, 1998). So werden die Probanden in der Expression-Phase *aufgefordert, an einen bestimmten Inhalt zu denken*. Der *Rebound-Effekt* besteht also darin, dass die Probanden dann, wenn sie 5 Minuten lang an einen weißen Bären denken *sollen*, *dies häufiger schaffen*, wenn sie zuvor diesen Gedanken 5 Minuten lang unterdrückt haben – im Vergleich zu Probanden, die den Gedanken zuvor nicht unterdrückt haben. Für Alltagssituationen, aber auch im Bereich klinischer Störungen, ist es wohl relevanter, ob Gedankenunterdrückung dazu führt, dass später häufiger an diesen unterdrückten Inhalt gedacht wird, wenn den Personen *freigestellt ist*, daran zu denken. Merckelbach, Muris, van den Hout und de Jong (1991) führten einen solchen Versuch mit der folgenden liberaleren Expression-Instruktion durch: „In the next five minutes, think about anything you want; you might think of a white bear, but you don't have to" (S. 229). Die Autoren konnten mit dieser Instruktion *keinen* Rebound-Effekt finden. Zudem berichteten Probanden, die in der vorausgegangenen Suppression-Phase den White-Bear-Gedanken relativ erfolgreich unterdrücken konnten, in der Expression-Phase deutlich weniger dieser Gedanken als Probanden, denen die Unterdrückung mehr Schwierigkeiten bereitete.

Die Studie von Merckelbach et al. (1991; vgl. auch Muris, Merckelbach & de Jong, 1993; Muris, Merckelbach, van den Hout & de Jong, 1992) verdeutlicht, dass es wichtig ist, den Rebound-Effekt *nicht* in dem Sinne zu interpretieren, dass vorheriges Unterdrücken dazu führt, dass dieser Gedanke anschließend häufiger *unwillkürlich* oder gar gegen den Willen der Person ins Bewusstsein zurückkehrt (wie es bei intrusiven Gedanken der Fall ist). Eine adäquatere Interpretation des Rebound-Effektes, wie er von Wegner et al. (1987) gefunden wurde, ist, dass eine initiale Unterdrückung dazu führt, dass später öfter an diesen Inhalt gedacht werden *kann, sofern man dies willentlich versucht*. Das White-Bear-Paradigma gar als experimentelles Modell dafür zu sehen, dass Unterdrückung *ursächlich* zu späteren Zwangsgedanken führt (z. B. Wegner et al., 1987, S. 11), ist nicht überzeugend.

Ein weiterer Grund, warum das White-Bear-Paradigma wenig ökologisch valide sein könnte, ist die Dauer der Suppression-Phase, die üblicherweise 5 Minuten beträgt. In diesen 5 Minuten taucht durchschnittlich 6 bis 7 Mal (jeweils für ca. 1.4 Sekunden) der Gedanke an einen weißen Bären auf (vgl. die obige Darstellung der Ergebnisse aus Wegner et al., 1987). Das mag viel erscheinen, allerdings bedeutet dies auch, dass die Probanden – nach einer solchen Gedankenintrusion – es durchschnittlich mindestens 40 Sekunden lang schaffen, diesen Gedanken zu unterdrücken, und, sobald er wieder auftaucht, sehr schnell darin sind (weniger als 2 Sekunden), von ihm abzulassen.

Für Gedankenunterdrückung im realen Leben erscheint es aber wenig plausibel, dass über einen Zeitraum von mehreren Minuten *permanent* versucht wird, einen Gedanken aktiv zu unterdrücken. Wahrscheinlicher erscheint der folgende Ablauf: Wenn bemerkt wird, dass ein ungewollter Gedanke ins Bewusstsein tritt, wird dieser recht schnell unterdrückt und die Person widmet sich anderen Tätigkeiten und Gedanken. Bis die erneute Unterdrückung des Gedankens notwendig wird, kann es Minuten, Stunden oder auch Tage dauern. Ein permanenter „ironischer Überwachungsprozess" wird daher vermutlich gar nicht ausgelöst.[16] – Im White-Bear-Paradigma wird durch die Suppression-Instruktion, zwar einen konkreten Gedanken zu unterdrücken, *aber dennoch dessen Auftauchen mitzuteilen*, das permanente Aufrechterhalten von Überwachungsprozessen vielleicht erst initiiert. Es ist daher fraglich, ob die Anforderung und die daraus entstehenden Effekte in einer White-Bear-Aufgabe tatsächlich dem Unterdrücken unerwünschter Gedanken im realen Leben ähneln oder ob die Effekte artifiziell durch die spezifische Art der Instruktion erzeugt werden.

Ferner könnte es im Alltag genügen, die Gedanken von einem bestimmten Gedankengang abzuziehen, sobald man feststellt, dass man in den Bereich *unangenehmer Inhalte* gelangt. Dafür ist aber kein Überwachungsprozess notwendig, der beobachtet, ob an einen *bestimmten* Inhalt, z. B. einen weißen Bären, gedacht wird. Ein unspezifischerer Überwachungsprozess sollte auch nicht so leicht konkrete Gedanken, die als Intrusionen in Erscheinung treten, triggern. Geht man darüber hinaus davon aus, dass Menschen oft über eine ganze Reihe unerwünschter Gedankeninhalte verfügen, müsste es nach der Konzeption von Wegner (1994) für jeden dieser Inhalte einen Überwachungsprozess geben, die alle simultan aktiv sind. Ökonomischer wäre *ein* Überwachungsprozess, der lediglich davor warnt, dass ein unangenehmer Inhalt ins Bewusstsein tritt.

Schließlich ist vorstellbar, dass erst die Länge der Suppression-Phase im White-Bear-Paradigma zu Fehlschlägen in der Unterdrückung und damit auch zu Rebound-Effekten führt. Nach Wegner (1994) ist Unterdrückung ein anstrengender (*effortful*) und kognitive Ressourcen besetzender Prozess, der, wenn er aktiviert wird, das Bewusstsein dominiert. Folgt man dieser Annahme, könnte es, gänzlich unabhängig von der Existenz eines ironischen Überwachungsprozesses, sein, dass die Unterdrückung – ähnlich wie andere Aufmerksamkeitsprozesse – nur für eine gewisse Zeit aktiv aufrechterhalten werden kann. Diese Zeit – vielleicht wenige Sekunden – mag im Alltag in der Regel reichen, um einen Gedanken erfolgreich zu unterdrücken. Wenn jedoch, wie im White-Bear-Paradigma, verlangt wird, diese Unterdrückung über mehrere Minuten aufrechtzuerhalten, könnte dies vielen Probanden misslingen, was sich in den Intrusionen während der Suppression-Phase widerspiegelt. Während wiederholte und zeitlich verteilte *erfolgreiche* Unterdrückung, wie sie beispielsweise im TNT-Paradigma realisiert wird, dazu führen könnte, dass auch langfristig die unerwünschten Gedanken weniger zugänglich sind, könnten wiederholte Fehlschläge, wie sie im White-Bear-Paradigma vielleicht künstlich erzeugt werden, einen gegenteiligen Effekt haben (vgl. dazu die Befunde von Merckelbach et al., 1991, dass nur die Probanden, denen die Unterdrückung misslungen war, später vermehrt von sich aus an einen weißen Bären dachten).

Instruktiv ist in diesem Zusammenhang die Arbeit von Lee, Lee und Tsai (2007) zum TNT-Paradigma. Die übliche Zeitspanne, für die ein einzelnes No-Think-Reaktionswort in der

---

16 Auf klinisch relevante Störungen trifft diese Vorstellung ggf. nicht zu. So wäre es z. B. bei Zwangsgedanken oder auch bei schwer traumatisierenden Erlebnissen möglich, dass diese – weil sie als extrem aversiv empfunden werden und auch spontan bereits nach sehr kurzen Zeitintervallen (z. B. wenigen Sekunden) zurückkehren – einem permanenten Überwachungsprozess unterliegen. Dies würde auch erklären, warum Personen mit Zwangsgedanken deren Unterdrückung nicht gelingt.

TNT-Phase unterdrückt werden muss, beträgt 4 Sekunden. Lee et al. (2007, Exp. 3) variierten diese Zeitspanne und setzten für eine Gruppe 3 Sekunden, für eine andere 5 Sekunden als Unterdrückungsintervall fest. In der 3-Sekunden-Gruppe zeigte sich der typische TNT-Effekt, also eine signifikant schlechtere Erinnerung an zu unterdrückende Reaktionswörter im Vergleich zur Baseline-Bedingung. In der 5-Sekunden-Gruppe wurde hingegen keinerlei TNT-Effekt festgestellt. Eine mögliche Erklärung für diesen Befund ist, dass die meisten Menschen Gedanken kurzzeitig erfolgreich unterdrücken können, aber dieser Unterdrückungsmechanismus bei längeren Zeitintervallen – hier bereits bei 5-Sekunden – zusammenbricht. Die nicht erfolgreiche Unterdrückung, die ja auch mit dem Gedanken an den zu unterdrückenden Inhalt verbunden ist, könnte der langfristigen Verminderung der Zugänglichkeit entgegenwirken.

Dadurch lässt sich auch erklären, dass depressive Personen – im Vergleich zu klinisch unauffälligen Personen – mehr Schwierigkeiten haben, Gedanken zu unterdrücken, bzw. stärkere Rebound-Effekte zeigen (M. Conway, Howell & Giannopoulos, 1991; Wenzlaff & Bates, 1998; Wenzlaff, Wegner & Roper, 1988): Da depressive Personen auch kognitive Beeinträchtigungen aufweisen (z. B. Airaksinen, Larsson, Lundberg & Forsell, 2004; McDermott & Ebmeier, 2009), könnte es sein, dass sie aufgrund einer verringerten Konzentrationsfähigkeit die Unterdrückung weniger lange aufrechterhalten können. Dies führt zu vermehrten Intrusionen in der Suppression-Phase und, aufgrund der fehlgeschlagenen Unterdrückungsversuche, anschließend zu einer höheren Salienz des Gedankens (vgl. dazu auch Beevers, Wenzlaff, Hayes & Scott, 1999; Wenzlaff & Luxton, 2003).

Eine therapeutische Variante der Gedankenunterdrückung wird als *Gedankenstopptechnik* (*thought stopping*; Wolpe, 1958, S. 200 f.) in der Verhaltenstherapie im Rahmen der Behandlung von Zwängen und Phobien sowie generell bei „unerwünschten, sich wiederholenden Gedanken, Gefühlen und Verhaltensweisen (z. B. ständiges Grübeln, negativistische Gedankenketten)" (Tyron, 2008, S. 170) eingesetzt. Dabei wird der unerwünschte Gedankengang zunächst vom Therapeuten dadurch unterbrochen, dass er laut „stopp" ruft. In weiteren Phasen übernimmt der Klient es selbst, den Gedankenstopp durch einen lauten Ausruf bzw. – später – durch die Vorstellung dieses Ausrufs herbeizuführen (z. B. Cautela & Wisocki, 1977). „Obwohl die Gedankenstopptechnik weitverbreitet ist und häufig eingesetzt wird, steht eine empirische Absicherung ihrer Wirksamkeit noch aus" (Tyron, 2008, S. 172). Dies liegt daran, dass es viele Variationen dieser Technik gibt und sie zudem selten allein, sondern meist in Kombination mit weiteren therapeutischen Techniken angewendet wird. Kontrollierte Studien gibt es daher kaum. Nach Tyron (2008) spricht allerdings die klinische Erfahrung dafür, dass Gedankenstopp eine wirksame Technik ist, die auch langfristig die Frequenz unerwünschter intrusiver Gedanken vermindert.

Oberflächlich betrachtet könnte man aufgrund der Befunde zum White-Bear-Paradigma annehmen, dass die Gedankenstopptechnik als therapeutisches Verfahren kontraindiziert ist, wenn das Unterdrücken von Gedanken dazu führt, dass diese später vermehrt auftreten. Dass die Technik aber zumindest nicht schädlich – und vermutlich in einigen Varianten auch erfolgreich – ist, kann wiederum damit erklärt werden, dass sie sich in wesentlichen Aspekten von der Prozedur des White-Bear-Paradigmas unterscheidet: Bei der Gedankenstopptechnik wird der Gedanke abrupt und kurzzeitig unterbrochen und die Klienten werden *nicht* instruiert, diesen Gedanken mehrere Minuten lang aktiv zu vermeiden. Bei der Gedankenstopptechnik wird daher vermutlich weder ein *permanenter* Überwachungsprozess initiiert, noch machen die Klienten die – bei längeren Unterdrückungsphasen fast unvermeidliche – wiederholte Erfahrung misslungener Gedankenunterdrückung.

Zusammenfassend ist festzuhalten, dass Befunde des White-Bear-Paradigmas oft falsch interpretiert werden, z. B. in dem Sinne, dass der Rebound-Effekt für zuvor unterdrückte Gedanken *unwillkürlich* auftritt. Zudem sind einige Befunde, wie beispielsweise die anscheinend hohe Zahl von Intrusionen während der Suppression-Phase, möglicherweise ein Artefakt der experimentellen Instruktion. Somit scheint es fraglich, ob die Standardprozedur des White-Bear-Paradigmas ökologisch valide den Prozess sowie die Folgen intentionaler Gedankenunterdrückung im Alltag abbildet. Für die Untersuchung von motiviertem Vergessen ist dieses Paradigma also wahrscheinlich wenig geeignet. Dies disqualifiziert Gedankenunterdrückung keineswegs als Mechanismus für intentionales Vergessen, sondern lediglich deren Operationalisierung im Rahmen des White-Bear-Paradigmas.

3.2.3.4 Verdrängung

Bereits in den Anfängen der Psychoanalyse, nämlich 1895 in dem Buch „Studien über Hysterie" von Josef Breuer und Sigmund Freud, wird Verdrängung (*repression*) als Bewältigungsstrategie bzw. als „Abwehrmechanismus" für traumatisierende Ereignisse besprochen:

> Zur ersten Gruppe [von Bedingungen, unter denen das Trauma nicht „abreagiert" wurde] rechnen wir jene Fälle, in denen die Kranken auf psychische Traumen nicht reagiert haben, [...] weil es sich um Dinge handelte, die der Kranke vergessen wollte, die er darum absichtlich aus seinem bewußten Denken verdrängte, hemmte und unterdrückte. (Breuer & Freud, 1895/1952, S. 89)

Bemerkenswert ist an diesem Zitat, dass hier offenbar *absichtliches Verdrängen*, *Unterdrücken*, *Hemmen* und *Vergessen-Wollen* synonym verwendet werden.[17] Dies steht im Widerspruch zu der heute verbreiteten Auffassung von Verdrängung, die von Bonanno (2006) folgendermaßen zusammengefasst wird: „Both lay and professional theorists nearly uniformly associate the word repression with the idea that we can unconsciously bury traumatic memories so that they are unavailable to conscious recall for long periods of time" (S. 515). Drei wesentliche Aspekte von Verdrängung wären demnach, dass Verdrängung (a) ein *unbewusster* Prozess ist, (b) der auf *traumatisierende* Erlebnisse wirkt, (c) so dass diese *nicht bewusst abgerufen* werden können. Auf zwei weitere übliche Bestimmungsstücke verweist Bonanno hier nur indirekt, diese werden aber durch den Nebensatz „so that they are unavailable to conscious recall for long periods of time" impliziert. Auch wenn ein willentlicher Abruf nicht möglich ist, (d) kann der unterdrückte Inhalt dennoch unbewusst fortwirken und das Verhalten (z. B. in Form von Symptomen, Fehlleistungen oder Träumen) beeinflussen (Wiederkehr des Verdrängten; *return of the repressed*). Außerdem ist der unterdrückte Inhalt zwar für eine lange Zeit, aber nicht für immer dem Bewusstsein unzugänglich: (e) Verdrängte Erinnerungen können – durch eine psychoanalytische Behandlung, unter Hypnose oder aber auch spontan – wiedererlangt werden (*recovered memories*). Diese Sichtweise der Verdrängung wird sowohl in allgemeinen Lehrbüchern der Psychologie (z. B. Gerrig & Zimbardo, 2008) als auch in Lehrbüchern zur Psychoanalyse (z. B. W. Ehlers, 2008) vermittelt.

---

17 Erdelyi (2006) weist darauf hin, dass der Begriff der Verdrängung bereits um 1824/25 von Johann Herbart verwendet wurde, um zu beschreiben, dass Ideen andere Ideen temporär aus dem Bewusstsein verdrängen könnten, da das Bewusstsein nur eine beschränkte Kapazität aufweise.

Der Kognitions- und Neuropsychologe Alan J. Parkin verwendet in seinem Lehrbuch der Gedächtnispsychologie den folgenden realen Fall, um das Phänomen der Verdrängung zu veranschaulichen:

> Am 22. September 1969 verschwand Susan Nason, während sie einen Botengang für ihre Mutter erledigte; zwei Monate später fand man ihren Leichnam in einer Schlucht außerhalb ihrer in Kalifornien gelegenen Heimatstadt. Trotz des Vorliegens zahlreicher Hinweise konnte der Mörder von Susan nicht gefunden werden und das Verbrechen blieb unaufgeklärt, bis sich zwanzig Jahre später eine Reihe seltsamer Vorgänge ereigneten.
> Eileen Franklin-Lipsker, eine Kindheitsfreundin von Susan, war gerade damit beschäftigt, ihren kleinen Sohn zu füttern, als ihre ältere Tochter Jessica zu ihr aufsah und ihr eine Frage stellte. Aus irgendeinem Grund hatte der Gesichtsausdruck ihrer Tochter plötzlich Bilder der letzten Augenblicke von Susans Leben zurückgeholt, und in den folgenden Monaten begann Eileen, die detailliert in ihr wiederkehrenden Erinnerungen an die Ereignisse zusammenzufügen, die zu Susans Tod geführt hatten. Sie erinnerte sich, wie ihr Vater sie beide zu einer Spazierfahrt mitnahm, auf dem Land halt machte, versuchte, Susan zu vergewaltigen, und sie schließlich brutal ermordete. Ungefähr ein Jahr nachdem Eileen sich an all das erinnert hatte, ging sie zur Polizei und erzählte ihnen alles über den Vorfall. Ihr Vater wurde verhaftet, vor Gericht gestellt und verbüßt augenblicklich eine lebenslange Freiheitsstrafe. (Parkin, 1996, S. 69)

Dieses Fallbeispiel beinhaltet die typischen Charakteristika einer Verdrängung: Ein traumatisierendes (Kindheits-)Erlebnis (Eileen war 8 Jahre alt, als sie beobachtete, wie ihr Vater ihre Freundin ermordete) wurde verdrängt. Die Verdrängung vollzog sich – so wird nahegelegt – unbewusst und das Ereignis konnte 20 Jahre lang nicht willentlich erinnert werden. Erst viel später trat die verdrängte Erinnerung wieder spontan ins Bewusstsein. Auch wenn es in diesem Beispiel nicht explizit erwähnt wird, so lassen sich leicht Situationen konstruieren, in denen der verdrängte Inhalt unbewusst fortwirkte: Beispielsweise könnte sich Eileen entsinnen, dass sie – lange bevor sie sich an den Mord erinnerte und ohne sich ihrer Beweggründe bewusst zu sein – stets vermieden hat, ihren Vater mit ihren kleinen Kinder allein zu lassen (vgl. Loftus & Ketcham, 1996, Kap. 6).

Was Parkin (1996; das englischsprachige Original erschien 1993) nicht wissen konnte: Obwohl Eileens Vater, George Franklin, 1991 zu einer lebenslangen Freiheitsstrafe verurteilt wurde, wurde in einem Berufungsverfahren 1995 diese Entscheidung aufgehoben. Die Verurteilung von 1991 hatte sich nahezu ausschließlich auf die Aussagen der Tochter gestützt. Wie sich jedoch später herausstellte, waren einige Details dieser Aussage nicht haltbar. Zudem lagen später Belege aus DNA-Tests vor, die George Franklin als Mörder ausschlossen. Darüber hinaus hatte Eileen in der ersten Gerichtsverhandlung, die zur Verurteilung ihres Vaters führte, verschwiegen, dass sie einige der Details erst mit Hilfe eines Therapeuten unter Hypnose „wiedererlangt" hatte (Workman, 1996, 3. Juli; vgl. auch Loftus & Ketcham, 1996, Kap. 6).

Fälle wie dieser waren Auslöser und Gegenstand der „recovered memory debate", die vor allem in den USA in den 1980er und 1990er Jahren in der wissenschaftlichen Psychologie, im Rechtswesen und in der Öffentlichkeit zu teilweise heftigen Auseinandersetzungen über die Existenz von Verdrängung und wiedererlangten Erinnerungen führte (z. B. Bowers & Farvolden, 1996; Brewin, 2007; M. A. Conway, Sharman & Garry, 2007; Davies & Dalgleish, 2001; Loftus & Davis, 2006; McNally & Geraerts, 2009; Pezdek & Banks, 1996; Pope & Hudson, 1995; Rofé, 2008; Spinhoven, Nijenhuis & van Dyck, 1999). Während vor allem praktisch tätige Psychotherapeuten das psychoanalytische Konzept der Verdrängung aufgrund ihrer klinischen

Erfahrungen verteidigten (z. B. D. Brown, Scheflin & Hammond, 1998), wurde es von vielen experimentell arbeitenden Psychologen als Mythos betrachtet (z. B. Kihlstrom, 2002). Bereits in einer frühen Überblicksarbeit kommt Meltzer (1930) nach der Analyse von 26 experimentellen Studien zu dem Schluss, dass diese die Annahme der Verdrängung nicht stützen – gleichwohl aber auch nicht eindeutig widerlegen – können. Auch die Autoren späterer (z. B. Eriksen, 1966; Holmes, 1974, 1990) sowie aktueller Überblicksarbeiten (z. B. Loftus & Davis, 2006; McNally, 2003; Rofé, 2008), die die Befundlage ausführlich darstellen, ziehen das gleiche Fazit.

Folgt man Erdelyi (2006; auch bereits Erdelyi, 1985, 1990; Erdelyi & Goldberg, 1979), ist die Forschung zur Verdrängung von Missverständnissen und Fehlinterpretationen gekennzeichnet. Wie Erdelyi herausstellt, unterlag Sigmund Freuds Konzept der Verdrängung – wie viele weitere seiner Ideen – im Laufe seines Lebens deutlichen Wandlungen (vgl. dazu z. B. auch Boag, 2006; Krohne, 2010, Kap. 5). Allerdings gebe es keine eindeutigen Belege dafür, dass Freud seine frühe Ansicht, dass Verdrängung bewusst erfolgen kann (vgl. das obige Zitat aus Breuer & Freud, 1895/1952), später geändert habe. Verdrängung und Unterdrückung seien daher synonym zu behandeln. Erst Anna Freud habe 1936 die heute weit verbreitete Unterscheidung zwischen Verdrängung (*repression*) als einem unbewussten Prozess und Unterdrückung (*suppression*) als einem bewussten Prozess vorgenommen. Diese Unterscheidung sei jedoch falsch. Ferner müsse man beachten, dass Sigmund Freud mit Verdrängung zwei unterschiedliche Dinge bezeichnet hat: zum einen den bloßen *Prozess*, etwas (bewusst) aus dem Bewusstsein zu drängen, zum anderen die *Abwehr* (*defense*). Der Prozess der Verdrängung könne – bewusst – auf jegliches Material angewendet werden. Nur für den *Abwehrmechanismus* gelte, dass die Abwehr auf traumatisierende oder aversive Inhalte gerichtet sei.

Während es sinnvoll erscheint, den *Prozess* und das *Ziel* oder *Motiv* (Abwehr) der Verdrängung zu trennen, da damit verschiedene Dinge auch definitorisch unterschieden werden, ist schwer nachvollziehbar, warum Erdelyi (2006) bei der Vereinigung von Verdrängung und Unterdrückung genau umgekehrt vorgeht und zwei inhaltlich zumindest möglicherweise unterschiedlichen Entitäten den gleichen Namen gibt. Dadurch, dass Erdelyi also Verdrängung mit bewusster und intentionaler Unterdrückung gleichsetzt und zudem bei der Behandlung des Verdrängungsprozesses ausklammert, dass Verdrängung als Abwehr sich auf traumatisches oder aversives Material richtet, kann er z. B. Laborbefunde, die zeigen, dass Menschen etwas absichtlich unterdrücken oder vergessen können (z. B. die Befunde zu den Directed-Forgetting- und TNT-Paradigmen), als Stützung des Verdrängungskonzeptes ansehen (vgl. auch Boden, 2006). Allerdings macht diese Argumentation von Erdelyi den Begriff der Verdrängung auch überflüssig, denn für das, was er damit beschreibt, haben sich inzwischen die Begriffe *Unterdrückung* sowie *intentionales Vergessen* etabliert. Kihlstrom (2006) fasst seine Kritik an Erdelyi (2006) daher folgendermaßen zusammen:

> By conflating Freudian repression with thought suppression and memory reconstruction, Erdelyi defines repression so broadly that the concept loses its meaning. Worse, perhaps, he fails to provide any evidence that repression actually happens, and ignores evidence that it does not. (S. 523)

Diese Kritik am Konstrukt der Verdrängung schließt keineswegs aus, dass psychisch traumatisierende Ereignisse auch „unbewusst" vergessen werden können. So wurde am Tiermodell demonstriert, dass, wenn in Situationen starken Stresserlebens die Ausschüttung von

Kortikosteroidhormonen (beim Menschen: Cortisol) ein bestimmtes Niveau überschreitet, hippocampale Funktionen derart beeinträchtigt werden können, dass eine zeitlich begrenzte Amnesie auftritt (z. B. Kim & Diamond, 2002, für einen Überblick; für unterstützende Befunde im Humanbereich siehe Markowitsch, 2001; vgl. aber Wolf, 2009, dazu, dass Cortisol zwar den aktuellen Abruf beeinträchtigt, aber die Enkodierung und Konsolidierung fördert). Dies könnte man durchaus als „unbewussten Schutz- oder Abwehrmechanismus" des Organismus auffassen (vgl. Markowitsch, 2001). Ob der freudsche Verdrängungsbegriff aber herangezogen werden sollte, um derartige endokrine Stressreaktionen und deren Folgen zu bezeichnen, sei dahingestellt.

Festzuhalten bleibt, dass die empirische Evidenz für Verdrängung, so wie sie als umfassendes psychodynamisches Konstrukt (z. B. List, 2009) von den meisten Psychoanalytikern sowie Psychologen verstanden wird, marginal bzw. nicht vorhanden ist. Unabhängig davon sind Menschen aber in der Lage, Inhalte intentional zu unterdrücken und zu vergessen (siehe die Abschnitte 3.2.3.1 bis 3.2.3.3).

3.2.3.5 Theoretische Integration

Der letzte Abschnitt zur Verdrängung sollte verdeutlicht haben, dass bereits bezüglich *eines* Konstrukts zum motivierten Vergessen Dissens darüber bestehen kann, welche definitorischen Merkmale es umfasst und welche psychischen Prozesse ihm zugrunde liegen. Auch den Effekten der drei vorgestellten experimentellen Paradigmen (Directed-Forgetting, TNT und White-Bear), die alle in gewisser Weise intentionales Vergessen erfassen sollen, liegen, wie erörtert, aller Wahrscheinlichkeit nach unterschiedliche kognitive Prozesse zugrunde.

Es wurden kürzlich zwei voneinander abweichende Versuche unternommen, zumindest das Directed-Forgetting- und das TNT-Paradigma (sowie weitere, hier nicht erörterte Paradigmen, die dem *inzidentellen* Vergessen zuzuordnen sind) in ein theoretisches Rahmenkonzept einzuordnen. Der erste dieser Versuche stammt von M. C. Anderson (2005). Dabei werden die Vergessensparadigmen entlang der beiden zueinander orthogonalen Variablen *Intentionalität* (niedrig bis hoch) und *Ort des Effektes* (*locus of effect*; Itemebene vs. Kontextebene) angeordnet (siehe Abbildung 3.8). Der Grad der Intentionalität gibt dabei an, inwieweit das Vergessen von den Probanden beabsichtigt wird. Mit „Ort des Effektes" ist gemeint, ob das Vergessen auf ein einzelnes Item gerichtet ist oder auf einen kompletten Kontext und somit auf ein Set von Items.

Beim *TNT-Paradigma* sollen einzelne Reaktionswörter unterdrückt werden, daher wird es der *Itemebene* zugeordnet. Ferner weist M. C. Anderson (2005) dem TNT-Paradigma eine *mittlere Intentionalität* zu, da die Probanden den Auftrag haben, das Reaktionswort „nicht in ihr Bewusstsein treten zu lassen", aber sie nicht instruiert werden, es zu vergessen. Die *Listen-Methode des Directed-Forgetting-Paradigmas* wird hingegen auf der *Kontextebene* eingeordnet, da ja eine komplette Liste von Items vergessen werden soll. (Entsprechend wird die Kontextwechsel-Hypothese für das Vergessen in der Listen-Methode präferiert.) Ferner ordnet M. C. Anderson der Listen-Methode eine *hohe Intentionalität* zu. Dies ist jedoch nur dann korrekt, wenn man von einer expliziten Vergessen-Instruktion nach der ersten Liste ausgeht. Wie in Abschnitt 3.2.3.1 dargestellt, kann die Vergessen-Instruktion auch wesentlich beiläufiger bzw. indirekter erfolgen (z. B. „Das waren Übungsdurchgänge, die nicht weiter

		Ort des Effektes	
		Itemebene	Kontextebene
Intentionalität	niedrig	· Abrufinduziertes Vergessen · Part-Set-Cuing	· Kontextwechsel-Aufgabe (Sahakyan & Kelley, 2002)
	mittel	· **Think-/No-Think (TNT)-Paradigma** · *White-Bear-Paradigma* · Proaktive Interferenz	· *Listen-Methode des Directed-Forgetting-Paradigmas* *(mit beiläufiger bzw. indirekter Vergessen-Instruktion)* · Retroaktive Interferenz
	hoch		· **Listen-Methode des Directed-Forgetting-** **Paradigmas** *(mit expliziter Vergessen-Instruktion)*

Abbildung 3.8 Einteilung von Vergessensparadigmen (in Anlehnung an M. C. Anderson, 2005, S. 325). Fett-gedruckt sind im vorliegenden Text behandelte und von M. C. Anderson eingeordnete Paradigmen. Von mir vorgenommene Ergänzungen sind kursiv gesetzt. Im vorliegenden Kontext nicht unmittelbar relevante Vergessensparadigmen erscheinen in grauer Schrift.

relevant sind"), ohne an Wirkung zu verlieren. Daher sollte die Listen-Methode durchaus in unterschiedlichen Intentionalitätsausprägungen realisierbar sein. Die *Item-Methode des Directed-Forgetting-Paradigmas* schließt M. C. Anderson aus seinem Schema zu Recht aus, da sie – wie dargestellt – eher selektive Wiederholungsprozesse abbildet und somit kein wirkliches Vergessen erfasst. Wollte man sie dennoch einordnen, würde man ihr auf der *Itemebene* eine *hohe Intentionalität* zuordnen, da die Probanden unmittelbar und explizit nach jedem Item erfahren, ob sie dieses erinnern oder absichtlich vergessen sollen. Das *White-Bear-Paradigma* behandelt M. C. Anderson nicht. Da in diesem Paradigma allerdings nur ein einzelner Gedanke unterdrückt werden soll, ist es der Itemebene zuzuordnen. Die Intentionalität ist hier ähnlich ausgeprägt wie beim TNT-Paradigma, da die Probanden einen Gedanken unterdrücken sollen, aber nicht instruiert werden, diesen zu vergessen.

Der explikative Wert dieser Einteilung von M. C. Anderson (2005) erscheint eher gering. So werden das TNT- und das White-Bear-Paradigma derselben Zelle zugeordnet, weisen aber dennoch einander widersprechende Effekte auf (vgl. Abschnitt 3.2.3.3). Hier scheint es zumindest einen weiteren Parameter zu geben, der in der Einteilung von M. C. Anderson nicht repräsentiert ist (bei diesem zusätzlichen Parameter könnte es sich um die Dauer der ununterbrochenen Unterdrückung handeln, die beim TNT-Paradigma sehr kurz und beim White-Bear-Paradigma recht lang ist). Andererseits kann die Listen-Methode des Directed-Forgetting-Paradigmas – je nach Instruktion – verschiedenen Intentionalitätsgraden zugeord-net werden, ohne dass die Instruktion die resultierende Effektstärke substantiell zu beeinflus-sen scheint. Tatsächlich hatten Sahakyan und Kelley (2002) mit ihrer Kontextwechsel-Aufgabe, der hier – bezüglich des Vergessens – eine niedrige Intentionalität zugesprochen wird, die Effekte der Listen-Methode sehr genau repliziert. Zumindest für Paradigmen, die auf der Kon-textebene operieren, scheint das Ausmaß der Intentionalität also wenig relevant zu sein. Das Verdienst von M. C. Anderson (2005) liegt primär darin, mit seiner Einteilung darauf aufmerk-sam gemacht zu haben, dass Vergessensparadigmen sich bezüglich verschiedener Parameter unterscheiden können und daher weder angenommen werden darf, dass sie alle das Gleiche erfassen, noch, dass ihnen die gleichen kognitiven Mechanismen zugrunde liegen.

Bäuml (2008) beschreitet bei der Einteilung der Paradigmen einen anderen Weg und orga-nisiert sie nach den ihnen zugrunde liegenden kognitiven Mechanismen. Ein übersichtliches Bild ergibt sich allerdings bei diesem Vorgehen nur dann, wenn man sich – wie Bäuml – bei jedem Paradigma für *einen einzigen* Mechanismus entscheidet. So ordnet Bäuml die Listen-Methode des Directed-Forgetting-Paradigmas der Pfad-Deaktivierung zu. Selbst wenn dies ein möglicher kognitiver Mechanismus ist, können weitere Prozesse – wie beispielsweise selektive Aufrechterhaltung – für die Listen-Methode nicht ausgeschlossen werden. Ebenso wird das TNT-Paradigma alleinig der Item-Unterdrückung zugeordnet. Zwar ist zu vermuten, dass dies der maßgebliche Mechanismus ist, aber auch hier sind weitere Mechanismen, zumindest bei gleichem Abrufhinweis, möglich (vgl. Abschnitt 3.2.3.2). Wie M. C. Anderson (2005) behandelt auch Bäuml das White-Bear-Paradigma nicht und klammert die Item-Methode des Directed-Forgetting-Paradigmas aus.

An dieser Stelle soll ein dritter Weg der Systematisierung der Paradigmen beschritten werden, der sich daran orientiert, inwieweit die behandelten Vergessensparadigmen intentionales Vergessen, wie es auch im realen Leben vorkommen kann, nachzubilden vermögen. Die Paradigmen werden also hinsichtlich ihrer *ökologischen Validität* evaluiert. Wie bereits erörtert, bildet die Item-Methode des Directed-Forgetting-Paradigmas weniger das „Vergessen" eines initial abgespeicherten Inhalts als vielmehr die selektive Nichtabspeicherung der zu vergessenden (und komplementär die selektive Wiederholung der zu erinnernden) Inhalte ab. Daher kommt es als Modell für intentionales Vergessen nicht weiter in Betracht.

Die Listen-Methode des Directed-Forgetting-Paradigmas lässt, wie dargestellt, mindestens drei Erklärungsansätze zu. Der erste, das Ausbleiben selektiver Wiederholung für die R-Liste, kann, wie bei der Item-Methode, nicht als Vergessensmechanismus aufgefasst werden. Die beiden anderen, Kontextwechsel und Abrufinhibierung, sind als Vergessensmechanismen auch im realen Leben vorstellbar. Um einen mentalen Kontextwechsel zu vollziehen, braucht man sich nur in einen anderen Gemütszustand zu versetzen. Dieser Kontextwechsel führt, wie sich mit der Theorie der Enkodierungsspezifität erklären lässt (vgl. Abschnitt 3.2.1.3), zu einer verringerten Zugänglichkeit derjenigen Information, die im ursprünglichen Gemütszustand aufgenommen wurde. Wie in der Einteilung von M. C. Anderson (2005; vgl. Abbildung 3.8) dargestellt, operiert dieser Mechanismus auf der Kontextebene. Es kann also nicht selektiv die Zugänglichkeit bestimmter Ereignisse während einer längeren Phase eines gleichen mentalen Kontextes verringert werden, sondern alles, was im ursprünglichen Kontext aufgenommen wurde, wird gleichermaßen in seiner Zugänglichkeit verringert. Dies scheint dann ein wirksamer und sinnvoller Vergessensmechanismus zu sein, wenn sich der Enkodierungskontext deutlich von dem „normalen Lebenskontext" unterscheidet. Wenn z. B. jemand einer Entführung oder einer Geiselnahme zum Opfer fällt, ist dieses Erlebnis vielleicht durch den mentalen Kontext gekennzeichnet, anderen Personen hilflos ausgeliefert und ohne Kontrollmöglichkeiten zu sein. Wenn die Person dieses Erlebnis gut überstanden hat und wieder in Sicherheit ist, wäre eine erfolgversprechende Strategie, um möglichst wenig unfreiwillige Erinnerungen an dieses negative Ereignis zu haben, sich auch mental aus diesem Kontext der Kontroll- und Hilflosigkeit zu lösen.

Für Erfahrungen, die jemand in seinem „normalen" mentalen Kontext gemacht hat, ist allerdings fraglich, wie leicht es möglich ist, einen derartigen Kontextwechsel zu vollziehen, bzw. wie sich der neue mentale Kontext von dem alten unterscheiden kann. In den Experimenten von Sahakyan und Kelley (2002) sollten sich die Probanden zum Zwecke des Kontextwechsels beispielsweise vorstellen, dass sie unsichtbar sind und was sie dann machen würden. – Eine solche dauerhafte Änderung des kognitiven Kontextes wäre der Alltagsbewältigung vermutlich abträglich. Ungeklärt ist auch, über wie viele verschiedene „alltagstaugliche" mentale

Kontexte eine Person verfügt, so dass dieser Mechanismus immer wieder erneut angewendet werden kann. Dass bei einschneidenden Erlebnissen auch Kontextwechsel, die die physische Umwelt betreffen, hilfreich sein können, wurde bereits erwähnt (siehe S. 63). Allerdings ist auch dies sicherlich etwas, was nicht als alltägliche Strategie dienen kann. Wenngleich sich also durchaus Situationen konstruieren lassen, in denen ein mentaler Kontextwechsel wirksam eingesetzt werden kann – wie in dem obigen Beispiel der Entführung oder Geiselnahme –, ist zweifelhaft, ob dieser Mechanismus dem Gros alltäglicher Vergessensversuche entspricht.

Die letzte Erklärungshypothese für Vergessen im Directed-Forgetting-Paradigma geht von einer Abrufinhibierung aus. Dabei wird – im Sinne einer Pfad-Deaktivierung – die Zugänglichkeit der zu vergessenden Information auf einen bestimmten Hinweisreiz hin verringert. Dass durch eine derartige Inhibierung das gewünschte Ziel erreicht werden kann, nämlich weniger ungewollte intrusive Gedanken auf die spezifischen Hinweisreize hin zu haben, erscheint plausibel. Allerdings bleibt recht vage, wie sich die Abrufinhibierung genau gestaltet.

Ein Charakteristikum, das die Kontextwechsel-Hypothese und die Abrufinhibierungs-Hypothese teilen, ist, dass sich die Verringerung der Zugänglichkeit instantan vollziehen soll. Die einmalige Instruktion, etwas zu vergessen, reicht demnach aus, um dieses Vergessen zu bewirken (vgl. aber Pastötter & Bäuml, 2007, dazu, dass in Directed-Forgetting-Aufgaben nach der Vergessen-Instruktion weiteres Material gelernt werden muss, damit die Instruktion wirksam wird). Während dies im Falle des mentalen Kontextwechsels noch plausibel erscheint, ist unklar, wie der einmalige Vorsatz, sich nicht an etwas zu erinnern, zu einer Pfad-Deaktivierung führt. Auch scheint es nicht der Alltagserfahrung zu entsprechen, dass die einmalige Selbstinstruktion „Ich möchte X vergessen" zu einem substantiellen Vergessen von X führt.

In diesem Punkt unterscheiden sich das TNT-Paradigma und dessen Erklärungsansatz deutlich von der Listen-Methode des Directed-Forgetting-Ansatzes. Im Rahmen des TNT-Paradigmas wird angenommen, dass intentionales Vergessen ein *längerfristiger Prozess* ist, der daraus resultiert, dass wiederholt eine bestimmte Reaktion – nämlich der Abruf eines spezifischen Inhaltes – in ihrer Ausführung gestoppt wird. Zudem ist dies ein „mühsamer Prozess", was sich nicht nur durch neuropsychologische Befunde bestätigen lässt (z. B. M. C. Anderson & Levy, 2009), sondern auch seine Analogie im Unterdrücken der Ausführung motorischer Reaktionen findet, was dem Unterdrücken von Erinnerungen wohl sehr nahe kommt (vgl. dazu z. B. M. C. Anderson & Weaver, 2009). Dies sei an einem Beispiel verdeutlicht: Wer es gewohnt ist, eine Armbanduhr zu tragen, wird, nach der Zeit gefragt, auch dann auf sein Handgelenk schauen, wenn er an dem Tag gar keine Armbanduhr trägt, z. B. weil er die Uhr morgens zur Uhrmacherin gebracht hat. Trägt man aber mehrere Tage hintereinander keine Armbanduhr, wird es mit jedem Mal, mit dem der Impuls, auf die Uhr zu schauen, inhibiert wurde, leichter, diesen Handlungsabruf zu unterdrücken. Es mag einer Vielzahl solcher Unterdrückungsversuche bedürfen, bis man auf die Frage nach der Zeit direkt antwortet, dass man keine Uhr hat, bzw. in die Tasche greift, um auf das Handy zu blicken. Gleichwohl ist evident, dass die wiederholte Unterdrückung einer Handlung langfristig die dominante Reaktionstendenz (z. B. auf das Handgelenk zu schauen) stärker abschwächt, als es die – einmalige – Selbstinstruktion, dass man dies nicht mehr tun möchte, vermag.

Für die ökologische Validität des TNT-Paradigmas spricht ferner, dass die Intention gar nicht direkt darauf gerichtet sein muss, etwas langfristig zu vergessen. Es reicht aus, momentan an etwas nicht denken zu wollen. Diese – im Falle des Unterdrückens unangenehmer (und daher unerwünschter) Gedächtnisinhalte – *momentane* oder *akute Emotionsregulation* führt aber auch dazu, dass künftig seltener an diesen Inhalt gedacht werden muss, was wiederum der langfristigen Emotionsregulation dient.

Oberflächlich betrachtet scheint die Gedankenunterdrückung, wie sie im White-Bear-Paradigma realisiert wird, dem Prozess der Unterdrückung eines Gedächtnisinhaltes im TNT-Paradigma sehr ähnlich zu sein. Allerdings ist das White-Bear-Paradigma durch mindestens zwei artifizielle Bedingungen gekennzeichnet, die im realen Leben in dieser Form vermutlich nicht vorkommen (vgl. Abschnitt 3.2.3.3): Zum einen ist dies die Aufforderung zur *permanenten* Unterdrückung über einen Zeitraum von zumindest mehreren Minuten; zum anderen ist es die Aufgabe, zu melden, wann einem der zu unterdrückende Gedanke in den Sinn kommt, die den ironischen Überwachungsprozess möglicherweise erst initiiert. Diese beiden Bedingungen führen vermutlich dazu, dass das White-Bear-Paradigma *keine* ökologisch valide Entsprechung der Gedankenunterdrückung im Alltag darstellt. Was durch die Befunde zum White-Bear-Paradigma jedoch unterstützt wird, ist – wie auch im Rahmen des TNT-Paradigmas festgestellt –, dass Gedankenunterdrückung ein kognitive Ressourcen erfordernder und „anstrengender" Prozess ist.

Insgesamt kann das Fazit gezogen werden, dass das TNT-Paradigma nach dem aktuellen Erkenntnisstand die Prozesse des intentionalen Vergessens im realen Leben am besten nachbildet. Das White-Bear-Paradigma besitzt einige Charakteristika, die sich so im Alltag vermutlich nicht wiederfinden. Bei der Listen-Methode des Directed-Forgetting-Paradigmas ist nicht auszuschließen, dass es auch ökologisch valide Aspekte des intentionalen Vergessens erfasst, jedoch sind die zur Erklärung herangezogenen Mechanismen so heterogen, dass eindeutige Rückschlüsse von mit diesem Paradigma gewonnenen Befunden auf kognitive Prozesse kaum möglich sind. Die kognitiven Prozesse, die den Effekten des TNT-Paradigmas zugrunde liegen sollen, sind hingegen relativ scharf umrissen und werden konzeptuell zudem durch neuropsychologische Erkenntnisse unterstützt. Somit sollte sich das TNT-Paradigma für die Untersuchung von intentionalem Vergessen am besten eignen.

Abschließend sei angemerkt, dass alle Mechanismen des motivierten bzw. intentionalen Vergessens *emotional* motiviert sein können. Zwar sind auch rein kognitiv motivierte Szenarien des motivierten Vergessens vorstellbar, z. B. um die künftige Abrufbarkeit von Informationen zu verbessern (um mich künftig zuverlässig an die neue Geheimzahl meiner EC-Karte zu erinnern, muss ich die alte Geheimzahl vergessen). Häufiger wird es jedoch der Fall sein, dass zumindest intentionales, bewusst initiiertes Vergessen emotional motiviert ist, man also etwas vergessen möchte, weil die Erinnerung daran unangenehm oder bedrohlich ist.

3.3   (Wie) verbessert Emotion die Erinnerung?

Wenngleich negative Emotionen dazu beitragen können, dass etwas intentional vergessen wird, zeigen viele Studien auch eine *erinnerungsförderliche* Wirkung der Emotion bzw. der emotionalen Erregung (für Bilder z. B. A. K. Anderson, Wais & Gabrieli, 2006; Bradley, Greenwald, Petry & Lang, 1992; für Wörter z. B. Buchanan, Etzel, Adolphs & Tranel, 2006; Rubin & Friendly, 1986; für Szenarien z. B. Cahill & McGaugh, 1995; für Überblicke siehe

Levine & Pizarro, 2004, und J. W. Schooler & Eich, 2000, sowie – insbesondere zum autobiographischen Gedächtnis – Holland & Kensinger, 2010). Dabei kann Emotion die Erinnerungsleistung auf vielfältige Weise beeinflussen. Auf einige Aspekte wurde bereits eingegangen. So wurde das stimmungs- bzw. emotionsabhängige Erinnern, also das Phänomen, dass es erinnerungsförderlich wirkt, wenn sich eine Person bei der Enkodierung und beim Abruf in der gleichen Stimmung bzw. Emotion befindet, als Spezialfall des zustandsabhängigen Erinnerns in Abschnitt 3.2.1.3 (S. 41 f.) behandelt. Ein verwandtes Phänomen ist der Stimmungskongruenzeffekt (Bower, 1981; Gilligan & Bower, 1984), der beschreibt, dass Gedächtnisinhalte, die eine bestimmte emotionale Tönung besitzen, oft dann besser abgerufen werden, wenn der Abrufkontext dieser Stimmung entspricht. Grundlegend für diese Effekte ist die Übereinstimmung von Enkodierkontext bzw. emotionalen Merkmalen der Gedächtnisinhalte auf der einen Seite und dem Abrufkontext auf der anderen Seite. Betroffen ist also die *momentane Zugänglichkeit* eines Gedächtnisinhaltes, nicht aber die eigentliche Gedächtnisrepräsentation. Auf diese Effekte soll hier nicht weiter eingegangen werden (für Diskussionen dieser Effekte siehe E. Eich & Forgas, 2003; Goschke, 1996; Hock, 1999, S. 52 ff.; Holland & Kensinger, 2010; Rusting, 1998; J. A. Singer & Salovey, 1988; für potentielle neuronale Grundlagen siehe Buchanan, 2007; für eine aktuelle Kritik von Bowers Netzwerktheorie auf empirischer und theoretischer Ebene siehe Power & Dalgleish, 2008, S. 75 ff.).

Ferner kann Emotion die Aufmerksamkeitsausrichtung sowie die Intensität der Elaboration zum Zeitpunkt der Enkodierung beeinflussen (für aktuelle Überblicke siehe Mather & Sutherland, 2011, sowie Yiend, 2010). Daher werden emotionale Inhalte oder Reize initial oft tiefer oder besser enkodiert als nichtemotionale Inhalte. Im Rahmen der vorliegenden Arbeit, die sich Gedächtnisprozessen *zwischen* Enkodierung und Abruf widmet, wird auf eine eingehende Darstellung von Aufmerksamkeitsprozessen sowie der initialen Elaboration verzichtet. Erörterungen dieser Phänomene und zugrunde liegender Prozesse finden sich u. a. bei Compton (2003), Kensinger und Corkin (2004), S. R. Schmidt und Saari (2007) sowie Sommer, Gläscher, Moritz und Büchel (2008).

Stattdessen soll hier erörtert werden, inwiefern und auf welche Weise die Emotionalität des Reizes selbst sich (nach der initialen Enkodierung) auf dessen Gedächtnisrepräsentation und spätere Abrufbarkeit (unabhängig von Kontexteffekten) auswirkt. Dabei wird zunächst in Abschnitt 3.3.1 (Autonome Erregungsansätze) der aktuell vor allem in der Neuropsychologie vorherrschende Ansatz dargestellt, dass die Intensität der emotionalen Erregung die Stärke bzw. die Dauerhaftigkeit der Gedächtnisspur *direkt* beeinflusst. Ausgehend von Unzulänglichkeiten dieses Ansatzes und der in Kapitel 2 eingeführten funktionalen Betrachtungsweise des Gedächtnisses, wird in Abschnitt 3.3.2 (Aktive Aufrechterhaltung) eine alternative Erklärung für den Zusammenhang zwischen Emotion und Erinnerungsleistung abgeleitet. Diese Erklärung kommt ohne die Postulierung getrennter Gedächtnismechanismen für emotionale und nichtemotionale Inhalte aus und lässt zudem größeren Spielraum für adaptive Prozesse.

3.3.1 Autonome Erregungsansätze

Dass besonders stark emotionale Erlebnisse sich in das Gedächtnis geradezu einbrennen können, erscheint alltagspsychologisch plausibel. Ein entsprechendes Bild, das den physisch-materiellen Charakter dieses Vorgangs betont, findet sich auch bei William James (1890/1931):

„An impression may be so exciting emotionally as almost to leave a scar upon the cerebral tissues" (S. 670).

In diesem Abschnitt wird die verbreitete Annahme erörtert, nach der die *emotionale Erregung*, die durch den Reiz erzeugt wird, zu einer besonders „guten" und dauerhaften Gedächtnisrepräsentation führt (z. B. Kensinger, 2004; Mather & Sutherland, 2009). Diese Ansätze werden oft als *Erregungsansätze (arousal-based approaches*; z. B. Reisberg, 2006) zusammengefasst, wobei unter Erregung die Intensitätskomponente der Emotion verstanden wird (vgl. z. B. Schachter & Singer, 1962; auch Russell, 1980). Mit der Bezeichnung „*autonome* Erregungsansätze" möchte ich ausdrücken, dass im Rahmen dieser Ansätze – anders als bei dem in Abschnitt 3.3.2 dargestellten Ansatz der aktiven Aufrechterhaltung – für emotionale Gedächtnisinhalte spezielle Mechanismen angenommen werden, die auf direktem Wege zu deren stärkerer Repräsentation führen sollen, ohne dass dazwischengeschaltete kognitive Mechanismen postuliert werden. Autonome Erregungsansätze implizieren, dass sich Verarbeitung und Speicherung emotionaler Reize automatisch vollziehen, also ohne bewusste Steuerung, und dass sich diese Prozesse willentlich auch nicht direkt beeinflussen lassen.

Zunächst werden in Abschnitt 3.3.1.1 – ausgehend von dem Phänomen der sogenannten Blitzlichterinnerungen – die postulierten neuronalen Grundlagen der Erregungsansätze beschrieben. Danach wird der Kleinsmith-Kaplan-Effekt behandelt (Abschnitt 3.3.1.2), der oft als Beleg für die autonomen Erregungsansätze herangezogen wird. In Abschnitt 3.3.1.3 wird darauf eingegangen, dass auch stark emotional erregende Ereignisse häufig Erinnerungsverfälschungen unterliegen – ein Befund, den die Erregungsansätze nicht befriedigend erklären können. Anschließend (Abschnitt 3.3.1.4) werden weitere Kritikpunkte thematisiert, die darauf beruhen, dass die emotionsevozierten Erinnerungsverbesserungen oft selektiver und spezifischer sind, als die Erregungsansätze dies prädizieren würden. In einer zusammenfassenden Kritik (Abschnitt 3.3.1.5) werden die explikatorischen Unzulänglichkeiten der autonomen Erregungsansätze resümiert. Zudem wird aufgezeigt, wie es im Rahmen dieser Ansätze zu einer Reihe von wenig plausiblen Annahmen gekommen sein könnte.

3.3.1.1 Neuronale Grundlagen

Nachhaltigen Einfluss auf die Erregungsansätze hatte das von R. Brown und Kulik (1977) eingeführte Konstrukt der *Blitzlichterinnerungen* (*flashbulb memories*). Blitzlichterinnerungen sollen entstehen, wenn man erstmalig von einem überraschenden und folgenreichen oder emotional erregenden Ereignis erfährt. Dabei kann es sich um persönliche Ereignisse handeln (z. B. der Unfalltod eines Verwandten oder Freundes) oder – was häufiger untersucht wurde – um Ereignisse, die einen großen Teil der Gesellschaft betreffen, aber auch für den Einzelnen emotional bewegend und bedeutsam sind (z. B. die Explosion im Kernkraftwerk Tschernobyl 1986, der Fall der Berliner Mauer 1989, der Anschlag auf das World Trade Center 2001). Wenngleich Studien zu negativen Ereignissen die Forschung dominieren, so wurden auch positive Ereignisse, für die der Effekt gleichermaßen auftreten soll, untersucht (Bohn & Berntsen, 2007; Scott & Ponsoda, 1996).

Der Inhalt von Blitzlichterinnerungen bezieht sich nicht auf das Ereignis an sich (also z. B. den Ablauf der Tschernobyl-Katastrophe), sondern auf die Umstände, unter denen man von diesem Ereignis erfahren hat. Diese Erinnerungen zeichnen sich dadurch aus, dass sie besonders lebhaft („gut ausgeleuchtet"), detailreich und dauerhaft sind. Sie bilden sich, wie bei einer Blitzlichtfotografie, schlagartig und bewahren die Szene nahezu vollständig, wobei R. Brown und Kulik (1977) allerdings betonen, dass – anders als bei einer Fotografie – nicht *alle* Details einer Szene erhalten bleiben müssen. R. Brown und Kulik führen als ein Beispiel für Blitzlichterinnerungen die Ermordung von John F. Kennedy im Jahre 1963 an:

> Hearing the news that President John Kennedy had been shot is the prototype case. Almost everyone can remember, with an almost perceptual clarity, where he was when he heard, what he was doing at the time, who told him, what was the immediate aftermath, how he felt about it, and also one or more totally idiosyncratic and often trivial concomitants. (R. Brown & Kulik, 1977, S. 73)

Als folgenreich für die weitere Forschung zum Einfluss unspezifischer emotionaler Erregung auf die Gedächtnisleistung erwies sich wohl auch, dass R. Brown und Kulik (1977) für die Erklärung der Blitzlichterinnerungen eine damals, wie sie selbst schreiben, wenig empirisch belegte und spekulative neuropsychologische Theorie von Livingston (1967a, 1967b) heranzogen. Livingston postulierte einen „Now print!"-Gedächtnismechanismus, der sich folgendermaßen wiedergeben lässt (Livingston, 1967b, S. 576): Nachdem ein Ereignis als neuartig erkannt und zudem im limbischen System „festgestellt" wurde, dass das gerade wahrgenommene Ereignis für das Individuum biologisch bedeutsam ist, wird über die *Formatio reticularis* im Hirnstamm die Information in beide Hemisphären „entladen". Diese Entladung kann als „Now print!"-Befehl aufgefasst werden, der dazu führt, dass alle kürzlich stattgefundenen Gehirnaktivitäten ins Gedächtnis „gedruckt" werden. R. Brown und Kulik nutzten diese Theorie – zusammen mit einer Reihe behavioraler Daten – für die Schlussfolgerung, dass Blitzlichterinnerungen ein spezieller Gedächtnismechanismus zugrunde liegt, der bei hoher emotionaler Erregung zu dieser besonders exakten und lebhaften Gedächtnisrepräsentation führt.

Livingstons neuropsychologische Theorie wurde in ihrer spezifischen Form später nur noch selten rezipiert. Gleichwohl förderte sie – in Verbindung mit der Theorie der Blitzlichterinnerungen von R. Brown und Kulik (1977) – die Annahme, dass emotionale Erregung (z. B. über die Ausschüttung von Neurotransmittern und Hormonen) *spezielle Gedächtnismechanismen* bei der Enkodierung auslöst, die dazu führen, dass ein Ereignis *im Moment seines Erlebens* nahezu unauslöschlich ins Gedächtnis „eingebrannt" wird (vgl. z. B. M. A. Conway, 1995).

Aktuelle erregungsbasierte Ansätze legen andere neuronale Mechanismen zugrunde als Livingston (1967a, 1967b). Dabei kommt der Amygdala sowie deren Interaktion mit Hirnstrukturen in den Frontal- und Temporallappen eine besondere Bedeutung zu (z. B. Dolcos, LaBar & Cabeza, 2004; Hamann, 2001, 2009; LaBar & Cabeza, 2006; McGaugh, 2000, 2003, 2004; Paré, 2003; Phelps, 2004, 2006; Phelps & LeDoux, 2005; Zald, 2003). An dieser Stelle soll nur die derzeitige Standarderklärung dafür, wie emotionale Erregung die Gedächtnisrepräsentation moduliert, kursorisch beschrieben werden (ausführlichere Darstellungen bieten neben den obigen Arbeiten auch Buchanan & Adolphs, 2004; Cahill & McGaugh, 1998; Gluck, Mercado & Myers, 2010, Kap. 10; Goschke & Dreisbach, 2006; Holland & Kensinger, 2010; König, 2008; Mather, 2007; McGaugh, 2006; McGaugh & Roozendaal, 2002, 2009): Der laterale Nukleus der Amygdala kann als sensorische Schnittstelle betrachtet werden, die – entweder auf kurzem Wege (direkt vom Thalamus) oder auf langem Wege (vermittelt über den Neocortex und ggf. hippocampale Regionen) – aktiviert wird, wenn emotional relevante

Sinnesreize über den Thalamus in den Prozess der neuronalen Verarbeitung eintreten. Der laterale Nukleus der Amygdala aktiviert wiederum den zentralen Amygdala-Nukleus, der – vermittels einer Aktivierung des autonomen Nervensystems – die Nebenniere veranlasst, das Stresshormon Adrenalin auszuschütten. Das Adrenalin, das die Blut-Hirn-Schranke selbst nicht überwinden kann, regt die Hirnstammkerne an, den chemisch verwandten Neuro-transmitter Noradrenalin freizusetzen und in den basolateralen Nukleus der Amygdala zu projizieren. Von hier aus bestehen Verbindungen zum Hippocampus und zum Neocortex, wo die eigentliche Gedächtnisspeicherung stattfinden soll. Die Konsolidierung bzw. Speicherung wird nun dadurch erleichtert, dass der basolaterale Amygdala-Kern die Langzeitpotenzierung an diesen Orten der Gedächtnisspeicherung verstärkt. Die *erinnerungsförderliche Wirkung emotionaler Erregung* besteht demnach also darin, *Konsolidierungsprozesse zu verstärken bzw. zu erleichtern* (zur Konsolidierung vgl. auch die Ausführungen in Abschnitt 3.2.2.2 auf S. 48 ff.).

Vergleicht man dieses aktuelle neurowissenschaftliche Standardmodell für den Einfluss von emotionaler Erregung auf die Gedächtnisrepräsentation mit dem „Now print!"-Mechanismus von R. Brown und Kulik (1977) bzw. Livingston (1967a, 1967b), fallen sowohl Gemeinsam-keiten als auch Unterschiede auf. Eine wesentliche Gemeinsamkeit ist, dass die Festigung der Gedächtnisrepräsentation automatisch abläuft, sobald dieser Prozess durch die emotionale Erregung angestoßen wurde. Kognitive Modulationen bzw. Einflussnahmen auf den Gedächt-nisinhalt und seine Abrufbarkeit werden im Rahmen dieser Modelle *nicht* angenommen. Ein wichtiger Unterschied zwischen den beiden Ansätzen besteht jedoch im Zeitgradienten der Verfestigung: Beim „Now print!"-Mechanismus vollziehen sich die erinnerungsförderlichen Prozesse instantan, wohingegen im derzeit aktuellen Standardmodell langsamer wirkende Konsolidierungsprozesse angenommen werden, die erst nach und nach zu einer besseren Abrufbarkeit führen.

3.3.1.2 Kleinsmith-Kaplan-Effekt

Die Annahme, dass emotionale Erregung langsam ablaufende Konsolidierungsprozesse för-dert, scheint durch den Kleinsmith-Kaplan-Effekt gestützt zu werden (vgl. z. B. Phelps, 2006). Kleinsmith und Kaplan (1963) fanden, dass emotional erregende Reize gegenüber nicht erregenden Reizen nur langfristig – aber nicht unmittelbar – besser erinnert werden. In ihrer Untersuchung präsentierten sie ihren Probanden acht Wort-Ziffer-Paare. Anschließend wurden die Wörter (z. B. „KISS", „RAPE", „VOMIT", „SWIM") anhand des Hautleitwider-stands, der während der Präsentation gemessen wurde, für die Probanden individuell in hoch und in niedrig emotional erregende Wörter eingeteilt. Diese individuelle Einteilung führte übrigens dazu, dass für einige Probanden Wörter wie „rape" oder „vomit" als niedrig erregend, z. B. „swim" oder „dance" aber als hoch erregend klassifiziert wurden. In einem für die Probanden unerwarteten gestützten Wiedergabetest mussten sie entweder 2 Minuten (also unmittelbar), 20 Minuten, 45 Minuten, einen Tag oder eine Woche später auf das Wort hin mit der dazugehörigen Ziffer antworten. Die Ergebnisse sind in Abbildung 3.9a dargestellt: Für diejenigen Ziffern, die zu den niedrig erregenden Wörtern gehörten, ergab sich ein deutlicher Erinnerungsabfall, der mit dem Retentionsintervall stetig zunahm. Bei den hoch emotional erregenden Wörtern wurden die Ziffern zwar bei der unmittelbaren Erinnerungsabfrage deut-lich schlechter erinnert, als dies bei den niedrig erregenden Wörtern der Fall war, allerdings

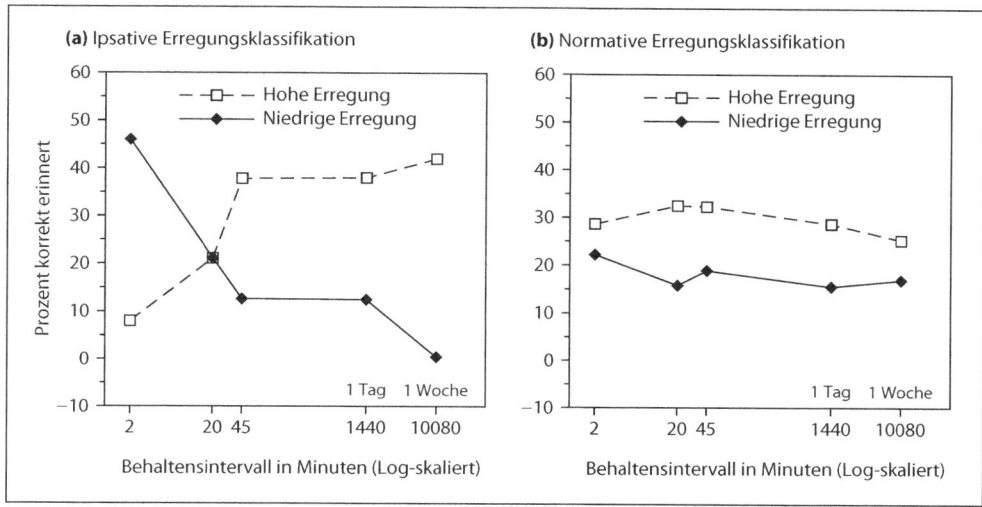

Abbildung 3.9 Ergebnisse der Studie von Kleinsmith und Kaplan (1963) nach **(a)** ipsativer Klassifikation der Wörter in hohe versus niedrige Erregung anhand individueller Hautleitwiderstands-Werte (Daten aus Kleinsmith & Kaplan, 1963, S. 191) und **(b)** normativer Klassifikation anhand der Gruppenmittelwerte (Daten aus S. Kaplan & Kaplan, 1970, S. 116).

verbesserte sich die Wiedergabeleistung mit der Länge des Retentionsintervalls und war eine Woche später über fünf Mal so hoch wie bei der unmittelbaren Abfrage.

Ein derartiger „Reminiszenz-Effekt" ließe sich damit erklären, dass die Gedächtnisrepräsentation emotionaler Inhalte anfangs schwach ist, aber mit der Zeit – aufgrund von erregungsinduzierten autonomen Konsolidierungsprozessen – immer stärker wird. Um darüber hinaus zu erklären, warum anfangs das emotional erregende Material sogar *schlechter* erinnert wird als weniger erregendes Material, nehmen Kleinsmith und Kaplan (1963) zudem einen neuronalen Inhibierungseffekt an: Neurone können pro Sekunde nur eine bestimmte Anzahl von Aktionspotentialen auslösen, also nur mit einer bestimmten Frequenz feuern. Diejenigen Neurone, die stärker an Konsolidierungsprozessen beteiligt sind, würden diese maximale Feuerrate schon weitestgehend ausschöpfen. Bei einem Abrufversuch wären, für hoch emotional erregende Wörter, die beteiligten Neurone – im Rahmen der Konsolidierung – also bereits mit Feuern beschäftigt bzw. könnten sich in einem absoluten Refraktärstadium befinden, so dass die Gedächtnisspur für den Abruf nicht oder kaum zugänglich ist (Kleinsmith & Kaplan, 1963; vgl. auch bereits E. L. Walker, 1958, für diese Erklärung).

Wenngleich der Kleinsmith-Kaplan-Effekt häufig als Beleg für die Erregungsansätze herangezogen wird (vgl. dazu z. B. die Metaanalyse von Park, 2005), wurde auch mehrfach vorgebracht, dass es sich bei diesem Effekt höchstwahrscheinlich um ein Artefakt handelt, das auf die Unterteilung der Stimuli anhand des Hautleitwiderstandes und damit konfundierten Positionseffekten der Stimuli zurückzuführen ist (Mather, 2007; Schürer-Necker, 1990): Bei der Messung von Hautleitwiderständen erzeugen die ersten Items einer Liste – aufgrund von Orientierungsreaktionen der Probanden – durchschnittlich stärkere elektrodermale Reaktionen als die späteren Items, wenn die Probanden generell etwas ruhiger sind (z. B. Schürer-Necker, 1990). Dieser Effekt führt in Versuchsaufbauten wie dem von Kleinsmith und

Kaplan (1963, 1964) dazu, dass die ersten Items überdurchschnittlich häufig als emotional erregend klassifiziert werden, wohingegen die zuletzt dargebotenen Items überdurchschnittlich häufig als wenig erregend eingestuft werden. Da bei einer unmittelbaren Erinnerungsabfrage der Recency-Effekt (z. B. Murdock, 1962) eine große Rolle spielt, also zuletzt dargebotene Items besonders gut erinnert werden, aber die Listenposition auch mit der Einteilung in hoch vs. niedrig erregende Items konfundiert ist, ergibt sich der Kleinsmith-Kaplan-Effekt als experimentelles Artefakt.

Dies erklärt, warum S. Kaplan und Kaplan (1970) den Effekt in einer Reanalyse von drei eigenen Studien (R. Kaplan & Kaplan, 1969; Kleinsmith & Kaplan, 1963, 1964) in zwei von drei Fällen *nicht* finden konnten, wenn sie die Items nicht ipsativ nach den elektrodermalen Reaktionen des jeweiligen Probanden kategorisierten, sondern die Klassifikation normativ vornahmen, d. h. anhand der gemittelten Hautleitwiderstands-Werte aller Probanden. Für zwei Studien (R. Kaplan & Kaplan, 1969; Kleinsmith & Kaplan, 1963) zeigte sich, dass die Erinnerung bei hoch erregenden Wörtern zu *jedem* Messzeitpunkt besser war als bei niedrig erregenden Wörtern. Selbst eine ordinale Interaktion zwischen Erregungsniveau und Behaltensintervall fand sich nicht. Die Ergebnisse für die Studie von Kleinsmith und Kaplan (1963), die sich bei normativer Klassifikation der Wörter ergeben, sind in Abbildung 3.9b wiedergegeben. Es handelt sich um dieselbe Studie wie in Abbildung 3.9a, nur dass die Erregungsklassifikation der Wörter für die gesamte Probandengruppe und nicht ipsativ vorgenommen wurde.

Lediglich für die Studie von Kleinsmith und Kaplan (1964) ergab sich auch bei normativer Einteilung für die Messzeitpunkte 2 vs. 20 Minuten die erwartete Interaktion mit dem Erregungsniveau (für die Retentionsintervalle von 20 Minuten bis eine Woche verlief die Erinnerungsleistung für hoch und niedrig erregende Items jedoch parallel). Da die normativen Hautleitwiderstands-Daten aber während der Lernphase an denselben Probanden erfasst wurden, die auch die Erinnerungsdaten lieferten, bedeutet die „normative" Einteilung in den Reanalysen von S. Kaplan und Kaplan (1970) auch keine absolute Aufhebung, sondern lediglich eine Abschwächung der möglichen Konfundierung von Listenposition und Erregungsklassifikation.

Die Fragwürdigkeit des von Kleinsmith und Kaplan verwendeten Paradigmas wird überdies deutlich, wenn man sich ihre Studie von 1964, welche die beiden Autoren selbst als Unterstützung ihrer These betrachten, genauer ansieht. Kleinsmith und Kaplan (1964) ersetzten die Wörter aus der Studie von 1963 durch sinnfreie Silben (z. B. „CEF", „QAP", „TOV") und teilten diese wiederum anhand der Unterschiede im Hautleitwiderstand für jeden Probanden in emotional hoch bzw. niedrig erregende Items ein. Es überrascht nicht, dass jede der sinnfreien Silben für etwa gleich viele Probanden emotional hoch bzw. niedrig erregend war, es also keine generellen Erregungsunterschiede für die Silben gab. Dennoch konnten die Ergebnisse von Kleinsmith und Kaplan (1963) sehr exakt repliziert werden. Allerdings ist es wenig plausibel, warum intraindividuell z. B. „CEF" oder „QAP" deutlich stärker emotional erregend sein sollte als z. B. „JEX" oder „LAJ" und dass darüber hinaus die Unterschiede in der emotionalen Erregung zwischen diesen Silben zu einem derart massiven Effekt führen sollten, dass bei einem unmittelbaren Erinnerungstest die zu „JEX" gehörige Ziffer vier Mal so häufig korrekt erinnert wird wie die zu „CEF" gehörige Ziffer.

In einer frühen Überblicksarbeit weist zudem Eysenck (1976) darauf hin, dass der Kleinsmith-Kaplan-Effekt zwar bei Erinnerungstestung mittels gestützter Wiedergabetests, wie sie beim Paarassoziationslernen (z. B. Wort-Ziffer-Paare) verwendet werden, gefunden wurde, sich aber weder in Studien mit freien Wiedergabetests noch in Experimenten mit Wiedererkennungsaufgaben replizieren ließ. Vielmehr führe – laut Eysenck – emotionale Erregung bei freier Wiedergabe sowohl unmittelbar als auch zeitlich verzögert zu einer besseren Erinnerungsleistung. Damit gibt es zwar einen Haupteffekt der emotionalen Erregung auf die Erinnerungsleistung, aber keine Interaktion mit dem Retentionsintervall. Dieser Befund widerspricht der theoretischen Erklärung, die Kleinsmith und Kaplan (1963) für ihren Effekt formuliert haben. Eysenck (1976) schlussfolgert, dass am Kleinsmith-Kaplan-Effekt noch andere Mechanismen als Konsolidierungsprozesse beteiligt sind, wie z. B. selektive Wiederholungsstrategien oder Veränderungen im Antwortkriterium, die vom Ausmaß der Erregung bzw. von der Länge des Retentionsintervalls abhängen (für weitere Befunde, die dem Kleinsmith-Kaplan-Effekt widersprechen, vgl. Mather, Gorlick & Nesmith, 2009). Zusammengefasst kann, vor dem Hintergrund der dargestellten Befunde, der Kleinsmith-Kaplan-Effekt keinesfalls als eindeutiger Beleg für die Erregungsansätze gewertet werden.

3.3.1.3 Das Problem der Erinnerungsverfälschung

Eine andere Frage, welche die autonomen Erregungsansätze nicht adäquat klären, ist: Wie kommen *Erinnerungsverfälschungen* von emotionalen Erlebnissen zustande? Weiter oben (S. 86 f.) wurde dargestellt, wie R. Brown und Kulik (1977) Blitzlichterinnerungen als Beleg dafür eingeführt haben, dass sich emotionale Erlebnisse nahezu unauslöschlich in das Gedächtnis einbrennen und auch nach langer Zeit noch korrekt abgerufen werden können.

Wie bereits Neisser (1982b) anmerkte, ist ein grundlegendes Problem der Untersuchung von R. Brown und Kulik (1977), dass die Korrektheit und Genauigkeit der Erinnerungen der Probanden in keiner Weise überprüft wurde. Die Probanden wurden zu insgesamt zehn Ereignissen (z. B. zu mehreren Attentaten auf US-amerikanische Bürgerrechtler und Politiker zwischen 1963 und 1975, wie Martin Luther King, Robert F. Kennedy oder Gerald Ford) gefragt, ob sie sich an die Umstände, unter denen sie von dem Ereignis erfuhren, erinnern. Wenn die Probanden dies bejahten, sollten sie diese Umstände in freier Form aufschreiben. Die schriftlichen Berichte wurden von den Autoren anhand eines selbstentwickelten Kodierschemas danach beurteilt, ob sie Details zu verschiedenen „kanonischen" Aspekten der Situation (z. B. bezüglich Ort; Tätigkeit zu dem Zeitpunkt, als man davon erfuhr; Informationsquelle bzw. Informant; Affekt bei anderen Personen sowie bei sich selbst) enthielten. Eine Blitzlichterinnerung bestand nach R. Brown und Kulik dann, wenn die Person angab, dass sie sich an die Umstände erinnern könne, und zumindest zu einem der Bereiche (z. B. Ort oder Tätigkeit) detailliertere Informationen gab. Zu je mehr Bereichen ein Proband Details nannte, als desto „lebhafter" und „genauer" wurde die Blitzlichterinnerung eingestuft. – Dass individuelle Blitzlichterinnerungen sich, aufgrund fehlender externer Quellen, in aller Regel einer Verifikation entziehen, ist evident. Die Autoren versuchten auch gar nicht, den Wahrheitsgehalt der Angaben zu prüfen, sondern setzten – vielleicht aufgrund der Lebhaftigkeit und des Detailreichtums vieler Aussagen – diesen einfach voraus.

Lebhaftigkeit und Detailreichtum von Schilderungen und auch die subjektive Überzeugung, dass es so gewesen ist, garantieren aber nicht die Genauigkeit und Korrektheit von Erinnerungen. Wer zeigen will, dass man sich an emotionale Erlebnisse besonders exakt und dauerhaft erinnern kann, braucht einen direkteren Zugang zu diesen Variablen als den in der Studie von R. Brown und Kulik (1977). Das heutige Standardparadigma der Blitz-lichterinnerungs-Forschung – erstmals von Pillemer (1984) verwendet – kann zwar auch nicht direkt die Korrektheit der Erinnerung, aber zumindest deren *Konsistenz* erfassen. Dazu werden die Probanden möglichst kurz nach dem Ereignis sowie zu einem zweiten Zeitpunkt – mehrere Wochen, Monate oder manchmal sogar Jahre später – wiederholt befragt. Wenn eine Person, wie es vorkommt, zum ersten Erhebungszeitpunkt beispielsweise angibt, dass sie gerade mit Freunden beim Abendessen saß, als sie von dem Ereignis erfuhr, und zum zweiten Erhebungszeitpunkt berichtet, dass sie die Nachricht auf der Heimfahrt von der Arbeit im Autoradio hörte, muss zumindest eine dieser Aussagen falsch sein. Zeitliche Konsistenz der Aussagen ist somit eine notwendige, wenngleich keine hinreichende Voraussetzung für die Korrektheit der Angabe.

Studien, die dieses Paradigma verwenden, finden oft sehr niedrige Konsistenzen zwischen den Blitzlichterinnerungen zu einem frühen und einem späten Messzeitpunkt (z. B. McClos-key, Wible & Cohen, 1988; Neisser & Harsch, 1992; Schmolck, Buffalo & Squire, 2000; Tala-rico & Rubin, 2003) oder zumindest einen deutlichen Abfall im Detailreichtum der Erin-nerungen (z. B. Bohannon, 1988; Christianson, 1989). Einige Studien zeigen sogar, dass Blitzlichterinnerungen in ihrer Konsistenz genauso schnell abnehmen wie nichtemotionale Alltagserinnerungen (z. B. Talarico & Rubin, 2007; Weaver, 1993). Einheitlich belegen die Stu-dien jedoch, dass sich die Probanden bei ihren Blitzlichterinnerungen subjektiv viel sicherer sind, diese korrekt und genau zu erinnern (einen Überblick geben Talarico & Rubin, 2009). Verschiedene Autoren (Neisser & Harsch, 1992; Talarico & Rubin, 2003, 2007, 2009; Weav-er, 1993) haben daher als Fazit gezogen: Blitzlichterinnerungen zeichnen sich *nicht* durch ihre Korrektheit oder Genauigkeit, sondern durch das Vertrauen in sie aus, also durch die starke subjektive Überzeugung, dass es so gewesen ist. Die Annahme eines speziellen Gedächtnis-mechanismus für Blitzlichterinnerungen erscheint somit weder theoretisch angemessen noch empirisch gerechtfertigt (z. B. McCloskey, 1992; Talarico & Rubin, 2007).

Auch Studien, die keine Blitzlichterinnerungen, sondern persönliche emotionale Erlebnisse erfassen, bestätigen, dass die Konsistenz der Erinnerungen oft recht niedrig ist (siehe Giezen, Arensman, Spinhoven & Wolters, 2005, für einen Vergleich der Konsistenz von Blitzlichterin-nerungen und anderen emotionalen Erinnerungen). Exemplarisch sei dies an Daten von Offer, Kaiz, Howard und Bennett (2000) dargestellt. Im Jahre 1962 stellten Offer und Kollegen im Rahmen einer Langzeitstudie 14-jährigen Jungen insgesamt 28 Fragen zu ihren Familienbezie-hungen, ihrer häuslichen Umgebung, ihrem Sozialverhalten und ihren Aktivitäten. Im Alter von 48 Jahren, also 34 Jahre später, wurden die damaligen Studienteilnehmer gebeten, diese Fragen erneut so zu beantworten, wie sie es als 14-Jährige getan hatten. Insgesamt war die Über-einstimmung zwischen den Angaben der 14-Jährigen und den Erinnerungen der 48-Jährigen marginal: Nur für 3 der 28 Fragen gab es überhaupt eine signifikante Übereinstimmung. Inter-essant ist dieses Ergebnis, da auch einige als emotional erregend und persönlich sehr relevant einzustufende Erfahrungen erfragt wurden, von denen man gemeinhin annehmen würde, dass sie auch langfristig sehr gut erinnert werden. Dies war allerdings nicht der Fall. Zum Beispiel bejahten 82% der 14-Jährigen, dass sie von ihren Eltern physisch bestraft wurden. Von den 48-Jährigen erinnerten sich nur noch 33% daran. Dabei ist es allerdings unwahrscheinlich, dass es sich um einen generellen Positivitätsbias handelt: Die Frage, ob Bestrafungen durch die Eltern sie verärgerten, beantworteten nur 12% der 14-Jährigen, aber 49% der 48-Jährigen mit Ja. Diese Befunde zeigen, dass auch emotional erregende Erlebnisse keineswegs immun gegenüber Erinnerungsverfälschungen sind. – Das steht im Einklang mit Theorien und Befunden, die nahelegen, dass menschliche Erinnerungen hochgradig *rekonstruktiv* sind (z. B. Barclay & Wellman, 1986; Bartlett, 1932/1997; M. A. Conway & Pleydell-Pearce, 2000; Loftus & Loftus, 1980; Loftus & Pickrell, 1995; Merckelbach, Wessel & Horselenberg, 1997; Roediger & McDermott, 1995; Schacter & Addis, 2007a, 2007b; Skowronski & Walker, 2004). Es widerspricht jedoch den autonomen Erregungsansätzen: An welcher Stelle eines autonom ablaufenden Prozesses, in dem nur eine initial vorhandene Gedächtnisspur weiter verstärkt wird, sollten diese Erinnerungsverfälschungen zustande kommen?

3.3.1.4 Das Problem selektiver Erinnerungsverbesserung

Ein weiterer Problemkomplex, der sich aus den Annahmen der autonomen Erregungs-ansätze ergibt, ist, dass emotionale Erregung sich sowohl zeitlich als auch bezüglich einzelner Situations- oder Inhaltsaspekte relativ *global* – also nicht-selektiv – auf die Erinnerung auswirken sollte und dass ferner nur die *Erregungskomponente* der Emotion betrachtet wird. Dieser Problemkomplex lässt sich in drei Teilprobleme untergliedern, nämlich dass – entgegen den Ableitungen aus den autonomen Erregungsansätzen – Emotion die Erinnerung (a) *zeitlich selektiv* und (b) *inhaltlich selektiv* verbessern kann und (c) dass *verschiedene* – gleich stark erregende – *Emotionen* Erinnerungen für *unterschiedliche Situations- oder Inhaltsaspekte* verbessern.

Die von den Erregungsansätzen postulierten neurochemischen Prozesse, die zu einer verbesserten Konsolidierung emotional erregender Reize führen sollen (vgl. Abschnitt 3.3.1.1), laufen zwar relativ schnell an, bestehen dann aber auch zumindest für mehrere Minuten fort (z. B. Hamann, 2001; Kensinger, 2009; McGaugh, 2004). Sofern sich erregende und nichterregende Reize relativ schnell abwechseln, sollte es also zu Übertragungseffekten der durch die erregenden Reize ausgelösten neurochemischen Prozesse auf die nichterregenden Reize kommen. Entgegen dieser Annahme zeigen allerdings viele Studien, dass auch dann, wenn emotional erregende und nichterregende Reize in sehr kurzen zeitlichen Abständen dargeboten werden (typischerweise im Bereich von 200 Millisekunden bis wenige Sekunden), die emotional erregenden Reize selektiv besser erinnert werden, selbst wenn mögliche Enkodierungsunterschiede ausgeschlossen werden (z. B. A. K. Anderson, Yamaguchi, Grabski & Lacka, 2006; C. R. Harris & Pashler, 2005). Diese *zeitlich selektive* Erinnerungsverbesserung lässt sich nur schwer mit den im aktuellen neurowissenschaftlichen Standardmodell beschriebenen Mechanismen, wie Emotion die Konsolidierung beeinflussen soll, vereinbaren.

Ein verwandtes Phänomen ist, dass auch *innerhalb* eines emotional erregenden Erlebnisses die Erinnerungsleistung keineswegs für alle Inhalts- bzw. Situationsaspekte verbessert wird. Vielmehr findet sich bei erregenden im Vergleich zu nichterregenden Ereignissen oder Reizen (z. B. Bildern) oft eine Erinnerungsverbesserung für bestimmte *inhaltlich zentrale* Aspekte und gleichzeitig eine Erinnerungsverschlechterung für bestimmte *inhaltlich periphere* Aspekte (für Überblicke siehe Christianson, 1992; Levine & Edelstein, 2009; Reisberg, 2006; zu Schwierigkeiten und Lösungsansätzen bei der Bestimmung, welche Aspekte inhaltlich zentral bzw. peripher sind, siehe ferner Burke, Heuer & Reisberg, 1992, sowie Reisberg & Heuer, 2004). Dieses Phänomen wird i. d. R. als *Erinnerungsverengung* (*memory narrowing*) bezeichnet (alternativ auch als „tunnel memory", Safer, Christianson, Autry & Österlund, 1998, sowie als „memory trade-off effect", Kensinger, Garoff-Eaton & Schacter, 2007).

Eine spezifische Form der Erinnerungsverengung wird von der Forschung zum sogenannten *Waffenfokus* (*weapon focus*) untersucht (z. B. Loftus, Loftus & Messo, 1987; K. J. Mitchell, Livosky & Mather, 1998; Steblay, 1992): Bei Augenzeugen von Überfällen wurde festgestellt, dass dann, wenn während dieses Ereignisses eine Waffe auf den Augenzeugen gerichtet wird, später zwar die Waffe sehr genau beschrieben werden kann, aber z. B. das Gesicht des Täters, das sich in der Regel in räumlicher Nähe zur Waffe befindet, schlechter erinnert wird als dann, wenn keine Waffe beteiligt war.

Der Waffenfokuseffekt lässt sich z. T. darauf zurückführen, dass der Waffe während der Enkodierungsphase – als inhaltlich zentralem Reiz, von dem die Gefahr ausgeht – mehr Aufmerksamkeit gewidmet wird als dem Gesicht des Täters, das zum Zeitpunkt des Überfalls inhaltlich peripher, also weniger wichtig, ist (z. B. Christianson & Loftus, 1991; Riggs, McQuiggan, Anderson & Ryan, 2010). Allerdings konnte gezeigt werden, dass das Phänomen der Erinnerungsverengung bestehen bleibt, wenn für Unterschiede in Aufmerksamkeitsprozessen während der Enkodierung kontrolliert wird (z. B. Christianson, Loftus, Hoffman & Loftus, 1991; Sharot & Phelps, 2004). Somit können nicht allein Aufmerksamkeitsprozesse für die Erinnerungsverengung verantwortlich sein. – Im Rahmen der autonomen Erregungsansätze fällt es schwer, zu erklären, dass von zwei verschiedenen Reizen, die innerhalb derselben emotional erregenden Situation initial gleich gut enkodiert wurden, der eine Reiz, der als inhaltlich zentraler eingestuft wird, langfristig besser erinnert wird als der inhaltlich eher periphere Reiz.

Die letzte Kritik, die in diesem Kontext verschiedentlich gegen die Erregungsansätze vorgebracht wurde (z. B. Levine & Burgess, 1997; Levine & Edelstein, 2009; Levine & Pizzaro, 2006; Reisberg, 2006), bezieht sich darauf, dass die Erregungskomponente allein nicht ausreicht, um vorherzusagen, *welche* Aspekte oder spezifischen Inhalte einer Situation besser bzw. schlechter erinnert werden. So findet sich das oben beschriebene Phänomen der Erinnerungsverengung auf inhaltlich zentrale Reize zwar für negative emotional erregende Ereignisse, aber nicht für positive Ereignisse des gleichen Erregungsausmaßes – vielmehr profitiert bei positiver emotionaler Erregung auch die Erinnerung an periphere Reize, wobei dann allerdings die zentralen Reize häufig weniger gut erinnert werden (z. B. Berntsen, 2002; Levine & Burgess, 1997; Überblicke geben Levine & Edelstein, 2009, sowie Levine & Pizarro, 2004; dafür, dass bei positiver Emotion zusätzlich die Stärke der Annäherungsmotivation relevant ist, vgl. Gable & Harmon-Jones, 2008).

Aber auch die Einbeziehung der Valenzdimension zusätzlich zur Erregungsdimension erbringt noch kein einheitliches Befundmuster für die Verbesserung bzw. Verschlechterung von Erinnerungsleistungen. Levine und Edelstein (2009) haben daher eine kognitionspsychologische Erklärung geliefert, die Emotions-, Motivations- und Bewertungskomponenten berücksichtigt. Dieser Ansatz wurde bereits in Abschnitt 2.4 bei der Einführung eines funktional orientierten, motivational-kognitiven Rahmenmodells zum Einfluss von Emotion auf das Gedächtnis kurz dargestellt. Entscheidend ist bei dieser Theorie die *Zielrelevanz* (*goal relevance*) des spezifischen Inhalts in Bezug auf die gerade aktivierte Emotion. Anknüpfend an verschiedene Emotionstheorien (z. B. Arnold, 1960; Frijda, 1987; Lazarus, 1991b; Lerner & Keltner, 2000; Oatley & Johnson-Laird, 1987; Scherer, 1999) wird angenommen, dass verschiedenen diskreten Emotionen unterschiedliche *adaptive Ziele* zugrunde liegen und dass die kognitiven Verarbeitungsprozesse an diesen emotionsspezifischen Zielen ausgerichtet werden (vgl. das Beispiel auf S. 30 f. zu verschiedenen Motiven bei Furcht und Ärger).

Abhängig davon, welche Ziele – aufgrund der aktuell vorherrschenden Emotion – gerade relevant sind, werden diejenigen Informationen, die der Zielerreichung dienen und somit in diesem Kontext „inhaltlich zentral" sind, besser erinnert. So liegen Furcht und Ärger, obwohl beide Emotionen gleiche Ausprägungen auf der Erregungs- und auf der Valenzdimension erreichen können, verschiedene Zielerreichungskonflikte zugrunde. Diese beeinflussen nicht nur die unmittelbare Aufmerksamkeitsausrichtung (z. B. Compton, 2003; Gable & Harmon-Jones, 2008, 2010), sondern auch längerfristige Gedächtnisprozesse, die erst nach der initialen Enkodierung einsetzen (für Überblicke siehe Levine & Edelstein, 2009; Levine & Pizarro, 2004).

Es bleibt festzuhalten, dass die empirischen Befunde dahingehend konvergieren, dass emotionale Erregung zu einer besseren Erinnerung an die „inhaltlich zentralen" Inhalte führt. Allerdings müssen Inhalte, die in dem einen emotionalen Zustand zentral sind, dies nicht auch in einem anderen emotionalen Zustand sein (z. B. Levine & Edelstein, 2009).

Um diese Befunde im Rahmen der autonomen Erregungsansätze zu erklären, müssten diese für die unterschiedlichen diskreten Emotionen ausdifferenziert werden. Allerdings ist es fragwürdig, ob für jede diskrete Emotion ein spezieller autonomer neuronaler Mechanismus existiert, der in der Lage ist, die Konsolidierungsprozesse für emotionsspezifisch relevante (zentrale) vs. irrelevante (periphere) Reize entsprechend zu modulieren.

3.3.1.5 Zusammenfassende Kritik

Wie auf den letzten Seiten ausgeführt, haben autonome Erregungsansätze, gleichgültig ob sie einen „Now Print!"-Mechanismus oder die langsame bessere Konsolidierung emotional erregender Erinnerungen postulieren, Schwierigkeiten, zu erklären, wie *Erinnerungsinkonsistenzen* für emotionale Ereignisse entstehen. Auch dass – abhängig nicht nur vom Ausmaß der Erregung, sondern auch von der in einer Situation erlebten diskreten Emotion – für bestimmte Situations- und Inhaltsaspekte eine Erinnerungsverbesserung, für andere Aspekte hingegen eine Erinnerungsverschlechterung eintritt, lässt sich im Rahmen der Erregungsansätze nicht erklären.

Meines Erachtens besteht ein grundlegendes Problem der autonomen Erregungsansätze in einer künstlichen Dichotomisierung kognitiver und (autonomer) neuronaler Prozesse. Deutlich wird dies beispielsweise in der Überblicksarbeit von Hamann (2001), deren Titel „Cognitive and neural mechanisms of emotional memory" eine Synthese kognitiver und neuronaler Mechanismen vermuten ließe. Stattdessen dichotomisiert Hamann in Enkodierungsprozesse, denen primär kognitive Aufmerksamkeits- und Elaborationsmechanismen zugrunde liegen sollen, und Post-Enkodierungsprozesse, nämlich primär neuronale Konsolidierung. Abbildung 3.10 zeigt das Modell von Hamann (2001) einschließlich der von ihm verwendeten Abbildungsbeschreibung. Zwar erwähnt Hamann beiläufig, dass auch Wiederholungsprozesse in der Phase nach der Enkodierung auftreten können, diesen kognitiven Prozessen komme aber im Vergleich zur Konsolidierung nur eine sehr untergeordnete Bedeutung zu.

Der Grund, warum Konsolidierungsprozesse und deren Modulation durch emotionale Erregung häufig unter *Ausschluss* kognitiver Prozesse konzipiert werden, mag darin liegen, dass die Forschung hierzu ihren Ursprung in Tiermodellen, überwiegend Furchtkonditionierungsexperimenten bei Ratten, hat (z. B. LeDoux, 1992, 2003; McGaugh, 2003; McGaugh & Roozen-

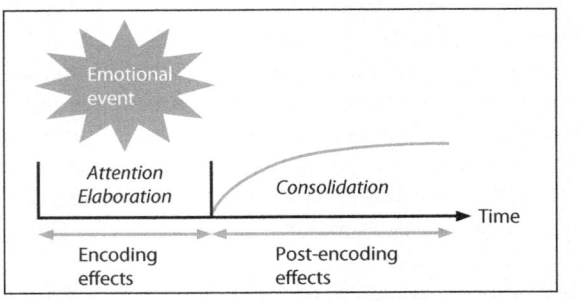

Encoding and post-encoding effects of emotion. Encoding processes create the initial memory representation. After the event, post-encoding processes, primarily consolidation, continue to influence the memory representation. Consolidation is thought to continue for an extended period; therefore, the observed effects of emotion on memory should increase with time until consolidation is complete.

Abbildung 3.10 Modell, das die erinnerungsförderliche Wirkung von Emotion auf kognitive Enkodierungs-effekte (Aufmerksamkeits- und Elaborationsprozesse) und auf nach der Enkodierung stattfindende neuronale Konsolidierungsprozesse zurückführt (Abbildung übernommen aus Hamann, 2001, S. 395, Abb. 1).

daal, 2009; Phelps & LeDoux, 2005). Die Erkenntnisse über die neuronalen und hormonalen Prozesse bei Tieren sind wesentlich detaillierter als beim Menschen, da Tierexperimente spezifische Manipulationen, wie z. B. die direkte Injektion von Substanzen in bestimmte Hirnregionen oder das gezielte Entfernen von Hirngewebe, erlauben, die sich aus ethischen Gründen im Humanbereich verbieten (vgl. LeDoux & Schiller, 2009).

Wenn dann jedoch Analogieschlüsse vom Tiermodell auf den Menschen gezogen werden, was z. T. recht unkritisch geschieht (für eine Kritik vgl. z. B. Tulving, 2001), verwundert es nicht, dass (höhere) kognitive Prozesse, für die man z. B. bei der Ratte keine direkte Entsprechung untersuchen kann, auch in Theorien zum menschlichen Gedächtnis vernachlässigt werden. Auch die Beschränkung auf die Erregungskomponente der Emotion erklärt sich durch die Limitationen des Tiermodells: Furcht kann bei fast allen Säugetieren recht einfach induziert werden; weitaus schwieriger ist es jedoch, z. B. bei Ratten Emotionen zu erzeugen, die sich eindeutig als Ärger, Traurigkeit oder Ekel bestimmen lassen. Vermutlich sind an der Emotionsentstehung beim Menschen auch kognitive Bewertungsprozesse beteiligt, die zumindest bei Nichtprimaten gar keine Entsprechung besitzen (vgl. dazu die Annahmen zur Emotionsentstehung in Bewertungstheorien, z. B. bei Lazarus, 1991a, 1991c; Posner, Russell & Peterson, 2005; Scherer, Schorr & Johnstone, 2001; für aktuelle Überblicke siehe z. B. Hess & Kappas, 2009; Reisenzein, 2009). Ferner lässt sich bei Tieren nicht mit Gewissheit sagen, ob sie in episodischen Erinnerungen ihre Vergangenheit rekapitulieren bzw. künftige Bedrohungen antizipieren. Eriksen (1966) formulierte diese Schwierigkeit bei der Übertragung von Erkenntnissen aus Tierexperimenten auf Menschen in einer Arbeit, die sich mit kognitiven Reaktionen auf internal ausgelöste Angst beschäftigt, folgendermaßen:

> The laboratory rat can be conditioned to show fear or anxiety in response to a buzzer or other external stimulation but only man has the extensive capacity to carry within himself numerous anxiety-evoking cues in the forms of thoughts, memories, and other mediational processes. Due to his time-binding characteristics he can relive in the present anxiety experiences of the past or anticipate disasters and dangers in the future. [...] The responses to this internally aroused anxiety might be expected to be different from behavior elicited by externally presented threats or dangers. (S. 327)

Erst in jüngerer Zeit kommen neuropharmakologische Experimente am Menschen hinzu, die z. B. die Wirkung von Adrenalin auf die Erinnerung untersuchen (Buchanan & Lovallo, 2001; Cahill & Alkire, 2003; Cahill, Gorski & Le, 2003). Da Adrenalin auch beim Menschen die Erinnerungsleistung *spezifisch* für emotionale Reize verbessern kann, sehen die Autoren dieser Arbeiten ihre Ergebnisse in der Regel als Beleg für die autonomen Erregungsansätze an. Dass Adrenalin und andere Stoffe sich *vermittels kognitiver Prozesse* auf die Erinnerungsleistung auswirken könnten, wird fast nie in Erwägung gezogen.

Auch mit bildgebenden Verfahren wurden Studien zum Zusammenhang von Emotion und Erinnerung an Menschen durchgeführt (Überblicke geben LaBar & Cabeza, 2006; Phelps, 2006; Phelps & LeDoux, 2005). Allerdings erlauben diese Studien allenfalls korrelative Aussagen im Sinne von: Eine erhöhte Aktivierung in der Hirnregion X tritt gemeinsam mit einer Verbesserung der Erinnerungsleistung für Y auf. Ob die Aktivierung in der Region X durch automatisch ablaufende, nicht beeinflussbare neuronale Konsolidierungsprozesse zustande kommt oder dadurch, dass mehr oder weniger intentional initiierte kognitive Prozesse, beispielsweise Wiederholungsprozesse, stattfinden, können bildgebende Verfahren nicht klären (für eine weitergehende Kritik gängiger Fehl- und Überinterpretation von fMRI-Daten in wissenschaftlichen Publikationen siehe Logothetis, 2008).

Zusammenfassend lässt sich feststellen, dass autonome Erregungsansätze, obwohl sie in der Literatur weitverbreitet sind, keineswegs beanspruchen können, den Einfluss von Emotion auf die Erinnerungsleistung adäquat zu erklären. Vor allem unter einer funktional-adaptiven Sichtweise des Gedächtnisses (vgl. Kapitel 2) liegt es nahe, anzunehmen, dass kognitive Prozesse auch in der Post-Enkodierungsphase eine wesentliche Rolle spielen und dazu beitragen, dass verschiedene Inhalts- und Situationsaspekte unterschiedlich gut erinnert werden. Aktive Aufrechterhaltungsprozesse bieten dabei eine einfache Erklärung für die Verfälschbarkeit von Erinnerungen und erlauben zudem eine deutlich größere Adaptivität an die Erfordernisse der Situation und an die Bedürfnisse des Individuums.

3.3.2 Aktive Aufrechterhaltung

In diesem Abschnitt wird ein Alternativmodell zu den autonomen Erregungsansätzen dargestellt (Abschnitt 3.3.2.1), das ohne die Postulierung von Gedächtnismechanismen, die spezifisch für emotionale Inhalte sein sollen, auskommt. Dabei ist die Grundannahme, dass kognitive Gedächtnismechanismen, die auch für das Behalten nichtemotionaler Inhalte wichtig sind, durch Emotionen moderiert werden. Diese kognitiven Mechanismen sind (*wiederholte*) *Abrufprozesse und Elaboration* (Abschnitt 3.3.2.2) sowie sogenannte *Auffrischungsprozesse* (Abschnitt 3.3.2.3). In Abschnitt 3.3.2.4 werden in einem kurzen Exkurs Parallelen zu dem neurowissenschaftlichen Modell der *Rekonsolidierung* aufgezeigt, bevor abschließend ein Fazit gezogen wird (Abschnitt 3.3.2.5).

3.3.2.1 Ein Alternativmodell zu den autonomen Erregungsansätzen

Abbildung 3.11 stellt die Mechanismen gegenüber, die von dem Modell der autonomen Erregungsansätze und einem alternativen Modell der aktiven Aufrechterhaltung postuliert werden. Beide Modelle nehmen an, dass zum Zeitpunkt der initialen Enkodierung Emotionen kognitive Prozesse auslösen können, die zu einer selektiven Erinnerungsverbesserung führen.

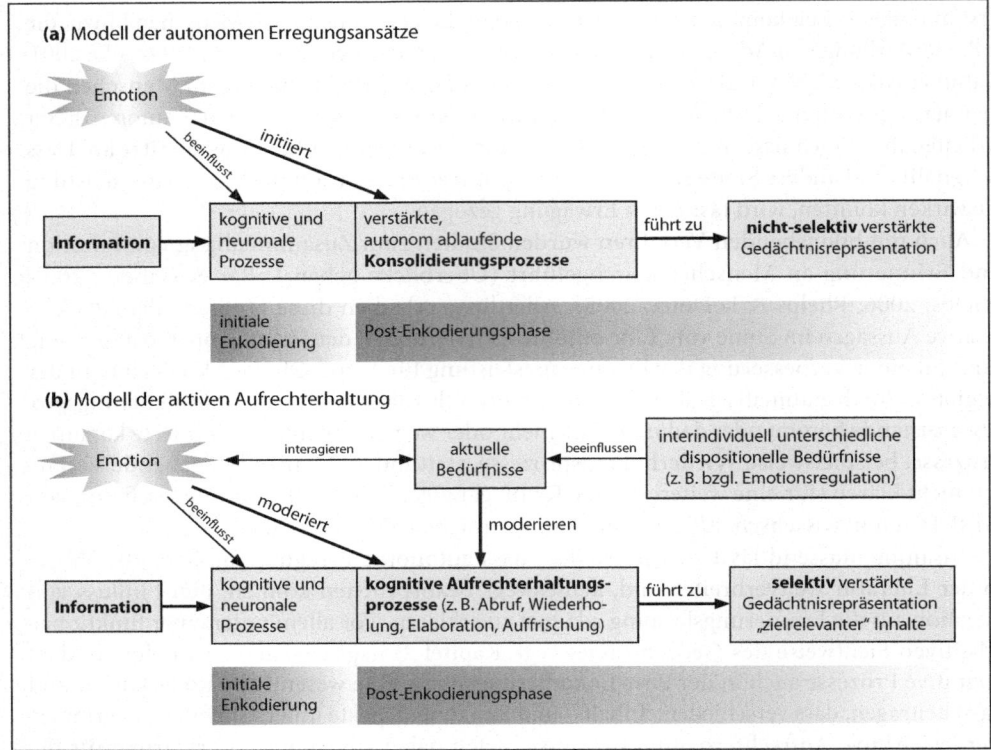

Abbildung 3.11 Modelle für den Einfluss von Emotion in der Post-Enkodierungsphase: **(a)** Modell der autonomen Erregungsansätze, **(b)** Modell der aktiven Aufrechterhaltung.

Hierbei handelt es sich primär um Prozesse der Aufmerksamkeitslenkung und der Tiefe der
Verarbeitung. Auch wird in beiden Modellen eingeräumt, dass emotionsbedingte neurophysiologische Vorgänge, z. B. die vermehrte Ausschüttung von Noradrenalin oder Cortisol, der
initialen Enkodierung generell förderlich bzw. auch abträglich sein können.

Allerdings unterscheiden sich die Modelle darin, welche Prozesse nach Abschluss der
anfänglichen Enkodierung einsetzen. Im Modell der autonomen Erregungsansätze (Abbildung 3.11a) wird davon ausgegangen, dass aufgrund der emotionalen Erregung bereits zum
Zeitpunkt der Enkodierung über die Stärke der in der Post-Enkodierungsphase autonom
ablaufenden Konsolidierungsprozesse entschieden wird. Dabei sollte die Emotion bzw. die
emotionale Erregung die Konsolidierungsprozesse für jene Inhalte, die in zeitlicher Nähe
zur Emotionsauslösung standen, in nichtselektiver Weise verstärken. (Unterschiedlich gute
Erinnerungen an Inhalte derselben emotionalen Situation lassen sich nur über zum Zeitpunkt
der initialen Enkodierung stattgefundene Unterschiede in der Dauer bzw. Tiefe der Enkodierung erklären.) Im Rahmen des Alternativmodells der aktiven Aufrechterhaltung (Abbildung 3.11b) wird hingegen angenommen, dass auch in der Post-Enkodierungsphase kognitive
Mechanismen für die Verstärkung von Gedächtnisrepräsentationen verantwortlich sind, die
durch die Emotion – in Interaktion mit aktuellen Bedürfnissen, die wiederum teilweise aus
dispositionellen Bedürfnislagen resultieren – lediglich moderiert werden.

Eine Grundannahme dabei ist, dass die gleichen Gedächtnisprozesse, die für die Aufrechterhaltung von *neutralen* Erinnerungen allgemein akzeptiert werden, ebenfalls bei der Aufrechterhaltung emotionaler Inhalte beteiligt sind und dass die Emotion – bzw. die Emotion in Interaktion mit aktuellen Bedürfnissen des Individuums (vgl. das Rahmenmodell in Abschnitt 2.4) – lediglich den vermehrten (bzw. auch reduzierten) Einsatz dieser „gewöhnlichen" Aufrechterhaltungsprozesse moderiert. Spezielle Gedächtnisprozesse, die nur für emotionale Inhalte wirken, werden daher *nicht* angenommen. Diese These wird von verschiedenen Arbeiten, die sich mit Blitzlichterinnerungen beschäftigt haben, unterstützt (z. B. Christianson, 1989; McCloskey, Wible & Cohen, 1988; Neisser, 1982b; Talarico & Rubin, 2003, 2007, 2009). Auch andere Autoren kommen in Überblicksarbeiten (Heuer & Reisberg, 1992; Reisberg, 2006) zu dem Schluss, dass der Einfluss von Emotionen auf *kognitive Aufrechterhaltungsprozesse* bisher – zugunsten der autonomen Erregungsansätze – vernachlässigt wurde. Zwar komme den autonomen Erregungsansätzen eine wichtige Erklärungsfunktion für die nichtselektive Verstärkung von Gedächtnisrepräsentationen zu, diese müssten allerdings stärker durch kognitive Aufrechterhaltungsprozesse, die selektiv wirken können, ergänzt werden (Reisberg, 2006).

Im Modell der aktiven Aufrechterhaltung kann der Einfluss von emotionaler Erregung bzw. spezifischen Substanzen wie Adrenalin und Noradrenalin auch in folgender Weise konzipiert werden: Emotionale Erregung bzw. bestimmte Substanzen erhöhen – in Form einer unspezifischen Aktivierung – lediglich die aktuelle Neigung zu kognitiven Aufrechterhaltungsprozessen bzw. die Auftretenshäufigkeit dieser Prozesse. Auf welche Inhalte diese Aufrechterhaltung dann angewandt wird, also z. B. auf die bedrohlichen oder neutralen Aspekte eines Reizes oder einer Situation, hängt von der aktuellen Motivationslage (d. h. den chronischen und aktuellen Bedürfnissen) des Individuums ab. Für das Beispiel der in Abschnitt 2.3 berichteten Studie von Charles et al. (2003) zur Vergrößerung des Positivitätsbias mit dem Alter könnte dies bedeuten, dass die emotionale Erregung sowohl bei jungen als auch bei älteren Probanden zu einer Zunahme von Aufrechterhaltungsprozessen geführt hat. Während die jüngeren Probanden – also diejenigen mit einem vermehrten Informationsbedürfnis – diese Aufrechterhaltung verstärkt auf die negativen Bilder gerichtet haben, sollte das höhere Emotionsregulationsbedürfnis bei den älteren Probanden dazu geführt haben, dass diese die Aufrechterhaltung vermehrt auf die positiven Bilder konzentriert haben. – Dass durch Emotionen ausgelöste neurochemische Prozesse einen Einfluss auf Gedächtnisprozesse haben können, ist somit auch im Modell der aktiven Aufrechterhaltung möglich. Es wird lediglich angenommen, dass die letztendlich zur Aufrechterhaltung führenden Prozesse als kognitive Mechanismen beschreibbar sind und dass die *Ausrichtung* dieser Prozesse motivational-kognitiv moderiert wird.

Darüber hinaus ist sicherlich die Annahme eines Kompromissmodells aus dem Modell der autonomen Erregungsansätze und dem Modell der aktiven Aufrechterhaltung plausibel. Danach könnte der Einfluss von Emotion sich über zwei Pfade auf die Stärke der Gedächtnisrepräsentation auswirken, nämlich einmal – als nichtselektive Verstärkung – über den in Abbildung 3.11a dargestellten Pfad der autonomen Konsolidierung und einmal – als selektive Verstärkung zielrelevanter Inhalte – über den in Abbildung 3.11b dargestellten Pfad der aktiven Aufrechterhaltung.

Wie bei der Vorstellung der *Theorie der gestörten Konsolidierung* von Wixted (2004, 2010) angesprochen (vgl. Abschnitt 3.2.2.2), ist die Forschung weit davon entfernt, Konsolidierungsprozesse gänzlich zu verstehen. Es ist also auch nicht auszuschließen, dass das, was unter Konsolidierung verstanden wird, mit kognitiven Prozessen assoziiert ist. Das heißt, die neurophysiologischen und neurochemischen Veränderungen, die bei der Untersuchung von Konsolidierungsprozessen festgestellt werden, könnten das Korrelat bzw. Substrat kognitiver Aufrechterhaltungsprozesse sein (vgl. dazu z. B. Meeter & Murre, 2004). Dies würde auch die Kapazitätsbeschränkung der Konsolidierungsprozesse erklären, da diese kognitive Ressourcen beanspruchen (unabhängig davon, ob sie bewusst oder nicht bewusst stattfinden).

Das Modell der aktiven Aufrechterhaltung ist also keineswegs inkompatibel mit den in den Neurowissenschaften vorherrschenden autonomen Erregungsansätzen und den damit verbundenen Konsolidierungsprozessen. Vielmehr ergänzt es das Konzept relativ invariant wirkender autonomer Konsolidierungsprozesse durch flexiblere und adaptivere kognitive Aufrechterhaltungsprozesse. – Auf einer übergeordneten theoretischen Ebene, die im Rahmen dieser Arbeit allerdings nicht behandelt werden kann, könnte man zudem fragen, ob das, was als Konsolidierungsprozesse auf neuronaler Ebene betrachtet wird, tatsächlich so getrennt von kognitiven Prozessen zu sehen ist, wie dies in den Neurowissenschaften oft getan wird (vgl. z. B. Hamann, 2001), oder ob das eine lediglich das Korrelat des anderen ist (vgl. dazu auch Hardt, Einarsson & Nader, 2010).

Welches sind nun die „gewöhnlichen" kognitiven Mechanismen, die nach dem Modell der aktiven Aufrechterhaltungsprozesse zur selektiven Verstärkung der Gedächtnisrepräsentationen beitragen können? Es dürfte unstrittig sein, dass Wiederholungsprozesse,[18] speziell elaborierende Wiederholung, sowie – zeitlich verteilte – wiederholte erfolgreiche Abrufe dazu beitragen, (neutrale) Erinnerungen langfristig abrufbar zu halten (für einen Überblick siehe z. B. Roediger & Butler, 2011). Es gibt zwar einige Arbeiten, die zu dem Schluss kommen, dass die bessere Erinnerbarkeit von emotionalen Gedächtnisinhalten nicht – zumindest nicht zu einem bedeutsamen Anteil – auf vermehrte Abruf- und Wiederholungsprozesse zurückzuführen ist (z. B. Shapiro, 2006; vgl. aber z. B. Bohannon, 1988, sowie A. R. A. Conway, Skitka, Hemmerich & Kershaw, 2008, dafür, dass Abruf- und Wiederholungsprozesse auch bei emotionalen Erinnerungen für deren langfristige Aufrechterhaltung notwendig sind). Solche Studien haben Wiederholungsprozesse aber oft als *offene Wiederholung* (*overt rehearsal*) operationalisiert (z. B. Guy & Cahill, 1999; Shapiro, 2006), d. h., die Probanden wurden beispielsweise befragt, wie oft sie zwischenzeitlich mit einer anderen Person über den Gedächtnisinhalt gesprochen haben. Die Häufigkeit *stiller Wiederholungen* (*covert rehearsal*), also wie oft die Probanden zwischenzeitlich an den Inhalt gedacht haben, wurde nur in wenigen Studien erfasst (für Ausnahmen siehe G. Cohen, Conway & Maylor, 1994, sowie M. A. Conway et al., 1994). Selbst wenn, wie bei G. Cohen et al. (1994) und M. A. Conway et al. (1994), stille Wiederholungen einbezogen wurden, fand die Erfassung mittels retrospektiver Selbsteinschätzungen statt. Allerdings leidet die Verlässlichkeit dieser retrospektiven Urteile darunter, dass Personen sich, nach längeren Zeiträumen von Wochen oder

---

18 Der Begriff der *Wiederholung* wird in der Literatur uneinheitlich verwendet (vgl. Greene, 1987). Zum einen werden damit zeitlich anhaltende Wiederholungsprozesse bezeichnet, wie es bei den Begriffen „maintenance rehearsal" und „elaborative rehearsal" häufig, aber nicht immer impliziert wird. *Wiederholung* kann aber auch den Prozess bezeichnen, dass nach einer Phase, in der nicht an einen bestimmten Inhalt gedacht wurde, dieser Inhalt wieder ins Bewusstsein tritt bzw. abgerufen wird. Dies wird im Englischen gelegentlich als „(discrete) repetition" benannt (Greene, 1987). Wo zur Unterscheidung notwendig, wird in dieser Arbeit daher von „wiederholten Abrufen" gesprochen, wenn „discrete repetition" in Abgrenzung zu „rehearsal" gemeint ist.

Monaten, nur noch schlecht daran erinnern können, dass sie zwischenzeitlich – vielleicht nur für einen kurzen Moment – an etwas gedacht haben (vgl. auch Hornstein, Brown & Mulligan, 2003). Wenn also nur geringe bis moderate manifeste Korrelationen zwischen der Anzahl der angegebenen Wiederholungen und der Erinnerungsleistung festzustellen waren, ist nicht auszuschließen, dass der wahre Zusammenhang – aufgrund der wenig reliablen und z. T. wenig validen Erfassung der Wiederholungshäufigkeit – deutlich unterschätzt wurde. In Abschnitt 3.3.2.2 wird daher herausgestellt, wie substantiell bereits seltene Abruf- bzw. Wiederholungsprozesse zu einer langfristigen Aufrechterhaltung von Gedächtnisinhalten beitragen können.

Mit Abruf- und Wiederholungsprozessen wird oft, auch wenn dies in der vorliegenden Arbeit keineswegs beabsichtigt ist, verbunden, dass diese intentional stattfinden, dass also der Abruf bewusst initiiert wird und dass auch das elaborierende Wiederholen ein absichtsvoller Prozess ist. Wie die *Involuntary-memory*-Forschung (z. B. Berntsen, 1996; Mace, 2007) jedoch gezeigt hat, ist ein Großteil der – emotionalen sowie nichtemotionalen – Erinnerungen, die Menschen täglich haben, spontan und unwillkürlich bzw. zumindest nicht intendiert (z. B. Ball & Little, 2006; Berntsen, 1996; Rubin & Berntsen, 2009; Schlagman, Kvavilashvili & Schulz, 2007). Dabei können derartige Erinnerungen sehr kurz sein, aber trotzdem dazu beitragen, dass eine Erinnerung langfristig zugänglich bleibt. Um die Bedeutung auch derartiger unwillentlicher und kurzer Erinnerungen hervorzuheben, werden diese unter der Bezeichnung „Auffrischung" (*refreshing*; z. B. Raye, Johnson, Mitchell, Greene & Johnson, 2007) separat in Abschnitt 3.3.2.3 behandelt. Dies soll jedoch nicht implizieren, dass es sich bei Abruf, Wiederholung und Auffrischung um diskrete, klar voneinander unterscheidbare Prozesse handelt. Die Übergänge zwischen diesen Prozessen sind vermutlich fließend. Die Verwendung verschiedener Begriffe soll vielmehr einer zu einseitigen Interpretation bzw. einem zu engen Verständnis von aktiven Aufrechterhaltungsprozessen entgegenwirken.

Verschiedentlich wird auch vertreten, dass im Schlaf stattfindende Wiederholungs- bzw. Konsolidierungsprozesse einen bedeutsamen Anteil an der Aufrechterhaltung von (emotionalen) Gedächtnisinhalten haben (z. B. Diekelmann & Born, 2010; Drosopoulos, Wagner & Born, 2005; Gais & Born, 2004; J. D. Payne, Ellenbogen, Walker & Stickgold, 2008; J. D. Payne, Stickgold, Swanberg & Kensinger, 2008; Peigneux et al., 2010; Stickgold & Walker, 2005; M. P. Walker, 2009). Allerdings ist ungeklärt, ob es sich dabei um autonom ablaufende neuronale Prozesse handelt, die möglicherweise ohne ein „Abspielen" der Erinnerungen auskommen, oder ob diese Aufrechterhaltungsprozesse – wie beispielsweise bei bewussten (nichtintentionalen) Erinnerungen im Wachzustand – mit dem Abruf von Gedächtnisinhalten, die eventuell in Träume eingebaut werden, verbunden sind. Folglich sprechen die Befunde, dass bestimmte Hirnareale, die bei der Enkodierung bzw. dem Abruf von Informationen im Wachzustand aktiviert sind, auch im Schlaf aktiviert werden, nicht eindeutig für oder gegen die autonomen Erregungsansätze bzw. das Modell der aktiven Aufrechterhaltung. – Aus diesem Grund und da im Schlaf stattfindende Prozesse für die im empirischen Teil dieser Arbeit verwendeten Paradigmen nicht relevant sind, werden diese hier nicht weiter behandelt. Dessen ungeachtet besteht allerdings die Möglichkeit, dass diese Prozesse einen wesentlichen Beitrag zur langfristigen Aufrechterhaltung von realen episodischen Erlebnissen leisten.

Auch wenn Abruf-, Wiederholungs-, Elaborations- und Auffrischungsprozesse in der Regel zu einer besseren Erinnerungsleistung führen, bergen diese Prozesse gleichwohl die Gefahr der Erinnerungsverfälschung. Jeder Abruf kann zu einer Modifikation und einer veränderten Abspeicherung führen (für Überblicke siehe Ayers & Reder, 1998; Hardt et al., 2010; Koriat, Goldsmith & Pansky, 2000). Hierin unterscheidet sich das menschliche Gedächtnis also grundlegend von einem Computer, bei dem das Auslesen des Speichers nicht zu einer Veränderung des gespeicherten Inhalts führt. R. A. Bjork (1975) hat sogar, in Anlehnung an Heisenbergs Unschärfeprinzip, für das menschliche Gedächtnis formuliert: „An item can seldom, if ever, be retrieved from memory without modifying the representation of that item in memory in significant ways" (S. 123).

Mit zunehmender Anzahl von Abrufen steigt zudem die Wahrscheinlichkeit, dass nicht mehr unterschieden werden kann, welche Information ursprünglich enkodiert wurde und welche Information bei späteren Abrufen, Elaborationen und Erzählungen hinzugekommen ist (vgl. dazu auch die Forschung zum Quellengedächtnis [*source monitoring*], z. B. Henkel & Coffman, 2004; M. K. Johnson, 2006; M. K. Johnson, Hashtroudi & Lindsay, 1993). Geht man davon aus, dass das menschliche Gedächtnis ohnehin oft rekonstruktiv funktioniert, wobei die Rekonstruktionsprozesse auch motivational beeinflusst werden können (z. B. Loftus & Leitner, 2003; McDonald & Hirt, 1997), bereitet es mit dem Ansatz der aktiven Aufrechterhaltung keinerlei Schwierigkeiten, Phänomene der Erinnerungsverfälschung sowie Inkonsistenzen zwischen zeitlich versetzten Erinnerungsabrufen (wie sie in Abschnitt 3.3.1.3 dargestellt wurden) zu erklären. Dies ist ein deutlicher Vorteil gegenüber den autonomen Erregungsansätzen.

3.3.2.2 Wiederholte Abrufprozesse und Elaboration

Dass Wiederholungen zur besseren Behaltensleistung beitragen, ist spätestens seit Ebbinghaus (1885/1966) unbestritten. Während Ebbinghaus sich selbst wiederholt sinnfreie Silben dargeboten hat, interessieren im Rahmen dieser Arbeit allerdings primär der Abruf und die damit verbundene Wiederholung und Elaboration von episodischen Gedächtnisinhalten.

Wie Roediger und Butler (2011) in ihrer Überblicksarbeit herausstellen, ist der aktive Abruf von Gedächtnisinhalten für deren langfristige Abrufbarkeit förderlicher als eine wiederholte Darbietung des Reizmaterials (vgl. auch Roediger & Karpicke, 2006b). Dabei kann bereits ein *einmaliger* Abruf zwischen Enkodierung und dem Erinnerungstest die Behaltensleistung deutlich (Carpenter, 2009; Carpenter & DeLosh, 2006; Carrier & Pashler, 1992) und relativ langfristig (A. C. Butler & Roediger, 2007; Roediger & Karpicke, 2006a) erhöhen. Gegenüber einem einmaligen Abruf verstärken sich diese Effekte bei wiederholten Abrufen weiter (Hogan & Klintsch, 1971; Pyc & Rawson, 2009; Roediger & Karpicke, 2006a; Wheeler & Roediger, 1992). Als Erklärung für diese Effekte wird angenommen, dass der Abruf eines Gedächtnisinhaltes zu dessen Elaboration und somit zu dessen stärkeren Repräsentation führt und/oder zusätzliche Abrufpfade gebildet werden, die künftig den Abruf erleichtern bzw. einen erfolgreichen Abruf wahrscheinlicher machen (z. B. R. A. Bjork, 1975; Carpenter, 2009; Carpenter & DeLosh, 2006; McDaniel & Masson, 1985). Elaboration, im Sinne des Nachdenkens über einen Inhalt, verbunden mit dem Aufbau neuer assoziativer Verbindungen und der Vermehrung von Abrufpfaden, wird hier daher nicht gesondert behandelt. Vielmehr wird Elaboration in der Post-Enkodierungsphase als Prozess verstanden, der in unterschiedlich starkem Maße mit Abrufen einhergeht und zur Stärkung der Gedächtnisrepräsentation und deren Abrufbarkeit beiträgt.

Eine ergänzende Erklärung für die erinnerungsförderliche Wirkung von Abrufprozessen zieht das in Abschnitt 3.2.1.3 dargestellte Prinzip der Enkodierungsspezifität heran: Mit der Zeit werden die Unterschiede zwischen dem ursprünglichen Enkodierkontext (t_1) und dem Abrufkontext (t_3) größer und die Zugänglichkeit wird somit geringer. Wurde ein Gedächtnisinhalt jedoch zwischenzeitlich abgerufen, ist für einen späteren Abruf primär die Übereinstimmung zwischen dem zwischenzeitlichen (t_2) und dem aktuellen (t_3) Abrufkontext relevant. Da diese Übereinstimmung (t_2 zu t_3) im Allgemeinen größer ist als die zwischen t_1 und t_3, ist auch die Wahrscheinlichkeit eines erfolgreichen Abrufs größer (Morris, Bransford & Franks, 1977; Roediger & Butler, 2011; Roediger, Gallo & Geraci, 2002; siehe aber Carpenter & DeLosh, 2006, für widersprechende Befunde; vgl. auch R. A. Bjork & Bjork, 1992, für eine Elaboration dieser Erklärungen; zur Einbettung in das neurowissenschaftliche Modell der Rekonsolidierung siehe Abschnitt 3.3.2.4).

Obgleich – oder vielleicht gerade weil – die meisten Psychologen der Aussage zustimmen würden, dass die *langfristige* Zugänglichkeit einer Information zu wesentlichen Teilen davon abhängt, wie häufig diese Information abgerufen bzw. zwischenzeitlich wiederholt wird, ist die Forschung dazu recht spärlich. Bereits Bahrick (1979) hat herausgestellt, dass die Ergebnisse aus Laborstudien, die sich auf Behaltensintervalle von Minuten bis Tage beziehen und die i. d. R. mit relativ schlichtem Reizmaterial gewonnen wurden, oft recht unkritisch auf Behaltensintervalle von mehreren Jahren sowie auf deutlich komplexere Inhalte extrapoliert werden. Daran hat sich in den letzten drei Jahrzehnten wenig geändert.

Eine der wenigen Studien, in der versucht wurde, über einen Zeitraum von mehreren Jahren die Relevanz von wiederholten Abrufprozessen für episodische Gedächtnisinhalte zu untersuchen, ist die Arbeit von Linton (1975, 1978; vgl. auch Bahrick, 1979, für Studien mit ähnlicher Zielsetzung). Diese Arbeit hat zwar methodisch, wie die Studien von Ebbinghaus (1885/1966), die Limitation, dass es sich um einen reinen Selbstversuch handelte. Die folgende Beschreibung wird aber verdeutlichen, dass es aufgrund des Forschungsdesigns, das von den Probanden tägliche Aktivitäten über einen Zeitraum von sechs Jahren erfordert hätte, schwierig gewesen wäre, andere Versuchsteilnehmer zu rekrutieren. Die Arbeit von Linton wird hier dargestellt, da sie – trotz aller methodischen Einschränkungen – sehr gut an alltagsnahem Material veranschaulicht, wie behaltensförderlich selbst seltene und verteilte Abrufe sind.

Linton (1975, 1978) schrieb über einen Zeitraum von sechs Jahren jeden Abend zwei bis drei Ereignisse des jeweiligen Tages auf, wobei die Beschreibung der einzelnen Ereignisse sehr kurz gehalten wurde (maximal 186 Zeichen). Am Ersten jedes Monats unterzog sie sich einem Erinnerungstest, bei dem zufällig ausgewählte Ereignisse, deren zeitliche Distanz aber systematisch variierte, geprüft wurden (für eine genaue Darstellung der Prozedur siehe Linton, 1975, 1978). Abbildung 3.12 stellt einen Teil der Ergebnisse von Linton (1978) dar. Es wird deutlich, dass selbst seltene und verteilte Abrufe wesentlich dazu beitragen, die Abrufbarkeit langfristig aufrechtzuerhalten. So waren von den Ereignissen, die zwischenzeitlich nicht getestet wurden (d. h., die Erinnerungsprüfung war der *1. Test*), nach 4.5 Jahren 64% vergessen. Selbst wenn ein Ereignis innerhalb von 4.5 Jahren nur ein (*2. Test*) bzw. zwei Mal (*3. Test*) zwischenzeitlich abgefragt wurde, verringerte sich die Vergessensrate auf 37% bzw. 26%. Wurde es in der Zwischenzeit drei Mal oder häufiger (*4. oder späterer Test*) abgerufen, betrug das Vergessen sogar nur 12.5%.

Ausgehend von den Ergebnissen von Linton (1978), scheint bereits ungefähr ein Abruf pro Jahr zu genügen, um die episodische Erinnerung an ein Ereignis dauerhaft aufrechtzuerhalten.

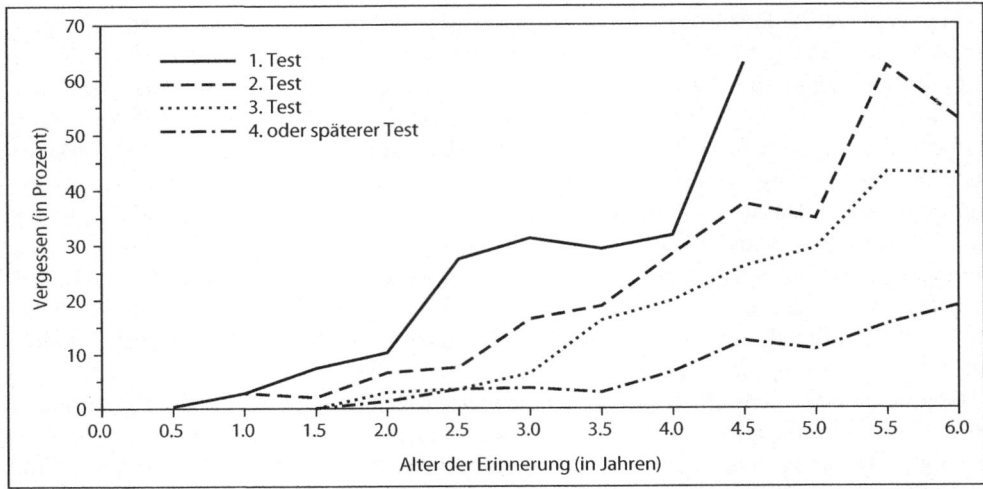

Abbildung 3.12 Aufrechterhaltung durch wiederholte Abrufe: Vergessensrate als Funktion des Alters der Erinnerung und der Anzahl der Tests, bei denen das Ereignis abgerufen wurde (Daten übernommen aus Linton, 1978, S. 75).

Sicherlich ist die Studie von Linton nicht repräsentativ und die anfängliche Enkodierung der Ereignisse war, u. a. durch den Prozess des Aufschreibens, vermutlich besser als für die meisten anderen alltäglichen Erlebnisse. Auch wurde nicht kontrolliert, wie häufig Linton spontan an die Erlebnisse gedacht hat. So ist z. B. nicht auszuschließen, dass ein intentionaler Abruf im Rahmen der Erinnerungstestungen die Wahrscheinlichkeit erhöht hat, dass auch später im Alltag an dieses Erlebnis gedacht wurde, selbst wenn Linton versucht hat, dies zu vermeiden. Allerdings bleibt das Resultat bestehen, dass Gedächtnisinhalte, die gelegentlich absichtlich abgerufen werden, sehr viel besser abrufbar bleiben als Inhalte, denen das nicht widerfährt.

3.3.2.3 Auffrischung

In den bisher berichteten Studien, z. B. auch in der Studie von Linton (1975, 1978), wurden die Abrufe absichtlich initiiert. Viele der täglich ins Bewusstsein tretenden Erinnerungen sind aber inzidentell: Wenn ich beim Einkauf in einer Bäckerei an meine Großmutter denken muss, weil mich der Apfelkuchen, der in der Theke ausliegt, an den Apfelkuchen meiner Großmutter erinnert, ist dies kein intentionaler oder zielgerichteter Abruf. Dennoch werden die meisten Menschen derartige assoziative Erinnerungsabrufe kennen. Zum Teil werden auch Inhalte erinnert, bei denen dem Individuum gar nicht bewusst ist, welcher Hinweisreiz bzw. welche Assoziation gerade zu diesem Abruf geführt hat.

Derartige inzidentelle Erinnerungen werden erst seit relativ kurzer Zeit unter dem Begriff „involuntary memories" intensiver untersucht (z. B. Berntsen, 1996, 2009; Berntsen & Hall, 2004; Berntsen & Rubin, 2008; Mace, 2006, 2007; Rasmussen & Berntsen, 2009; Rubin & Berntsen, 2009; Schlagman, Schulz & Kvavilashvili, 2006; Verwoerd & Wessel, 2007). Dabei meint „involuntary" in diesem Kontext nicht zwangsläufig, dass die Erinnerung

„nicht freiwillig" oder gegen den Willen des Individuums in dessen Bewusstsein tritt, wie es z. B. bei intrusiven Gedanken an Traumata der Fall sein kann. Vielmehr wäre „nicht-intentionale Erinnerungen" die adäquatere Bezeichnung, um „involuntary memories" zu beschreiben.

Zwar kann auch eine nicht-intentionale Erinnerung als Ausgangspunkt für längeres Nach-denken über diesen Inhalt und eine damit verbundene Elaboration fungieren, oft wird es jedoch bei einem kurzen Gedanken an diesen Inhalt bleiben. In Abgrenzung zu den oft länger andauernden Wiederholungs- und Elaborationsprozessen möchte ich dieses kurz-zeitige Ins-Bewusstsein-Treten eines Gedächtnisinhalts als *Auffrischung* bezeichnen. Der Begriff Auffrischung (*refreshing*) wird auch von anderen Autoren (z. B. M. K. Johnson, 1992; M. K. Johnson, Reeder, Raye & Mitchell, 2002; Raye et al., 2007) in Abgrenzung zu Wiederho-lungsprozessen verwendet.[19] Dabei ist ein wesentliches Kennzeichen von Auffrischung, dass dieser Prozess nur einige hundert Millisekunden andauert, wohingegen sich Wiederholungs-prozesse kontinuierlich über mehrere Sekunden oder noch längere Intervalle erstrecken (M. K. Johnson et al., 2002; Raye et al., 2007).

Wie Raye et al. (2007) mittels bildgebender Verfahren festgestellt haben, sind an Wiederho-lungsprozessen (z. B. ein Wort in Gedanken zwei Mal aufsagen) und Auffrischungsprozessen (z. B. kurz an die visuelle Repräsentation eines Wortes denken) unterschiedliche Hirnareale beteiligt. Bei der Wiederholung kommt es zu erhöhter Aktivierung im linken ventrolateralen präfrontalen Cortex, wohingegen bei der Auffrischung die Aktivierung im linken dorsolatera-len präfrontalen Cortex zunimmt. Daraus leiten die Autoren ab, dass es sich bei Auffrischung und Wiederholung um distinkte kognitive Operationen handelt. Bei einer verzögerten Erin-nerungstestung zeigten Probanden, die entweder Auffrischungs- oder Wiederholungspro-zesse während des Behaltensintervalls ausübten, eine verbesserte Erinnerungsleistung gegen-über einer Kontrollgruppe, die keinen dieser Prozesse initiierte. Die Auffrischungs- und die Wiederholungsgruppe unterschieden sich in ihrer Erinnerungsleistung jedoch nicht signi-fikant. Verschiedene Gedächtnismechanismen können somit zur gleichen Steigerung der Erinnerungsleistung führen (Raye et al., 2007).

Eine der wenigen Untersuchungen, in der versucht wurde, die Stärke des Zusammenhangs zwischen Auffrischungsprozessen und der späteren Erinnerungsleistung genauer zu bestim-men, stammt von Ferree und Cahill (2009). In dieser Studie sahen die Probanden emotionale und neutrale Filmausschnitte. Nach einem Behaltensintervall von 48 Stunden wurde in einem nicht angekündigten Test die Erinnerungsleistung erfasst und die Probanden gaben für die einzelnen Filmausschnitte die Anzahl der bei ihnen aufgetretenen nicht-intentionalen kurzen Erinnerungen („spontaneous intrusive recollections") an. Die Erinnerungsleistung korrelierte hoch mit der Häufigkeit nicht-intentionaler Auffrischungen ($r = .57$). Es liegt also nahe, zu fol-

---

19 M. K. Johnson und Kollegen (z. B. M. K. Johnson, 1992; Raye et al., 2007) beziehen – im Rahmen des von M. K. Johnson (z. B. 1992) entwickelten „Multiple Entry, Modular (MEM)"-Gedächtnismodells – *refresh-ing* ausschließlich auf das Denken an einen *kürzlich* aktivierten Gedanken bzw. eine *kürzlich* aktivierte Wahrnehmung. Für das Auffrischen von Inhalten, die bereits nicht mehr im Bewusstsein sind, würde im Rahmen des MEM-Modells die Bezeichnung *reactivating* verwendet werden. Da die Autoren, die *refreshing* in diesem eingeschränkten Sinne verwenden, dies jedoch weder begründen noch die Relevanz dieser Unter-scheidung aufzeigen (vgl. z. B. Bernblum & Mor, 2010; Raye et al., 2007), wird diese Unterscheidung hier nicht nachvollzogen. Folglich umfasst die Bezeichnung *Auffrischung* in dieser Arbeit auch die Reaktivierung von Inhalten, die sich nicht mehr aktuell im Bewusstsein befinden bzw. kürzlich darin befanden.

gern, dass auch Auffrischungsprozesse substantiell dazu beitragen, Erinnerungen über einen längeren Zeitraum aufrechtzuerhalten. Nicht-intentionale Auffrischungen für emotionale Filmausschnitte waren etwa drei Mal so häufig wie für neutrale. Somit wäre es möglich, dass die Emotionalität – vermittelt über die Häufigkeit der Auffrischungen – zur Verbesserung der Erinnerungsleistung beiträgt, wobei das Studiendesign allerdings nur Schlussfolgerungen korrelativer Art ermöglicht.

Auffrischungsprozesse können prinzipiell, genauso wie Wiederholungsprozesse und Elaboration, sowohl intentional als auch nicht-intentional ausgelöst werden. Während intentionale Abrufe aber öfter mit einer längeren Phase der kognitiven Verarbeitung und einer intensiveren Elaboration der Information assoziiert sein sollten, da ja aktiv nach dem Gedächtnisinhalt gesucht und dieser verwendet wird, um eine Anforderung zu erfüllen (z. B. in einem Gespräch zu reagieren, ein Problem zu lösen), wird es bei nicht-intentionalen Erinnerungen häufiger bei einer Auffrischung bleiben. Gleichwohl können auch nicht-intentionale Erinnerungen Elaborationsprozesse auslösen: Um das obige Beispiel aufzugreifen, könnte die nicht-intentionale Erinnerung an den Apfelkuchen meiner Großmutter dazu führen, dass ich intensiver über die Großmutter nachdenke und weitere Erinnerungen an sie intentional abrufe.

Ausgehend von einer funktionalen Betrachtung des Gedächtnisses (vgl. dazu Abschnitt 2.4) könnte man spekulieren, dass auch die nicht-intentionalen Erinnerungen, die zu einer Auffrischung der Gedächtnisrepräsentation führen, zielgerichtet erfolgen, d. h., dass solche Inhalte häufiger ins Bewusstsein treten, die den aktuellen und dispositionellen Zielen und Bedürfnissen des Individuums entsprechen. Auch wenn das Individuum im Einzelfall nicht bewusst erkennt, warum ein bestimmter Inhalt ohne Absicht erinnert wird, könnten so doch vermehrt die Inhalte davon betroffen sein, die den situativ aktivierten sowie den chronischen Zielen des Individuums dienen. Ebenso könnte es sein, dass sich Personen darin unterscheiden, inwieweit sie nicht-intentionale Erinnerungen (Auffrischungen) als Auslöser nutzen, um intensiver über einen spezifischen Inhalt nachzudenken (vgl. z. B. Bernblum & Mor, 2010, zu interindividuellen Unterschieden im Auffrischen von und Grübeln über emotionale und neutrale Wörter). So könnte eine Person, bei der beim Apfelkuchenkauf das Informationsbedürfnis aktiviert ist, den Apfelkuchen der Großmutter als Referenz heranziehen, um die Qualität des vom Bäcker angebotenen Kuchens zu beurteilen. Eine andere Person, bei der aktuell emotionsregulatorische Bedürfnisse im Vordergrund stehen, könnte die Erinnerung an die Großmutter als Ausgangspunkt nutzen, um an die schöne Zeit der eigenen Kindheit zu denken. In beiden Fällen würde eine verstärkte Elaboration jeweils unterschiedlicher Inhalte stattfinden. Ebenfalls ist es jedoch möglich, dass die Erinnerung an die Großmutter als irrelevant oder sogar als unangenehm beurteilt und daher sehr schnell abgebrochen bzw. inhibiert wird (vgl. auch Abschnitt 3.2.3 zum motivierten Vergessen).

Für die vorliegende Arbeit ist das Fazit wichtig, dass es für die langfristige Aufrechterhaltung von Gedächtnisinhalten nicht notwendig ist, dass diese intentional abgerufen werden. Ebenfalls ist es nicht erforderlich, dass längere Zeit über diese Inhalte nachgedacht wird oder diese elaboriert werden. Auch bereits das sehr kurzzeitige Denken an einen Inhalt, also die *Auffrischung*, ist ausreichend, um die Erinnerungsleistung längerfristig zu erhöhen. Dabei *kann* die Auffrischung intentional erfolgen; noch häufiger wird es jedoch vermutlich der Fall sein, dass eine Erinnerung nicht-intentional ins Bewusstsein tritt, wobei dem Individuum oft auch der Auslöser der Erinnerung verborgen bleibt.

3.3.2.4 Exkurs: Rekonsolidierung

Wie erwähnt, haben neurowissenschaftliche Konsolidierungsansätze Schwierigkeiten, zu erklären, dass Erinnerungen im Laufe der Zeit stark verfälscht werden können (vgl. Abschnitt 3.3.1.3). Daher erfährt – seit etwas mehr als einer Dekade – in diesen Ansätzen das Konstrukt der *Rekonsolidierung* (Nader, Schafe & LeDoux, 2000a, 2000b; Sara, 2000) vermehrte Aufmerksamkeit.

Rekonsolidierung meint, dass bei jedem Abruf eines Gedächtnisinhaltes dieser (eigentlich bereits konsolidierte) Inhalt in einen labilen Zustand gerät, bevor er erneut abgespeichert und wiederum konsolidiert wird. Dabei werden in die neue Gedächtnisspur auch Veränderungen, die zum Zeitpunkt des Abrufs auftreten, aufgenommen (z. B. wenn man ein Erlebnis im Kreise seiner Freunde etwas anders erzählt, als man es tatsächlich erlebt hat). Hardt et al. (2010) stellen heraus, dass das Konstrukt der Rekonsolidierung die Möglichkeit bietet, die bestehende Trennung zwischen neurowissenschaftlichen Gedächtnismodellen und kognitionspsychologischen Erklärungen für Phänomene der Erinnerungsverfälschung zu überwinden (vgl. auch Wixted, 2004).

Bislang wird in vielen Arbeiten Rekonsolidierung als *Erweiterung* des Konsolidierungskonzeptes diskutiert (z. B. Alberini & Taubenfeld, 2008; auch Moore & Roche, 2007). Bei genauerer Betrachtung sind aber die Kernannahmen der Konsolidierung, nämlich dass eine einmal konsolidierte Gedächtnisspur *dauerhaft stabil* und *unveränderbar* ist und dass Konsolidierung einen *nicht-umkehrbaren* Prozess darstellt, nicht mit Rekonsolidierung vereinbar. Die Unvereinbarkeit des Rekonsolidierungsansatzes mit klassischen Konsolidierungstheorien mag – im Sinne von Kuhn (1996), dass wissenschaftliche Paradigmenwechsel sich erst dann durchsetzen, wenn diese unausweichlich sind – erklären, warum das Konstrukt der Rekonsolidierung erst in den letzten zehn Jahren einen deutlichen Aufschwung erfährt (z. B. Alberini, 2005; Dudai, 2006; Nader, 2003), obwohl erste Arbeiten zur Rekonsolidierung bereits in den 1960er und 1970er Jahren entstanden sind (z. B. Misanin, Miller & Lewis, 1968; für einen historischen Überblick siehe Riccio, Millin & Bogart, 2006).

Abbildung 3.13 stellt, in Anlehnung an Dudai (2009), die neurowissenschaftlichen Konzepte der Konsolidierung und Rekonsolidierung gegenüber. Das Konzept der Konsolidierung (Abbildung 3.13a) geht davon aus, dass, einmal angestoßen, die Gedächtnisspur sich mit der Zeit immer mehr verfestigt, wobei die Konsolidierungskurve negativ beschleunigt verläuft. Nach dem Konzept der Rekonsolidierung (Abbildung 3.13b) findet zwar auch eine initiale Konsolidierung statt, allerdings nimmt die Zugänglichkeit der Gedächtnisspur ab, wenn sie längere Zeit nicht aktiviert war. Erst durch die erneute Aktivierung, also durch einen Abruf des Gedächtnisinhalts, wird eine Rekonsolidierungsphase initiiert. Im aktivierten Zustand unterliegt die Gedächtnisspur allerdings auch verändernden Einflüssen, z. B. durch Informationen, die beim Abruf zum ursprünglichen Gedächtnisinhalt hinzutreten.

Das „Revolutionäre" am Rekonsolidierungsansatz, das sich mit dem Konzept der Konsolidierung nicht vereinbaren lässt, ist nicht nur, dass es erneute Re-Konsolidierungsphasen gibt, während derer die Gedächtnisspur Veränderungen unterliegen kann. Auch die Aussage, dass eine nicht-aktivierte Gedächtnisspur sich eben nicht immer weiter verfestigt oder zumindest dauerhaft stabil bleibt, sondern sich mit der Zeit abschwächt und an Zugänglichkeit verliert, verstößt gegen das Prinzip, wonach Konsolidierung ein unidirektionaler, nicht-umkehrbarer Prozess ist. Nach dem Rekonsolidierungsansatz gewinnt die Gedächtnisspur erst durch eine

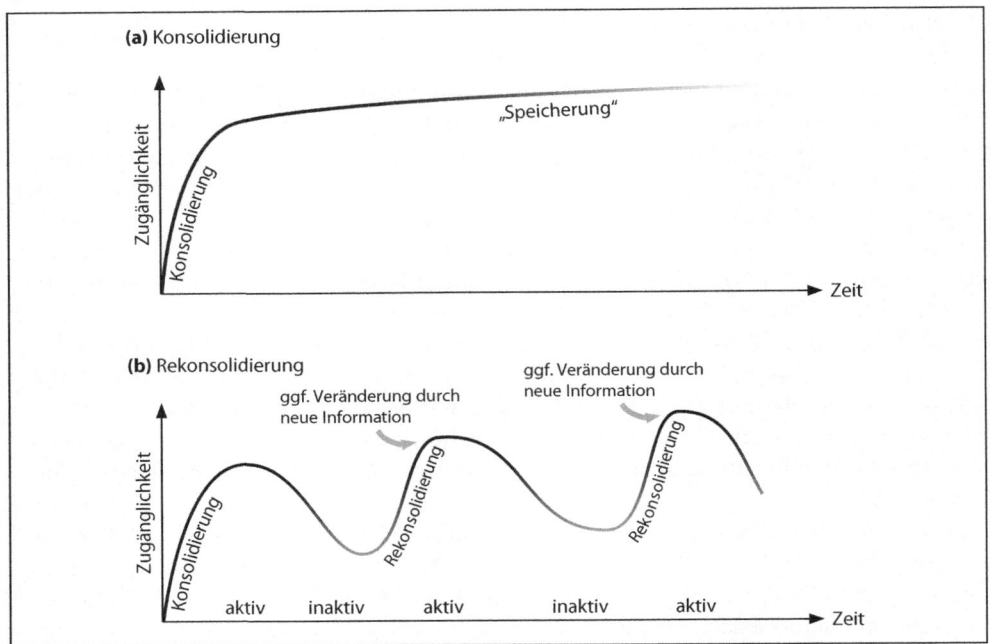

Abbildung 3.13 Neurowissenschaftliche Konzepte der **(a)** Konsolidierung und **(b)** Rekonsolidierung. Die Schattierung der Kurven kennzeichnet die Phasen, in denen die Gedächtnisspur aktiv (schwarz) bzw. inaktiv (grau) sein soll (nach Dudai, 2009, S. 1259, Abb. 1).

Reaktivierung, die keinen rein autonom neuronalen oder neurochemischen Prozess widerspiegelt, sondern mit einem *Abrufprozess* verbunden ist, wieder ihre vorherige Stärke und Zugänglichkeit.

Das Konzept der Rekonsolidierung deckt sich somit mit den Annahmen der aktiven Aufrechterhaltung, wonach eine Gedächtnisrepräsentation im Laufe der Zeit an Zugänglichkeit und Stärke verliert und es erneuter Abruf-, Auffrischungs- und Wiederholungs- bzw. Elaborationsprozesse bedarf, um die langfristige Zugänglichkeit dieses Gedächtnisinhalts sicherzustellen. In beiden Ansätzen ist die Reaktivierung eines Gedächtnisinhalts mit der Möglichkeit verbunden, dass dieser Inhalt verändert oder verfälscht wird. Da auch nach dem Konzept der aktiven Aufrechterhaltung selbstverständlich jeder kognitive Prozess ein neuronales Substrat besitzt, besteht der Unterschied zum neurowissenschaftlichen Konstrukt der Rekonsolidierung allenfalls in der unterschiedlichen Akzentuierung kognitiver versus neuronaler Mechanismen (vgl. dazu auch Hardt et al., 2010).

Bemerkenswert ist, dass in jüngster Zeit auch in den Neurowissenschaften postuliert wird, dass die durch Rekonsolidierung eintretenden Erinnerungsveränderungen funktional und adaptiv sein können (z. B. J. L. C. Lee, 2009). Rekonsolidierung ermögliche „memory updating" (Hardt et al., 2010; Hupbach, Hardt, Gomez & Nadel, 2008; J. L. C. Lee, 2009) und somit eine Anpassung des Gedächtnisinhalts an aktuelle und künftige Anforderungen, so dass die Relevanz der Erinnerung für die Zukunft aufrechterhalten wird. Dies konvergiert mit der in Kapitel 2 dargestellten funktionalen Sicht des Gedächtnisses (vgl. speziell Abschnitt 2.2).

3.3.2.5 Fazit

Es wurde aufgezeigt, dass die empirische Basis für die autonomen Erregungsansätze keineswegs so überzeugend ist, wie es aufgrund ihrer Verbreitung und Akzeptanz – zumindest in den Neurowissenschaften bzw. der Biologischen Psychologie – in den letzten 30 bis 40 Jahren angenommen werden könnte. Ein Alternativmodell der aktiven Aufrechterhaltung, das für emotionale Inhalte keine speziellen Gedächtnismechanismen unterstellt, sondern annimmt, dass gewöhnliche Aufrechterhaltungsprozesse (z. B. wiederholte Abrufe sowie Wiederholungsprozesse, Elaboration und Auffrischung) für emotionale Inhalte lediglich eine verstärkte Anwendung finden, kann viele empirische Befunde, wie z. B. die zeitlich und inhaltlich selektive Erinnerungsverbesserung sowie Erinnerungsverfälschungen, besser erklären.

Die von den autonomen Erregungsansätzen beschriebenen Prozesse hängen zwar von dem Erregungsniveau der zum Zeitpunkt der Enkodierung erlebten Emotion ab, sind allerdings relativ invariant bezüglich motivationaler Ziele, die mit verschiedenen diskreten Emotionen verbunden sind. Auch interindividuelle Unterschiede in chronischen motivationalen Zielen, wie sie z. B. auf dispositionellen Unterschieden im Emotionsregulations- und Informationsbedürfnis beruhen können, werden von den Erregungsansätzen nicht berücksichtigt. – Akzeptiert man die Prämisse, dass menschliche Gedächtnisprozesse prinzipiell funktional sind und das Gedächtnis adaptiv auf Umweltanforderungen und auch auf interindividuell und zeitlich unterschiedliche Bedürfnisse reagieren kann, ermöglicht auch hier die Annahme der aktiven Aufrechterhaltung bessere Erklärungsmöglichkeiten für Befunde, wie sie z. B. zu altersabhängigen Unterschieden im Positivitätsbias dargestellt wurden (vgl. Abschnitt 2.3).

Es soll allerdings betont werden, dass das Modell aktiver Aufrechterhaltung und autonome Erregungsansätze keinesfalls sich ausschließende Konzepte sind. So könnte es über beide Pfade – aktive Aufrechterhaltung, moderiert durch motivational-kognitive Ziele und Bedürfnisse, und verstärkte autonome Konsolidierung, ausgelöst durch emotionale Erregung – zur Verstärkung von Gedächtnisrepräsentationen kommen. Zieht man neuere neurowissenschaftliche Konstrukte wie Rekonsolidierungsprozesse heran, erscheint es darüber hinaus möglich, dass beide Ansätze die gleichen Prozesse – lediglich auf verschiedenen Ebenen und mit unterschiedlicher Akzentuierung – beschreiben.

3.4 Zusammenfassung

Traditionell wird in der Gedächtnispsychologie den Phasen der Enkodierung und des Abrufs besondere Beachtung geschenkt. Dementsprechend konzentrierten sich die in der Vergangenheit für den Einfluss von Emotion auf die Erinnerungsleistung aufgestellten Theorien und Modelle auch auf diese Phasen. Das dazwischenliegende Behaltensintervall wurde überwiegend – unabhängig und weitgehend unbeachtet von der kognitionspsychologischen Forschung – im Kontext des neurowissenschaftlichen Konzepts der Konsolidierung untersucht. Obwohl Konsolidierung nicht zwangsläufig als automatischer bzw. nicht bewusst vonstattengehender Prozess zu definieren ist, fanden motivational-kognitive Einflüsse auf Konsolidierungsprozesse bisher ebenfalls kaum Berücksichtigung. In diesem Kapitel wurde aufgezeigt, dass während des Behaltensintervalls durchaus kognitive Prozesse stattfinden, die wesentlich zur Verbesserung bzw. Verschlechterung der Erinnerungsleistung beitragen und die einer motivational-kognitiven Modulation unterliegen können, bei der auch Dispositionen eine Rolle spielen.

Für die vorliegende Arbeit sind zwei Punkte besonders bedeutsam: (a) Es ist möglich, motiviert zu vergessen. Bei der Besprechung verschiedener Paradigmen zum motivierten Vergessen (Abschnitt 3.2.3) wurde herausgestellt, dass das Think-/No-Think-Paradigma vermutlich am ökologisch validesten den Prozess simuliert, der auch im Alltag zum motivierten Vergessen führt, nämlich die wiederholte Inhibierung von ungewollt ins Bewusstsein tretenden Erinnerungen. (b) Zur Stärkung bzw. langfristigen Aufrechterhaltung von Gedächtnisinhalten sind kognitive Prozesse wie wiederholter Abruf, Elaboration und Auffrischung wesentlich. Diese Prozesse müssen nicht immer intentional initiiert werden, sind aber als aktiv zu bezeichnen, da sie kognitive Ressourcen benötigen und zumindest bewusstseinsfähig sind.

In der Kritik an den autonomen Erregungsansätzen (Abschnitte 3.3.1.2 bis 3.3.1.5) wurde herausgestellt, dass sich viele Befunde zum Gedächtnis nur erklären lassen, wenn man die Annahme zulässt, dass Aufrechterhaltungsprozesse bzw. deren Ausrichtung motivational-kognitiv beeinflussbar sind. Mit dem Modell der aktiven Aufrechterhaltung (Abschnitt 3.3.2) wurde eine Alternative zu den autonomen Erregungsansätzen entwickelt, die berücksichtigt, dass aktuelle Bedürfnisse, die von dispositionellen Bedürfnissen beeinflusst werden und auch mit aktuellen Emotionen interagieren, die Ausrichtung von Aufrechterhaltungsprozessen moderieren.

In Kapitel 5 (speziell Abschnitt 5.4) wird ein neues Modell für die Erinnerungsunterschiede zwischen Repressern und Sensitizern aufgestellt werden, um den spezifischen zeitlichen Verlauf dieser Erinnerungsunterschiede für bedrohliches Material zu erklären. Dazu werden dort die beiden Prozesse der *aktiven Aufrechterhaltung* und des *motivierten Vergessens*, speziell der wiederholten Inhibition, wieder aufgegriffen. Zunächst wird sich Kapitel 4 jedoch der Konzeptualisierung und Operationalisierung dispositioneller Angstbewältigung widmen.

4 Dispositionelle Angstbewältigung

Unter Angstbewältigung werden die „kognitiven oder verhaltensmäßigen Maßnahmen [gefasst], die darauf ausgerichtet sind, auf die Bedrohungsquelle einzuwirken und den durch diese Quelle ausgelösten emotionalen Zustand mit seinen verschiedenen (somatischen und kognitiven) Komponenten zu regulieren" (Krohne, 2010, S. 88). Wenngleich die spezifischen kognitiven und verhaltensmäßigen Maßnahmen, die zum Einsatz gelangen, sicherlich situativen Einflüssen unterliegen, so ist auch von zeitlich relativ stabilen habituellen Präferenzen, also *Angstbewältigungsdispositionen*, auszugehen (z. B. Connor-Smith & Flachsbart, 2007; Krohne, 2009, 2010).

Die theoretischen Konzeptionen von Angstbewältigungs- und – im weiteren Sinne – Stressbewältigungsverhalten sind sehr vielfältig (vgl. z. B. Skinner, Edge, Altman & Sherwood, 2003) und sollen hier nicht im Einzelnen rekapituliert werden (Überblicke geben Krohne, 2010; Laux & Weber, 1990). Vielmehr soll ein dispositionsorientierter Ansatz, der auf makroanalytischer Ebene Angstbewältigungsstrategien beschreibt, genauer behandelt werden: das Persönlichkeitskonstrukt *Repression-Sensitization* (Byrne, 1961, 1964; Eriksen, 1966; J. E. Gordon, 1957; vgl. auch Roth & Cohen, 1986) sowie dessen Weiterentwicklungen in mehrdimensionalen Ansätzen, speziell dem *Modell der Bewältigungsmodi* (z. B. Krohne, 1989, 1993; Krohne et al., 1992).

Dementsprechend wird in diesem Kapitel zunächst das Repression-Sensitization-Konstrukt in Abschnitt 4.1 beschrieben, bevor neuere mehrdimensionale Ansätze dargestellt werden (Abschnitt 4.2). Bei Letzteren handelt es sich zum einen um die – häufig als „Weinberger-Ansatz" (Weinberger, Schwartz & Davidson, 1979) bezeichnete – Kreuzklassifikation von Ängstlichkeit und sozialer Erwünschtheit (Abschnitt 4.2.1). Dieser Ansatz ist aufgrund seiner bis heute verbreiteten Anwendung relevant. Zum anderen wird das Modell der Bewältigungsmodi (Abschnitt 4.2.2), das in der vorliegenden Arbeit verwendet wird, beschrieben, bevor abschließend der Weinberger-Ansatz und das Modell der Bewältigungsmodi miteinander verglichen werden (Abschnitt 4.2.3). Da die darzustellenden Ansätze (und auch die Kritik an diesen) eng mit ihren Operationalisierungen verbunden sind, werden diese stets mitbehandelt.

4.1 Repression-Sensitization

Die historischen Ursprünge des Repression-Sensitization-Konstrukts – in einer wahrnehmungsorientierten (z. B. Bruner & Postman, 1947; Eriksen, 1951, 1952a; Lazarus, Eriksen & Fonda, 1951) sowie einer klinischen bzw. psychoanalytischen Tradition (z. B. S. Freud, 1926/1963, sowie später A. Freud, 1936/2000) – werden von anderen Autoren (Derakshan & Eysenck, 1997; Egloff, 1997; Eriksen, 1966; Hock, 1999; Kohlmann, 1997; Krohne, 1996, 2010) ausführlich behandelt und sollen, da sie für die vorliegende Arbeit nicht weiter relevant sind, hier nicht ausgeführt werden. Die Verwendung der Bezeichnung „Repression-

Sensitization" im Sinne eines eindimensional-bipolaren Persönlichkeitskonstrukts findet sich erstmalig bei J. E. Gordon (1957). Er charakterisiert Represser und Sensitizer – und damit die beiden Enden des Repression-Sensitization-Kontinuums – folgendermaßen:

> [...] our repression group is characterized by differential recall for threat and nonthreat material, and by high defensiveness and little manifest anxiety. At the opposite end of the continuum would be those people whose recall for threat-related experiences is sharpened, rather than depressed, who reflect little defensiveness and a great deal of anxiety. Current practice in work on perception is to refer to this latter group, which serves as a control group for repressors, as "sensitizers." (J. E. Gordon, 1957, S. 687)

J. E. Gordon (1957) nennt hier also an erster Stelle die Unterschiede in der Erinnerung an bedrohliches und nichtbedrohliches Material, noch bevor er Differenzen in „manifester Angst" und Defensivität erwähnt. Wenig später geht er auch noch auf Unterschiede in Wahrnehmungsprozessen ein:

> By definition, a sensitizer is one who is sensitive to threat, being anxious and having relatively few defenses. On the assumption that other people constitute important sources of threat in the environment, one would expect the sensitizer to be particularly concerned with the behavior of others, and that such concern would lead to a kind of perceptual vigilance and therefore greater knowledge of others. (J. E. Gordon, 1957, S. 687)

Da es J. E. Gordon (1957) in seiner Studie darum ging, wie gut Represser und Sensitizer das Verhalten anderer Personen vorhersagen können, bezieht er die vigilante Aufmerksamkeitsausrichtung (*perceptual vigilance*) der Sensitizer in der zitierten Passage auf das Beobachten anderer Personen. Allgemeiner gefasst sollen Sensitizer aber dadurch gekennzeichnet sein, dass sie sich potentiell angstauslösenden Reizen vermehrt zuwenden (*perceptual vigilance*), wohingegen Represser solche Reize meiden bzw. ihre Aufmerksamkeit davon abziehen (*perceptual defense* bzw. *perceptual avoidance*).

Zur Klassifikation von Repressern und Sensitizern nutzte J. E. Gordon (1957) bereits einen zweidimensionalen Ansatz, indem er eine Angstskala und eine Defensivitätsskala kombinierte: „In terms of our definitions, a high Defensiveness score and low Anxiety score would denote a repressor, and the reverse situation would denote a sensitizer" (S. 688). Diese Operationalisierung ist bemerkenswert, da das Primat eines derartigen zweidimensionalen Ansatzes oft der über 20 Jahre später erschienenen Arbeit von Weinberger et al. (1979) zugeschrieben wird (vgl. Abschnitt 4.2.1). Gleichwohl ist zu betonen, dass J. E. Gordon – anders als Weinberger et al. – Personen, die auf beiden Dimensionen hohe bzw. niedrige Ausprägungen besitzen, nicht weiter berücksichtigt und zudem ausdrücklich von einem „Repression-Sensitization-Kontinuum" spricht.

Die von J. E. Gordon (1957) verwendete Operationalisierung wurde zunächst nicht von anderen Wissenschaftlern aufgegriffen. Stattdessen konstruierten sich die meisten Forscher eigene Skalen bzw. Skalenkombinationen, häufig zusammengesetzt aus Items des *Minnesota Multiphasic Personality Inventory* (MMPI; Hathaway & McKinley, 1951; zitiert nach Hathaway, McKinley & Spreen, 1963). So nutzte beispielsweise Truax (1957) den Differenzscore aus der Hysterie- und der Psychasthenie-Skala des MMPI, um Represser und Sensitizer einzuteilen (ein Überblick über verschiedene Skalenkonstruktionen findet sich bei Byrne, 1961, 1964).

Byrne (1961) beklagt, dass fast jeder Experimentator seine eigene Methode zur Klassifikation von Repressern und Sensitizern verwende und dass die Reliabilität der Methoden nur selten untersucht werde. Das behindere auch den Vergleich bzw. die Integration von Befunden über verschiedene Studien hinweg. Zwar würden in vielen Studien Derivate von MMPI-Skalen eingesetzt, einige Studien nützten jedoch auch z. B. die Bestimmung von Wahrnehmungsschwellen für bedrohliche Wörter, den Rorschach-Test oder den Thematischen Apperzeptionstest (TAT) zur Einteilung von Repressern und Sensitizern. Die letzteren Verfahren seien in ihrer Durchführung und Auswertung oft aufwendig und zeitintensiv.

Diese Überlegungen veranlassten Byrne (1961) dazu, eine neue Repression-Sensitization-Skala (R-S-Skala) zu entwerfen, wobei das explizite Ziel war, diese als Standardinstrument zur Erfassung der Repression-Sensitization-Dimension zu etablieren. Dazu wählte er insgesamt 156 MMPI-Items aus sechs verschiedenen Skalen aus. Diese Items, ergänzt um 26 Füllitems, konstituierten die neue R-S-Skala. Im Zuge einer Itemanalyse publizierten Byrne, Barry und Nelson (1963) eine auf 127 Items gekürzte R-S-Skala. Sowohl die ursprüngliche R-S-Skala von 1961 als auch die revidierte Skala von 1963 weist eine gute bis sehr gute interne Konsistenz sowie Stabilität auf. Byrne (1961) berichtet umfassende Validierungsstudien, welche die postulierten Zusammenhänge überwiegend bestätigten (vgl. auch Byrne, 1964). Vermutlich aus diesen Gründen erfuhr die R-S-Skala starke Verbreitung und setzte sich in den 1960er und 1970er Jahren als Instrument zur Erfassung von Repression-Sensitization durch (vgl. z. B. Kohlmann, 1993). Eine deutschsprachige Version der R-S-Skala mit 106 Items wurde von Krohne (1974) vorgelegt.

Die empirischen Befunde zum Repression-Sensitization-Konstrukt sind zahlreich. Da ausführliche Überblicke zu diesen Befunden existieren (z. B. Bell & Byrne, 1978; Eriksen, 1966; Krohne, 1974, 1996, 2010), soll an dieser Stelle der Hinweis genügen, dass die Befunde die theoretischen Annahmen zum Repression-Sensitization-Konstrukt weitestgehend bestätigen konnten, die gefundenen Zusammenhänge allerdings oft schwach ausfielen.

Die R-S-Skala blieb in der Folge nicht unkritisiert. Hier werden nur zwei Aspekte dieser Kritik herausgegriffen (ausführliche Überblicke über eine Reihe von Kritikpunkten finden sich bei Krohne, 1996, 2010). Ein Kritikpunkt ist die sehr hohe Korrelation zwischen der R-S-Skala und Ängstlichkeitsskalen. Am Repression-Ende der R-S-Skala befänden sich somit sowohl Represser – also Personen, die in Bedrohungssituationen zwar durch eine starke emotionale Erregung gekennzeichnet sind, aber aufgrund ihrer Angstleugnung bzw. -abwehr nur niedrige Ängstlichkeit bzw. wenig Symptome angeben – als auch tatsächlich niedrigängstliche Menschen, die wenig Angst erleben und entsprechend auch wenig Angst und Symptome berichten (vgl. auch Weinberger et al., 1979). Ferner ist der Status von Personen im mittleren Wertebereich der R-S-Skala unbestimmt: Handelt es sich um Personen, die situationsangepasst repressives und sensitives Bewältigungsverhalten zeigen, oder um Personen, denen es in beiden Bereichen an Verhaltensweisen mangelt?

4.2 Mehrdimensionale Ansätze

Wie soeben dargestellt, kann mittels der R-S-Skala nicht zuverlässig zwischen Repressern und „wirklich Niedrigängstlichen" unterschieden werden. Diese Schwierigkeit hat maßgeblich dazu beigetragen, dass zweidimensionale Klassifikationsansätze entwickelt wurden. Zunächst wird der historisch ältere Ansatz der Kreuzklassifikation von Ängstlichkeit und sozialer

Erwünschtheit (kurz: Weinberger-Ansatz; Abschnitt 4.2.1)[20] vorgestellt. Da das Modell der Bewältigungsmodi einige der theoretischen Probleme, die im Weinberger-Ansatz bestehen, überwindet, wird es als letzter Ansatz der dispositionellen Angstbewältigung erläutert (Abschnitt 4.2.2). Abschließend werden der Weinberger-Ansatz und das Modell der Bewältigungsmodi gegenübergestellt und verglichen (Abschnitt 4.2.3).

4.2.1 Kreuzklassifikation von Ängstlichkeit und sozialer Erwünschtheit

Der Ansatz einer Kreuzklassifikation von Ängstlichkeit und sozialer Erwünschtheit erlangte durch den Artikel von Weinberger et al. (1979) weite Verbreitung. Erklärtes Ziel der Autoren war es, Represser und tatsächlich niedrigängstliche Personen voneinander zu diskriminieren. Dazu wurde eine Skala zur sozialen Erwünschtheit, die *Marlowe-Crowne Social Desirability Scale* von Crowne und Marlowe (1964), herangezogen. Weinberger et al. (1979; vgl. auch Weinberger & Davidson, 1994) betonen, dass diese Skala *nicht* – wie dies andere Soziale-Erwünschtheits-Skalen postulieren bzw. wie dies von der Marlowe-Crowne-Skala landläufig (und *ursprünglich* auch von deren Autoren) angenommen wurde – Konformitätsverhalten oder die Tendenz, sozial erwünscht zu antworten, erfasse. Vielmehr messe diese Skala Affektunterdrückung (*affect inhibition*) bzw. „defensiveness and protection of self-esteem" (Crowne & Marlowe, 1964, S. 206) und somit „repressive Defensivität" (*repressive defensiveness*).[21] Da die Marlowe-Crowne-Skala mit Ängstlichkeitsskalen wie z. B. der *Taylor Manifest Anxiety Scale* (MAS; J. A. Taylor, 1953) nur schwach korreliere, die erfassten Dimensionen also als unabhängig aufgefasst werden können, ergeben sich bei einer Kreuzklassifikation der beiden Skalen vier ungefähr gleich große Gruppen.[22] Diese vier Gruppen sind, mit den Bezeichnungen, die Weinberger et al. (1979) ihnen zugewiesen haben, in Abbildung 4.1 dargestellt (vgl. z. B. auch Krohne, 2010).

Tatsächlich niedrigängstlich sind also diejenigen Personen, die – in Selbstberichtsmaßen – neben einem niedrigen Ängstlichkeitswert auch wenig Defensivität bzw. soziale Erwünschtheit aufweisen, deren Angstberichten also zu trauen ist. Die Represser geben zwar auch wenig Ängstlichkeit an, zeichnen sich aber durch hohe Defensivität aus. Die Annahme ist hier, dass Represser „eigentlich" ein hohes Ausmaß an Angst erleben, dieses – aufgrund ihrer Affektunterdrückung und Defensivität – allerdings sich selbst und/oder anderen Perso-

---

20 Wie erwähnt (siehe S. 112), ist unklar, ob Weinberger oder nicht etwa J. E. Gordon (1957) die Namensgeberschaft für den Ansatz der „Kreuzklassifikation von Ängstlichkeit und sozialer Erwünschtheit" zusteht. Auch einige weitere Personen kommen als Urheber dieses Ansatzes in Betracht (vgl. dazu Kohlmann, 1997, S. 47, sowie Krohne, 2010, S. 137). Da sich jedoch die Bezeichnung „Weinberger-Ansatz" etabliert hat, wird diese hier aus praktischen Gründen verwendet.

21 Die Auffassung von Krohne (2010, S. 138) sowie Kohlmann (1997, S. 47), dass Weinberger et al. (1979) die Marlowe-Crowne-Skala als Maß für die „Suche nach sozialer Anerkennung" interpretieren, lässt sich anhand des Textes von Weinberger et al. nicht bestätigen. Vielmehr schreiben Weinberger et al. (1979, S. 370): „Furthermore, it is essential to note that numerous studies have concluded that the Marlowe-Crowne Social Desirability Scale is unrelated to the construct that it is usually thought to measure, namely, 'conformity behavior or tendencies to respond to questionnaires in a socially desirable direction' (e.g., Wiesenthal, 1974, p. 39)." Zur Interpretation der Marlowe-Crowne-Skala vgl. auch Asendorpf und Wallbott (1985), Asendorpf, Wallbott und Scherer (1983) sowie Derakshan und Eysenck (1999).

22 P. J. Davis und Schwartz (1987) berichten hingegen, dass die Marlowe-Crowne-Skala und die MAS „moderately high" (S. 156) negativ miteinander korrelieren, weshalb es nur wenige Personen mit hohen Ausprägungen auf beiden Skalen, also nur wenige Defensiv-Hochängstliche, gebe (vgl. auch Bell & Byrne, 1978).

		Soziale Erwünschtheit bzw. Defensivität/Angstleugnung		
		niedrig	hoch	
Selbstberichtete Ängstlichkeit	niedrig	W: Niedrigängstliche (*low anxious*) K: Nichtdefensive	W: Represser (*repressor*) K: Represser	
	hoch	W: Hochängstliche (*high anxious*) K: Sensitizer	W: Defensiv-Hochängstliche (*defensive high anxious*) K: Ängstliche	

Abbildung 4.1 Zweidimensionale Klassifikation von Bewältigungsgruppen anhand von Skalen der Ängstlichkeit und der sozialen Erwünschtheit bzw. Defensivität/Angstleugnung. W: Benennung nach Weinberger et al. (1979) mit den englischen Originalbezeichnungen in Klammern; K: Benennung nach Krohne und Rogner (1985).

nen gegenüber herunterspielen (vgl. Hock, 1999; zur Frage, ob Represser „Selbsttäuscher" oder „Fremdtäuscher"/Selbstdarsteller sind, vgl. z. B. Ashley & Holtgraves, 2003; Derakshan & Eysenck, 1999; Furnham, Petrides & Spencer-Bowdage, 2002; Furnham & Traynar, 1999; Kohlmann, 1993, 1997). Empirisch wird dies dadurch gestützt, dass Represser in angstinduzierenden Situationen höhere physiologische Erregung (operationalisiert z. B. über Herzschlagfrequenz und Hautleitfähigkeit) zeigen als Niedrig- und z. T. auch als Hochängstliche, gleichwohl aber angeben, sehr wenig Angst zu verspüren (Weinberger et al., 1979; vgl. Asendorpf & Scherer, 1983, sowie Kohlmann, 1997; einen aktuellen Überblick geben Schwerdtfeger & Kohlmann, 2004).

Weinberger et al. (1979) ging es primär um die Trennung von Repressern und Niedrigängstlichen. Die beiden Gruppen mit hohen Ängstlichkeitsberichten interessierten daher weniger, was u. a. dadurch deutlich wird, dass in ihrem Experiment, in dem sie Gruppenunterschiede bezüglich behavioraler und physiologischer Reaktionen in einer stressauslösenden Situation untersuchten, gar keine Gruppe defensiv hochängstlicher Personen realisiert wurde. Dennoch werden im Weinberger-Ansatz die beiden Gruppen mit hohen selbstberichteten Ängstlichkeitsausprägungen analog zu denen mit niedrigen konstruiert und benannt. Daher gibt es neben der Gruppe der Hochängstlichen auch eine Gruppe defensiv hochängstlicher Personen (siehe Abbildung 4.1).

Wie Krohne (2010) darstellt, ist diese Einteilung aber wenig überzeugend, da nicht nachvollziehbar sei, was mit „defensiv hochängstlich" überhaupt gemeint ist. Man könne sogar argumentieren, dass Personen, die trotz hoher Defensivität, also der Tendenz, ihre Affekte zu unterdrücken oder herunterzuspielen, dennoch hohe Ängstlichkeit berichten, die „wahrhaft" Hochängstlichen sein müssen: Bei ihnen ist die Angst so stark, dass sie trotz aller Versuche, sie zu verringern, erhöht bleibt. – Auch andere Autoren, die den Weinberger-Ansatz für ihre Forschung nutzten, scheinen Probleme gehabt zu haben, für die Defensiv-Hochängstlichen Hypothesen zu erstellen, weshalb diese Gruppe in vielen Studien aus der Datenauswertung ausgeschlossen wurde (vgl. u. a. Calvo & Eysenck, 2000; Newton & Contrada, 1992).

Krohne und Rogner (1985) stellen einen zweidimensionalen Klassifikationsansatz vor, der ebenfalls vier Gruppen anhand eines Tests der Ängstlichkeit und eines Tests zur sozialen Erwünschtheit (interpretiert als Test der Angstleugnung bzw. Defensivität) konstruieren. Allerdings gelangen die Autoren zu einer anderen Gruppenbenennung als Weinberger et al. (1979). Diese Gruppenbezeichnungen sind in Abbildung 4.1 denen des Weinberger-Ansatzes gegenübergestellt. Inhaltlich bedeutsam sind dabei die Unterschiede in den Bezeichnungen der beiden Gruppen mit hoher selbstberichteter Ängstlichkeit. Die nach Weinberger defensiv hochängstlichen Personen sind bei Krohne und Rogner (1985) die „wirklich Ängstlichen", die sich gleichzeitig dadurch auszeichnen, dass ihnen die Bewältigung oft nicht gelingt: „Diese Personen wehren ihre Angst zwar tendenziell ab [...], bleiben hierbei aber häufig erfolglos, was sich in erhöhten Werten in Ängstlichkeitstests manifestieren sollte. Diese ‚erfolglosen Bewältiger' müßten also die wirklich Ängstlichen sein" (S. 49). Die nach Weinberger et al. (1979) hochängstlichen Personen werden von Krohne und Rogner als Sensitizer bezeichnet. Sensitizer „schätzen zwar viele Situationen als bedrohlich ein, leugnen ihre Angst aber nicht" (Krohne & Rogner, 1985, S. 49).

In einer Überarbeitung ihrer Klassifikation von 1979 gelangen Weinberger und Schwartz (1990) zu einer Sechs-Gruppen-Typologie (vgl. auch Weinberger, 1990). Folgt man Krohne (2010), werden dabei „alle vier Bewältigungsgruppen (also auch Sensitizer und Ängstliche) in ähnlicher Weise wie bei Krohne und Rogner interpretiert" (S. 139). Weinberger und Schwartz haben (a) die selbstberichtete Ängstlichkeit durch das *subjektive Erleben von Belastung* (*subjective experience of distress*) und (b) die soziale Erwünschtheit bzw. Defensivität durch die *Unterdrückung egoistischer Wünsche* (*suppression of egoistic desires*) oder *Selbstbeherr-schung* (*self-restraint*) ersetzt. Diese beiden Dimensionen werden mit dem *Weinberger Adjustment Inventory* (Weinberger & Schwartz, 1990)[23] erfasst. Während das Belastungserleben am Median dichotomisiert wird, werden bei der Unterdrückung/Selbstbeherrschung drei Ausprägungen (niedrig, moderat, hoch) berücksichtigt, so dass eine Kreuzklassifikation der beiden Variablen zu sechs Gruppen führt. Represser haben dabei, konsistent zur bisherigen Klassifikation, ein niedriges Belastungserleben und eine hohe Ausprägung hinsichtlich Unterdrückung/Selbstbeherrschung. Die Gruppe mit hohem Belastungserleben und moderater Unterdrückung egoistischer Wünsche identifizieren die Autoren als Sensitizer. Die nach Krohne und Rogner (1985) ängstlichen Personen (hohes Belastungserleben, hohe Unterdrückung) werden bei Weinberger und Schwartz nun als *Übersozialisierte* bezeichnet. Ferner werden als neue Gruppen bzw. Gruppenbezeichnungen *Untersozialisierte* (niedriges Belastungserleben, niedrige Unterdrückung), *Reaktive* (hohes Belastungserleben, niedrige Unterdrückung) und *Selbstsichere* (niedriges Belastungserleben, moderate Unterdrückung) eingeführt.

Dieser modifizierte Ansatz von Weinberger und Schwartz (1990) hat allerdings bis heute keine nennenswerte Berücksichtigung in empirischen Studien gefunden. Dies könnte daran liegen, dass die Operationalisierung, vor allem aufgrund der drei Abstufungen der Unterdrückung/Selbstbeherrschung, sich als schwierig erweist, aber auch daran, dass Weinberger und Schwartz ihre Klassifikation deutlich – und auch stärker als im Ansatz von 1979 – auf psychoanalytische Theorien beziehen (vgl. auch Weinberger, 1990) und eine Fundierung in aktuelleren, z. B. kognitionspsychologischen Konzepten weitestgehend unterbleibt.

Der Weinberger-Ansatz in der Fassung von Weinberger et al. (1979) hat sich in den 1980er und 1990er Jahren etabliert und ist auch heute noch der im Rahmen des Repression-Sensitization-Konstrukts am häufigsten verwendete Klassifikationsansatz, wohingegen die R-S-Skala von Byrne (1961) seit den 1990er Jahren wohl kaum noch verwendet wird. Diese Entwicklung drückt sich auch in den Zitationen der entsprechenden Arbeiten aus. In Abbildung 4.2 sind

---

23 Weinberger und Schwartz (1990) beschreiben den *Ansatz* des Weinberger Adjustment Inventory. Eine eigenständige Publikation mit den Items dieses Inventars war von den Autoren geplant, liegt allerdings bis heute nur als unveröffentlichtes Manuskript vor.

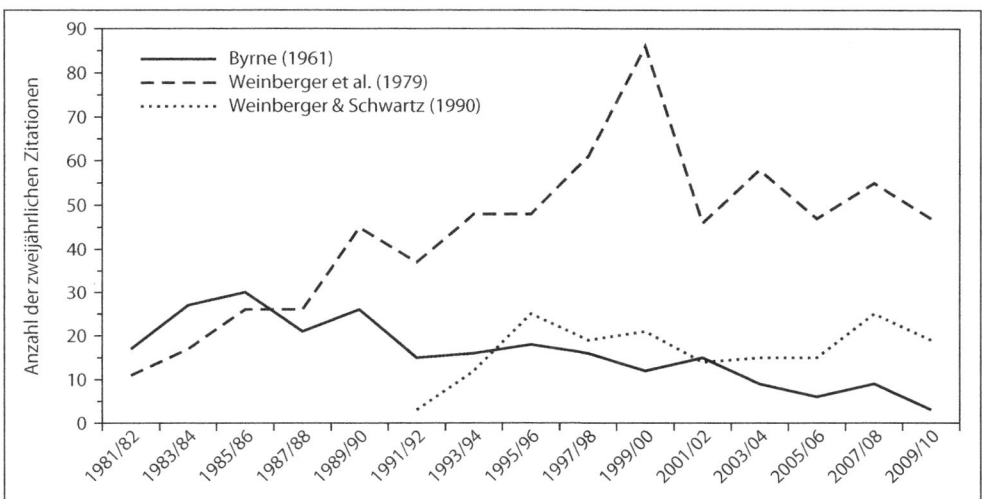

Abbildung 4.2 Zweijährliche Zitationsraten von drei Arbeiten zur Klassifikation dispositioneller Angstbewältigung für die Jahre 1981 bis 2010 (Daten aus der Online-Datenbank *Social Sciences Citation Index*, Stand vom 14.07.2011).

– beruhend auf Suchanfragen bei der Online-Datenbank *Social Sciences Citation Index* des *Web of Science* (Stand der Daten: 14.07.2011) – die zweijährlichen Zitationsraten für die vorgestellten Publikationen zur R-S-Skala von Byrne (1961), zum Weinberger-Ansatz von Weinberger et al. (1979) sowie zum modifizierten Weinberger-Ansatz von Weinberger und Schwartz (1990) für die Jahre 1981 bis 2010 dargestellt.

Es ist ersichtlich, dass die R-S-Skala (Byrne, 1961) ihren Zitationshöhepunkt in der Mitte der 1980er Jahre aufweist und die Zitationen seitdem rückläufig sind. Dies gilt auch für die (nicht in Abbildung 4.2 dargestellte) revidierte R-S-Skala von Byrne et al. (1963), die insgesamt durchschnittlich pro Jahr nur etwa halb so viele Zitationen zu verzeichnen hat wie der Artikel von Byrne (1961). Der Weinberger-Ansatz (Weinberger et al., 1979) überholt Ende der 1980er Jahre die Zitationsrate von Byrne (1961). Zwar hat die Arbeit ihren Zitationshöhepunkt um 1999/2000 zu verzeichnen und fällt dann etwas ab, allerdings bleibt sie bis heute auf einem recht hohen Zitationsniveau. So wurde der Artikel zwischen 2001 und 2010 insgesamt 253 Mal zitiert, wobei die jährliche Zitationsrate bei 22 bis 36 Zitationen liegt. Zum Vergleich: Die Publikation der R-S-Skala von Byrne (1961) wurde im selben Zeitraum nur 42 Mal zitiert, mit jährlichen Zitationsraten zwischen 1 und 10. Der Vollständigkeit halber ist in Abbildung 4.2 auch der Aufsatz von Weinberger und Schwartz (1990), der die Sechs-Gruppen-Typologie eingeführt hat, aufgenommen. Es ist erkennbar, dass die Zitationen deutlich hinter denen von Weinberger et al. (1979) zurückbleiben und auch in jüngerer Zeit kein deutlicher Anstieg zu verzeichnen ist.

Selbstverständlich ist die Anzahl der Zitationen keineswegs mit der Anwendung eines Ansatzes zur Einteilung von Bewältigungsgruppen in empirischen Studien gleichzusetzen, da eine Arbeit natürlich auch aus anderen Gründen zitiert werden kann. So wurde beispielsweise der modifizierte Weinberger-Ansatz von Weinberger und Schwartz (1990) nur in einem sehr kleinen Teil der zitierenden Arbeiten tatsächlich verwendet. Akzeptiert man jedoch die

Zitationsrate als groben Indikator für die Bedeutsamkeit eines Ansatzes, dann kann man urteilen, dass die R-S-Skala von Byrne (1961; auch Byrne et al., 1963) heute in der Angstbewältigungsforschung keine Rolle mehr spielt. Der Weinberger-Ansatz von 1979 ist allerdings nach wie vor bedeutsam, wohingegen sich der modifizierte Weinberger-Ansatz von 1990 bisher nicht durchsetzen konnte und dies auch für die Zukunft nicht zu erwarten ist.

Der Ansatz der Kreuzklassifikation von Ängstlichkeit und sozialer Erwünschtheit wurde vielfach und bezüglich vieler Aspekte kritisiert (z. B. Hock, 1999; Kohlmann, 1997; Krohne, 2010). Ich werde mich hier auf drei Kritikpunkte, die mir besonders wesentlich erscheinen, beschränken:

1. *Die Klassifikation der Bewältigungsgruppen erfolgt mittels indirekter – nicht immer zwingend gültiger – Schlussfolgerungen.* Dies sei am Beispiel der herausgehobenen Gruppe der Represser verdeutlicht. Als Represser wird nach Weinberger et al. (1979) klassifiziert, wer in Fragebögen niedrige subjektive Ängstlichkeitswerte und gleichzeitig hohe soziale Erwünschtheitswerte erzielt. Dieser Einteilung liegt die Kausalitätsannahme zugrunde, dass die Person „eigentlich" eine hohe Ängstlichkeitsausprägung besitzt, aber – sei es, um anderen zu gefallen („Suche nach sozialer Anerkennung"), oder aber aufgrund von Defensivität/Angstleugnung – diese Ängstlichkeit in subjektiven Berichten nicht offenbar wird. – Dass es Personen geben könnte, die „tatsächlich" eine niedrige Ängstlichkeitsausprägung aufweisen, aber – aus welchen Gründen auch immer – ebenfalls hohe soziale Erwünschtheitswerte haben, wird nicht berücksichtigt (vgl. auch Hock, 1999).

2. *Die verwendeten Messinstrumente erfassen globale Konstrukte, aber kein konkretes Bewältigungsverhalten.* Abgesehen vom – unveröffentlichten – Weinberger Adjustment Inventory (vgl. Weinberger & Schwartz, 1990) wurden die verwendeten Messinstrumente, also die Fragebögen zur Ängstlichkeit und zur sozialen Erwünschtheit, nicht entwickelt, um Bewältigungsverhalten zu erfassen. Nun kann man zwar Zustimmung zu Items aus der Marlowe-Crowne-Skala wie z. B. Item 4 „I have never intensely disliked anyone" oder Item 27 „I never make a long trip without checking the safety of my car" (Crowne & Marlowe, 1964, S. 23 f.) mit ausreichend Phantasie sowohl als Indikator für die „Suche nach sozialer Anerkennung" als auch für Defensivität/Angstleugnung deuten. Allerdings ist es – selbst wenn man zusätzlich weiß, wie ängstlich eine Person zu sein angibt – schwierig, auf dieser Grundlage Vorhersagen zu treffen, wie sich die Person in bedrohlichen Situationen, z. B. kurz vor einer öffentlichen Rede oder einem Zahnarzttermin, *verhalten* wird (vgl. Krohne, 2010). Hierfür wären Instrumente, die Verhalten konkreter und situationsspezifischer erfassen, erforderlich.

3. *Die theoretische Basis der Ansätze entspricht nicht mehr dem heutigen Stand der Theoriebildung und wird aktuellen Fragen der Angstbewältigungsforschung nicht gerecht.* Wie erwähnt, beruhen die bisher vorgestellten zweidimensionalen Ansätze, genauso wie die R-S-Skala, wesentlich auf psychoanalytischen Konzepten von Angstabwehrmechanismen. Daher verwundert es nicht, dass in Studien zu diesen Ansätzen sehr häufig (mehrdeutige) Reize sexuellen oder aggressiven Inhalts verwendet wurden, um Angst bzw. Gefühle der Bedrohung bei den Probanden zu erzeugen (z. B. Lazarus et al., 1951; für einen Überblick siehe z. B. Bell & Byrne, 1978). Beispielsweise mussten die Probanden in der Studie von Weinberger et al. (1979) zu „bedrohlichen" kurzen Sätzen sexuellen Inhalts (z. B. „the prostitute slept with the student", S. 372) oder aggressiven Inhalts (z. B. „his roommate kicked him in the stomach", S. 372) frei assoziieren. (Wie erwartet, zeigten die Represser

gegenüber den Niedrigängstlichen u. a. einen stärkeren Anstieg der Herzfrequenz und hatten längere Latenzzeiten in der Reaktion auf die Sätze.) In Kenntnis des theoretischen Unterbaus wird auch verständlich, warum eine der neuen Skalen im zweidimensionalen Ansatz von Weinberger und Schwartz (1990; auch Weinberger, 1990) als „Unterdrückung egoistischer Wünsche" bezeichnet wird. Allerdings ist es fraglich, ob davon auszugehen ist, dass sexuelle und aggressive Stimuli Angst erzeugen, weil sie die eigenen – tabuisierten – Sexual- und Aggressionstriebe bewusst machen. Tatsächlich beschäftigt sich die moderne Angstbewältigungsforschung kaum noch mit Angst in Reaktion auf gesellschaftlich tabuisierte sexuelle oder aggressive Bedürfnisse (vgl. z. B. Beck, 1972). Heutzutage interessieren im Rahmen der Angstbewältigung viel stärker Reaktionen auf potentiell selbstwertbedrohliche Situationen (Bewertungsangst im weitesten Sinne) bzw. physisch bedrohliche Situationen (Angst vor Unfällen, [Gewalt-]Verbrechen, Krankheiten oder medizinischen Eingriffen). Ob diese Bedrohungssituationen mit der Bedrohung, die davon ausgeht, zu erkennen, dass man (tabuisierte) libidinöse und aggressive Tendenzen besitzt, vergleichbar sind, ist äußerst zweifelhaft.

Angesichts dieser Kritikpunkte, die ja lediglich eine Auswahl der Gesamtkritik darstellen, wird deutlich, dass für ein neues Modell zur Einteilung von Angstbewältigungsverhalten eine explikative, theoretisch fundierte Basis notwendig ist, die sich von psychoanalytischen Konstrukten weitestgehend abwendet. Um einem solchen Konzept auch auf operationaler Ebene gerecht zu werden, erscheint ferner nicht nur eine Revision bestehender Messinstrumente, sondern vielmehr die Entwicklung eines neuen Verfahrens notwendig. Im Folgenden wird mit dem Modell der Bewältigungsmodi ein Ansatz vorgestellt, in dessen Rahmen versucht wurde, diese Forderungen zu realisieren.

4.2.2 Das Modell der Bewältigungsmodi (MBM)

Das *Modell der Bewältigungsmodi* (MBM; für Darstellungen vgl. z. B. Krohne, 1989, 1993, 2009, 2010; Krohne & Egloff, 1999; Krohne et al., 1992) zeichnet sich gegenüber den oben dargestellten Ansätzen durch seine theoretische Fundierung in kognitions- und persönlichkeitspsychologischen Theorien und Konzepten der *Informationsverarbeitung* aus. Daher wird zunächst erläutert, wie sich das MBM aus diesen Konzepten ableiten lässt (Abschnitt 4.2.2.1). Darauf aufbauend wird die Operationalisierung der Bewältigungsmodi mittels des *Angstbewältigungs-Inventars* (ABI; Krohne & Egloff, 1999) vorgestellt (Abschnitt 4.2.2.2). Abschließend (Abschnitt 4.2.2.3) diskutiere ich einige kritische Punkte hinsichtlich des MBM und seiner Operationalisierung.

4.2.2.1 Theoretische Grundlagen

Dem MBM liegt das in Abbildung 4.3 dargestellte prozessorientierte Modell zur Entstehung von Angst bzw. Komponenten der Angst sowie entsprechendem Bewältigungsverhalten zugrunde (vgl. z. B. Krohne, 2010). Im Rahmen dieses Modells ist die erste Grundannahme, dass angstauslösende Situationen i. d. R. durch zwei Merkmale gekennzeichnet sind: die *Anwesenheit von Gefahrenreizen* und einen *hohen Grad von Mehrdeutigkeit* (vgl. S. Epstein, 1972). Die Mehrdeutigkeit in Bedrohungssituationen ist deshalb relevant, „da sie der unmittel-

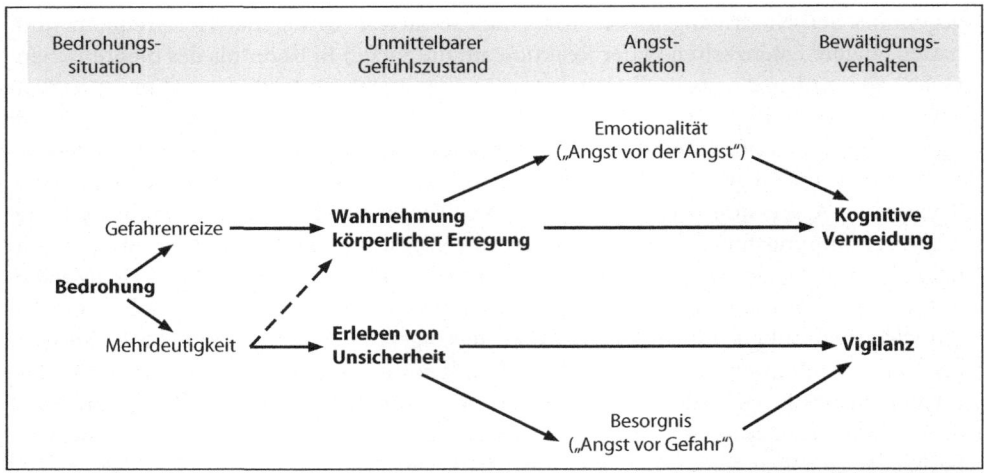

Abbildung 4.3 Hypothetische Beziehungen zwischen den Komponenten einer Bedrohungssituation, unmittelbaren Gefühlszuständen, Angstreaktionen und Bewältigungsverhalten (nach Krohne, 2010, S. 144).

baren Ausübung offener Reaktionen, die die Bedrohung beseitigen könnten, im Wege steht" (Krohne, 2010, S. 144).

Wenn sich eine Person nun in einer bedrohlichen Situation befindet, sollte die Mehrdeutigkeit der Situation primär zum *Erleben von Unsicherheit* führen, da sich die Person z. B. unklar darüber ist, wie bedeutsam die Bedrohung ist und welche Handlungsreaktionen adäquat sind. Konkrete Gefahrenreize hingegen sollten zur *Wahrnehmung körperlicher Erregung* führen.

Das Erleben von Unsicherheit und die Wahrnehmung körperlicher Erregung sind die relativ *unmittelbaren Gefühlszustände*. Diese können allerdings zu komplexeren *Angstreaktionen* führen (vgl. Abbildung 4.3). Bezogen auf den Aspekt der *Unsicherheit* könnten derartige Angstreaktionen im Wartezimmer eines Zahnarztes beispielsweise in Gedanken und Bewertungen bestehen, wie wahrscheinlich es ist, dass der Zahnarzt bohren wird, ob dabei etwas schiefgehen kann, ob dies zu Schmerzen führen wird und, wenn ja, wie stark diese Schmerzen vermutlich sein werden. Neben der Vorhersagbarkeit der Situation bzw. der Wahrscheinlichkeit, mit der bestimmte aversive Ereignisse eintreten können, spielt auch die Kontrollierbarkeit der Situation eine Rolle: Welchen Einfluss kann man etwa auf den Verlauf bzw. die – negativen – Konsequenzen der Behandlung nehmen? Im Falle einer kurz bevorstehenden Prüfung beträfen Kognitionen, die sich aus dem Unsicherheitserleben ergeben, z. B. die Aspekte, was in der Prüfung gefragt werden wird, mit welcher Wahrscheinlichkeit Themen drankommen, auf die man nicht vorbereitet ist, wie der Bewertungsmaßstab ausfallen wird, welche Konsequenzen ein Nichtbestehen hätte und ob man kurz vor oder während der Prüfung noch etwas unternehmen kann, um aversive Verläufe bzw. Folgen abzuwenden. Die hier beschriebenen Angstreaktionen entsprechen der *Besorgniskomponente* (*worry*) bei Liebert und Morris (1967). Mit Breznitz (1984) könnte man auch von der „Angst vor Gefahr" sprechen, da die tatsächliche (potentielle) Bedrohung Gegenstand der Gedanken und Bewertungen ist. Nach Krohne (1989) ist dabei die Besorgnis, von aversiven Entwicklungen in der Situation *überrascht zu werden*, wesentlich.

Bezogen auf die *Wahrnehmung körperlicher Erregung* spielt, als komplexe Angstreaktion, vor allem die Befürchtung eine Rolle, dass diese Erregung zunehmen und dann im weiteren Verlauf nicht mehr kontrollierbar sein könnte. Diese *Emotionalitätskomponente* korrespondiert mit der autonomen Erregung (*emotionality*) in der Konzeption von Liebert und Morris (1967). Die Bedrohung besteht also im intensiven – und unter Umständen unkontrollierbaren – Erleben von physischer Erregung bzw. Emotionalität, weshalb dieser Aspekt auch als „Angst vor der Angst" (Breznitz, 1984) bezeichnet werden kann.

Es ist offenkundig, dass die beiden Aspekte von Angsterleben (Unsicherheit/Besorgnis vs. körperliche Erregung/Emotionalität) unterschiedliche Bewältigungsverhaltensweisen evozieren sollten (Abbildung 4.3). Wenn das Erleben von Unsicherheit und Besorgnis dadurch verursacht wird, dass man nicht weiß, was auf einen zukommt und wie man den tatsächlichen Gefahren begegnen soll, sind Strategien der *Gefahrenkontrolle* angebracht, die dazu beitragen, *Unsicherheit zu reduzieren*. Diese Klasse von *unsicherheitsmotivierten* Bewältigungsstrategien wird als *vigilantes Verhalten* bezeichnet. *Vigilanz* umfasst die intensivierte Suche nach sowie die Aufnahme und Verarbeitung von bedrohungsbezogenen Informationen, die dabei dienlich sein können, künftige aversive Ereignisse besser zu antizipieren und ggf. auch zu kontrollieren, also nicht „negativ überrascht" zu werden. Bezogen auf das obige Zahnarztbeispiel wäre vigilantes Verhalten, sich im Wartezimmer die Informationsbroschüren zu Zahnerkrankungen und -behandlungen durchzulesen oder sich an frühere Zahnbehandlungen zu erinnern, um auf diese Weise an Informationen zu gelangen und den Ablauf der bevorstehenden Behandlung besser abschätzen zu können. Man könnte allerdings auch die Patienten, die den Behandlungsraum gerade verlassen, nach ihren heutigen Erfahrungen mit dem behandelnden Zahnarzt fragen oder auf die Geräusche, die aus dem Behandlungszimmer kommen, lauschen, um besser prognostizieren zu können, wie die Chancen auf eine schmerzfreie Behandlung stehen.

Um der Wahrnehmung körperlicher Erregung bzw. dem Erleben von Emotionalität zu begegnen, sind andere Strategien als die der Unsicherheitsreduktion erforderlich. Hier steht die *Angstkontrolle* im Vordergrund, d. h., es geht darum, die (erneute) Auslösung eines Angstzustands zu vermeiden, also „den Organismus *gegen erregungsinduzierende Stimuli* abzuschirmen" (Krohne, 2010, S. 145; Hervorhebung im Original). Entsprechende *erregungsmotivierte* Bewältigungsstrategien werden unter dem Begriff *kognitive Vermeidung* zusammengefasst. *Kognitive Vermeidung* bezeichnet „die Abwendung der Aufmerksamkeit von bedrohungsbezogenen Hinweisen" (Krohne, 2010, S. 143). Im Wartezimmer des Zahnarztes könnte man sich beispielsweise durch das Lesen von Illustrierten ablenken, man könnte über Kopfhörer Musik hören, um die Geräusche aus dem Behandlungszimmer nicht mitzubekommen, oder man könnte sich auch selbst gut zureden, dass die eigenen Zähne doch in einem guten Zustand sind und daher keine Behandlung notwendig sein wird.

Der persönlichkeitspsychologische Aspekt findet nun dadurch Eingang in das MBM, dass angenommen wird, dass Menschen sich habituell im Grad ihrer Toleranz gegenüber Unsicherheit und emotionaler Erregung unterscheiden (z. B. Krohne et al., 1992; vgl. dazu auch Roth & Cohen, 1986; Rothbart & Mellinger, 1972). Daraus folgt:

> Individuen, die Unsicherheit in Bedrohungssituationen (z. B. die Möglichkeit, „negativ" überrascht zu werden) besonders schlecht ertragen können, sollen vermehrt zu einer vigilanten Bewältigung dieses Zustands tendieren. Dagegen sollen Personen, die in aversiven Situationen

besonders durch emotionale (bzw. somatische) Erregung (oder die Antizipation eines Erregungsanstiegs) belastet werden, vermehrt kognitiv vermeidende Strategien der Bewältigung einsetzen. (Krohne, 2010, S. 145)

Diese Überlegung ist in Abbildung 4.4 wiedergegeben: *Unsicherheitsintoleranz* und *Erregungsintoleranz* werden auf der Ebene latenter Persönlichkeitseigenschaften als voneinander unabhängige Dimensionen postuliert. Dies ist im linken kartesischen Koordinatensystem dargestellt. Das rechte Koordinatensystem präsentiert die korrespondierenden Bewältigungs(ober)-strategien der Vigilanz und kognitiven Vermeidung. Dispositionelle Unsicherheitsintoleranz führt zur bevorzugten Verwendung vigilanter und dispositionelle Erregungsintoleranz zur bevorzugten Verwendung kognitiv vermeidender Bewältigungsverhaltensweisen.

Krohne (2010; vgl. auch Hock, 1999) diskutiert vigilantes und kognitiv vermeidendes Verhalten auch aus einer funktionalen Perspektive heraus, indem er die – kurz- und langfristigen – Kosten und Nutzen dieser Verhaltensweisen betrachtet:

> Die (vigilante) Zuwendung zu Hinweisreizen in einer aversiven Situation hat den Vorteil, möglicherweise Unsicherheit zu reduzieren bzw. „negative Überraschung" zu vermeiden, also sich zumindest subjektiv in der Lage zu fühlen, den weiteren Verlauf einer aversiven Konfrontation vorhersagen zu können. Dieser Vorteil wird jedoch damit erkauft, dass die Person sich mit einem großen Bereich von (auch vergleichsweise entfernten) Hinweisreizen auf Gefahren auseinandersetzt, wobei diese Reize vermehrt Angstreaktionen bei ihr auslösen. Die (kognitiv vermeidende) Abwendung von Hinweisreizen hat den Vorteil, dass diese Personen nur selten mit Hinweisreizen auf Gefahren konfrontiert werden, also über relativ lange Zeit in einem bedrohungs- und damit angstfreien Raum leben. Auf diese Weise vermeiden sie die Belastung durch zu hohe emotionale Erregung. Der Preis hierfür besteht darin, dass auf potenzielle Bedrohungen (z. B. bei Prüfungen oder Hinweisen auf Erkrankungen) nicht frühzeitig reagiert wird, so dass derartige Personen dann eventuell später mit derart starken und eindeutigen Stressoren konfrontiert werden, dass sie diese weder instrumentell noch emotionsregulierend bewältigen können. (Krohne, 2010, S. 145 f.).

Bei einer Beurteilung der Funktionalität oder Adaptivität von vigilantem und kognitiv vermeidendem Verhalten muss die Kontrollierbarkeit eines Ereignisses, die oft mit der zeitlichen Distanz zu diesem assoziiert ist, berücksichtigt werden (z. B. Hock, 1999; Krohne, 2010; vgl. auch Roth & Cohen, 1986). Für die Bewältigung einer Prüfungssituation mag mehrere Wochen vor der Prüfung vigilantes Verhalten nützlich sein, da dies dazu führt, dass die Person versucht, sich viele Informationen z. B. über den Ablauf der Prüfung zu besorgen und auch Schwierigkeiten, die in der Prüfung auftreten könnten, antizipiert und deren Bewältigung in Gedanken durchspielt. Dies sollte zu einer besseren Bewältigung, die sich auch in der Prüfungsnote widerspiegeln könnte, beitragen. Wenige Minuten vor der Prüfung ist die Möglichkeit, die Situation faktisch zu kontrollieren, hingegen sehr gering, weshalb in dieser Situation auch vigilantes Verhalten wenig effektiv sein sollte. Vielmehr besteht sogar eine Gefahr vigilanten Verhaltens unmittelbar vor der Prüfung darin, dass die Person in einen Zustand hoher emotionaler Erregung gerät, der (vermittels Besorgnisgedanken und der damit einhergehenden Bindung kognitiver Ressourcen) auch kognitive Leistungen in der Prüfungssituation beeinträchtigen kann. Unmittelbar vor einer Prüfung erscheint daher kognitiv vermeidendes Verhalten instrumentell adaptiver.

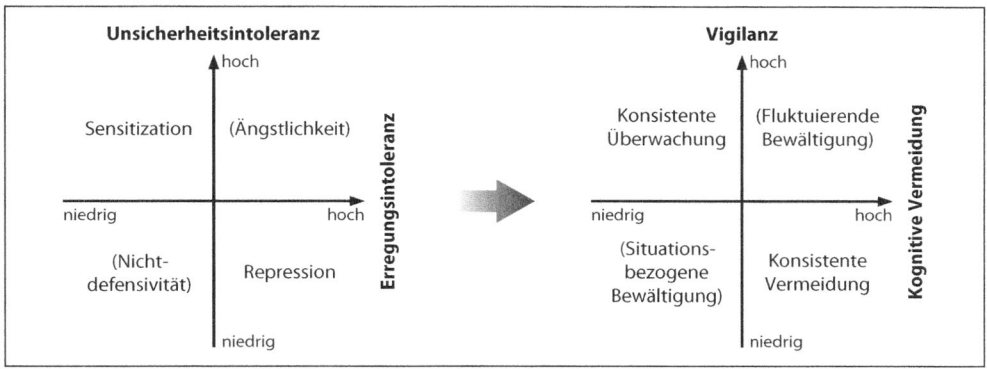

Abbildung 4.4 Die zentralen Dimensionen des Modells der Bewältigungsmodi (aus Krohne, 2010, S. 146).

Allerdings gibt es auch Situationen, in denen noch unmittelbar vor dem Ereigniseintritt ein hohes Maß an Vigilanz nützlich sein kann: Wenn man nachts allein durch die Stadt geht und sich aus einer Seitengasse suspekt wirkende Personen nähern, mag vigilantes Verhalten sehr nützlich sein, zum einen, um die Intention dieser Personen besser abschätzen zu können, zum anderen, um Fluchtmöglichkeiten aufzuspüren oder zu identifizieren, wo man in der Nähe Unterstützung erhalten könnte (vgl. Krohne & Egloff, 1999). In anderen Situationen wiederum, z. B. an Bord eines Passagierflugzeugs, das sich in Turbulenzen befindet, ist vigilantes Verhalten generell wenig nützlich, da sich der Situationsausgang der eigenen Kontrolle entzieht und auch mehr Informationen darüber, wie gefährlich die Turbulenzen tatsächlich sind, nicht zu einem besseren faktischen Ausgang der Situation beitragen können. (Gleichwohl mag es auch hier, um die persönlichen Folgen z. B. eines Flugzeugabsturzes gering zu halten, durchaus dienlich sein, sich mit den Notfallplänen und der Lage der Notausgänge vertraut zu machen.) Ob vigilantes oder kognitiv vermeidendes Verhalten – teleologisch betrachtet – funktionaler ist, lässt sich somit immer nur in Kenntnis der Situation bestimmen. Personen, die allerdings situationsinvariant eine starke Bevorzugung einer Klasse von Bewältigungsverhalten zeigen, verhalten sich weniger adaptiv als Personen, die relativ flexibel – je nach Situation – vigilante und kognitiv vermeidende Verhaltensweisen einzusetzen vermögen. Je nachdem, wie viel Erregung bzw. Unsicherheit eine Person tolerieren kann, mögen für zwei verschiedene Personen in derselben Situation aber auch verschiedene Ausprägungen vigilanten und kognitiv vermeidenden Verhaltens jeweils adäquater sein.

Ausgehend von den in Abbildung 4.4 dargestellten Dimensionen, lässt sich nun überlegen, durch welche Verhaltensweisen Personen mit unterschiedlichen Ausprägungskonstellationen hinsichtlich der Eigenschaften Unsicherheits- und Erregungsintoleranz gekennzeichnet sein sollten (vgl. z. B. Krohne, 1989, 2010; Krohne & Egloff, 1999; Krohne et al., 1992). Dabei werden vier Konstellationen bzw. Bewältigungsmodi unterschieden:

1. *Sensitizer.* Personen mit der Ausprägung „hohe Unsicherheitsintoleranz, niedrige Erregungsintoleranz" haben vor allem Schwierigkeiten, die Mehrdeutigkeit von Bedrohungssituationen auszuhalten, und sind vordringlich bemüht, „ein kognitives Schema der zu erwartenden Gefährdung zu konstruieren, um auf diese Weise ,negative Überraschung'

zu vermeiden. Deshalb manifestieren sie ein vergleichsweise *konsistent überwachendes* [Hervorhebung im Original] Verhalten gegenüber bedrohungsbezogener Information" (Krohne, 2010, S. 146). Zwar steigt aufgrund der Vigilanz und der damit einhergehenden vermehrten Information über (potentielle) Gefahren auch die emotionale Erregung bei diesen Personen an, da sie diese aber recht gut aushalten können, stabilisiert sich dennoch das konsistent überwachende Verhalten. Entsprechend kann man diese Personen als *konsistent Vigilante* oder – der traditionellen Terminologie folgend – als *Sensitizer* bezeichnen.

2. *Represser.* Personen mit der entgegengesetzten Konfiguration, also „niedrige Unsicherheitsintoleranz, hohe Erregungsintoleranz", sind dadurch gekennzeichnet, dass sie die emotionale (somatische) Erregung, die sich bei der Konfrontation mit Bedrohungsreizen einstellt, nicht ertragen können. Entsprechend vermeiden sie derartige Reize bzw. ziehen ihre Aufmerksamkeit von ihnen – sobald sie diese als bedrohlich identifiziert haben – möglichst schnell wieder ab. Als Nebeneffekt verfügen sie somit natürlich über wenig Information bezüglich potentiell bedrohlicher Situationen und können schlecht antizipieren, was auf sie zukommen wird. Da sie mit dieser Unsicherheit allerdings kein Problem haben, zeigen sie relativ stabil *überwiegend kognitiv vermeidendes Verhalten*, weshalb sie als *konsistente Vermeider* oder – wieder der traditionellen Benennung folgend – als *Represser* bezeichnet werden.

3. *Nichtdefensive/Niedrigängstliche.* Individuen, die die Konstellation „niedrige Unsicherheitsintoleranz, niedrige Erregungsintoleranz" aufweisen, wurden im Rahmen des MBM ursprünglich als flexible bzw. *situationsbezogene Bewältiger* betrachtet:

> The mode of flexible use of strategies ("nondefensiveness") is characterized by a marked orientation toward whatever situational requirements prevail at any given time. According to our model, these people would essentially only use cognitive avoidance in situations that were uncontrollable. They would only react with vigilance in situations where controllability could be increased by taking in additional information. (Krohne, 1989, S. 238)

Ihre relativ hohe Toleranz gegenüber Unsicherheit und gegenüber emotionaler Erregung sollte diese Personen in die Lage versetzen – ohne den Druck, den Represser und Sensitizer aufgrund ihrer Intoleranzen verspüren –, die adaptivste Strategie auszuwählen und diese auch lange genug beizubehalten, um ihre Wirksamkeit zu evaluieren. „Sie sollten also ein vergleichsweise umfangreiches Bewältigungsrepertoire besitzen, aus dem sie flexibel das in der jeweiligen Situation passende Verhalten auswählen" (Krohne & Egloff, 1999, S. 18). Entsprechend der traditionellen Terminologie handelt es sich bei diesen Personen um *Nichtdefensive* oder auch um *Niedrigängstliche* (z. B. Hock, 1999; vgl. Abbildung 4.1).

In späteren Ausführungen zum MBM wird allerdings eingeräumt, dass die Gruppe der sogenannten Nichtdefensiven durchaus heterogener als vermutet sein kann (z. B. Krohne, 2010). So könne diese Gruppe – neben den oben beschriebenen situationsbezogenen Bewältigern – auch Personen umfassen, die *hyporesponsiv* gegenüber Bedrohungsreizen sind, also überhaupt nicht sensitiv auf die Mehrdeutigkeit von Situationen und auf emotionale Erregung reagieren (Krohne, 2010).

> Dementsprechend sollten sie auch kein auf die Verarbeitung dieser Situation bezogenes Bewältigungsverhalten zeigen. Ihnen fehlen damit Mechanismen, die im Grunde adap-

tiv sind im Hinblick auf Auseinandersetzungen mit aversiven Situationen, nämlich die Beachtung externer und interner Hinweisreize auf eine sich entwickelnde Gefährdung. (Krohne, 2010, S. 147)

Während nach der ursprünglichen Konzeption die Nichtdefensiven als Gruppe besonders „kompetenter" flexibler Bewältiger erschienen, wird nun also auch die Möglichkeit gesehen, dass es sich bei einem Teil dieser Personen um besonders „inkompetente" Nichtbewältiger handelt. Diese verspüren zwar – aufgrund ihrer Nichtresponsivität gegenüber Bedrohungssignalen – gar kein Bedürfnis, Angst zu reduzieren, verfügen vermutlich aber auch über kein adäquates Repertoire an Bewältigungsverhaltensweisen. Eine genauere Analyse dieser Personengruppe steht im Rahmen des MBM allerdings noch aus (Krohne, 2010).

4. *Ängstliche/Hochängstliche.* Die letzte Gruppe ist durch die Ausprägungskombination „hohe Unsicherheitsintoleranz, hohe Erregungsintoleranz" gekennzeichnet. Da es jedoch nicht möglich ist, gleichzeitig das Erleben von Unsicherheit/Besorgnis und von körperlicher Erregung/Emotionalität zu reduzieren, befinden sich diese Personen in einem Dilemma: Wenden sie vigilante Verhaltensweisen an, verstärkt sich aufgrund der vermehrt aufgenommenen Bedrohungsreize die emotionale Erregung; nutzen sie kognitiv vermeidende Strategien, um die emotionale Erregung zu verringern, nimmt hingegen die erlebte Unsicherheit zu. Keinen der beiden Zustände können diese Personen tolerieren. Als Folge sollten sie rasch zwischen vigilanten und kognitiv vermeidenden Bewältigungsstrategien wechseln, also eine *fluktuierende Bewältigung* an den Tag legen. Aufgrund des raschen Wechsels der Bewältigungsstrategien erleben diese Personen i. d. R. auch nicht das Einsetzen positiver Effekte hinsichtlich zumindest entweder der erlebten Unsicherheit oder der emotionalen Erregung, da diese Effekte erst eintreten, wenn eine Strategie eine gewisse Zeit lang aufrechterhalten wurde (Krohne, 2010). Folglich können sie gar nicht die Kompetenz erwerben, gezielt adäquate Bewältigungsstrategien auszuwählen. Diese unsystematisch zwischen der Anwendung vigilanter und kognitiv vermeidender Strategien schwankenden Personen werden im Rahmen des MBM auch als *erfolglose Bewältiger* bezeichnet (z. B. Krohne, 2010). In Anlehnung an die traditionelle Terminologie sind dies die *Ängstlichen* (z. B. Krohne & Egloff, 1999) bzw. *Hochängstlichen* (z. B. Hock, 1999; Krohne, 1989).

Ähnlich wie die Gruppe der Nichtdefensiven/Niedrigängstlichen ist auch die Gruppe der Ängstlichen/Hochängstlichen vermutlich nicht so homogen, wie es ursprünglich (z. B. Krohne, 1989) angenommen wurde. Laux und Glanzmann (1996) bezweifeln, dass sich das Verhalten „erfolgloser Bewältiger" dauerhaft stabilisiert, und postulieren eine dynamische Person-Umwelt-Interaktion. Sie fragen,

> ob das permanente erfolglose Bewältigen mit der Konsequenz von Angststeigerungen den Hochängstlichen oder ihrer Umwelt nicht irgendwann zum Problem wird und sie veranlaßt, ihre Daseinsbewältigung wirksamer zu gestalten. Umgekehrt wäre auch denkbar, daß zumindest einige Hochängstliche aufgrund der negativen Spirale von Angsterhöhung und inadäquäter [*sic*] Bewältigung allmählich in den Bereich klinischer Angst hineingleiten. Kurzum: Es ist schwer vorstellbar, daß sich eine Serie jahrelanger ineffizienter Bewältigungsbemühungen gar nicht – weder positiv noch negativ – auf die Eigenschaft „Ängstlichkeit" auswirken sollte, die doch in den entsprechenden Ansätzen zudem als Niederschlag bisheriger Bewältigungserfahrungen konzipiert ist! (Laux & Glanzmann, 1996, S. 142)

Krohne (2010) greift diese Überlegung auf. Zwar belegt er, dass unadaptives Bewältigungsverhalten sich bei einigen Personen auch stabilisieren kann, gleichwohl räumt er ein:

> Vermutlich ist aber der im Modell „ängstlich" genannte Modus hinsichtlich seiner Zusammensetzung ebenso inhomogen wie die „nichtdefensiv" genannte Gruppe. Neben „klinisch ängstlichen" Personen könnte die Konfiguration Individuen umfassen, deren Daseinsbewältigung etwa darin besteht, dass sie Situationen, die in der Vergangenheit zu Unsicherheit oder emotionaler Erregung geführt haben, weitgehend meiden. Derartige Personen sollen sich stark vor anderen verschließen und, bei vorzugsweisem Einsatz kognitiver Bewältigungsoperationen, eine insgesamt geringe Rate offenen Verhaltens zeigen. Daneben wäre es auch denkbar, dass diese Gruppe Personen enthält, die im Laufe der Zeit gelernt haben, vigilante wie auch vermeidende Strategien in systematischerer, also situationsbezogenerer Weise einzusetzen. (Krohne, 2010, S. 148)

Es ist festzuhalten, dass also auch im MBM nur die Gruppen der Represser und Sensitizer klar umrissen und relativ homogen sind. Die als nichtdefensiv/niedrigängstlich und als (hoch-)ängstlich bezeichneten Gruppen zerfallen bei genauerer Analyse in weitere Untergruppen. Dies hat Konsequenzen für die Hypothesenbildung im Rahmen des MBM, worauf ich später zurückkommen werde.

4.2.2.2 Operationalisierung

Zur Erfassung der Dimensionen Vigilanz und kognitive Vermeidung bzw. der vier Bewältigungsmodi des MBM wurde ein eigenständiges Instrument entwickelt, das *Angstbewältigungs-Inventar* (ABI; Egloff & Krohne, 1998; Krohne & Egloff, 1999; zu der englischen Version, dem *Mainz Coping Inventory*, siehe Krohne et al., 2000; vgl. auch Fußnote 24). Es hebt sich von den bisher behandelten Operationalisierungen von Bewältigungsverhalten (vgl. Abschnitt 4.1 zur Repression-Sensitization-Skala und Abschnitt 4.2.1 zur Kreuzklassifikation von Ängstlichkeit und sozialer Erwünschtheit) nicht nur durch seine theoretische Fundierung ab (vgl. Abschnitt 4.2.2.1), sondern auch dadurch, dass in diesem Inventar nach konkreten situativen Verhaltensweisen gefragt wird.

Ziel des ABI ist es nicht, die Dimensionen der Unsicherheits- und der Erregungsintoleranz zu erfassen, sondern es werden die Angstbewältigungsstrategien *Vigilanz* und *kognitive Vermeidung* erhoben (vgl. Abbildung 4.4). Das ABI ist als Stimulus-Response-Inventar konstruiert, d. h., den Testanden werden insgesamt acht kurze Beschreibungen fiktiver bedrohlicher Situationen (Bedrohungsszenarien) vorgelegt, in die sie sich hineinversetzen bzw. die sie sich vorstellen sollen. Zu jedem dieser Szenarien werden zehn konkrete Verhaltensweisen (Reaktionsmöglichkeiten) beschrieben.[24] Die Testanden haben zu jeder Reaktionsmöglichkeit anzugeben, ob sie diese in der Bedrohungssituation ausüben würden oder nicht (*trifft zu* vs. *trifft nicht zu*). Dabei sind jeweils fünf der Aussagen vigilantem und fünf weitere kognitiv vermeidendem Verhalten zuzuordnen. In Tabelle 4.1 sind beispielhaft zwei Szenarien und jeweils sechs der zehn Reaktionsmöglichkeiten dargestellt.

---

24 Eine frühe Version des Angstbewältigungs-Inventars, die von Krohne, Schumacher und Egloff (1992) als Forschungsbericht publiziert wurde, umfasste 18 Reaktionsmöglichkeiten pro Szenario. Auf diese frühe Version wird hier nicht weiter eingegangen.

Entsprechend den in der Angstbewältigungsforschung herausgehobenen beiden großen Gruppen von Gefahrensituationen beschreiben die acht Szenarien zur Hälfte *selbstwertbedrohliche* Situationen (öffentliches Sprechen, Prüfung, Stellenbewerbung und Fehler bei der Arbeit) und zur Hälfte *physisch bedrohliche* Situationen (Zahnarzt, sich spätabends aus einer Seitengasse nähernde Menschengruppe, ungeübter Autofahrer, unruhiger Flug; Krohne & Egloff, 1999). In Tabelle 4.1 ist je ein Szenario für die beiden Situationsgruppen enthalten. Durch eine Separierung der selbstwertbedrohlichen und der physisch bedrohlichen Szenarien können – durch getrenntes Aufsummieren der Zustimmung zu den vigilanten (VIG) und kognitiv vermeidenden (KOV) Reaktionsmöglichkeiten – insgesamt vier Untertestscores berechnet werden: Vigilanz (VIG-P) und kognitive Vermeidung (KOV-P) bezüglich physischer Bedrohung sowie Vigilanz (VIG-E) und kognitive Vermeidung (KOV-E) bezüglich Selbstwertbedrohung (E steht für „ego threat"). Die Aggregierung von physisch bedrohlichen und selbstwertbedrohlichen Szenarien führt zu den Gesamtscores für Vigilanz (VIG-T) und kognitive Vermeidung (KOV-T).

Tabelle 4.1 Zwei Beispielsituationen und einige der Reaktionsmöglichkeiten aus dem Angstbewältigungs-Inventar (ABI; Krohne & Egloff, 1999)

[Physisch bedrohliches Szenario „Zahnarzt"]

Stellen Sie sich vor, daß Sie längere Zeit nicht beim Zahnarzt waren und jetzt in seinem Wartezimmer sitzen, weil Sie Beschwerden mit den Zähnen haben.

In dieser Situation …

1.	… stelle ich mir vor, daß es ziemlich unangenehm werden kann.	[VIG]
2.	… sage ich mir, daß der Zahnarzt die Ursache für die Zahnschmerzen wahrscheinlich gut und schnell behandeln kann.	[KOV]
3.	… bleibe ich ganz entspannt.	[KOV]
4.	… lese ich mir im Wartezimmer aufmerksam die Informationsblätter über Zahnerkrankungen und Behandlungen durch.	[VIG]
5.	… überlege ich, ob bei der Zahnbehandlung (z. B. beim Bohren) vielleicht was schiefgehen kann.	[VIG]
⋮		
10.	… überlege ich, ob wohl eine Behandlung ausreichen wird, oder ob noch eine Reihe von Behandlungen folgt.	[VIG]

[Selbstwertbedrohliches Szenario „Prüfung"]

Stellen Sie sich vor, daß Sie am nächsten Morgen eine wichtige Prüfung haben.

In dieser Situation …

1.	… stelle ich mir vor, daß ich durch unerwartete Fragen überrascht werden könnte.	[VIG]
2.	… beschäftige ich mich nicht mehr mit der Prüfung, sondern mache etwas anderes (gehe z. B. ins Kino).	[KOV]
3.	… erinnere ich mich an frühere Prüfungen.	[VIG]
4.	… bleibe ich ruhiger als viele meiner Bekannten.	[KOV]
5.	… sage ich mir, daß die Prüfung wohl einen fairen Verlauf nehmen wird.	[KOV]
⋮		
10.	… überlege ich, was ich tun kann, falls ich mit einigen Fragen nicht so gut zurechtkomme.	[VIG]

Anmerkungen. VIG = vigilante Strategie, KOV = kognitiv vermeidende Strategie. Die Anmerkungen in eckigen Klammern sehen die Testanden nicht.

Bei der Konstruktion der Szenarien wurde u. a. darauf Wert gelegt, dass die Vorhersagbarkeit und die Kontrollierbarkeit der Situationen bzw. Situationsausgänge zwischen den Szenarien variieren. Dies ist eine notwendige Voraussetzung, um Rückschlüsse auf transsituativ konsistente Bewältigungsdispositionen zu ermöglichen, da beispielsweise bei sehr wenig kontrollierbaren Situationen kognitive Vermeidung und bei sehr kontrollierbaren Situationen vigilantes Verhalten stets adaptiver wäre (vgl. die Ausführungen auf S. 122 f.), so dass bei konstant hoher bzw. konstant niedriger Kontrollierbarkeit der Szenarien nicht zwischen situationsadäquater (flexibler) Bewältigung und konsistenter habitueller Präferenz für eine Bewältigungsstrategie unterschieden werden könnte.

4.2.2.3 Kritische Punkte

Gegenüber den bisherigen Klassifizierungsansätzen (Byrne, 1961; Krohne & Rogner, 1985; Weinberger & Schwartz, 1990; Weinberger et al., 1979) haben das MBM sowie dessen Operationalisierung, das ABI, sicherlich den Vorzug, dass sie stringenter aus – empirisch unterfütterten – psychologischen Modellen abgeleitet sind. Dennoch sollen auch kritische Punkte nicht unerwähnt bleiben. So gelingt es auch dem MBM nicht, alle Schwachpunkte, die z. B. am Ansatz von Weinberger et al. (1979) kritisiert wurden, zu beheben.

Einer der Kritikpunkte am Weinberger-Ansatz war, dass die Gruppe der Defensiv-Hochängstlichen recht unbestimmt bleibt und es daher schwerfällt, für diese Gruppe Hypothesen aufzustellen. Wie in Abschnitt 4.2.2.1 dargestellt, muss allerdings auch im Rahmen des MBM angenommen werden, dass die Ängstlichen/Hochängstlichen keine homogene Gruppe bilden. Ebenso heterogen scheint im MBM die Gruppe der Nichtdefensiven/Niedrigängstlichen zu sein, die sich sowohl aus „kompetenten Bewältigern" als auch aus „inkompetenten Nichtbewältigern" zusammensetzen könnte. Dies macht es auch bei Zugrundelegung des MBM schwierig, wenn nicht gar unmöglich, dezidierte Hypothesen für diese beiden Gruppen aufzustellen. Wenn also Krohne (z. B. 2010) an der Anwendung des Weinberger-Ansatzes kritisiert, dass die Gruppe der Defensiv-Hochängstlichen – mutmaßlich aufgrund fehlender Hypothesen für diese Gruppe – von der Datenanalyse häufig ausgeschlossen wurde (z. B. bei Calvo & Eysenck, 2000; Newton & Contrada, 1992; Weinberger et al., 1979), so ist das analoge Vorgehen, nämlich das Ausschließen der Ängstlichen/Hochängstlichen, auch bei Studien, die das MBM zugrunde legen, zu konstatieren (z. B. Hock & Krohne, 2004). Wie u. a. Kohlmann (1997) ausführlich dargelegt hat (vgl. auch Hock, 1999), mag dieses Vorgehen im Rahmen eines Typenansatzes gerechtfertigt erscheinen. Im Rahmen dimensionaler Konzeptionen – und eine solche soll das MBM ausdrücklich sein – ergibt sich jedoch die Schwierigkeit, dass Gruppenunterschiede nicht mehr eindeutig auf spezifische Charakteristika der Bewältigungsgruppen zurückzuführen sind, sondern auch auf einfachen Haupteffekten *einer* Dimension beruhen können.

Die im Rahmen des MBM unbefriedigende Konzeption der Nichtdefensiven und Ängstlichen mag auch der Grund dafür sein, dass in neueren Darstellungen des MBM (z. B. Krohne, 2010, S. 146) diese Gruppen häufig nur noch eingeklammert auftauchen (vgl. auch Abbildung 4.4). Dadurch wird allerdings der Mehrwert einer zwei- gegenüber einer eindimensionalen Betrachtungsweise zumindest relativiert. In Abschnitt 7.2.3 (S. 189 ff.) werde ich eine Möglichkeit vorstellen, die beiden Dimensionen Vigilanz und kognitive Vermeidung auf eine Vigilanz-Vermeidungs-Dimension zu reduzieren. Dieses Vorgehen greift die Konzeptionen von J. E. Gordon (1957) und Byrne (1961) – allerdings mit verbesserter Operationalisierung und auf einer fundierteren theoretischen Basis – wieder auf.

Ausgehend von der Annahme, dass sich bezüglich der Verwendung vigilanten und kognitiv vermeidenden Bewältigungsverhaltens Personentypen unterscheiden lassen, führten Schmukle, Egloff und Krohne (2000) eine Latent-Class-Analyse des ABI durch. Dabei stellte sich heraus, dass neben einer möglichen 4-Klassen-Lösung eine 5-Klassen-Lösung sehr wahrscheinlich ist. In dieser letzteren Klassifikation zerfällt die Gruppe der Ängstlichen/Hochängstlichen in zwei sogenannte „semi-konsistente" Klassen.[25] Die erste semi-konsistente Klasse zeichnet sich durch die Bevorzugung vigilanter Verhaltensweisen in selbstwertbedrohlichen und kognitiv vermeidender Verhaltensweisen in physisch bedrohlichen Situationen aus, die zweite semi-konsistente Gruppe zeigt das entgegengesetzte Muster (kognitive Vermeidung bei Selbstwertbedrohung, Vigilanz bei physischer Bedrohung). Nun unterscheiden sich die physisch und die selbstwertbedrohlichen Situationen im ABI nicht nur darin, worauf die Bedrohung abzielt, sondern auch dadurch, dass die selbstwertbedrohlichen Situationen deutlich kontrollierbarer sind als die physisch bedrohlichen. Da, wie oben ausgeführt, vigilantes Verhalten dann adaptiv ist, wenn die Situation relativ kontrollierbar ist, könnte man die erste semi-konsistente Klasse nach Kohlmann (1997, S. 39) auch als „Angepasst-Flexible" bezeichnen, die zweite semi-konsistente Klasse hingegen als „Passung-Verfehlende". Die von Schmukle et al. (2000) vorgeschlagene 5-Klassen-Lösung wurde meines Wissens bisher jedoch in keiner weiteren Arbeit aufgegriffen bzw. zur Einteilung von Bewältigungsgruppen herangezogen.

Im Rahmen des MBM wird impliziert, dass die Dispositionen Vigilanz und kognitive Vermeidung voneinander unabhängig variieren. In der Normierungsstichprobe des ABI sind KOV-T und VIG-T auch tatsächlich nur schwach bis moderat miteinander korreliert, $r(761) = -.24$. In vielen Studien fällt der Zusammenhang zwischen Vigilanz und kognitiver Vermeidung jedoch deutlich höher aus (z. B. Hock & Egloff, 1998). In der Gesamtstichprobe der im Rahmen der vorliegenden Arbeit durchgeführten Experimente (Experimente 1 bis 8) beträgt die manifeste Korrelation immerhin $r(972) = -.40$, 95%-Konfidenzintervall $[-.45; -.35]$. (Die Subskalen KOV-P und VIG-P, die in den Experimenten 3 und 4 verwendet wurden, korrelierten sogar zu $|r| > .50$.) Somit erscheint es nicht mehr uneingeschränkt gerechtfertigt, von der Unabhängigkeit der durch KOV-T und VIG-T erfassten Konstrukte zu sprechen und diese auch statistisch so zu behandeln, als wären sie unkorreliert.

Insgesamt lässt sich festhalten, dass das MBM zwar einen deutlichen Fortschritt gegenüber dem Weinberger-Ansatz darstellt, aber dennoch – bezogen auf die Gruppen der Nichtdefensiven und Ängstlichen – konzeptuell noch viele Fragen offenlässt. Diese ungeklärten konzeptuellen Punkte übertragen sich dementsprechend auf die Operationalisierung mit dem ABI. Beim ABI kommt allerdings noch das Problem hinzu, dass der Status der Orthogonalität der Bewältigungsvariablen Vigilanz und kognitive Vermeidung ungeklärt ist.

4.2.3 Vergleich von Weinberger-Ansatz und MBM

In Kapitel 5 werden Studien vorgestellt, die entweder den Weinberger-Ansatz oder das ABI zur Bestimmung der Bewältigungsgruppen verwendet haben. Daher erscheint es sinn-

---

25 Nach Schmukle et al. (2000) ist die Übereinstimmung zwischen der herkömmlichen Klasseneinteilung (Medianisierung und Kreuzklassifikation der Werte auf den Skalen für Vigilanz und kognitive Vermeidung) und der 5-Klassen-Lösung dennoch als hoch einzustufen, Cramers $V = .67$, Kontingenzkoeffizient $C = .76$.

voll, zu betrachten, wie gut diese Klassifizierungen übereinstimmen, und eine einheitliche Terminologie für die Bewältigungsgruppen festzulegen.

Egloff und Hock (1997; vgl. auch Krohne & Egloff, 1999) haben einen empirischen Vergleich der Klassifikationen nach dem Weinberger-Ansatz (Weinberger et al., 1979) und dem ABI durchgeführt. Dazu wurden für jeden Ansatz die beiden kontinuierlichen Variablen am Median dichotomisiert und anschließend kreuzklassifiziert. Die beiden so entstandenen 4-Gruppen-Klassifikationen (vgl. Tabelle 4.2) wurden wiederum kreuzklassifiziert. Eine Analyse der resultierenden Kontingenztafel ergab insgesamt eine substantielle Übereinstimmung der beiden Ansätze bei der Zuordnung der Personen in korrespondierende Klassen. Vor allem die Übereinstimmung bei der Einteilung der Represser und der Sensitizer (bzw. Hochängstlichen in der Terminologie des Weinberger-Ansatzes) fiel hoch aus. Auch die Übereinstimmung bei der Zuordnung der Personen in die Gruppe der Niedrigängstlichen bzw. Nichtdefensiven war substantiell, wenn auch nicht so hoch wie für die Gruppen der Represser und Sensitizer. Bezüglich der Gruppen der Defensiv-Hochängstlichen und der Ängstlichen ergab sich allerdings keine überzufällige Übereinstimmung. Wesentlich ist ferner, dass es nur relativ wenige Represser-Sensitizer-Fehlklassifikationen gab. (Zur methodischen Kritik bezüglich der Konvergenzbestimmung der beiden Ansätze bei Egloff & Hock, 1997, siehe Mendolia, 1999, sowie die Entgegnung von Egloff & Hock, 1999).

Da das ABI explizit etwas anderes messen soll als der Weinberger-Ansatz, aber dennoch beide Operationalisierungen ihre Beziehungen zum Repression-Sensitization-Konstrukt betonen, würde man zwischen beiden Klassifikationen auch nur eine moderate konvergente Validität erwarten bzw. sich wünschen. Diese scheint nach Egloff und Hock (1997; auch Krohne & Egloff, 1999) gegeben zu sein, so dass man postulieren kann, dass mit beiden Ansätzen zwar unterschiedliche Konstrukte erfasst werden, dennoch aber ausreichend Konsistenz in der Einteilung besteht, um Ergebnisse, die mit einem der beiden Ansätze gewonnen wurden, vergleichen zu können. Dies gilt besonders für die – im Rahmen der Theorien auch herausgehobenen und oft primär interessierenden – Gruppen der Represser und Sensitizer.

Um Befunde, die mit den Klassifikationen des Weinberger-Ansatzes bzw. des ABI gewonnen wurden, einheitlicher und einfacher präsentieren zu können, ist es nützlich, eine einheitliche Bezeichnung der Gruppen, die für beide Ansätze genutzt wird, einzuführen (vgl. Hock, 1999, für ein ähnliches Vorgehen). Daher sind in Tabelle 4.2 noch einmal die

Tabelle 4.2 Gegenüberstellung der Klassifikationen und Bezeichnungen der Bewältigungsgruppen im Weinberger-Ansatz und nach dem Angstbewältigungs-Inventar (ABI) sowie eine einheitliche Bezeichnung zur Verwendung in der vorliegenden Arbeit

Weinberger-Ansatz		Angstbewältigungs-Inventar		Einheitliche Bezeichnung
Klassifikation	Bezeichnung	Klassifikation	Bezeichnung	(und Abkürzung)
SE− Ä−	Niedrigängstliche	KOV− VIG−	Nichtdefensive	Niedrigängstliche (NÄ)
SE− Ä+	Hochängstliche	KOV− VIG+	Sensitizer	Sensitizer (S)
SE+ Ä−	Represser	KOV+ VIG−	Represser	Represser (R)
SE+ Ä+	Defensiv-Hochängstliche	KOV+ VIG+	Ängstliche	Hochängstliche (HÄ)

Anmerkungen. SE = soziale Erwünschtheit, Ä = Ängstlichkeit, KOV = kognitive Vermeidung, VIG = Vigilanz, + = hohe Ausprägung, − = niedrige Ausprägung.

Klassifikationsansätze sowie die Gruppenbezeichnungen nach dem Weinberger-Ansatz und nach dem ABI gegenübergestellt. In der letzten Spalte der Tabelle finden sich die einheitlichen Bezeichnungen, die im Folgenden in der vorliegenden Arbeit für die Benennung der Gruppen beider Ansätze verwendet werden. Selbstverständlich wird zu jeder Studie, die berichtet wird, angegeben, auf welchem Klassifikationsansatz sie beruht. Im folgenden Kapitel werden angstbewältigungsspezifische Unterschiede in der Erinnerung an bedrohliche Inhalte, die unter Verwendung des Weinberger-Ansatzes bzw. des ABI ermittelt wurden, dargestellt.

5   Angstbewältigung und Erinnerung

Der Zusammenhang zwischen Angstbewältigung – speziell Repression – und der Erinnerung an bedrohliche Erlebnisse bzw. Information beschäftigt die Psychologie schon lange und ist auch bereits ein fundamentaler Bestandteil des persönlichkeitspsychologischen Repression-Sensitization-Konstrukts (vgl. Abschnitt 4.1; vgl. z. B. auch Byrne, 1961; Eriksen, 1952a, 1952b, 1954, 1966; Holmes, 1974; Rosenzweig & Mason, 1934). Frühe experimentelle Untersuchungen zu diesem Thema beschränkten sich i. d. R. auf die Erinnerung an selbstwertbedrohliches Material, wobei Selbstwertbedrohung meistens – in enger Anlehnung an psychoanalytische Angsttheorien – durch die Konfrontation mit Material gesellschaftlich tabuisierten sexuellen und aggressiven Inhalts ausgelöst oder aber dadurch induziert werden sollte, dass Aufgaben nicht beendet werden konnten bzw. Misserfolgsrückmeldungen gegeben wurden (vgl. z. B. Derakshan & Eysenck, 1997; Hock, 1999, S. 98 ff.).

Auf eine ausführliche Darstellung dieser Forschungstradition wird hier verzichtet. Stattdessen soll als Ausgangspunkt für die folgenden Erörterungen eine Reihe von Untersuchungen dienen, die P. J. Davis und Kollegen (zusammenfassend P. J. Davis, 1990) Ende der 1980er Jahre veröffentlicht haben (Abschnitt 5.1). In diesen Studien wurden Erinnerungsunterschiede zwischen Repressern und Nichtrepressern für emotionale autobiographische Erlebnisse untersucht. Auch wenn diese Studien einige methodische Schwachpunkte aufweisen, sind sie in diesem Kontext bedeutsam, da sie viele weitere Forschungsarbeiten angeregt haben. Den Arbeiten von P. J. Davis und Kollegen sowie den meisten neueren Arbeiten ist gemein, dass sie – wenngleich oft implizit – von einer *Kontinuität der Erinnerungsunterschiede* zwischen Repressern und Sensitizern/Nichtrepressern ausgehen. Daher werden in Abschnitt 5.2 die Kontinuitätsannahme sowie vor dem Hintergrund dieser Annahme aufgestellte Erklärungsansätze für die Erinnerungsunterschiede erörtert. In jüngerer Zeit haben Hock und Krohne (2004) die Annahme einer *Diskontinuität der Erinnerungsunterschiede* für frühe versus späte Erinnerungszeitpunkte eingeführt. Diese Diskontinuitätsannahme wird in Abschnitt 5.3 erläutert. Ferner wird dort die bislang für das Phänomen der Diskontinuität vorgeschlagene Erklärung vorgestellt und diskutiert.

Da, wie dargestellt werden wird, die bisherigen Erklärungsansätze die Diskontinuität der Erinnerungsunterschiede zwischen Repressern und Sensitizern nicht befriedigend erklären können, wird in Abschnitt 5.4 ein *Zwei-Prozess-Modell* entwickelt. Dieses neue Modell, das im Rahmen der vorliegenden Arbeit überprüft werden soll, bietet eine Erklärung für die Diskontinuität der Erinnerungsunterschiede und geht zudem explizit auf die zugrunde liegenden kognitiven Mechanismen ein.

5.1   Ausgangspunkt: Autobiographische Erinnerungen

Die erste Publikation in der Studienreihe von P. J. Davis stammt von P. J. Davis und Schwartz (1987). Auf Grundlage des Ansatzes von Weinberger et al. (1979) wählten P. J. Davis und Schwartz drei Extremgruppen von je 10 erwachsenen weiblichen Repressern, Sensitizern und Niedrigängstlichen aus (auch in den weiteren hier vorgestellten Studien von P. J. Davis wurde der Weinberger-Ansatz verwendet). Diese Probanden wurden aufgefordert, zu fünf verschiedenen spezifischen Emotionen (Freude, Trauer, Ärger, Furcht und Verwunderung) für je 4 Minuten Erinnerungen aus ihrer Kindheit (bis zum Alter von 14 Jahren) abzurufen und kurz zu beschreiben. P. J. Davis und Schwartz registrierten – getrennt für die Emotionen – die Anzahl der Erinnerungen sowie das Alter, zu welchem die früheste Erinnerung vorlag. Represser erinnerten für alle Emotionen weniger Kindheitserlebnisse als Sensitizer und Niedrigängstliche. Erwartungsgemäß war dieser Unterschied am ausgeprägtesten für Furcht und Ärger, die unter den fünf verwendeten Emotionen als am stärksten selbstwertbedrohlich interpretiert werden können, da sie dem eigenen „Idealselbst" mehr widersprechen als z. B. Trauer oder Verwunderung.[26] Bezüglich Furcht und Ärger war – im Vergleich zu Sensitizern und Niedrigängstlichen – für Represser auch das Alter, zu dem die früheste Erinnerung vorlag, am deutlichsten erhöht. Entsprechend folgern P. J. Davis und Schwartz, dass negative emotionale Erinnerungen bei Repressern verglichen mit Nichtrepressern schlechter zugänglich sind.

In dieser Studie von P. J. Davis und Schwartz (1987) sollten die Probanden zu jeder Erinnerung zusätzlich deren emotionale Intensität angeben, und zwar sowohl die emotionale Intensität zum Zeitpunkt des aktuellen Abrufs als auch – retrospektiv – für den Zeitpunkt des ursprünglichen Erlebens. Wie die Autoren feststellen, stuften Represser im Vergleich zu Niedrigängstlichen ihre negativen Erlebnisse für keinen der beiden Zeitpunkte als weniger intensiv ein. In Verbindung mit dem Befund, dass Represser aber am wenigsten negative emotionale Erinnerungen berichteten, folgern P. J. Davis und Schwartz, dass Repression bei Repressern als „Alles-oder-nichts-Mechanismus" operiert: „It is not that experiences are recalled, but with less intensity; more simply, they are either recalled or not" (P. J. Davis & Schwartz, 1987, S. 160). Ferner folgern die Autoren, dass Stimmungskongruenzeffekte (vgl. Bower, 1981; auch Abschnitt 3.2.1.3 sowie S. 85), die zum Zeitpunkt des Abrufs wirksam werden, nicht für die Erinnerungsunterschiede verantwortlich sein können, da sich die Bewältigungsgruppen in ihrer aktuellen Stimmung zum Zeitpunkt des Erinnerungsabrufs nicht signifikant unterschieden.[27]

Mit einer weiteren Untersuchung konnte P. J. Davis (1987, Studie 1) belegen, dass Represser nur für Kindheitserlebnisse, von denen *sie selbst* emotional betroffen waren, im Vergleich zu den anderen Gruppen weniger Erinnerungen berichteten. Für Erlebnisse, die *andere Personen* (z. B. Geschwister, Freunde, Eltern) betrafen, gaben Represser nicht weniger, sondern im Vergleich zu Sensitizern und Niedrigängstlichen sogar mehr Erinnerungen emotionalen Inhalts an. Somit scheint das Erinnerungsdefizit der Represser spezifisch für *selbstrelevante* aversive Erlebnisse zu sein (zur Rolle der Selbstrelevanz vgl. z. B. Fujiwara, Levine & Anderson, 2008; Mendolia, Moore & Tesser, 1996).

---

26 Abweichend von dieser Interpretation zielt die Erklärung, die P. J. Davis (1987, 1990) selbst angibt, darauf ab, dass Represser vor allem Erlebnisse schlechter abrufen können, bei denen sich die Aufmerksamkeit anderer Personen in einer bedrohlichen, bewertenden Weise auf die eigene Person (das eigene Selbst) gerichtet hat. Wie Egloff (1997, S. 48) anführt, kann diese Argumentation aber vor allem bezüglich der Ärgeremotion nicht überzeugen. Auch findet sicherlich ein Teil der Furchterlebnisse in sozial-evaluativen Situationen statt – keinesfalls erschöpfen sich Furchterlebnisse aber in derartigen Situationen.

27 In einer späteren Studie gelangen auch Ashley und Holtgraves (2003) zu der Schlussfolgerung, dass Stimmungskongruenzeffekte nicht ursächlich für die Erinnerungsunterschiede sind.

Die Studien von P. J. Davis und Schwartz (1987) sowie von P. J. Davis (1987, Studie 1) haben mehrere methodische Einschränkungen. Die wesentlichste ist, dass nicht ausgeschlossen werden kann, dass die Ergebnisse durch Antworttendenzen beeinflusst sind: Es könnte sein, dass Represser gleich viele negative selbstrelevante emotionale Erlebnisse erinnern wie Nichtrepresser, aber weniger berichten. Ferner beinhaltete die Stichprobe in der Studie von P. J. Davis und Schwartz (1987) keine hochängstlichen Probanden. Daher ist auch nicht auszuschließen, dass die beobachteten Gruppenunterschiede allein auf Unterschiede in sozialer Erwünschtheit und nicht auf eine spezifische Konstellation von sozialer Erwünschtheit und Ängstlichkeit zurückzuführen sind, wenngleich die Autoren argumentieren, dass dies unwahrscheinlich sei.

Um diesen methodischen Einschränkungen zu begegnen, führte P. J. Davis (1987) weitere Studien zur Erinnerung emotionaler Erlebnisse durch, in denen auch die Gruppe der Hochängstlichen eingeschlossen wurde. Ferner versuchte sie, Antworttendenzen als mögliche Ursache der Effekte auszuschließen, indem sie in den Studien 2 und 3 ein Latenzzeitparadigma verwendete. In Studie 2 von P. J. Davis (1987) sollten die Probanden zu je zehn verschiedenen Stimuluswörtern (z. B. „Buch", „Fluss", „Geld") Erinnerungen einer spezifischen Emotionalität (Freude, Trauer, Ärger und Furcht) abrufen. Die Probanden wurden also z. B. instruiert, sich an ein *trauriges Erlebnis* zu erinnern, das etwas mit *Geld* zu tun hat. Dabei sollte es sich um ein reales Erlebnis handeln, das aber – anders als bei P. J. Davis und Schwartz (1987) – nicht auf die Kindheit beschränkt sein musste. Um Einflüsse von Antworttendenzen bzw. soziale Erwünschtheitseffekte zu minimieren, sollten die Probanden, sobald ihnen eine entsprechende Erinnerung ins Bewusstsein kam, lediglich einen Knopf drücken, mussten aber keinerlei Beschreibung des Erlebnisses abgeben. Die Latenzzeit zwischen der Aufforderung, eine Erinnerung abzurufen, und dem Knopfdruck wertete P. J. Davis (1987) als Indikator für die Zugänglichkeit der Erinnerung. Die Studie erbrachte, dass Represser – im Vergleich zu den anderen Gruppen – vor allem für die Erinnerung an Furcht- und Ärgererlebnisse längere Latenzzeiten aufweisen. Dieses Resultat wurde aber nicht dadurch verursacht, dass Represser für diese Erinnerungsabrufe generell mehr Zeit benötigten als die anderen Probanden. Vielmehr fiel Repressern zu vergleichsweise vielen Stimuluswörtern *gar kein* Furcht- bzw. Ärgererlebnis ein. Wenn ein Proband jedoch nicht innerhalb der maximalen Antwortzeit von 20 Sekunden den Knopf drückte, um anzuzeigen, dass er eine entsprechende Erinnerung hatte, ging dieser Durchgang mit 20 Sekunden in die Berechnung der mittleren Latenzzeit ein. Da für *erfolgreich abgerufene* Erinnerungen die mittleren Latenzzeiten für die verschiedenen Emotionen und die verschiedenen Bewältigungsgruppen aber im Bereich von 3.0 bis 4.5 Sekunden lagen,[28] wurde die durchschnittliche Latenzzeit bereits durch relativ wenige Durchgänge ohne Erinnerung deutlich erhöht. Sofern ihnen zu einem Stimuluswort ein Furcht- bzw. Ärgererlebnis einfiel, waren Represser im Abruf dieser Erinnerung also nicht langsamer als Nichtrepresser.

Die Studie 3 von P. J. Davis (1987) konnte, mit einem ähnlichen experimentellen Aufbau wie Studie 2, dieses Befundmuster unterstützen. In diese Studie wurden, neben den auch in Studie 2 verwendeten Emotionen, als zusätzliche Emotionen Schuldgefühle und Verlegenheit (self-consciousness) aufgenommen. Außerdem wurden statt einzelner Stimuluswörter,

---

28 Diese Latenzzeiten für „erfolgreiche Abrufe" werden von P. J. Davis (1987) nicht direkt angegeben, lassen sich jedoch aus ihren Daten in Tabelle 3 (S. 589) berechnen.

zu denen die Probanden Erlebnisse abrufen sollten, kontextuell sinnhaftere Abrufhinweise gegeben. Beispielsweise sollten sich die Probanden an ein *trauriges Erlebnis*, das etwas mit einem *Abschied* (oder z. B. mit Tod oder mit Einsamkeit) zu tun hat, erinnern. Es waren in Studie 3 vor allem Furcht- und Verlegenheitserlebnisse, die Represser im Vergleich zu den anderen Gruppen seltener abrufen konnten, obwohl die maximale Antwortzeit gegenüber Studie 2 sogar von 20 auf 60 Sekunden erhöht worden war. P. J. Davis analysierte, zu welchen der zehn Abrufhinweise für Furchtsituationen Represser besonders wenige Erlebnisse abrufen konnten. Es waren die folgenden vier Abrufhinweise: Misserfolg/Versagen; etwas nicht bewältigen können; etwas falsch machen; nicht gemocht/akzeptiert werden. Zu den folgenden Abrufhinweisen erinnerten sich Represser hingegen genauso gut wie die anderen Gruppen an Furchterlebnisse: ein wichtiges Ereignis; allein sein; eine neue Situation; erwischt werden. – Augenscheinlich zielen die ersteren Abrufhinweise, zu denen die Represser weniger Furchtsituationen erinnern konnten, stärker auf selbstwertbedrohliche Erlebnisse ab (Versagen und sozial abgelehnt werden), wohingegen die letzteren Abrufhinweise, die den Repressern beim Abruf von Erlebnissen keine Probleme bereiteten, teilweise auf „Kavaliersdelikte" bezogen werden können (z. B. als Kind bei einem Streich oder etwas Unerlaubtem erwischt werden) oder auf Situationen, in denen Furchterleben sozial akzeptiert erscheint (z. B. bei wichtigen Ereignissen oder in neuen Situationen aufgeregt bzw. ängstlich zu sein; als Frau nachts allein auf der Straße Furcht zu empfinden).[29]

In einer weiteren Arbeit haben P. J. Davis, Singer, Bonanno und Schwartz (1988) gezeigt, dass Erinnerungsunterschiede zwischen Repressern und Nichtrepressern in einem Wiedererkennungstest nicht auf Antworttendenzeffekte zurückzuführen sind. Ferner kommt P. J. Davis (1989) zu dem Schluss, dass negative emotionale Erlebnisse bei Repressern zwar *schlechter zugänglich*, aber *nicht weniger verfügbar* sind als bei Nichtrepressern (dies wird in Abschnitt 5.2.2.1 näher erläutert; zur Unterscheidung von Zugänglichkeit und Verfügbarkeit vgl. S. 36).

Die Befunde von P. J. Davis und Kollegen zu den Erinnerungsunterschieden zwischen Repressern und Nichtrepressern wurden z. B. von Myers und Brewin (1994) weitestgehend bestätigt. Abweichend von P. J. Davis (1987) fanden Myers und Brewin (1994; siehe auch Myers, Brewin & Power, 1992) jedoch, dass Represser im Vergleich zu Nichtrepressern auch für erfolgreich abgerufene negative Erinnerungen deutlich längere Latenzzeiten aufweisen. Myers und Brewin (1995) konnten zudem zeigen, dass das Erinnerungsdefizit der Represser nicht auf autobiographische Erinnerungen beschränkt ist: Sie präsentierten ihren (ausschließlich weiblichen) Probanden eine Geschichte, in der eine Frau aus ihrer Kindheit erzählt und dabei sowohl positive, neutrale als auch negative Aussagen über ihre Eltern trifft (die Selbstrelevanz der Aussagen sollte durch die Ähnlichkeit der Erzählperson mit den Probanden hergestellt werden). Einige Minuten nachdem die Probanden die Geschichte gehört hatten, sollten sie diese möglichst genau schriftlich wiedergeben. Wie erwartet, erinnerten sich Represser im Vergleich zu Nichtrepressern an weniger negative Aussagen, wohingegen es für positive und neutrale Aussagen keine Unterschiede gab. – Diese Befunde, dass sich Represser im Ver-

---

29 In den Studien von P. J. Davis (1987) waren – wie bei P. J. Davis und Schwartz (1987) – alle Probanden weiblich. Dies ist bei der Interpretation, in welchen Situationen Furcht zu erleben sozial akzeptiert bzw. zum Idealselbst konform ist, zu berücksichtigen. Wie P. J. Davis (1999) darstellt, erinnern sich Frauen im Vergleich zu Männern generell an mehr emotionale autobiographische Kindheitserlebnisse, was sie auf sozialisatorische und kulturelle Einflüsse zurückführt.

gleich zu Nichtrepressern sowohl schlechter an selbstwertbedrohliche autobiographische (und somit i. d. R. lange zurückliegende) Erlebnisse als auch schlechter an kürzlich dargebotenes negatives selbstrelevantes Material erinnern, legen es nahe, von einer *Kontinuität der Erinnerungsunterschiede* zwischen Repressern und Sensitizern auszugehen.

5.2 Kontinuität der Erinnerungsunterschiede

In diesem Abschnitt wird die Annahme der Kontinuität der Erinnerungsunterschiede zwischen Repressern und Nichtrepressern (speziell Sensitizern), welche die Forschung in der Vergangenheit dominiert hat, vorgestellt (Abschnitt 5.2.1). Anschließend werden für die Erinnerungsunterschiede aufgestellte Erklärungsansätze, die von dieser Kontinuitätsannahme ausgehen, zusammen mit ausgewählten Befunden kritisch erörtert (Abschnitt 5.2.2).

5.2.1 Grundlegende Annahme

In den meisten Studien, die sich mit Angstbewältigungsstrategien und Erinnerungsunterschieden beschäftigt haben, wurde *ein* Messzeitpunkt zur Erfassung der Erinnerung realisiert. Bei den Studien zu autobiographischen (Kindheits-)Erinnerungen liegt i. d. R. eine recht lange Zeitspanne von mehreren Jahren zwischen dem Ereignis und somit dessen Enkodierung und dem im Rahmen der Untersuchung realisierten Erinnerungsabruf (vgl. z. B. P. J. Davis, 1987, 1990; P. J. Davis & Schwartz, 1987; Myers & Brewin, 1994). Bei anderen Studien, in denen experimentelles Material im Labor dargeboten wurde, betrug die Zeitspanne zwischen Enkodierung und Abruf der relevanten Inhalte hingegen oft nur wenige Minuten (vgl. z. B. Myers & Brewin, 1995).

Für beide Arten von Studien ergab sich allerdings das konsistente Befundmuster, dass Represser verglichen mit Nichtrepressern weniger selbstrelevante negative Inhalte erinnern. Diese Feststellung förderte die – in der Regel nicht explizit formulierte – Annahme der Kontinuität der Erinnerungsunterschiede zwischen Repressern und Nichtrepressern, also die Annahme, dass – unabhängig vom Zeitintervall zwischen der Enkodierung und dem Abruf der aversiven Information – Represser immer ein Erinnerungsdefizit für aversive Information aufweisen. Diese Kontinuitätsannahme ist in Abbildung 5.1 veranschaulicht.

Mit dieser Kontinuitätsannahme wird noch keinerlei Aussage über die kognitiven Mechanismen getroffen, die dem Erinnerungsunterschied zugrunde liegen könnten. Allerdings erscheint es naheliegend, die Ursache der Unterschiede in Enkodierungs- und/oder Abrufmechanismen zu suchen, da nur diese *unabhängig* vom Zeitintervall zwischen der initialen Enkodierung und dem Abruf operieren. Zudem entspricht es, wie in Kapitel 3 herausgestellt, der klassischen gedächtnispsychologischen Forschung, sich auf Prozesse der Enkodierung und des Abrufs zu konzentrieren und das dazwischenliegende Behaltensintervall als eine Phase der passiven Speicherung, die nicht weiter interessiert, zu betrachten. Auch in einer aktuellen Überblicksarbeit zur Verarbeitung emotionaler Information bei Repressern gehen Derakshan et al. (2007) bei der Betrachtung von Erinnerungsunterschieden von folgendem Standpunkt aus: „Of particular importance is the issue of whether repressors' low level of recall of negative personal experiences is attributable to avoidance or inhibition (probably below the level of conscious awareness) occurring at the time of *encoding* or *retrieval* [Hervorhebungen im Original]" (S. 1604).

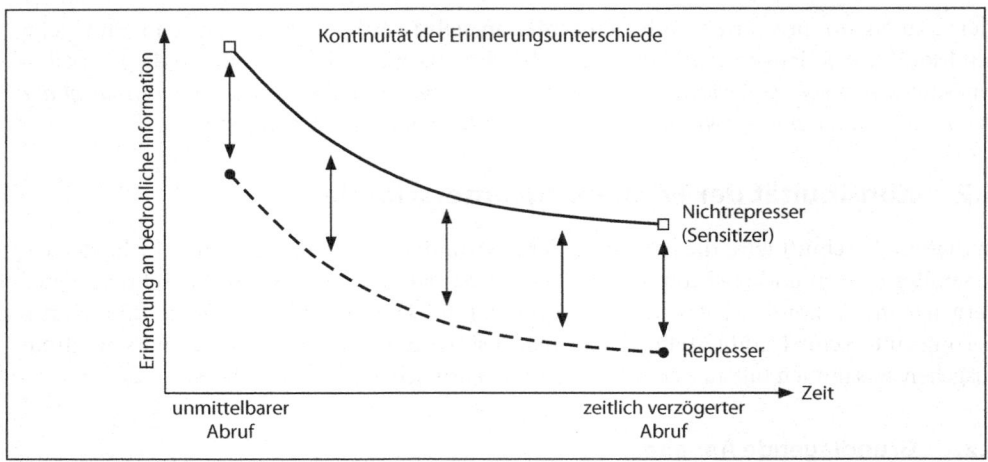

Abbildung 5.1 Schematische Darstellung der Kontinuitätsannahme für die Erinnerungsunterschiede zwischen Repressern und Nichtrepressern (speziell Sensitizern) bezüglich bedrohlicher Information.

Nur am Rande sei hier angemerkt, dass man die Kontinuitätsannahme nicht auf Gedächtnisprozesse beschränken muss. Vielmehr könnte man, was in der Vergangenheit auch oft gemacht wurde (vgl. z. B. Bell & Byrne, 1978; Derakshan & Eysenck, 1997; Eysenck, 1997; L. S. Newman & Hedberg, 1999), davon ausgehen, dass Represser bedrohliche Information konsistent – über den gesamten Informationsverarbeitungsprozess hinweg – vermeidend verarbeiten. Entsprechend dieser Annahme sollten Represser bereits bei Wahrnehmungsprozessen ihre Aufmerksamkeit von bedrohlichen Reizen abwenden, potentiell bedrohliche (ambivalente) Information bevorzugt nichtbedrohlich interpretieren, bedrohliche Inhalte wenig elaborieren und entsprechend oberflächlich enkodieren, bedrohliche Gedächtnisinhalte kaum aufrechterhalten und schließlich deren Abruf vermeiden bzw. inhibieren. Bei der Erörterung der Diskontinuitätsannahme (Abschnitt 5.3) werde ich darauf zurückkommen, ob diese weite Fassung der Kontinuitätsannahme empirisch haltbar ist. Die folgenden Ausführungen beschränken sich aber auf Erklärungen zur Kontinuität der *Erinnerungsunterschiede* zwischen Repressern und Nichtrepressern (speziell Sensitizern).

5.2.2 Erklärungsansätze

Hier sollen nun einige im Rahmen der Kontinuitätsannahme aufgestellte Erklärungsansätze (zusammen mit einschlägigen Befunden) für die Erinnerungsunterschiede zwischen Repressern und Nichtrepressern erörtert werden. Da diese – wie in den Abschnitten 5.3 und 5.4 gezeigt wird – allerdings aus prinzipiellen Gründen *alle* nicht in der Lage sind, neuere Befunde zu den Erinnerungsunterschieden zwischen Repressern und Sensitizern adäquat zu erklären, wird meine Darstellung selektiv und stellenweise kursorisch bleiben. Wie von Derakshan et al. (2007) richtigerweise angemerkt, beschränken sich die im Rahmen der Kontinuitätsannahme vorgebrachten Erklärungsansätze auf *Enkodierungs-* und *Abrufmechanismen*. Die folgende Darstellung orientiert sich an dieser Unterscheidung.

5.2.2.1 Enkodierungsmechanismen

Den Erklärungsansätzen von P. J. Davis (1987, 1990) und R. D. Hansen und Hansen (1988; auch C. H. Hansen, Hansen & Shantz, 1992) ist gemein, dass sie – unter Bezugnahme auf das Netzwerkmodell von Bower (1981) – das Erinnerungsdefizit der Represser primär auf eine *verringerte Zugänglichkeit* (*reduced accessibility*) bedrohlicher Gedächtnisinhalte zurückführen. In beiden Ansätzen wird argumentiert, dass Represser im Vergleich zu Nichtrepressern (speziell Sensitizern) bedrohliche Erlebnisse *weniger vernetzt abspeichern*, weshalb diese Ansätze hier unter den Enkodierungsmechanismen subsumiert werden. Allerdings unterscheiden sich die beiden Ansätze, wie dargestellt wird, in einigen Details (ein Vergleich der beiden Erklärungsansätze findet sich auch bei Egloff, 1997, sowie Hock, 1999).

Die Studien von P. J. Davis und Kollegen (zusammenfassend P. J. Davis, 1990) wurden bereits in Abschnitt 5.1 vorgestellt. Wie erläutert, berichteten Represser verglichen mit Nichtrepressern sowohl bei freier als auch bei gestützter Wiedergabe weniger selbstrelevante negative emotionale Erlebnisse. Konnten Represser jedoch auf einen derartigen Gedächtnisinhalt zugreifen, waren sie in dessen Abruf genauso schnell wie Nichtrepresser. Daraus lässt sich noch nicht schlussfolgern, ob bei Repressern weniger bedrohliche Gedächtnisrepräsentationen verfügbar sind als bei Nichtrepressern oder ob bei Repressern diese (gleich vielen) Gedächtnisrepräsentationen nur schwerer zugänglich sind. Wesentlich sind daher drei Studien von P. J. Davis (1989), die oben nur kurz erwähnt wurden (diese Studien werden auch in der Überblicksarbeit von P. J. Davis, 1990, berichtet). In diesen drei Experimenten sollten die Probanden zu zwei Zeitpunkten – im Abstand von mehreren Monaten – emotionale Furcht-, Ärger- und Verlegenheitserlebnisse abrufen, wobei den relevanten Tests der gestützten Wiedergabe stets eine freie Wiedergabe vorausging. Zusätzlich wurde beim zweiten Messzeitpunkt vor den gestützten Wiedergabetests jeweils die Stimmung induziert, die derjenigen der abzurufenden Erlebnisse entsprach (siehe dazu die Darstellung in P. J. Davis, 1990). Die Autorin stellte einen *hypermnestischen Effekt* für negative emotionale Kindheitserlebnisse in den gestützten Wiedergabetests fest, d. h., beim wiederholten Versuch, diese Erlebnisse abzurufen, konnten mehr Erlebnisse als zum ersten Messzeitpunkt erinnert werden. Teilweise konnten die Represser nach wiederholten Abrufversuchen sogar genauso viele Furcht- und Ärgererlebnisse abrufen wie die Nichtrepresser. Allerdings fand sich dieser Effekt nur, wenn sich die zu erinnernden Erlebnisse auf die Kindheit beschränkten, nicht wenn auch spätere Erlebnisse als Erinnerung zulässig waren.

P. J. Davis (1989, 1990) interpretiert diese Befunde als Beleg dafür, dass es sich beim Erinnerungsdefizit der Represser überwiegend um eine geringere Zugänglichkeit handeln müsse, da mit den entsprechenden Hinweisreizen und der entsprechenden Übung die Anzahl der Erinnerungen (deutlich) erhöht werden könne, was bei einer geringeren Verfügbarkeit negativer emotionaler Erlebnisrepräsentationen nicht zu erwarten sei. Allerdings muss angemerkt werden, dass die Ergebnisdarstellung bei P. J. Davis (1989) sehr oberflächlich erfolgt und methodische Details – z. B. bezüglich der Kontrollgruppen – unklar bleiben. Auch werden wesentliche Bestandteile der Experimente, wie z. B. die dem Abruf vorhergehende Stimmungsinduktion, die in der *Überblicksarbeit* von P. J. Davis (1990) erwähnt, wenngleich auch nicht genauer beschrieben ist, in der Originalarbeit von P. J. Davis (1989) gar nicht dargestellt. Somit scheint die methodische Qualität dieser Studien – und damit auch die Validität ihrer Resultate – zumindest fragwürdig.

Der Erklärungsansatz von P. J. Davis (1990) kann so zusammengefasst werden, dass Represser ein relativ schwaches und undifferenziertes assoziatives Netzwerk bedrohungsbezogener Gedächtnisrepräsentationen besitzen. Die bedrohlichen Gedächtnisinhalte verfügen über relativ wenige Abrufpfade und sind entsprechend schwer zugänglich bzw. abrufbar. Dies betrifft zum einen die *Vernetzung von Repräsentationen bedrohlicher Erlebnisse untereinander*, weshalb es bei Repressern – anders als bei Nichtrepressern – nur relativ selten dazu kommt, dass die Erinnerung an ein bedrohliches Erlebnis weitere ähnlich bedrohliche Erlebnisrepräsentationen aktiviert (vgl. auch Bower, 1990). Zum anderen sollten aber auch die *Verbindungen zwischen der (negativen) Emotion*, die im Netzwerkmodell von Bower (1981) ebenfalls als Knoten repräsentiert ist, *und den damit assoziierten Erlebnisrepräsentationen* spärlich bzw. schwach ausgeprägt sein (vgl. Hock, 1999). Das führt dazu, dass es Repressern relativ schwerfällt, auf ein Emotionswort bzw. das Erleben einer Emotion hin ein entsprechendes Erlebnis abzurufen. Wenngleich P. J. Davis (1990) eine Ursache für das Erinnerungsdefizit der Represser darin sieht, dass diese im Vergleich zu Nichtrepressern aversive Erlebnisse zum Zeitpunkt der Enkodierung weniger elaborieren und wiederholen, scheint sie andere Erklärungen, die sie jedoch nicht expliziert, keineswegs auszuschließen:

> This […] suggests that repressors engage in less elaborative processing of their own affective experiences than do nonrepressors. One important implication of this analysis of the repressors' apparent failure to remember during a free recall task is that *some of the effects* [Hervorhebung hinzugefügt] of repression on memory may originate during the encoding stage. Limited rehearsal or processing of self-referent affective information in the encoding stage undoubtedly leads to fewer and weaker associative connections, so the subsequent retrieval of a series of affect-related events during free recall is difficult. (P. J. Davis, 1990, S. 401)

Während bei P. J. Davis (1990) die Vernetzung der aversiven Erlebnisrepräsentationen untereinander eine große Rolle spielt, betonen R. D. Hansen und Hansen (1988), ebenfalls unter Bezugnahme auf Bowers (1981) Netzwerkmodell, die Verbindung zwischen verschiedenen Emotionsknoten. Wesentlich für das Modell von R. D. Hansen und Hansen (1988) ist, dass emotionale Ereignisse – und auch die Erinnerung an diese Ereignisse – nicht nur *eine* Emotion auslösen, sondern ein *komplexes Emotionsmuster*, auch wenn eine der Emotionen dominieren mag. Zwar haben P. J. Davis und Schwartz (1987) gezeigt, dass Represser und Nichtrepresser sich in der selbsteingeschätzten emotionalen Intensität ihrer Erinnerungen nicht unterscheiden, allerdings wurde dies immer nur für die dominante Emotion untersucht, also für Furcht bei Furchterlebnissen, für Ärger bei Ärgererlebnissen und so weiter. R. D. Hansen und Hansen (1988) vermuten nun aber, dass sich die Emotionsmuster von Repressern und Nichtrepressern unterscheiden, insofern emotionale Erlebnisse bei Repressern *emotional diskreter* bzw. *isolierter* (vgl. Egloff, 1997) abgespeichert werden sollten als bei Nichtrepressern. Damit ist gemeint: Wenn „man die durch ein Ereignis ausgelösten Emotionen nach ihrer Intensität [ordnet], so stellt man fest, daß der Aktivierungsgradient von intensiven zu weniger intensiven Emotionen bei Repressern steiler abfällt als bei anderen Personen" (Hock & Egloff, 1998, S. 151). In einer Ärgersituation sollten Represser und Nichtrepresser folglich das gleiche Ausmaß von Ärger, der dominanten Emotion, erleben, allerdings sollten die in dieser Situation nichtdominanten Emotionen – wie z. B. Traurigkeit, Furcht und Verlegenheit – von Nichtrepressern stärker als von Repressern verspürt werden. Für den Erinnerungsabruf folgt daraus: Wenn ein Nichtrepresser ein Ärgererlebnis abruft, aktiviert diese

Erinnerung relativ stark andere – nichtdominante – Emotionsknoten wie z. B. Traurigkeit, Ekel und Verlegenheit. Diese Emotionsknoten aktivieren wiederum andere mit ihnen assoziierte Erlebnisse, so dass der Abruf dieser Erlebnisse wahrscheinlicher wird. Bei Repressern hingegen fällt die Voraktivierung nichtdominanter Emotionsknoten durch den Abruf der Ärgererinnerung geringer aus und folglich ist es auch unwahrscheinlicher, dass mit diesen Emotionen verbundene Erlebnisse abgerufen werden.

R. D. Hansen und Hansen (1988) prüften ihre Hypothese, indem sich die Probanden an Erlebnisse zu bestimmten Emotionen (Ärger, Traurigkeit, Furcht und Verlegenheit) erinnern und angeben sollten, wie stark sie in der Situation verschiedene Emotionen empfunden haben. Die Ergebnisse zeigen, das Represser und Nichtrepresser die jeweils dominante Emotion (also Furcht bei der Furchterinnerung, Traurigkeit bei der Traurigkeitserinnerung etc.) gleich stark empfanden. Die für das jeweilige Erlebnis nichtdominanten Emotionen (z. B. Ekel, Traurigkeit, Furcht beim Ärgererlebnis oder Ärger, Traurigkeit, Ekel, Niedergeschlagenheit beim Furchterlebnis) wurden von den Repressern aber durchschnittlich als weniger intensiv eingeschätzt als von den Nichtrepressern. Vor allem für Furcht – als nichtdominante Emotion – gaben Represser im Vergleich zu Nichtrepressern deutlich geringere Intensitätsurteile ab.

Die Vermutung von R. D. Hansen und Hansen (1988), dass Represser im Vergleich zu Nichtrepressern diskretere emotionale Bewertungsprofile für negative Erinnerungen besitzen, konnte also bestätigt werden. Wie die Autoren einräumen, kann aus ihrer Untersuchung aber nicht geschlossen werden, ob diese Differenzen auf Verarbeitungsunterschieden zum Zeitpunkt der Enkodierung beruhen oder beispielsweise auf – später einsetzenden – Inhibierungs- oder Abwehrmechanismen. Dieser Frage gingen C. H. Hansen et al. (1992) nach, indem sie nicht, wie bei R. D. Hansen und Hansen, die Emotionsprofile von negativen *Erinnerungen* erfassten, sondern die Bewertungsprofile von emotionalen Reizen bereits zum Zeitpunkt der Enkodierung erhoben. Dazu boten C. H. Hansen et al. (1992, Exp. 1) ihren Probanden Fotos von Gesichtern dar, die primär Freude, Traurigkeit, Ärger oder Furcht ausdrückten. Nach jedem Foto sollten die Probanden für jede dieser vier Emotionen einschätzen, wie intensiv diese im Ausdruck des Gesichtes repräsentiert war. Represser und Nichtrepresser unterschieden sich nicht in ihrer Einschätzung der dominanten Emotion (also z. B. der Freude bei fröhlichen oder des Ärgers bei ärgerlichen Gesichtern), wobei hier Deckeneffekte nicht auszuschließen sind. Allerdings beurteilten Represser im Vergleich zu Nichtrepressern bei jedem der vier Gesichtsausdrücke mindestens eine nichtdominante Emotion als weniger ausgeprägt, nämlich Furcht bei fröhlichen Gesichtern, Traurigkeit und Furcht bei ärgerlichen Gesichtern, Ärger und Furcht bei traurigen Gesichtern und schließlich Ärger und Traurigkeit bei furchtsamen Gesichtern. Dabei wurde vor allem Furcht – als nichtdominante Emotion – von Repressern weniger intensiv eingeschätzt als von Nichtrepressern. Somit erfüllte das Befundmuster die Erwartungen der Autoren.

Um zu zeigen, dass diese diskretere Reizwahrnehmung der Represser spezifisch für *emotionale* Stimuli ist und keine generelle Wahrnehmungsstrategie oder Antworttendenz widerspiegelt, führten C. H. Hansen et al. (1992, Exp. 2 und 3) zwei weitere Experimente durch. In diesen Experimenten präsentierten sie ihren Probanden gleichzeitig 20 Bilder mit Gesichtern, die zu unterschiedlichen Anteilen bestimmte Emotionen (Freude, Ärger und Furcht) ausdrückten. Um die Komplexität des Reizmaterials zu variieren, wurden als Bilder entweder Fotografien von Gesichtern (Exp. 2) oder schematische Strichzeichnungen der Gesichtsausdrücke (ähnlich wie „Smileys" oder „Emoticons"; Exp. 3) eingesetzt. Nach dem Ausblenden der Reize sollten die Probanden wieder einschätzen, zu welchen Anteilen sie die drei Emotionen in den 20 Gesichtsausdrücken wahrgenommen haben. Als Kontrollbedingung wurden statt der Gesichtsausdrücke verschiedene geometrische Figuren, die zwischen Experiment 2 und 3 in ihrer Komplexität variiert wurden, verwendet. Für die Wahrnehmung der Gesichtsausdrücke zeigte sich – sowohl für die Fotos als auch für die Strichzeichnungen – die „repressive emotionale Diskretheit", d. h., wenn in einem Reizset z. B. 60% fröhliche, 30% ärgerliche und 10% furchtsame Gesichtsausdrücke dargeboten wurden, unterschieden sich Represser und Nichtrepresser nicht in der Einschätzung des Anteils der dominanten Emotion, hier also der fröhlichen Gesichtsausdrücke. Für die nichtdominanten Emotionen – hier Ärger und Furcht – gaben die Represser im Vergleich zu Nichtrepressern aber niedrigere Anteile an. Für nichtemotionale geometrische Figuren trat kein vergleichbarer Effekt auf. – Diese Befunde werten C. H. Hansen et al. als Beleg dafür, dass die Erinnerungsunterschiede für bedrohliche Inhalte, die zwischen Repressern und Nichtrepressern auftreten, zumindest teilweise auf emotionsspezifische Enkodierungs- bzw. Wahrnehmungsprozesse zurückzuführen sind.

Weitere Befunde, welche die Annahme diskreterer Emotionsprofile für negative Emotionen bei Repressern unterstützen, stammen beispielsweise von Egloff und Krohne (1996) sowie aus einem Primingexperiment von Egloff (1997, Exp. 2).[30] Allerdings existieren auch Studien, welche diesen Erklärungsansatz nicht bestätigen konnten: So fanden Cutler, Larsen und Bunce (1996) in einer Feldstudie keine diskreteren Emotionsprofile für negative Erlebnisse bzw. Erinnerungen bei Repressern. Vielmehr schätzten in dieser Studie die Represser im Vergleich zu den Nichtrepressern *alle* negativen Emotionen – auch die für das jeweilige Erlebnis dominante Emotion – als weniger intensiv ein. Auch Hock und Egloff (1998; vgl. Fußnote 30) konnten mittels eines Primingexperiments nicht belegen, dass die „Repräsentationen bedrohungsbezogener Reize bei Repressern schwach vernetzt" (S. 161) sind. Einen Überblick über weitere – zum Erklärungsansatz von R. D. Hansen und Hansen (1988) teils erwartungskonforme, teils erwartungswidrige – Befunde verschiedener Forscher und Forschergruppen gibt Egloff (1997).

Ein weiterer Erklärungsansatz, der das Erinnerungsdefizit der Represser auf Enkodierungseffekte zurückführt, stammt von Schimmack und Hartmann (1997; vgl. aber auch bereits Conn & Crowne, 1964). Anders als in den bisher vorgestellten Erklärungsansätzen sehen Schimmack und Hartmann die Ursache für das Erinnerungsdefizit jedoch nicht in einer verminderten Zugänglichkeit, sondern primär in einer *geringeren Verfügbarkeit* der negativen Ereignisrepräsentationen bei Repressern. Diesem Ansatz zufolge unterscheiden sich die Bewältigungsgruppen in der *Häufigkeit*, mit der sie bei Ereignissen unangenehme Emotionen erleben, allerdings nicht so sehr in der Intensität der Emotion, sofern sie diese überhaupt empfinden. Deshalb wird dieser Ansatz auch als *Häufigkeitshypothese* (*frequency hypothesis*) bezeichnet. Demnach empfinden Represser in der gleichen Situation *seltener* als Nichtrepresser unangenehme Emotionen wie z. B. Angst, Ärger, Neid oder Schuld und enkodieren somit auch seltener Ereignisse, die – in der Vorstellung des Netzwerkmodells von Bower (1981) – mit derartigen Emotionen gekennzeichnet (gelabelt) sind. Erfolgt nun später

---

30 Abweichend von den anderen in Abschnitt 5.2.2.1 vorgestellten Studien verwendeten Egloff (1997, Exp. 2), Egloff und Krohne (1996) sowie Hock und Egloff (1998) nicht den Weinberger-Ansatz, sondern das ABI zur Einteilung der Bewältigungsgruppen.

eine Aufforderung, sich an Ereignisse zu erinnern, bei denen solche Emotionen erlebt wurden, verfügen Represser im Vergleich zu Nichtrepressern über weniger passende Repräsentationen und können deshalb auch nicht so viele Erinnerungen abrufen.

Um ihre Hypothese zu prüfen, führten Schimmack und Hartmann (1997) zwei Studien durch. In der ersten Studie bekamen die Probanden insgesamt 30 kurze Szenarien vorgelegt, von denen 25 unangenehme und 5 angenehme emotionale Erlebnisse beschrieben. Die unangenehmen Erlebnisse sollten die folgenden Emotionen auslösen: Ekel, Verachtung, Ärger, Eifersucht, Enttäuschung, Traurigkeit, Furcht und Verlegenheit. Eine Ärgersituation war beispielsweise:

> A while ago, I bought some apples at the supermarket, because they were so cheap. At home, I found out that they were already rotten inside. I thought: "And this supermarket always advertises with its fresh fruits." (Schimmack & Hartmann, 1997, S. 1067)

Die Probanden sollten sich in die Situation hineinversetzen und anschließend für 16 Emotionen (13 negative und 3 positive) einschätzen, ob sie diese Emotion in der jeweiligen Situation erleben würden und – sofern sie das bejahten – wie intensiv diese Emotion wäre. Nach der Bearbeitung aller 30 Szenarien gaben die Probanden noch retrospektive Häufigkeitsurteile ab, d. h., sie sollten für jede der 16 Emotionen angeben, wie häufig sie diese in allen Szenarien zusammen erlebt hatten.

Die Ergebnisse zu den unmittelbar nach jedem Szenario abgefragten Intensitäten der Emotionen erbrachten, dass Represser im Vergleich zu Nichtrepressern alle negativen Emotionen als weniger intensiv einstuften. Dies scheint auf den ersten Blick für die Annahme von R. D. Hansen und Hansen (1988) zu sprechen. Zur weiteren Analyse zerlegten Schimmack und Hartmann (1997) jedoch die Emotionsurteile in einen *Intensitätsscore* (in den nur Urteile einflossen, bei denen die Probanden angaben, die Emotion zu erleben) und einen *Häufigkeitsscore* (in den nur einfloss, ob die Emotion erlebt wurde oder nicht, aber die Stärke unberücksichtigt blieb). Die Autoren konnten so zeigen, dass die Unterschiede zwischen Repressern und Nichtrepressern in dem ursprünglichen Intensitätsurteil, das ein Konglomerat von eingeschätzter Häufigkeit und Intensität war, überwiegend darauf zurückgingen, dass Represser seltener angaben, die einzelnen Emotionen überhaupt zu empfinden. Somit unterstützt dies die Häufigkeitshypothese. Auch Ergebnisse aus anderen Studien (z. B. Egloff & Krohne, 1996; R. D. Hansen & Hansen, 1988), die nicht zwischen Intensität und Häufigkeit der erlebten Emotionen unterschieden haben, lassen sich folglich im Sinne der Häufigkeitshypothese reinterpretieren.

Ein zweiter Befund, der für die Frage, ob die Erinnerungsunterschiede auf Enkodierungs- oder auf Abrufeffekte zurückzuführen sind, entscheidend ist, betrifft die *retrospektiven* Häufigkeitsurteile (Erinnerungsurteile), die nach der Darbietung aller Szenarien erfragt wurden. Erwartungsgemäß gaben Represser im Vergleich zu Nichtrepressern für alle negativen Emotionen geringere Häufigkeiten an. Um zu überprüfen, ob diese Erinnerungsunterschiede über die – bereits dokumentierten – Enkodierungsunterschiede vermittelt werden (indirekter Effekt) oder aber ob zusätzliche direkte Repressionseffekte eine Rolle spielen, führten Schimmack und Hartmann (1997) Pfadanalysen durch. Für alle Erinnerungseffekte, die negative Emotionen betrafen, wurde der indirekte Pfad (von Repression über die Häufigkeitsurteile – erfasst zum Zeitpunkt der Enkodierung – hin zu den Erinnerungsurteilen) statistisch signifikant, was den Einfluss der Enkodierungseffekte unterstützt. Allerdings konnten für einige negative

Emotionen (nämlich die Aggregate von Ärger, Hass, Neid und Eifersucht sowie von Deprimiertheit und Einsamkeit) auch die direkten Pfade von Repression auf die Erinnerungsurteile statistisch belegt werden (für die anderen negativen Emotionen bestand zumindest ein Trend in dieselbe Richtung). Enkodierungseffekte *allein* können die bei Repressern im Vergleich zu Nichtrepressern geringeren retrospektiven Häufigkeitsurteile für das Erleben von negativen Emotionen also nicht erklären. Dies legt nahe, dass – abweichend von den Annahmen der Häufigkeitshypothese – ein repressiver Angstbewältigungsstil sich *auch* auf die Zugänglichkeit negativer Erlebnisrepräsentationen auswirken könnte (vgl. Abschnitt 5.2.2.2).

Um die mit der ersten Studie erbrachten Belege für die Häufigkeitshypothese auch außerhalb des Labors nachzuweisen, schlossen Schimmack und Hartmann (1997, Studie 2) eine Feldstudie an. In dieser sollten die Probanden über einen Zeitraum von zwei Wochen zweimal täglich in einem Emotionstagebuch für 36 Emotionen einschätzen, wie häufig sie diese innerhalb des vergangenen halben Tages erlebt haben. Auf diese Weise sollten die enkodierten emotionalen Erlebnisse relativ unmittelbar erfasst werden. Am Ende der zweiten Woche schätzten die Probanden zudem retrospektiv – getrennt für die erste und die zweite Woche – ein, wie häufig sie jede der Emotionen innerhalb der jeweiligen Woche erlebt hatten. Damit wurden zwei weitere Erinnerungsmaße für Ereignisse, die unterschiedlich lange her waren (durchschnittlich eine halbe Woche vs. eineinhalb Wochen), gewonnen. Es wurde erwartet, dass, sofern ein repressiver Bewältigungsstil die Speicherung emotionaler Inhalte während des Behaltensintervalls beeinflusst, die Effekte mit dem zeitlichen Abstand zunehmen. Da diese Zunahme ausblieb, folgern Schimmack und Hartmann, dass auch im realen Leben ein repressiver Bewältigungsstil überwiegend das Erleben von Emotionen zum Zeitpunkt der Enkodierung beeinflusst, nicht aber die spätere Zugänglichkeit der emotionalen Erinnerungen.

Diese Interpretation vernachlässigt allerdings, dass sich zu *keinem* der Erhebungszeitpunkte, also weder bezüglich der halbtäglichen Emotionsabfragen noch bezüglich der retrospektiven Häufigkeitsurteile am Ende der zweiten Woche, signifikante Unterschiede zwischen Repressern und Nichtrepressern (oder einer anderen adäquaten Vergleichsgruppe) feststellen ließen. Schimmack und Hartmann (1997) führen dies auf die geringe Stärke der – in erwartungskonformer Richtung vorliegenden – Effekte zurück, so dass die Probandenanzahl nicht ausreichend gewesen sei, um signifikante Befunde zu erhalten. Dennoch erscheint an der Interpretation der Ergebnisse als Beleg für die Häufigkeitshypothese problematisch, dass selbst die erwarteten – und in Studie 1 nachgewiesenen – Enkodierungseffekte in der Feldstudie nicht statistisch signifikant waren. Zudem ist fraglich, ob die halbtäglichen Häufigkeitsangaben zum Emotionserleben noch als zeitlich relativ unmittelbarer Indikator für Enkodierungseffekte gewertet werden können, da ja auch bei diesen durchschnittlich mehrere Stunden zwischen der Enkodierung und dem Urteil vergangen waren (für weitere Kritik an der Studie von Schimmack & Hartmann, 1997, vgl. auch Hock, 1999).

Auch wenn die postulierten Enkodierungseffekte keineswegs so durchgängig gefunden wurden, wie dies den Theorien zufolge zu erwarten wäre (vgl. z. B. Holtgraves & Hall, 1995; Shane & Peterson, 2004; sowie die Überblicke von Derakshan et al., 2007; Krohne & Hock, 2008b, 2011), weisen die dargestellten Befunde doch darauf hin, dass bereits zum Zeitpunkt der Enkodierung aversiver Inhalte ein Teil der Erinnerungsunterschiede zwischen Repressern und Sensitizern verursacht wird. Ferner wäre eine Kombination der hier dargestellten Mechanismen möglich: So könnten Represser im Vergleich zu Nichtrepressern potentiell bedrohliche Reize als weniger bedrohlich interpretieren und deshalb auch bestimmte negative

Emotionen gar nicht (entsprechend Schimmack & Hartmann, 1997) oder mit geringerer Intensität (entsprechend R. D. Hansen & Hansen, 1988) empfinden. Darüber hinaus könnten sie aber auch bei der Enkodierung diese Inhalte weniger tief elaborieren, wodurch sich die von P. J. Davis (1990) postulierten schwächeren und weniger vernetzten assoziativen Netzwerke ergeben sollten (vgl. dazu auch Hock, 1999).

Allerdings können die dargestellten Befunde (z. B. von Schimmack & Hartmann, 1997, Studie 1) auch dahingehend interpretiert werden, dass Enkodierungseffekte die späteren Erinnerungsunterschiede eben *nur zum Teil* erklären. Es erscheint also notwendig, nach weiteren – ergänzenden – Mechanismen zu suchen, die zu den Erinnerungsunterschieden zwischen Repressern und Nichtrepressern beitragen. Einen Kandidaten dafür stellen Abrufmechanismen dar, die im Folgenden erörtert werden.

5.2.2.2 Abrufmechanismen

Bei der Betrachtung der Abrufmechanismen lassen sich zwei grundlegend verschiedene Erklärungsansätze unterscheiden: Zum einen kann es sein, dass das Erinnerungsdefizit der Represser darauf zurückzuführen ist, dass diese sich beim Abruf negativer Gedächtnisinhalte einfach weniger anstrengen als Nichtrepresser (*verringerte Abrufanstrengung; reduced retrieval effort*). Dieser Ansatz wird beispielsweise von Holtgraves und Hall (1995) sowie von Shane und Peterson (2004) vertreten. Zum anderen ist es möglich, dass Represser den anderen Personen in der Abrufinhibierung überlegen sind (*überlegene Abrufinhibierung; superior retrieval inhibition*). Diesen Erklärungsansatz präferieren z. B. Barnier, Levin und Maher (2004), Myers et al. (1998) sowie Myers und Derakshan (2004).

Eine der ersten Arbeiten, welche die Erklärungshypothese der *verringerten Abrufanstrengung* explizit untersucht haben, stammt von Holtgraves und Hall (1995).[31] Die Autoren nehmen an, dass Enkodierungsmechanismen, wie sie von R. D. Hansen und Hansen (1988) sowie P. J. Davis und Schwartz (1987) angenommen werden, durchaus eine Rolle für das spätere Erinnerungsdefizit der Represser spielen. Da intentionaler Erinnerungsabruf allerdings ein anstrengender Prozess sei und Represser wenig motiviert sein sollten, sich negative selbstbedrohliche Inhalte ins Bewusstsein zu rufen, sei es naheliegend, dass Represser sich beim Versuch, derartige Inhalte abzurufen, schlicht weniger anstrengen als Nichtrepresser. Dabei müsse diese verminderte Abrufanstrengung keineswegs bewusst erfolgen, sondern könne auch ein automatischer Prozess sein. Holtgraves und Hall (1995) boten ihren Probanden zu 12 verschiedenen Emotionen (davon vier positiv und acht negativ) jeweils vier Emotionswörter dar (z. B. zur negativen Emotion „anxiety" die Emotionswörter „anxious", „nervous", „worried" und „tense"). Zu jedem Emotionswort mussten die Probanden – innerhalb von 5 Sekunden – angeben, ob sie sich daran erinnern konnten, diese Emotion jemals empfunden zu haben, allerdings ohne dass eine Erinnerung genauer spezifiziert werden sollte. Nach einer 5-minütigen Distraktoraufgabe wurden die Probanden – ohne vorherige Ankündigung – aufgefordert, möglichst viele der zuvor präsentierten 48 Emotionswörter wiederzugeben, unabhängig davon, ob sie zu dem Emotionswort ein Erlebnis erinnert hatten oder nicht.

---

31 Die im vorliegenden Abschnitt 5.2.2.2 dargestellten Studien verwendeten zur Einteilung der Bewältigungsgruppen alle den Weinberger-Ansatz (Weinberger et al., 1979).

Wie erwartet, gaben die Represser im Vergleich zu den Nichtrepressern bei etwas mehr der positiven und bei etwas weniger der negativen Emotionswörter an, eine Erinnerung an ein solches Erlebnis zu haben. (Die Unterschiede waren relativ klein, aber bei einer Gesamtstichprobe von über 200 Personen immerhin marginal signifikant.) Die Autoren waren allerdings nicht so sehr daran interessiert, zu welchen Emotionswörtern die Probanden eigene Erlebnisse erinnerten, sondern daran, wie gut sie sich *an die Emotionswörter erinnerten*, zu denen ihnen *kein* eigenes Erlebnis eingefallen war. Die Idee dabei war folgende: Je stärker sich eine Person anstrengt, zu einem Emotionswort eine Erinnerung abzurufen, desto stärker elaboriert und enkodiert sie dieses Emotionswort. Wenn nun Represser im Vergleich zu Nichtrepressern weniger Emotionswörter, zu denen ihnen kein Erlebnis eingefallen ist, erinnern, ist dies ein Indikator dafür, dass sich Represser bei diesen Emotionswörtern auch weniger angestrengt haben, eine Erinnerung abzurufen. Das würde dafür sprechen, dass Represser gegenüber Nichtrepressern eine reduzierte Abrufanstrengung für negative emotionale Erlebnisse aufweisen. Die Befunde standen in Einklang mit dieser Hypothese: Von den negativen Emotionswörtern, zu denen den Probanden kein eigenes Erlebnis eingefallen war, erinnerten die Nichtrepresser (mit 33%) signifikant mehr als die Represser (mit 27%). Für die Kontrollbedingung „Erinnerung an positive Emotionswörter, zu denen kein Erlebnis abgerufen werden konnte" fand sich erwartungsgemäß kein derartiger Unterschied. Holtgraves und Hall (1995) sehen dies als Beleg für ihre Hypothese, dass sich Represser beim Abruf negativer emotionaler Erlebnisse weniger anstrengen als Nichtrepresser und dass zumindest ein Teil der Erinnerungsunterschiede zwischen Repressern und Nichtrepressern auf diese unterschiedliche Abrufanstrengung zurückzuführen ist.

Allerdings unterstützen die Befunde von Holtgraves und Hall (1995) die Hypothese der reduzierten Abrufanstrengung bei Repressern nur recht indirekt: Die Autoren haben zwar belegt, dass die negativen Emotionswörter, die bei Repressern keine Erinnerung hervorriefen, später relativ schlecht erinnert wurden. Aber dafür müssen nicht zwangsläufig eine verminderte Abrufanstrengung und die daraus resultierende geringere Elaboration dieser Emotionswörter ursächlich sein. Es ist vorstellbar, dass andere Mechanismen (z. B. auch Enkodierungsmechanismen, wie sie in Abschnitt 5.2.2.1 vorgestellt wurden) *direkt* auf die Erinnerung an die negativen Emotionswörter gewirkt haben.

Einen elaborierteren Versuch, Effekte von Enkodierungs- und Abrufmechanismen zu unterscheiden, legten Shane und Peterson (2004) vor. Ihre Grundannahme ist folgende: Das Erinnerungsdefizit von Repressern kommt dadurch zustande, dass Represser negativen Informationen bei der Enkodierung und/oder beim Abruf weniger Verarbeitungsressourcen zuteilen. Um dies zu überprüfen, erhoben die Autoren zunächst die Erinnerungsleistung für Wörter unterschiedlicher affektiver Valenz. Dazu wurden den Probanden 75 Wörter (zu je einem Drittel positive, neutrale und negative) dargeboten, von denen sie – nach einer 5-minütigen Distraktoraufgabe – möglichst viele frei wiedergeben sollten. Mit der anschließend durchgeführten modifizierten Go-/No-Go-Aufgabe sollte erfasst werden, wie die Probanden ihre Aufmerksamkeit sowohl Enkodierungs- als auch Abrufprozessen zuweisen. Hierzu wurden zehn verschiedene zweistellige Zahlen nacheinander präsentiert. Fünf dieser Zahlen waren sogenannte „Go-Items", auf welche die Probanden mit einem Tastendruck reagieren sollten, die anderen fünf Zahlen waren „No-Go-Items", bei denen die Taste nicht gedrückt werden sollte. (Die Taste konnte jederzeit während der maximal 3 Sekunden dauernden Darbietung der Zahl betätigt werden.) Den Probanden wurde vorab allerdings nicht mitgeteilt, bei welchen Zahlen es sich um Go- und bei welchen um No-Go-Items handelte. Dies musste durch Versuch und Irrtum selbst herausgefunden werden. Das heißt, nach jeder Darbietung erhielten die Probanden eine Rückmeldung, ob sie richtiger- oder fälschlicherweise die Taste gedrückt bzw. nicht gedrückt hatten. Die Rückmeldung wurde so lange am Bildschirm angezeigt, wie die Probanden dies wollten. Dieselben 10 Zahlen wurden in randomisierter Reihenfolge je 9 Mal wiederholt, so dass sich insgesamt 90 Durchgänge ergaben.

Shane und Peterson (2004) waren an zwei Indikatoren für die Zuweisung von Verarbeitungsressourcen interessiert, in denen sich Represser und Nichtrepresser unterscheiden könnten: (a) Den ersten Indikator könnte man als *Enkodierungspräferenz* (*postresponse reflective preference*) bezeichnen. Er sollte angeben, wie viel Zeit auf die Verarbeitung (die Enkodierung) von negativen im Verhältnis zu positiven Rückmeldungen verwendet wurde. Gebildet wurde der Indikator als Quotient aus den Zeiten, für welche die Probanden die negativen und die positiven Rückmeldungen (also „falsche Reaktion" bzw. „richtige Reaktion") auf dem Bildschirm stehen ließen, bevor sie selbsttätig zum nächsten Durchgang übergingen. Werte größer eins geben also an, dass die Person sich intensiver mit negativen als mit positiven Rückmeldungen beschäftigt hat. (b) Der zweite Indikator sollte erfassen, wie viel Zeit *vor* einem Tastendruck auf den *Abruf* von Informationen verwendet wurde, die in der Vergangenheit vermehrt mit negativen bzw. positiven Rückmeldungen verbunden waren. Um diese *Abrufpräferenz* (*preresponse reflective preference*) zu operationalisieren, bildeten die Autoren den Quotienten aus der Latenzzeit vor inkorrekten und der Latenzzeit vor korrekten Reaktionen, also daraus, wie lange die Probanden zögerten, bevor sie fälschlicherweise (bei No-Go-Items) bzw. richtigerweise (bei Go-Items) die Taste drückten. (Die Autoren argumentieren, dass inkorrekten und korrekten Reaktionen auf ein bestimmtes Item hin auch in den vorherigen Durchgängen mit größerer Wahrscheinlichkeit inkorrekte bzw. korrekte Reaktionen und die entsprechenden negativen bzw. positiven Rückmeldungen vorausgegangen seien.) Werte größer eins indizieren entsprechend, dass die Person dem Abruf von negativen – gegenüber positiven – Informationen mehr Zeit gewidmet hat.

Geht das Erinnerungsdefizit der Represser auf Enkodierungseffekte zurück, wäre zu erwarten, dass Represser einen kleineren Wert der Enkodierungspräferenz aufweisen als Nichtrepresser. Wird das Erinnerungsdefizit hingegen durch Abrufeffekte verursacht, sollten Represser einen vergleichsweise kleinen Abrufpräferenz-Wert haben. Tatsächlich zeigten Represser gegenüber Nichtrepressern einen kleineren Abrufpräferenz-Wert. Für den Enkodierungspräferenz-Wert zeigte sich kein signifikanter Gruppenunterschied, deskriptiv war der Wert der Represser aber sogar etwas größer als der Wert der Nichtrepresser, so dass Represser der Enkodierung von negativen Rückmeldungen relativ viel Zeit zu widmen scheinen.

Um die Validität der Abrufpräferenz- und der Enkodierungspräferenz-Werte zu prüfen, führten die Autoren Regressionsanalysen mit diesen beiden Werten als Prädiktoren für die Anzahl der erinnerten Wörter in dem vorhergehenden freien Wiedergabetest durch. Beide Verarbeitungspräferenzwerte waren erwartungsgemäß signifikante Prädiktoren für die Anzahl der erinnerten negativen Wörter, wobei der Abrufpräferenz-Wert die größere Vorhersagekraft besaß. Die Anzahl der erinnerten neutralen Wörter konnte, ebenfalls erwartungskonform, durch keinen der beiden Präferenzwerte vorhergesagt werden.

Die Befunde von Shane und Peterson (2004) legen nahe, dass das Erinnerungsdefizit der Represser für negative Information primär dadurch verursacht wird, dass sie im Vergleich zu Nichtrepressern dem *Abruf negativer Informationen* weniger Zeit bzw. Verarbeitungsressourcen widmen oder – im Sinne von Holtgraves und Hall (1995) – sich beim Abruf negativer Inhalte weniger anstrengen. In der Studie von Shane und Peterson unterschieden sich Represser und Nichtrepresser nicht in der Dauer, für die sie sich mit der *Aufnahme* (Enkodierung) negativer Informationen beschäftigten. – Ein methodischer Schwachpunkt dieser Studie ist allerdings, dass die negativen Rückmeldungen *aufgabenrelevant* waren. Das heißt, um in der modifizierten Go-/No-Go-Aufgabe möglichst gut abzuschneiden, war es notwendig, auch die negativen Rückmeldungen intensiv zu verarbeiten. Allerdings widmen Represser negativen Rückmeldungen (z. B. auch negativen Rückmeldungen zur eigenen Person) nur dann weniger Aufmerksamkeit, wenn sie annehmen, dass sie diese Information später nicht mehr benötigen (z. B. Baumeister & Cairns, 1992; vgl. auch Derakshan et al., 2007; Myers & Derakshan, 2004; Newton & Contrada, 1992). Ist ihnen jedoch bewusst, dass sie die negative Information brauchen, um später „besser dazustehen", widmen sie dieser – im Vergleich zu Nichtrepressern – mindestens genauso viel Verarbeitungsressourcen. Folglich könnten dadurch, dass in der Studie von Shane und Peterson die negativen Rückmeldungen aufgabenrelevant waren, mögliche Enkodierungsunterschiede zwischen Repressern und Nichtrepressern nivelliert worden sein.

Bei den beiden vorgestellten Arbeiten von Holtgraves und Hall (1995) und Shane und Peterson (2004) zur *Hypothese der verringerten Abrufanstrengung* spielt für das Erinnerungsdefizit der Represser der *motivational-intentionale Aspekt* eine wesentliche Rolle: Demnach strengen sich Represser weniger an, negative Informationen abzurufen, bzw. weisen negativen Inhalten – intentional – weniger Verarbeitungsressourcen zu. Dies impliziert, dass Represser bei veränderter Motivation prinzipiell in der Lage wären, negative Inhalte genauso gut zu erinnern wie Nichtrepresser, bzw. dass umgekehrt Nichtrepresser – entsprechend motiviert – genauso gut wie Represser negative Informationen vergessen könnten. Demgegenüber geht die *Hypothese der überlegenen Abrufinhibierung* davon aus, dass Represser *fähiger* als andere Personen sind, negative Inhalte intentional zu vergessen bzw. zumindest deren Abrufbarkeit zu verringern. Hier wird also nicht nur ein Unterschied in der Motivationslage, sondern auch in der „Fähigkeit zu vergessen" postuliert. Der Erklärungsansatz der überlegenen Abrufinhibierung wurde von Myers et al. (1998) sowie von Myers und Derakshan (2004) genauer untersucht.

Myers et al. (1998) bedienten sich der Listen-Methode des Directed-Forgetting-Paradigmas (vgl. die Darstellung in Abschnitt 3.2.3.1 ab S. 58). Dabei nahmen sie – in Einklang mit Basden et al. (1993) – an, dass der Directed-Forgetting-Effekt in der Listen-Methode ein Indikator für Abrufinhibierung ist. In zwei Experimenten[32] wurden den Probanden negative und positive Adjektive präsentiert (z. B. „risky", „jumpy", „worried" bzw. „merry", „helpful", „relaxed"). Um einen gewissen Selbstbezug bzw. eine gewisse Selbstrelevanz der Wörter herzustellen, mussten die Probanden zu jedem einzeln dargebotenen Adjektiv auf einer Skala einschätzen, wie gut es sie selbst beschreibt. Diese Selbstbeschreibungs-Einschätzung ermöglichte es auch, *inzidentelles Lernen* in der Directed-Forgetting-Aufgabe zu realisieren: Myers et al. befürchteten nämlich, dass bei einer expliziten Lernaufgabe Personen mit hoher Ausprägung in sozialer Erwünschtheit (darunter Represser) motivierter sind, etwas zu lernen

---

32 Die beiden Experimente von Myers et al. (1998) unterschieden sich nur dahingehend, dass in Experiment 1 lediglich eine Unterteilung in Represser und Nichtrepresser, in Experiment 2 hingegen in alle vier Bewältigungsgruppen vorgenommen wurde. Da dies für die gefundenen Ergebnisse irrelevant ist, wird im Folgenden nicht zwischen Experiment 1 und 2 unterschieden.

bzw. auch zu vergessen, wenn dies als Teil der Aufgabe wahrgenommen wird. Um einen solchen Effekt zu vermeiden, wurden die Experimente den Probanden gegenüber als Studien zum Selbstbild bzw. zur Selbstwahrnehmung dargestellt.

Nach der Darbietung und Selbstbeschreibungs-Einschätzung von 20 Adjektiven (je zur Hälfte positive und negative) erhielten alle Probanden eine „Vergessen-Instruktion". Da das Lernen ja inzidentell stattfand, musste auch die Vergessen-Instruktion entsprechend implizit formuliert werden. Daher wurde den Probanden lediglich der Hinweis gegeben, dass die bisherigen Durchgänge nur der Übung gedient hätten. Die wörtliche Instruktion bei Myers et al. (1998) war:

> What you have done so far has been practice. You can forget about those words. I will now show you the actual set of test words that I want you to rate for self-descriptiveness in the same way you did for the practice words. (S. 143)

Danach wurden weitere 20 Adjektive dargeboten und von den Probanden beurteilt. Nach einer anschließenden 3-minütigen Distraktoraufgabe erfolgte der unangekündigte freie Wiedergabetest, d. h., die Probanden sollten alle Adjektive, an die sie sich noch erinnern konnten, aufschreiben. Entsprechend der in Abschnitt 3.2.3.1 (S. 58 ff.) eingeführten Terminologie des Directed-Forgetting-Paradigmas handelte es sich bei den zuerst dargebotenen 20 Adjektiven um Forget-Items (F-Items) und bei den 20 nach der Vergessen-Instruktion dargebotenen Adjektiven um Remember-Items (R-Items). Die Ergebnisse der beiden Experimente entsprachen den Erwartungen der Autor(inn)en: Represser und Nichtrepresser unterschieden sich nicht in der Anzahl der korrekt wiedergegebenen positiven Adjektive (weder hinsichtlich der F- noch hinsichtlich der R-Items). Auch in der Erinnerung an negative R-Items unterschieden sich die Gruppen nicht. Lediglich bezüglich der negativen F-Items gaben Represser im Vergleich zu Nichtrepressern weniger Wörter korrekt wieder. Somit scheinen Represser speziell negative Wörter, die vergessen werden sollen, auch tatsächlich besonders gut zu vergessen. Myers et al. (1998) interpretieren dies als Beleg dafür, dass Represser gegenüber Nichtrepressern über eine besser entwickelte *Fähigkeit zur Abrufinhibierung* verfügen: „Repressors have an enhanced capability for using retrieval inhibition" (S. 141).

Die Studie von Myers und Derakshan (2004) sollte die Befunde von Myers et al. (1998) replizieren und weiter spezifizieren. Eine Fragestellung dabei war, ob die Selbstrelevanz der Reize, wie sie in der Studie von Myers et al. (1998) durch die Selbstbeschreibungs-Einschätzung induziert werden sollte, eine *notwendige* Voraussetzung dafür ist, dass die überlegene Abrufinhibierung der Represser zum Tragen kommt. Um dies zu überprüfen, wurde eine zusätzliche Within-Subjects-Variation eingeführt: Die Probanden schätzten nun einen Teil der Adjektive daraufhin ein, wie gut diese sie selbst beschreiben, und einen weiteren Teil daraufhin, wie gut sie andere Personen (einen Durchschnittskommilitonen des gleichen Geschlechts und Alters) beschrieben. Außerdem wurde eine Kontrollbedingung ohne jegliche Vergessen-Instruktion eingeführt, die klären sollte, ob diese Instruktion wesentlich dafür ist, die überlegene Abrufinhibierung der Represser zu evozieren. Ansonsten war die Studie analog zu den Experimenten von Myers et al. (1998) aufgebaut. Die Ergebnisse der Directed-Forgetting-Aufgabe bestätigten wiederum die Hypothesen der Autorinnen: Nur für die selbstrelevanten (d. h. bezüglich der Beschreibung der eigenen Person eingeschätzten) negativen Adjektive zeigten die Represser – und zwar nur diese – einen Directed-Forgetting-Effekt, also weniger korrekt wiedergegebene F- als R-Items. In allen anderen Bedingungen wiesen die

Represser keinen Directed-Forgetting-Effekt auf und auch für die Nichtrepresser ließ sich in keiner der Bedingungen ein Directed-Forgetting-Effekt finden.

Auch wenn Myers und Derakshan (2004) ihre Befunde als Beleg für die Hypothese der überlegenen Abrufinhibierung der Represser ansehen, lässt sich diese Schlussfolgerung aus mehreren Gründen anzweifeln. Der erste Grund ist, dass – wie in Abschnitt 3.2.3.1 (speziell S. 63 ff.) erläutert – keineswegs sicher davon auszugehen ist, dass mit der Listen-Methode des Directed-Forgetting-Paradigmas Abrufinhibierung erfasst wird. Eine alternative Erklärung ist, dass die Vergessen-Instruktion nur dazu führt, dass normalerweise stattfindende Wiederholungsprozesse für die Wörter der ersten Liste (d. h. die F-Items) unterbunden und stattdessen die Wörter der zweiten Liste (d. h. die R-Items) vermehrt wiederholt werden. Somit lassen sich die Befunde von Myers et al. (1998) und Myers und Derakshan (2004) auch dahingehend reinterpretieren, dass die Represser die einzigen Personen waren, die durch die Vergessen-Instruktion dazu veranlasst wurden, die Wiederholung von selbstrelevanten negativen Wörtern einzustellen. (Dies steht im Einklang mit der in Abschnitt 5.4 erläuterten Annahme, dass Represser und Sensitizer sich in der Verwendung aktiver Aufrechterhaltungsprozesse unterscheiden.)

Ein weiterer Grund, der an der Schlussfolgerung von Myers und Derakshan (2004), dass mit den Studien die – bei Repressern stärker ausgebildete – *Fähigkeit* zur Abrufinhibierung erfasst wurde, zweifeln lässt, ist die sehr indirekt formulierte bzw. „schwache" Vergessen-Instruktion. Wie oben dargestellt, konnten die Probanden, da ja inzidentelles Lernen realisiert werden sollte, nicht wirklich aufgefordert werden, die Wörter der ersten Liste „zu vergessen". Stattdessen wurde ihnen mitgeteilt, dass es sich bei der ersten Liste um Übungsdurchgänge für die Aufgabe der Selbst- und Fremdbeschreibungs-Einschätzung handele, die nicht weiter relevant seien. Die in der Originalinstruktion – nach dem einleitenden Satz „What you have done so far has been practice" – verwendete Formulierung „You can forget about those words" (Myers et al., 1998, S. 143; auch Myers & Derakshan, 2004, S. 501) lässt sich in diesem Kontext am ehesten als „Kümmere dich nicht mehr um diese Wörter" übersetzen und wurde von den Probanden vermutlich auch entsprechend aufgefasst. Dies würde aber implizieren, dass die meisten Probanden *gar nicht versucht* haben, ihre maximale Inhibierungsfähigkeit aufzuwenden, um die Wörter der ersten Liste zu vergessen. Dafür spricht auch, dass zumindest in der Studie von Myers und Derakshan (2004)[33] die Nichtrepresser überhaupt keinen Directed-Forgetting-Effekt aufwiesen (weder für positive noch für negative Adjektive), obwohl sich dieser normalerweise sehr robust für jegliches Wortmaterial (unabhängig von dessen affektiver Valenz und Selbstrelevanz) nachweisen lässt (vgl. Abschnitt 3.2.3.1). Somit wäre es möglich, dass die Vergessen-Instruktionen in den Studien von Myers und Kollegen so schwach formuliert waren, dass die Nichtrepresser gar nicht versucht – geschweige denn sich maximal angestrengt – haben, die F-Items zu vergessen. Dann lässt sich aber aus dem Befund, dass nur die Represser einen Directed-Forgetting-Effekt (und das nur für negative selbstrelevante Wörter) zeigten, nicht schließen, dass Represser über eine *überlegene Fähigkeit* zur Abrufinhibierung verfügen. Es könnte ebenso gut sein, dass Represser die einzigen Personen waren, die unter diesen Bedingungen *spontan* – wie auch immer geartete – Vergessensstrategien auf die für sie unangenehmen bzw. bedrohlichen Wörter angewendet haben.

---

33 Da es in der Studie von Myers et al. (1998) keine adäquate Kontrollgruppe (z. B. eine Gruppe ohne Vergessen-
     Instruktion) gab, um die absolute Stärke des Directed-Forgetting-Effekts zu bestimmen, lässt sich zu dieser
     Studie keine diesbezügliche Aussage treffen.

5.2.2.3 Fazit

Die in diesem Kapitel betrachteten Studien lassen den Schluss zu, dass das *Phänomen*, dass Represser im Vergleich zu Nichtrepressern eine schlechtere Erinnerungsleistung bezüglich negativer selbstrelevanter Inhalte aufweisen, gut belegt ist. In der Vergangenheit wurden mehrere Erklärungsansätze für dieses Phänomen aufgestellt, von denen die vermutlich prominentesten hier vorgestellt wurden. Für jeden Erklärungsansatz gibt es eine gewisse empirische Evidenz, aber auch fast immer widersprüchliche Befunde bzw. es lassen sich methodische Mängel an den belegenden Studien ausmachen, so dass zumindest die logische Zwangsläufigkeit vieler Schlussfolgerungen angezweifelt werden kann.

Bis heute hat sich keiner dieser Erklärungsansätze durchgesetzt, aber es wurde auch keiner eindeutig widerlegt. Die meisten Erklärungsansätze schließen sich übrigens keineswegs aus: So ist es ohne weiteres möglich, Erklärungsansätze, die jeweils nur Aussagen über Enkodierungs- oder Abrufmechanismen treffen, zu kombinieren. Aber auch Mechanismen, die sich auf das gleiche Stadium der Informationsverarbeitung beziehen, könnten gemeinsam wirken. So ist nicht auszuschließen, dass Represser sowohl bestimmte negative Emotionen seltener empfinden (Schimmack & Hartmann, 1997) als auch aversive Situationen emotional diskreter bewerten (R. D. Hansen & Hansen, 1988) und diese Situationen zum Zeitpunkt der Enkodierung weniger intensiv elaborieren (P. J. Davis, 1990). Genauso könnte es zum Zeitpunkt des Abrufs der Fall sein, dass Represser sich sowohl weniger anstrengen, für sie unangenehme Inhalte abzurufen (Holtgraves & Hall, 1995), als auch über eine ausgeprägtere Fähigkeit verfügen, intentional den Abruf dieser Inhalte zu inhibieren (Myers et al., 1998).

Wie im Folgenden (Abschnitte 5.3 und 5.4) dargestellt wird, erscheint die diesen Erklärungsansätzen zumindest implizit zugrunde liegende Annahme einer Kontinuität der Erinnerungsunterschiede zwischen Repressern und Nichtrepressern allerdings nicht haltbar. Daher wäre es irreführend, sich auf die Betrachtung von Enkodierungs- und/oder Abrufmechanismen zu beschränken, wenngleich diese sicherlich einen gewissen Beitrag zu zeitlich invarianten Anteilen der Erinnerungsunterschiede liefern können.

5.3 Diskontinuität der Erinnerungsunterschiede

In Abschnitt 5.3.1 wird zunächst die Annahme der Diskontinuität der Erinnerungsunterschiede zwischen Repressern und Nichtrepressern (speziell Sensitizern) vorgestellt, wobei auch kurz auf weitere Diskontinuitäten im Informationsverarbeitungsprozess der Represser eingegangen wird. Ferner wird die bisherige empirische Evidenzlage dargestellt. Im Anschluss daran (Abschnitt 5.3.2) wird betrachtet, wie bislang versucht wurde, dieses Phänomen zu erklären und wie tragfähig diese Erklärung ist.

5.3.1 Grundlegende Annahme und empirische Evidenz

Die Diskontinuität der Erinnerungsunterschiede lässt sich als Teilphänomen der Diskontinuität des Informationsverarbeitungsprozesses bei Repressern betrachten. Das Repression-Sensitization-Konstrukt, aber auch neuere Modelle wie das MBM legen nahe, dass der Informationsverarbeitungsprozess von Repressern durch die zeitlich konsistente Vermeidung bedrohlicher Reize und Informationen gekennzeichnet ist (vgl. Abschnitt 5.2.1). Diese Annahme wurde jedoch durch die Befunde von Hock, Krohne und Kaiser (1996; auch Hock & Egloff, 1998)[34] in Frage gestellt. Diese und weitere Arbeiten (zur Übersicht Krohne & Hock, 2008b, 2011) lieferten Hinweise darauf, dass sich Represser in frühen (eher automatischen) Wahrnehmungsprozessen unter Umständen sogar schneller als Sensitizer aversiven Reizen zuwenden, sich diese frühe Zuwendung allerdings nicht in späteren (eher strategischen) Verarbeitungsprozessen wie beispielsweise der Interpretation von ambivalenten Reizen oder in Erinnerungsprozessen, in denen Represser das erwartete vermeidende Verhalten zeigen, widerspiegelt. Für dieses Phänomen, das inzwischen auch Unterstützung durch Arbeiten unabhängiger Forschergruppen erfahren hat (z. B. Fujiwara et al., 2008), haben Hock und Krohne (2004) den Begriff *repressive Diskontinuität* geprägt.

In der Arbeitsgruppe um Michael W. Eysenck wurde ein ähnliches Konzept – inspiriert durch die Arbeiten von Hock et al. (1996) sowie Lambie und Marcel (2002) – als *Vigilanz-Vermeidungs-Theorie* (*vigilance-avoidance theory*) eingeführt (Derakshan et al., 2007; vgl. auch Caldwell & Newman, 2005). Der für diese Theorie grundlegende Befund wurde bereits von Calvo und Eysenck (2000) formuliert: „It is clear that repressors differ substantially from the low-anxious in their processing of threat-related information, and that their processing of threat is characterised by *early vigilance followed by later avoidance* [Hervorhebung hinzugefügt]" (S. 783). Im Folgenden werde ich kurz die Annahme der repressiven Diskontinuität beschreiben, um dann die Diskontinuität der Erinnerungsunterschiede zwischen Repressern und Sensitizern genauer zu betrachten.

Als Ausgangspunkt der Entwicklung des Konzepts der repressiven Diskontinuität kann die Studie von Hock et al. (1996) betrachtet werden. In dieser Studie hörten die Probanden zunächst mehrdeutige Sätze, die potentiell bedrohliche Szenarien beschrieben, z. B. „At the meeting your contribution elicits reactions" (Hock et al., 1996, S. 1057). Die Probanden sollten sich in diese Situationen hineinversetzen und deren affektive Valenz einschätzen. Neben der Antwort auf einer Ratingskala wurde dabei auch die Antwortzeit erfasst. Nach einer 14-minütigen Distraktoraufgabe folgte ein unangekündigter „Wiedererkennungstest", bei dem – neben mehreren Distraktoritems – eindeutig bedrohliche und eindeutig nichtbedrohliche Varianten der zuvor dargebotenen mehrdeutigen Sätze daraufhin beurteilt werden sollten, *wie ähnlich* sie den Originalsätzen waren. Bezogen auf das obige Beispiel wäre eine eindeutig bedrohliche Variante „At the meeting your contribution is fiercely contested" und eine eindeutig nichtbedrohliche Variante „At the meeting your contribution meets with approval" (Hock et al., 1996, S. 1057).

Es zeigte sich, dass die Represser, im Vergleich zu den anderen Bewältigungsgruppen, relativ viele stark verzögerte Urteile im mittleren Bereich der Valenzskala abgaben.[35] Dies wird von Hock et al. (1996) dahingehend interpretiert, dass Represser die Mehrdeutigkeit der Sätze relativ häufig erkannten und dass diese Mehrdeutigkeit bei ihnen auch recht oft ungelöst blieb, also nicht im Sinne einer positiven oder negativen Variante disambiguiert wurde. Dieser Befund steht in Kontrast zu der Kontinuitätsannahme der repressiven Informationsverarbeitung, wonach Represser mehrdeutige Reize bereits bei der Enkodierung relativ schnell als nicht-

---

34 Die in diesem Abschnitt zitierten Studien aus der Arbeitsgruppe von Krohne und Hock verwendeten zur Einteilung der Bewältigungsmodi das ABI, alle anderen Studien den Weinberger-Ansatz.

35 Der absolute Anteil der mittleren Valenzurteile mit extrem verlängerter Reaktionszeit machte bei Repressern 7.2% ihrer Antworten aus. Dieser Anteil mag – absolut betrachtet – gering erscheinen, war aber fast drei Mal so hoch wie bei den Nichtrepressern.

bedrohlich interpretieren sollten. Die Befunde aus den späteren Ähnlichkeitsurteilen (dem sogenannten Wiedererkennungstest) waren allerdings konform damit, dass niedrigvigilante Personen (darunter Represser) bevorzugt nichtbedrohliche Aspekte der präsentierten Sätze erinnern. Das im vorliegenden Kontext relevante Fazit von Hock et al. (1996) lautet:

> It may be that in initial and primarily automatic phases of perceptual and cognitive analysis, attention is captured by threat-related cues in both repressers and sensitizers and that differences between the two groups emerge only in later controlled stages of information processing. (S. 1063)

In ähnlicher Weise können die Befunde von Hock und Egloff (1998) interpretiert werden: Mittels eines Primingexperiments fanden die Autoren bei Repressern relativ starke Bahnungseffekte bedrohungsbezogener Wörter; im nachfolgenden Wiedererkennungstest erinnerten die Represser diese Wörter aber relativ schlecht. Im Rahmen einer Kontinuitätsannahme der repressiven Informationsverarbeitung wären – aufgrund einer geringen Vernetzung bedrohungsbezogener Gedächtnisinhalte bei Repressern – hingegen geringe Bahnungseffekte zu erwarten gewesen (siehe aber Egloff, 1997, für zu Hock & Egloff, 1998, diskrepante Befunde).

Repressive Diskontinuität bezieht sich in diesem Zusammenhang zunächst also *allgemein* auf die Diskontinuität der Verarbeitung bedrohlicher Information bei Repressern. Dabei nehmen Krohne und Hock (2008b) an, dass Represser

> bei der Verarbeitung von Bedrohungen durch Besonderheiten gekennzeichnet sind, die bei Sensitizern […] nicht ihr antagonistisches Pendant aufweisen. Insbesondere *wahrnehmungsbasierte Prozesse*, die an der initialen Aufmerksamkeitsorientierung hin zu oder fort von Bedrohungen beteiligt sind, sollten bei ihnen keineswegs stets mit *konzeptuellen Prozessen* Hand in Hand gehen, die bei der Hemmung, Elaboration, schematischen Verarbeitung und Rekonstruktion derartiger Information eine Rolle spielen. […]
> Die generelle Hypothese zur repressiven Diskontinuität postuliert, dass kognitive Vermeidung nicht primär ein *Wahrnehmungsphänomen* ist, sondern ein *konzeptueller* Prozess. Die vielfach nachgewiesenen Gedächtnisdefizite für Bedrohung bei Vermeidern scheinen sich *trotz* einer erhöhten Sensitivität für derartige Information auszubilden und *nicht als Folge* einer allgemeinen Insensitivität für Bedrohung. (S. 812 f.; Hervorhebungen im Original)

Insbesondere werde „bei vermeidenden Personen eine frühe Phase der verstärkten Aufmerksamkeit für bedrohliche Information von einer späteren Phase der kognitiven Vermeidung abgelöst" (Krohne & Hock, 2008b, S. 813). Bei einer genaueren Analyse lassen sich drei Arten von repressiver Diskontinuität unterscheiden (Krohne & Hock, 2008b, S. 812 f.):

1. repressive Diskontinuität zwischen frühen und späten Phasen der Aufmerksamkeitsorientierung;
2. repressive Diskontinuität zwischen Enkodierung und Abruf;
3. repressive Diskontinuität zwischen zeitlich naher und verzögerter Erinnerung.

Zur ersten Form, der repressiven Diskontinuität zwischen frühen und späten Phasen der Aufmerksamkeitsorientierung, berichten Krohne und Hock (2008b, 2011) überblicksartig eine Reihe von Studien, die bislang nur auf Kongressen vorgestellt wurden. In diesen Studien wurden Aufmerksamkeitsprozesse mittels des Visual-Dot-Probe-Paradigmas (C. MacLeod, Mathews & Tata, 1986) bzw. Modifikationen dieses Paradigmas untersucht. Das Fazit aus den Studien ist, dass die Aufmerksamkeit von Repressern sehr schnell – unter Umständen schneller als die von Sensitizern – auf den bedrohungsbezogenen Reiz gelenkt wird (*Lenkungseffekt*), diese sich aber – nach Identifikation der Bedrohung – sehr schnell (innerhalb weniger hundert Millisekunden) wieder von dem bedrohlichen Reiz löst. Bei Sensitizern hingegen soll die Auslenkung auf den bedrohlichen Reiz etwas langsamer vonstattengehen. Wenn Sensitizer jedoch einen Reiz als bedrohlich identifiziert haben, bleibt ihre Aufmerksamkeit – im Vergleich zu Repressern – i. d. R. länger an diesem haften (*Bindungseffekt*).

Zur zweiten Form, der repressiven Diskontinuität zwischen Enkodierung und Abruf, wurde bereits die Studie von Hock et al. (1996) dargestellt. Wie beschrieben, zeigten Represser verglichen mit Nichtrepressern eine normale oder sogar zeitlich intensivierte Verarbeitung bedrohlicher Information zum Zeitpunkt der Enkodierung, konnten sich aber später vergleichsweise schlecht an die bedrohlichen Aspekte der Information erinnern. Zwei weitere Studien, die sich eng an die Arbeit von Hock et al. anlehnen und diese erweitern, stammen von Hock und Krohne (2004). Die erste Studie von Hock und Krohne (2004) replizierte im Wesentlichen – mit kleineren methodischen Variationen – die Untersuchung und die Befunde von Hock et al. (1996). Die zweite Studie (Hock & Krohne, 2004, Studie 2), die im vorliegenden Kontext relevanter ist, führte gegenüber der ersten Studie zwei methodische Erweiterungen ein: (a) In der ersten Phase des Experiments, in der die Probanden Sätze bezüglich ihrer affektiven Valenz beurteilen mussten, wurden zusätzlich zu den mehrdeutigen Sätzen auch eindeutig bedrohliche und eindeutig nichtbedrohliche dargeboten. (b) Im Abstand von drei Tagen nach der ersten Sitzung, die neben der Darbietung und Valenzeinschätzung der Sätze einen ersten Wiedererkennungstest umfasste, wurde ein zweiter Wiedererkennungstest durchgeführt. In den Wiedererkennungstests sollten die Probanden – wie bereits bei Hock et al. (1996) – die *Ähnlichkeit* der dargebotenen Prüfreize und Distraktoren mit den Originalsätzen einschätzen.

Dieses erweiterte Design sollte es ermöglichen, nicht nur die zweite Form der repressiven Diskontinuität (also die zwischen Enkodierung und Abruf), sondern auch die dritte Form, also die repressive Diskontinuität zwischen zeitlich naher und verzögerter Erinnerung, explizit zu überprüfen. Im Rahmen der Diskontinuitätsannahme wäre zu erwarten, dass der *Erinnerungsabfall* von dem relativ unmittelbaren zu dem um drei Tage verzögerten Wiedererkennungstest für bedrohliche Aspekte der ambivalenten Sätze und auch für eindeutig bedrohliche Sätze für Represser prononcierter ausfällt als für andere Personen (speziell Sensitizer). Die – zusätzlich in das Experiment aufgenommenen – nichtbedrohlichen Sätze stellen eine Kontrollbedingung dar: Für diese Sätze sollten sich keine bewältigungsspezifischen Unterschiede im Erinnerungsabfall ergeben.

Die Ergebnisse dieser Studie werden von Hock und Krohne (2004) als Bestätigung ihrer Annahmen interpretiert: Eine Analyse der Entwicklung der Wiedererkennungsleistung für die *bedrohlichen und nichtbedrohlichen Aspekte der ambivalenten Originalsätze* von der ersten zur zweiten Sitzung erbrachte für die *nichtbedrohlichen Aspekte* keine differentiellen Effekte für die Bewältigungsgruppen. Für die *bedrohlichen Aspekte* zeigten Represser allerdings einen deutlichen Abfall der Wiedererkennungsleistung, wohingegen Sensitizer sogar einen Anstieg aufwiesen. Niedrigängstliche, die hier als eine Art Kontrollgruppe aufgefasst werden können, zeigten im Zeitraum von der ersten bis zur zweiten Sitzung keine Veränderung der Wiedererkennungsleistung für bedrohliche Aspekte ambivalenter Sätze. Auch für die Wiedererkennung der *eindeutig bedrohlichen Originalsätze* bestätigten sich die Erwartungen: Hier fand sich eine signifikante Interaktion zwischen dem Bewältigungsmodus (Represser vs. Sensitizer) und dem Zeitpunkt des Wiedererkennungstests – konkret zeigten Represser beim ersten Test eine höhere Wiedererkennungsleistung als Sensitizer, beim zweiten Test hingegen eine niedrigere als diese. Für die *eindeutig nichtbedrohlichen Originalsätze* bestand erwartungsgemäß keine derartige Interaktion.

Bei der Interpretation der von den Autoren als „Wiedererkennungstest" bezeichneten retrospektiven Ähnlichkeitseinschätzung sollte allerdings berücksichtigt werden, dass die Probanden nicht tatsächlich danach gefragt wurden, ob ihnen der Satz zuvor bereits dargeboten wurde, wie dies üblicherweise bei Wiedererkennungstests der Fall wäre.[36] Stattdessen mussten die Probanden – auf einer 4-stufigen Skala (1 = *geringe Ähnlichkeit* bis 4 = *hohe Ähnlichkeit*; Hock & Krohne, 2004, S. 76) – angeben, für wie ähnlich sie beispielsweise die eindeutig bedrohliche bzw. eindeutig nichtbedrohliche Variante gegenüber der mehrdeutigen Originalvariante hielten. Die Ergebnisse der Studie könnten daher auch im Sinne eines „retrospektiven Interpretationsbias" gewertet werden: Represser interpretieren – relativ kurz nach der Enkodierung – im Vergleich mit Sensitizern mehrdeutige Sätze stärker als bedrohlich; nach einem längeren Behaltensintervall kehrt sich dieser Effekt jedoch um und Sensitizer interpretieren die Sätze ausgeprägter als Represser in einem bedrohlichen Sinne.

Sicherlich ist in den retrospektiven Ähnlichkeitsurteilen eine Erinnerungskomponente enthalten, da die Probanden, um die Ähnlichkeit einzuschätzen, versuchen müssen, sich an den Originalsatz zu erinnern. Hierbei kann es zu bewältigungsspezifischen Erinnerungsunterschieden, wie sie in der dritten Form der repressiven Diskontinuitätshypothese postuliert sind, kommen. Allerdings können diese Unterschiede in den Ähnlichkeitsurteilen auch zum Teil auf bewältigungsspezifischen *Interpretationseffekten* beruhen, ohne dass sich die Bewältigungsgruppen deswegen zwangsläufig in ihrer Erinnerungsgenauigkeit unterscheiden *müssen*. Dies soll durch das folgende Gedankenexperiment illustriert werden: Probanden wird als „mehrdeutiges Bild" die Darstellung einer Meerjungfrau (Oberkörper einer unbekleideten Frau, Unterkörper eines Fisches) gezeigt. Später werden den Probanden die „disambiguierten Varianten" – je ein Bild einer unbekleideten Frau und eines Fisches – präsentiert und sie müssen zu jedem der Bilder einschätzen, wie ähnlich es dem Originalbild (Meerjungfrau) ist. Wenn jetzt ein Proband das Bild der unbekleideten Frau als dem Bild der Meerjungfrau „ziemlich ähnlich" einstuft, das Bild des Fisches aber als „sehr wenig ähnlich", könnte dies daran liegen, dass er sich nur noch an die Aspekte der unbekleideten Frau erinnert, aber den Fischanteil vergessen hat und daher meint, dass das Originalbild auch eine unbekleidete Frau gezeigt hat. Da die Frau auf dem Originalbild seiner Erinnerung nach so ähnlich aussah wie die Frau auf dem Bild im „Wiedererkennungstest", stuft er sie als „ziemlich ähnlich" ein. Dies würde der Interpretation von Hock und Krohne (2004) entsprechen, dass die Ähnlichkeitseinschätzungen widerspiegeln, wie gut sich eine Person noch an die Fisch- und Menschenanteile (bzw. die bedrohlichen und nichtbedrohlichen Aspekte der Situation) erinnern kann.

Es wäre allerdings auch möglich, dass der Proband sich durchaus bewusst ist, dass das Originalbild eine Meerjungfrau gezeigt hat, und sich daher auch an deutliche Fischanteile erinnert. Da er aber der Ansicht ist, dass eine Meerjungfrau einer unbekleideten Frau generell

---

36 Da es den Autoren ja um die „Erinnerung" an *bedrohliche und nichtbedrohliche Aspekte ambivalenter Aussagen* ging, wäre es allerdings auch nicht sinnvoll gewesen, nach einer vorherigen Darbietung der disambiguierten Sätze zu fragen, denn diese hätte korrekterweise immer abgelehnt werden müssen.

viel ähnlicher ist als einem Fisch, bewertet er – genauso wie der Proband, der sich an den Fischanteil gar nicht mehr erinnert – das Frauenbild als „ziemlich ähnlich" und das Fischbild als „sehr wenig ähnlich". (Ein anderer Proband könnte meinen, dass eine Meerjungfrau eher einem Fisch als einer menschlichen Frau ähnelt, und daher entgegengesetzte Ähnlichkeitsurteile abgeben.) In diesem Fall würden die unterschiedlichen Ähnlichkeitsurteile für die beiden disambiguierten Bilder die *Interpretation* des Probanden widerspiegeln, aber nicht, wie gut er sich an die Fisch- und Menschenanteile des Originalbildes *erinnern kann*. Somit kann man auf (mindestens) zwei Wegen zu den gleichen Ähnlichkeitseinschätzungen gelangen, wobei beim zuerst dargestellten Weg die Erinnerung des Probanden an bestimmte Aspekte tatsächlich beeinträchtigt ist, beim zuletzt dargestellten Weg hingegen nicht. Auch durch die Einbeziehung der Ähnlichkeitsurteile für die Distraktoren (im Gedankenexperiment wären dies z. B. Bilder von bekleideten Frauen sowie von Walen oder anderen Meerestieren) in den „Erinnerungsscore", wie dies in den Studien von Hock et al. (1996) und Hock und Krohne (2004) geschehen ist, lässt sich die Möglichkeit eines Interpretationsbias als Ursache der Unterschiede zwischen Repressern und Sensitizern nicht ausschließen.

Solange man keine plausible Theorie hat, weshalb sich die *Interpretation* mehrdeutiger bzw. auch eindeutig bedrohlicher Reize bei Repressern bzw. Sensitizern *mit der Zeit verändern* sollte, erscheint es allerdings legitim, der Auslegung von Hock et al. (1996) und Hock und Krohne (2004) zu folgen und die Ähnlichkeitsurteile im Sinne eines Erinnerungsmaßes aufzufassen. Mit dem Vorbehalt, dass die retrospektiven Ähnlichkeitsurteile einen eher indirekten Indikator für die tatsächliche Wiedererkennungsleistung darstellen, schließe ich mich dieser Auffassung an. Damit kann das zweite Experiment von Hock und Krohne (2004, Studie 2) als erster Beleg für die repressive Diskontinuität zwischen zeitlich naher und verzögerter Erinnerung gewertet werden.

Abbildung 5.2 stellt den wesentlichen Befund der Studie von Hock und Krohne (2004, Studie 2, speziell Abb. 2) in schematisierter Weise dar: In relativ kurzem zeitlichen Abstand zur initialen Enkodierung erinnern sich Represser gleich gut bzw. – wie in der Abbildung dargestellt – sogar etwas besser als Sensitizer an bedrohliche Information. Dieser Effekt kehrt sich bei einem zeitlich verzögerten Erinnerungstest allerdings um: Dann erinnern sich Sensitizer besser als Represser an bedrohliche Information. Somit besteht zwischen Repressern und Sensitizern eine Diskontinuität in der unmittelbaren und der zeitlich verzögerten Erinnerung.

Wie oben ausgeführt, sind die bei Hock und Krohne (2004) realisierten retrospektiven Ähnlichkeitsurteile ein eher indirektes Erinnerungsmaß. In einer weiteren Studie untersuchten Krohne und Hock (2008a) direkter als bislang die Erinnerung an nichtbedrohliche, mehrdeutige und bedrohliche Reize. Dazu wurden den Probanden in einer ersten Phase des Experiments insgesamt 150 Bilder (zu je einem Drittel nichtbedrohlich, mehrdeutig und bedrohlich) präsentiert, die von den Probanden hinsichtlich ihrer affektiven Valenz zu beurteilen waren. Unmittelbar an diese Beurteilungsaufgabe schloss sich ein erster Wiedererkennungstest an. In diesem wurde die Hälfte der zuvor präsentierten Bilder (Prüfreize) – ergänzt um gleich viele zuvor nicht dargebotene Bilder, die als Distraktoren dienten – gezeigt und die Probanden mussten einzeln für jedes Bild angeben, wie sicher sie sich waren, dass es bereits zuvor (in der Valenzbeurteilungsaufgabe) dargeboten wurde. Die Differenz aus den Sicherheitsurteilen bezüglich der Prüfreize (bereits dargeboten) und der Distraktoren (zuvor nicht dargeboten) bildet ab, wie gut die Probanden in der Lage sind, zwischen bereits darge-

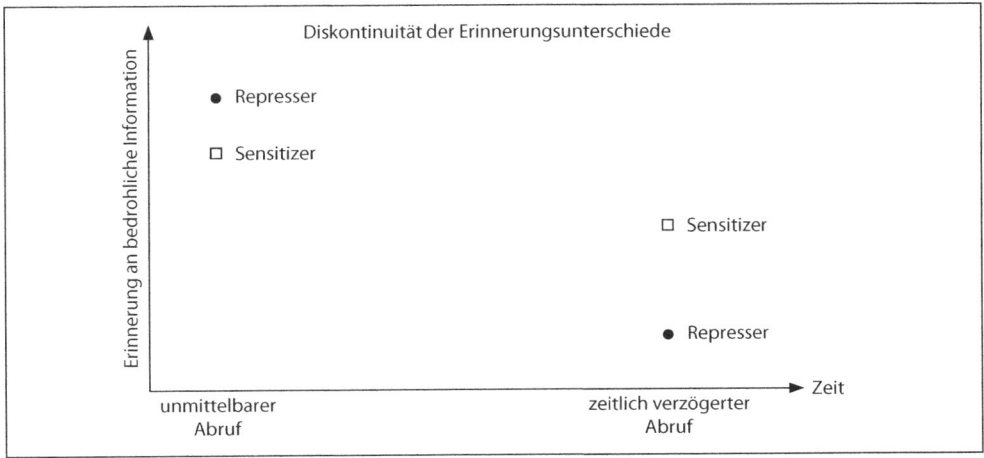

Abbildung 5.2 Schematische Darstellung der Diskontinuität der Erinnerungsunterschiede zwischen Repressern und Sensitizern für bedrohliche Information (Abbildung in Anlehnung an Hock & Krohne, 2004, S. 78, Abb. 2).

botenen und neuen Bildern zu diskriminieren, und ist somit ein direktes Erinnerungsmaß. Im Abstand von drei Tagen folgte ein zweiter – verzögerter – Wiedererkennungstest, der bis auf die verwendeten Prüfreize und Distraktoren mit dem ersten Test identisch war.

Die Ergebnisse von Krohne und Hock (2008a) konnten die Befunde von Hock und Krohne (2004, Studie 2) bestätigen und weiter fundieren. Der für die vorliegende Arbeit wesentliche Befund von Krohne und Hock ist, dass Vermeider (darunter Represser) im Vergleich zu Nichtvermeidern (darunter Sensitizern) sich in ihrer unmittelbaren Erinnerung an bedrohliche Bilder nicht unterscheiden, dass bei einer verzögerten Erinnerungstestung sich Nichtvermeider aber besser daran erinnern. Für die mehrdeutigen Bilder wurde der gleiche Trend festgestellt, wohingegen für das Vergessen nichtbedrohlicher Bilder keine differentiellen Effekte der Bewältigungsgruppe auftraten.

Die jeweils *zwei* Messzeitpunkte für die Erfassung der Erinnerung, die in den Studien von Hock und Krohne (2004, Studie 2) und Krohne und Hock (2008a) realisiert wurden, ergeben das in Abbildung 5.2 dargestellte Muster, wie sich Represser und Sensitizer in der Erinnerung an bedrohliche Inhalte bei einer relativ unmittelbaren und einer zeitlich verzögerten Testung unterscheiden. Anhand dieser zwei Messzeitpunkte lässt sich allerdings noch nicht entscheiden, ob die Erinnerungsunterschiede durch einen zeitlich singulär auftretenden (abrupt wirkenden) Mechanismus zustande kommen oder ob sie im Laufe der Zeit kontinuierlich zunehmen. Diese Frage konnte durch eine Studie von Hock, Peters und Krohne (2011; für eine Vorstudie vgl. Holtz, 2006) geklärt werden. Dazu verwendeten die Autoren die *Continuous-Task-Prozedur* (*continuous task procedure*; z. B. Friedman, 1990; vgl. auch bereits Shepard & Teghtsoonian, 1961): Während in üblichen Erinnerungsparadigmen die Phasen der Enkodierung und des Abrufs immer zeitlich getrennt sind und daher in der Regel allenfalls eine (sehr) kleine Anzahl unterschiedlich langer Behaltensintervalle realisiert werden kann, ermöglicht die Continuous-Task-Prozedur als „quasikontinuierlicher Wiedererkennungstest" die Realisierung vieler unterschiedlicher Behaltensintervalle.

In der Studie von Hock et al. (2011) wurden den Probanden abwechselnd Bilder und Wörter für je 250 Millisekunden dargeboten, wobei jeweils die Hälfte der Bilder und Wörter bedrohlichen bzw. neutralen Inhalts war. Nach jeder Darbietung sollten die Probanden angeben, ob das Bild bzw. Wort bereits zuvor dargeboten wurde oder neu war. Die Bilder und Wörter wurden in bestimmten Abständen wiederholt, so dass zwischen der erstmaligen Reizpräsentation und dem Wiedererkennungstest Abstände von 4, 20, 50, 100, 150, 198, 200, 250, 300, 350, 400 und 500 Durchgängen bestanden. (Aufgrund einer weiteren experimentellen Variation, die hier nicht von Interesse ist, wurden die Wiedererkennungstests mit Reizen kürzerer Behaltensintervalle [bis zu Abständen von 198 Durchgängen] und längerer Behaltensintervalle [Abstände von 200 und mehr Durchgängen] zusätzlich durch eine ca. 15-minütige Zwischenaufgabe getrennt.) Bei der Reizwiederholung nach 4 Durchgängen trennten nur wenige Sekunden die initiale Enkodierung von dem Wiedererkennungstest, bei der Reizwiederholung nach 500 Durchgängen betrug der zeitliche Abstand mehr als 25 Minuten. Zumindest innerhalb dieser ersten 25 Minuten nach der Enkodierung fand sich kein Hinweis darauf, dass der Erinnerungsunterschied für bedrohliche Reize zwischen Repressern und Sensitizern abrupt – im Sinne eines Alles-oder-nichts-Phänomens – entsteht. Vielmehr vergrößerte sich der Erinnerungsunterschied zwischen diesen Gruppen langsam und stetig. (Diese langsame Zunahme des Erinnerungsunterschieds zwischen Repressern und Sensitizern – bzw. kognitiven Vermeidern und Nichtvermeidern – ließ sich allerdings nur für Bilder belegen. Für Wörter war der Effekt nicht stark genug, um statistische Signifikanz zu erlangen.)

Abbildung 5.3 veranschaulicht – in schematisierter Form – die *kontinuierliche* Zunahme der Erinnerungsunterschiede dadurch, dass die Erinnerungsleistungen der Sensitizer sowie der Represser zu einem frühen und einem späten Abrufzeitpunkt durch *stetige* Kurvenverläufe miteinander verbunden sind. Dass sich die Erinnerungsunterschiede *kontinuierlich entwickeln*, steht keineswegs im Widerspruch zur Annahme der *Diskontinuität* der Erinnerungsunterschiede: Mit „Diskontinuität der Erinnerungsunterschiede" wird nur beschrieben, dass *die*

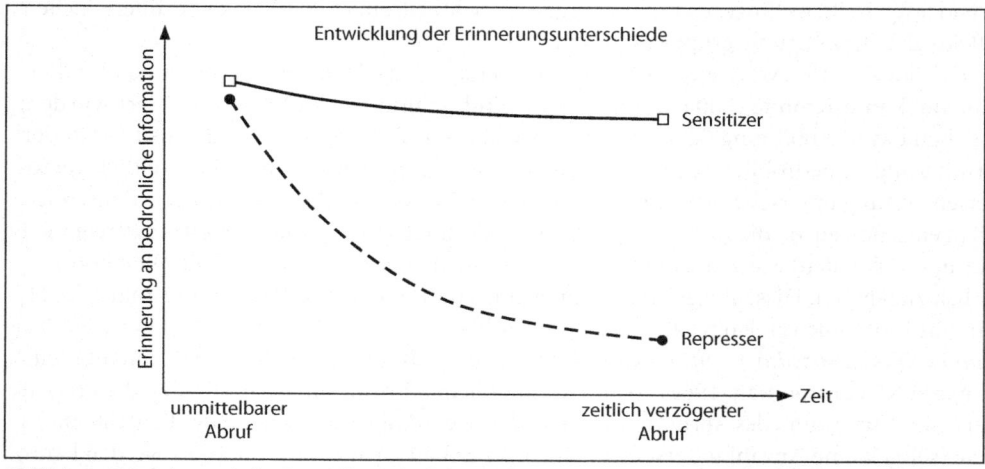

Abbildung 5.3 Schematische Darstellung der kontinuierlichen Zunahme der Erinnerungsunterschiede zwischen Repressern und Sensitizern für bedrohliche Information.

Unterschiede in der Erinnerungsleistung von Repressern und Sensitizern sich zwischen einem zeitlich frühen und einem zeitlich verzögerten Test *unterscheiden*, also die Erinnerungsunterschiede nicht konstant sind. Die zeitliche Entwicklung dieser Unterschiede vollzieht sich aber wohl kontinuierlich, in dem Sinne, dass die Represser sich mit der Zeit zunehmend schlechter als Sensitizer an bedrohliche Inhalte erinnern.

5.3.2 Erklärungsansatz und Kritik

Wie lässt sich nun erklären, dass Represser im Vergleich zu Sensitizern eine relativ gute unmittelbare Erinnerung für bedrohliche Reize zeigen, diese aber schneller als bei Sensitizern abfällt? Die in Abschnitt 5.2.2 dargestellten Erklärungsansätze, die von einer Kontinuität der repressiven Informationsverarbeitung ausgehen und die Erinnerungsunterschiede auf Enkodierungs- und/oder Abrufmechanismen zurückführen, sind aus einem logischen Grund heraus *alle* nicht in der Lage, die Diskontinuität der Erinnerungsunterschiede befriedigend zu erklären: Enkodierungs- und Abrufeffekte beeinflussen *jeden* Erinnerungsabruf gleichermaßen – unabhängig davon, ob dieser kurz nach der initialen Enkodierung oder mit großem zeitlichen Abstand zu dieser erfolgt. Dies ist für die Enkodierung evident, aber auch Abrufeffekte wie Abrufinhibierung oder verminderte Abrufanstrengung sollten wenige Minuten nach der Reizdarbietung genauso stark auftreten wie nach längeren Zeiträumen. Vielleicht wäre es möglich, Abrufmechanismen zu spezifizieren, die erst mit einem gewissen zeitlichen Abstand zur Enkodierung wirksam werden oder sich mit der Zeit verstärken, aber derartige Spezifikationen werden in den oben dargestellten Erklärungsansätzen nicht vorgenommen und erscheinen auch wenig naheliegend.

Plausibler ist es, auch Prozesse, die *während des Behaltensintervalls* – also zwischen dem Zeitpunkt der Enkodierung und dem des Erinnerungsabrufs – auftreten können, zur Erklärung der Diskontinuität der Erinnerungsunterschiede heranzuziehen. Diese Möglichkeit hat bereits Bower (1990) in Bezug auf das motivierte Vergessen von Repressern explizit formuliert: „As a memory theorist, I would try to analyze motivated failures to remember as occurring at one of several possible states – during initial learning, during storage over the retention interval, or during the retrieval phase" (S. 218). Allerdings wurde die Möglichkeit, dass die Erinnerungsunterschiede zwischen Repressern und Sensitizern sich im Behaltensintervall während der „Speicherung" etablieren könnten, nicht weiter verfolgt (vgl. die Ausführungen in Abschnitt 5.2.2).

Erst der Befund der Diskontinuität der Erinnerungsunterschiede zwischen Repressern und Sensitizern, der durch die bisherigen Ansätze nicht erklärt werden kann, verlangte nach einem neuen Erklärungsmodell, das auch das Behaltensintervall einbezieht. Hock und Krohne (2004) haben dazu die *Schema-Pointer-plus-Tag-Hypothese* vorgeschlagen:

> The "schema pointer plus tag" hypothesis (Graesser, Woll, Kowalski, & Smith, 1980) proposes that the encoding of an event involves the identification of a generic knowledge structure, called *schema*, that guides the interpretation of the event, the generation of inferences, and the formation of expectations concerning its further course. The memory representation of the event then consists of a pointer to the invoked schema, which represents its typical (to-be-expected) components, along with a set of tags for its atypical (not-to-be expected, irrelevant, or even inconsistent) components. This dual representation provides an efficient mechanism for storage and retrieval of actions and events. Relevant to repressers' discontinuity are empirical findings pointing to

a differential decay rate for atypical and typical information (e.g., Graesser et al., 1980, Experiment 2). According to a number of studies, moderately atypical components may have a retrieval advantage in immediate memory tests. However, these atypical components are also forgotten at a faster rate than typical components. Thus, with prolonged retention intervals, schemata seem to play an increasingly important role in guiding retrieval processes. (Hock & Krohne, 2004, S. 82 f.)

Dieses Erklärungsmodell weist meines Erachtens jedoch eine Limitation hinsichtlich seines Anwendungsumfangs und eine Unschärfe hinsichtlich seiner theoretischen Elaboriertheit auf. Die Limitation ist, dass die Erklärung *nicht auf alle Arten von Reizmaterial*, mit denen die Diskontinuität der Erinnerungsunterschiede gefunden wurde, *anwendbar ist*. Die Unschärfe besteht darin, dass nicht spezifiziert wird, welche (kognitiven oder auch neuronalen) *Prozesse* dazu führen, dass (moderat) schemaatypische Erinnerungskomponenten schneller vergessen werden als schematypische.

Zur Limitation ist zu sagen, dass die Schema-Pointer-plus-Tag-Hypothese ursprünglich vor dem Hintergrund der Studien von Hock et al. (1996) und Hock und Krohne (2004) als Erklärungsmodell herangezogen wurde. In diesen Studien wurden den Probanden ambivalente Sätze dargeboten. Es erscheint plausibel, dass Personen ein Schema beispielsweise dafür haben, welche Reaktionen der eigene Beitrag auf einer Versammlung hervorruft (vgl. das Beispiel auf S. 152). Ferner ist es plausibel, dass eine negative (bedrohliche) Interpretation (z. B. „At the meeting your contribution is fiercely contested"; vgl. S. 152) bei Repressern schemaatypischer ist als bei Sensitizern und dass umgekehrt eine positive (nichtbedrohliche) Interpretation (z. B. „At the meeting your contribution meets with approval"; vgl. S. 152) besser in das Schema der Represser passt und von diesen als typischer wahrgenommen wird. Während die Schema-Pointer-plus-Tag-Hypothese somit für diese ambivalenten Situationsbeschreibungen eine sinnvolle Erklärung zu bieten scheint, bereitet es Schwierigkeiten, sie auf das Reizmaterial und die Wiedererkennungsprozedur zu übertragen, die Krohne und Hock (2008a) verwendet haben.[37]

In der Studie von Krohne und Hock (2008a) wurden den Probanden als bedrohliche Reize Bilder dargeboten, die z. B. aggressiv aussehende Gesichter zeigten (zur Beschreibung der Studie siehe S. 156). Die im Wiedererkennungstest verwendeten – zu diesen Prüfreizen parallelisierten – Distraktoren waren entsprechend auch (gleich stark bedrohliche) Fotos anderer aggressiver Gesichter. Ein Proband hat einen umso niedrigeren Wiedererkennungsscore, also eine umso schlechtere Erinnerungsleistung, je weniger genau er zwischen den Prüfreizen und den Distraktoren unterscheiden kann. Die für Represser schemaatypische Information ist die in den Bildern dargestellte (auf den Betrachter gerichtete) Aggression. Da diese aber in

---

37 In der Arbeit von Graesser, Woll, Kowalski und Smith (1980), auf die sich Hock und Krohne (2004) beziehen, wird übrigens primär von einer „*script* pointer plus tag"-Hypothese gesprochen und eine „*schema* pointer plus tag"-Hypothese lediglich als mögliche Verallgemeinerung, die es noch zu untersuchen gilt, diskutiert. – Die von Hock und Krohne (2004) verwendeten ambivalenten Situationsbeschreibungen korrespondieren eher mit dem spezifischeren Skript-Konstrukt, das sich auf *Handlungsabläufe* bzw. *Ereignisse* bezieht, als mit dem allgemeineren und umfassenderen Schema-Konstrukt. Deshalb wäre es möglicherweise inhaltlich adäquater, auch im Rahmen der Erklärung der repressiven Diskontinuität der Erinnerungsunterschiede von einer „*script* pointer plus tag"-Hypothese zu sprechen. Allerdings würde die Verwendung des Skript-Begriffes gegenüber dem Schema-Begriff auch den von einer derartigen Theorie beanspruchten Erklärungs- bzw. Anwendungsumfang (d. h. die Extension der Theorie) einschränken.

den Prüfreizen und den Distraktoren gleichermaßen vorhanden ist, hat sie keinen diskriminatorischen Informationswert für die Wiedererkennung der Bilder. Um zwischen alten und neuen Bildern zu unterscheiden, müssen vielmehr weitere Informationen (z. B. spezifische Gesichtszüge und physiognomische Eigenschaften oder auch Frisur und Haarfarbe) erinnert bzw. wiedererkannt werden. Dies sind jedoch Informationen, die das Bild als Ganzes betreffen, und nicht spezifisch schematypische bzw. -atypische Aspekte.

Auch wenn Krohne und Hock (2008a) ihren Probanden nur Bilder von Gesichtern und interagierenden Personen dargeboten haben, sollte die von ihnen postulierte Erklärung doch auch für andere bedrohliche Reize gelten, beispielsweise für Bilder bedrohlich wirkender Tiere. Dann könnte ein bedrohlicher Prüfreiz z. B. das Bild eines zähnefletschenden Schäferhundes sein und als Distraktor dazu könnte das Bild eines zähnefletschenden Dobermanns dienen. Nach der Schema-Pointer-plus-Tag-Hypothese würde beim Bild des Schäferhundes als primärer Verweis (*Pointer*) z. B. das „Hundeschema" aktiviert. Als – beim Represser – schemaatypische „Anhänger" (*Tags*) würde diese Erinnerung mit „zähnefletschend", „aggressiv" oder „physisch bedrohlich" versehen (für das Hundeschema typische Attribute sollten bei Repressern beispielsweise „lieb" oder „verspielt" sein). Während die Erinnerung an die bei Repressern schemaatypischen Anhänger relativ schnell zerfallen sollte, müsste die Erinnerung an das (positive) Hundeschema bei Repressern langfristig gut erhalten bleiben. Bei Sensitizern sollte ebenfalls das Hundeschema aktiviert werden. Da bei diesen allerdings Attribute wie „zähnefletschend", „aggressiv" oder „physisch bedrohlich" schematypisch sind, werden diese nicht als Anhänger hinzugefügt, sondern sind Teil des – langfristig gut erinnerbaren – Hundeschemas. Sowohl Represser als auch Sensitizer sollten sich also langfristig gut daran erinnern, dass ihnen ein Hund gezeigt wurde. Bei Repressern sollte allerdings schneller als bei Sensitizern die Erinnerung daran zerfallen, dass es sich um einen *zähnefletschenden* bzw. *bedrohlich wirkenden* Hund gehandelt hat. Werden nun in dem zeitlich verzögerten Wiedererkennungstest der Prüfreiz (Schäferhund) und der Distraktor (Dobermann) dargeboten, könnte es sein, dass Represser beide Reize etwas stärker als Sensitizer in Richtung „zuvor nicht dargeboten" beurteilen, da die – schemaatypischen – *zähnefletschenden* Hunde ihnen allgemein weniger vertraut erscheinen. Auf die diskriminatorische Wiedererkennungsleistung, also die Differenz zwischen der Einschätzung des alten und des neuen Reizes, hätte diese Parallelverschiebung der Urteile jedoch keinen Einfluss.

Somit bietet die Schema-Pointer-plus-Tag-Hypothese, wie an den Beispielen dargestellt, vermutlich keine tragfähige Erklärung dafür, dass Represser kurz nach der Enkodierung genauso gut oder sogar besser als Sensitizer, langfristig aber schlechter als diese, unterscheiden können, ob ihnen ursprünglich das aggressive Gesicht von Person A oder von Person B bzw. der zähnefletschende Schäferhund oder der zähnefletschende Dobermann gezeigt wurde. Als Fazit lässt sich ziehen, dass sich die Schema-Pointer-plus-Tag-Hypothese gut auf die bewältigungsspezifischen Erinnerungsunterschiede für die *bedrohlichen und nichtbedrohlichen Aspekte ambivalenter Situationsbeschreibungen* anwenden lässt. Als Erklärung für die Unterschiede in der Wiedererkennungsleistung hinsichtlich einzelner bedrohlicher Reize, wie z. B. Bilder, ist sie bislang jedoch eher wenig überzeugend.

Der zweite Punkt – also die theoretische oder konzeptuelle Unschärfe, die darin besteht, dass die *Prozesse*, die zu den Erinnerungsunterschieden führen, nicht spezifiziert werden – ist keine generelle Kritik an der Erklärungshypothese von Hock und Krohne (2004). Vielmehr drückt dieser Punkt das Desiderat aus, dass die (kognitiven) Prozesse, die dazu führen, dass das

Vergessen schematypischer und schemaatypischer Erinnerungskomponenten unterschiedlich schnell vonstattengeht, explizit formuliert bzw. spezifiziert werden. Dies würde die explikative Tiefe der Erklärung vergrößern und auch ihre empirische Überprüfung erleichtern.

Im jetzigen Status der Theoriebildung bzw. deren Explikation (vgl. Hock & Krohne, 2004; Krohne & Hock, 2008a, 2011) beschreibt die Schema-Pointer-plus-Tag-Hypothese empirisch überprüfbare *Effekte* (nämlich, dass schemaatypische Aspekte anfangs relativ gut erinnert, dann aber schneller vergessen werden). Die Frage, welche (kognitiven) *Prozesse* diesem Effekt zugrunde liegen könnten, wird in den Arbeiten von Hock und Krohne nicht weiter elaboriert bzw. expliziert, wenngleich der Verweis auf die „differential decay rate for atypical and typical information" (Hock & Krohne, 2004, S. 83) durch die Verwendung des *Zerfallsbegriffs* darauf hindeutet, dass eher passive Prozesse vermutet werden. Allerdings wäre es wohl auch möglich, im Rahmen der Schema-Pointer-plus-Tag-Hypothese Erklärungen zu konstruieren, die auf aktiven Prozessen beruhen: So kann man – wenngleich sich in den Arbeiten von Krohne und Hock keine Hinweise auf eine derartige Interpretation finden – davon ausgehen, dass Schemata bzw. Skripte in neuen schema- bzw. skriptrelevanten Situationen aktiviert und damit aufgefrischt werden. Moderat schemaatypische Aspekte sollten von derartigen Auffrischungen nicht betroffen sein, da sie für die jeweilige – i. d. R. schematypische – Situation keine (handlungsleitende) Relevanz besitzen und daher gar nicht aktiviert werden. Zusätzlich könnte dadurch, dass durch den Abruf schematypischer Aspekte diese in ihrer relativen Zugänglichkeit gestärkt werden, in interferenztheoretischem Sinne der Abruf der weniger dominanten schemaatypischen Aspekte zusätzlich blockiert werden (vgl. auch Abschnitt 3.2.1.2). Auf die Studie von Hock und Krohne (2004) übertragen würde dies bedeuten, dass die schemaatypische Gedächtnisrepräsentation beispielsweise einer Redesituation umso schlechter erinnert wird, je häufiger im Zeitraum zwischen der Enkodierung und dem Abruf schematypische Erfahrungen in Redesituationen gemacht wurden. Wurden hingegen (wenngleich dies im realen Leben relativ unwahrscheinlich ist) zwischenzeitlich Erfahrungen gesammelt, die der schemaatypischen Gedächtnisrepräsentation entsprechen, sollten auch schemaatypische Aspekte – die beim wiederholten und konsistenten Auftreten derartiger Erfahrungen auch in das Schema integriert werden – langfristig relativ gut erinnert werden. Aufbauend auf einer derartigen Konzeption der Prozesse, die für die von der Schema-Pointer-plus-Tag-Hypothese beschriebenen Phänomene ursächlich sein könnten, ließen sich Forschungsdesigns zur Überprüfung nicht nur dieser Hypothese, sondern auch der zugrunde liegenden Prozesse erstellen.

Bislang besitzt die Schema-Pointer-plus-Tag-Hypothese zur Erklärung der angstbewältigungsspezifischen Erinnerungsunterschiede allerdings einen reinen Post-hoc-Charakter, d. h., sie wurde nachträglich herangezogen, um Beobachtungen zu erklären, aber es wurde bisher nicht versucht, die Gültigkeit dieser Erklärung empirisch zu überprüfen. Einer der Gründe, warum es bisher an Bestätigungs- oder auch Falsifikationsversuchen mangelt, könnte sein, dass eben nicht expliziert wurde, welche Prozesse diesen Erinnerungsunterschieden zugrunde liegen könnten. Eine Spezifikation der Prozesse erscheint aber wünschenswert, da damit die explikative Tiefe der Erklärung erhöht wird und sich zudem leichter spezifische Hypothesen ableiten lassen, die experimentell überprüfbar sind. – Wie oben beispielhaft ausgeführt, ist es allerdings nicht unmöglich, im Rahmen der Schema-Pointer-plus-Tag-Hypothese derartige auf Prozesse bezogene Annahmen zu formulieren, auch wenn dies bisher nicht getan wurde. Somit stellt dieser Punkt – wie bereits erwähnt – keine prinzipielle Kritik an dem Erklärungsansatz dar, sondern verweist lediglich darauf, dass es für die explikative Tiefe und für die empirische Bewährung des Erklärungsansatzes wissenschaftlich fruchtbar wäre, mögliche Prozesse, die einer empirischen Überprüfung zugänglich sind, konkreter zu formulieren.

Festzuhalten ist, dass die Schema-Pointer-plus-Tag-Hypothese – zumindest in ihrer derzeitigen Ausformulierung – primär hinsichtlich *ambivalenter Situationsbeschreibungen* eine möglicherweise potente Erklärung für die Diskontinuität der Erinnerungsunterschiede zwischen Repressern und Sensitizern liefert. Daher wird in der vorliegenden Arbeit versucht, ein Erklärungsmodell aufzustellen, das auch auf Reizmaterial wie einzelne (bedrohliche) Bilder oder Wörter besser anwendbar ist und zudem konkretere Aussagen über kognitive Prozesse *während* des Behaltensintervalls trifft. Dieser neue Erklärungsansatz wird als *Zwei-Prozess-Modell bewältigungsspezifischer Erinnerungsunterschiede* bezeichnet und im folgenden Abschnitt dargestellt.

5.4   Ein Zwei-Prozess-Modell bewältigungsspezifischer Erinnerungsunterschiede

Im Rahmen der Darstellung einer funktionalen Betrachtungsweise des Gedächtnisses wurde in Kapitel 2 (speziell Abschnitt 2.2) begründet, warum als zwei wesentliche Funktionen des menschlichen Gedächtnisses die *Informationsfunktion* und die *Emotionsregulationsfunktion* anzunehmen sind. Am Beispiel der Verstärkung des Positivitätsbias mit zunehmendem Alter wurde erläutert, dass sich die relative Dominanz dieser Funktionen mit dem Lebensalter sowie in Abhängigkeit von (chronischen) motivationalen Zielunterschieden bzw. Bedürfnissen verändern kann (Abschnitt 2.3). Schließlich wurde dieser Ansatz – in einem motivational-kognitiven Rahmenmodell – auf dispositionelle Unterschiede im angstbewältigungsspezifischen Emotionsregulations- und Informationsbedürfnis übertragen (Abschnitt 2.4).

Personen mit unterschiedlichen Angstbewältigungsmodi sind nach dem MBM durch Unterschiede in ihrer Intoleranz gegenüber Unsicherheit und ihrer Intoleranz gegenüber emotionaler Erregung charakterisiert. Intoleranz gegenüber Unsicherheit führt zu vigilantem Verhalten, also der vermehrten Suche nach Information. Information zur Unsicherheitsreduktion kann aus der aktuellen Umwelt aufgenommen werden (z. B., indem man im Wartezimmer des Zahnarztes darauf achtet, welche Geräusche aus dem Behandlungsraum dringen), beruht zum Großteil aber auch auf Erinnerungen (z. B., welche Erfahrungen man selbst bei früheren Zahnarztbesuchen gemacht hat, was einem andere Personen darüber erzählt haben oder was man anderweitig – beispielsweise in den Medien – gehört, gelesen oder gesehen hat). So wird auch im ABI vigilantes Verhalten unter anderem darüber erfasst, ob sich Personen die eigenen Erlebnisse ähnlicher Situationen in Erinnerung rufen bzw. sich aktiv daran erinnern, was ihnen andere Personen (z. B. Freunde oder Bekannte) über derartige Situationen berichtet haben.

Hochvigilante Personen (insbesondere Sensitizer) haben aufgrund ihrer Unsicherheitsintoleranz also ein besonders ausgeprägtes Informationsbedürfnis hinsichtlich (potentiell) bedrohlicher Situationen und Inhalte. Dieses Bedürfnis wird zu einem wesentlichen Teil über die *Informationsfunktion des Gedächtnisses* befriedigt (vgl. das auf S. 32 in Abbildung 2.5 dargestellte Rahmenmodell). Damit das Gedächtnis dieser Funktion nachkommen kann, muss sichergestellt werden, dass bedrohungsbezogene Gedächtnisinhalte auch in künftigen Situationen leicht zugänglich sind, d. h. dauerhaft im Gedächtnis aufrechterhalten werden.

Mittels welcher Prozesse erhalten nun Sensitizer bedrohliche Gedächtnisinhalte aufrecht? In Abschnitt 3.3 wurden verschiedene theoretische Positionen diskutiert, auf welchen

Wegen Emotionen dazu beitragen können, dass spezifische Gedächtnisinhalte langfristig gut zugänglich bleiben. Es wurde das Fazit gezogen (vgl. S. 109), dass *aktive Aufrechterhaltungsprozesse* (wiederholte Abrufe, Auffrischung, Elaboration; vgl. Abschnitt 3.3.2) eine entscheidende Rolle dabei spielen. Diese – kognitive Ressourcen beanspruchenden – Prozesse operieren während des Behaltensintervalls und sind damit besser als Enkodierungs- oder Abrufmechanismen geeignet, die Erinnerungsunterschiede zwischen Repressern und Sensitizern, die sich erst während des Behaltensintervalls ausbilden, zu erklären (vgl. Abschnitte 5.2 und 5.3). Um zu kennzeichnen, dass diese aktiven Aufrechterhaltungsprozesse bezüglich bedrohlicher Inhalte spezifisch für Sensitizer sind, werden sie als *sensitive Aufrechterhaltung* bezeichnet (Abbildung 5.4).

So wie Intoleranz gegenüber Unsicherheit zu sensitiven Aufrechterhaltungsprozessen für bedrohliche Information führen sollte, so sollte sich auch Intoleranz gegenüber emotionaler Erregung in Gedächtniseffekten niederschlagen. Personen, die Schwierigkeiten haben, emotionale Erregung auszuhalten (also kognitive Vermeider bzw. besonders Represser), sollten ein verstärktes Emotionsregulationsbedürfnis aufweisen. Kognitive Vermeidung ist dabei eine Möglichkeit, durch die Verringerung der Aufnahme und Verarbeitung von bedrohlicher Information Emotion zu regulieren. Auch hier kann sich diese Strategie auf aktuell in der Umwelt gegenwärtige Reize beziehen. Beispielsweise könnte versucht werden, die Geräusche aus dem Behandlungsraum des Zahnarztes nicht zu beachten oder als nichtbedrohlich zu interpretieren. Genauso wichtig erscheint es aber, die Erinnerungen an ähnliche bedrohliche Situationen zu minimieren, z. B. daran, dass in der Vergangenheit Behandlungen beim Zahnarzt durchaus öfter schmerzhaft verlaufen sind. Diese Verringerung der Zugänglichkeit zu aversiven Gedächtnisinhalten oder gegebenenfalls sogar die Reduzierung deren Verfügbarkeit wird – im Vergleich zu Sensitizern – teilweise schon dadurch erreicht, dass bei Repressern eben keine aktiven Aufrechterhaltungsprozesse für diese Inhalte aktiviert werden. Darüber

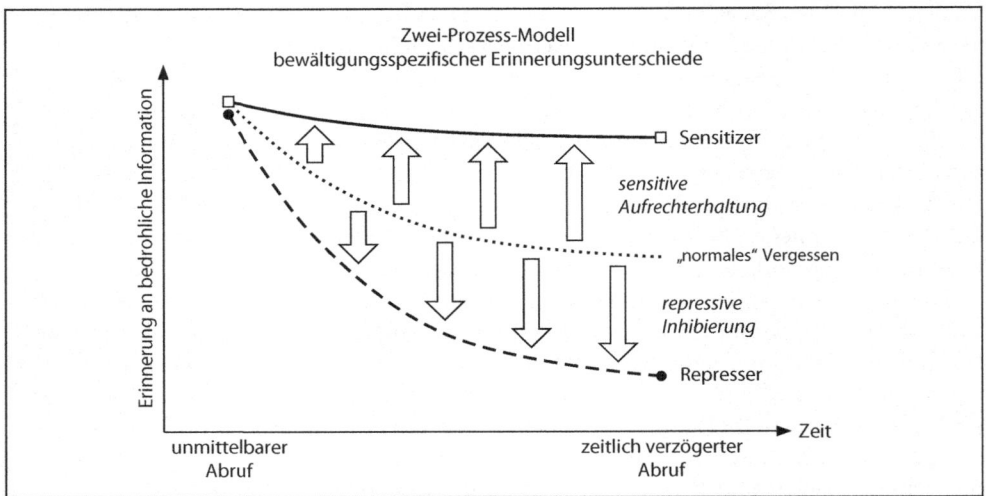

Abbildung 5.4 Schematische Darstellung des Zwei-Prozess-Modells zur Erklärung der bewältigungsspezifischen Erinnerungsunterschiede zwischen Repressern und Sensitizern.

hinaus ist es aber plausibel, dass bei Vermeidern (speziell Repressern) zusätzliche kognitive Mechanismen operieren, welche die Erinnerbarkeit weiter herabsetzen.

Welche Prozesse können dazu führen, dass Represser bedrohliche Informationen besonders gut vergessen? In Abschnitt 3.2.3 wurde ausgeführt, dass Menschen motiviert vergessen können. Im Rahmen der Vorstellung verschiedener Paradigmen zum motivierten Vergessen wurden verschiedene Konzepte für entsprechende Mechanismen, wie beispielsweise Abrufinhibierung, Kontextwechsel und Verdrängung, erläutert. In einer theoretischen Integration (vgl. Abschnitt 3.2.3.5) wurde das Fazit gezogen, dass der wahrscheinlichste (theoretisch und empirisch am besten fundierte) Mechanismus, der während des Behaltensintervalls wirksam wird, die *wiederholte Inhibierung* von spontan ins Bewusstsein tretenden bedrohlichen Inhalten ist. Wenn bei Repressern eine bedrohliche Erinnerung unintentional ins Bewusstsein tritt, was durch assoziative Hinweisreize immer wieder vorkommen wird, ist es *unmittelbar* emotionsregulativ, weitere Gedanken an diese Erinnerung zu stoppen und die eigenen Gedanken auf etwas anderes – Nichtbedrohliches – zu lenken. Eine einzelne derartige Inhibition wird aber kaum dazu beitragen, die Zugänglichkeit dieser Gedächtnisrepräsentation dauerhaft zu verringern bzw. ein späteres spontanes Ins-Bewusstsein-Treten deutlich unwahrscheinlicher zu machen. Dafür sind wiederholte Inhibierungen notwendig. Über einen längeren Zeitraum betrachtet, wirkt die wiederholte Inhibierung somit auf zwei Weisen: Zum einen wird die aktuelle Emotion reguliert, zum anderen wird langfristig die (spontane) Abrufwahrscheinlichkeit des bedrohlichen Gedächtnisinhaltes reduziert, was künftig die Emotionsregulation erleichtert bzw. die Gefahr, aufgrund negativer Erinnerungen in emotionale Erregung zu geraten, verringert. Wie dargestellt wurde, ist die Inhibierung von ungewollten Erinnerungen ein durchaus „anstrengender", kognitive Ressourcen benötigender Prozess (vgl. dazu die Darstellung der exekutiven Kontrolltheorie des Vergessens in Abschnitt 3.2.2.3). Da diese wiederholten Inhibierungsprozesse bezüglich bedrohlicher Inhalte spezifisch für Represser sein sollten, werden sie als *repressive Inhibierung* bezeichnet (Abbildung 5.4).

Die für Sensitizer postulierte sensitive Aufrechterhaltung und die für Represser angenommene repressive Inhibierung wirken antagonistisch auf die Erinnerbarkeit bedrohlicher Information ein. Dabei ist beiden Prozessen gemein, dass ihr *einmaliges* Auftreten vermutlich nicht ausreicht, um bedeutsame Gedächtniseffekte zu erzeugen. Vielmehr wird angenommen, dass das *mehrmalige Auftreten* von Aufrechterhaltungs- bzw. Inhibierungsmechanismen notwendig ist, damit sich diese in Erinnerungsunterschieden zwischen Repressern und Sensitizern manifestieren. Dies ist in Abbildung 5.4 dadurch angedeutet, dass die Mechanismen jeweils durch mehrere – über das Behaltensintervall zeitlich verteilte – Pfeile repräsentiert werden.

Für beide Prozesse kann davon ausgegangen werden, dass sie kognitive Ressourcen beanspruchen. Bei habituellem Einsatz der Mechanismen könnte aber eine gewisse Automatisierung eintreten, die dazu führen kann, dass sich Personen nicht immer des Operierens dieser Mechanismen bewusst sind. Dabei wird angenommen, dass die Mechanismen insofern motiviert sind, als sie den Motiven des Individuums dienen, aber dass ihr Einsatz keineswegs immer bewusst initiiert erfolgen muss. Häufiger wird es vermutlich der Fall sein, dass diese Prozesse spontan durch assoziative Reize ausgelöst werden. Gleichwohl sollten die Prozesse zumindest bewusstseinsfähig bleiben, und auch eine gewisse Automatisierung sollte nicht dazu führen, dass die Prozesse keine kognitiven Ressourcen mehr beanspruchen.

Die spontane Auslösung der antagonistischen Prozesse bei Repressern und Sensitizern sei an folgendem Beispiel veranschaulicht: Eine Person kommt auf einem Spaziergang an einem Apfelbaum vorbei. Dieser Apfelbaum erinnert sie an den leckeren Apfelkuchen, den die Großmutter früher immer gebacken hat. Bei dem Gedanken an die Großmutter erinnert sich die Person aber auch daran, dass die Großmutter vor kurzem nach mehreren Jahren schwerer Demenz verstorben ist. Da ihr bewusst ist, dass die Entwicklung von Demenz bzw. Alzheimer eine deutliche genetische Komponente aufweist und deshalb aufgrund der Erkrankung der Großmutter auch das Risiko einer eigenen Erkrankung erhöht sein mag, ist dies ein selbstrelevanter bedrohlicher Gedanke. Bis zu diesem Punkt könnte die assoziative Gedankenkette bei Repressern und Sensitizern noch identisch verlaufen. Nachdem jetzt aber die Bedrohlichkeit des Gedankens bzw. einer spezifischen Erinnerung an die Großmutter identifiziert ist, sollten sich die weiteren Gedankenketten bei Repressern und Sensitizern unterscheiden. Represser sollten den bedrohlichen Gedankenfluss an dieser Stelle stoppen und die Gedanken auf etwas gänzlich anderes oder wenigstens auf andere – positive oder zumindest neutrale – Erinnerungen an die Großmutter lenken, z. B. auf den gemeinsamen Urlaub mit den Großeltern in der Kindheit, zu einem Zeitpunkt, als die Großmutter noch weit davon entfernt war, an Demenz zu erkranken. Bei einem Sensitizer erfolgt keine Inhibierung des bedrohlichen Gedankens. Wahrscheinlicher wäre es, dass er weiter darüber nachdenkt, wie viele Jahre vor dem Tod der Großmutter sich die ersten Anzeichen für die Demenz ergaben und wie diese genau aussahen, ob es andere Verwandte gibt, die auch an Demenz erkrankt sind oder waren, was er neulich im Fernsehen zum Thema Alzheimer erfahren hat und ob er bei sich selbst schon erste Anzeichen der Erkrankung feststellen kann. Das heißt, bei einem Sensitizer könnte auf diese Weise die Erinnerung an die Demenz der Großmutter weiter elaboriert werden. Während beim Represser – durch wiederholte Inhibitionen – die Inzidenz des bedrohlichen Gedankens an die Alzheimer-Erkrankung der Großmutter abnehmen sollte, würde das (spontane) Auftreten derartiger Gedanken beim Sensitizer künftig eher wahrscheinlicher, da auch neue Reize, die dem Gedanken durch die Elaboration hinzugefügt wurden, künftig als assoziative Abrufhinweise fungieren können.

Die in Abbildung 5.4 gepunktet dargestellte Kurve für „normales" Vergessen soll veranschaulichen, dass dann, wenn die Prozesse der sensitiven Aufrechterhaltung und der repressiven Inhibierung nicht auf die bedrohlichen Gedächtnisinhalte einwirken, deren Erinnerbarkeit zwar mit der Zeit abnimmt, allerdings nicht so schnell bzw. langsam, wie sie es würde, wenn zusätzlich Inhibierungsprozesse bzw. Aufrechterhaltungsprozesse auftreten. Die Abbildung soll allerdings nicht implizieren, dass die Wirkungen von sensitiver Aufrechterhaltung und repressiver Inhibierung auf die Erinnerungsleistung gleich stark (wenngleich entgegengesetzt) sind. Es ist durchaus vorstellbar, dass einer der beiden Mechanismen wesentlich stärker als der andere zum Erinnerungsunterschied zwischen Repressern und Sensitizern beiträgt. Darüber kann noch keine Aussage getroffen werden.

Ferner wird keineswegs angenommen, dass Sensitizer und Represser bei einem unmittelbaren Abruf bedrohlicher Informationen zwangsläufig eine – wie in Abbildung 5.4 dargestellt – ungefähr gleich gute Erinnerungsleistung für bedrohliche Informationen aufweisen. In Abschnitt 5.3.1 wurde beschrieben, dass Represser und Sensitizer sich sowohl in der Aufmerksamkeitsorientierung auf als auch in Enkodierungsprozessen für bedrohliche Information unterscheiden. Somit erscheint es sogar eher unwahrscheinlich, dass bei einem unmittelbaren Erinnerungsabruf die Leistungen von Repressern und Sensitizern gleich gut sind. Man könnte vermuten, dass Represser im Vergleich zu Sensitizern bei sehr kurzen Darbietungszeiten eine bessere unmittelbare Erinnerungsleistung für bedrohliche Inhalte zeigen, wohingegen sie bei sehr langen Darbietungszeiten eine schlechtere Erinnerungsleistung aufweisen. Derartige Enkodierungsunterschiede sowie damit verbundene Ausgangsdifferenzen in der unmittelbaren Erinnerungsleistung sind im Rahmen der vorliegenden Arbeit allerdings nicht weiter relevant, da hier primär die Unterschiede zwischen Repressern und Sensitizern im *Erinnerungsabfall* bzw. im *Ausmaß des Vergessens* über einen gewissen Zeitraum sowie die diesen Differenzen zugrunde liegenden kognitiven Prozesse interessieren.

Durch das Zwei-Prozess-Modell werden die in Abschnitt 5.2 – im Rahmen der Kontinuitätsannahme – vorgestellten Erklärungsansätze, die Enkodierungs- bzw. Abrufmechanismen zur Erklärung der Erinnerungsunterschiede heranziehen, nicht zwangsläufig für ungültig oder falsch erklärt. Es wird lediglich konstatiert, dass Enkodierungs- bzw. Abrufmechanismen nicht in der Lage sind, das Phänomen der Diskontinuität der Erinnerungsunterschiede zwischen Repressern und Sensitizern zu erklären. Dennoch könnten die in Abschnitt 5.2 dargestellten – und ggf. auch weitere – Enkodierungs- und Abrufmechanismen wirksam sein und zu einer Parallelverschiebung der Erinnerungskurven von Repressern und Sensitizern führen. In Abbildung 5.5 werden die möglichen Konstellationen aufgezeigt, die sich ergeben, wenn zusätzlich zu den Prozessen der sensitiven Aufrechterhaltung und der repressiven Inhibierung auch Enkodierungs- und Abrufmechanismen wirken, die zu derartigen Parallelverschiebungen führen.

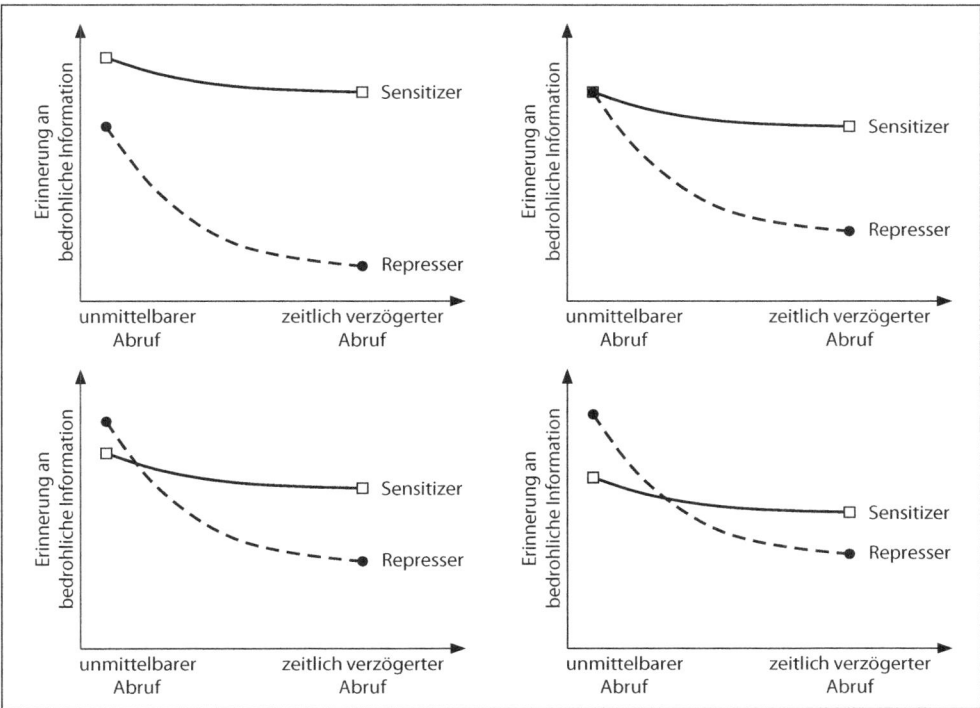

Abbildung 5.5 Möglichkeiten des Erinnerungsverlaufs von Repressern und Sensitizern, die sich aus zusätzlich zur sensitiven Aufrechterhaltung und repressiven Inhibierung wirkenden Enkodierungs- und Abrufmechanismen ergeben.

Auch wenn der Prozess der sensitiven Aufrechterhaltung theoretisch an die *Dimension* der Intoleranz gegenüber Unsicherheit und der Prozess der repressiven Inhibierung an die *Dimension* der Intoleranz gegenüber emotionaler Erregung anknüpft, trifft das Zwei-Prozess-Modell nur für Represser und Sensitizer explizite Vorhersagen. Nur für diese beiden Bewältigungsgruppen ist davon auszugehen, dass einer der beiden Prozesse – zeitlich relativ stabil – *konsistent* auf verschiedene bedrohliche Informationen angewendet wird, so dass sich dies auch im Verlauf der Erinnerungsunterschiede niederschlagen kann.

Personen mit hohen Ausprägungen auf den Dimensionen Unsicherheitsintoleranz und Erregungsintoleranz, also Hochängstliche, müssten aufgrund eines hohen Informationsbedürfnisses und eines gleichzeitig hohen Emotionsregulationsbedürfnisses zwischen den beiden Prozessen des Zwei-Prozess-Modells fluktuieren. Sogar hinsichtlich desselben bedrohlichen Gedächtnisinhalts könnten mal Aufrechterhaltungs- und mal Inhibierungsprozesse aktiviert werden. Da nicht davon auszugehen ist, dass diese Prozesse sich stets nivellieren, wäre zu vermuten, dass die Hochängstlichen im Vergleich zu den anderen Bewältigungsgruppen eine relativ hohe Varianz der Erinnerungsleistung für bedrohliche Inhalte aufweisen. Wie im Rahmen der Beschreibung des MBM und dessen Operationalisierung dargestellt (vgl. Abschnitt 4.2.2, dort speziell S. 125 f. sowie Abschnitt 4.2.2.3), ist die Gruppe der Hochängstlichen darüber hinaus vermutlich sehr inhomogen, könnte also neben „klinisch ängstlichen" Personen oder „Passung-Verfehlenden" auch „Angepasst-Flexible" enthalten, was die Varianz der Erinnerungsleistung weiter erhöhen sollte.

Von den Niedrigängstlichen könnte zunächst vielleicht erwartet werden, dass diese hinsichtlich bedrohlicher Informationen weder Aufrechterhaltungs- noch Inhibierungsprozesse aktivieren und somit als eine Art Kontrollgruppe fungieren könnten, deren Erinnerungskurve der in Abbildung 5.4 dargestellten Kurve für „normales Vergessen" entspricht. Dies könnte auf die Subgruppe der gegenüber Bedrohungsreizen hyporesponsiven „Nichtbewältiger" (vgl. S. 124 f.) tatsächlich zutreffen. Allerdings ist auch die Gruppe der Niedrigängstlichen inhomogen, und von der Subgruppe der „situationsbezogenen Bewältiger" wäre zu erwarten, dass sie auf unterschiedliche bedrohliche Informationen – situativ wechselnd – mal mit repressiver Inhibierung und mal mit sensitiver Aufrechterhaltung reagiert. Somit ist eine konkrete Vorhersage über den zeitlichen Verlauf der Erinnerungsleistung auch für die (inhomogene) Gruppe der Niedrigängstlichen nicht möglich.

Das hier neu eingeführte Zwei-Prozess-Modell beruht auf Ableitungen aus dem MBM sowie auf Überlegungen zum empirischen Befund der Diskontinuität der Erinnerungsunterschiede zwischen Repressern und Sensitizern. Dabei wird auch auf ein motivational-kognitives Rahmenmodell zur Zielgerichtetheit von Gedächtnisprozessen rekurriert (vgl. Abschnitt 2.4, dort speziell Abbildung 2.4), das – mit den Konstrukten der Informations- und der Emotionsregulationsfunktion des Gedächtnisses und deren Abhängigkeit von motivationalen Faktoren – unter anderem auf Arbeiten von Mather und Knight (2005) sowie Carstensen (1995; z. B. auch Carstensen et al., 2003) beruht. Um die Verbindung zwischen diesen beiden Forschungsbereichen zu rechtfertigen, könnte man fragen, welche empirische Evidenz bisher für den Zusammenhang von Angstbewältigung und den im Rahmenmodell postulierten Prozessen, d. h. den motivational bedingten Unterschieden in der Emotionsregulations- und Informationsfunktion des Gedächtnisses, existiert.

Auch wenn dies ein bislang noch weitestgehend unerforschtes Gebiet ist, liegen erste empirische Hinweise auf Beziehungen zwischen Angstbewältigungsstilen und der Informations-

und Emotionsregulationsfunktion des Gedächtnisses vor. Wie dargestellt (vgl. Abschnitt 2.3), geht die sozioemotionale Selektivitätstheorie (Carstensen, 1995; Carstensen et al., 2003) davon aus, dass mit voranschreitendem Lebensalter die Informationsfunktion an Relevanz verliert und die Emotionsregulationsfunktion an Relevanz gewinnt. Dies wird damit begründet, dass es mit der Abnahme der antizipierten verbleibenden Lebenszeit motivational unwichtiger wird, möglichst gut auf die Bewältigung künftiger neuartiger Situationen vorbereitet zu sein, aber relativ dazu gesehen wichtiger, eine „angenehme Zeit" zu verbringen. Charles et al. (2003) nutzen diese Argumentation, um die Zunahme des Positivitätsbias mit dem Alter zu erklären, also den Befund, dass sich Personen mit steigendem Alter – relativ zu den erinnerten negativen Inhalten – zunehmend besser an positive Inhalte erinnern. Wie demonstriert wurde, hängt dieser Effekt tatsächlich stärker mit der antizipierten verbleibenden Lebenszeit als mit dem chronologischen Alter zusammen, was die Rolle interindividueller Unterschiede in der Motivationslage hervorhebt (vgl. Abschnitt 2.3).

Nun ähneln die Erinnerungsunterschiede für negative und positive Bilder, wie sie z. B. von Charles et al. (2003) sowie Mather und Knight (2005) zwischen *jungen* und *alten* Personen gefunden wurden, sehr stark den Erinnerungsunterschieden, die z. B. Krohne und Hock (2008a) zwischen jungen *Nichtvermeidern* (Sensitizern) und jungen *Vermeidern* (Repressern) bezüglich aversiver und nichtaversiver Bilder festgestellt haben. Dies legt eine Vermutung nahe: Die Gruppenunterschiede könnten in beiden Fällen darauf zurückgehen, dass die Emotionsregulations- und die Informationsfunktion in diesen Gruppen unterschiedliche motivationale Relevanz besaßen. Dies würde bedeuten: Bei Charles et al. (2003) sowie Mather und Knight (2005) beruhten die Erinnerungsunterschiede darauf, dass mit zunehmendem Alter die Emotionsregulations- gegenüber der Informationsfunktion an Bedeutung gewinnt; bei Krohne und Hock (2008a) resultierten die Unterschiede daraus, dass bei Repressern – im Vergleich zu Sensitizern – die Emotionsregulation „chronisch" relevanter ist als die Informationsfunktion.

Diese Vermutung wird durch eine Studie von Erskine, Kvavilashvili, Conway und Myers (2007) gestützt. Die Autoren haben versucht, *repressive Angstbewältigung* und die *Zunahme des Positivitätsbias mit dem Alter* miteinander in Beziehung zu setzen. Dazu verglichen sie eine Gruppe junger (Durchschnittsalter: 20 Jahre) mit einer Gruppe älterer Menschen (Durchschnittsalter: 73 Jahre). Der erste hier relevante Befund ist, dass – bei Verwendung gleicher Cut-off-Werte für die Einteilung der Bewältigungsgruppen nach dem Weinberger-Ansatz – von den jungen Probanden 11%, von den älteren hingegen 41% als Represser klassifiziert wurden. Der Anteil von Personen mit einem repressiven Angstbewältigungsstil nahm mit dem Alter also stark zu. Auch in einigen kognitiven Variablen, die die Autoren erhoben, fand sich eine Korrespondenz zwischen Alter und repressivem Angstbewältigungsstil: So erreichten – über alle Angstbewältigungsstile hinweg – jüngere im Vergleich zu älteren Personen höhere Werte auf einer Ruminationsskala. Rumination, im Sinne des wiederholten Nachdenkens über und des Elaborierens von aversiven Inhalten, kann als eine Form der aktiven Aufrechterhaltung, die der Informationsfunktion dient, betrachtet werden. Somit ist es zu der sozioemotionalen Selektivitätstheorie konsistent, wenn jüngere Personen stärker ruminieren als ältere. Allerdings ähnelten die älteren Probanden – unabhängig vom Angstbewältigungsstil – in ihren Ruminationswerten den jungen Repressern. Das höhere Alter hatte hier also den gleichen (reduzierenden) Effekt auf die Prävalenz von Ruminationsprozessen wie ein repressiver Angstbewältigungsstil. Ein ähnliches Muster ergab sich für das

Ausmaß der Besorgnisgedanken, die ebenfalls als eine Elaboration bedrohungsrelevanter Inhalte aufgefasst werden können.

Die Studie von Erskine et al. (2007) ist aufgrund ihres Aufbaus und der erfassten Variablen lediglich in der Lage, deskriptive Zusammenhänge zwischen dem Alter und der Prävalenz eines repressiven Bewältigungsstils bzw. angstbewältigungsstilkonformen Selbstberichten zu belegen. Allerdings lässt sich doch vermuten, dass den angstbewältigungs- und den altersabhängigen Zusammenhängen mit der kognitiven Verarbeitung emotionaler Inhalte die gleichen Prozesse zugrunde liegen könnten, nämlich eine aufgrund interindividuell verschiedener Motivations- und Bedürfnislagen unterschiedliche Gewichtung der Emotionsregulations- und der Informationsfunktion des Gedächtnisses. Diese Vermutung wäre jedoch in weiteren Studien zu untermauern.

Abschließend soll festgehalten werden, welche Besonderheiten das hier vorgeschlagene Zwei-Prozess-Modell gegenüber bisherigen Ansätzen aufweist: (a) Es wird nicht angenommen, dass Erinnerungsunterschiede zwischen Repressern und Sensitizern (bzw. Nichtrepressern) gänzlich auf Mechanismen beruhen, die genuin für Represser sind. Bislang wurde in der Regel untersucht, was Represser anders machen als Nichtrepresser, wobei die Gruppe der Nichtrepresser oft nur aus Sensitizern und Niedrigängstlichen bestand, manchmal aber auch Hochängstliche einschloss (vgl. Derakshan et al., 2007). Eine Besonderheit ist also, dass mit der *sensitiven Aufrechterhaltung* erstmalig ein Prozess postuliert wird, der *genuin für Sensitizer* sein soll. (b) Es wird angenommen, dass Erinnerungsunterschiede zwischen Repressern und Sensitizern *aktiv während des Behaltensintervalls* entstehen, auch wenn Enkodierungs- und Abrufmechanismen zusätzlich auf die Erinnerungsleistung einwirken können (vgl. Abbildung 5.5). Bislang konzentrierten sich die Erklärungsansätze für Erinnerungsunterschiede auf Mechanismen zum Zeitpunkt der Enkodierung oder des Abrufs. Eine gewisse Ausnahme stellt die von Hock und Krohne (2004) vorgeschlagene Schema-Pointer-plus-Tag-Hypothese dar, die Prozesse wie den schnelleren Zerfall von schemaatypischen Anhängern zwischen Enkodierung und Abruf zulässt. Von diesem Ansatz grenzt sich das Zwei-Prozess-Modell aber dadurch ab, dass in ihm *aktive* (ressourcenbeanspruchende) Prozesse *explizit formuliert* werden. Der schematheoretische Ansatz von Hock und Krohne lässt hingegen die Art der Prozesse weitestgehend unspezifiziert bzw. rekurriert dort, wo noch am ehesten Prozessaussagen getroffen werden, auf passive Gedächtnisprozesse, nämlich den schnelleren Zerfall schemaatypischer Erinnerungskomponenten. (c) Eine letzte Besonderheit des Zwei-Prozess-Modells besteht wohl in seiner theoretischen Integration und explikativen Tiefe: Zum einen leiten sich die Prozesse der sensitiven Aufrechterhaltung und der repressiven Inhibierung aus den im MBM formulierten dispositionellen Unterschieden in der Unsicherheits- und der Erregungsintoleranz ab, zum anderen fußt das Modell aber auch auf weiteren kognitionspsychologischen Modellen, wie dem von Mather und Knight (2005) formulierten Modell zur Zielgerichtetheit emotionaler Gedächtnisprozesse und – im weiteren Sinne – generell auf funktionalen Gedächtnistheorien (vgl. Kapitel 2). Ferner – und dies betrifft die explikative Tiefe – spezifiziert das Zwei-Prozess-Modell die *kognitiven Prozesse*, die dazu führen, dass bei Sensitizern bedrohliche Informationen langfristig relativ gut erinnerbar bleiben, wohingegen sie bei Repressern rascher vergessen werden.

In der vorliegenden Arbeit geht es um eine erste empirische Überprüfung der Prozesse der sensitiven Aufrechterhaltung und der repressiven Inhibierung, die hier im Rahmen des Zwei-Prozess-Modells vorgeschlagen wurden. Im folgenden Kapitel wird die allgemeine Zielsetzung der durchgeführten Studien expliziert.

6   Allgemeine Zielsetzung der Studien

Mit den in den folgenden beiden Kapiteln dargestellten Studien sollte das in Abschnitt 5.4 vorgestellte Zwei-Prozess-Modell bewältigungsspezifischer Erinnerungsunterschiede überprüft werden. Insbesondere ging es darum, die – während des Behaltensintervalls stattfindenden – Prozesse der sensitiven Aufrechterhaltung und der repressiven Inhibierung nachzuweisen. Dabei teilen sich – wie in Abbildung 6.1 veranschaulicht – die insgesamt acht Experimente in zwei Studienreihen mit je vier Experimenten auf, die entweder primär den Prozess der sensitiven Aufrechterhaltung oder den Prozess der repressiven Inhibierung genauer untersuchen sollten.

Die Experimente 1 bis 4 wurden konstruiert, um den Prozess der *sensitiven Aufrechterhaltung* zu belegen. Das in diesen vier Experimenten verwendete Paradigma geht von der Annahme aus, dass die sensitive Aufrechterhaltung – also der wiederholte Abruf, die Elaboration und die Auffrischung von bedrohlichen Informationen – ein kognitive Ressourcen beanspruchender Prozess ist, der von Sensitzern spontan angewendet wird, um bedrohliche Inhalte langfristig zugänglich zu halten. Realisiert man einen unmittelbaren und einen zeitlich verzögerten Erinnerungstest, sollten Sensitizer im Vergleich zu den anderen Bewältigungsgruppen zwischen den beiden Tests den geringsten Erinnerungsabfall – also das geringste Vergessen – für bedrohliche Inhalte aufweisen. Hindert man nun aber die Sensitizer während des Behaltensintervalls daran, aktive Aufrechterhaltung zu betreiben, indem man ihnen durch eine kognitiv belastende Aufgabe die dafür notwendige Verarbeitungskapazität nimmt, sollte

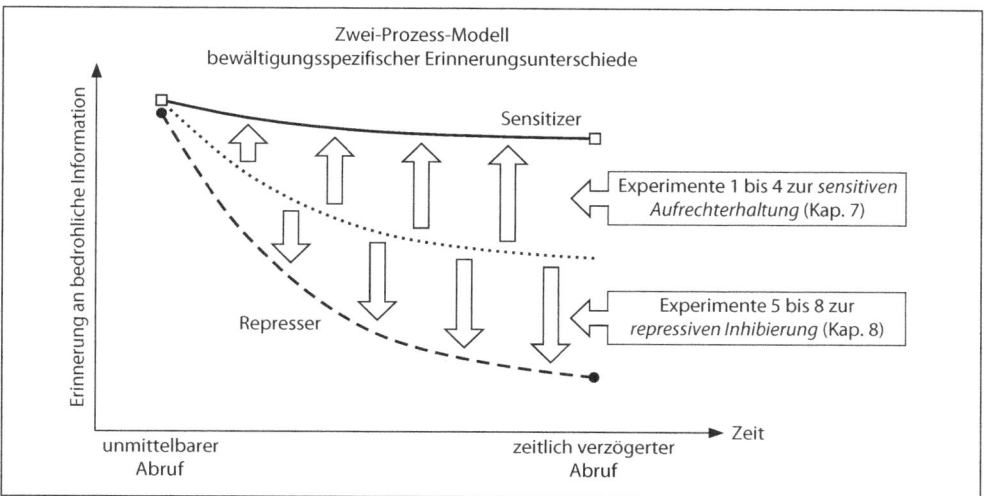

Abbildung 6.1 Zuordnung der Experimente 1 bis 8 zu den beiden Prozessen des Zwei-Prozess-Modells bewältigungsspezifischer Erinnerungsunterschiede.

der Erinnerungsabfall für bedrohliche Inhalte im Vergleich zur Bedingung ohne kognitive Belastung deutlich zunehmen. Im Rahmen einer Aufgabe des *inzidentellen Lernens* sollten allerdings *nur bei Sensitizern* spontan Aufrechterhaltungsprozesse für bedrohliche Inhalte operieren. Daher müsste der Effekt einer kognitiven Belastung während des Behaltensintervalls sich auf das Vergessen bedrohlicher Inhalte bei Sensitizern beschränken. Die Erinnerungsleistung für nichtbedrohliche (neutrale) Inhalte sollte durch eine Variation der kognitiven Belastung während des Behaltensintervalls weder bei Sensitizern noch bei einer anderen Bewältigungsgruppe substantiell beeinflusst werden. Auch sollte eine kognitive Belastung bei den anderen Bewältigungsgruppen, die keine sensitive Aufrechterhaltung betreiben, nicht dazu führen, dass diese vermehrt bedrohliche Information vergessen. Im Überblick zu Kapitel 7 (Abschnitt 7.1) wird das Paradigma der ersten vier Experimente genauer dargestellt und es werden die wesentlichen Unterschiede zwischen diesen Experimenten beschrieben.

Mit den Experimenten 5 bis 8 sollte hingegen der Prozess der *repressiven Inhibierung* nachgewiesen werden. Da angenommen wird, dass der Effekt der repressiven Inhibierung dadurch zustande kommt, dass Represser wiederholt Gedanken bzw. Erinnerungen, die ungewollt ins Bewusstsein treten, inhibieren, wurde ein Paradigma des motivierten Vergessens (vgl. Abschnitt 3.2.3) ausgewählt, das diesen Prozess möglichst gut simuliert. Wie zu Beginn von Kapitel 8 genauer begründet wird, fiel die Wahl auf das Think-/No-Think (TNT)-Paradigma (zum Paradigma vgl. Abschnitt 3.2.3.2). Repressive Inhibierung wird in diesem Kontext als eine Fertigkeit[38] aufgefasst, in der Represser dadurch, dass sie diese häufiger im täglichen Leben nutzen als die Personen der anderen Bewältigungsgruppen, besonders geübt und somit auch besonders effektiv sein sollten. Mit den vier TNT-Experimenten sollte entsprechend überprüft werden, ob Represser besser als Sensitizer in der Lage sind, ungewollte Erinnerungen aktiv zu unterdrücken und folglich auch deren spätere Abrufbarkeit stärker zu verringern. Da sich die überlegene Inhibierungsfertigkeit der Represser insbesondere auf bedrohliche

---

38 Für das Konstrukt der repressiven Inhibierung wird hier der Begriff der *Fertigkeit* – gegenüber dem Fähigkeitsbegriff – präferiert. Dies geschieht unter anderem, um repressive Inhibierung von der im Rahmen der *exekutiven Kontrolltheorie des Vergessens* von M. C. Anderson (vgl. Abschnitt 3.2.2.3) konzipierten allgemeineren *Inhibierungsfähigkeit*, für die interindividuelle Unterschiede direkt und nahezu ausschließlich auf – vermutlich stark genetisch determinierte – Unterschiede in der allgemeinen exekutiven Kontrollfunktion zurückgeführt werden (z. B. Levy & Anderson, 2008), zu unterscheiden. Für das Konstrukt der repressiven Inhibierung soll hingegen betont werden, dass Übungs- bzw. Anwendungsunterschiede (und damit mittelbar auch motivationale Faktoren) sich darauf auswirken, wie effektiv eine Person etwas intentional inhibieren bzw. vergessen kann. Die Fertigkeit der repressiven Inhibierung kann also zu wesentlichen Anteilen erworben (und teilweise auch automatisiert) werden. Gleichwohl ist es mit dem Fertigkeitsbegriff vereinbar, dass repressive Inhibierung – neben dem durch Übung erworbenen Anteil – auch auf allgemeineren kognitiven Fähigkeiten (wie der exekutiven Kontrolle) beruht. Schließlich hebt der Fertigkeitsbegriff hervor, dass repressive Inhibierung in ihrem Anwendungsumfang relativ spezifisch ist. Letzteres ergibt sich aus der Annahme, dass Represser besonders gut in der Lage sein sollen, *bedrohliche* Inhalte zu inhibieren, dass diese Fertigkeit jedoch nicht (zumindest nicht zwangsläufig) auf nichtbedrohliches Material generalisieren muss (der Fähigkeitsbegriff würde implizieren, dass eine stärker ausgeprägte Fähigkeit im Inhibieren z. B. von bedrohlichen Wörtern auch auf nichtbedrohliche Wörter generalisiert; vgl. zu diesem Punkt aber die detaillierteren Ausführungen in Kapitel 8). – Eine trennscharfe Unterscheidung zwischen Fertigkeit und Fähigkeit erweist sich in aller Regel als schwierig, ist aber für die vorliegende Arbeit auch nicht essentiell. An vielen Stellen dieses Textes wäre auch eine synonyme Verwendung von (repressiver) Inhibierungsfertigkeit und -fähigkeit gerechtfertigt. Gleichwohl kommt der Begriff der Fertigkeit der in dieser Arbeit vertretenen theoretischen Auffassung von repressiver Inhibierung etwas näher.

Inhalte beziehen sollte, wurde auch eine Variation der Bedrohlichkeit des Reizmaterials vorgenommen. Wie diese Bedrohlichkeitsvariation für die vier Experimente im Detail aussah, wird zu Beginn von Kapitel 8 (Abschnitt 8.1) erläutert. Eine Ausformulierung der Hypothesen für die beiden Studienreihen erfolgt für die Experimente zur sensitiven Aufrechterhaltung im Rahmen des Experiments 1 (Abschnitt 7.2.1) bzw. für die Experimente zur repressiven Inhibierung im Überblick zu den Experimenten 5 bis 8 (Abschnitt 8.1).

7 Experimente zur sensitiven Aufrechterhaltung

7.1 Überblick

Es wurde postuliert, dass der bei Sensitizern im Vergleich zu Repressern langfristig geringere Erinnerungsabfall für bedrohliche Informationen unter anderem darauf beruht, dass bei Sensitizern – nicht aber bei Repressern – *während des Behaltensintervalls* Prozesse der *aktiven Aufrechterhaltung* operieren. Diese sensitiven Aufrechterhaltungsprozesse sollen spezifisch für bedrohliche Inhalte sein und kognitive Ressourcen beanspruchen. Folglich sollten sie nicht auftreten, wenn Sensitizer während des Behaltensintervalls unter kognitive Belastung gesetzt werden, welche die Ausführung von Aufrechterhaltungsprozessen verhindert. Entsprechend sollten Sensitizer während einer kognitiven Belastung mehr bedrohliche Information vergessen als während eines gleich langen Behaltensintervalls, in dem sie keiner Belastung ausgesetzt sind. Da bei Repressern auch während eines Behaltensintervalls ohne kognitive Belastung keine aktive Aufrechterhaltung erfolgen sollte, ist für diese kein entsprechender Unterschied im Vergessen zu erwarten.

Die vier Experimente zur sensitiven Aufrechterhaltung haben alle den gleichen grundlegenden Aufbau: Nach der Darbietung von bedrohlichen und nichtbedrohlichen – und z. T. auch von ambivalenten – Reizen erfolgt ein unmittelbarer Erinnerungstest. Anschließend wird eine Gruppe der Probanden unter kognitive Belastung gesetzt, wodurch aktive Aufrechterhaltungsprozesse unterbunden oder zumindest deutlich reduziert werden sollten. Einer weiteren Probandengruppe, die als Kontrollgruppe fungiert, werden die kognitiven Ressourcen, die für Aufrechterhaltungsprozesse notwendig sind, belassen. Abschließend erfolgt ein zweiter Erinnerungstest. Als abhängige Variable, die das Vergessen über die Dauer des Behaltensintervalls indiziert, wird die Differenz aus der Erinnerungsleistung im zeitlich verzögerten und der Erinnerungsleistung im unmittelbaren Test berechnet.

Die beiden entscheidenden experimentellen Manipulationen sind also die Variation der kognitiven Belastung (hoch vs. niedrig) während des Behaltensintervalls und die Variation der Bedrohlichkeit des Reizmaterials (bedrohlich, nichtbedrohlich und ggf. ambivalent). Wesentlich ist ferner, dass die Wiedererkennungstests nicht angekündigt werden und dass das Lernen des Reizmaterials somit inzidentell erfolgt. Daher kann angenommen werden, dass in den Experimenten Gedächtnisprozesse erfasst werden, wie sie auch im Alltag *spontan* operieren. Dies ist wichtig, da nicht postuliert wird, dass nicht auch Represser in der Lage sein könnten, Aufrechterhaltungsprozesse auf bedrohliche Reize anzuwenden. Vielmehr soll gezeigt werden, dass zwischen Repressern und Sensitizern spontan (d. h. uninstruiert) auftretende Unterschiede in der Verwendung spezifischer Gedächtnisprozesse bestehen.

In Experiment 1 wurde die sensitive Aufrechterhaltung für bedrohliches Bildmaterial untersucht. Um die Befunde auch auf Wortmaterial generalisieren zu können, wurden in

Experiment 2 Wörter als Reizmaterial verwendet. Während die Experimente 1 und 2 allgemein bedrohliches Material einsetzten, widmeten sich die Experimente 3 und 4 einer spezifischen Angst, nämlich der Angst von Frauen vor sexueller Gewalt und Vergewaltigung. Wie in Experiment 1 wurde in diesen Experimenten Bildmaterial verwendet. Die Wahl fiel auf die Angst vor sexueller Gewalt, da neben den Erinnerungsleistungen für bedrohliches und nichtbedrohliches Material auch die Erinnerungsleistungen für ambivalentes Reizmaterial erfasst werden sollten. Allerdings erwies es sich in Experiment 1 als sehr schwierig, Bilder zu finden, die von den Probanden als wirklich ambivalent eingestuft wurden, d. h., bei denen sie sich nicht sicher waren, ob die dargestellte Szene bedrohlich oder nichtbedrohlich – und nicht lediglich nur „leicht bedrohlich" – war. Ambivalente Bilder zu sexueller Gewalt gegen Frauen zeigen in der Regel eine Interaktion zwischen einem Mann und einer Frau, wobei nicht eindeutig entschieden werden kann, ob die Frau bedroht wird oder ob es sich um eine einvernehmliche Handlung bzw. um ein „Herumalbern" handelt. Eine Disambiguierung derartiger Bilder ist oft selbst bei längerer Betrachtung nicht einfach, so dass diesen Bildern eine relativ hohe Ambiguität immanent ist. Die Experimente 3 und 4 sollten somit ermöglichen, genauer zu untersuchen, welche Bedeutung der Ambivalenz der Reize hinsichtlich der Erinnerungsprozesse zukommt. Zudem ist, wie später ausgeführt wird, die Angst von Frauen vor sexueller Gewalt eine der wenigen spezifischen Ängste, die in nichtklinischen Stichproben sehr prävalent sind. Dies bringt experimentell den Vorteil, relativ homogenes Reizmaterial verwenden und die Erhebung dennoch an einer studentischen Stichprobe durchführen zu können, also nicht auf (i. d. R. relativ kleine) klinische Gruppen, die z. B. Angst vor Spinnen oder Zahnbehandlungen haben, angewiesen zu sein.

Während die Experimente 1, 2 und 3 jeweils Behaltensintervalle von zirka 40 Minuten realisierten, dauerte in Experiment 4 das Behaltensintervall nur 15 Minuten. Diese Variation wurde vorgenommen, um einen ersten Anhaltspunkt für die minimale Behaltensdauer, die notwendig ist, um die Effekte der sensitiven Aufrechterhaltung nachweisen zu können, zu erhalten.

7.2   Experiment 1: Bilder[39]

7.2.1   Einführung und Hypothesen

Das erste Experiment wurde durchgeführt, um die Annahme der sensitiven Aufrechterhaltung für Bildmaterial zu überprüfen. Wie oben dargestellt, ist die grundlegende Idee der Studie, dass Sensitizer nur dann sensitive Aufrechterhaltung betreiben können, wenn ihnen während des Behaltensintervalls die kognitiven Ressourcen dazu zur Verfügung stehen. Die entscheidende experimentelle Variation ist also, einen Teil der Probanden (die Experimentalgruppe) während des Behaltensintervalls unter kognitive Belastung zu setzen, während die anderen Probanden (die Kontrollgruppe) freie Verarbeitungskapazitäten haben, um Aufrechterhaltungsprozesse auszuführen. Im Rahmen einer inzidentellen Lernaufgabe sollten allerdings nur bei Sensitizern spontan (also uninstruiert) derartige Aufrechterhaltungsprozesse für bedrohliches Material operieren. Um die Spezifität der sensitiven Aufrechterhaltung für bedrohliches Material zu überprüfen, wurden die als Reizmaterial verwendeten Bilder entsprechend variiert, so dass

---

39 Die in dieser Arbeit dargestellten Experimente 1 und 2 sind auch in einem Artikel von Peters, Hock und Krohne (2012) enthalten.

allen Probanden eindeutig bedrohliche, eindeutig nichtbedrohliche und ambivalente Bilder dargeboten wurden. Um den Erinnerungsabfall bzw. das Vergessen während des Behaltensintervalls zu erfassen, wurde für alle Probanden ein unmittelbarer sowie ein um zirka 40 Minuten verzögerter Wiedererkennungstest durchgeführt. Als die drei wesentlichen Hypothesen des ersten Experiments, die überprüft werden sollten, wurden formuliert:

Hypothese 1: In der Bedingung *niedriger* kognitiver Belastung während des Behaltensintervalls vergessen Sensitizer im Vergleich zu Repressern (und auch zu Personen anderer Bewältigungsmodi) *weniger* bedrohliches Material.

Hypothese 2: In der Bedingung *hoher* kognitiver Belastung während des Behaltensintervalls vergessen Sensitizer im Vergleich zu Repressern genauso viel bedrohliches Material.

Hypothese 3: Für nichtbedrohliches Material sollten sich keine Vergessensunterschiede zwischen Repressern und Sensitizern ergeben, unabhängig von dem Ausmaß der kognitiven Belastung während des Behaltensintervalls.

Ferner sollte gezeigt werden, dass sensitive Aufrechterhaltung genuin auf Unterschiede in habituellen Angstbewältigungsstrategien zurückzuführen ist, also nicht z. B. durch Unterschiede in der generellen Erinnerungsleistung, Unterschiede in der generellen Ängstlichkeit, Unterschiede im aktuellen positiven oder negativen Affekt oder durch Geschlechtsunterschiede erklärt werden kann. Dementsprechend sollten – über Effekte der eben aufgeführten Variablen hinaus – Vigilanz und kognitive Vermeidung einen *inkrementellen* Varianzaufklärungsbeitrag hinsichtlich der Vergessensunterschiede für bedrohliche Reize liefern. Zudem sollten für das Vergessen bedrohlicher Bilder Unterschiede in deren Enkodierung (operationalisiert über die Latenzzeit bei der Abgabe der Bedrohlichkeitsurteile in der Bildbeurteilungsaufgabe) keine bedeutsamen Zusammenhänge zum Vergessen aufweisen. Insbesondere wird erwartet, dass die Enkodierungszeiten keine inkrementelle Aufklärungskraft hinsichtlich des Vergessens besitzen, die über den durch Vigilanz und kognitive Vermeidung gebundenen Varianzanteil hinausgeht.

Zusätzlich sollte – in eher explorativer Weise – untersucht werden, ob sich die für Represser und Sensitizer postulierten Unterschiede in Aufrechterhaltungs- bzw. Inhibierungsprozessen auch in Selbstberichtsmaßen widerspiegeln. Daher wurde mittels Fragebögen erfasst, inwieweit die Probanden im Alltag Gedankenintrusionen erleben bzw. wie häufig sie verschiedene Unterdrückungsstrategien verwenden. Schließlich wurde – als Nebenfragestellung, aber auch zur Kontrolle, ob die experimentelle Variation der Bedrohlichkeit der Reize erfolgreich war – in Anlehnung an die Arbeiten von Hock et al. (1996), Hock und Krohne (2004) sowie Krohne und Hock (2008a) analysiert, ob sich hinsichtlich der Bedrohlichkeitsbeurteilung der Bilder durch die Probanden ein erwartungsgemäßer Interpretationsbias zeigt (in dem Sinne, dass Sensitizer die Bilder vermehrt als bedrohlich und Represser diese vermehrt als nichtbedrohlich bewerten) und ob sich Unterschiede zwischen den Bewältigungsgruppen auch in den Reaktionszeiten für die Abgabe dieser Urteile niederschlagen.

Im Anschluss an die Darstellung der Methode des Experiments in Abschnitt 7.2.2 werden zunächst methodische Vorüberlegungen zur statistischen Auswertung angestellt (Abschnitt 7.2.3). Danach werden die Ergebnisse beschrieben (Abschnitt 7.2.4) und diskutiert (Abschnitt 7.2.5).

7.2.2 Methode

7.2.2.1 Stichprobe

Es nahmen insgesamt 129 Probanden an der Studie teil. Die Probanden waren Studierende verschiedener Fachrichtungen, die als Aufwandsentschädigung entweder 15 Euro oder – im Falle von Psychologiestudierenden – zwei Versuchspersonenstunden erhielten. Bei Psychologiestudierenden wurde darauf geachtet, dass sich diese in den ersten vier Semestern ihres Studiums befanden. Etwa zwei Drittel der Probanden wurden an der Johannes Gutenberg-Universität Mainz gewonnen und erhoben, ein weiteres Drittel an der räumlich benachbarten Mannheimer Universität.[40] Die Anwerbung erfolgte auf dem Campus der entsprechenden Universität über Aushänge. Ein Proband wurde von der weiteren Auswertung ausgeschlossen, da er Erinnerungsleistungen unterhalb der Ratewahrscheinlichkeit und extrem kurze Latenzzeiten für die Wiedererkennungsurteile aufwies.

Die endgültige Stichprobe umfasste somit 128 Probanden (davon 52% weiblich) im Alter von 19 bis 44 Jahren ($M = 23.9$ Jahre, $Mdn = 23$ Jahre, $SD = 4.5$ Jahre). Die Mainzer und die Mannheimer Stichprobe unterschieden sich weder in demographischen noch in sonstigen Variablen signifikant voneinander. Die Probanden wurden zufällig der Experimental- und der Kontrollgruppe zugewiesen, unter der Restriktion, eine relative Gleichverteilung – auch innerhalb der beiden Geschlechter – zu erreichen. Letztendlich entfielen 63 Probanden auf die Experimentalgruppe (hohe kognitive Belastung) und 65 Probanden auf die Kontrollgruppe (niedrige kognitive Belastung).

7.2.2.2 Versuchsplanung

Dem Experiment lag ein vollständig gekreuztes 2 (Zwischenaufgabe: hohe vs. niedrige kognitive Belastung) × 2 (Wiedererkennungstest: unmittelbar vs. zeitlich verzögert) × 3 (Bedrohlichkeit der Reize: bedrohlich vs. ambivalent vs. nichtbedrohlich)-Design zugrunde. Lediglich der erste Faktor wurde zwischen den Versuchspersonen variiert: Die Probanden wurden entweder durch eine hohe kognitive Belastung (Experimentalgruppe) während des Behaltensintervalls daran gehindert, Gedächtnisinhalte zu wiederholen und zu elaborieren, oder sie hatten in der Bedingung niedriger kognitiver Belastung (Kontrollgruppe) ausreichend Verarbeitungsressourcen verfügbar, um Aufrechterhaltungsprozesse auszuführen. Der zweite Faktor diente dazu, ein Maß für das Vergessen während des Behaltensintervalls zu erhalten: Die Differenz aus dem Erinnerungswert im ersten (unmittelbaren) und im zweiten (zeitlich verzögerten) Wiedererkennungstest indiziert das Ausmaß des Vergessens während des Behaltensintervalls und ermöglicht somit die Berechnung der primär interessierenden abhängigen Variable. Der dritte Faktor schließlich ist notwendig, um zu zeigen, dass die Aufrechterhaltungsprozesse, die für Sensitizer erwartet wurden, spezifisch für bedrohliches Material sind. Daher wurden allen Probanden sowohl bedrohliche, ambivalente als auch nichtbedrohliche Bilder dargeboten. Im Rahmen dieser Studie interessierte allerdings primär die Kontrastierung von bedrohlichen und nichtbedrohlichen Bildern.

---

40 Mein Dank gilt Dr. Tina-Sarah Auer und dem Lehrstuhl von Prof. Dr. Edgar Erdfelder für die Möglichkeit, die Ressourcen der Universität Mannheim nutzen zu können, sowie Ina Lambert für die Unterstützung bei der Datenerhebung.

7.2.2.3 Versuchsablauf

Der Ablauf der Versuchsdurchführung ist in Abbildung 7.1 wiedergegeben. Die grau schattierten Felder gehören zu der *experimentellen Gedächtnisaufgabe*, die in Abschnitt 7.2.2.4 ausführlich dargestellt wird. In den Versuchsabschnitten, die durch die weißen Felder repräsentiert werden, wurden überwiegend Fragebögen eingesetzt, um Persönlichkeitseigenschaften und aktuelle Zustände bzw. Gedanken zu erfassen. Die für die vorliegende Arbeit relevanten Fragebögen werden in Abschnitt 7.2.2.5 beschrieben.

Nach der Bearbeitung von Fragebögen zur dispositionellen Angstbewältigung und Ängstlichkeit bekamen die Probanden Bilder dargeboten, die sie hinsichtlich ihrer Bedrohlichkeit beurteilen sollten. Vor dem ersten Wiedererkennungstest wurde eine 5-minütige Unterbrechung eingeführt, um Recency-Effekten in der Erinnerungsleistung entgegenzuwirken. Während dieser Unterbrechung beantworteten die Probanden Items zum aktuellen positiven und negativen Affekt. Nach dem Wiedererkennungstest 1 hatten die Probanden – entsprechend ihrer Zuordnung zu den experimentellen Bedingungen – entweder eine kognitiv stark oder eine kognitiv wenig belastende Zwischenaufgabe zu erfüllen. An diese schloss sich der zweite Wiedererkennungstest an. Abschließend beantworteten die Probanden erneut Items zum aktuellen Affekt, bearbeiteten eine Nachbefragung und machten demographische Angaben.

Da die beiden Wiedererkennungstests für die Probanden überraschend sein sollten, wurde sowohl im Vorfeld des Versuchs bei der Probandenanwerbung als auch während der Durchführung versucht, den Probanden möglichst keine Hinweise zu liefern, dass sich die Untersuchung mit Gedächtnisphänomenen beschäftigt. Ihnen wurde daher vorab nur erzählt, dass

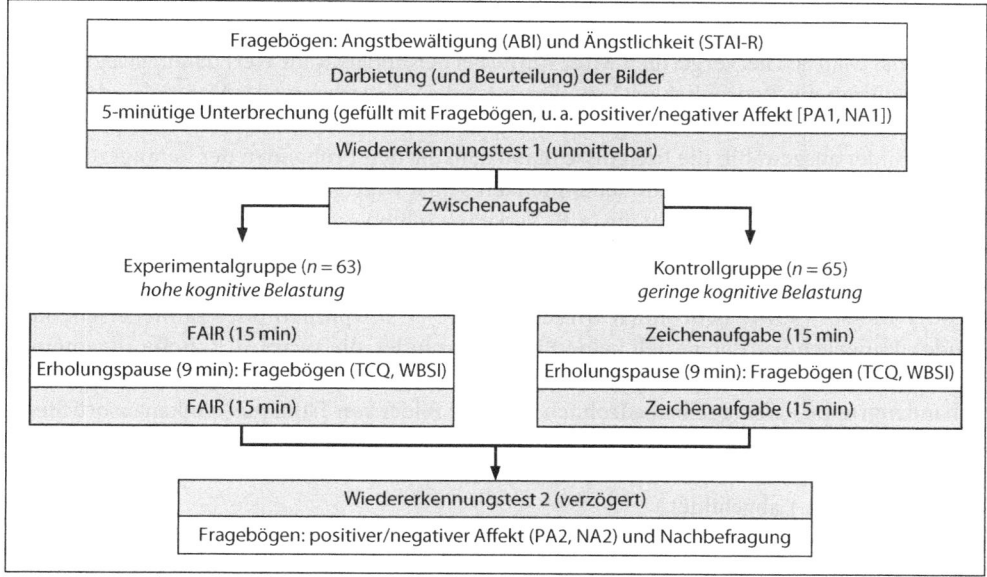

Abbildung 7.1 Versuchsablauf von Experiment 1 (Erläuterungen im Text).

untersucht werde, inwiefern die Beurteilung von Bildern mit Persönlichkeitseigenschaften zusammenhänge, und dass daher sowohl Fragebögen als auch Aufgaben am Computer zu bearbeiten seien.

Die Probanden wurden einzeln erhoben. Die Darbietung und Beurteilung der Bilder sowie beide Wiedererkennungstests erfolgten am Computer, wobei die Probanden vor einem 19-Zoll-Monitor mit einer Auflösung von 1280×1024 Punkten saßen. Alle Fragebögen und die Zwischenaufgaben wurden als Papier-und-Bleistift-Versionen appliziert. Am Ende der Versuchsdurchführung, die etwa zwei Stunden beanspruchte, wurden die Probanden über den wahren Zweck der Untersuchung aufgeklärt und gleichzeitig gebeten, bis zum Abschluss der Erhebung aller Probanden Verschwiegenheit zu wahren, um somit potentiellen anderen Probanden nicht schon vorab Informationen über den Versuchsablauf zu liefern. Alle Probanden erklärten sich damit einverstanden.

7.2.2.4 Experimentelle Gedächtnisaufgabe

Die experimentelle Gedächtnisaufgabe bestand aus (a) der Darbietung und Beurteilung von Bildern, (b) der unmittelbaren Erinnerungsprüfung (Wiedererkennungstest 1), (c) einer insgesamt 40-minütigen Zwischenaufgabe, bei der – als Between-Subjects-Variation – die Probanden entweder einer hohen kognitiven Belastung (Experimentalgruppe) oder einer geringen kognitiven Belastung (Kontrollgruppe) ausgesetzt wurden, und (d) der verzögerten Erinnerungsprüfung (Wiedererkennungstest 2). Diese vier Bestandteile der Gedächtnisaufgabe werden im Folgenden beschrieben. Zunächst wird jedoch die Auswahl des Bildmaterials, das in der Gedächtnisaufgabe verwendet wurde, dargestellt.

Bildmaterial

Da davon auszugehen ist, dass spontane sensitive Aufrechterhaltung nur durch *selbstrelevantes bedrohliches* Material hervorgerufen wird, wurde bei der Bildauswahl Wert darauf gelegt, nicht nur eine „allgemeine Bedrohlichkeit", sondern auch die Selbstrelevanz des Materials – d. h. eine Bedrohlichkeit der Bilder in Bezug auf die eigene Person – sicherzustellen. Entsprechend wurden Bilder ausgewählt, die Ereignisse darstellen, die den Probanden der herangezogenen Stichprobe auch mit einiger Wahrscheinlichkeit selbst widerfahren können. Selbstbedrohliche Bildinhalte waren daher Unfälle (z. B. Verkehrsunfälle) und Verletzungen, medizinische Behandlungen (z. B. ein Patient auf dem Zahnarztstuhl oder Operationstisch), aggressiv wirkende Personen bzw. Gesichter, physische Angriffe und Überfälle, Waffen (z. B. Pistolen oder Messer) sowie bedrohlich wirkende Tiere (z. B. Spinnen oder zähnefletschende Hunde). Hingegen wurden gezielt keine Bilder verwendet, die zwar i. d. R. hohe allgemeine Bedrohlichkeitseinschätzungen erhalten, aber – für die im Südwesten Deutschlands lebende Probandengruppe – wenig selbstbedrohlich sind, wie Bilder von Tsunamis, Vulkanausbrüchen, Atombombenpilzen oder Kriegsszenarien. Bei den Bildern handelte es sich überwiegend um farbige, zu einem kleineren Anteil auch um schwarzweiße Fotografien. Einige Bildbeispiele sind in Anhang A.1 abgebildet.

Die Auswahl des Bildmaterials erfolgte in mehreren Schritten. Zunächst wurden Bilddatenbanken wie das „International Affective Picture System" (Lang, Bradley & Cuthbert, 2008) und das „NimStim Face Stimulus Set" (Tottenham et al., 2009) sowie das Internet nach geeignetem Material durchsucht. Bereits bei der Suche wurde berücksichtigt, dass es zu jedem Bild einen Bildpartner mit möglichst ähnlichem Bildinhalt geben musste, damit sich in den Wiedererkennungstests die Prüfreize und Distraktoren paarweise ähnelten. Zudem sollten sich die bedrohlichen, ambivalenten und nichtbedrohlichen Bilder in der Darstellung so weit wie möglich entsprechen, damit sie nicht aufgrund physikalischer Unterschiede (z. B. Bildhelligkeit, Kontrastumfang, Vorkommen bestimmter salienter Farben) unterschiedlich stark Aufmerksamkeit auf sich lenken bzw. an sich binden. Die Bildersuche resultierte in einem Pool von über 1000 Bildern, aus denen Sets von 3 (Bedrohlichkeit: bedrohlich vs. ambivalent vs. nichtbedrohlich) × 2 (Prüfreiz vs. Distraktor) Bildern zusammengestellt wurden (vgl. Anhang A.1). Aus diesen wurden wiederum die 90 augenscheinlich besten Bildersets (mit insgesamt 540 Bildern) zusammengestellt.

Im nächsten Schritt beurteilten sieben Probanden jeweils alle 540 Bilder bezüglich (a) ihrer *Ambivalenz* auf einer Skala von 1 (*überhaupt nicht*) bis 9 (*sehr mehrdeutig*), (b) ihrer *Bedrohlichkeit für einen selbst* auf einer Skala von 1 (*überhaupt nicht*) bis 9 (*sehr bedrohlich*) und (c) ihrer affektiven *Valenz* auf einer Skala von 1 (*sehr positiv*) über 5 (*neutral*) bis 9 (*sehr negativ*). Da in dem Hauptversuch die Bilder für je 250 ms dargeboten werden sollten, wurde diese Darbietungszeit auch für die Vorstudie gewählt, um z. B. Unterschiede in den Ambivalenzurteilen, die auf der Länge der Darbietung beruhen, auszuschließen.

Auf der Grundlage dieser Beurteilungen wurden ungeeignete Bilder ausgeschlossen und durch geeignetere ersetzt. Dabei wurden als Selektionskriterien für geeignete Bilder festgelegt, dass bedrohliche Bilder als selbstbedrohlich (Skalenwerte ≥ 6.0) und negativ (Skalenwerte > 6.0) beurteilt werden müssen, wohingegen nichtbedrohliche Bilder als nicht selbstbedrohlich (Skalenwerte < 3.0) und neutral oder leicht positiv (Skalenwerte zwischen 3.5 und 5.5) bewertet werden müssen. Während nichtbedrohliche Bilder auch niedrige Ambivalenzurteile (Skalenwerte < 3.0) aufweisen sollten, durften eindeutig als bedrohlich beurteilte Bilder etwas ambivalent sein (Skalenwerte < 5.0), da – vor allem bei Sensitizern – Ambivalenz durchaus zur Bedrohlichkeit eines Bildes beitragen kann. Ambivalente Bilder sollten möglichst hohe Ambivalenzurteile erhalten, aber maximal moderat bedrohlich (Skalenwerte zwischen 3.5 und 5.0) und moderat negativ (Skalenwerte zwischen 5.0 und 6.5) wirken.

Tabelle 7.1 Mittelwerte (und Standardabweichungen) der Beurteilungen für die ausgewählten 360 Bilder (beruhend auf den Medianen der 12 Beurteiler)

	Bildkategorien					
	bedrohlich		ambivalent		nichtbedrohlich	
	Set 1	Set 2	Set 1	Set 2	Set 1	Set 2
Beurteilungsskala	(N = 60)	(N = 60)	(N = 60)	(N = 60)	(N = 60)	(N = 60)
Ambivalenz	2.6 (0.8)	2.5 (0.8)	4.4 (0.9)	4.4 (0.9)	1.7 (0.9)	1.7 (0.9)
Bedrohlichkeit	6.2 (0.9)	6.2 (0.8)	4.1 (1.1)	4.0 (1.0)	1.3 (0.4)	1.3 (0.5)
Valenz	7.0 (0.5)	6.9 (0.8)	6.0 (0.8)	6.0 (0.7)	4.6 (0.6)	4.6 (0.8)

Anmerkungen. Skalen: Ambivalenz: 1 (*überhaupt nicht*) bis 9 (*sehr mehrdeutig*); Bedrohlichkeit für einen selbst: 1 (*überhaupt nicht*) bis 9 (*sehr bedrohlich*); Valenz: 1 (*sehr positiv*), 5 (*neutral*), 9 (*sehr negativ*). Set 1 und Set 2 beziehen sich auf die Aufteilung der Bilder in Prüfreize und Distraktoren, wobei die Zuordnung zwischen den Probanden systematisch variiert wurde, so dass für die Hälfte der Probanden Set 1 die Prüfreize und Set 2 die Distraktoren darstellte und für die andere Hälfte die umgekehrte Zuordnung zutraf.

Die 90 auf diese Weise verbesserten Bildersets wurden dann einer analog zur vorherigen Bildbeurteilungsaufgabe ablaufenden erneuten Beurteilung durch 12 neue Probanden unterzogen. Anhand dieser Daten wurden anschließend die 60 Bildersets ausgewählt, die den oben aufgeführten Selektionskriterien am besten entsprachen, wobei auch die Prüfreize und Distraktoren jedes einzelnen Bildersets möglichst ähnlich beurteilt werden sollten. Tabelle 7.1 gibt die deskriptiven Kennwerte der Beurteilung der endgültigen 60 Bildersets, bestehend aus je sechs Bildern, wieder (um Ausreißerwerte einzelner Beurteiler weniger zu gewichten, wurden die Mediane für die Bewertungen der einzelnen Bilder berechnet und anschließend gemittelt). Versucht man, die 60 ausgewählten Bildersets nach dem Bildinhalt der bedrohlichen Bilder zu klassifizieren, könnte man die folgende Einteilung vornehmen: Menschen in Interaktion (z. B. Gewalthandlungen, Überfälle; 16 Sets), (Verkehrs-)Unfälle und Brände (13 Sets), gefährliche Tiere (13 Sets), aggressive Gesichter (8 Sets), medizinische Behandlungen (6 Sets) und Waffen (4 Sets). Zusätzlich zu den 360 für die Gedächtnisaufgabe relevanten Bildern wurden weitere 30 Bilder für Übungsdurchgänge in der Darbietungs- und Beurteilungsaufgabe ausgewählt.

Darbietung und Beurteilung der Bilder

Die experimentelle Gedächtnisaufgabe begann mit der Darbietung und Beurteilung der späteren Prüfreize. Die Probanden wurden instruiert, dass sie eine Reihe von sehr kurz dargebotenen Bildern daraufhin beurteilen sollen, wie bedrohlich sie diese *für sich persönlich* empfinden. Es gehe dabei um ihr persönliches Urteil und es gebe keine richtigen oder falschen Antworten. Dass die Bilder nicht nur dargeboten wurden, sondern auch beurteilt werden mussten, verfolgte zwei Ziele: Zum einen konnte so die „Coverstory", dass es in der Studie um Zusammenhänge von Bildbeurteilung und Persönlichkeitseigenschaften gehe, besser aufrechterhalten werden. Zum anderen sollte die Selbstrelevanz der bedrohlichen Bilder verstärkt werden, indem die Probanden angaben, dass diese Bilder auf sie persönlich bedrohlich wirken.

Der Ablauf eines einzelnen Durchgangs der Bilddarbietung und -beurteilung ist in Abbildung 7.2 veranschaulicht. Bei jedem Durchgang wurde zunächst für 400 ms ein Fixationskreuz in der Mitte des Monitors dargeboten, gefolgt von einem für 250 ms mittig eingeblendeten Bild (350 × 350 Bildpunkte). Nach der Darbietung des Bildes sollten die Probanden durch das Drücken einer von drei Pfeiltasten auf der Tastatur angeben, ob dieses Bild auf sie selbst *bedrohlich*, *mehrdeutig* oder *nichtbedrohlich* wirkt. Dabei wurden die Probanden aufgefordert, ihre Finger auf diesen Pfeiltasten liegen zu lassen und *so schnell wie möglich* zu reagieren, aber ohne sich zu vertippen. Die Reaktion der Probanden war ab dem Moment der Bilddarbietung, zu dem auch die Reaktionszeitmessung einsetzte, möglich. Vor dem Beginn des nächsten Durchgangs wurde der Bildschirm für ein Intertrial-Intervall von 2000 ms gelöscht.

Die Darbietungszeit der einzelnen Bilder wurde mit 250 ms aus drei Gründen sehr kurz gehalten: Zum einen sollten Enkodierungsunterschiede zwischen Personen unterschiedlicher Bewältigungsgruppen möglichst gering gehalten werden. Bei längeren Darbietungszeiten wäre beispielsweise zu erwarten, dass Sensitizer im Vergleich zu Repressern bedrohliche Bilder besser enkodieren. Zum anderen musste die initiale Enkodierung der Bilder so

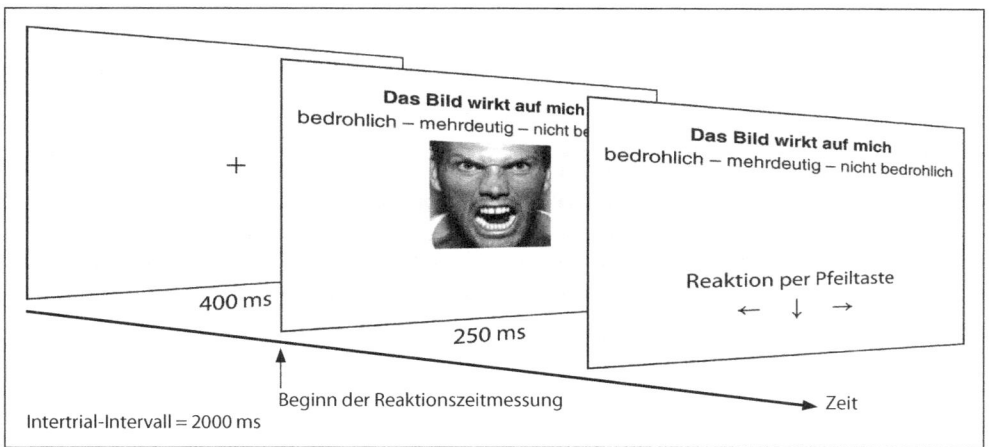

Abbildung 7.2 Ablauf eines Durchgangs zur Darbietung und Beurteilung der Bilder.

schwach sein, dass innerhalb eines 40-minütigen Behaltensintervalls auch tatsächlich substantielles Vergessen stattfinden konnte. Schließlich sollte die während des Behaltensintervalls stattfindende Aufrechterhaltung einen relativ großen Anteil zur Gesamterinnerungsleistung beitragen können. Der Nutzen aktiver Aufrechterhaltungsprozesse sollte umso größer sein, je schwächer die initiale Enkodierung ausfällt. Ist die initiale Enkodierung schon sehr tief oder fest, so können spätere Aufrechterhaltungsprozesse wesentlich weniger zur Erinnerungsleistung beitragen als in einer Situation, in der die anfängliche Enkodierung eher schwach ist.

Insgesamt wurden den Probanden in 180 Hauptdurchgängen je 60 bedrohliche, ambivalente und nichtbedrohliche Bilder in randomisierter Reihenfolge dargeboten. Nach der Hälfte der 180 Durchgänge konnten die Probanden eine kurze Pause, die allerdings nicht länger als eine Minute dauern sollte, einlegen. Den 180 Hauptdurchgängen gingen 30 Übungsdurchgänge voraus, während derer der Versuchsleiter im Raum blieb, um das Aufgabenverständnis sicherzustellen.

Aufteilung der Prüfreize und Distraktoren auf die Wiedererkennungstests

Die 180 dargebotenen und von den Probanden bzgl. ihrer Bedrohlichkeit bewerteten Bilder dienten als Prüfreize in den beiden Wiedererkennungstests. Entsprechend wurden die Prüfreize in zwei Sets aufgeteilt, wobei jedes Set je 30 bedrohliche, ambivalente und nichtbedrohliche Bilder enthielt. Die beiden Sets waren hinsichtlich der Ambivalenz-, Bedrohlichkeits- und Valenzurteile aus der Vorstudie sowie hinsichtlich der Bildinhalte (Menschen, Tiere, Waffen etc.) parallelisiert. In den beiden Wiedererkennungstests wurde jedes Prüfreiz-Set um die gleiche Anzahl von bedrohlichen, ambivalenten und nichtbedrohlichen Distraktorbildern ergänzt, wodurch auch in jedem Wiedererkennungstest 180 Bilder dargeboten wurden. Um systematische Einflüsse des Materials zu vermeiden, wurde zwischen den Probanden als Methodenfaktor variiert, welche Hälfte der Bilder in der Darbietungs- und Beurteilungsaufgabe präsentiert wurde und folglich in den beiden Wiedererkennungstests als Prüfreize diente.[41]

Wiedererkennungstest 1

Der erste Wiedererkennungstest sollte die *unmittelbare* Erinnerungsleistung erfassen. Gleichwohl sollte aber auch der Einfluss von Recency-Effekten auf die Erinnerung minimiert werden. Daher wurde zwischen der Darbietungs- und Beurteilungsaufgabe und dem Wiedererkennungstest 1 ein 5-minütiger Abstand eingeführt, in dem die Probanden Fragebögen zum aktuellen Affekt bearbeiteten. Anschließend wurde der erste Wiedererkennungstest durchgeführt. Dazu wurde den Probanden mitgeteilt, dass sie einzeln präsentierte Bilder sehen würden, die entweder zuvor bereits dargeboten wurden („alt") oder bisher noch nicht gezeigt wurden („neu"). Auf einer Skala von 1 (*mit Sicherheit bereits dargeboten [alt]*) bis 6 (*mit Sicherheit noch nicht dargeboten [neu]*) sollten die Probanden per Mausklick ein Urteil darüber abgeben, wie sicher sie sich sind, dass das Bild alt bzw. neu ist. Die Bilder verblieben so lange auf dem Bildschirm, bis die Probanden ihr Urteil abgegeben hatten. Die Probanden wurden darauf hingewiesen, dass zwar kein Zeitdruck bestehe, sie allerdings auch nicht zu lange über ein einzelnes Bild nachgrübeln sollten. Nach der Urteilsabgabe wurde der Bildschirm für 500 ms gelöscht, bevor das nächste Bild dargeboten wurde.

Zwischenaufgabe: hohe vs. geringe kognitive Belastung

Der Zweck der Bedingung *hohe kognitive Belastung* (Experimentalgruppe) bestand darin, aktive Aufrechterhaltungsprozesse, die während des Behaltensintervalls wirken können, zu unterbinden. Da in Experiment 1 Bildmaterial verwendet wurde, muss entsprechend – im Sinne des Arbeitsgedächtnismodells von Baddeley (z. B. Baddeley, 1999, 2000) – der *visuell-räumliche Notizblock* (*visuo-spatial sketch pad*) belastet werden, um Wiederholungs-, Auffrischungs- und Elaborationsprozesse des visuellen Materials zu vermeiden. Um dies zu erreichen, bearbeiteten die Probanden das *Frankfurter Aufmerksamkeits-Inventar* (FAIR; Moosbrugger & Oehlschlägel, 1996). Das FAIR besteht aus Zeilen geometrischer Symbole (äußere Kreise, die entweder einen inneren Kreis oder ein inneres Quadrat enthalten; diese inneren Symbole enthalten wiederum zwei oder drei Punkte). Die Aufgabe besteht darin, bestimmte Symbole (z. B. alle inneren Kreise mit drei Punkten sowie alle inneren Quadrate mit zwei Punkten) möglichst schnell zu markieren, gleichzeitig aber möglichst wenige Fehler zu machen. Es kann angenommen werden, dass dieser visuelle Konzentrationstest eine hohe kognitive Belastung des visuell-räumlichen Notizblocks erzeugt. Da die abstrakten geometrischen Symbole des FAIR dem fotografischen Bildmaterial aus der Gedächtnisaufgabe jedoch sehr unähnlich sind, sollte das FAIR gleichwohl nicht proaktiv oder retroaktiv mit der Gedächtnisaufgabe interferieren.

Die Probanden in der Bedingung *hohe kognitive Belastung* wurden gebeten, das FAIR so schnell und so fehlerfrei wie möglich zu bearbeiten. Um ihre Anstrengungsbereitschaft und

---

41 Varianzanalysen erbrachten, dass der Methodenfaktor keinen Einfluss auf die abhängigen Variablen hatte (alle *ps* > .18). Daher wird der Methodenfaktor im Folgenden nicht weiter erwähnt. Für die Experimente 2 bis 4 wurde analog verfahren, so dass dieser Methodenfaktor nur noch erwähnt wird, wenn er an signifikanten Haupt- oder Interaktionseffekten beteiligt war.

damit die Auslastung des visuellen Arbeitsgedächtnisses zu erhöhen, wurde ihnen mitgeteilt, dass die Aufgabe ihre Konzentrationsfähigkeit erfasse und dass diese eine wichtige Voraussetzung für das Erbringen intellektueller Leistungen sei. Nach dem Zwei-Prozess-Modell sollte der differentielle Effekt der experimentellen Variation (hohe vs. geringe kognitive Belastung) auf das Vergessen als abhängige Variable mit der Dauer, welche die Probanden der Manipulation ausgesetzt sind, zunehmen. Allerdings ist es nur schwer möglich bzw. den Probanden wenig zumutbar, eine durchgehende Belastung für mehr als 15 Minuten aufrechtzuerhalten (die reguläre Bearbeitungszeit des FAIR in der Aufmerksamkeitsdiagnostik beträgt 6 Minuten). Daher bearbeiteten die Probanden das FAIR zwei Mal für je 15 Minuten,[42] wobei diese beiden Bearbeitungen durch eine ca. 9-minütige Unterbrechung, in der die Probanden einen Fragebogen ausfüllten, getrennt waren. Das Ausfüllen des Fragebogens sollte als „Erholungspause" dienen. Da es die Probanden vermutlich irritiert hätte, wenn ihnen nach genau 9 Minuten der Fragebogen abgenommen worden wäre, konnten alle Probanden den Fragebogen in der von ihnen selbst bestimmten Geschwindigkeit ausfüllen. Die Versuchsleiter erfassten jedoch – von den Probanden unbemerkt – mit einer Stoppuhr die Bearbeitungszeit des Fragebogens, damit diese als Kontrollvariable in die Auswertung einbezogen werden konnte. Die Probanden erhielten in der zweiten Bearbeitungsphase eine Parallelform des FAIR, in der andere Symbole zu kennzeichnen waren als in der ersten Bearbeitungsphase. Dies sollte Übungseffekten bzw. einer einsetzenden Automatisierung der Bearbeitung und einer damit einhergehenden geringeren kognitiven Belastung vorbeugen.

Die Probanden in der Bedingung *geringe kognitive Belastung* (Kontrollgruppe) mussten für zwei Mal 15 Minuten (ebenfalls unterbrochen durch die ca. 9-minütige Fragebogenbearbeitung) eine Zeichenaufgabe bearbeiten. Dabei handelte es sich um den *Wartegg-Zeichentest* (WZT; Wartegg, 1953) und – für die zweiten 15 Minuten – um eine selbsterstellte „Parallelform". Der WZT besteht aus einem Blatt Papier mit acht quadratischen weißen Feldern, die jeweils kleine sogenannte Anfangszeichen enthalten (z. B. zwei Linien; einige Punkte, die eine Kurve beschreiben). Die Probanden sollten in jedem der Quadrate diese Anfangszeichen mit Hilfe von Buntstiften in ein kleines Bild integrieren. Dabei wurde ihnen mitgeteilt, dass sie ausreichend Zeit für die Bearbeitung hätten und sich nicht beeilen müssten. Durch diese Instruktion sollte erreicht werden, dass die Probanden eine Tätigkeit ausübten, die ihnen im Kontext eines psychologischen Experiments plausibel erscheint, gleichzeitig aber genug ungebundene kognitive Ressourcen lässt, um z. B. an die zuvor dargebotenen Bilder zu denken. Es wäre sogar möglich, Inhalte der dargebotenen Bilder, mit denen sich die Probanden gedanklich beschäftigten, in die Bearbeitung des WZT einfließen zu lassen. Für den Fall, dass Probanden bereits vor Ablauf der 15 Minuten mit der Bearbeitung fertig waren und diese abgeben wollten, wurden weitere Blätter mit selbsterstellten Parallelformen bereitgehalten, an denen diese Probanden ihre Bearbeitung fortsetzen konnten.

Der Ablauf der Zwischenaufgabe war – bis auf die Variation der kognitiven Belastung mittels der unterschiedlichen Aufgaben – zwischen der Experimental- und der Kontrollgruppe so weit wie möglich parallelisiert. Die gesamte Zwischenaufgabe, einschließlich der notwendigen Aufgabeninstruktionen, dauerte in beiden Gruppen etwas mehr als 40 Minuten.

---

42 Die Originalarbeitsblätter des FAIR wurden um weitere, analog gestaltete und für die Probanden nicht unterscheidbare Arbeitsblätter ergänzt, um die reguläre Bearbeitungszeit von 6 Minuten auf 15 Minuten ausdehnen zu können.

Wiedererkennungstest 2

Nach der Zwischenaufgabe bearbeiteten alle Probanden einen zweiten (verzögerten) Wiedererkennungstest. Der Ablauf dieses Tests war vollständig identisch mit dem des ersten Wiedererkennungstests, außer dass sich – wie oben zur *Aufteilung der Prüfreize und Distraktoren auf die Wiedererkennungstests* dargestellt – die Prüfreize und Distraktoren unterschieden.

7.2.2.5 Fragebogenverfahren

Die im Rahmen dieser Studie relevantesten Persönlichkeitsvariablen wurden zu Beginn der Untersuchung – vor der Gedächtnisaufgabe – erhoben. Dabei handelt es sich um das *dispositionelle Angstbewältigungsverhalten* (Vigilanz und kognitive Vermeidung), das mit dem ABI (Krohne & Egloff, 1999) erfasst wurde (zur Beschreibung des ABI siehe Abschnitt 4.2.2.2 auf S. 126 ff.). Ferner wurde – als Kontrollvariable – die *Ängstlichkeit* (*trait anxiety*) mittels der Trait-Skala einer revidierten Version (persönl. Mitteilungen [E-Mails] von G. Merzbacher sowie L. Laux, 05.12.2006) der deutschen Version des *State-Trait-Angstinventars* (STAI; Laux, Glanzmann, Schaffner & Spielberger, 1981) erhoben. Die Trait-Skala dieser revidierten STAI-Version (im Folgenden: STAI-R)[43] untergliedert sich in die – jeweils fünf Items umfassenden – fünf Subskalen *Aufgeregtheit* (*emotionality*), *Dysthymie, Euthymie, Gelassenheit* und *Sorge* (*worry*). Diese Untergliederung erlaubt es, den mit Ängstlichkeitsfragebögen häufig miterfassten Anteil der Depressivität besser zu separieren, indem als Ängstlichkeitsmaß nur die drei Subskalen *Aufgeregtheit* (z. B. „Ich bin nervös", „Ich bin unruhig"), *Gelassenheit* (invertiert; z. B. „Ich bin ausgeglichen", „Ich lasse mich nicht aus der Ruhe bringen") und *Sorge* (z. B. „Ich fürchte mich vor dem, was auf mich zukommt", „Ich habe Angst zu versagen") aggregiert werden. Da für die vorliegende Fragestellung ein möglichst „reines" Maß der Ängstlichkeit interessierte, wurden nur die 15 Items dieser drei Subskalen verwendet.[44] Die Probanden gaben bei der Bearbeitung des STAI-R für die einzelnen Aussagen auf einer 4-stufigen Skala (1 = *fast nie* bis 4 = *fast immer*) an, wie häufig diese im Allgemeinen auf sie zutreffen.

Dem Konzept des Stimmungskongruenzeffekts folgend (vgl. S. 85), würde man annehmen, dass die Erinnerung an emotionale Inhalte dann besser ist, wenn die Person sich in einer

---

43 Das hier als STAI-R bezeichnete Instrument stellt den Zwischenstand der Entwicklung des *State-Trait-Angst-Depressionsinventars* (STADI; Laux, Hock, Bergner-Köther, Hodapp & Renner, 2011) aus dem Jahre 2006 dar, unterscheidet sich vom endgültigen STADI aber in einigen Details wie der Item-/Skalenanzahl und einzelnen Itemformulierungen (M. Hock, persönl. Mitteilung, 29.09.2011).

44 In den Experimenten 1, 2 und 3 wurden alle 25 Items der Trait-Skala des STAI-R an insgesamt 465 Probanden erhoben. Anhand dieser Daten wurde für die 25 Items eine Maximum-Likelihood-Faktorenanalyse durchgeführt, bei der die Extraktion von zwei Faktoren erzwungen und anschließend oblique rotiert wurde. Die Zuordnung der Items zu einem Faktor der Ängstlichkeit und einem Faktor der Depressivität war für alle bis auf ein Item erwartungskonform. Lediglich das Dysthymie-Item „Mir ist zum Weinen zumute" lud – erwartungskonträr – marginal höher auf dem Ängstlichkeits- als auf dem Depressivitätsfaktor. Die Korrelation zwischen der 15-Item-Ängstlichkeitsskala und der 10-Item-Depressivitätsskala (gebildet aus den Dysthymie- und Euthymie-Items) fällt mit $r(463) = .69$, $p < .001$, recht hoch aus. Die interne Konsistenz der 15-Item-Ängstlichkeitsskala ist sehr gut (Cronbachs $\alpha = .90$) und nur marginal geringer als die der 25-Item-Gesamtskala (Cronbachs $\alpha = .93$). Insgesamt erscheint es somit gerechtfertigt, die 15-Item-Ängstlichkeitsskala als „reineren" Indikator der allgemeinen Ängstlichkeit zu verwenden.

zum Informationsinhalt kongruenten Stimmung befindet. Im Rahmen der vorliegenden Studie sollten also negative (bedrohliche) Bilder besser erinnert werden, wenn die Person sich zum Zeitpunkt des Abrufs in einer negativen Stimmung befindet. Über diese Annahme hinausgehend haben Krohne und Hock (2008a) allerdings gefunden, dass Personen, die zum Zeitpunkt der Enkodierung einen stärker ausgeprägten positiven Affekt aufweisen, im Vergleich zu Personen mit niedrigerem positiven Affekt bedrohliche Bilder schneller vergessen. Krohne und Hock interpretieren dieses Ergebnis im Kontext des Fading-Affect-Bias (vgl. S. 24) und des Befunds von W. R. Walker, Skowronski, Gibbons, Vogl und Thompson (2003), dass dysphorische Personen einen geringeren Fading-Affect-Bias zeigen als nichtdysphorische. In der Studie von Krohne und Hock (2008a) korrelierte positiver Affekt allerdings relativ stark mit kognitiver Vermeidung, so dass diese Autoren dem positiven Affekt eine Mediatorfunktion zwischen kognitiver Vermeidung und dem Vergessen zuweisen.

Auch wenn für die vorliegende Studie keine starken A-priori-Hypothesen zum positiven und negativen Affekt aufgestellt wurden, sollte der Affekt erhoben werden, um Zusammenhänge explorativ untersuchen zu können und um als Kontrollvariable zu dienen. Zur Erfassung wurden – weitestgehend auf der deutschen Version der *Positive and Negative Affect Schedule* (PANAS; Krohne, Egloff, Kohlmann & Tausch, 1996; englischsprachiges Original von Watson, Clark & Tellegen, 1988) beruhend – insgesamt 16 Items verwendet, von denen 10 Items negativen Affekt beschreiben (*feindselig, ärgerlich, besorgt, gereizt, ängstlich, bekümmert, beschämt, angespannt, erschrocken* und *nervös*) und 6 Items positiven Affekt (*freudig erregt, heiter, glücklich, erfreut, aktiv* und *stark*). Auf einer 7-stufigen Antwortskala sollten die Probanden angeben, wie stark sie diese Gefühle aktuell empfinden.

Um zwischen positivem/negativem Affekt zum Zeitpunkt der Enkodierung und zum Zeitpunkt des Erinnerungsabrufs unterscheiden zu können, wurden diese Maße zwei Mal im Verlauf des Experimentes erfasst: zum ersten Mal direkt nach der Darbietung der Bilder, also während der 5-minütigen Unterbrechung zwischen der Bilddarbietungs- und Beurteilungsaufgabe und dem Wiedererkennungstest 1, und zum zweiten Mal am Ende des Versuchs nach dem Wiedererkennungstest 2 (vgl. Abbildung 7.1 auf S. 179). Entsprechend werden der positive Affekt (PA) und der negative Affekt (NA), die vor dem ersten Wiedererkennungstest erfasst wurden, als PA1 bzw. NA1 bezeichnet und der positive und negative Affekt nach dem zweiten Wiedererkennungstest als PA2 bzw. NA2.

Im Rahmen des Zwei-Prozess-Modells bewältigungsspezifischer Erinnerungsunterschiede wurde postuliert, dass Sensitizer häufiger als Represser intrusive Gedanken haben bzw. diesen zumindest häufiger nachgehen sollten. Represser sollten hingegen, sobald ihnen intrusive Gedanken ins Bewusstsein treten, stärker als Sensitizer Strategien der Gedankenunterdrückung, Ablenkung und Umbewertung verwenden. Um zu explorieren, ob sich diese Tendenzen auch in selbstberichteten habituellen Verhaltensweisen niederschlagen, wurden – während der 9-minütigen Unterbrechung zwischen den beiden Teilen der Zwischenaufgabe – zwei Fragebögen eingesetzt: der *Thought Control Questionnaire* (TCQ; Wells & Davies, 1994) und das *White Bear Suppression Inventory* (WBSI; Wegner & Zanakos, 1994).

Der TCQ soll habituelle Strategien zur Kontrolle ungewollter Gedanken erfassen. Dazu werden die Probanden gebeten, auf einer 4-stufigen Skala (1 = *fast nie* bis 4 = *fast immer*) anzugeben, wie häufig sie bestimmte Strategien einsetzen, wenn sie einen unangenehmen oder ungewollten Gedanken haben. Der TCQ untergliedert sich in fünf Skalen, denen jeweils sechs Items zugewiesen sind. Die Skalen sind *Ablenkung* (z. B. „Ich denke stattdessen an angenehme Dinge", „Ich tue etwas, das ich mag"), *Umbewertung* (z. B. „Ich überprüfe die Wahrheit dieses Gedankens", „Ich versuche, anders darüber zu denken"), *Selbstbestrafung* (z. B. „Ich beschimpfe mich selbst, weil ich diesen Gedanken habe", „Ich sage mir, dass etwas Schlimmes passieren wird, wenn ich diesen Gedanken habe"), *Sorge* (z. B. „Ich konzentriere mich auf andere negative Gedanken", „Ich ersetze den Gedanken durch einen weniger bedeutsamen schlechten Gedanken") und *soziale Kontrolle* (z. B. „Ich frage meine Freunde/Freundinnen, ob sie ähnliche Gedanken haben", „Ich spreche nicht darüber" [invers]). Von diesen fünf Skalen umfassen allerdings nur die Skalen *Ablenkung* und *Umbewertung* Strategien, wie sie in einer nichtklinischen Stichprobe zur Bewältigung von Angst eingesetzt werden sollten. Die Skalen *Selbstbestrafung* und *Sorge* umfassen – als i. d. R. dysfunktional anzusehende – Strategien, wie sie beispielsweise bei Personen mit Zwangserkrankungen zu erwarten wären, und erscheinen daher im vorliegenden Kontext nicht relevant. Die Skala *soziale Kontrolle* schließlich ist inhaltlich sehr heterogen: So können einige Items als Suche nach Information, wie sie vermehrt bei Sensitizern auftreten sollte, bewertet werden. Einige in den Items angesprochene Strategien könnten aber auch der Vergewisserung dienen, dass die eigenen Gedanken „normal" sind und man folglich nicht verrückt ist, wohingegen die Aussagen anderer Items – sofern man denkt, verrückt zu sein – als Strategien interpretiert werden können, andere Personen nicht bemerken zu lassen, dass man verrückt ist. Insgesamt erscheint die Skala *soziale Kontrolle* inhaltlich so heterogen und ebenfalls so stark an klinisch relevanten Störungen orientiert, dass sie nicht verwendet wird.

Somit werden für diese Arbeit nur die beiden Skalen *Ablenkung* und *Umbewertung*, auf denen Represser erhöhte Werte manifestieren sollten, eingesetzt. Genutzt wurde dazu die deutsche Übersetzung der Items von Fehm (1999), die in Anhang A.2 wiedergegeben ist. Dabei wurde das erste Item der Umbewertungs-Skala („Ich konzentriere mich ganz auf den Gedanken") allerdings nicht zur Skalenbildung herangezogen. Zum einen ist inhaltlich nicht nachvollziehbar, dass dieses Item Umbewertung indiziert, zum anderen lud es in Faktorenanalysen, die Fehm und Hoyer (2004) an klinischen und nichtklinischen Stichproben vorgenommen haben, nicht nennenswert auf dem Umbewertungs-Faktor (sondern am stärksten – negativ – auf dem Ablenkungs-Faktor). Auch in einer Itemanalyse mit den Daten aller Probanden der Experimente 1 bis 4 der vorliegenden Arbeit verzeichnete dieses Item eine extrem geringe Trennschärfe von $r(584) = .06$. Weitere Analysen zur Reliabilität und Validität des TCQ finden sich bei Fehm und Hoyer (2004) sowie Luciano et al. (2006).

Das WBSI umfasst 15 Items, die dazu dienen sollen, chronische Gedankenunterdrückung zu erfassen. Obwohl Wegner und Zanakos (1994) das WBSI als eindimensionales Instrument entwickelt haben, erbrachten spätere Analysen eine zweidimensionale Struktur (Höping & de Jong-Meyer, 2003; Luciano et al., 2006; Rassin, 2003). Diese unterteilt sich in *Gedankenintrusionen* (z. B. „Es gibt Gedanken, die immer wieder unvermittelt in meinem Kopf auftauchen", „Mir kommen Bilder ins Bewusstsein, die ich nicht auslöschen kann"; 8 Items) und *Gedankenunterdrückung* (z. B. „Es gibt Dinge, an die ich nicht zu denken versuche", „Ich tue oft Dinge, um mich von meinen Gedanken abzulenken"; 7 Items). Die Probanden sollen auf einer 5-stufigen Antwortskala angeben, wie sehr diese Aussagen auf sie zutreffen (1 = *trifft eindeutig nicht zu* bis 5 = *trifft eindeutig zu*). Ein Item der Skala Gedankenintrusionen (Item 15 in Anhang A.3), das in den faktorenanalytischen Untersuchungen von Luciano et al. (2006) sowie der Analyse einer deutschsprachigen Version (Höping & de Jong-Meyer, 2003) die geringste Ladung auf dem Faktor Gedankenintrusionen besaß und das bei einer Itemanalyse mit den Daten aller Probanden der Experimente 1 bis 4 der vorliegenden Arbeit eine geringe Trennschärfe von lediglich $r(584) = .32$ aufwies, wurde nicht zur Skalenbildung herangezogen. Somit umfassen in der vorliegenden Arbeit beide Skalen je sieben Items.

Übrigens wurde von Blumberg (2000) eine dreidimensionale Struktur des WBSI vorgeschlagen, bei welcher der Faktor Gedankenunterdrückung in zwei Faktoren, nämlich Gedankenunterdrückung (4 Items) und Selbstablenkung (3 Items; *self-distraction*), zerfällt. Diese dreidimensionale Lösung wird jedoch von den oben angeführten Vertretern der zweidimensionalen Struktur abgelehnt, da die Anpassungsgüte des dreidimensionalen Modells die des zweidimensionalen kaum übertrifft (Luciano et al., 2006) und da – auf inhaltlicher Ebene – Selbstablenkung als eine wesentliche Komponente von Gedankenunterdrückung betrachtet werden kann. Daher erscheint es auch wenig sinnvoll, diese beiden Konstrukte als zwei Faktoren auf gleicher Stufe zu konzeptualisieren. Aus pragmatischer Sicht ist noch anzufügen, dass die 3-Item-Skala der Selbstablenkung nur noch eine relativ geringe Reliabilität aufweist und der Nachweis von manifesten Zusammenhängen mit anderen Variablen daher unwahrscheinlicher wird. Deshalb wurde auch für die vorliegende Arbeit die dreidimensionale Lösung nicht verwendet.

Zur Reliabilität und Validität des WBSI finden sich weitere Analysen bei Luciano und Algarabel (2006), Muris, Merckelbach und Horselenberg (1996) sowie Palm und Strong (2007). Da keine veröffentlichte deutschsprachige Version des WBSI existiert, wurde in dieser Arbeit die unveröffentlichte Übersetzung von Hoyer und Fehm verwendet (L. Fehm, persönl. Mitteilung, 07.02.2007).[45] Diese Übersetzung ist in Anhang A.3 wiedergegeben. – Im letzten Fragebogen nach dem Wiedererkennungstest 2 bearbeiteten die Probanden (neben den Items zu positivem und negativem Affekt) einige Nachbefragungsitems zu der Zwischenaufgabe und den Erinnerungstests und machten demographische Angaben.

7.2.3 Vorüberlegungen zur statistischen Auswertung

Es gibt verschiedene Vorgehensweisen, die in der Vergangenheit zur Auswertung von Zusammenhängen mit Angstbewältigungsdispositionen verwendet wurden. Ein klassisches Vorgehen, das sowohl beim Weinberger-Ansatz als auch beim MBM häufig eingesetzt wurde, legt den „quasi-typologischen Charakter des Konzepts" (Hock, 1999, S. 137) zugrunde. Es besteht darin, Dichotomisierungen an den Medianen der Variablen Ängstlichkeit und soziale Erwünschtheit (beim Weinberger-Ansatz) bzw. Vigilanz und kognitive Vermeidung (beim MBM) vorzunehmen. Die resultierenden Gruppen werden kreuzklassifiziert, was zu vier Gruppen führt, die als unabhängige Variable z.B. anschließend die vier Faktorstufen eines Faktors in einer Varianzanalyse bilden. Dieses typologische Vorgehen wird teilweise durch die Ergebnisse der latenten Klassenanalyse von Schmukle et al. (2000) gerechtfertigt: Besonders für die Einteilung der Represser, Sensitizer und Niedrigängstlichen findet sich eine hohe Konkordanz zwischen den aus der Kreuzklassifikation resultierenden Gruppen und den korrespondierenden Typen der latenten Klassenanalyse. Bei der Klassifikation der hochängstlichen Personen, die sich nach der latenten Klassenanalyse in zwei Gruppen unterteilen würden, stößt das Vorgehen der Kreuzklassifikation jedoch an seine

---

45 Ich danke Prof. Dr. Jürgen Hoyer und Dr. Lydia Fehm für die Überlassung ihrer Übersetzung.

Grenzen (vgl. auch die Ausführungen auf S. 125 f. zur Inhomogenität der Gruppe der Hoch-ängstlichen).

Alternativ wurden, statt am Median zu dichotomisieren, vor allem im Weinberger-Ansatz auch oft Extremgruppen gebildet, indem Terzile bzw. Quartile der erfassten Variablen gebildet und nur die äußeren Gruppen dieser Verteilungen in die Kreuzklassifikation eingebracht wurden. Wie verschiedene Autoren gezeigt haben, ergeben sich i. d. R. vergleichbare Effekte hinsichtlich der abhängigen Variablen, unabhängig davon, ob Medianisierung oder Extremgruppenbildung angewendet wird (z. B. Myers & Derakshan, 2004).

Auf theoretischer Ebene wurde jedoch sowohl die Medianisierung (z. B. MacCallum, Zhang, Preacher & Rucker, 2002; Wright, 2003) als auch die Extremgruppenbildung (z. B. Preacher, Rucker, MacCallum & Nicewander, 2005) aus mehreren Gründen kritisiert: Zum einen sind die gesetzten Cut-off-Werte immer in gewisser Weise willkürlich und es wird i. d. R. (zumindest bei unterstellter Unabhängigkeit der beiden kreuzklassifizierten Variablen) vorausgesetzt, dass die vier Bewältigungsgruppen in der Stichprobe gleich stark vertreten sind – eine Annahme, die weder theoretisch noch empirisch fundiert ist (vgl. z. B. Erskine et al., 2007). Zum anderen geht durch die Dichotomisierung Information, die in den kontinuierlichen Variablen enthalten ist, verloren. Dieser Informationsverlust sollte in erster Linie zu einer Verringerung der Teststärke und folglich zu konservativeren Signifikanzaussagen führen, d. h., die Alternativhypothese wird seltener angenommen (J. Cohen, 1983; West, Aiken & Krull, 1996). Zudem haben Simulationsstudien ergeben, dass – wenn auch nur in recht seltenen Fällen – Kreuzklassifikationen von künstlich dichotomisierten Variablen zu falsch positiven Ergebnissen, also zur fälschlichen Annahme der Alternativhypothese, führen können (MacCallum et al., 2002; Maxwell & Delaney, 1993; Preacher et al., 2005; vgl. auch J. Cohen, Cohen, West & Aiken, 2003). Die Möglichkeit falsch positiver Schlüsse ist zwar keineswegs genuin für das Vorgehen der Dichotomisierung, da auch bei anderen statistischen Verfahren z. B. eine Verletzung der Voraussetzungen zu einer (vom Forscher unbemerkten) Erhöhung des Fehlers erster Art über das zuvor festgelegte Signifikanzniveau hinaus führen kann. Gleichwohl ist dies ein ernstzunehmender Kritikpunkt an der Dichotomisierung und anschließenden Kreuzklassifikation von Variablen, sei es in Form von Medianisierungen oder in Form einer Extremgruppenbildung.

Im Rahmen des MBM bietet es sich an, die beiden Dimensionen Vigilanz und kognitive Vermeidung als unabhängige kontinuierliche Variablen aufzufassen und diese – zusammen mit dem Produktterm dieser (zuvor zentrierten) Variablen, um auch Interaktionseffekte überprüfen zu können – in ein regressionsanalytisches Modell einzubringen (vgl. z. B. Krahé, 2005; Krohne & Hock, 2008a). Dabei sollte allerdings berücksichtigt werden, dass die im Rahmen des MBM vermutete Orthogonalität von Vigilanz und kognitiver Vermeidung mit den im ABI erfassten Variablen keineswegs durchgängig bestätigt werden konnte, sondern dass diese beiden Variablen eine manifeste Korrelation um $r = -.40$ aufweisen (vgl. Abschnitt 4.2.2.3, speziell S. 129). Auch wenn dies nur eine moderate Korrelation darstellt, wird dadurch doch eine klare Trennung von Haupt- und Interaktionseffekten erschwert.

Die Erkenntnis, dass Vigilanz und kognitive Vermeidung substantiell miteinander korreliert sind, legt jedoch ein weiteres statistisches Vorgehen nahe, das es erlaubt, Unterschiede zwischen Repressern und Sensitizern relativ direkt zu überprüfen und dennoch den Informationsvorteil kontinuierlicher Variablen zu nutzen: die Bildung eines Differenzscores aus Vigilanz und kognitiver Vermeidung, den *Vigilanz-Vermeidungs-Score*. Konkret wird der

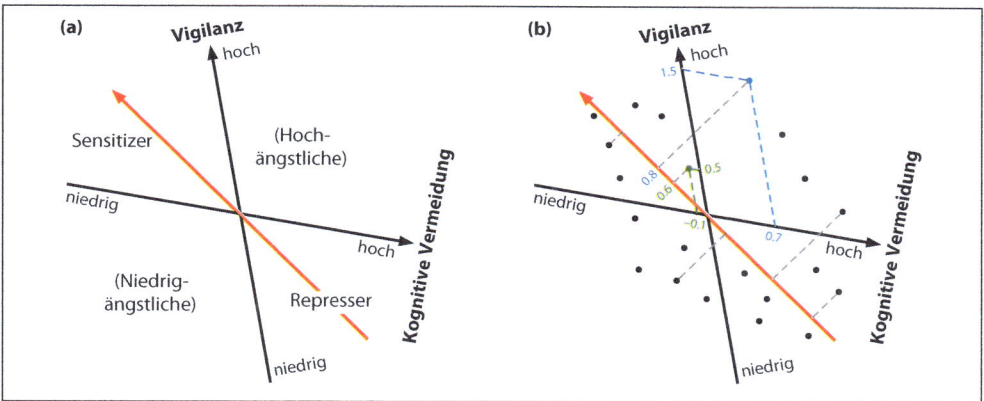

Abbildung 7.3 **(a)** Nicht-orthogonale Darstellung von Vigilanz und kognitiver Vermeidung sowie der rot eingezeichneten Vigilanz-Vermeidungs-Dimension. **(b)** Projektion der Vigilanz- und Vermeidungswerte einzelner Individuen auf diese Dimension.

z-standardisierte Wert der kognitiven Vermeidung vom z-standardisierten Wert der Vigilanz abgezogen. Gibt man die – empirisch nicht haltbare – Annahme der Orthogonalität von Vigilanz und kognitiver Vermeidung (zumindest in der mit dem ABI vorliegenden Operationalisierung) auf, erhält man die in Abbildung 7.3a veranschaulichte schiefwinklige Relation der beiden Achsen des Bewältigungsverhaltens. Werden nun die individuellen Werte auf der Dimension kognitive Vermeidung von den Werten auf der Dimension Vigilanz subtrahiert, kommen die Datenpunkte aller Probanden auf der in Abbildung 7.3a rot eingezeichneten Diagonalen zu liegen. Hoch- und Niedrigängstliche befinden sich somit überwiegend im mittleren Bereich der neuen Vigilanz-Vermeidungs-Variable, Represser und Sensitizer hingegen an deren entgegengesetzten Enden.

Im Rahmen der in dieser Arbeit aufgestellten Hypothesen hat ein derartiger Differenzscore noch einen weiteren Vorteil: Relevant dafür, ob eine Person sensitive Aufrechterhaltung bzw. repressive Inhibierung betreibt, sollte das relative Überwiegen von Vigilanz (Informationsbedürfnis) bzw. kognitiver Vermeidung (Emotionsregulationsbedürfnis) sein. Bei einer Person, die bezüglich Vigilanz einen z-Wert von 1.5 und bezüglich kognitiver Vermeidung von 0.7 aufweist, überwiegt deutlich das vigilante Bewältigungsverhalten. Der entsprechende Vigilanz-Vermeidungs-Score spiegelt dies mit 1.5 – 0.7 = 0.8 wider. Bei einer anderen Person, die einen Vigilanzwert von $z = 0.5$ und einen Wert auf kognitiver Vermeidung von $z = -0.1$ besitzt, ergibt der Vigilanz-Vermeidungs-Score einen Wert von 0.5 – (–0.1) = 0.6 und somit ein geringeres Überwiegen der Vigilanz als bei der ersten Person. Wie Abbildung 7.3b zu entnehmen ist, wäre beim Vorgehen mittels Mediansplit und Kreuzklassifikation (sofern Mittelwert und Median übereinstimmen) allerdings nur die zweite Person – in der Abbildung repräsentiert durch den grünen Punkt – als Sensitizer klassifiziert worden. Die erste Person, deren Werte dem blauen Punkt in der Abbildung entsprechen, weist zwar den *größeren* Vigilanz-Vermeidungs-Score auf, wäre beim typenorientierten Vorgehen aber eindeutig als hochängstliche Person eingestuft worden. Somit erhält der Vigilanz-Vermeidungs-Score den Informationsgehalt der kontinuierlichen Variablen und erlaubt auch die direkte Überprüfung der theoretischen Annahmen, beispielsweise, dass der Vigilanz-Vermeidungs-Score positiv mit sensitiver Aufrechterhaltung korrelieren sollte.[46]

Ein ähnliches Vorgehen hat bereits Wright (2001, zitiert nach D'Argembeau, Comblain & van der Linden, 2003, S. 288) für den Weinberger-Ansatz vorgeschlagen, um in dessen Rahmen repressive Angstbewältigung als kontinuierliche Variable zu operationalisieren. Dazu wurde der standardisierte Wert der sozialen Erwünschtheit vom standardisierten Wert der Ängstlichkeit subtrahiert. D'Argembeau et al. (2003) haben gezeigt, dass beide Verfahren – die klassische Kreuzklassifikation und der Differenzwert der Variablen – beim Weinberger-Ansatz zu vergleichbaren Ergebnissen führen, betrachten das Differenzmaß aber als statistisch aussagekräftiger.

Die vorliegende Arbeit schließt sich in ihren theoretischen Ableitungen eng an die Befunde von Hock et al. (1996), Hock und Krohne (2004) sowie Krohne und Hock (2008a) zur repressiven Diskontinuität an. Hock und Krohne (2004) haben – wie auch Hock et al. (1996) – klassischerweise die Variablen Vigilanz und kognitive Vermeidung an den Medianen ihrer Verteilungen dichotomisiert und anschließend kreuzklassifiziert. Um die Kontinuität zu und somit auch die Vergleichbarkeit mit diesen Arbeiten zu wahren, werden auch in dieser Arbeit eine Medianisierung und Kreuzklassifikation von Vigilanz und kognitiver Vermeidung vorgenommen und Ergebnisse in Abhängigkeit von den Bewältigungsmodi präsentiert.

Bei den im Rahmen dieser Arbeit aufgestellten Hypothesen handelt es sich überwiegend um spezifische (präzise) Hypothesen, die sich auf eine Kontrastierung von Sensitzern und Repressern beziehen. Entsprechend ist auch zur Hypothesenprüfung eine Kontrastierung dieser beiden Gruppen das direkteste und stringenteste Vorgehen (vgl. z. B. Rosenthal, Rosnow & Rubin, 2000; Schimmack & Hartmann, 1997; Sedlmeier & Renkewitz, 2008). Zusätzlich werden in dieser Arbeit jedoch i. d. R. auch die Daten für hoch- und niedrigängstliche Personen dargestellt, damit sich der Leser selbst ein umfassendes Bild von der Befundlage machen kann. Während für die Hochängstlichen keinerlei Vorhersagen getroffen werden, wird für die Niedrigängstlichen zwar auch – in Übereinstimmung mit Krohne (2010) – angenommen, dass diese eine heterogene Gruppe darstellen (vgl. S. 124 f.), allerdings könnten diese Personen noch am ehesten als eine Art „informelle Kontrollgruppe" fungieren.

Aufgrund der berechtigten Kritik an der Dichotomisierung und Kreuzklassifikation von kontinuierlichen Variablen wird darüber hinaus aber auch der Ansatz von Krohne und Hock (2008a; vgl. auch Krahé, 2005) verwendet, Vigilanz und kognitive Vermeidung (sowie deren Produktterm) als Prädiktoren in regressionsanalytische Modelle aufzunehmen. Dieses Vorgehen bietet sich vor allem im Rahmen der (hierarchischen) Regressionsanalysen an, in denen gezeigt werden soll, dass Vigilanz und kognitive Vermeidung auch nach der Kontrolle verschiedener Persönlichkeitseigenschaften und Zustandsvariablen inkrementell Varianz hinsichtlich des Vergessens bedrohlicher Information aufklären. Darüber hinaus sollen aber, wo dies adäquat erscheint bzw. einen Erkenntnisgewinn verspricht, auch die Möglichkeiten des oben dargestellten Vigilanz-Vermeidungs-Scores genutzt werden, weshalb zusätzlich dieses

---

46 Gegenüber Analysen mit den kontinuierlichen Variablen der Vigilanz und kognitiven Vermeidung hat der Vigilanz-Vermeidungs-Score auch den Vorteil, dass entgegengesetzt gerichtete Haupteffekte von Vigilanz und kognitiver Vermeidung additiv in Zusammenhänge mit dem Vigilanz-Vermeidungs-Score eingehen. Wenn also, wie dies für die sensitive Aufrechterhaltung plausibel wäre, schwache positive Zusammenhänge mit Vigilanz und schwache negative Zusammenhänge mit kognitiver Vermeidung bestehen, sollte sich dies in einem zumindest moderaten Zusammenhang mit dem Vigilanz-Vermeidungs-Score widerspiegeln.

kontinuierliche Maß zur Auswertung herangezogen wird. Um eine unnötige Redundanz zu vermeiden, wird allerdings i. d. R. nur eines der Verfahren ausführlich dargestellt, sofern sich die Befunde hinsichtlich der zu ziehenden Schlussfolgerungen nicht bedeutsam unterscheiden. Denn zumindest für den Weinberger-Ansatz hat sich – trotz der Kritik an dem typologischen Vorgehen – in den allermeisten Arbeiten, die das typologische mit einem oder mehreren dimensionalen Vorgehen verglichen haben, herausgestellt, dass die Wahl der statistischen Auswertungsmethode keinen substantiellen Einfluss auf die Ergebnisse hat (z. B. Ashley & Holtgraves, 2003; Derakshan, Myers, Hansen & O'Leary, 2004; Mendolia, 2002; Pauls & Stemmler, 2003; Raes, Hermans, Williams & Eelen, 2006; Shane & Peterson, 2004).

7.2.4 Ergebnisse

Im Ergebnisteil werden zunächst die mittels Fragebögen erfassten Selbstberichtsmaße zu Persönlichkeitseigenschaften, affektiven Zuständen und habituellen Verhaltensweisen dargestellt und deren Zusammenhänge aufgezeigt (Abschnitt 7.2.4.1). Danach werden einige Befunde aus der Bildbeurteilungsaufgabe präsentiert (Abschnitt 7.2.4.2). In Abschnitt 7.2.4.3 wird die Auswertung der Erinnerungs- und Vergessensmaße, die den Schwerpunkt der Analysen bilden, vorgenommen.

7.2.4.1 Selbstberichtsdaten

Die deskriptiven Statistiken der Fragebogendaten sind in Tabelle 7.2 zusammengefasst. Wie ersichtlich, liegen die internen Konsistenzen aller Skalen in einem akzeptablen bis sehr guten Bereich. Die geringsten Konsistenzen erzielen die TCQ-Skalen *Ablenkung* und *Umbewertung* mit Cronbachs αs von .67 und .73, was wohl neben der relativ geringen Itemanzahl auch einer gewissen inhaltlichen Heterogenität der Skalen geschuldet ist. Hinsichtlich der Skalenmittelwerte fällt auf, dass sowohl der positive als auch der negative Affekt vom ersten zum zweiten Messzeitpunkt abgenommen hat. Während dieser Unterschied für den positiven Affekt nicht signifikant ist (Ms = 3.82 und 3.73, SDs = 1.32 und 1.29), $t(127)$ = 1.10, p = .28,[47] ist die Abnahme des negativen Affekts sehr wohl signifikant (Ms = 2.03 und 1.80, SDs = 0.99 und 0.87), $t(127)$ = 3.59, $p < .001$, $d = 0.25$.

Um diesem Befund nachzugehen, wurde mittels einer Varianzanalyse untersucht, ob hinsichtlich des negativen Affekts Interaktionen zwischen dem Within-Subjects-Faktor des Messzeitpunkts und den Between-Subjects-Faktoren *kognitive Belastung* (in der Zwischenaufgabe) sowie *Bewältigungsmodus* existieren. Tatsächlich gab es eine marginal signifikante Interaktion des Messzeitpunkts und der kognitiven Belastung, $F(1, 120)$ = 2.80, p = .097, η_p^2 = .023, die darauf beruht, dass in der Gruppe mit der hohen kognitiven Belastung der negative Affekt vom ersten zum zweiten Messzeitpunkt weniger stark abnahm (M_{NA1} = 2.02, M_{NA2} = 1.91) als in der Gruppe mit der niedrigen kognitiven Belastung (M_{NA1} = 2.04, M_{NA2} = 1.70); allerdings gab es keinerlei Interaktionen der kognitiven Belastung mit dem Bewältigungsmodus (alle $Fs < 1$). Wichtig ist neben dieser Feststellung, dass es keinen Interaktionseffekt von *Bewältigungsmodus* und *kognitiver Belastung* auf den Verlauf des negativen Affekts gab, die

---

47 Auch wenn die beiden Messzeitpunkte des positiven Affekts getrennt für die kognitiven Belastungsgruppen verglichen werden, findet sich für keine der Gruppen ein signifikanter Unterschied, $ts \leq 1.54$, $ps \geq .13$.

Beobachtung, dass auch in der Gruppe mit der hohen kognitiven Belastung eine (deskriptive) *Verringerung* des negativen Affekts zwischen dem ersten und zweiten Messzeitpunkt auftrat, wenngleich diese nicht so stark ausfiel wie in der Gruppe mit niedriger kognitiver Belastung. Somit kann aber ausgeschlossen werden, dass die kognitiv belastende Zwischenaufgabe negativen Affekt erzeugt hat. Übrigens war der negative Affekt mit maximalen Mittelwerten um 2.0 auf einer Skala von 1 bis 7 generell sehr gering ausgeprägt.

Die Dichotomisierung der Variablen Vigilanz und kognitive Vermeidung an deren Medianen (*Mdn*s = 0.54 und 0.51) ergab Gruppengrößen der Bewältigungsmodi von 44 Sensitzern, 39 Repressern, 20 Niedrigängstlichen und 25 Hochängstlichen. Dabei waren in der Gruppe mit hoher kognitiver Belastung in der Zwischenaufgabe 17 Sensitzer, 25 Represser, 11 Niedrigängstliche und 10 Hochängstliche vertreten. In der Gruppe mit niedriger kognitiver Belastung gab es 19 Sensitzer, 20 Represser, 17 Niedrigängstliche und 9 Hochängstliche. Frauen und Männer verteilten sich sehr gleichmäßig auf die beiden Belastungsbedingungen: In der Gruppe mit hoher kognitiver Belastung gab es 33 Frauen und 30 Männer, in der Gruppe mit niedriger kognitiver Belastung 34 Frauen und 31 Männer.

Tabelle 7.3 gibt einen Überblick über die korrelativen Zusammenhänge der in Tabelle 7.2 aufgeführten Fragebogenskalen sowie zusätzlich des Geschlechts. Es zeigten sich schwache, aber signifikante, Zusammenhänge zwischen Geschlecht und Vigilanz, $r(126) = -.21, p = .019$, sowie Geschlecht und Ängstlichkeit, $r(126) = -.23, p < .01$, in dem Sinne, dass Männer im Vergleich zu Frauen weniger Vigilanz und weniger Ängstlichkeit berichteten. Darüber hinaus korrelierte das Geschlecht schwach negativ mit der Gedankenunterdrückungs-Skala des WBSI, $r(126) = -.20, p = .024$. Frauen gaben also mehr Gedankenunterdrückung an.

Erwartungsgemäß sehr hohe Zusammenhänge bestanden zwischen den beiden Messzeitpunkten des positiven Affekts, $r(126) = .78$, und des negativen Affekts, $r(126) = .69$. Zum ersten Messzeitpunkt korrelierten auch positiver und negativer Affekt stark negativ, $r(126) = -.50$, zum zweiten Messzeitpunkt war dieser Zusammenhang weniger ausgeprägt, $r(126) = -.37$, $p < .001$.

Vigilanz und kognitive Vermeidung korrelierten moderat negativ, $r(126) = -.40, p < .001$. Ein gleich hoher – wenngleich positiver – erwartungskonformer Zusammenhang bestand

Tabelle 7.2 Skalenmittelwerte, Standardabweichungen und interne Konsistenzen der Selbstberichtsmaße

Skala (Itemanzahl)	M	SD	Cronbachs α
Vigilanz (40)[a]	0.54	0.16	.82
Kognitive Vermeidung (40)[a]	0.53	0.15	.80
Ängstlichkeit (15)[b]	2.23	0.54	.91
Positiver Affekt 1 (6)[c]	3.82	1.32	.91
Positiver Affekt 2 (6)[c]	3.73	1.29	.90
Negativer Affekt 1 (10)[c]	2.03	0.99	.88
Negativer Affekt 2 (10)[c]	1.80	0.87	.89
TCQ-Skala Ablenkung (6)[b]	2.57	0.50	.67
TCQ-Skala Umbewertung (5)[b]	2.57	0.58	.73
WBSI-Skala Gedankenintrusionen (7)[d]	3.30	0.90	.85
WBSI-Skala Gedankenunterdrückung (7)[d]	2.87	0.80	.79

Anmerkungen. [a] Min = 0, Max = 1; [b] Min = 1, Max = 4; [c] Min = 1, Max = 7; [d] Min = 1, Max = 5.

zwischen Vigilanz und Ängstlichkeit. Erwartungskonform ist auch die negative Korrelation zwischen kognitiver Vermeidung und Ängstlichkeit, $r(126) = -.33$, $p < .001$. Ähnlich wie die Korrelationsmuster von Vigilanz und kognitiver Vermeidung zu Ängstlichkeit gestalteten sich auch – wenngleich etwas schwächer – die Korrelationsmuster von Vigilanz und kognitiver Vermeidung zu negativem Affekt und – mit umgekehrten Vorzeichen – zu positivem Affekt. Ängstlichkeit zeigte übrigens hochsignifikante Zusammenhänge mit allen Fragebogenskalen außer mit der TCQ-Skala *Umbewertung*. Auffällig ist die hohe (erwartungskonforme) Korrelation zwischen Ängstlichkeit und Gedankenintrusionen (erfasst mit dem WBSI), $r(126) = .57$, $p < .001$. Erwähnenswert ist, dass zwischen den beiden TCQ-Skalen *Ablenkung* und *Umbewertung*, die beide das Verhalten von Repressern beschreiben sollten, kein signifikanter Zusammenhang bestand, $r(126) = .12$, $p = .19$. Zwischen den beiden WBSI-Skalen *Gedankenintrusionen* und *Gedankenunterdrückung* fand sich hingegen ein starker positiver Zusammenhang, $r(126) = .59$, $p < .001$. Obwohl inhaltlich auch ein Zusammenhang zwischen der TCQ-Skala *Ablenkung* und der WBSI-Skala *Gedankenunterdrückung* zu erwarten wäre, zeigte sich hier keine nennenswerte Korrelation, $r(126) = .15$, $p = .09$.

Es wurde erwartet, dass sich die Strategie von Sensitizern, vermehrt an bedrohliche Inhalte zu denken, und die Strategie von Repressern, derartige Gedanken zu vermeiden, in den Skalen des WBSI und TCQ niederschlagen würden. Anhand der bivariaten Korrelationen in Tabelle 7.3 lässt sich dies weitestgehend bestätigen: Kognitive Vermeidung korreliert positiv mit Ablenkung, $r(126) = .22$, $p = .015$, und mit Umbewertung, $r(126) = .21$, $p = .018$, wohingegen Vigilanz mit Gedankenintrusionen korreliert, $r(126) = .22$, $p = .015$. Allerdings fallen alle Zusammenhänge recht schwach aus und der erwartete Zusammenhang zwischen kognitiver Vermeidung und Gedankenunterdrückung findet sich nicht, $r(126) = .03$, $p > .7$. Zur weite-

Tabelle 7.3 Interkorrelationen der Selbstberichtsdaten ($N = 128$)

Variable	2	3	4	5	6	7	8	9	10	11	12
1 Geschl.	−.21*	.14	−.23**	.17	.14	−.12	−.09	.00	.02	−.15	−.20*
2 VIG		−.40**	.40**	−.13	−.23**	.15	.28**	−.07	−.05	.22*	.13
3 KOV			−.33**	.21*	.24**	−.15	−.17	.22*	.21*	−.11	.03
4 Ängstl.				−.27**	−.28**	.32**	.27**	−.34**	−.15	.57**	.31**
5 PA1					.78**	−.50**	−.26**	.26**	.13	−.13	.00
6 PA2						−.37**	−.37**	.31**	.17	−.13	.00
7 NA1							.69**	−.13	−.10	.27**	.20*
8 NA2								−.08	−.04	.26**	.20*
9 Ablenk.									.12	−.16	.15
10 Umbew.										−.12	−.07
11 Intrusion											.59**
12 Unterdr.											—

Anmerkungen. Geschl. = Geschlecht (0 = Frauen, 1 = Männer), VIG = Vigilanz, KOV = kognitive Vermeidung, Ängstl. = Ängstlichkeit, PA1/2 = positiver Affekt zum Erhebungszeitpunkt 1 bzw. 2, NA1/2 = negativer Affekt zum Erhebungszeitpunkt 1 bzw. 2, Ablenk. = TCQ-Subskala Ablenkung, Umbew. = TCQ-Subskala Umbewertung, Intrusion = WBSI-Skala Gedankenintrusionen, Unterdr. = WBSI-Skala Gedankenunterdrückung.
* $p < .05$, ** $p < .01$. Korrelationen, die betragsmäßig größer .30 ($p < .001$) sind, wurden zusätzlich durch Fettdruck hervorgehoben.

Tabelle 7.4 Fragebögen zu aversiven Gedanken: Skalenmittelwerte und Standardabweichungen in Abhängigkeit vom Angstbewältigungsmodus

Bewältigungsmodi (Probanden)	TCQ-Skala				WBSI-Skala			
	Ablenkung		Umbewertung		Gedanken-intrusionen		Gedanken-unterdrückung	
	M	SD	M	SD	M	SD	M	SD
Sensitizer (36)	2.55	0.49	2.56	0.61	3.43$_a$	0.83	2.95	0.81
Represser (45)	2.72$_a$	0.56	2.73$_a$	0.53	3.04$_{a,b}$	0.93	2.83	0.81
Niedrigängstliche (28)	2.40$_a$	0.39	2.35$_a$	0.59	3.26	0.87	2.64$_a$	0.79
Hochängstliche (19)	2.50	0.43	2.56	0.56	3.70$_b$	0.83	3.14$_a$	0.73

Anmerkung. Mittelwerte einer Spalte, die sich den gleichen tiefgestellten Buchstaben teilen, unterscheiden sich in *t*-Tests auf einem .05-Signifikanzniveau voneinander.

ren Abklärung, inwieweit Angstbewältigungsstrategien den selbstberichteten Umgang mit bedrohlichen oder negativen Gedanken vorhersagen können, wurden vier getrennte Regressionsanalysen mit den TCQ- und WBSI-Skalen als Kriterien und mit Vigilanz, kognitiver Vermeidung sowie dem Produktterm und den Quadrattermen von Vigilanz und kognitiver Vermeidung als Prädiktoren berechnet.[48] Da weder der Produkt- noch die Quadratterme substantiell Varianz binden konnten, spiegeln die Ergebnisse weitestgehend die schon in den bivariaten Korrelationen erkennbaren Zusammenhänge wider und werden daher hier nicht ausführlicher dargestellt.

In Tabelle 7.4 sind die Skalenmittelwerte und Standardabweichungen für die TCQ- und WBSI-Skalen getrennt für die vier Bewältigungsgruppen angegeben. Auf den beiden TCQ-Skalen unterscheiden sich Sensitizer und Represser in erwartungskonformer Richtung, d. h., Represser geben vermehrt Ablenkung und Umbewertung an, diese Gruppenunterschiede sind allerdings nicht signifikant. Erwartungskonform ist, dass Niedrigängstliche jeweils am wenigsten Ablenkung und Umbewertung berichten. Diese Unterschiede werden im Vergleich mit Repressern auch signifikant.

Hinsichtlich der WBSI-Skalen findet sich nur für die Gedankenintrusionen ein signifikanter Unterschied zwischen Repressern und Sensitizern, wobei Sensitizer erwartungskonform mehr Gedankenintrusionen berichteten. Auch Hochängstliche weisen einen deutlich erhöhten Wert für Gedankenintrusionen auf. Für die Skala der Gedankenunterdrückung finden sich keine Unterschiede zwischen Repressern und Sensitizern. Lediglich Hochängstliche unterscheiden sich hier signifikant von Niedrigängstlichen.

7.2.4.2 Bildbeurteilung

In den Studien von Hock et al. (1996), Hock und Krohne (2004) sowie Krohne und Hock (2008a) diente die Beurteilungsaufgabe primär dazu, einen Interpretationsbias zwischen Repressern und Sensitizern zu identifizieren. Daher haben diese Autoren die Urteile hin-

---

48 Vigilanz und kognitive Vermeidung wurden vor der Erstellung des Produktterms und der Quadratterme *z*-standardisiert und in die Analysen gingen stets die *z*-standardisierten Variablen ein. Dies gilt auch für alle weiteren Regressionsanalysen mit Einschluss von Produkt- bzw. Quadrattermen und wird daher im Folgenden nicht mehr einzeln erwähnt.

sichtlich der affektiven Valenz der dargebotenen Bilder (Krohne & Hock, 2008a) bzw. die Angenehm-Unangenehm-Urteile für die dargebotenen Sätze (Hock et al., 1996; Hock & Krohne, 2004) jeweils mittels mehrstufiger Skalen erfasst und zusätzlich die Reaktionszeiten erhoben. Dabei wurde erwartet, dass Sensitizer im Vergleich zu Repressern die Reize generell negativer bzw. als unangenehmer beurteilen. Außerdem sollten Represser bei Urteilen im mittleren Skalenbereich, d. h. dann, wenn die Mehrdeutigkeit eines Reizes ungelöst blieb, relativ lange Reaktionszeiten aufweisen (vgl. S. 152 f.).

Im Rahmen der vorliegenden Studie sollte die Bildbeurteilungsaufgabe hingegen bei den Probanden – durch die Frage, wie bedrohlich das Bild auf sie selbst wirkt – vorrangig die Selbstrelevanz bzw. eine selbstbezogene Verarbeitung der Reize erhöhen. Daher wurde die Antwort auch nicht mittels einer fein abgestuften Skala erfasst, sondern es standen nur die drei Antwortkategorien „bedrohlich", „mehrdeutig" und „nichtbedrohlich" zur Verfügung.

Im Sinne einer Manipulationskontrolle sollten – unabhängig vom Angstbewältigungsstil – die bedrohlichen Bilder überwiegend als bedrohlich und die nichtbedrohlichen Bilder überwiegend als nichtbedrohlich beurteilt werden. Bei den ambivalenten Bildern wäre allerdings zu erwarten, dass neben Mehrdeutig-Urteilen auch ein größerer Anteil von Bedrohlich- und Nichtbedrohlich-Urteilen zu verzeichnen ist, wobei sich in diesen Urteilen Unterschiede des Angstbewältigungsstils niederschlagen sollten.

Tabelle 7.5 gibt eine Übersicht über die Beurteilungen der Bilder der drei verschiedenen Bildkategorien. Es zeigt sich das erwartete Muster, dass bedrohliche Bilder überwiegend als bedrohlich und kaum als nichtbedrohlich beurteilt werden, wohingegen dies bei nichtbedrohlichen Bildern genau umgekehrt ist. An den angegebenen Standardfehlern lässt sich ablesen, dass sowohl für die bedrohlichen als auch für die nichtbedrohlichen Bilder alle Unterschiede zwischen den Anzahlen der Bedrohlich-, Mehrdeutig- und Nichtbedrohlich-Urteile höchstsignifikant ausfielen.

Speziell bewerteten die Probanden von den 60 präsentierten *bedrohlichen Bildern* durchschnittlich $M = 39.6$ ($SD = 12.8$) Bilder als bedrohlich. Dabei lag die Anzahl der als bedrohlich beurteilten Bilder zwischen $M = 36.4$ ($SD = 12.5$) für Represser und $M = 42.9$ ($SD = 14.3$) für Sensitizer. Eine einfaktorielle ANOVA für die Anzahl der Bedrohlich-Urteile für bedrohliche Bilder erbrachte keine Unterschiede zwischen den vier Bewältigungsgruppen, $F(3, 124) = 2.10$, $p > .10$. Gleichwohl bestand ein positiver Zusammenhang zwischen Vigilanz und der Anzahl der als bedrohlich beurteilten bedrohlichen Bilder: In einer multiplen Regressionsanalyse mit den Prädiktoren Vigilanz, kognitive Vermeidung sowie Vigilanz × kognitive Vermeidung war der Beitrag der Vigilanz signifikant, $\beta = .267$, $p = .006$, wohingegen kognitive Ver-

Tabelle 7.5 Absolute Häufigkeiten, Standardabweichungen und Standardfehler der Beurteilungen bedrohlicher, ambivalenter und nichtbedrohlicher Bilder

| | Beurteilungen als … | | | | | | | | |
| | bedrohlich | | | mehrdeutig | | | nichtbedrohlich | | |
Bildkategorie	M	SD	SE	M	SD	SE	M	SD	SE
bedrohlich ($n = 60$)	39.6	12.8	1.1	12.4	8.0	0.7	8.0	9.3	0.8
nichtbedrohlich ($n = 60$)	1.8	2.7	0.2	6.5	5.7	0.5	51.7	7.2	0.6
ambivalent ($n = 60$)	21.7	11.3	1.0	18.3	8.6	0.8	20.0	12.1	1.1

meidung und der Interaktionsterm keinen signifikanten Beitrag lieferten, alle βs $\leq$ .10, alle ps > .24.[49]

Von den 60 *nichtbedrohlichen Bildern* wurden durchschnittlich $M = 51.7$ ($SD = 7.2$) Bilder als nichtbedrohlich beurteilt. Die Anzahl der als nichtbedrohlich beurteilten Bilder lag zwischen $M = 49.3$ ($SD = 8.5$) für Hochängstliche und $M = 53.4$ ($SD = 5.8$) für Represser. Eine für die Anzahl der als nichtbedrohlich beurteilten nichtbedrohlichen Bilder durchgeführte ANOVA zeigte einen marginal signifikanten Unterschied zwischen den Bewältigungsgruppen an, $F(3, 124) = 2.21$, $p = .09$, $\eta_p^2 = .05$. Auch dieser Effekt konnte in einer Regressionsanalyse ausschließlich darauf zurückgeführt werden, dass mit zunehmender Vigilanz weniger nichtbedrohliche Bilder als nichtbedrohlich eingeschätzt wurden, $\beta = -.281$, $p = .004$. Für kognitive Vermeidung und den Produktterm fanden sich wiederum keine Effekte, alle $|\beta|$s < .05, ps > .6. Zusammenfassend bedeutet dies, dass mit zunehmender Vigilanz die Anzahl der als bedrohlich beurteilten bedrohlichen Bilder steigt und die Anzahl der als nichtbedrohlich beurteilten nichtbedrohlichen Bilder sinkt. Mit kognitiver Vermeidung oder dem Produktterm aus Vigilanz und kognitiver Vermeidung zeigten sich keinerlei Zusammenhänge.

Die größte Varianz in der Beurteilung durch die Bewältigungsgruppen sollte hinsichtlich der *ambivalenten Bilder* zu verzeichnen sein, wobei anzunehmen ist, dass Represser diese vermehrt als nichtbedrohlich, Sensitizer diese jedoch häufiger als bedrohlich beurteilen. In der letzten Zeile von Tabelle 7.5 sind die Beurteilungen der ambivalenten Bilder über alle Bewältigungsgruppen hinweg dargestellt. Man erkennt die recht ausgewogene Beurteilung der ambivalenten Bilder als bedrohlich, mehrdeutig und nichtbedrohlich; lediglich der Unterschied zwischen der Anzahl der als bedrohlich ($M = 21.7$, $SD = 11.3$) und der Anzahl der als mehrdeutig ($M = 18.3$, $SD = 8.6$) beurteilten Bilder wird signifikant, $t(127) = 2.43$, $p < .02$, $d = 0.34$.[50] Tabelle 7.6 gliedert die Beurteilungen der ambivalenten Bilder nach den Bewältigungsmodi auf. Deskriptiv fällt auf, dass Niedrigängstliche die gleichmäßigste Verteilung ihrer

Tabelle 7.6 Absolute Häufigkeiten und Standardabweichungen der Beurteilungen der insgesamt 60 ambivalenten Bilder in Abhängigkeit vom Bewältigungsmodus

Bewältigungsmodi (Probanden)	Beurteilungen eines ambivalenten Bildes als …					
	bedrohlich		mehrdeutig		nichtbedrohlich	
	M	*SD*	*M*	*SD*	*M*	*SD*
Sensitizer (36)	25.2$_a$	11.5	17.0	8.4	17.8	13.3
Represser (45)	19.2$_a$	11.3	18.5	9.4	22.3	11.4
Niedrigängstliche (28)	20.1	10.6	19.4	8.3	20.5	11.0
Hochängstliche (19)	23.6	11.0	18.6	7.7	17.8	12.7

Anmerkung. Mittelwerte einer Spalte, die sich den gleichen tiefgestellten Buchstaben teilen, unterscheiden sich in *t*-Tests auf einem .05-Signifikanzniveau voneinander.

---

49 Gemäß dem Vorschlag von Ganzach (1997; vgl. auch z. B. MacCallum & Mar, 1995) wurde bei dieser und allen im Folgenden berichteten multiplen Regressionsanalysen, die den Produktterm von Vigilanz und kognitiver Vermeidung enthalten, immer auch eine Regressionsanalyse durchgeführt, in die zusätzlich die Quadratterme der beiden Einzelvariablen aufgenommen wurden. Diese Analysen werden – aus Gründen der Übersichtlichkeit – jedoch nur dargestellt, wenn die Aufnahme der Quadratterme zu einer bedeutsamen Veränderung der β-Werte in den Regressionsanalysen ohne Quadratterme führte bzw. die Quadratterme selbst in signifikantem Umfang Varianz banden.

50 Soweit nicht anders angegeben, beziehen sich alle p-Wert-Angaben bei t-Tests auf eine zweiseitige Testung.

Urteile für ambivalente Bilder aufweisen, nämlich jeweils etwa 20 Zuordnungen pro Antwortkategorie. Bei den Sensitizern lässt sich deskriptiv eine Verschiebung der Urteile in Richtung bedrohlich beobachten, bei den Repressern hingegen in Richtung nichtbedrohlich.

Für die ambivalenten Bilder wurden drei – für die Antwortkategorien getrennte – Varianzanalysen für die Anworthäufigkeit in Abhängigkeit vom Bewältigungsmodus durchgeführt. Lediglich für die Bedrohlich-Urteile ergab sich ein – marginal signifikanter – Effekt der Bewältigungsgruppe, $F(3, 124) = 2.28$, $p = .082$, $\eta_p^2 = .05$. Für die Mehrdeutig- und die Nichtbedrohlich-Urteile trat kein derartiger Effekt auf, $Fs \leq 1.16$, $ps > .33$. Wie Tabelle 7.6 ebenfalls zu entnehmen ist, erbrachte ein Einzelvergleich, dass Sensitizer im Vergleich zu Repressern signifikant mehr ambivalente Bilder als bedrohlich beurteilen ($Ms = 25.2$ vs. 19.2, $SDs = 11.5$ vs. 11.3), $t(79) = 2.34$, $p = .022$, $d = 0.52$.

Darüber hinaus belegen die in Tabelle 7.7 dargestellten Regressionsanalysen – ähnlich wie bei der Beurteilung der bedrohlichen und nichtbedrohlichen Bilder – auch bei der Beurteilung der ambivalenten Bilder einen positiven Zusammenhang zwischen Vigilanz und der Beurteilung eines Bildes als bedrohlich ($\beta = .30$, $p < .01$) sowie einen negativen Zusammenhang zwischen Vigilanz und der Beurteilung als nichtbedrohlich ($\beta = -.21$, $p = .03$). Kognitive Vermeidung und der Interaktionsterm binden wiederum keinen nennenswerten Varianzanteil. Für die Beurteilung eines ambivalenten Bildes als mehrdeutig gab es keine Zusammenhänge mit dem Bewältigungsverhalten (alle $ps > .3$).

Neben Zusammenhängen der Bildbeurteilung mit dem Angstbewältigungsverhalten wurden auch Zusammenhänge mit weiteren Persönlichkeitseigenschaften und Zustandsvariablen explorativ untersucht. Dazu wurden in die drei in Tabelle 7.7 dargestellten Regressionsanalysen für die Beurteilung der ambivalenten Bilder folgende zusätzliche Prädiktoren aufgenommen: das Geschlecht (effektkodiert: Frauen = -1, Männer = 1), die allgemeine Ängstlichkeit sowie der negative und der positive Affekt unmittelbar nach der Bildbeurteilungsaufgabe (NA1 und PA1). Die Ergebnisse sind in Tabelle 7.8 dargestellt. Das Geschlecht erweist sich sowohl für die Beurteilung eines ambivalenten Bildes als bedrohlich ($\beta = -.30$) als auch für die Beurteilung eines ambivalenten Bildes als nichtbedrohlich ($\beta = .29$) als höchstsignifikanter Prädiktor ($ps < .001$). Männer beurteilen im Vergleich zu Frauen ambivalente Bilder also seltener als bedrohlich und häufiger als nichtbedrohlich. Ängstlichkeit sowie der aktuelle Affekt binden nicht in nennenswerter Weise spezifische Varianz. Hinsichtlich der Beurteilung eines ambivalenten Bildes als bedrohlich ist – wie bereits bei den Regressionsanalysen in Tabelle 7.7 – der Zusammenhang mit Vigilanz signifikant ($\beta = .21$, $p = .027$), nicht jedoch der

Tabelle 7.7 Regressionsanalysen für die Anzahl der als bedrohlich, mehrdeutig bzw. nichtbedrohlich beurteilten ambivalenten Bilder mit den Angstbewältigungsvariablen als Prädiktoren

| | Kriteriumsvariable: Beurteilungen eines ambivalenten Bildes als … | | | | | | | | | | | |
| | bedrohlich | | | | mehrdeutig | | | | nichtbedrohlich | | | |
Prädiktoren	b	$SE b$	β	p	b	$SE b$	β	p	b	$SE b$	β	p
VIG	3.40	1.07	.30	<.01	−0.80	0.84	−.09	.34	−2.60	1.16	−.21	.03
KOV	0.69	1.06	.06	.52	0.31	0.84	.03	.72	−1.00	1.16	−.08	.39
VIG × KOV	0.51	0.89	.05	.56	0.02	0.70	.00	.97	−0.54	0.97	−.05	.58
R^2	.080 ($p < .016$)				.013 ($p > .6$)				.040 ($p = .17$)			

Anmerkungen. VIG = Vigilanz, KOV = kognitive Vermeidung.

Tabelle 7.8 Regressionsanalysen für die Anzahl der als bedrohlich, mehrdeutig bzw. nichtbedrohlich beurteilten ambivalenten Bilder mit dem Angstbewältigungsverhalten sowie weiteren Eigenschaften und Zuständen als Prädiktoren

| | Kriteriumsvariable: Beurteilungen eines ambivalenten Bildes als … | | | | | | | | | | | |
| | bedrohlich | | | | mehrdeutig | | | | nichtbedrohlich | | | |
Prädiktoren	b	SEb	β	p	b	SEb	β	p	b	SEb	β	p
Geschlecht	−3.42	0.97	−.30	<.01	−0.06	0.80	−.01	.94	3.48	1.09	.29	<.01
Ängstlichkeit	1.54	2.04	.07	.45	−1.50	1.69	−.09	.38	−0.04	2.28	.00	.99
NA1	1.71	1.16	.14	.14	−1.17	0.96	−.13	.23	−0.54	1.29	−.04	.68
PA1	0.88	0.83	.10	.29	−0.46	0.69	−.07	.50	−0.42	0.93	−.05	.66
VIG	2.40	1.07	.21	.03	−0.47	0.89	−.05	.60	−1.93	1.20	−.16	.11
KOV	1.07	1.05	.09	.31	0.14	0.87	.02	.87	−1.20	1.17	−.10	.31
VIG × KOV	0.33	0.86	.03	.70	−0.01	0.71	.00	.99	−0.33	0.96	−.03	.74
R^2	.195 ($p < .001$)				.036 ($p > .7$)				.119 ($p = .030$)			

Anmerkungen. Geschlecht: effektkodiert (Frauen = −1, Männer = 1), NA1/PA1 = negativer bzw. positiver Affekt zum Messzeitpunkt 1 (direkt nach der Bildbeurteilungsaufgabe), VIG = Vigilanz, KOV = kognitive Vermeidung.

mit kognitiver Vermeidung oder dem Produktterm. Bei der Beurteilung eines ambivalenten Bildes als nichtbedrohlich war in der in Tabelle 7.7 dargestellten Regressionsanalyse ebenfalls Vigilanz ein signifikanter Prädiktor. Dies ist bei Einschluss der weiteren Variablen in das Regressionsmodell jedoch nicht mehr der Fall, da ein Teil der zuvor von Vigilanz erklärten Varianz nun vom Geschlecht gebunden wird. Für die Beurteilung eines ambivalenten Bildes als mehrdeutig kann keine der Variablen einen nennenswerten Aufklärungsbeitrag liefern.

Eine regressionsanalytische Betrachtung der Anzahl der als bedrohlich beurteilten bedrohlichen Bilder sowie der als nichtbedrohlich beurteilten nichtbedrohlichen Bilder (Tabelle 7.9)

Tabelle 7.9 Regressionsanalysen für die Anzahl der als bedrohlich beurteilten bedrohlichen sowie der als nichtbedrohlich beurteilten nichtbedrohlichen Bilder mit dem Angstbewältigungsverhalten sowie weiteren Eigenschaften und Zuständen als Prädiktoren

| | Kriteriumsvariable: Beurteilungen eines … | | | | | | | |
| | bedrohlichen Bildes als bedrohlich | | | | nichtbedrohlichen Bildes als nichtbedrohlich | | | |
Prädiktoren	b	SEb	β	p	b	SEb	β	p
Geschlecht	−3.86	1.12	−.30	<.01	1.51	0.63	.21	.02
Ängstlichkeit	−1.41	2.35	−.06	.55	−0.95	1.33	−.07	.48
NA1	0.55	1.33	.04	.68	−1.19	0.75	−.16	.12
PA1	−0.34	0.96	−.04	.72	−0.91	0.54	−.17	.10
VIG	2.87	1.23	.22	.02	−1.51	0.70	−.21	.03
KOV	1.20	1.21	.09	.32	−0.44	0.68	−.06	.52
VIG × KOV	0.91	0.99	.08	.36	−0.04	0.56	−.01	.95
R^2	.160 ($p = .003$)				.144 ($p = .008$)			

Anmerkungen. Geschlecht: effektkodiert (Frauen = −1, Männer = 1), NA1/PA1 = negativer bzw. positiver Affekt zum Messzeitpunkt 1 (direkt nach der Bildbeurteilungsaufgabe), VIG = Vigilanz, KOV = kognitive Vermeidung.

erbringt recht ähnliche Parameterschätzungen wie für die Anzahl der als bedrohlich bzw. nichtbedrohlich eingeschätzten ambivalenten Bilder (vgl. Tabelle 7.8). Hinsichtlich der Beurteilungen eines bedrohlichen Bildes als bedrohlich sind nur Geschlecht ($\beta = -.30$) und Vigilanz ($\beta = .22$) signifikante Prädiktoren; hinsichtlich der Beurteilungen eines nichtbedrohlichen Bildes als nichtbedrohlich sind es – wenngleich mit umgekehrten Vorzeichen – dieselben Prädiktoren, die Varianz binden (Geschlecht: $\beta = .21$, Vigilanz: $\beta = -.21$).

Da die Probanden in der Bildbeurteilungsaufgabe gebeten wurden, ihr Urteil möglichst schnell abzugeben, lassen sich auch die Reaktionszeiten auswerten. Die Reaktionszeiterfassung begann mit dem Moment der Darbietung des Bildes. Um den Einfluss von Ausreißern auf die Reaktionszeitdaten zu minimieren, wurden auf Ebene der einzelnen Probanden die Mediane der Reaktionszeiten berechnet und in den weiteren Analysen verwendet.[51]

Eine Varianzanalyse für die Latenzzeiten mit den beiden Messwiederholungsfaktoren *Bildkategorie* (bedrohlich, ambivalent und nichtbedrohlich) und *Urteil* (bedrohlich, mehrdeutig und nichtbedrohlich) sowie dem Between-Subject-Faktor *Bewältigungsmodi* erbrachte, dass das abgegebene Urteil sowie die Interaktion zwischen Urteil und Bildkategorie die mit Abstand meiste Varianz aufklärten, $F(2, 65) = 19.04$, $p < .001$, $\eta_p^2 = .37$ bzw. $F(4, 63) = 9.71$, $p < .001$, $\eta_p^2 = .38$.[52] Weitere Haupt- oder Wechselwirkungen wurden nicht signifikant, insbe-

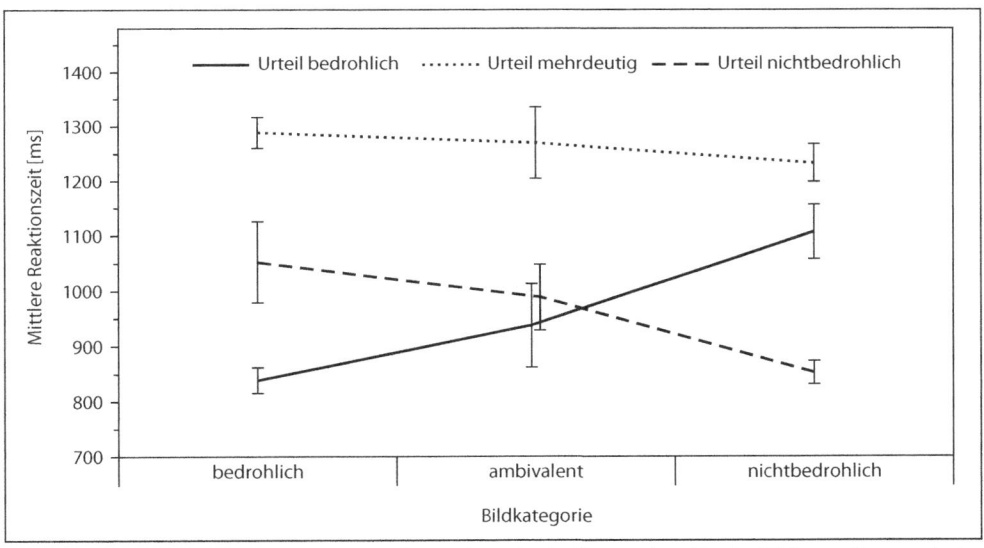

Abbildung 7.4 Mittlere Reaktionszeiten (auf Basis der individuellen Mediane) in der Bildbeurteilungsaufgabe. Fehlerbalken indizieren einfache Standardfehler.

---

51 Dieselben Analysen wurden auch mit ausreißerbereinigten Mittelwerten durchgeführt. Dabei wurden Reaktionszeiten oberhalb von 4000 ms ausgeschlossen (das betraf 0.21% aller Reaktionen). Da keine Reaktionszeiten unterhalb von 300 ms registriert wurden, war es nicht erforderlich, kürzere Reaktionen zu eliminieren. Die Analyse mit diesen bereinigten Mittelwerten erbrachte das gleiche Befundmuster wie die Analyse der Mediane.

52 Die Stichprobe für diese Analyse umfasste nur 70 Personen (19 Sensitizer, 26 Represser, 15 Niedrigängstliche und 10 Hochängstliche), da nur für diese Personen Urteile (und somit Latenzzeiten) in allen

Tabelle 7.10 Mittelwerte und Standardabweichungen (in Millisekunden) der individuellen Mediane der Latenzzeiten für die drei Antwortkategorien der Bildbeurteilung in Abhängigkeit vom Angstbewältigungsmodus

Bewältigungsmodi (Probanden)	Beurteilungen eines Bildes als ...							
	bedrohlich		mehrdeutig		nichtbedrohlich		Gesamt	
	M	SD	M	SD	M	SD	M	SD
Sensitizer (36)	933$_a$	214	1256	389	985	282	1047$_a$	257
Represser (45)	1082$_a$	298	1432	477	998	232	1171$_a$	286
Niedrigängstliche (28)	966	256	1264	602	953	305	1061	334
Hochängstliche (19)	943	365	1234	399	920	258	1033	280
Gesamt (128)	994	284	1317	478	973	266	1091	291

Anmerkung. Mittelwerte einer Spalte, die sich den gleichen tiefgestellten Buchstaben teilen, unterscheiden sich in *t*-Tests auf einem .05-Signifikanzniveau voneinander.

sondere keine Effekte mit Beteiligung der Bewältigungsmodi. Abbildung 7.4 stellt die Befunde graphisch dar: Der Haupteffekt des Urteils geht offensichtlich darauf zurück, dass Mehrdeutig-Urteile deutlich langsamer abgegeben wurden als Bedrohlich- oder Nichtbedrohlich-Urteile (diese Unterschiede werden auch innerhalb jeder Bewältigungsgruppe hochsignifikant, alle $ps < .005$; vgl. Tabelle 7.10). Die Interaktion zwischen Urteil und Bildkategorie beruht primär darauf, dass Urteile dann deutlich langsamer waren, wenn bedrohliche Bilder als nichtbedrohlich bzw. nichtbedrohliche Bilder als bedrohlich beurteilt wurden, als in den Fällen, in denen das Urteil der Bildkategorie entsprach.

Zwar war in der oben dargestellten Messwiederholungs-Varianzanalyse kein Effekt des Bewältigungsmodus zu verzeichnen, dennoch zeigt sich bei einem direkten Vergleich von Repressern und Sensitizern, dass – über alle Bildkategorien hinweg[53] – Represser ($M = 1171$ ms, $SD = 286$ ms) im Vergleich zu Sensitizern ($M = 1047$ ms, $SD = 257$ ms) insgesamt eine langsamere Reaktion aufweisen, $t(79) = 2.02$, $p = .047$, $d = 0.45$. Wie Tabelle 7.10 zu entnehmen ist, ist dieser Unterschied für Bedrohlich-Urteile, bei denen Represser ($M = 1082$ ms, $SD = 298$ ms) durchschnittlich fast 150 ms länger brauchten als Sensitizer ($M = 933$ ms, $SD = 214$ ms), sehr deutlich ausgeprägt, $t(79) = 2.53$, $p = .013$, $d = 0.57$. Hinsichtlich der Mehrdeutig-Urteile bestand der gleiche – allerdings nicht signifikante – Trend ($p = .08$). Bei den Nichtbedrohlich-Urteilen benötigen Represser kaum (und nicht signifikant) mehr Zeit als Sensitizer. Zwischen den anderen Bewältigungsgruppen finden sich in Einzelvergleichen keinerlei signifikante Reaktionszeitunterschiede, wenngleich Niedrig- und Hochängstliche für die drei Bildkategorien deskriptiv ein ähnliches Reaktionszeitmuster wie Sensitizer aufweisen.

Wie bei den Urteilsdaten ist auch bei den Reaktionszeiten die größte Varianz zwischen den Bewältigungsgruppen hinsichtlich der *ambivalenten Bilder* zu vermuten. Daher wer-

---

„Bildkategorie × Bedrohlichkeitsurteil"-Kategorien vorlagen. Recht viele Personen hatten beispielsweise kein einziges Nichtbedrohlich-Bild als bedrohlich beurteilt, so dass diese Personen nicht in die Varianzanalyse der Latenzzeiten aufgenommen werden konnten.

53 Aufgrund der Aggregation der Latenzen der Bedrohlichkeitsurteile über alle Bildkategorien hinweg waren in dieser und den folgenden Analysen wieder alle Probanden der Gesamtstichprobe enthalten.

den in Tabelle 7.11 die Reaktionszeiten für die ambivalenten Bilder – aufgeteilt nach dem abgegebenen Urteil – aufgeführt. Wie ersichtlich, sind Represser (M = 1104 ms, SD = 337 ms) im Vergleich zu Sensitizern (M = 953 ms, SD = 244 ms), aber auch im Vergleich zu Hochängstlichen (M = 936 ms, SD = 205 ms), signifikant langsamer in der Beurteilung eines ambivalenten Bildes als bedrohlich, $t(79)$ = 2.26, p = .027, d = 0.51, bzw. $t(62)$ = 2.02, p = .047, d = 0.60. Auch bei der Beurteilung eines ambivalenten Bildes als mehrdeutig sind Represser (M = 1438 ms, SD = 450 ms) deskriptiv langsamer als alle anderen Gruppen, signifikant wird der Unterschied jedoch nur im Vergleich mit den Hochängstlichen (M = 1166 ms, SD = 322 ms), $t(61)$ = 2.33, p = .023, d = 0.70 (der Unterschied zwischen Repressern und Sensitizern ist marginal signifikant, p = .06 [zweiseitig]).

In Regressionsanalysen mit Vigilanz, kognitiver Vermeidung und deren Produktterm als Prädiktoren und den Reaktionszeiten als Kriterium klärt Vigilanz die meiste Varianz auf. So wird in einer Regressionsanalyse zur Vorhersage der Latenzzeit für die Beurteilung eines Bildes (gleichgültig welcher Bildkategorie) als bedrohlich der Prädiktor Vigilanz signifikant (β = −.25, p = .011), jedoch weder kognitive Vermeidung noch der Interaktionsterm ($|\beta|$s < .06, ps > .5; vgl. auch Fußnote 49 auf S. 198). Dies trifft in gleicher Weise für die Latenzzeit der Beurteilung eines ambivalenten Bildes als bedrohlich zu: Der Beitrag der Vigilanz wird signifikant (β = −.24, p = .013), nicht hingegen der Beitrag der kognitiven Vermeidung oder des Produktterms ($|\beta|$s < .03, ps > .7).

Nimmt man in derartige Regressionsanalysen für die Latenzzeiten – analog zu dem in Tabelle 7.8 und Tabelle 7.9 für die Anzahl der Urteile dargestellten Vorgehen – zusätzlich weitere Prädiktorvariablen auf (nämlich Geschlecht, Ängstlichkeit sowie positiver und negativer Affekt), so erweist sich das Geschlecht als die einzige Variable, die zusätzlich zu Vigilanz Varianz aufzuklären vermag. Signifikant wird der Zusammenhang mit dem Geschlecht hinsichtlich der Latenzzeiten für als bedrohlich beurteilte ambivalente Bilder (Geschlecht: β = .20, p = .031; Vigilanz: β = −.21, p = .036), nicht jedoch hinsichtlich der Beurteilung eines ambivalenten Bildes als nichtbedrohlich oder eines ambivalenten Bildes als mehrdeutig. Männer waren in ihren Bedrohlich-Urteilen für ambivalente Bilder also langsamer als Frauen. Hinsichtlich der Latenzzeit der Beurteilung eines bedrohlichen Bildes als bedrohlich ist der Zusammenhang mit dem Geschlecht marginal signifikant (β = .17, p = .056), der Zusammenhang mit Vigilanz jedoch sehr deutlich (β = −.26, p = .008). Für die Latenzzeit der Beurteilung eines

Tabelle 7.11 Mittelwerte und Standardabweichungen (in Millisekunden) der individuellen Mediane der Reaktionszeiten für die Beurteilung ambivalenter Bilder

| Bewältigungsmodi (Probanden) | Beurteilungen eines ambivalenten Bildes als ... | | | | | |
| | bedrohlich | | mehrdeutig | | nichtbedrohlich | |
	M	SD	M	SD	M	SD
Sensitizer (36)	953$_a$	244	1260	351	1050	343
Represser (45)	1104$_{a,b}$	337	1438$_a$	450	1006	236
Niedrigängstliche (28)	987	260	1296	674	956	256
Hochängstliche (19)	936$_b$	205	1166$_a$	322	917	204
Gesamt (128)	1011	285	1318	477	995	272

Anmerkung. Mittelwerte einer Spalte, die sich den gleichen tiefgestellten Buchstaben teilen, unterscheiden sich in t-Tests auf einem .05-Signifikanzniveau voneinander.

nichtbedrohlichen Bildes als nichtbedrohlich zeigt sich keinerlei signifikante Varianzbindung durch einen der Prädiktoren.

Wichtig ist hier der Hinweis, dass die Kriteriumsvariablen für die Analysen der Latenzzeiten danach gebildet wurden, wie ein Bild *beurteilt* wurde, und nicht nach der Bildkategorie. Wertet man nicht, wie oben dargestellt, aus, wie viel Zeit für Bedrohlich-, Mehrdeutig- bzw. Nichtbedrohlich-Urteile benötigt wurde, sondern wie viel Zeit die Bewertung (unabhängig vom Urteil) eines bedrohlichen, ambivalenten bzw. nichtbedrohlichen Bildes beanspruchte, lassen sich keine signifikanten Zusammenhänge mit dem Angstbewältigungsverhalten sichern, wenngleich (schwache) Assoziationen in der gleichen Richtung bestehen wie für die Auswertungen nach dem Urteil.

Es lässt sich festhalten, dass die Manipulation der Bedrohlichkeit der Bilder insgesamt gelungen ist, d.h., nichtbedrohliche Bilder wurden zu 86% als nichtbedrohlich beurteilt und bedrohliche Bilder immerhin zu 66% als bedrohlich. Die ambivalenten Bilder wurden zu etwa gleich großen Anteilen als bedrohlich, mehrdeutig und nichtbedrohlich eingeschätzt. Darüber hinaus bestand ein erwartungskonformer Interpretationsbias, der sich vor allem auf die Vigilanz zurückführen lässt: Mit steigender Vigilanz wurden Bilder häufiger als bedrohlich und seltener als nichtbedrohlich eingestuft. Zusammenhänge mit kognitiver Vermeidung bzw. der Interaktion zwischen Vigilanz und kognitiver Vermeidung bestanden nicht. Hinsichtlich der Reaktionszeiten zeigten Represser im Vergleich zu Sensitizern (und deskriptiv auch zu den anderen Gruppen) generell langsamere Reaktionen. Dieser Effekt beruht darauf, dass Represser im Vergleich zu Nichtrepressern (am ausgeprägtesten im Vergleich zu Sensitizern und Hochängstlichen) für Bedrohlich-Urteile und – wenngleich nicht signifikant – für Mehrdeutig-Urteile verzögerte Reaktionen aufweisen. Bei Nichtbedrohlich-Urteilen waren Represser nicht langsamer als andere Personen.

Die Einbeziehung weiterer (Persönlichkeits-)Merkmale und aktueller Zustände ergab, dass das Geschlecht einen deutlichen Einfluss auf die Urteile hat, in dem Sinne, dass Frauen mehr Bedrohlich- und weniger Nichtbedrohlich-Urteile abgeben als Männer und dass Frauen in der Abgabe von Bedrohlich-Urteilen schneller sind. Auch nach Kontrolle für das Geschlecht blieb jedoch der Einfluss von Vigilanz, wenngleich teilweise etwas abgeschwächt, statistisch nachweisbar: Mit zunehmender Vigilanz werden mehr Bedrohlich-Urteile und diese zudem schneller abgegeben. Ängstlichkeit und aktueller Affekt erwiesen sich hingegen nicht als potente Prädiktoren.

7.2.4.3 Erinnerung und Vergessen

In diesem Abschnitt werden, nachdem die Berechnung der Wiedererkennungs- und Vergessensscores erläutert wurde, zunächst allgemeinpsychologische Effekte der experimentellen Variationen dargestellt. Dann werden – am typologischen Ansatz der Bewältigungsmodi orientiert – die Vergessensscores in Abhängigkeit vom Bewältigungsmodus beschrieben und die Hypothesen der Arbeit primär mittels der Kontrastierung von Repressern und Sensitizern überprüft. Anschließend werden hierarchische Regressionsanalysen durchgeführt, um die Robustheit der Effekte hinsichtlich einer anderen statistischen Methode zu überprüfen sowie Alternativerklärungen für die Vergessensunterschiede zwischen Repressern und Sensitizern nachzugehen. Zum Schluss wird überprüft, inwieweit sich Unterschiede im Vergessen bedrohlicher Bilder durch Enkodierungsunterschiede erklären lassen.

Berechnung der Wiedererkennungs- und Vergessensscores

In den beiden Wiedererkennungstests wurden Prüfreize und Distraktoren dargeboten und die Probanden mussten ihr Urteil auf einer Skala von 1 (*mit Sicherheit bereits dargeboten [alt]*) bis 6 (*mit Sicherheit noch nicht dargeboten [neu]*) angeben. Die *Wiedererkennungsleistung* – also die Leistung, zwischen alten und neuen Reizen korrekt zu diskriminieren – ergibt sich rechnerisch dadurch, dass die mittlere Beurteilung der alten Reize von der mittleren Beurteilung der neuen Reize subtrahiert wird. Als Beispiel: Ein Proband, der in der Lage wäre, mit 100%iger Sicherheit zwischen alten und neuen Reizen zu unterscheiden, würde bei neuen Reizen immer die 6 und bei alten immer die 1 angeben. Als Differenzscore für seine Wiedererkennungsleistung ergibt sich 5. Ein anderer Proband, der überhaupt nicht zwischen alten und neuen Reizen diskriminieren kann, würde sowohl für alte als auch für neue Bilder einen Mittelwert im mittleren Skalenbereich, z. B. $M = 3.5$, erzielen. Der Differenzwert aus diesen beiden Mittelwerten – und damit die Wiedererkennungsleistung des zweiten Probanden – ist 0.

Vorteilhaft an diesem Differenzscore für die Wiedererkennungsleistung ist, dass er – so wie das signalentdeckungstheoretische Sensitivitätsmaß d' – frei von Antworttendenzen ist. Tatsächlich wurde das hier beschriebene Differenzmaß als eine nichtparametrische Alternative zu d' vorgeschlagen (Hammerton & Altham, 1971). Die Unabhängigkeit von Antworttendenzen sei an einem Beispiel veranschaulicht: Ein Proband, der über eine durchschnittlich gute Diskriminationsleistung verfügt, gibt für die Prüfreize beispielsweise ein mittleres Urteil von $M_{\mathrm{alt}} = 2.5$ und für die Distraktoren ein mittleres Urteil von $M_{\mathrm{neu}} = 4.5$ ab. Als Differenzscore für seine Wiedererkennungsleistung ergibt sich ein Wert von $M_{\mathrm{Diskrim.}} = 2$. Ein anderer Proband, der zwar über eine ähnlich gute Wiedererkennungsleistung verfügt, aber – z. B. aus Unsicherheit – eine generelle Antworttendenz dahingehend aufweist, die Reize eher als neu zu bewerten, hätte beispielsweise für die Prüfreize ein mittleres Urteil von $M_{\mathrm{alt}} = 3.5$ und für die Distraktoren ein mittleres Urteil von $M_{\mathrm{neu}} = 5.5$. Auch in diesem Fall beträgt die resultierende Wiedererkennungsleistung $M_{\mathrm{Diskrim.}} = 2$.[54]

Wie ausführlich dargestellt (vgl. Abschnitt 5.4, speziell S. 166 f.), wird keineswegs ausgeschlossen, dass sich Personen unterschiedlicher Bewältigungsmodi im ersten Wiedererkennungstest – z. B. aufgrund von Enkodierungsunterschieden – in ihren Erinnerungsleistungen signifikant unterscheiden. Diese Unterschiede interessieren im Rahmen der vorliegenden Arbeit bzw. hinsichtlich der aufgestellten Hypothesen allerdings nicht. Von Interesse ist vielmehr das *Ausmaß des Vergessens* zwischen einem unmittelbaren und einem verzögerten Erinnerungstest. Mathematisch ergibt sich dieser Vergessensscore, indem die Wiedererkennungsleistung in Test 2 von der Wiedererkennungsleistung in Test 1 subtrahiert wird, so dass größere Zahlenwerte mehr Vergessen indizieren. Der maximale Vergessenswert von 5 ergibt sich, wenn eine Person im Wiedererkennungstest 1 perfekt zwischen Prüfreizen und Distraktoren unterscheidet (d. h. einen Wiedererkennungswert von 5 erzielt), sich aber im Wiedererkennungstest 2 an gar nichts mehr erinnern kann (und somit einen Wiedererkennungswert

---

54 Die Annahme, dass Antworttendenzen keinen Einfluss auf den Diskriminationsindex haben, gilt dann nicht, wenn M_{alt} bzw. M_{neu} bereits an einem der beiden Enden der Antwortskala liegt und die Antwortverzerrung zu einer weiteren Verschiebung in Richtung des entsprechenden Skalenendes führen würde, dies aber aufgrund von Decken- bzw. Bodeneffekten nicht mehr möglich ist. – Derartige Artefakte konnten für die Studien dieser Arbeit jedoch durch eine Inspektion der Wiedererkennungsdaten für Prüfreize und Distraktoren ausgeschlossen werden.

von 0 erhält).[55] Entsprechend bedeutet ein Vergessensscore von 0, dass zwischen dem ersten und dem zweiten Wiedererkennungstest keinerlei Vergessen aufgetreten ist.

Allgemeinpsychologische Effekte

Zur Analyse der allgemeinen Effekte der experimentellen Manipulation wurde eine dreifaktorielle Varianzanalyse für die Wiedererkennungsleistung durchgeführt. Dabei wurden die Variablen *Wiedererkennungstest* (unmittelbar vs. zeitlich verzögert) und *Bedrohlichkeit* des Bildmaterials (bedrohlich vs. ambivalent vs. nichtbedrohlich) als Within-Subjects-Faktoren und die Variation der *kognitiven Belastung* während des Behaltensintervalls (hoch vs. niedrig) als Between-Subjects-Faktor aufgenommen. Wie erwartet, zeigte sich ein sehr starker Effekt des *Wiedererkennungstests*, der darauf beruht, dass die Erinnerung der Probanden in Test 1 ($M = 2.55$, $SD = 0.56$) deutlich höher war als in Test 2 ($M = 1.77$, $SD = 0.60$), also dass während des Behaltensintervalls Vergessen auftrat, $F(1, 126) = 704.54$, $p < .001$, $\eta_p^2 = .85$. Dieser Effekt ist auch Abbildung 7.5 zu entnehmen. Aus der Abbildung ist ferner ein Haupteffekt der *Bedrohlichkeit* ersichtlich, $F(2, 125) = 139.47$, $p < .001$, $\eta_p^2 = .69$. Dieser Effekt beruht darauf, dass ambivalente ($M = 2.30$, $SD = 0.59$) und nichtbedrohliche ($M = 2.33$, $SD = 0.65$) Bilder besser erinnert wurden als bedrohliche ($M = 1.84$, $SD = 0.56$).

Weiterhin trat ein Interaktionseffekt zwischen *Wiedererkennungstest* und *Bedrohlichkeit* auf, $F(2, 125) = 77.30$, $p < .001$, $\eta_p^2 = .53$. Diese ordinale Interaktion geht darauf zurück, dass von den bedrohlichen Bildern zwischen dem ersten und dem zweiten Wiedererkennungstest weniger vergessen wurde als von den ambivalenten bzw. nichtbedrohlichen Bildern (die letzteren beiden unterscheiden sich kaum). Wie Abbildung 7.5 zu entnehmen ist, liegt dies vor allem daran, dass bereits zum ersten Testzeitpunkt die Wiedererkennungsleistung für bedrohliche Bilder schlechter ausfiel als für ambivalente oder nichtbedrohliche.

Schließlich trat noch eine schwache hybride Interaktion zwischen dem *Wiedererkennungstest* und der *kognitiven Belastung* auf, $F(1, 126) = 4.83$, $p = .03$, $\eta_p^2 = .04$. Diese Interaktion beruht auf folgendem Umstand: Zum ersten Messzeitpunkt wies die Gruppe mit der hohen kognitiven Belastung im Vergleich zur Gruppe mit der geringen kognitiven Belastung eine minimal schlechtere Erinnerungsleistung auf, $Ms = 2.50$ vs. 2.58, $SDs = 0.56$ vs. 0.56, $t(126) < 1$; zum zweiten Messzeitpunkt war die allgemeine Erinnerungsleistung der Gruppe mit der hohen kognitiven Belastung hingegen minimal besser als die der Gruppe mit niedriger kognitiver Belastung, $Ms = 1.79$ vs. 1.74, $SDs = 0.58$ vs. 0.62, $t(126) < 1$. Somit wurde in der Gruppe mit niedriger kognitiver Belastung insgesamt etwas mehr vergessen als in der mit hoher kognitiver Belastung. Da der Erinnerungsunterschied zum ersten Testzeitpunkt, der ja vor der Zwischenaufgabe lag, allerdings zufallsbedingt sein muss und der Effekt generell sehr schwach ausfällt, sollte dieser Befund nicht überinterpretiert werden. Weitere Effekte wurden nicht signifikant. Speziell gab es auf allgemeinpsychologischer Ebene keinen Haupteffekt der *kognitiven Belastung*, keine Interaktion von *Bedrohlichkeit × kognitive Belastung* und auch die Dreifach-Interaktion wurde nicht signifikant, alle *F*s < 1.

Es sei angemerkt, dass das Ziel, die Erinnerungsaufgabe gerade so schwer zu gestalten, dass eine maximale Varianz zwischen den Probanden möglich ist, recht gut erreicht wurde.

---

55 Theoretisch sind Vergessenswerte größer als 5 möglich, wenn im Wiedererkennungstest 2 *unterzufällig* zwischen Prüfreizen und Distraktoren diskriminiert wird. Dies sollte aber nur dann auftreten, wenn ein Proband die Skalenenden (konsistent) vertauscht oder absichtlich zu täuschen versucht.

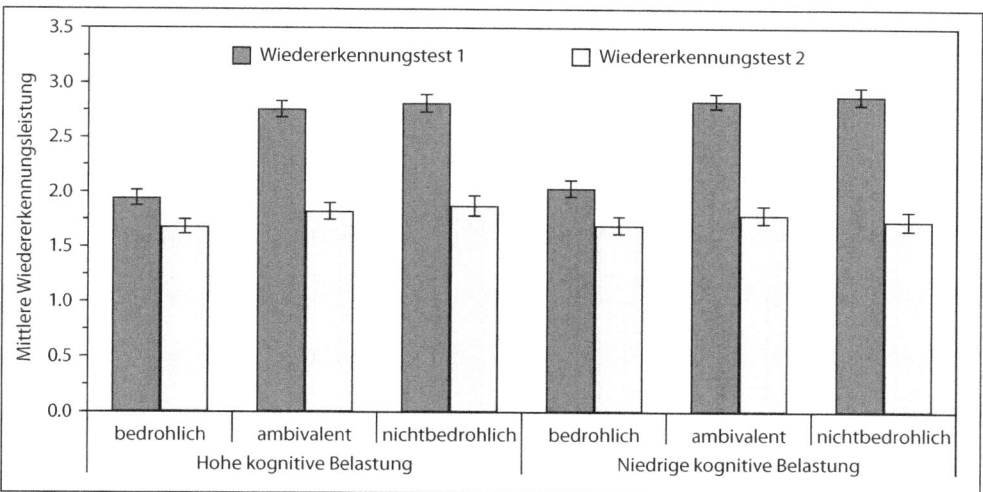

Abbildung 7.5 Mittlere Wiedererkennungsleistung in den beiden Wiedererkennungstests in Abhängigkeit von der kognitiven Belastung und der Bedrohlichkeit des Bildmaterials. Fehlerbalken indizieren einfache Standardfehler.

So lag die mittlere Erinnerungsleistung in Test 1 mit $M = 2.55$ im mittleren Wertebereich der möglichen Wiedererkennungsleistungen von 0 bis 5; die Aufgabe war also weder zu schwer noch zu leicht. Auch in Test 2 war, trotz des deutlichen Vergessens, mit einem mittleren Wiedererkennungsscore von $M = 1.77$ noch ausreichend Abstand zur Null, so dass keine Bodeneffekte befürchtet werden müssen.

Vergleich der Bewältigungsgruppen

Im Folgenden wird das Vergessen in Abhängigkeit vom Angstbewältigungsmodus behandelt, wobei die Kontrastierung von Sensitizern und Repressern, wie in den Hypothesen formuliert, im Vordergrund steht. Da, wie oben dargestellt, als Vergessensmaß die Differenz aus den beiden Wiedererkennungstests interessiert, wird hier nicht weiter auf die zugrunde liegenden Wiedererkennungsscores eingegangen. Deskriptive Statistiken der Wiedererkennungsleistungen in den beiden Erinnerungstests finden sich allerdings in Anhang B.1. Die Vergessenswerte aller vier Bewältigungsgruppen sind – in Abhängigkeit von der Bildkategorie und der kognitiven Belastung während der Zwischenaufgabe – in Abbildung 7.6 dargestellt.

Hypothese 1 postuliert, dass unter *niedriger kognitiver Belastung* Sensitizer im Vergleich zu Repressern (und auch zu Personen anderer Bewältigungsgruppen) weniger *bedrohliche Bilder* vergessen. Die in Abbildung 7.6 dargestellten Befunde entsprechen dieser Erwartung: In dieser Bedingung vergessen Sensitizer ($M = 0.06$, $SD = 0.39$) deutlich weniger Bilder als Represser ($M = 0.50$, $SD = 0.42$), $t(37) = 3.37$, $p = .002$, $d = 1.08$ (vgl. Fußnote 50). Auch in Kontrastierung zu den anderen drei Bewältigungsgruppen, die einen mittleren Vergessensscore von $M = 0.45$ ($SD = 0.49$) aufweisen, zeigen Sensitizer weniger Vergessen, $t(63) = 3.05$, $p = .003$, $d = 0.87$. Somit kann Hypothese 1 als bestätigt angesehen werden. Darüber hinaus vergessen Sensitizer unter hoher kognitiver Belastung tendenziell mehr bedrohliche Bilder als unter niedriger kognitiver Belastung ($Ms = 0.37$ vs. 0.06, $SDs = 0.63$ vs. 0.39), $t(34) = 1.78$, $p = .08$,

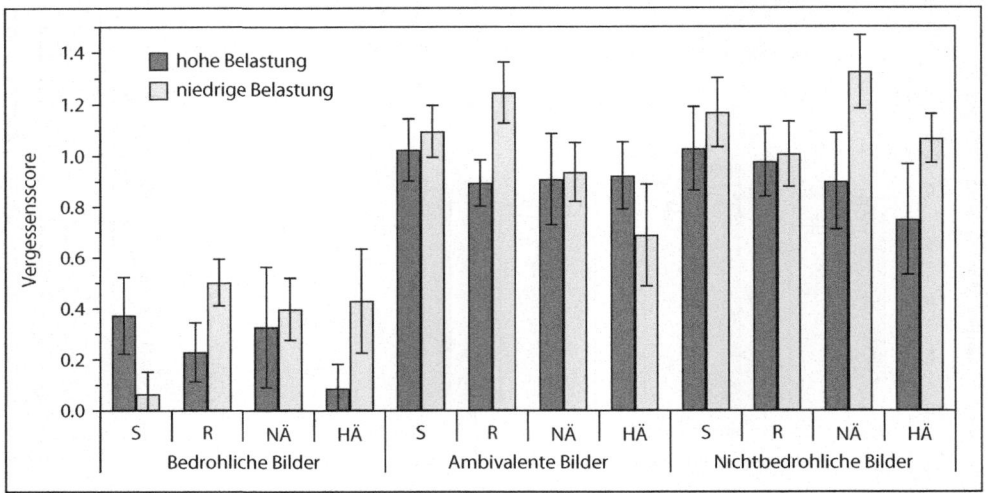

Abbildung 7.6 Vergessensscores der Sensitizer (S), Represser (R), Niedrigängstlichen (NÄ) und Hochängstlichen (HÄ) unter hoher und niedriger kognitiver Belastung für die drei Bildkategorien. Fehlerbalken indizieren einfache Standardfehler.

$d = 0.61$. Dieser Umstand deutet darauf hin, dass sensitive Aufrechterhaltung tatsächlich kognitive Ressourcen benötigt.

Hypothese 2 besagt, dass unter *hoher kognitiver Belastung* sensitive Aufrechterhaltung beeinträchtigt wird und folglich Sensitizer genauso viel *bedrohliches Reizmaterial* vergessen wie Represser bzw. Personen der anderen Bewältigungsgruppen. Wie aus Abbildung 7.6 ersichtlich, vergessen unter hoher kognitiver Belastung Sensitizer ($M = 0.37$, $SD = 0.63$) nicht nur genauso viele, sondern tatsächlich *mehr* bedrohliche Bilder als Represser ($M = 0.23$, $SD = 0.59$) bzw. Niedrigängstliche ($M = 0.33$, $SD = 0.79$) oder Hochängstliche ($M = 0.09$, $SD = 0.31$). Folglich kann, ohne die Notwendigkeit weiterer inferenzstatistischer Prüfung, Hypothese 2 beibehalten werden.

Die *nichtbedrohlichen Bilder* dienten als eine Kontrollbedingung, in der – wie in Hypothese 3 formuliert – unabhängig vom Ausmaß der kognitiven Belastung Sensitizer und Represser etwa gleich viel vergessen sollten. Wie erwartet, unterschieden sich Sensitizer und Represser in ihrem Vergessen der nichtbedrohlichen Bilder nicht. Dies traf sowohl für die Bedingung *hoher kognitiver Belastung* zu ($Ms = 1.03$ vs. 0.97, $SDs = 0.68$ vs. 0.69), $t(40) < 1$, $d = 0.07$, als auch für die Bedingung niedriger kognitiver Belastung ($Ms = 1.17$ vs. 1.01, $SDs = 0.59$ vs. 0.57), $t(37) < 1$, $d = 0.28$. Auch bei Betrachtung aller Bewältigungsgruppen unterschieden sich diese nicht im Vergessen nichtbedrohlicher Bilder, weder unter hoher kognitiver Belastung, $F(3, 59) < 1$, noch unter niedriger kognitiver Belastung, $F(3, 61) = 1.07$, $p = .37$. Darüber hinaus unterschieden sich hinsichtlich nichtbedrohlicher Bilder Sensitizer unter hoher kognitiver Belastung in ihrem Vergessen nicht von Sensitizern unter niedriger kognitiver Belastung ($Ms = 1.03$ vs. 1.17, $SDs = 0.68$ vs. 0.59), $t(34) < 1$, $d = 0.22$.

Ambivalente Bilder waren in diesem Experiment nicht Gegenstand der Kernhypothesen, sie sollen jedoch trotzdem explorativ betrachtet werden. Rein deskriptiv lässt sich zunächst konstatieren, dass das Befundmuster ambivalenter Bilder stärker dem nichtbedrohlicher als dem bedrohlicher Bilder ähnelt. Zum einen wurden ambivalente (wie auch nichtbedrohliche) Bilder insgesamt deutlich stärker vergessen als bedrohliche. Zum anderen müsste es, würde das Befundmuster der ambivalenten Bilder demjenigen für bedrohliche Bilder entsprechen, für das Vergessen ambivalenter Bilder eine Interaktion zwischen den Faktoren *Bewältigungsgruppe* und *kognitive Belastung* geben. Dies war jedoch weder bei Einbeziehung aller Bewältigungsgruppen der Fall, $F(3, 120) = 1.66$, $p = .18$, noch bei Beschränkung der Bewältigungsgruppen auf Sensitzer und Represser, $F(1, 77) = 1.59$, $p = .21$. Insbesondere traf es, wie Abbildung 7.6 zeigt, für ambivalente Bilder nicht zu, dass Sensitzer unter niedriger kognitiver Belastung weniger vergaßen als unter hoher kognitiver Belastung bzw. dass Sensitzer unter niedriger kognitiver Belastung weniger vergaßen als die anderen Bewältigungsgruppen.

Über die Bestätigung der Hypothesen hinaus fällt in Abbildung 7.6 auf, dass Represser *bedrohliche Bilder* unter *niedriger kognitiver Belastung* ($M = 0.50$, $SD = 0.42$) nicht nur gleich stark, sondern offenbar sogar stärker vergessen als unter hoher kognitiver Belastung ($M = 0.22$, $SD = 0.59$). Dieser Unterschied wird zwar nur tendenziell signifikant, $t(43) = 1.75$, $p = .09$, $d = 0.54$, wiederholt sich allerdings – in signifikanter Weise – für ambivalente Bilder ($Ms = 1.25$ und 0.90, $SDs = 0.54$ und 0.47, unter niedriger bzw. hoher Belastung), $t(43) = 2.34$, $p = .02$, $d = 0.72$. Dieser Befund wird in der Diskussion und bei der Auswertung der nachfolgenden Experimente wieder aufgegriffen.

Regressionsanalytischer Ansatz zur Kontrolle weiterer Einflussfaktoren

Im vorhergehenden Abschnitt wurden die spezifischen Hypothesen für Unterschiede im Vergessen zwischen Repressern und Sensitzern bzw. zwischen hoher und niedriger kognitiver Belastung überprüft. Der vorliegende Abschnitt verfolgt zwei Ziele: Zum einen sollen – unter Verwendung der kontinuierlichen Angstbewältigungsvariablen – diese Befunde mittels eines regressionsanalytischen Ansatzes bestätigt und damit ihre Robustheit aufgezeigt werden, zum anderen soll nachgewiesen werden, dass Vigilanz und kognitive Vermeidung einen inkrementellen Varianzaufklärungsbeitrag liefern, wenn für andere Variablen wie generelle Erinnerungsleistung, Ängstlichkeit, Geschlecht oder aktueller Affekt kontrolliert wird. Zur Veranschaulichung der Effekte hinsichtlich des Vergessens bedrohlicher Bilder werden zunächst getrennt für die Bedingungen hoher und niedriger kognitiver Belastung durchgeführte hierarchische Regressionsanalysen gegenübergestellt. Anschließend werden die Prädiktoren dieser Modelle daraufhin getestet, ob sie sich in den beiden Belastungsbedingungen auch signifikant voneinander unterscheiden.

Um den inkrementellen Beitrag der Angstbewältigungsdisposition zum Vergessen bedrohlicher Reize während des Behaltensintervalls nachzuweisen, erschien es sinnvoll, zunächst für das Vergessen nichtbedrohlicher Reize (also für „nichtemotionales Vergessen") zu kontrollieren. Außerdem variierte, wie auf Seite 185 beschrieben, die individuelle Bearbeitungsdauer des Fragebogens, der zwischen den beiden Teilen der Zwischenaufgabe eingefügt wurde. Die mittlere Bearbeitungszeit lag bei $M = 8.7$ min ($SD = 2.7$ min). Da damit – wenngleich nur geringfügig – auch das Behaltensintervall zwischen den beiden Wiedererkennungstests variierte, wurde die Zeit, die für die Bearbeitung dieses Fragebogens während des Behaltensintervalls benötigt wurde, zusammen mit dem Vergessen nichtbedrohlicher Bilder im ersten Schritt in eine hierarchische Regressionsanalyse aufgenommen. Im zweiten Schritt wurden Prädiktoren hinzugenommen, für die kontrolliert werden sollte, weil entweder Einflüsse dieser Variablen auf das Vergessen bedrohlicher Inhalte theoretisch plausibel sind oder Zusammenhänge bereits empirisch nachgewiesen wurden (z. B. Krohne & Hock, 2008a). Aus theoretischer Sicht relevant erscheint die Kontrolle für das Persönlichkeitsmerkmal Ängstlichkeit, da sich Personen aufgrund ihrer Ausprägung in Ängstlichkeit – und nicht nur ihrer Angstbewältigungsstrategien – im Vergessen bedrohlicher Informationen unterscheiden könnten. Darüber hinaus ist – vor dem Hintergrund der Theorie des zustands- bzw. stimmungsabhängigen Erinnerns – die Kontrolle des aktuellen negativen Affekts (NA) relevant. Da Krohne und Hock (2008a) zudem Zusammenhänge zwischen dem Vergessen bedrohlicher Bilder und den Variablen positiver Affekt (PA) und Geschlecht gefunden haben, wurden auch diese Variablen als Kontrollvariablen aufgenommen (das Geschlecht wurde dazu effektkodiert: Frauen = −1, Männer = 1).

Wie in Abschnitt 7.2.4.1 (Tabelle 7.3) gezeigt wurde, sind die Werte für den positiven Affekt zum ersten und zweiten Messzeitpunkt (PA1/PA2) recht stark korreliert, $r(126) = .78$. Tatsächlich lässt sich die Variation von PA1 zu über 70% (entsprechend einem Toleranzwert von .30) durch eine Linearkombination von PA2, NA1 und NA2 vorhersagen. Bei Einbeziehung der weiteren oben aufgeführten Prädiktoren in ein lineares Regressionsmodell für PA1 ergibt sich eine Varianzaufklärung von immerhin 75% (Toleranzwert = .25). Wenngleich einige Statistiker erst ab Toleranzwerten < .10 vor Multikollinearität warnen, betrachten andere Autoren (z. B. Urban & Mayerl, 2011) bereits Toleranzwerte ≤ .25 als kritisch. Daher wurden in das Regressionsmodell die Messwerte für aktuellen positiven und negativen Affekt nicht getrennt für beide Messzeitpunkte aufgenommen, sondern es wurden Gesamtindizes für positiven Affekt (PA) aus PA1 und PA2 sowie für negativen Affekt (NA) aus NA1 und NA2 durch Mittelung gebildet.

Um zu belegen, dass dispositionelle Angstbewältigung inkrementell – also über die betrachteten Kontrollvariablen hinaus – Varianz im Vergessen bedrohlicher Information zu binden vermag, wurden Vigilanz und kognitive Vermeidung (beide z-standardisiert) sowie – zur Aufklärung möglicher Interaktionseffekte – deren Produktterm im dritten Schritt der Regressionsanalyse ins Modell aufgenommen. Um darüber hinaus den Einfluss nichtlinearer Effekte zumindest von Vigilanz und kognitiver Vermeidung ausschließen zu können, wurden in einem vierten Schritt zusätzlich deren Quadratterme aufgenommen (vgl. zu diesem Vorgehen z. B. Gelman & Hill, 2007; vgl. auch Fußnote 49 auf S. 198).

Tabelle 7.12 gibt die bivariaten Korrelationen für das Kriterium (Vergessen bedrohlicher Bilder) und die Prädiktorvariablen der Regressionsanalyse getrennt für die Gruppe mit niedriger kognitiver Belastung (oberhalb der Diagonalen) und hoher kognitiver Belastung (unterhalb der Diagonalen) wieder. Zusätzlich wurde – für eine alternative Regressionsanalyse – der Vigilanz-Vermeidungs-Score in die Korrelationsmatrix aufgenommen.

In der Bedingung hoher kognitiver Belastung korrelieren das Vergessen nichtbedrohlicher Bilder, $r(61) = .26$, $p = .038$, sowie – wenngleich nur marginal signifikant – das Geschlecht, $r(61) = .21$, $p = .095$, positiv mit dem Vergessen bedrohlicher Bilder. Hinsichtlich des Geschlechts heißt dies also, dass – konträr zu den Ergebnissen von Krohne und Hock (2008a) – Männer im Vergleich zu Frauen vom unmittelbaren bis zum zeitlich verzögerten Wiedererkennungstest mehr bedrohliche Bilder vergessen. Vigilanz, kognitive Vermeidung und der Vigilanz-Vermeidungs-Score wiesen in dieser Bedingung keine Zusammenhänge zum Vergessen bedrohlicher Bilder auf (alle $rs < .1$, alle $ps > .4$). Auch andere bivariate Korrelationen mit dem Vergessen bedrohlicher Bilder wurden nicht signifikant.

In der Bedingung niedriger kognitiver Belastung korrelierte hingegen Vigilanz negativ, kognitive Vermeidung (marginal signifikant) positiv und der Vigilanz-Vermeidungs-Score negativ mit dem Vergessen bedrohlicher Bilder ($rs = -.32, .24$ und $-.35$, $ps = .009, .052$ und $.005$) – dies entspricht dem erwarteten Muster, dass Vigilanz zu weniger und kognitive Vermeidung zu mehr Vergessen hinsichtlich bedrohlicher Inhalte führt. Eher unerwartet ist der Befund, dass in dieser Bedingung auch das Vergessen *nichtbedrohlicher* Bilder negativ mit kognitiver Vermeidung korreliert, $r(63) = -.26$, $p = .038$.

Die Bearbeitungszeit des Fragebogens zwischen den beiden Teilen der Zwischenaufgabe korreliert mit keiner der anderen Variablen in signifikanter Weise, weder in der Bedingung hoher noch in der Bedingung niedriger kognitiver Belastung. Ebenfalls in keiner der beiden Belastungsbedingungen steht Ängstlichkeit oder negativer bzw. positiver Affekt in einem signifikanten korrelativen Zusammenhang zum Vergessen bedrohlicher oder auch nicht-bedrohlicher Bilder. Während es plausibel ist, dass sich die beiden Belastungsbedingungen in den Zusammenhängen der Persönlichkeitseigenschaften mit dem Vergessen bedrohlicher Bilder unterscheiden, sollten sich keine Unterschiede hinsichtlich der Interkorrelationen zeitlich relativ stabiler Persönlichkeitseigenschaften wie Ängstlichkeit, Vigilanz und kognitive Vermeidung zwischen der Gruppe mit hoher und der Gruppe mit niedriger kognitiver Belastung zeigen. Abgesehen von der zeitlichen Stabilität dieser Eigenschaften wurden diese alle vor der Bedingungsvariation der kognitiven Belastung erhoben, so dass diese Variation das Antwortverhalten in Fragebögen nicht beeinflussen kann. Tatsächlich ist es so, dass auch augenscheinlich relativ groß wirkende Unterschiede in den Korrelationen keineswegs signifikant sind. So fiel zwar z. B. der Zusammenhang von Ängstlichkeit und Vigilanz in der Bedingung niedriger kognitiver Belastung, $r(63) = .26$, $p = .040$, deutlich kleiner aus als in der Bedingung hoher kognitiver Belastung, $r(61) = .52$, $p < .001$, allerdings wird – bei

Tabelle 7.12 Bivariate Korrelationen der Prädiktoren und des Kriteriums der Regressionsanalysen für die Gruppe mit niedriger kognitiver Belastung ($n = 65$; oberhalb der Diagonalen) und die Gruppe mit hoher kognitiver Belastung ($n = 63$; unterhalb der Diagonalen)

Variable	1	2	3	4	5	6	7	8	9	10
1 Vergessen bedr.	—	.09	−.14	.08	−.17	.02	.15	−.32**	.24°	−.35**
2 Vergessen nichtb.	.26*	—	−.18	−.04	−.13	.09	−.21°	.02	−.26*	.17
3 Zeit FB-Zw.aufg.	−.17	.03	—	.04	−.01	.10	.18	.07	.12	−.03
4 Ängstlichkeit	−.20	−.12	−.07	—	.37**	−.20	−.08	.26*	−.20	.28*
5 Negativer Affekt	.03	.01	−.30*	.28*	—	−.43**	−.03	.28*	−.04	.20
6 Positiver Affekt	−.13	−.05	.39**	−.37**	−.45**	—	.17	−.06	.06	−.07
7 Geschlecht	.21°	−.14	.13	−.38**	−.21°	.16	—	−.17	.30*	−.28*
8 VIG	−.09	.07	.02	.52**	.17	−.33**	−.24°	—	−.32**	.82**
9 KOV	−.02	.07	.01	−.45**	−.32*	.42**	.00	−.47**	—	−.80**
10 Vig.-Ver.-Score	−.04	.00	.00	.56**	.29*	−.44**	−.14	.85**	−.86**	—

Anmerkungen. Vergessen bedr./nichtb. = Vergessensscore für bedrohliche bzw. nichtbedrohliche Bilder, Zeit FB-Zw.aufg. = Bearbeitungszeit des Fragebogens zwischen den beiden Teilen der Zwischenaufgabe, Negativer/Positiver Affekt = gemittelter negativer bzw. positiver Affekt von Erhebungszeitpunkt 1 und 2, Geschlecht = effektkodiertes Geschlecht (−1 = Frauen, 1 = Männer), VIG = Vigilanz, KOV = kognitive Vermeidung, Vig.-Ver.-Score = Vigilanz-Vermeidungs-Score.
° $p < .10$, * $p < .05$, ** $p < .01$.

zweiseitiger Testung – dieser Unterschied nicht signifikant, $z = 1.82$, $p = .07$. Somit liegen die Korrelationsunterschiede hinsichtlich relativ stabiler Persönlichkeitsmerkmale zwischen der Gruppe mit hoher und der Gruppe mit niedriger kognitiver Belastung noch im Bereich üblicher Zufallseffekte.

Die Ergebnisse des oben aufgestellten hierarchischen Regressionsmodells für das Vergessen bedrohlicher Bilder sind – getrennt nach den Gruppen mit niedriger und hoher kognitiver Belastung in der Zwischenaufgabe – in Tabelle 7.13 dargestellt. Im ersten Schritt der Regressionsanalyse fällt auf, dass für das Vergessen bedrohlicher Bilder nur in der Bedingung hoher kognitiver Belastung das Vergessen nichtbedrohlicher Bilder ein signifikanter Prädiktor ist. Die Zeit, die zur Bearbeitung des Fragebogens zwischen den beiden Teilen der

Tabelle 7.13 Getrennte hierarchische Regressionsanalysen für das Vergessen bedrohlicher Wörter unter niedriger und unter hoher kognitiver Belastung (mit Vigilanz und kognitiver Vermeidung)

	Kriterium: Vergessensscore für bedrohliche Bilder							
	Kognitive Belastung							
	niedrig				hoch			
Prädiktoren	b	$SE b$	β	p	b	$SE b$	β	p
Schritt 1:								
Vergessen nichtbed. Bilder	0.06	0.11	.07	.59	0.24	0.11	.27	.03
Zeit FB-Zwischenaufgabe	−0.02	0.02	−.12	.34	−0.05	0.03	−.18	.15
R^2	.023 ($p = .482$)				.101 ($p = .041$)			
Schritt 2:								
Vergessen nichtbed. Bilder	0.08	0.11	.09	.48	0.28	0.11	.32	.01
Zeit FB-Zwischenaufgabe	−0.03	0.02	−.16	.21	−0.04	0.03	−.16	.24
Ängstlichkeit	0.18	0.13	.19	.16	−0.24	0.14	−.23	.10
Negativer Affekt	−0.15	0.08	−.26	.08	0.01	0.10	.01	.93
Positiver Affekt	−0.03	0.06	−.08	.56	−0.08	0.07	−.17	.25
Geschlecht	0.11	0.06	.22	.09	0.13	0.08	.22	.10
ΔR^2	.099 ($p = .178$)				.123 ($p = .079$)			
Schritt 3:								
Vergessen nichtbed. Bilder	0.13	0.12	.14	.28	0.30	0.11	.33	.01
Zeit FB-Zwischenaufgabe	−0.03	0.02	−.16	.22	−0.04	0.03	−.15	.28
Ängstlichkeit	0.27	0.13	.28	.04	−0.30	0.17	−.28	.08
Negativer Affekt	−0.11	0.08	−.20	.16	0.02	0.11	.03	.84
Positiver Affekt	−0.02	0.05	−.06	.68	−0.06	0.08	−.13	.41
Geschlecht	0.06	0.06	.13	.33	0.12	0.08	.20	.14
VIG	−0.11	0.07	−.23	.09	−0.02	0.09	−.04	.80
KOV	0.12	0.07	.24	.09	−0.07	0.09	−.12	.44
VIG × KOV	0.01	0.05	.01	.92	−0.06	0.08	−.11	.40
ΔR^2	.119 ($p = .045$)				.018 ($p = .737$)			
Gesamt R^2	.241				.242			

Anmerkungen. nichtbed. = nichtbedrohlich, Zeit FB-Zwischenaufgabe = Bearbeitungszeit für den Fragebogen zwischen den beiden Teilen der Zwischenaufgabe, Geschlecht = effektkodiertes Geschlecht (−1 = Frauen, 1 = Männer), VIG = Vigilanz, KOV = kognitive Vermeidung.

Zwischenaufgabe benötigt wurde, bindet – da die Unterschiede in der Bearbeitungszeit gering waren – erwartungsgemäß nicht in signifikantem Umfang Varianz. Im zweiten Schritt, in dem für Ängstlichkeit, aktuellen Affekt und Geschlecht kontrolliert wurde, werden in der Bedingung niedriger kognitiver Belastung die Prädiktoren negativer Affekt und Geschlecht marginal signifikant. Da diese Effekte bei Hinzunahme von Vigilanz und kognitiver Vermeidung im dritten Schritt ihre (marginale) Signifikanz jedoch wieder verlieren, ist dies wohl auf die mit Vigilanz und kognitiver Vermeidung geteilte Varianz zurückzuführen. In der Bedingung hoher kognitiver Belastung erreicht im zweiten Schritt keiner der neu aufgenommenen Prädiktoren das Signifikanzniveau.

Im dritten Schritt prädiziert – in der Bedingung niedriger kognitiver Belastung – Ängstlichkeit das Vergessen bedrohlicher Bilder ($\beta = .28$, $p = .041$). Höhere Ängstlichkeitswerte hängen also mit dem vermehrten Vergessen bedrohlicher Bilder zusammen. Zudem ist – wenngleich nur marginal signifikant – Vigilanz negativ mit dem Vergessen bedrohlicher Bilder ($\beta = -.23$, $p = .086$) und kognitive Vermeidung positiv mit dem Vergessen bedrohlicher Bilder ($\beta = .24$, $p = .085$) assoziiert. Der Interaktionsterm von Vigilanz und kognitiver Vermeidung weist keinen Zusammenhang mit dem Kriterium auf, so dass von zwei Haupteffekten von Vigilanz und kognitiver Vermeidung auszugehen ist. Durch die Hinzunahme von Vigilanz und kognitiver Vermeidung in das Regressionsmodell wird zudem ein signifikanter Varianzaufklärungsgewinn erzielt ($\Delta R^2 = .119$, $p = .045$).

In der Bedingung hoher kognitiver Belastung wird im dritten Regressionsschritt das Vergessen bedrohlicher Bilder durch das Vergessen nichtbedrohlicher Bilder prädiziert ($\beta = .33$, $p = .012$). Zudem hängt – marginal signifikant – Ängstlichkeit negativ mit dem Kriterium zusammen ($\beta = -.28$, $p = .082$). Damit ist dieser Effekt genau umgekehrt zu dem Effekt der Ängstlichkeit in der Bedingung niedriger kognitiver Belastung. Weitere Prädiktoren erreichen in der Bedingung hoher kognitiver Belastung nicht das Signifikanzniveau, insbesondere binden Vigilanz, kognitive Vermeidung sowie deren Interaktionsterm nicht in nennenswerter Weise Varianz ($\Delta R^2 = .018$, $p > .7$). Da in keiner der kognitiven Belastungsbedingungen die Hinzunahme der Quadratterme von Vigilanz und kognitiver Vermeidung in das Regressionsmodell die Schätzungen der Betagewichte substantiell verändert hat und die Betagewichte der Quadratterme selbst nicht signifikant waren (alle ps $> .3$), wird auf die Darstellung des vierten Schrittes des Regressionsmodells verzichtet.

Die entgegengesetzt gerichteten Effekte von Vigilanz und kognitiver Vermeidung in der Bedingung niedriger kognitiver Belastung lassen es adäquat erscheinen, statt Vigilanz und kognitiver Vermeidung den Vigilanz-Vermeidungs-Score in das Regressionsmodell aufzunehmen, da sich in diesem der additive Effekt von Vigilanz und kognitiver Vermeidung niederschlagen sollte. Tabelle 7.14 stellt das Ergebnis dieses neuen Modells vor. Die entscheidende Änderung gegenüber dem in Tabelle 7.13 dargestellten Modell ist, dass der Vigilanz-Vermeidungs-Score in der Bedingung niedriger kognitiver Belastung in mittlerer Stärke ($\beta = -.38$) und hochsignifikant ($p = .004$) das Vergessen bedrohlicher Bilder prädiziert, in der Form, dass höhere Vigilanz-Vermeidungs-Werte zu weniger Vergessen bedrohlicher Bilder führen. In der Bedingung hoher kognitiver Belastung besteht dieser Effekt nicht bzw. ist – deskriptiv – sogar umgekehrt ($\beta = .08$, $p > .6$).

Um zu überprüfen, welche der in das letzte Regressionsmodell einbezogenen Prädiktoren sich signifikant zwischen der Bedingung der niedrigen und der hohen kognitiven Belastung unterscheiden, wurde eine Regressionsanalyse durchgeführt, in die alle Prädiktoren aus dem

Tabelle 7.14 Getrennte hierarchische Regressionsanalysen für das Vergessen bedrohlicher Bilder unter niedriger und unter hoher kognitiver Belastung (mit Vigilanz-Vermeidungs-Differenzscore)

	Kriterium: Vergessensscore für bedrohliche Bilder							
	Kognitive Belastung							
	niedrig				hoch			
Prädiktoren	b	SEb	β	p	b	SEb	β	p
Schritte 1 und 2 identisch mit denen der Regressionsanalysen in Tabelle 7.13								
Schritt 3:								
Vergessen nichtbed. Bilder	0.13	0.11	.15	.24	0.29	0.11	.32	.01
Zeit FB-Zwischenaufgabe	−0.03	0.02	−.15	.21	−0.04	0.03	−.17	.21
Ängstlichkeit	0.26	0.12	.27	.04	−0.28	0.16	−.27	.09
Negativer Affekt	−0.11	0.08	−.20	.15	0.00	0.10	.01	.97
Positiver Affekt	−0.02	0.05	−.05	.68	−0.07	0.08	−.14	.35
Geschlecht	0.06	0.06	.13	.32	0.13	0.08	.21	.11
Vigilanz-Vermeidungs-Score	−0.12	0.04	−.38	<.01	0.03	0.05	.08	.62
ΔR^2	.118 ($p = .004$)				.003 ($p = .624$)			
Gesamt R^2	.241				.227			

Anmerkungen. nichtbed. = nichtbedrohlich, Zeit FB-Zwischenaufgabe = Bearbeitungszeit für den Fragebogen zwischen den beiden Teilen der Zwischenaufgabe.

Tabelle 7.15 Regressionsanalyse für das Vergessen bedrohlicher Bilder unter hoher und unter niedriger kognitiver Belastung (mit Vigilanz-Vermeidungs-Differenzscore)

Prädiktoren	b	SEb	β	p
Kognitive Belastung	0.035	0.048	.064	.465
Vergessen nichtbedrohlicher Bilder	0.130	0.049	.237	.009
Zeit FB-Zwischenaufgabe	−0.093	0.052	−.169	.076
Ängstlichkeit	−0.005	0.055	−.009	.932
Negativer Affekt	−0.045	0.053	−.083	.397
Positiver Affekt	−0.057	0.055	−.103	.309
Geschlecht	0.094	0.050	.172	.060
Vigilanz-Vermeidungs-Score	−0.046	0.033	−.140	.165
Kognitive Belastung × Vergessen nichtbedrohlicher Bilder	−0.050	0.049	−.089	.309
Kognitive Belastung × Zeit FB-Zwischenaufgabe	0.021	0.052	.037	.686
Kognitive Belastung × Ängstlichkeit	0.147	0.055	.268	.009
Kognitive Belastung × Negativer Affekt	−0.049	0.053	−.089	.361
Kognitive Belastung × Positiver Affekt	0.030	0.055	.055	.587
Kognitive Belastung × Geschlecht	−0.033	0.050	−.060	.509
Kognitive Belastung × Vigilanz-Vermeidungs-Score	−0.072	0.033	−.219	.030
R^2	.236 ($p = .007$)			

Anmerkungen. Kognitive Belastung: effektkodierte Belastung (−1 = hoch, 1 = niedrig), Zeit FB-Zwischenaufgabe = Bearbeitungszeit für den Fragebogen zwischen den beiden Teilen der Zwischenaufgabe, Geschlecht = effektkodiertes Geschlecht (−1 = Frauen, 1 = Männer).

in Tabelle 7.14 dargestellten Modell einflossen. Zusätzlich wurde jeweils der Interaktions-term aus dem Prädiktor und der kognitiven Belastung (effektkodiert: niedrige kognitive Belastung = 1, hohe kognitive Belastung = −1) sowie zusätzlich die kognitive Belastung als linearer Prädiktor aufgenommen. Um Multikollinearitätsprobleme zu vermeiden, wurden alle Variablen vor der Bildung der Produktterme (außer dem Vigilanz-Vermeidungs-Score und den effektkodierten Variablen *kognitive Belastung* und *Geschlecht*) z-standardisiert. Die entsprechende Regressionsanalyse ist in Tabelle 7.15 dargestellt. Wesentlich ist der Befund, dass die Interaktionsterme *Kognitive Belastung × Ängstlichkeit* sowie *Kognitive Belastung × Vigilanz-Vermeidungs-Score* signifikant sind (*p*s = .009 und .030). Somit ist statistisch abgesichert, dass die Einflüsse von Ängstlichkeit und vom Angstbewältigungsverhalten auf das Verges-sen bedrohlicher Bilder in den Bedingungen mit hoher und niedriger kognitiver Belastung unterschiedlich ausfallen.

Sowohl hinsichtlich der Ängstlichkeit als auch hinsichtlich des Vigilanz-Vermeidungs-Scores bestehen keine Haupteffekte, aber in den beiden Belastungsbedingungen unterschied-liche – im Falle der Ängstlichkeit deutlich entgegengerichtete – Zusammenhänge mit dem Vergessen bedrohlicher Bilder. Das Vergessen nichtbedrohlicher Bilder hängt zwar – im Sinne eines Haupteffekts – positiv mit dem Vergessen bedrohlicher Bilder zusammen, jedoch unter-scheidet sich dieser Effekt nicht zwischen den Belastungsgruppen. Auch wenn der Haupteffekt des Geschlechts (β = .172, *p* = .060) knapp die Signifikanzgrenze verfehlt, scheinen Männer im Vergleich zu Frauen doch dazu zu tendieren, mehr bedrohliche Bilder zu vergessen.

Zusammenhang von Vergessen und Enkodierung

Da viele bisherige Theorien zu angstbewältigungsspezifischen Vergessensunterschieden die Rolle der Enkodierung betont haben (vgl. Abschnitt 5.2.2.1), soll abschließend betrachtet werden, inwieweit auch in diesem Experiment Enkodierungsunterschiede für Unterschiede im Vergessen bedrohlicher Bilder verantwortlich zeichnen könnten. Die Darbietungszeit war zwar für alle Bilder konstant (250 ms), aber durch die unterschiedlich schnelle Abgabe der Bedrohlichkeitsurteile könnten sich die Probanden in der Dauer der initialen Elaboration der Bilder etwas unterscheiden. Wie in Abschnitt 7.2.4.2 gezeigt wurde, variierten diese Bewertungszeiten auch in Abhängigkeit von der Angstbewältigungsdisposition.

Es wäre erwartungskonform, dass es einen Zusammenhang zwischen der *Latenzzeit für die Beurteilung bedrohlicher Bilder* und der *Erinnerungsleistung für bedrohliche Bilder im ersten Wiedererkennungstest* gibt. Allerdings sollte kein bzw. lediglich ein schwacher Zusammenhang zwischen dieser Latenzzeit und dem *Vergessen* bedrohlicher Bilder bestehen. Sofern doch ein derartiger Zusammenhang mit dem Vergessen zu finden wäre, sollte sich dieser größtenteils auf gemeinsame Varianzanteile mit Vigilanz, kognitiver Vermeidung oder auch weiteren Per-sönlichkeitseigenschaften zurückführen lassen, so dass nach einer Kontrolle dieser Variablen die Latenzzeit nur noch einen geringen spezifischen Varianzanteil hinsichtlich der Vorhersage des Vergessens binden sollte.

Tatsächlich fand sich bereits für die Erinnerungsleistung für bedrohliche Bilder in Wieder-erkennungstest 1 kein Zusammenhang mit der Beurteilungszeit für diese Bilder, $r(126)$ = .055, *p* > .5. In der Gruppe mit niedriger kognitiver Belastung zeigte sich zudem kein Zusam-menhang der Beurteilungszeit mit dem Vergessen bedrohlicher Bilder, $r(63)$ = .049, *p* > .6, so dass Einflüsse der Beurteilungszeit zumindest für diese Gruppe ohne weitere Analysen ausgeschlossen werden können.

Unter der Bedingung hoher kognitiver Belastung bestand für die Beurteilungszeit für bedrohliche Bilder – trotz fehlenden Zusammenhangs mit der Wiedererkennungsleistung in Test 1 – ein tendenzieller Zusammenhang mit dem Vergessen dieser Bilder, $r(61) = -.240$, $p = .058$. Wird aber regressionsanalytisch – vor Einschluss der Beurteilungszeit – für das Vergessen nichtbedrohlicher Bilder und den Vigilanz-Vermeidungs-Score kontrolliert, verringert sich der spezifische Varianzanteil, der durch die Beurteilungszeit für bedrohliche Bilder gebunden wird, weiter und ist nicht einmal mehr marginal signifikant, $\beta = -.205$, $p = .105$.

7.2.5 Diskussion

Die Diskussion orientiert sich an der Gliederung der Ergebnisdarstellung und behandelt die verschiedenen Aspekte (Selbstberichtsdaten, Bildbeurteilung sowie Erinnerung und Vergessen) daher auch in separaten Abschnitten. Abschließend wird ein Fazit aus der ersten Studie gezogen.

7.2.5.1 Selbstberichtsdaten

Anhand der Selbstberichtsdaten konnte bestätigt werden, dass die Art der Zwischenaufgabe (hohe vs. niedrige kognitive Belastung) keinen substantiellen Effekt auf den aktuellen Affekt der Probanden hatte. Zwar nahm der negative Affekt in der Gruppe mit der niedrigen kognitiven Belastung geringfügig stärker ab als in der Gruppe mit der hohen kognitiven Belastung (nämlich um 0.23 Skalenpunkte auf einer Skala von 1 bis 7), dieser Effekt war allerdings nur marginal signifikant. Da zudem in der Gruppe mit der hohen kognitiven Belastung der negative Affekt zwischen der ersten Messung (vor der Zwischenaufgabe) und der zweiten Messung (nach der Zwischenaufgabe) ebenfalls leicht abnahm, kann die Zwischenaufgabe zumindest keinen negativen Affekt induziert haben. Ferner wirkte sich die Art der Zwischenaufgabe nicht differentiell auf den aktuellen Affekt der Personen mit unterschiedlichem Angstbewältigungsmodus aus. Somit lassen sich Haupteffekte der Manipulation der kognitiven Belastung bzw. Interaktionseffekte zwischen dieser Variation der kognitiven Belastung und dem Angstbewältigungsverhalten auf die abhängigen Variablen der Bildbeurteilungs- und der Gedächtnisaufgabe wohl kaum darauf zurückführen, dass die beiden Zwischenaufgaben den aktuellen Affekt unterschiedlich beeinflusst haben.

Das WBSI und der TCQ sollten dazu dienen, die Beziehungen zwischen Vigilanz und kognitiver Vermeidung auf der einen und den Prozessen der sensitiven Aufrechterhaltung und der repressiven Inhibierung auf der anderen Seite zu untersuchen. Dabei war die Fragestellung, ob sich diese Prozesse auch in selbstberichteten Verhaltensweisen bzw. Gedanken niederschlagen. Tatsächlich konnte bestätigt werden, dass höhere Ausprägungen in kognitiver Vermeidung damit assoziiert sind, dass vermehrt Strategien der Ablenkung sowie der kognitiven Umbewertung von unangenehmen Gedanken eingesetzt werden. Diese Strategien spiegeln Prozesse der repressiven Inhibierung wider. – Vigilanz hingegen war mit dem gehäuften Auftreten von Gedankenintrusionen verbunden, wobei auch im direkten Vergleich von Repressern und Sensitizern Letztere mehr Gedankenintrusionen berichteten. Mittels der Gedankenunterdrückungs-Skala des WBSI konnte allerdings nicht belegt werden, dass Represser im Vergleich zu Sensitizern auch stärker zur Gedankenunterdrückung neigen.

Insgesamt waren die Zusammenhänge zwischen Vigilanz und kognitiver Vermeidung und dem selbstberichteten Umgang mit unangenehmen Gedanken eher schwach (Korrelationen um $r = .22$). Als Erklärung dafür kommen zwei Aspekte in Frage: (a) die konzeptuelle Unschärfe (sowie, damit verbunden, eine geringe Validität und Reliabilität) der Fragebogenskalen und (b) die (eingeschränkte) Bewusstheit bzw. Intentionalität der Prozesse der sensitiven Aufrechterhaltung und der repressiven Inhibierung.

Die konzeptuelle Unschärfe der Fragebogenskalen betrifft primär das WBSI, in abgeschwächter Form aber auch den TCQ. Wie in Abschnitt 7.2.2.5 ausgeführt, wurde das WBSI von Wegner und Zanakos (1994) ursprünglich als eindimensionales Instrument zur Erfassung von *Gedankenunterdrückung* entwickelt. Im Rahmen der Validierung des WBSI stellten Wegner und Zanakos fest, dass das WBSI stark *negativ* ($r = -.58$) mit der Repression-Sensitization-Skala von Byrne (1964) korrelierte. Höhere Repressivitätswerte auf der Skala von Byrne gehen also mit niedrigerer „Gedankenunterdrückung", wie sie vom WBSI erfasst wird, einher – ein Befund, der auf den ersten Blick überrascht, würde man doch einen Zusammenhang in umgekehrter Richtung erwarten. Wegner und Zanakos (1994) folgern: „This correlation indicates [...] that the WBSI measure of thought suppression is tapping something quite unlike repression as traditionally defined and measured" (S. 626). Worin könnten nun diese Unterschiede bestehen? Folgt man Wegner und Zanakos, wird mit der Repression-Sensitization-Skala erfasst, wie gut – also wie fähig – Personen darin sind, unangenehme Gedanken zu unterdrücken. Das WBSI hingegen sei „a measure of the *conscious desire to suppress thoughts* [Hervorhebung im Original]. In this sense, it is a measure of motivation or effort rather than performance or ability" (Wegner & Zanakos, 1994, S. 637). Abgesehen davon, dass somit der „*unbewusste* Wunsch", Gedanken zu unterdrücken, vom WBSI *nicht* erfasst wird, fokussiert dieser Fragebogen darauf, ob bzw. wie sehr eine Person Gedanken unterdrücken *möchte*, aber nicht darauf, ob es ihr gelingt.

Rassin (2003) geht in seiner Reanalyse des WBSI noch weiter und postuliert, dass das WBSI primär *misslungene Unterdrückungsversuche* erfasse. In Anbetracht von Itemformulierungen wie „Ich habe Gedanken, die ich nicht stoppen kann" (Item 3) oder „Mir kommen Bilder ins Bewusstsein, die ich nicht auslöschen kann" (Item 4) ist diese Interpretation nicht von der Hand zu weisen. Tatsächlich sind von den 15 Items des WBSI immerhin acht Items den misslungenen Unterdrückungsversuchen bzw. der Skala Gedankenintrusionen zuzuordnen.[56]

Dass Gedankenintrusionen negativ mit der Repression-Sensitization-Skala bzw. positiv mit den für sensitive Aufrechterhaltung postulierten Prozessen und somit mit Vigilanz korrelieren sollten, lässt sich aus den Konstruktformulierungen ableiten und entspricht den Befunden von Experiment 1. Die WBSI-Skala Gedankenunterdrückung ist hingegen heterogener und enthält sowohl Items, die den *Versuch der Selbstablenkung* beschreiben (z. B. „Ich tue oft Dinge, um mich von meinen Gedanken abzulenken"), als auch Items, die sich am besten als *Wunsch nach* bzw. *Versuch der Gedankenunterdrückung* bezeichnen lassen (z. B. „Manchmal wünsche ich mir wirklich, dass ich aufhören könnte zu denken", „Es gibt Dinge, über die ich lieber nicht nachdenke", „Ich habe Gedanken, die ich zu vermeiden versuche"). Es wird allerdings – wie Wegner und Zanakos (1994) somit richtig festgestellt hatten – nicht erfasst, ob diese Absichten auch erfolgreich umgesetzt werden, sondern nur, ob angestrebt bzw. versucht wird, Gedanken zu unterdrücken.

---

56 Wie in Abschnitt 7.2.2.5 begründet, werden in dieser Arbeit nur sieben der acht Items für die Bildung der Skala Gedankenintrusionen herangezogen.

Repressive Inhibierung sollte sich bei einer Person jedoch nur dann als konsistente Strategie stabilisieren, wenn sie auch einigermaßen erfolgreich umgesetzt werden kann. Sofern sie erfolgreich umgesetzt wird, sollte wiederum der *Wunsch* nach Gedankenunterdrückung zurückgehen. Eine Person, der es *gelingt*, unangenehme Gedanken bzw. Erinnerungen rasch zu inhibieren, würde einem Item der Gedankenunterdrückungs-Skala wie beispielsweise „Manchmal wünsche ich mir wirklich, dass ich aufhören könnte zu denken" nicht zustimmen. Somit ist es durchaus plausibel, dass die Hochängstlichen – als Gruppe der „erfolglosen Bewältiger" (z. B. Krohne, 2010) – und nicht die Represser den höchsten Wert auf der Gedankenunterdrückungs-Skala aufweisen.

Die als Kritik am WBSI angesprochene „konzeptuelle Unschärfe" besteht nun darin, dass die Items dieses Inventars konzipiert wurden, um ein eindimensionales Konstrukt der „Gedankenunterdrückung" zu erfassen, wobei die Autoren des Inventars selbst schon eingeräumt haben, dass eher der *bewusste Wunsch nach Gedankenunterdrückung* erfasst wird. Die nachträglich auf der Basis explorativer und konfirmatorischer Faktorenanalysen vorgenommene Unterteilung in eine Skala der Gedankenintrusionen bzw. misslungenen Unterdrückungsversuche und eine – wiederum in sich heterogene – Skala der Gedankenunterdrückung bzw. des Wunsches/Versuchs der Gedankenunterdrückung und der Selbstablenkung mag die vorhandenen Items besser beschreiben als die ursprüngliche eindimensionale Konzeption. Allerdings ist nicht zu erwarten, dass die auf diese Weise zu Skalen zusammengefassten Items eine wirklich konzeptuell trennscharfe Erfassung der nachträglich gefundenen Komponenten gewährleisten.

Der TCQ ist zwar nicht im gleichen Maße wie das WBSI Kontroversen über seine faktorielle Struktur und seine Validität ausgesetzt gewesen. Allerdings kommen Luciano et al. (2006) in einer Reanalyse der insgesamt 30 TCQ-Items zu dem Schluss, dass die 5-Faktor-Lösung nur aufrechtzuerhalten ist, wenn die 30 Items auf 16 „passende" Items reduziert werden. Dann verblieben allerdings nur noch vier Items in der Ablenkungs-Skala und drei Items in der Umbewertungs-Skala.

Die zweite Erklärung für die zwar in erwartungskonformer Richtung auftretenden, aber recht schwachen korrelativen Zusammenhänge zwischen Vigilanz und kognitiver Vermeidung und dem Umgang mit aversiven Gedanken ist, dass nicht davon auszugehen ist, dass die Mechanismen der sensitiven Aufrechterhaltung und der repressiven Inhibierung stets intentional und bewusst eingesetzt werden. Wie zum Zwei-Prozess-Modell der Erinnerungsunterschiede ausgeführt (vgl. Abschnitt 5.4), wird angenommen, dass diese Prozesse bewusstseinsfähig sind. Gleichwohl ist es eher zweifelhaft, dass sie jedes Mal intentional und bewusst initiiert werden. Außerdem sollten gerade Prozesse der repressiven Inhibierung oft flüchtig sein, d. h., die Ablenkung von einem Gedanken oder dessen Unterdrückung geht sehr rasch vonstatten. Folglich ist es nicht unwahrscheinlich, dass speziell kognitiv vermeidende Personen die Häufigkeit ihrer Strategieanwendungen unterschätzen. Dies könnte dazu beitragen, dass die Zusammenhänge zwischen diesem selbstberichteten Strategiegebrauch und Vigilanz bzw. kognitiver Vermeidung relativ schwach ausfallen.

7.2.5.2 Bildbeurteilung

Die Auswertung der Bildbeurteilungsaufgabe diente zunächst der Manipulationskontrolle, ob die Bilder auch überwiegend entsprechend ihrer Bildkategorie beurteilt wurden. Dies konnte bestätigt werden: Die nichtbedrohlichen Bilder wurden sehr eindeutig, nämlich zu über 86%, als nichtbedrohlich beurteilt und die bedrohlichen Bilder immerhin zu 66% als bedrohlich. Dass die Bilder nicht zu 100% entsprechend ihrer Kategorie beurteilt wurden, ist erwartungskonform, da sich die Angstbewältigungsdisposition in der Bildbeurteilung niederschlagen sollte. Entsprechend ist zu erwarten, dass z. B. Represser auch einige der bedrohlichen Bilder als mehrdeutig oder sogar als nichtbedrohlich beurteilen. Hinzu kommt, dass eigentlich alle präsentierten Bilder – aufgrund der nur 250 ms dauernden Darbietung – zu einem gewissen Grad ambivalent waren und somit Interpretationsspielräume hinsichtlich des konkreten Bildinhalts bzw. dessen Bedrohlichkeit ließen. Für die experimentelle Manipulation ist aber primär von Bedeutung, dass die Bewertungen der Probanden (unabhängig von ihrem Angstbewältigungsmodus) überwiegend der jeweiligen Bildkategorie (bedrohlich bzw. nichtbedrohlich) entsprachen und dass es zwischen den Bildkategorien sehr deutliche Unterschiede in der wahrgenommenen Bedrohlichkeit gab. Dies kann zweifelsfrei als erfüllt gelten.

Im Sinne einer Nebenfragestellung wurde die Bildbeurteilungsaufgabe auch genutzt, um zu überprüfen, ob sich das Angstbewältigungsverhalten in einem Interpretationsbias niederschlägt. Dies wurde bestätigt: Je vigilanter eine Person ist, desto mehr Bilder beurteilt sie als bedrohlich und desto weniger Bilder beurteilt sie als nichtbedrohlich. Dieser Zusammenhang war für die ambivalenten Bilder, die am meisten Interpretationsspielraum lassen, deutlich vorhanden, ließ sich aber auch für die eindeutig bedrohlichen bzw. eindeutig nichtbedrohlichen Bilder nachweisen. Hinsichtlich der Anzahl der Bedrohlich-Urteile für ambivalente Bilder zeigte sich auch ein signifikanter Gruppenunterschied zwischen Sensitizern und Repressern, wobei Sensitizer mehr ambivalente Bilder als bedrohlich einstuften. Wie in weiterführenden Regressionsanalysen demonstriert wurde, hatte auch das Geschlecht einen deutlichen Einfluss auf die Beurteilung von ambivalenten Bildern als bedrohlich bzw. nichtbedrohlich ($|\beta|$s = .30 bzw. .29), wobei Frauen im Vergleich zu Männern ambivalente Bilder vermehrt als bedrohlich und seltener als nichtbedrohlich einschätzten. Zumindest für die Bedrohlich-Urteile behielt Vigilanz – nach der Kontrolle von weiteren Variablen (neben dem Geschlecht auch von Ängstlichkeit sowie positivem und negativem Affekt) – jedoch einen signifikanten Varianzaufklärungsbeitrag. Auch bei der Beurteilung von bedrohlichen Bildern als bedrohlich und von nichtbedrohlichen Bildern als nichtbedrohlich war es – neben dem Geschlecht – die Vigilanz, die diese Urteile prädizierte.

Für die Latenzzeiten, welche die Probanden für ihre Urteilsabgabe benötigten, fanden sich ebenfalls Zusammenhänge mit dem Angstbewältigungsverhalten. So ist geringere Vigilanz vor allem damit assoziiert, dass die Abgabe von Bedrohlich-Urteilen mehr Zeit benötigt. Für Bedrohlich-Urteile wurde zudem der direkte Vergleich von Sensitizern und Repressern signifikant, und zwar in dem Sinne, dass Represser bei Bedrohlich-Urteilen generell und insbesondere hinsichtlich der Bedrohlich-Urteile für ambivalente Bilder mehr Zeit für ihre Antwort benötigten als Sensitizer. Aus multiplen Regressionsanalysen ergab sich, dass neben der Vigilanz nur das Geschlecht (nicht aber Ängstlichkeit, positiver oder negativer Affekt) die Latenzzeit für die Beurteilung ambivalenter Bilder als bedrohlich signifikant vorherzusagen vermag. Dabei waren Männer im Vergleich zu Frauen langsamer bei der Abgabe von Bedrohlich-Urteilen für ambivalente Bilder.

Diese Geschlechtseffekte – sowohl hinsichtlich der Urteile als auch der Latenzzeiten – lassen sich nicht darauf zurückführen, dass Frauen im Vergleich zu Männern vigilanter und allgemein ängstlicher sind, da ja auch bei Einschluss dieser Variablen in regressionsanalytische Modelle das Geschlecht einen spezifischen Varianzanteil band. Eine mögliche Erklärung wäre, dass einige der Bilder für Frauen allgemein bedrohlicher waren als für Männer. Obwohl bei der Auswahl des Reizmaterials darauf geachtet wurde, Bilder zu verwenden, die für Männer und Frauen einigermaßen gleich bedrohliche Inhalte zeigen, ist zumindest bei denjenigen Bildern, die Interaktionen von einem Mann und einer Frau zeigen, in der bedrohlichen bzw. ambivalenten Variante häufiger die Frau das (potentielle) Opfer und der Mann der (potentielle) Täter. Auch auf den Bildern, die Gesichtsausdrücke zeigten, waren häufiger (wenngleich keineswegs ausschließlich) aggressive Gesichter von Männern als von Frauen abgebildet.[57] Nun könnte es sein, dass ein aggressives männliches Gesicht bei Frauen relativ eindeutig Angst bzw. das Gefühl von Bedrohung induziert, während bei Männern – neben dem Gefühl von Bedrohung – in Reaktion auf das Bild auch eigene (Gegen-)Aggressionen evoziert werden. Somit wäre der Bedrohungsgehalt derartiger Bilder für Männer aber weniger eindeutig als für Frauen, was zu den verlängerten Reaktionszeiten beitragen könnte.

Zum Vergleich der Befunde dieser Studie mit der Arbeit von Krohne und Hock (2008a) ist zu erwähnen, dass Krohne und Hock die Latenzzeiten nach der Bildkategorie aggregiert haben, während in der vorliegenden Studie die Latenzzeiten nach dem abgegebenen Urteil aggregiert wurden. Bei letzterem Vorgehen sind stärkere Zusammenhänge mit Persönlichkeitsvariablen zu erwarten, da sich die verlängerten Reaktionszeiten vor allem aus dem (verlängerten) Entscheidungsfindungsprozess, wie ein Bild zu beurteilen ist, ergeben und nicht aus der Bildkategorie an sich. Das heißt, verlängerte Reaktionen – und auch eine erhöhte Reaktionszeitvarianz zwischen den Bewältigungsgruppen – sollten vor allem dann entstehen, wenn ein Bild Spielräume hinsichtlich seiner Bewertung lässt, sei es, weil der Bildinhalt per se ambivalent ist, oder aber, weil aufgrund der kurzen Darbietungszeit nicht eindeutig zu erkennen ist, wie bedrohlich der Bildinhalt ist.

Ein Unterschied zu der Studie von Krohne und Hock (2008a) besteht auch in der Darbietungszeit der Bilder: Diese betrug bei Krohne und Hock 2500 ms, war also 10 Mal so lang wie in der vorliegenden Studie. Dennoch gaben die Probanden in der vorliegenden Studie ihre Reaktionen durchschnittlich deutlich schneller ab ($M = 1091$ ms, $SD = 291$ ms – gemessen ab dem *Beginn* der Bilddarbietung) als in der Studie von Krohne und Hock ($M = 1525$ ms, $SD = 446$ ms – gemessen ab dem *Ende* der Bilddarbietung).[58] Dieser Unterschied ist wohl darauf zurückzuführen, dass die Probanden bei Krohne und Hock ihre Urteile mit einer Computermaus, in der vorliegenden Studie jedoch per Tastendruck abgaben. Das Bewegen des Mauszeigers auf das gewünschte Feld der Skala und das anschließende Klicken bedürfen mehr gezielter motorischer Aktion sowie visuomotorischer Koordination als das Drücken von einer von drei Tasten. Daher wird bei Krohne und Hock auch mehr Fehlervarianz in die Reaktionszeiten eingegangen sein, wodurch signifikante Reaktionszeiteffekte unwahrscheinlicher wurden. Ein weiterer wesentlicher Unterschied besteht darin, dass bei Krohne und Hock die Urteile weniger spontan erfolgten als in der vorliegenden Studie, da vermutlich ein Großteil der Valenzurteile bereits innerhalb der 2500 ms der Bilddarbietung gefällt und

---

57 Für die Bildkategorie *ambivalent* wurden unter anderem „schwach aggressive" Gesichtsausdrücke und für die entsprechenden Bilder in der Bildkategorie *bedrohlich* „stark aggressive" Gesichtsausdrücke verwendet.

58 Berechnet man die mittleren Reaktionszeiten einheitlich ab dem Ende der Bilddarbietung, ergeben sich entsprechend $M = 841$ ms in dieser Studie und $M = 1525$ ms in der Studie von Krohne und Hock (2008a).

nach Ausblendung des Bildes nur noch ausgeführt wurde. Es erscheint durchaus möglich, dass es an diesen methodischen Unterschieden liegt, dass Krohne und Hock keine bewältigungsspezifischen Reaktionszeitunterschiede für die Beurteilung der Bilder nachweisen konnten.

7.2.5.3 Erinnerung und Vergessen

Die für Represser und Sensitizer aufgestellten Hypothesen hinsichtlich der Vergessenseffekte konnten vollständig bestätigt werden. Unter niedriger kognitiver Belastung – also der Bedingung, in der Sensitizer sensitive Aufrechterhaltung betreiben und daher bedrohliche Inhalte nur wenig vergessen sollten – zeigten Sensitizer erwartungskonform kaum Vergessen bedrohlicher Bilder. Dieser Effekt wurde unter hoher kognitiver Belastung – also der Bedingung, in der Sensitizern die kognitiven Ressourcen für die Aufrechterhaltung entzogen sein sollten – vollständig aufgehoben: Unter hoher kognitiver Belastung zeigten Sensitizer deskriptiv sogar etwas mehr Vergessen bedrohlicher Bilder als die anderen Bewältigungsgruppen. Diese Effekte waren spezifisch für bedrohliche Bilder, d. h., hinsichtlich nichtbedrohlicher Bilder hatte die kognitive Belastung keinen Einfluss auf das Vergessen.

Mit den regressionsanalytischen Auswertungen konnte belegt werden, dass – unter der Bedingung *niedriger kognitiver Belastung* während des Behaltensintervalls – Vigilanz und kognitive Vermeidung inkrementell Varianz des Vergessens bedrohlicher Bilder aufklären, auch wenn für das Vergessen nichtbedrohlicher Bilder, die exakte Dauer des Behaltensintervalls, Ängstlichkeit, den positiven sowie negativen Affekt und das Geschlecht kontrolliert wird. Dabei war außer Vigilanz und kognitiver Vermeidung lediglich noch Ängstlichkeit ein signifikanter Prädiktor für das Vergessen bedrohlicher Bilder, wobei Ängstlichkeit mit vermehrtem Vergessen assoziiert war. Vigilanz und kognitive Vermeidung zeigten – jeweils ungefähr gleich starke – entgegengerichtete (marginal signifikante) lineare Effekte, in dem Sinne, dass erhöhte Vigilanz zu weniger Vergessen und erhöhte kognitive Vermeidung zu mehr Vergessen bedrohlicher Bilder führte. Wurden Vigilanz und kognitive Vermeidung durch den aggregierenden Vigilanz-Vermeidungs-Score ersetzt, wies dieser einen hochsignifikanten Effekt mittlerer Stärke ($\beta = -.38$) auf. In der Bedingung *hoher kognitiver Belastung* banden Vigilanz und kognitive Vermeidung bzw. der Vigilanz-Vermeidungs-Score so gut wie keine Varianz. Ängstlichkeit hingegen führte – genau umgekehrt zur Bedingung der niedrigen kognitiven Belastung – zu weniger Vergessen bedrohlicher Bilder. Der Unterschied zwischen den entsprechenden Regressionskoeffizienten unter hoher und unter niedriger kognitiver Belastung war signifikant.

Somit wurden durch die Regressionsanalyse die Befunde aus dem Gruppenvergleich nicht nur bestätigt, sondern es wurde zudem gezeigt, dass – unter niedriger kognitiver Belastung, also der Bedingung, die einer normalen Alltagssituation i. d. R. am nächsten kommt – das Angstbewältigungsverhalten einen *inkrementellen Beitrag* zur Aufklärung des Vergessens bedrohlicher Bilder liefert und dass der bivariate Zusammenhang des Vergessens mit dem Geschlecht zumindest teilweise auf Effekte der Ängstlichkeit und – davon unabhängig – der Angstbewältigung zurückzuführen ist.

Bei der Untersuchung des Zusammenhangs von Enkodierungseffekten und dem Vergessen bedrohlicher Bilder stellte sich heraus, dass in der Gruppe mit niedriger kognitiver Belastung die Enkodierungszeiten keine Rolle spielten, in der Bedingung mit hoher kognitiver Belastung

jedoch ein tendenzieller Zusammenhang in dem Sinne bestand, dass längere Enkodierungszeiten für bedrohliche Bilder zu weniger Vergessen dieser Bilder führten. Eine Erklärung für
diesen Unterschied ist, dass in der Bedingung hoher kognitiver Belastung das Operieren kognitiver Prozesse während des Behaltensintervalls unterbunden bzw. zumindest verringert wird.
Entsprechend sollten in dieser Bedingung Enkodierungseffekte an Relevanz für das Vergessen
gewinnen. In der Bedingung niedriger kognitiver Belastung könnten Enkodierungseffekte
zwar auch wirksam sein, aber von bedeutsameren Aufrechterhaltungs- bzw. Inhibierungsprozessen während des Behaltensintervalls überlagert werden, so dass ihre relative Relevanz
abnimmt.

Dies könnte zum Teil auch erklären, warum Ängstlichkeit in der Bedingung niedriger
kognitiver Belastung positiv mit dem Vergessen bedrohlicher Bilder assoziiert war, in der
Bedingung hoher kognitiver Belastung vermehrte Ängstlichkeit jedoch mit weniger Vergessen einherging. Hohe Ängstlichkeit könnte zu einer vertieften bzw. stärkeren initialen
Enkodierung bedrohlicher Inhalte beitragen und sollte demnach – wie es in der Bedingung
hoher kognitiver Belastung tendenziell der Fall war – zu weniger Vergessen führen, sofern
man Prozesse zwischen Enkodierung und Abruf unberücksichtigt lässt (wie es für die Bedingung hoher kognitiver Belastung legitim ist, da hier Prozesse der Aufrechterhaltung bzw.
Inhibierung während des Behaltensintervalls kaum auftreten können). In der Bedingung
niedriger kognitiver Belastung, in der das Vergessen überwiegend durch während des Behaltensintervalls operierende – angstbewältigungsspezifische – Prozesse beeinflusst wird, könnte
die initiale Enkodierungsstärke an Relevanz für das Vergessen verlieren. Dies erklärt noch
nicht, warum Ängstlichkeit in der Bedingung niedriger kognitiver Belastung sogar positiv mit
dem Vergessen bedrohlicher Bilder assoziiert war, macht aber zumindest die Unterschiede
zwischen den Belastungsbedingungen plausibel.

Dass der Befund von Krohne und Hock (2008a), dass Frauen im Vergleich zu Männern
tendenziell mehr bedrohliche Bilder vergessen, nicht repliziert werden konnte und sich sogar
ein leichter umgekehrter Trend abzeichnete, nämlich dass Männer mehr bedrohliche Bilder
vergessen, lässt sich unter Umständen auf das in den jeweiligen Studien verwendete Bildmaterial zurückführen. Krohne und Hock verwendeten ausschließlich Bilder, die Gesichter
oder menschliche Interaktionen zeigten, wobei die aversiven Bilder insbesondere emotionale Situationen bzw. Gesichtsausdrücke darstellten. Dass Frauen für derartige Bilder mehr
Vergessen zeigten als Männer, begründen Krohne und Hock mit einem evolutionsbiologi-
schen Ansatz, wonach Frauen besser als Männer darin sind, den Ausdruck von Emotionen
wahrzunehmen und auf dessen Grundlage weitere Handlungen des Interaktionspartners
vorherzusagen (vgl. Russel, Bachorowski & Fernández-Dols, 2003). Dafür sei allerdings nur
die kurzfristige Erinnerbarkeit dieser emotionalen Episoden relevant, so dass – sobald die
Episode vorbei ist – keine langfristige Aufrechterhaltung dieser Erinnerung erfolge. In der
vorliegenden Studie zeigten nur etwa 40% des Bildmaterials menschliche Interaktionen und
Gesichter, wie sie auch bei Krohne und Hock verwendet wurden. Die übrigen 60% zeigten
Tiere, Unfälle/Brände, Waffen sowie medizinische Behandlungen (vgl. S. 180 ff.). Zur Argumentation von Krohne und Hock wäre es somit konsistent, anzunehmen, dass – wenn sich
Frauen evolutionär bedingt kurzfristig besonders gut an Gesichtsausdrücke und bestimmte
emotionale Interaktionen erinnern können – Männer kurzfristig beispielsweise eine bessere
Erinnerung an bedrohlich wirkende Tiere und Waffen aufweisen, da dies mit einem Über-
lebensvorteil verbunden gewesen sein könnte. Allerdings zeigten die Regressionsanalysen

auch, dass die Varianzaufklärung durch das Geschlecht deutlich abnahm und auch nicht mehr signifikant war, wenn Vigilanz und kognitive Vermeidung als Prädiktoren aufgenommen wurden und für diese somit statistisch kontrolliert wurde. Darüber hinaus könnte es weitere, noch aufzuklärende Drittvariablen geben, die zu den beobachteten Erinnerungsunterschieden zwischen Frauen und Männern beitragen und die mit dem Geschlecht lediglich assoziiert sind. Da Geschlechtsunterschiede aber nicht zum eigentlichen Untersuchungsgegenstand dieser Arbeit gehören, muss es anderen Arbeiten überlassen bleiben, dieser Frage nachzugehen. Dass auch der Effekt des positiven Affekts auf das Vergessen, den Krohne und Hock gefunden haben, in der vorliegenden Studie nicht repliziert wurde, könnte darauf verweisen, dass bereits relativ kleine Veränderungen des Reizmaterials zu unterschiedlichen Effekten führen. Daher erscheint es angeraten, die Replizierbarkeit eines Effektes unter Verwendung unterschiedlicher Arten von Reizen zu untersuchen, bevor dieser Effekt mit einiger Sicherheit als robust konstatiert wird.

Beim Vergleich des Vergessens zwischen den Angstbewältigungsgruppen wurde darauf aufmerksam gemacht, dass Represser den Trend aufwiesen, unter niedriger kognitiver Belastung *mehr* bedrohliche Bilder zu vergessen als unter hoher kognitiver Belastung. Dieser Trend ist dem Effekt der sensitiven Aufrechterhaltung bei Sensitizern entgegengesetzt und könnte ein erstes Indiz dafür darstellen, dass auch die repressive Inhibierung, die ja zum vermehrten Vergessen bedrohlicher Inhalte beitragen und bei Repressern am stärksten ausgeprägt sein sollte, ebenfalls (wie die sensitive Aufrechterhaltung) ein Prozess ist, der kognitive Ressourcen beansprucht. Dann würden nämlich unter hoher kognitiver Belastung repressive Inhibierungsprozesse behindert und Represser würden – wie es deskriptiv der Befundlage entspricht – unter hoher kognitiver Belastung weniger bedrohliche Bilder vergessen als unter niedriger kognitiver Belastung. Wie dargestellt, replizierte sich dieser – für bedrohliche Bilder nichtsignifikante – Effekt für ambivalente Bilder in signifikanter Weise. Auch wenn das noch nicht als eindeutiger Beleg für repressive Inhibierung bzw. deren Ressourcenbeanspruchung gewertet werden sollte, scheint es lohnenswert, in weiteren Studien die Existenz dieses Effekts zu prüfen (eine derartige Überprüfung für die Experimente 1 bis 3 wird auch in Abschnitt 7.6 vorgenommen).

7.2.5.4 Fazit

Es lässt sich festhalten, dass in Experiment 1 die Kernhypothesen zur sensitiven Aufrechterhaltung anhand von Bildmaterial vollständig bestätigt werden konnten: Die Aufrechterhaltung bedrohlichen Bildmaterials stellte sich als ein Prozess heraus, der spezifisch für Sensitizer ist und kognitiver Ressourcen bedarf. Ferner wurde belegt, dass die interindividuellen Unterschiede im Vergessen genuin auf Angstbewältigungsdispositionen zurückzuführen sind und nicht durch Unterschiede in der allgemeinen Erinnerungsfähigkeit, in der allgemeinen Ängstlichkeit, im aktuellen Affekt oder durch Geschlechtsunterschiede erklärt werden können. Gleichwohl gab es in Experiment 1 – von der Angstbewältigungsdisposition unabhängige – Effekte der Ängstlichkeit und mit einer gewissen Wahrscheinlichkeit auch des Geschlechts auf das Vergessen bedrohlicher Bilder. Zusätzlich zur Evidenz aus der Manipulation der kognitiven Belastung während des Behaltensintervalls wird auch durch den Befund, dass – zumindest in der Bedingung niedriger kognitiver Belastung – kein Zusammenhang zwischen der Enkodierungszeit und dem Vergessen bedrohlicher Bilder bestand, bestätigt, dass die vergessensrelevanten angstbewältigungsspezifischen Mechanismen überwiegend während des Behaltensintervalls operieren. Das gilt zumindest dann, wenn – wie im vorliegenden Experiment – interindividuelle Unterschiede in der Enkodierung durch eine sehr kurze Darbietungszeit weitestgehend verhindert werden. Generelle Enkodierungseffekte auf die Erinnerungsleistung sind selbstverständlich nicht allgemein auszuschließen.

Zusätzliche explorative Analysen ergaben, dass sich Prozesse der sensitiven Aufrechterhaltung und der repressiven Inhibierung auch in Selbstberichtsdaten niederschlagen, wenngleich die Zusammenhänge relativ schwach sind. Die geringe Stärke der Zusammenhänge lässt sich aber vermutlich darauf zurückführen, dass die verwendeten Fragebögen zumindest teilweise eher für die Erfassung von Zwangsgedanken und ähnlichen klinisch relevanten Störungen ausgelegt sind, nicht jedoch für die Erfassung von Strategien klinisch unauffälliger Probanden. Zum anderen ist vermutlich die generelle Fähigkeit zur Auskunft über die Häufigkeit des Strategieeinsatzes beschränkt, da sowohl Prozesse der Aufrechterhaltung als auch Prozesse der Inhibierung oft nicht bewusst registriert werden. Schließlich stehen die im Rahmen dieser Studie gewonnenen Nebenbefunde zum Interpretationsbias, nämlich dass Vigilanz auch mit der vermehrten Einschätzung von Reizen als bedrohlich assoziiert ist und dass Angstbewältigungsdispositionen zudem die Urteilszeit beeinflussen, im Einklang mit Ergebnissen der Arbeiten von Hock et al. (1996) und Hock und Krohne (2004).

Erste Hinweise ergaben sich auch darauf, dass die repressive Inhibierung, die bei Repressern zum verstärkten Vergessen bedrohlicher Inhalte führen sollte, ein Prozess ist, der kognitive Ressourcen beansprucht. Allerdings bedarf dieser Befund der Absicherung durch weitere Studien. Ein offener Punkt ist zudem, ob die für bedrohliche Bilder gefundenen Zusammenhänge auch für andere Reize, z. B. für Wörter, replizierbar sind. Dieser Fragestellung widmet sich Experiment 2. Zudem ist offen, ob sensitive Aufrechterhaltung auch auf ambivalente Reize wirkt. In Experiment 1 ähnelten die Vergessenseffekte ambivalenter Bilder eher denen neutraler Bilder. Allerdings könnte dies daran gelegen haben, dass die ambivalenten Bilder nicht genuin ambivalent, sondern eher nur „mittelmäßig bedrohlich" waren. Diesem Aspekt wird in den Experimenten 3 und 4 nachgegangen.

7.3   Experiment 2: Wörter

7.3.1   Einführung

In Experiment 1 konnten die Hypothesen zur sensitiven Aufrechterhaltung bei Verwendung von Bildmaterial bestätigt werden. Nun ist es in der Gedächtnisforschung allerdings ein vielbeobachtetes Phänomen, dass sich Effekte, die mit Bildmaterial nachgewiesen wurden, keineswegs immer auf Wortmaterial übertragen lassen – und umgekehrt (vgl. Roediger, 2008). Daher erschien es wünschenswert, Experiment 1 mit Wörtern zu replizieren, um die Generalisierbarkeit der gefundenen Effekte zur sensitiven Aufrechterhaltung zu überprüfen.

Experiment 2 kann also als eine Replikation von Experiment 1 aufgefasst werden, nur dass nun Wörter anstelle von Bildern als Reizmaterial eingesetzt wurden. Die methodischen Veränderungen von Experiment 2 gegenüber Experiment 1 sind dementsprechend der Änderung des Reizmaterials geschuldet und betreffen im Wesentlichen drei Punkte: (a) Da Bilder generell besser erinnert werden als Wörter (z. B. Shepard, 1967), erschien es erforderlich,

die Anzahl der in der Darbietungs- und Beurteilungsaufgabe präsentierten Stimuli zu reduzieren. So wurden in Experiment 2 nur 124 Wörter dargeboten (gegenüber 180 Bildern in
Experiment 1). Da sich in Experiment 1 herausgestellt hatte, dass sich für die ambivalenten
Bilder sehr ähnliche Effekte zeigen wie für die Kontrollbedingung der nichtbedrohlichen
Bilder, wurde die Anzahl der ambivalenten Reize überproportional reduziert (auf 24 ambivalente Wörter), um in den primär interessierenden Bedrohlichkeitskategorien *bedrohlich* und
nichtbedrohlich die Anzahl der Reize nur wenig reduzieren zu müssen (auf je 50 bedrohliche und nichtbedrohliche Wörter). Dies hat allerdings zur Folge, dass auch eine explorative
Auswertung der ambivalenten Wörter nur noch sehr eingeschränkt sinnvoll ist. (b) Um sicherzustellen, dass alle Probanden die Wörter vollständig lesen können, wurde die Darbietungszeit
der Wörter in der Wortbeurteilungsaufgabe auf 1000 ms erhöht (gegenüber 250 ms in der
Bildbeurteilungsaufgabe). Gleichzeitig erscheint diese Darbietungszeit noch kurz genug, um
angstbewältigungsbedingte Unterschiede in der Aufmerksamkeitsausrichtung auf die Wörter
– und daraus resultierende Enkodierungsunterschiede – sehr gering zu halten. (c) Da in der
Bedingung hoher kognitiver Belastung nun nicht mehr der visuell-räumliche Notizblock,
sondern die *phonologische Schleife* (*phonological loop*; vgl. z. B. Baddeley, 1999, 2000) belastet
werden sollte, wurde in dieser Bedingung eine andere Zwischenaufgabe gewählt.

Die für Experiment 2 aufgestellten Hypothesen entsprechen denen für Experiment 1. Auch
die Auswertung und Ergebnisdarstellung erfolgt analog zum ersten Experiment, mit dem
Unterschied, dass Auswertungen, die sich speziell auf die ambivalenten Reize beziehen (z. B. in
der Wortbeurteilungsaufgabe), i. d. R. weggelassen werden, da eine Auswertung aufgrund der
geringen Itemanzahl nicht sinnvoll wäre.

7.3.2 Methode

Wie dargestellt, ist Experiment 2 methodisch als eine Replikation von Experiment 1 aufzufassen. Hier werden daher primär die Veränderungen gegenüber dem ersten Experiment
beschrieben und ansonsten wird auf den Methodenteil von Experiment 1 (Abschnitt 7.2.2)
verwiesen. Zum Zwecke der Übersichtlichkeit sind die Unterabschnitte dieses Methodenteils analog zu denen von Experiment 1 gegliedert, auch wenn sich gelegentlich in einem
Unterabschnitt nur der Verweis auf den entsprechenden Abschnitt von Experiment 1 findet.

7.3.2.1 Stichprobe

Es nahmen 145 Probanden an der Studie teil. Die Probanden waren überwiegend Studierende
verschiedener Fachrichtungen an der Otto-Friedrich-Universität Bamberg, die für ihre zirka
zweistündige Teilnahme entweder mit 15 Euro oder – im Falle von Psychologiestudierenden – mit zwei Versuchspersonenstunden entschädigt wurden. Die Psychologiestudierenden
befanden sich maximal im dritten Semester ihres Grundstudiums. Sechs Probanden gaben an,
berufstätig zu sein, wobei diese Personen alle über ein abgeschlossenes Erststudium verfügten.
Die Anwerbung der Versuchsteilnehmer(innen) erfolgte durch Aushänge in Gebäuden der
Universität sowie über studentische E-Mail-Verteiler.

Von den 145 Probanden waren 80% weiblich. Die Altersverteilung erstreckte sich von 18 bis
50 Jahre ($M = 22.9$ Jahre, $Mdn = 21$ Jahre, $SD = 4.8$ Jahre). Unter der Restriktion, eine relative

Gleichverteilung der Teilnehmer(innen) auf die Experimentalgruppe (hohe kognitive Belastung) und die Kontrollgruppe (niedrige kognitive Belastung) – auch innerhalb der Geschlechter – zu erreichen, wurden die Probanden diesen Gruppen randomisiert zugewiesen. Es entfielen 72 Personen auf die Experimental- und 73 Personen auf die Kontrollgruppe.

7.3.2.2 Versuchsplanung

Das experimentelle Design von Experiment 2 war identisch mit dem von Experiment 1 (vgl. dazu Abschnitt 7.2.2.2 auf S. 178).

7.3.2.3 Versuchsablauf

Der Ablauf der Versuchsdurchführung entsprach dem von Experiment 1 (vgl. dazu Abschnitt 7.2.2.3 auf S. 179 f.). Unterschiede zu Experiment 1 betrafen lediglich Elemente der experimentellen Gedächtnisaufgabe, die im Folgenden dargestellt wird.

7.3.2.4 Experimentelle Gedächtnisaufgabe

Die experimentelle Gedächtnisaufgabe bestand aus (a) der Darbietung und Beurteilung von Wörtern, (b) der unmittelbaren Erinnerungsprüfung (Wiedererkennungstest 1), (c) einer insgesamt 40-minütigen Zwischenaufgabe, bei der – als Between-Subjects-Variation – die Probanden entweder einer hohen kognitiven Belastung (Experimentalgruppe) oder einer geringen kognitiven Belastung (Kontrollgruppe) ausgesetzt wurden, und schließlich (d) der verzögerten Erinnerungsprüfung (Wiedererkennungstest 2). Sofern es hinsichtlich dieser vier Bestandteile methodische Änderungen gegenüber Experiment 1 gab, werden diese hier erläutert. Zunächst wird die Auswahl des Wortmaterials geschildert.

Wortmaterial

Da angenommen wird, dass sensitive Aufrechterhaltung nur durch selbstrelevantes bedrohliches Material hervorgerufen wird, wurde darauf geachtet, Wörter zu verwenden, die nicht nur „allgemein bedrohlich" sind, sondern zudem für die überwiegend studentische Stichprobe Selbstrelevanz aufweisen. Daher wurde in den Vorstudien – wie auch im Hauptexperiment – stets nach der Bedrohlichkeit eines Wortes „für einen selbst" gefragt.

Wie das Bildmaterial für Experiment 1 wurde auch das Wortmaterial in mehreren aufeinander aufbauenden Schritten ausgewählt. So wurde zunächst ein Pool potentiell geeigneter Wörter zusammengestellt, wobei – um eine gewisse Homogenität des Wortmaterials sicherzustellen – nur Substantive verwendet wurden. Zur Erstellung des Wortpools wurden verschiedene Quellen herangezogen: (a) die von Hager und Hasselhorn (1994) zusammengestellten deutschsprachigen Wortnormen, (b) Recherchen in deutschsprachigen Wörterbüchern (dabei wurde unter anderem auf die „WordGen"-Software von Duyck, Desmet, Verbeke & Brysbaert, 2004, mit der sich deutsche Wörter aus der umfangreichen CELEX-Datenbank [Baayen, Piepenbrock & Rijn, 1995] anhand ihrer Verwendungshäufigkeit, Buchstabenanzahl sowie Ähnlichkeit bzw. Unähnlichkeit mit anderen Wörtern selektieren lassen, zurückgegriffen) und (c) eigene frühere Studien sowie Vorstudien, die im Rahmen von Primingexperimenten mit unterschiedlich bedrohlichen Wörtern durchgeführt wurden.

Auf diese Weise wurden insgesamt 556 Wörter ausgewählt. Diese Wörter wurden anschließend jeweils von 14 studentischen Beurteilern auf 7-stufigen Skalen hinsichtlich ihrer *Ambivalenz*, *Bedrohlichkeit*, affektiven *Valenz*, *Geläufigkeit* und *Bildhaftigkeit* bewertet. Auf Basis dieser Urteile sowie zusätzlich der *Wortlänge* (operationalisiert über die Buchstabenanzahl) wurden 248 Wörter (davon 100 bedrohlich, 100 nichtbedrohlich und 48 ambivalent) ausgewählt und in parallelisierte Sets von Prüfreizen und Distraktoren aufgeteilt; zusätzlich wurde versucht, eine Häufung von bestimmten Anfangsbuchstaben oder Silben zu vermeiden. Die Selektionskriterien hinsichtlich Bedrohlichkeit, Valenz und Ambivalenz gestalteten sich analog zu den in Abschnitt 7.2.2.4 (speziell S. 181) für Bilder beschriebenen Kriterien, also war beispielsweise ein Kriterium, dass bedrohliche Wörter möglichst bedrohlich und negativ sein sollten. Hinsichtlich Geläufigkeit, Bildhaftigkeit und Wortlänge wurde versucht, eine möglichst große Ähnlichkeit zwischen den Wortkategorien herzustellen. Tabelle 7.16 gibt deskriptive Statistiken für die ausgewählten Wörter wieder (um Ausreißerwerte weniger zu gewichten, wurden die Mediane für die Bewertungen der einzelnen Wörter berechnet und auf deren Basis die angegebenen Mittelwerte und Standardabweichungen ermittelt).

Wie Tabelle 7.16 zu entnehmen ist, unterscheiden sich die Wörter der drei Wortkategorien hinsichtlich der relevanten Kriterien deutlich in erwartungskonformer Weise: So werden die nichtbedrohlichen Wörter eindeutig als nichtbedrohlich, die bedrohlichen jedoch als bedrohlich wahrgenommen, wohingegen die ambivalenten Wörter in ihrer Bedrohlichkeit zwischen diese beiden Wortkategorien fallen. Auch hinsichtlich der Valenz ergibt sich das erwartete Muster: Bedrohliche Wörter sind als (sehr) negativ beurteilt worden, ambivalente Wörter als leicht negativ und nichtbedrohliche Wörter als neutral. Bedrohliche und nichtbedrohliche Wörter sind gleich wenig ambivalent, wohingegen ambivalente Wörter zumindest als „etwas ambivalent" beurteilt werden. Allerdings liegen die ambivalenten Wörter mit Ambivalenzurteilen von $M = 3.2$ bzw. 3.1 noch unterhalb der Skalenmitte der Ambiva-

Tabelle 7.16 Mittelwerte (und Standardabweichungen) der Beurteilungen für die ausgewählten 248 Wörter (beruhend auf den Medianen der 14 Beurteiler)

	Wortkategorien					
	bedrohlich		ambivalent		nichtbedrohlich	
	Set 1	Set 2	Set 1	Set 2	Set 1	Set 2
Variable	($N = 50$)	($N = 50$)	($N = 24$)	($N = 24$)	($N = 50$)	($N = 50$)
Ambivalenz	1.4 (0.6)	1.4 (0.6)	3.2 (1.7)	3.1 (1.8)	1.1 (0.3)	1.1 (0.3)
Bedrohlichkeit	5.3 (0.6)	5.4 (0.5)	3.8 (1.5)	4.0 (1.4)	1.0 (0.0)	1.0 (0.0)
Valenz	1.6 (0.6)	1.6 (0.5)	2.5 (1.1)	2.5 (1.1)	4.2 (0.3)	4.2 (0.3)
Geläufigkeit	3.3 (0.8)	3.3 (0.9)	3.4 (1.0)	3.6 (0.9)	4.2 (0.9)	4.2 (1.2)
Bildhaftigkeit	3.4 (1.2)	3.4 (1.0)	3.2 (1.6)	3.6 (1.4)	5.4 (1.4)	5.4 (1.7)
Wortlänge	8.4 (2.5)	8.5 (2.4)	7.5 (2.7)	8.3 (2.8)	8.2 (1.8)	8.2 (2.1)

Anmerkungen. Skalen: Ambivalenz: 1 (*überhaupt nicht*) bis 7 (*voll und ganz mehrdeutig*); Bedrohlichkeit für einen selbst: 1 (*überhaupt nicht*) bis 7 (*voll und ganz bedrohlich*); Valenz: 1 (*sehr negativ*), 4 (*neutral*), 7 (*sehr positiv*); Geläufigkeit: 1 (*überhaupt nicht*) bis 7 (*voll und ganz geläufig*); Bildhaftigkeit: 1 (*überhaupt nicht*) bis 7 (*voll und ganz bildhaft*). Wortlänge: Länge in Buchstabenanzahl. Set 1 und Set 2 beziehen sich auf die Aufteilung der Wörter in Prüfreize und Distraktoren, wobei die Zuordnung zwischen den Probanden systematisch variiert wurde, so dass für die Hälfte der Probanden Set 1 die Prüfreize und Set 2 die Distraktoren darstellte und für die andere Hälfte die umgekehrte Zuordnung zutraf.

lenzskala, die von 1 (*überhaupt nicht mehrdeutig*) bis 7 (*voll und ganz mehrdeutig*) reichte. Hinsichtlich der weiteren Kriterien, bezüglich derer die Wortkategorien sich *nicht* unterscheiden sollten, ist die Gleichheit in der Beurteilung weitestgehend, wenn auch nicht vollständig gelungen: So werden die nichtbedrohlichen Wörter mit einem mittleren Urteil von $M = 5.4$ als etwas bildhafter eingestuft als die bedrohlichen ($M = 3.4$) bzw. ambivalenten ($M = 3.2$ bzw. 3.6) Wörter. Auch hinsichtlich der Geläufigkeit ergibt sich immerhin ein Unterschied von einer Standardabweichung zwischen den bedrohlichen und den nichtbedrohlichen Wörtern. In Anhang A.4 sind alle Wörter, die verwendet wurden, aufgeführt. Beispiele für die verwendeten bedrohlichen Wörter sind: *Attentat, Erniedrigung, Lähmung, Seuche, Verlust* und *Versagen*; für ambivalente Wörter: *Befund, Diagnose, Kontrolle, Schicksal, Untersuchung* und *Veränderung*; für nichtbedrohliche Wörter: *Angestellter, Camping, Gießkanne, Jahreszeit, Navigation* und *Sprache*. Obwohl versucht wurde, nicht nur physisch bedrohliche Wörter (z. B. Attentat, Lähmung, Seuche), sondern auch selbstwertbedrohliche Wörter aufzunehmen (z. B. Erniedrigung, Verlust, Versagen), so bezog sich doch der überwiegende Anteil auf physische Bedrohung, was allerdings primär daran liegt, dass die Bedrohlichkeitsurteile für selbstwertbedrohliche Wörter i. d. R. deutlich niedriger ausfielen als für physisch bedrohliche Wörter.

Darbietung und Beurteilung der Wörter

Die Wörter wurden für 1000 ms dargeboten, um sicherzustellen, dass eine bewusste Verarbeitung auch längerer Wörter möglich war. Gleichzeitig wurde die Darbietungszeit jedoch relativ kurz gehalten, um mögliche Enkodierungsunterschiede zwischen Personen unterschiedlicher Angstbewältigungsdisposition gering zu halten. Abgesehen von dieser Verlängerung der Darbietungszeit war der Ablauf der Darbietungs- und Beurteilungsdurchgänge identisch mit dem in Abschnitt 7.2.2.4 (speziell Abbildung 7.2) dargestellten Ablauf. Die Präsentation der Wörter auf dem Computerbildschirm erfolgte in schwarzer Schrift (die Höhe der Großbuchstaben lag bei etwa 18.5 mm) vor einem hellgrauen Hintergrund.

Wie oben im Abschnitt zum Wortmaterial beschrieben, wurden die insgesamt 248 Wörter in zwei parallelisierte Sets aufgeteilt, von denen die Probanden – in systematisch variierter Zuordnung – entweder die Wörter von Set 1 oder von Set 2 zur Beurteilung dargeboten bekamen. Jedes Set bestand aus 124 Wörtern (50 bedrohlich, 50 nichtbedrohlich und 24 ambivalent), die von den Probanden in individuell randomisierter Reihenfolge bearbeitet wurden. Nach 62 Durchgängen erhielten die Probanden die Möglichkeit, eine kurze Pause (bis zu einer Minute) einzulegen. Vor Beginn der 124 Hauptdurchgänge wurden zusätzlich 18 Übungsdurchgänge durchgeführt, während derer der Versuchsleiter noch im Raum blieb, um sich davon zu überzeugen, dass der Proband die Aufgabe richtig verstanden hatte, bevor er für die Dauer der Hauptdurchgänge den Versuchsraum verließ.

Aufteilung der Prüfreize und Distraktoren auf die Wiedererkennungstests

Die 124 dargebotenen und von den Probanden bzgl. ihrer Bedrohlichkeit bewerteten Wörter dienten als Prüfreize in den beiden Wiedererkennungstests. Entsprechend wurden die jeweiligen Prüfreize in zwei Untersets aufgeteilt, wobei jedes Unterset 25 bedrohliche, 25 nichtbedrohliche und 12 ambivalente Wörter enthielt. Die Untersets waren wiederum hinsichtlich der in Tabelle 7.16 (auf S. 227) angegebenen sechs Dimensionen parallelisiert. Wie bereits in Experiment 1 wurde in beiden Wiedererkennungstests jedes Prüfreiz-Unterset um die gleiche

Anzahl von bedrohlichen, ambivalenten und nichtbedrohlichen Distraktorwörtern ergänzt, wodurch auch in jedem Wiedererkennungstest 124 Wörter dargeboten wurden. Welches Unterset in Wiedererkennungstest 1 bzw. 2 Verwendung fand, wurde systematisch zwischen den Versuchspersonen variiert.[59]

Wiedererkennungstest 1

Der Wiedererkennungstest 1 hatte den gleichen Aufbau und Ablauf wie in Experiment 1 (vgl. Abschnitt 7.2.2.4, S. 184).

Zwischenaufgabe: hohe vs. geringe kognitive Belastung

Der Aufbau der Zwischenaufgabe war analog zu der Zwischenaufgabe in Experiment 1 gestaltet. Da allerdings in der Bedingung *hohe kognitive Belastung* (Experimentalgruppe) nun nicht mehr der visuell-räumliche Notizblock, sondern – aufgrund der verwendeten Wörter – die phonologische Schleife belastet werden sollte, wurde in dieser Bedingung als Zwischenaufgabe ein Kurzzeitgedächtnis-Paradigma von Sternberg (1966) verwendet. In dieser Aufgabe bekamen die Probanden nacheinander drei bis sieben weiße Ziffern dargeboten, wobei jede Ziffer für 1500 ms auf dem Bildschirm erschien. Am Ende jeder Ziffernsequenz wurde eine gelbe Prüfziffer präsentiert und die Probanden mussten angeben, ob diese Prüfziffer unter den vorherigen weißen Ziffern aufgetreten war oder nicht. Da angenommen werden kann, dass Ziffern üblicherweise durch inneres Hersagen (*rote rehearsal*) im Arbeitsgedächtnis aufrechterhalten werden, sollte dies die Kapazität der phonologischen Schleife belasten und somit Aufrechterhaltungsprozesse für die zuvor dargebotenen Wörter behindern. Gleichwohl sind die Ziffern der Zwischenaufgabe und die Wörter aus der vorherigen Wortbeurteilungsaufgabe so distinkt, dass es nicht zu Interferenzeffekten des Materials kommen sollte. Wie in Experiment 1 wurde die Sternberg-Aufgabe zwei Mal für 15 Minuten durchgeführt und in der dazwischenliegenden „Erholungspause" wurde wieder ein Fragebogen ausgefüllt, der etwa 9 Minuten beanspruchte. Die Bearbeitungszeit dieses Fragebogens wurde vom Versuchsleiter wieder (von den Probanden unbemerkt) mittels einer Stoppuhr erfasst.

Die Probanden in der Bedingung *geringe kognitive Belastung* (Kontrollgruppe) bearbeiteten – wie in Experiment 1 – den Wartegg-Zeichentest (vgl. S. 185). Der Ablauf für die Experimental- und die Kontrollgruppe war – bis auf die zu bearbeitende Aufgabe – wieder vollständig parallelisiert und beanspruchte insgesamt etwa 40 Minuten.

Wiedererkennungstest 2

Bis auf das verwendete Reizmaterial war der Wiedererkennungstest 2 identisch mit dem Wiedererkennungstest 1.

7.3.2.5 Fragebogenverfahren

Die Probanden bearbeiteten exakt die gleichen Fragebögen in der gleichen Abfolge wie in Experiment 1 (vgl. Abschnitt 7.2.2.5 auf S. 186 ff.).

---

59 Da sich in keiner der Auswertungen Effekte dieses Methodenfaktors zeigten, wird er bei der Darstellung der Analysen nicht weiter berücksichtigt.

7.3.3 Ergebnisse

Es werden wieder zunächst die Selbstberichtsdaten und deren Zusammenhänge präsentiert (Abschnitt 7.3.3.1), bevor Befunde aus der Wortbeurteilungsaufgabe dargestellt werden (Abschnitt 7.3.3.2). Anschließend erfolgt die Analyse der Erinnerungs- und Vergessensmaße einschließlich der Testung der eigentlichen Hypothesen (Abschnitt 7.3.3.3).

7.3.3.1 Selbstberichtsdaten

In Tabelle 7.17 finden sich die deskriptiven Statistiken der per Fragebogen erfassten Persönlichkeitsmerkmale sowie aktuellen Zustände. Die internen Konsistenzen der Skalen sind mit Werten zwischen $\alpha = .72$ (für die TCQ-Skala Ablenkung) und $\alpha = .91$ (für positiven Affekt zum Messzeitpunkt 2) befriedigend bis sehr gut. Der positive Affekt ist zu beiden Messzeitpunkten relativ hoch (Messzeitpunkt 1: $M = 4.39$, Messzeitpunkt 2: $M = 4.24$), allerdings ist die Abnahme vom ersten zum zweiten Messzeitpunkt – trotz einer sehr geringen Effektstärke von Cohens $d = 0.12$ – signifikant, $t(144) = 2.28$, $p = .024$. Die Abnahme des negativen Affekts von Messzeitpunkt 1 ($M = 1.58$) zu Messzeitpunkt 2 ($M = 1.44$) ist ebenfalls signifikant, $t(144) = 3.38$, $p = .001$, $d = 0.24$. Dabei ist der negative Affekt, der auf einer Skala von 1 bis 7 erfasst wurde, generell sehr gering ausgeprägt.

Um möglichen Effekten der kognitiven Belastung in der Zwischenaufgabe bzw. Interaktionen zwischen der Zwischenaufgabe und dem Bewältigungsmodus hinsichtlich der zeitlichen Veränderung des positiven und negativen Affekts nachzugehen, wurden zwei getrennte Varianzanalysen für den positiven und negativen Affekt berechnet. Als Between-Subjects-Faktoren gingen in die Analyse die *kognitive Belastung* (in der Zwischenaufgabe) sowie der *Bewältigungsmodus* ein, als Within-Subjects-Faktor der Messzeitpunkt des aktuellen Affekts.

Hinsichtlich des positiven Affekts zeigte sich – außer dem oben dargestellten Effekt des Messzeitpunkts – ein marginal signifikanter Haupteffekt des Bewältigungsmodus, $F(3, 137) = 2.60$, $p = .055$, $\eta_p^2 = .054$. Dabei bestand der größte Unterschied zwischen dem

Tabelle 7.17 Skalenmittelwerte, Standardabweichungen und interne Konsistenzen der Selbstberichtsmaße

Skala (Itemanzahl)	M	SD	Cronbachs α
Vigilanz (40)[a]	0.54	0.17	.84
Kognitive Vermeidung (40)[a]	0.53	0.15	.80
Ängstlichkeit (15)[b]	2.06	0.49	.90
Positiver Affekt 1 (6)[c]	4.39	1.12	.88
Positiver Affekt 2 (6)[c]	4.24	1.22	.91
Negativer Affekt 1 (10)[c]	1.58	0.62	.80
Negativer Affekt 2 (10)[c]	1.44	0.58	.84
TCQ-Skala Ablenkung (6)[b]	2.60	0.50	.72
TCQ-Skala Umbewertung (5)[b]	2.67	0.63	.77
WBSI-Skala Gedankenintrusionen (7)[d]	3.27	0.86	.84
WBSI-Skala Gedankenunterdrückung (7)[d]	2.80	0.78	.78

Anmerkungen. [a] Min = 0, Max = 1; [b] Min = 1, Max = 4; [c] Min = 1, Max = 7; [d] Min = 1, Max = 5.

positiven Affekt von Niedrigängstlichen ($M = 4.00$, $SD = 1.21$) und Hochängstlichen ($M = 4.89$, $SD = 1.04$), wobei Sensitizer ($M = 4.18$, $SD = 1.02$) und Represser ($M = 4.43$, $SD = 1.07$) dazwischen lagen. Wesentlicher für diese Studie ist allerdings, dass es weder eine Interaktion zwischen dem Messzeitpunkt und der Zwischenaufgabe gab, $F(1, 137) < 1$, noch sich eine Dreifach-Interaktion (Messzeitpunkt × Zwischenaufgabe × Bewältigungsmodus) zeigte, $F(3, 137) < 1$. Auch alle anderen Haupt- und Interaktionseffekte waren nicht signifikant, alle $Fs < 1$.

Hinsichtlich des negativen Affekts ergab sich – wieder neben dem bereits dargestellten Haupteffekt des Messzeitpunkts – eine signifikante Interaktion zwischen Messzeitpunkt und Zwischenaufgabe, $F(1, 137) = 6.01$, $p = .015$, $\eta_p^2 = .042$. Diese wurde dadurch verursacht, dass der negative Affekt in der Bedingung hoher kognitiver Belastung *stärker abnahm* ($Ms = 1.64$ und 1.39, $SDs = 0.67$ und 0.49, zu Messzeitpunkt 1 bzw. 2) als in der Bedingung geringer kognitiver Belastung ($Ms = 1.52$ und 1.48, $SDs = 0.56$ und 0.65, zu Messzeitpunkt 1 bzw. 2), wobei allerdings der Gruppenunterschied zum ersten Messzeitpunkt zufallsbedingt sein muss, da dieser vor dem Beginn der Zwischenaufgabe lag. Jedenfalls kann anhand dieser Daten ausgeschlossen werden, dass die kognitive Belastung in der Zwischenaufgabe negativen Affekt erzeugt hat – vielmehr scheint das Gegenteil der Fall zu sein: In der Bedingung hoher kognitiver Belastung nahm der negative Affekt – von einem ohnehin niedrigen Ausgangsniveau aus – noch weiter ab (auf einen Mittelwert von 1.39). Wie für den positiven Affekt zeigt sich auch für den negativen Affekt ein schwacher Haupteffekt des Bewältigungsmodus $F(3, 137) = 3.31$, $p = .022$, $\eta_p^2 = .068$, wobei nun der größte Unterschied zwischen den Sensitizern ($M = 1.71$, $SD = 0.68$) und den Niedrigängstlichen ($M = 1.37$, $SD = 0.37$) zu verzeichnen war. Eine Dreifach-Interaktion lag nicht vor, $F(3, 137) < 1$, und auch alle weiteren Haupt- und Interaktionseffekte waren nicht signifikant, alle $Fs < 1$. Somit hatte – hinsichtlich des aktuellen Affekts – die Art der Zwischenaufgabe keine differentiellen Effekte auf die Angstbewältigungsgruppen.

Die Dichotomisierung der Variablen Vigilanz und kognitive Vermeidung an deren Medianen ($Mdns = 0.55$) ergab Gruppengrößen der Bewältigungsmodi von 45 Sensitizern, 50 Repressern, 32 Niedrigängstlichen und 18 Hochängstlichen. Dabei waren in der Gruppe mit hoher kognitiver Belastung in der Zwischenaufgabe 24 Sensitizer, 28 Represser, 14 Niedrigängstliche und 6 Hochängstliche vertreten. In der Gruppe mit niedriger kognitiver Belastung gab es 21 Sensitizer, 22 Represser, 18 Niedrigängstliche und 12 Hochängstliche. Frauen und Männer verteilten sich sehr gleichmäßig auf die beiden Belastungsbedingungen: In der Gruppe mit hoher kognitiver Belastung gab es 58 Frauen und 14 Männer, in der Gruppe mit niedriger kognitiver Belastung 58 Frauen und 15 Männer. Der Anteil der Männer an der Gesamtstichprobe ist allerdings so gering, dass die inferenzstatistische Prüfung von Geschlechtseffekten wenig sinnvoll erscheint.

Die korrelativen Zusammenhänge der in Tabelle 7.17 aufgeführten Fragebogenskalen sowie zusätzlich des Geschlechts sind in Tabelle 7.18 angegeben. Signifikante Zusammenhänge zeigten sich zwischen Geschlecht und Vigilanz, $r(143) = -.33$, $p < .001$, sowie Geschlecht und Ängstlichkeit, $r(143) = -.19$, $p = .022$. Im Vergleich zu Frauen berichteten Männer also weniger Vigilanz und weniger Ängstlichkeit. Erwartungsgemäß sehr hohe Zusammenhänge bestanden zwischen den beiden Messzeitpunkten des positiven Affekts, $r(143) = .79$, und des negativen Affekts, $r(143) = .63$.

Vigilanz und kognitive Vermeidung korrelierten moderat negativ, $r(143) = -.42$, $p < .001$. Mit Ängstlichkeit korrelierten Vigilanz, $r(143) = .47$, und kognitive Vermeidung, $r(143) = -.47$, in gleicher Stärke, aber entgegengesetzter Richtung. Ebenfalls erwartungskonform sind die

Zusammenhänge von Vigilanz mit negativem Affekt zum ersten und zweiten Messzeitpunkt, $r(143) = .21, p < .01$, bzw. $r(143) = .32, p < .001$, sowie von kognitiver Vermeidung mit positivem Affekt, $r(143) = .21, p < .01$, und $r(143) = .20, p = .017$, zum ersten bzw. zweiten Messzeitpunkt des Affekts. Ängstlichkeit zeigte signifikante Zusammenhänge mit allen Fragebogenskalen außer mit der TCQ-Skala *Umbewertung*. Zwischen den beiden TCQ-Skalen *Ablenkung* und *Umbewertung*, die beide das Verhalten von Repressern beschreiben sollten, bestand kein signifikanter Zusammenhang, $r(143) = .13, p = .13$. Zwischen den beiden WBSI-Skalen *Gedankenintrusionen* und *Gedankenunterdrückung* fand sich hingegen ein starker positiver Zusammenhang, $r(143) = .57$. Zwischen der TCQ-Skala *Ablenkung* und der WBSI-Skala *Gedankenunterdrückung* bestand ein erwartungskonformer Zusammenhang, $r(143) = .28, p < .001$.

Es wurde erwartet, dass sich die Strategie von Sensitzern, vermehrt an bedrohliche Inhalte zu denken, und die Strategie von Repressern, derartige Gedanken zu vermeiden, in den Skalen des WBSI und TCQ niederschlagen sollten. Anhand der bivariaten Korrelationen in Tabelle 7.18 lässt sich dies weitestgehend bestätigen: Vigilanz korrelierte positiv mit der WBSI-Skala Gedankenintrusionen, $r(143) = .27, p = .001$, kognitive Vermeidung hingegen positiv mit den TCQ-Skalen Ablenkung, $r(143) = .25, p = .003$, und Umbewertung, $r(143) = .21$, $p < .01$. Der erwartete Zusammenhang zwischen kognitiver Vermeidung und der WBSI-Skala Gedankenunterdrückung bestand nicht, $r(143) = -.05, p > .5$.

In Tabelle 7.19 sind die Skalenmittelwerte und Standardabweichungen für die TCQ- und WBSI-Skalen getrennt für die vier Bewältigungsgruppen angegeben. Deskriptiv unterscheiden sich Sensitzer und Represser auf den beiden TCQ-Skalen in erwartungskonformer Richtung, d.h., Represser geben vermehrt Ablenkung und Umbewertung an, die Gruppenunterschiede sind jedoch nicht signifikant und – zumindest für die Skala Umbewertung – sehr klein. Auf der Skala Umbewertung haben Represser und Sensitzer lediglich signi-

Tabelle 7.18 Interkorrelationen der Selbstberichtsdaten ($N = 145$)

Variable	2	3	4	5	6	7	8	9	10	11	12
1 Geschl.	−.33**	.15	−.19*	−.14	−.10	−.02	−.03	−.14	−.05	−.13	−.14
2 VIG		−.42**	.47**	−.02	−.06	.21**	.32**	−.10	.13	.27**	.09
3 KOV			−.47**	.21**	.20*	−.10	−.07	.25**	.21**	−.11	−.05
4 Ängstl.				−.23**	−.21*	.36**	.30**	−.17*	−.05	.34**	.27**
5 PA1					.79**	−.24**	−.16	−.29**	.12	−.02	−.01
6 PA2						−.16*	−.31**	.31**	.19*	.02	−.01
7 NA1							.63**	−.07	.05	.22**	.14
8 NA2								−.10	.15	.10	.03
9 Ablenk.									.13	.11	.28**
10 Umbew.										.02	−.11
11 Intrusion											.57**
12 Unterdr.											—

Anmerkungen. Geschl. = Geschlecht (0 = Frauen, 1 = Männer), VIG = Vigilanz, KOV = kognitive Vermeidung, Ängstl. = Ängstlichkeit, PA1/2 = positiver Affekt zum Erhebungszeitpunkt 1 bzw. 2, NA1/2 = negativer Affekt zum Erhebungszeitpunkt 1 bzw. 2, Ablenk. = TCQ-Subskala Ablenkung, Umbew. = TCQ-Subskala Umbewertung, Intrusion = WBSI-Skala Gedankenintrusionen, Unterdr. = WBSI-Skala Gedankenunterdrückung.
* $p < .05$, ** $p < .01$. Korrelationen, die betragsmäßig größer .30 ($p < .001$) sind, wurden zusätzlich durch Fettdruck hervorgehoben.

Tabelle 7.19 Fragebögen zu aversiven Gedanken: Skalenmittelwerte und Standardabweichungen in Abhängigkeit vom Angstbewältigungsmodus

Bewältigungsmodi (Probanden)	TCQ-Skala				WBSI-Skala			
	Ablenkung		Umbewertung		Gedanken-intrusionen		Gedanken-unterdrückung	
	M	SD	M	SD	M	SD	M	SD
Sensitizer (45)	2.54	0.49	2.71$_a$	0.66	3.50$_a$	0.79	2.90	0.73
Represser (50)	2.69	0.50	2.75$_b$	0.61	3.10$_a$	0.81	2.78	0.74
Niedrigängstliche (32)	2.46	0.51	2.39$_{a,b}$	0.53	3.13	0.89	2.69	0.83
Hochängstliche (18)	2.73	0.47	2.89	0.68	3.41	0.99	2.77	0.92

Anmerkung. Mittelwerte einer Spalte, die sich den gleichen tiefgestellten Buchstaben teilen, unterscheiden sich in *t*-Tests auf einem .05-Signifikanzniveau voneinander.

fikant höhere Ausprägungen als Niedrigängstliche. Hinsichtlich der WBSI-Skalen findet sich nur für die Gedankenintrusionen ein signifikanter Unterschied zwischen Repressern und Sensitizern, wobei Letztere erwartungskonform mehr Gedankenintrusionen berichten. Auch Hochängstliche weisen einen deutlich erhöhten Wert für Gedankenintrusionen auf. Für die Skala der Gedankenunterdrückung sind keine signifikanten Gruppenunterschiede festzustellen.

7.3.3.2 Wortbeurteilung

Zunächst soll wieder zur Manipulationskontrolle überprüft werden, ob die Bedrohlichkeitsurteile den Wortkategorien entsprechen. Wie aus Tabelle 7.20 hervorgeht, ist dies zweifellos der Fall: Von den 50 bedrohlichen Wörtern wurden durchschnittlich $M = 43.9$ ($SD = 6.8$) Wörter als bedrohlich eingeschätzt – das entspricht über 87%. Gut 10% der bedrohlichen Wörter wurden als mehrdeutig bewertet und nur 2% als nichtbedrohlich. Von den 50 nichtbedrohlichen Wörtern erhielten durchschnittlich $M = 42.6$ ($SD = 7.2$) Wörter – und somit über 85% – ein Nichtbedrohlich-Urteil, knapp 13% ein Mehrdeutig-Urteil und ebenfalls nur 2% wurden als bedrohlich eingestuft. Die Signifikanz der Unterschiede lässt sich an den in Tabelle 7.20 angegebenen Standardfehlern ablesen und ist ohne Testung offensichtlich. Auch hinsichtlich der ambivalenten Wörter bestätigten sich die Erwartungen: Etwas mehr als 45% wurden als mehrdeutig bewertet, knapp 30% als bedrohlich und knapp 25% als nichtbedrohlich.

Tabelle 7.20 Absolute Häufigkeiten, Standardabweichungen und Standardfehler der Beurteilungen bedrohlicher, ambivalenter und nichtbedrohlicher Wörter

Wortkategorie	Beurteilungen als …								
	bedrohlich			mehrdeutig			nichtbedrohlich		
	M	SD	SE	M	SD	SE	M	SD	SE
bedrohlich ($n = 50$)	43.9	6.8	0.6	5.1	5.9	0.5	1.0	1.9	0.2
nichtbedrohlich ($n = 50$)	1.0	1.5	0.1	6.4	6.5	0.5	42.6	7.2	0.6
ambivalent ($n = 24$)	7.1	4.0	0.3	10.9	4.5	0.4	5.9	3.6	0.3

Betrachtet man die Unterschiede zwischen den Bewältigungsgruppen, so gaben – erwartungskonform – Sensitizer die meisten Bedrohlich-Urteile für bedrohliche Wörter ab ($M = 46.1$, $SD = 5.0$). Damit lagen sie signifikant über dem Mittelwert der Represser ($M = 43.3$, $SD = 5.6$), $t(93) = 2.60$, $p = .011$, $d = 0.53$. Allerdings beurteilten (erstaunlicherweise) die Hochängstlichen ($M = 41.2$, $SD = 10.5$) die wenigsten bedrohlichen Wörter als bedrohlich, auch wenn der Unterschied im Vergleich zu Repressern nicht signifikant war, $t(66) < 1$. Regressionsanalytisch gab es keinen Zusammenhang zwischen den Angstbewältigungsdispositionen und der Anzahl der als bedrohlich beurteilten bedrohlichen Wörter (für Vigilanz und kognitive Vermeidung $|\beta|s < .12$, $ps > .2$), wenngleich der Interaktionsterm von Vigilanz und kognitiver Vermeidung nur knapp die Signifikanz verfehlte, $\beta = -.15$, $p = .066$.

Hinsichtlich der Nichtbedrohlich-Urteile für nichtbedrohliche Wörter bestand deskriptiv zwar der erwartete Zusammenhang zu den Angstbewältigungsmodi, da Represser im Vergleich zu Sensitizern mehr Wörter als nichtbedrohlich einstuften, dieser Unterschied war jedoch deutlich zu klein, um die Signifikanzgrenze zu erreichen ($Ms = 42.3$ vs. 41.8, $SDs = 8.0$ vs. 6.5), $t(93) < 1$. Die meisten Nichtbedrohlich-Urteile für nichtbedrohliche Wörter gaben die Niedrigängstlichen ab ($M = 44.7$, $SD = 5.5$), signifikant wurde dieser Unterschied aber auch nur im Vergleich zu Sensitizern, $t(75) = 2.04$, $p = .045$, $d = 0.48$. Regressionsanalytische Zusammenhänge zu Angstbewältigungsdispositionen bestanden nicht, alle $|\beta|s < .11$, alle $ps > .19$.

Aufgrund der – absichtlich – geringen Anzahl der ambivalenten Wörter wird hier auf eine detaillierte Auswertung deren Beurteilungen verzichtet. Es sei aber angemerkt, dass nur für die Beurteilung der ambivalenten Wörter als bedrohlich ein Zusammenhang mit Angstbewältigungsdispositionen statistisch gesichert werden konnte. Konkret lag ein erwartungskonformer Zusammenhang zwischen Vigilanz und der Anzahl der als bedrohlich beurteilten ambivalenten Wörter vor ($\beta = .22$, $p = .014$).

Regressionsanalytische Auswertungen der Latenzzeiten für als bedrohlich beurteilte bedrohliche Wörter und als nichtbedrohlich beurteilte nichtbedrohliche Wörter erbrachten keine signifikanten Zusammenhänge mit Vigilanz und/oder kognitiver Vermeidung bzw. dessen Interaktionsterm. Eine umfassendere Auswertung der Reaktionszeitdaten, wie sie für Experiment 1 vorgenommen wurde, erfolgt für Experiment 2 aus folgenden Gründen nicht: Wie oben dargestellt, entsprachen die Bedrohlichkeitsurteile der Probanden weitestgehend den beabsichtigten Kategorien, d. h., pro Proband lag durchschnittlich nur je eine Reaktionszeit für die beiden Zellen „nichtbedrohliches Wort wird als bedrohlich beurteilt" und „bedrohliches Wort wird als nichtbedrohlich beurteilt" vor. Tatsächlich hatten jeweils 54% bzw. 57% der Probanden gar kein Urteil für diese Kategorien abgegeben und jeweils über 30% nur ein oder zwei Urteile. Es ist evident, dass hier einzelne Ausreißerwerte bzw. Urteile einzelner Personen eine überproportionale Gewichtung erhalten, die auch durch die Medianbildung auf Personenebene nicht behoben werden kann, da die Datengrundlage zu gering ist. Hinsichtlich der ambivalenten Wörter war die Besetzung der Beurteilungskategorien zwar etwas gleichmäßiger, allerdings lagen beispielsweise für die Zelle „ambivalentes Wort wird als nichtbedrohlich beurteilt" auch hier für 42% der Probanden lediglich vier oder weniger Reaktionen vor. Daher erschien es nicht sinnvoll, der Nebenfragestellung des Interpretationsbias und der Reaktionszeitunterschiede in diesem Experiment weiter nachzugehen.

7.3.3.3 Erinnerung und Vergessen

Die Berechnung der Wiedererkennungs- und Vergessensscores wurde bereits im Rahmen der Darstellung von Experiment 1 erläutert (vgl. Abschnitt 7.2.4.3). Entsprechend wird hier direkt auf allgemeinpsychologische Erinnerungs- und Vergessenseffekte in Abhängigkeit von den experimentellen Variationen eingegangen. Dann erfolgt wieder die Prüfung der primären Hypothesen auf Basis der Bewältigungsmodi, bevor hierarchische Regressionsanalysen zur Kontrolle weiterer Einflüsse und zum Zwecke der Generalisierbarkeit dargestellt werden. Abschließend wird wieder die Rolle der Enkodierung für interindividuelle Erinnerungs- und Vergessensunterschiede betrachtet.

Allgemeinpsychologische Effekte

Zur Analyse der allgemeinen Effekte der experimentellen Manipulation wurde eine dreifaktorielle Varianzanalyse für die Wiedererkennungsleistung durchgeführt. Dabei wurden die Variablen *Wiedererkennungstest* (unmittelbar vs. zeitlich verzögert) und *Bedrohlichkeit* des Wortmaterials als Within-Subjects-Faktoren und die Variation der *kognitiven Belastung* während des Behaltensintervalls (hoch vs. niedrig) als Between-Subjects-Faktor aufgenommen. Erwartungsgemäß zeigte sich ein starker Effekt des *Wiedererkennungstests*, da die Erinnerung der Probanden in Test 1 ($M = 3.29$, $SD = 0.58$) deutlich höher war als in Test 2 ($M = 2.89$, $SD = 0.71$) und somit Vergessen zwischen den Tests stattgefunden hat, $F(1, 143) = 143.15$, $p < .001$, $\eta_p^2 = .50$. Dieser Effekt ist auch aus Abbildung 7.7 ersichtlich. Anhand der Abbildung lässt sich auch ein Haupteffekt der Bedrohlichkeit ausmachen, $F(2, 142) = 214.73$, $p < .001$, $\eta_p^2 = .75$, der darauf beruht, dass nichtbedrohliche Wörter ($M = 3.52$, $SD = 0.69$) besser als ambivalente ($M = 3.14$, $SD = 0.73$) und diese wiederum besser als bedrohliche ($M = 2.60$, $SD = 0.64$) erinnert wurden.

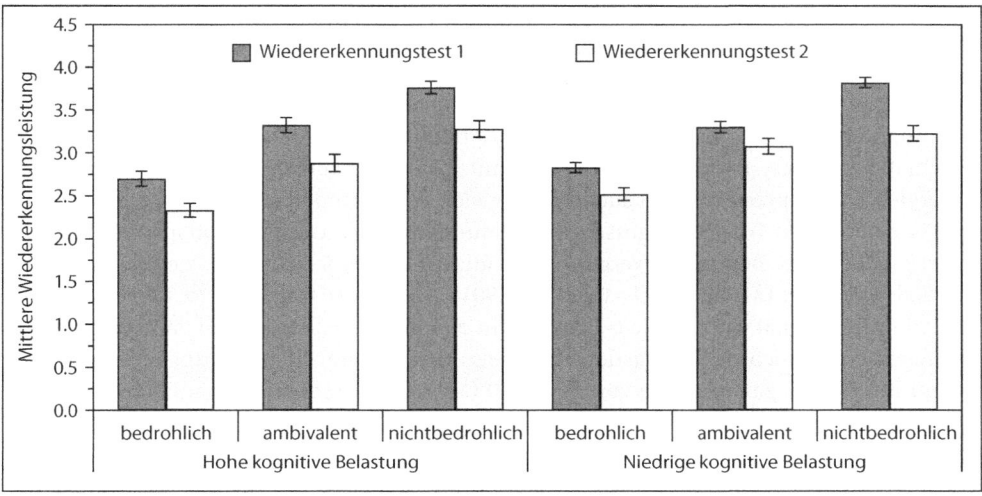

Abbildung 7.7 Mittlere Wiedererkennungsleistung in den beiden Wiedererkennungstests in Abhängigkeit von der kognitiven Belastung und der Bedrohlichkeit des Wortmaterials.

Weiterhin trat ein Interaktionseffekt zwischen *Wiedererkennungstest* und *Bedrohlichkeit* auf, $F(2, 142) = 6.18$, $p = .003$, $\eta_p^2 = .08$. Diese ordinale Interaktion ist darin begründet, dass das *Vergessen* (also die Differenz aus dem ersten und zweiten Wiedererkennungstest) der nichtbedrohlichen Wörter mit $M = 0.54$ ($SD = 0.59$) stärker ausfiel als das Vergessen von bedrohlichen und ambivalenten Wörtern ($Ms = 0.34$ und 0.35, $SDs = 0.56$ und 0.71). Weitere signifikante Effekte traten nicht auf. Speziell gab es keinen Haupteffekt der *kognitiven Belastung*, $F(1, 143) < 1$, und keine Interaktion von *Bedrohlichkeit × kognitive Belastung*, $F(2, 142) = 1.52$, $p > .2$. Die Dreifach-Interaktion wurde zwar marginal signifikant, $F(2, 142) = 2.74$, $p = .068$, $\eta_p^2 = .037$, klärt aber nur wenig Varianz auf. Diese Interaktion beruht wohl darauf, dass in der Bedingung niedriger kognitiver Belastung das Vergessen für die nichtbedrohlichen Wörter im Verhältnis zum Vergessen der bedrohlichen und ambivalenten Wörter stärker ausfiel als in der Bedingung hoher kognitiver Belastung das Vergessen der nichtbedrohlichen Wörter im Verhältnis zum Vergessen der bedrohlichen und ambivalenten Wörter. In Abbildung 7.7 ist dies daran zu erkennen, dass – stellt man sich die Verbindungslinien zwischen den Mittelwerten vor – die Linie für die Wiedererkennungsleistungen in Test 2 in der Bedingung niedriger kognitiver Belastung für die nichtbedrohlichen Wörter stärker abknickt, als dies in der Bedingung hoher kognitiver Belastung der Fall ist.

Das Ziel, die Erinnerungsaufgabe weder zu schwer noch zu einfach zu gestalten, so dass die Wiedererkennungsleistungen in einem mittleren Bereich liegen und zwischen den Probanden eine maximale Varianz möglich ist, ohne Decken- oder Bodeneffekte befürchten zu müssen, wurde erreicht. Die Wiedererkennungsleistung in Test 1 lag bei $M = 3.29$ und im Wiedererkennungstest 2 bei $M = 2.89$ – und damit im mittleren bis leicht oberen Wertebereich der möglichen Wiedererkennungsleistungen von 0 bis 5.

Vergleich der Bewältigungsgruppen

Wie in der Auswertung von Experiment 1 wird im Folgenden nur das *Vergessen* (also die Differenz aus den Wiedererkennungsleistungen der beiden Tests) in Abhängigkeit vom Angstbewältigungsverhalten behandelt. Eine Tabelle mit deskriptiven Statistiken der Wiedererkennungsleistungen in den beiden Tests findet sich jedoch in Anhang B.2. Die Vergessenswerte aller vier Bewältigungsgruppen sind – in Abhängigkeit von der Wortkategorie und der kognitiven Belastung während der Zwischenaufgabe – in Abbildung 7.8 dargestellt.

Gemäß Hypothese 1 wurde erwartet, dass unter *niedriger kognitiver Belastung* Sensitizer im Vergleich zu Repressern (und auch im Vergleich zu den anderen Bewältigungsgruppen) weniger *bedrohliche Wörter* vergessen. Die Befunde in Abbildung 7.8 entsprechen dieser Erwartung: In dieser Bedingung vergessen Sensitizer ($M = 0.06$, $SD = 0.38$) deutlich weniger Wörter als Represser ($M = 0.44$, $SD = 0.59$), $t(35.90) = 2.48$, $p = .018$, $d = 0.75$ (bei Vorliegen von Varianzinhomogenität wurden die t-Tests, wie in diesem Fall, entsprechend dafür korrigiert). Sensitizer zeigen auch in Kontrastierung zu den drei anderen Bewältigungsgruppen, die einen mittleren Vergessensscore von $M = 0.40$ ($SD = 0.55$) aufweisen, signifikant weniger Vergessen, $t(53.42) = 3.07$, $p = .003$, $d = 0.73$. Hypothese 1 wurde folglich bestätigt. Dass sensitive Aufrechterhaltung ein Prozess ist, der kognitive Verarbeitungsressourcen benötigt, wird zusätzlich durch einen Vergleich der Belastungsbedingungen innerhalb der Gruppe der Sensitizer gestützt: Unter niedriger kognitiver Belastung ($M = 0.06$, $SD = 0.38$) wurden weniger bedrohliche Wörter vergessen als unter hoher kognitiver Belastung ($M = 0.55$, $SD = 0.53$), $t(41.37) = 3.58$, $p = .001$, $d = 1.07$.

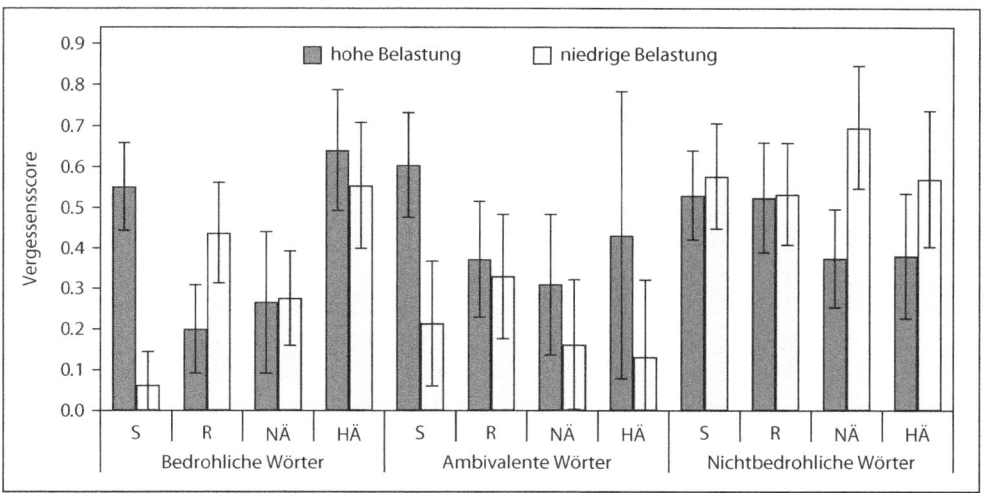

Abbildung 7.8 Vergessensscores der Sensitizer (S), Represser (R), Niedrigängstlichen (NÄ) und Hochängstlichen (HÄ) unter hoher und niedriger kognitiver Belastung für die drei Wortkategorien. Fehlerbalken indizieren einfache Standardfehler.

Da angenommen wird, dass kognitive Belastung die sensitiven Aufrechterhaltungsprozesse behindert, sollten – entsprechend Hypothese 2 – unter *hoher kognitiver Belastung* Sensitizer im Vergleich zu Repressern *bedrohliche Wörter* nicht weniger stark vergessen. Wie Abbildung 7.8 zu entnehmen ist, vergaßen Sensitizer ($M = 0.55$, $SD = 0.53$) in dieser Bedingung nicht nur nicht weniger, sondern tatsächlich signifikant mehr als Represser ($M = 0.20$, $SD = 0.58$), $t(50) = 2.25$, $p = .029$, $d = 0.63$. Auch im Vergleich mit Niedrigängstlichen ($M = 0.27$, $SD = 0.66$) und Hochängstlichen ($M = 0.64$, $SD = 0.36$) vergaßen Sensitizer mehr bzw. zumindest nicht signifikant weniger bedrohliche Wörter. Hypothese 2 wurde somit eindeutig belegt.

Da sensitive Aufrechterhaltung spezifisch für bedrohliche Reize operieren sollte, dürften sich – wie in Hypothese 3 postuliert – für *nichtbedrohliche Wörter* keine Vergessensunterschiede zwischen Repressern und Sensitizern ergeben, unabhängig von der kognitiven Belastung während des Behaltensintervalls. Diese Annahme wurde bestätigt: Unter hoher kognitiver Belastung unterschieden sich im Vergessen nichtbedrohlicher Wörter Sensitizer ($M = 0.53$, $SD = 0.54$) nicht von Repressern ($M = 0.52$, $SD = 0.72$), $t(50) < 1$, $d = 0.01$; ebenso gab es unter niedriger kognitiver Belastung keinen bedeutsamen Unterschied zwischen Sensitizern ($M = 0.58$, $SD = 0.60$) und Repressern ($M = 0.53$, $SD = 0.59$), $t(41) < 1$, $d = 0.07$. Im Übrigen bestanden auch bei Einbeziehung der Niedrig- und Hochängstlichen keine Unterschiede im Vergessen nichtbedrohlicher Wörter, weder unter hoher kognitiver Belastung, $F(3, 68) < 1$, noch unter niedriger kognitiver Belastung, $F(3, 69) < 1$. Das individuelle Angstbewältigungsverhalten beeinflusst somit nicht das Vergessen nichtbedrohlicher Wörter.

Ambivalente Wörter waren in diesem Experiment (wie bereits in Experiment 1) nicht Gegenstand der Hypothesen und sollen – aufgrund der geringen Anzahl der verwendeten ambivalenten Wörter – auch nicht eingehender erörtert werden. Gleichwohl fällt bei einer visuellen Inspektion von Abbildung 7.8 auf, dass das Befundmuster für ambivalente Wörter deskriptiv für Sensitizer stärker dem für bedrohliche als dem für nichtbedrohliche Wörter ähnelt, wohingegen es für Represser mehr dem Muster für bedrohliche Wörter gleicht. So vergessen unter *niedriger kognitiver Belastung* Sensitizer ($M = 0.21$, $SD = 0.71$) deskriptiv etwas weniger als Represser ($M = 0.33$, $SD = 0.73$), wenngleich dieser Unterschied klein und nicht signifikant ist, $t(41) < 1$. Unter *hoher kognitiver Belastung* vergessen – wie für bedrohliche Wörter – Sensitizer ($M = 0.60$, $SD = 0.64$) nicht weniger (sondern sogar mehr) als Represser ($M = 0.37$, $SD = 0.76$). Auch repliziert sich für ambivalente Wörter der für bedrohliche Reize gefundene Effekt, dass Sensitizer unter hoher kognitiver Belastung ($M = 0.60$) zumindest tendenziell mehr vergessen als unter niedriger kognitiver Belastung ($M = 0.21$), $t(43) = 1.94$, $p = .059$, $d = 0.59$. Represser vergessen allerdings unter hoher und niedriger kognitiver Belastung annähernd gleich viele ambivalente Wörter ($Ms = 0.37$ und 0.33, $SDs = 0.76$ und 0.73), $t(48) < 1$, $d = 0.06$, so wie dies auch für nichtbedrohliche Wörter der Fall war ($Ms = 0.52$ und 0.53).

Für bedrohliche Wörter zeigt sich für Represser hingegen der bereits in Experiment 1 beobachtete Trend, dass – wenngleich hier wiederum nicht signifikant – unter niedriger kognitiver Belastung ($M = 0.44$, $SD = 0.59$) mehr vergessen wird als unter hoher kognitiver Belastung ($M = 0.20$, $SD = 0.58$), $t(48) = 1.42$, $p = .16$, $d = 0.41$. Diese Beobachtung wird bei der Betrachtung der Metaeffekte der Experimente 1 bis 3 wieder aufgegriffen (vgl. Abschnitt 7.6).

Regressionsanalytischer Ansatz zur Kontrolle weiterer Einflussfaktoren

In diesem Abschnitt soll wiederum gezeigt werden, dass Angstbewältigungsdispositionen inkrementell Varianz hinsichtlich des Vergessens bedrohlicher Reize binden, auch wenn für den Einfluss weiterer Variablen kontrolliert wird. Dazu werden – analog zum Vorgehen in Experiment 1 – die Prädiktorvariablen *Vergessen nichtbedrohlicher Wörter*, *Bearbeitungszeit des Fragebogens in der Zwischenaufgabe*, *Ängstlichkeit*, *positiver* und *negativer Affekt*, *Vigilanz* und *kognitive Vermeidung* sowie der Produktterm und die Quadratterme von Vigilanz und kognitiver Vermeidung sequentiell in eine multiple Regressionsanalyse aufgenommen. Das Geschlecht wurde wegen der geringen Anzahl von Männern in der Stichprobe (lediglich 20%) nicht als Prädiktor aufgenommen. Aufgrund der hohen Korrelationen der Affektmaße zwischen dem ersten und zweiten Messzeitpunkt (vgl. Tabelle 7.18) wurden für den positiven und negativen Affekt wieder jeweils die Mittelwerte des ersten und zweiten Messzeitpunkts verwendet.

In Tabelle 7.21 sind die bivariaten Korrelationen für das Kriterium (Vergessen bedrohlicher Bilder) und die Prädiktorvariablen der Regressionsanalyse – getrennt für die Gruppe mit niedriger kognitiver Belastung (oberhalb der Diagonalen) und hoher kognitiver Belastung (unterhalb der Diagonalen) – angegeben. Zusätzlich zu Vigilanz und kognitiver Vermeidung wurde auch wieder der Vigilanz-Vermeidungs-Score in die Korrelationsmatrix aufgenommen.

Betrachtet man in der Bedingung niedriger kognitiver Belastung die Variable *Vergessen bedrohlicher Wörter*, so findet man einen marginal signifikanten Zusammenhang zu kognitiver Vermeidung, $r(71) = .226$, $p = .055$, in dem Sinne, dass höhere Vermeidungswerte mit mehr Vergessen assoziiert sind, allerdings keinen Zusammenhang zu Vigilanz, $r(71) = -.049$, $p > .6$. Außerdem besteht ein Zusammenhang zum Vergessen nichtbedrohlicher Wörter, $r(71) = .327$, $p = .005$. In der Bedingung hoher kognitiver Belastung besteht nur ein (marginal) signifikanter Zusammenhang zwischen dem Vergessen bedrohlicher Wörter und kognitiver Vermeidung, allerdings in – im Vergleich zur Bedingung niedriger kognitiver Belastung – umgekehrter Richtung, $r(70) = -.197$, $p = .098$, so dass hier höhere kognitive Vermeidungswerte mit

Tabelle 7.21 Bivariate Korrelationen der Prädiktoren und des Kriteriums der Regressionsanalysen für die Gruppe mit niedriger kognitiver Belastung ($n = 73$; oberhalb der Diagonalen) und die Gruppe mit hoher kognitiver Belastung ($n = 72$; unterhalb der Diagonalen)

Variable	1	2	3	4	5	6	7	8	9
1 Vergessen bedrohlich	—	.33**	.03	.03	.16	.19	−.05	.23°	−.17
2 Vergessen nichtbedrohl.	−.12	—	−.18	−.06	.08	.20°	−.05	−.07	.01
3 Zeit FB-Zw.aufgabe	−.15	.01	—	.08	−.22°	−.15	−.03	−.28*	.16
4 Ängstlichkeit	.13	−.15	−.06	—	.49**	−.19	.54**	−.40**	.56**
5 Negativer Affekt	.07	.02	.00	.25*	—	−.18	.31**	.00	.18
6 Positiver Affekt	−.05	−.02	.04	−.27*	−.34**	—	−.03	.18	−.13
7 VIG	.13	.09	−.19	.40**	.28*	−.05	—	−.38**	.83**
8 KOV	−.20°	.07	.21	−.54**	−.21°	.26*	−.46**	—	−.84**
9 Vig.-Ver.-Score	.19	.02	−.23*	.55**	.28*	−.18	.86**	−.85**	—

Anmerkungen. Vergessen bedrohlich/nichtbedrohl. = Vergessensscore für bedrohliche bzw. nichtbedrohliche Wörter, Zeit FB-Zw.aufgabe = Bearbeitungszeit des Fragebogens zwischen den beiden Teilen der Zwischenaufgabe, Negativer/Positiver Affekt = gemittelter negativer bzw. positiver Affekt von Erhebungszeitpunkt 1 und 2, VIG = Vigilanz, KOV = kognitive Vermeidung, Vig.-Ver.-Score = Vigilanz-Vermeidungs-Score. ° $p < .10$, * $p < .05$, ** $p < .01$.

weniger Vergessen assoziiert sind. Vigilanz und der Vigilanz-Vermeidungs-Score weisen in dieser Bedingung ebenfalls keine signifikanten Zusammenhänge zum Vergessen bedrohlicher Wörter auf.

Die Zeit, die für die Bearbeitung des Fragebogens zwischen den beiden Teilen der Zwischenaufgabe benötigt wurde, betrug durchschnittlich $M = 9.6$ min ($SD = 2.2$ min). In der Gruppe mit der niedrigen kognitiven Belastung fand sich ein Zusammenhang zwischen der Bearbeitungszeit des Fragebogens und kognitiver Vermeidung, $r(71) = −.285$, $p = .015$, so dass kognitive Vermeider den Fragebogen schneller bearbeiteten. In der Bedingung hoher kognitiver Belastung fand sich dieser Zusammenhang nicht, jedoch eine signifikante negative Korrelation mit dem Vigilanz-Vermeidungs-Score, $r(70) = −.235$, $p = .047$.

Tabelle 7.22 fasst die Ergebnisse der sequentiellen Regressionsanalysen für die beiden Gruppen mit unterschiedlicher kognitiver Belastung zusammen. Im ersten Schritt der Regression ist – allerdings nur in der Gruppe mit niedriger kognitiver Belastung – das Vergessen nichtbedrohlicher Bilder ein signifikanter Prädiktor ($\beta = .34$, $p = .004$) für das Vergessen bedrohlicher Bilder. Die Zeit für die Bearbeitung des Fragebogens in der Zwischenaufgabe ist in keiner Belastungsgruppe signifikant mit dem Kriterium assoziiert ($|\beta|s \leq .15$, $ps > .2$).

Im zweiten Schritt, in dem für Ängstlichkeit sowie negativen und positiven Affekt kontrolliert wurde, wird von keinem der neu aufgenommenen Prädiktoren in signifikanter Weise Varianz gebunden. Zwar wird in der Bedingung niedriger kognitiver Belastung der negative Affekt marginal signifikant, aber dieser Effekt verliert sich im dritten Schritt wieder, wenn die Angstbewältigungsdispositionen hinzugenommen werden. Während in der Bedingung hoher kognitiver Belastung weder Vigilanz noch kognitive Vermeidung oder der Produktterm Varianz zu binden vermag ($\Delta R^2 = .018$, $p > .7$), wird in der Bedingung niedriger kognitiver Belastung der Beitrag der kognitiven Vermeidung signifikant ($\beta = .33$, $p = .019$), wenngleich die Hinzunahme der Bewältigungsdispositionen in das Regressionsmodell nur in marginal signifikanter Weise inkrementell zur Varianzaufklärung beiträgt ($\Delta R^2 = .083$, $p = .078$). Vigilanz bindet keine Varianz. Im dritten Schritt wird in der Bedingung niedriger kognitiver Belastung übrigens auch der Effekt der Bearbeitungsdauer des Fragebogens in der Zwischenaufgabe gerade signifikant ($\beta = .24$, $p = .050$).

Analog zum Vorgehen in der Auswertung von Experiment 1 wurde auch hier eine alternative Regressionsanalyse durchgeführt, in die im dritten Schritt statt der separaten Terme für Vigilanz und kognitive Vermeidung der Vigilanz-Vermeidungs-Score aufgenommen wurde. Das Ergebnis dieser Analyse findet sich in Tabelle 7.23. Die wesentliche Änderung gegenüber dem vorherigen Modell besteht darin, dass in der Bedingung niedriger kognitiver Belastung nun die inkrementelle Varianzaufklärung durch die Hinzunahme der Bewältigungsdisposition (d. h. des Vigilanz-Vermeidungs-Scores) signifikant ist ($\Delta R^2 = .054$, $p = .035$). Als Nebeneffekt ergibt sich, dass der Beitrag der Bearbeitungszeit für den Fragebogen nicht mehr signifikant wird ($\beta = .20$, $p = .097$), was auf die Instabilität der Parameterschätzung für diesen Prädiktor verweist.

Tabelle 7.22 Getrennte hierarchische Regressionsanalysen für das Vergessen bedrohlicher Wörter unter niedriger und unter hoher kognitiver Belastung (mit Vigilanz und kognitiver Vermeidung)

	Kriterium: Vergessensscore für bedrohliche Wörter							
	Kognitive Belastung							
	niedrig				hoch			
Prädiktoren	b	$SE\,b$	β	p	b	$SE\,b$	β	p
Schritt 1:								
Vergessen nichtbed. Wörter	0.30	0.10	.34	<.01	−0.11	0.12	−.11	.34
Zeit FB-Zwischenaufgabe	0.02	0.02	.10	.41	−0.05	0.04	−.15	.22
R^2	.116 ($p = .014$)				.035 ($p = .291$)			
Schritt 2:								
Vergessen nichtbed. Wörter	0.27	0.10	.30	.01	−0.10	0.12	−.10	.41
Zeit FB-Zwischenaufgabe	0.04	0.02	.17	.16	−0.05	0.04	−.14	.25
Ängstlichkeit	−0.05	0.15	−.05	.73	0.11	0.15	.10	.45
Negativer Affekt	0.22	0.13	.23	.09	0.05	0.14	.04	.74
Positiver Affekt	0.09	0.06	.18	.12	0.00	0.07	−.01	.97
ΔR^2	.058 ($p = .205$)				.014 ($p = .812$)			
Schritt 3:								
Vergessen nichtbed. Wörter	0.32	0.10	.36	<.01	−0.10	0.13	−.10	.44
Zeit FB-Zwischenaufgabe	0.05	0.02	.24	.05	−0.04	0.04	−.11	.37
Ängstlichkeit	0.13	0.17	.11	.45	0.03	0.18	.03	.86
Negativer Affekt	0.15	0.13	.16	.25	0.04	0.15	.04	.78
Positiver Affekt	0.07	0.06	.14	.25	0.00	0.07	.01	.95
VIG	0.00	0.07	.00	.99	0.02	0.09	.03	.83
KOV	0.17	0.07	.33	.02	−0.07	0.09	−.13	.42
VIG × KOV	0.01	0.06	.02	.83	0.03	0.08	.05	.68
ΔR^2	.083 ($p = .078$)				.018 ($p = .744$)			
Gesamt R^2	.257				.067			

Anmerkungen. nichtbed. = nichtbedrohlich, Zeit FB-Zwischenaufgabe = Bearbeitungszeit für den Fragebogen zwischen den beiden Teilen der Zwischenaufgabe, VIG = Vigilanz, KOV = kognitive Vermeidung.

Tabelle 7.23 Getrennte hierarchische Regressionsanalysen für das Vergessen bedrohlicher Wörter unter niedriger und unter hoher kognitiver Belastung (mit Vigilanz-Vermeidungs-Differenzscore)

Prädiktoren	Kriterium: Vergessensscore für bedrohliche Wörter							
	Kognitive Belastung							
	niedrig				hoch			
	b	*SE b*	β	*p*	*b*	*SE b*	β	*p*
Schritte 1 und 2 identisch mit denen der Regressionsanalysen in Tabelle 7.22								
Schritt 3:								
Vergessen nichtbed. Wörter	0.29	0.10	.32	.01	−0.11	0.12	−.11	.35
Zeit FB-Zwischenaufgabe	0.04	0.02	.20	.10	−0.04	0.04	−.11	.38
Ängstlichkeit	0.14	0.17	.13	.40	0.02	0.17	.02	.89
Negativer Affekt	0.19	0.12	.20	.14	0.02	0.15	.02	.88
Positiver Affekt	0.08	0.06	.17	.14	0.00	0.07	−.01	.94
Vigilanz-Vermeidungs-Score	−0.09	0.04	−.29	.03	0.05	0.05	.15	.33
ΔR^2	.054 (*p* = .035)				.014 (*p* = .333)			
Gesamt R^2	.228				.063			

Anmerkungen. nichtbed. = nichtbedrohlich, Zeit FB-Zwischenaufgabe = Bearbeitungszeit für den Fragebogen zwischen den beiden Teilen der Zwischenaufgabe.

Abschließend wurde dieses letzte Regressionsmodell daraufhin getestet, welche der Unterschiede in den Regressionskoeffizienten, die sich zwischen den beiden Belastungsbedingungen beobachten lassen, signifikant sind. Die entsprechende Modelltestung ist in Tabelle 7.24 dargestellt. Keiner der Haupteffekte erreicht auch nur annähernd das Signifikanzniveau. Signifikant werden allerdings die Interaktionsterme von kognitiver Belastung und dem Vergessen nichtbedrohlicher Wörter (β = .212, *p* = .012) sowie von kognitiver Belastung und dem Vigilanz-Vermeidungs-Score (β = −.216, *p* = .035).

Diese Ergebnisse sind mit dem in Tabelle 7.23 dargestellten Befund konsistent, dass unter niedriger – nicht aber unter hoher – kognitiver Belastung höhere Vigilanz-Vermeidungs-Werte mit weniger Vergessen bedrohlicher Wörter assoziiert sind. Ebenfalls nur in der Bedingung niedriger kognitiver Belastung sagt das Vergessen nichtbedrohlicher Wörter das Vergessen bedrohlicher Wörter vorher.

Zusammenhang von Vergessen und Enkodierung

Wie bei der Auswertung von Experiment 1 soll auch hier überprüft werden, ob sich hinsichtlich bedrohlicher Wörter Unterschiede in der Enkodierung – operationalisiert über die Latenzzeit für die Beurteilung bedrohlicher Wörter – auf das Vergessen bzw. auf die Wiedererkennungsleistung im ersten Test auswirken. Bivariate Korrelationen ergaben, dass die Latenzzeit für die Beurteilung bedrohlicher Wörter nicht mit der Wiedererkennungsleistung bedrohlicher Wörter in Test 1 zusammenhing (in der Bedingung niedriger kognitiver Belastung: $r = -.085$, $p > .4$; in der Bedingung hoher kognitiver Belastung: $r = -.003$, $p > .9$). Auch der Vergessensscore für bedrohliche Wörter zeigte keine bedeutsame Assoziation mit der Latenzzeit für die Beurteilung bedrohlicher Wörter (in der Bedingung niedriger kognitiver Belastung: $r = -.010$, $p > .9$; in der Bedingung hoher kognitiver Belastung: $r = -.086$, $p > .4$). Entsprechend kann – ohne weiterführende Regressionsanalysen –

Tabelle 7.24 Regressionsanalyse für das Vergessen bedrohlicher Wörter unter hoher und unter niedriger kognitiver Belastung (mit Vigilanz-Vermeidungs-Differenzscore)

Prädiktoren	b	SEb	β	p
Kognitive Belastung	−0.032	0.045	−.058	.480
Vergessen nichtbedrohlicher Wörter	0.051	0.047	.092	.277
Zeit FB-Zwischenaufgabe	0.003	0.052	.005	.960
Ängstlichkeit	0.041	0.060	.074	.498
Negativer Affekt	0.057	0.052	.102	.280
Positiver Affekt	0.044	0.048	.079	.366
Vigilanz-Vermeidungs-Score	−0.021	0.033	−.065	.523
Kognitive Belastung × Vergessen nichtbedrohlicher Wörter	0.119	0.047	.212	.012
Kognitive Belastung × Zeit FB-Zwischenaufgabe	0.086	0.052	.153	.101
Kognitive Belastung × Ängstlichkeit	0.029	0.060	.052	.629
Kognitive Belastung × Negativer Affekt	0.045	0.052	.081	.392
Kognitive Belastung × Positiver Affekt	0.049	0.048	.088	.313
Kognitive Belastung × Vigilanz-Vermeidungs-Score	−0.071	0.033	−.216	.035
R^2	.140 (p = .082)			

Anmerkungen. Kognitive Belastung: effektkodierte Belastung (−1 = hoch, 1 = niedrig), Zeit FB-Zwischenaufgabe = Bearbeitungszeit für den Fragebogen zwischen den beiden Teilen der Zwischenaufgabe.

nahezu ausgeschlossen werden, dass in Experiment 2 Unterschiede in der Enkodierungszeit bedrohlicher Wörter deren Erinnerbarkeit bzw. auch deren Vergessen substantiell beeinflusst haben.

7.3.4 Diskussion

Die Diskussion gliedert sich wieder analog zu den Abschnitten der Ergebnisdarstellung und enthält am Ende ein Fazit.

7.3.4.1 Selbstberichtsdaten

Es konnte bestätigt werden, dass die Art der Zwischenaufgabe keinen differentiellen Einfluss auf den aktuellen Affekt der Bewältigungsgruppen hatte. Zudem nahm der negative Affekt in der Gruppe mit hoher kognitiver Belastung im Verlauf der Studie etwas stärker ab als in der Gruppe mit niedriger kognitiver Belastung, so dass die Induktion von negativem Affekt durch die Zwischenaufgabe mit hoher kognitiver Belastung auszuschließen ist. Generell bewegte sich der negative Affekt der Probanden auf einem so niedrigen Niveau, dass man sagen kann, dass so gut wie kein negativer Affekt vorhanden war.

Die Zusammenhänge zwischen Vigilanz und kognitiver Vermeidung auf der einen Seite und den – mittels WBSI und TCQ erhobenen – Indikatoren für sensitive Aufrechterhaltung und repressive Inhibierung auf der anderen Seite gestalteten sich sehr ähnlich wie in Experiment 1, d.h., Vigilanz korrelierte erwartungsgemäß positiv mit der Angabe von Gedankenintrusionen und kognitive Vermeidung korrelierte positiv mit dem Berichten von Strategien der Ablenkung und Umbewertung. Ein signifikanter Gruppenunterschied zwischen Sensitzern und Repressern fand sich allerdings nur für die Umbewertung bedrohlicher

Gedanken. Wie für Experiment 1 lässt sich somit konstatieren, dass die Zusammenhänge in erwartungskonformer Richtung vorliegen, allerdings aus den in Abschnitt 7.2.5.1 (S. 216 ff.) diskutierten Gründen relativ schwach ausfallen.

7.3.4.2 Wortbeurteilung

Die Manipulationskontrolle dafür, ob die bedrohlichen und nichtbedrohlichen Wörter entsprechend ihrer Kategorie eingeschätzt wurden, bestätigte eindeutig den Erfolg der Bedrohlichkeitsmanipulation: 87% der bedrohlichen Wörter wurden als bedrohlich beurteilt und 85% der nichtbedrohlichen Wörter als nichtbedrohlich. Damit fiel zumindest hinsichtlich der bedrohlichen Wörter die Zuordnung der Probanden noch eindeutiger entsprechend der Kategorie des Reizes aus als in Experiment 1. Eine Erklärung dafür ist, dass bei den Wörtern keine Ambiguität aufgrund einer sehr kurzen Darbietungszeit erzeugt wurde: Die 1000 ms, für welche die Wörter dargeboten wurden, waren ausreichend lang, um die eindeutige Erfassung der Wortbedeutung sicherzustellen. Wenn also beispielsweise das Wort „Pistole" nicht als bedrohlich beurteilt wurde, dann lediglich deshalb, weil der Proband der Meinung war, dass eine Pistole kein eindeutig bedrohlicher Gegenstand ist. Bei dem für 250 ms präsentierten Bild einer Pistole könnte ein Mehrdeutig- bzw. ein Nichtbedrohlich-Urteil zum einen – wie beim Wort – dadurch zustande kommen, dass der Proband Pistolen generell nicht als (eindeutig) bedrohlich bewertet, zum anderen aber auch dadurch, dass aufgrund der kurzen Darbietung nicht eindeutig zu entscheiden war, ob es sich beispielsweise um eine Spielzeugpistole oder um eine echte Waffe handelte. Dass die eindeutig bedrohlichen und eindeutig nichtbedrohlichen Wörter nur als sehr wenig ambivalent wahrgenommen wurden, ist auch aus den Ergebnissen der Vorstudie zur Materialzusammenstellung ersichtlich: So erreichten die bedrohlichen Wörter Ambivalenzurteile von $M = 1.4$ und die nichtbedrohlichen Wörter von $M = 1.1$ (jeweils auf einer Skala von 1 bis 7; vgl. Tabelle 7.16 auf S. 227), wohingegen die Bilder der entsprechenden Kategorien in Experiment 1 zumindest Ambivalenzurteile von $M = 2.6$ bzw. 1.7 erhielten (allerdings auf einer Skala von 1 bis 9; vgl. Tabelle 7.1 auf S. 181).

Auch bei der Wortbeurteilung ergaben sich Hinweise auf einen Interpretationsbias in Abhängigkeit vom Bewältigungsverhalten. So beurteilten Sensitizer im Vergleich zu Repressern mehr Wörter als bedrohlich. Die Unterschiede waren jedoch schwächer als in Experiment 1 und ließen sich zudem regressionsanalytisch nicht sichern. Auch dies könnte darauf zurückzuführen sein, dass die allgemeine Ambiguität der bedrohlichen und nichtbedrohlichen Wörter geringer war als die der entsprechenden Bilder in Experiment 1. Somit hatten die Probanden weniger Interpretationsspielraum bei der Bewertung der Wörter, und Effekte der Angstbewältigungsdisposition konnten sich in den Urteilen nicht so deutlich niederschlagen. Wie im Ergebnisteil dargestellt, war eine detaillierte Auswertung der ambivalenten Wörter, für welche prinzipiell die größten angstbewältigungsbedingten Unterschiede in der Beurteilung und der Reaktionszeit zu erwarten wären, aufgrund deren geringer Anzahl nicht sinnvoll.

7.3.4.3 Erinnerung und Vergessen

Alle drei Kernhypothesen zur sensitiven Aufrechterhaltung konnten durch die Ergebnisse belegt werden. So vergaßen – unter niedriger kognitiver Belastung – Sensitizer im Vergleich zu Repressern weniger bedrohliche Wörter, wohingegen dies unter hoher kognitiver Belastung nicht der Fall war – hier vergaßen Sensitizer sogar mehr als Represser. Ferner war der Effekt der sensitiven Aufrechterhaltung spezifisch für bedrohliche Reize, d. h., für nichtbedrohliche Wörter fand sich kein Effekt der Angstbewältigungsmodi.

Die Regressionsanalysen erbrachten, dass – sieht man von Effekten der allgemeinen Erinnerungsleistung ab – kognitive Vermeidung derjenige Prädiktor ist, der bei niedriger kognitiver Belastung das Vergessen bedrohlicher Wörter am stärksten aufklärt, wohingegen sich für Vigilanz kein Effekt zeigt. In Experiment 1 trugen Vigilanz und kognitive Vermeidung in etwa gleich starkem Maße zur Vorhersage des Vergessens bei. Da sensitive Aufrechterhaltung als Prozess konzeptualisiert wurde, der primär der Reduktion von Unsicherheitserleben dient, wäre zu erwarten gewesen, dass Vigilanz – und nicht kognitive Vermeidung – der ausschlaggebendste Prädiktor ist und die meiste Varianz bindet. Eine mögliche Erklärung, warum sich diese Trennung zwischen den Beiträgen von Vigilanz und kognitiver Vermeidung nicht erwartungskonform ergab, könnte darin bestehen, dass Vigilanz und kognitive Vermeidung doch relativ hoch miteinander korrelieren (in Experiment 2: $r = -.42$). Betrachtet man die Items des ABI genauer, finden sich tatsächlich einige Items zur kognitiven Vermeidung, die sich auch als inverse Vigilanz-Items auffassen lassen. Um nur ein Beispiel zu nennen: In der Situation, dass man in Kürze einen Bericht vor einer Gruppe von Personen vortragen soll, ließe sich das Kognitive-Vermeidungs-Item „In dieser Situation befasse ich mich nicht mehr mit dem bevorstehenden Vortrag" (ABI-Situation 1, Item 3; Krohne & Egloff, 1999) auch als Invertierung des Vigilanz-Items „In dieser Situation gehe ich vorher noch einmal die einzelnen Punkte durch, die ich vortragen will" (ABI-Situation 1, Item 1; Krohne & Egloff, 1999) interpretieren. Eine Zustimmung zu beiden Items erscheint wenig realistisch, wenngleich diese theoretisch möglich sein sollte.

Die Beobachtung, dass die konzeptuelle Trennung von Vigilanz und kognitiver Vermeidung im ABI nicht durchgehend überzeugen kann, spricht dafür, auf eine getrennte Analyse von Vigilanz und kognitiver Vermeidung zu verzichten und stattdessen vorrangig den Vigilanz-Vermeidungs-Score zur Auswertung heranzuziehen. Dieser erbrachte erwartungskonforme Resultate in dem Sinne, dass in der Bedingung niedriger kognitiver Belastung – hingegen nicht unter hoher kognitiver Belastung – höhere Vigilanz-Vermeidungs-Werte mit weniger Vergessen bedrohlicher Wörter assoziiert sind.

Da sich die Enkodierungszeit für die bedrohlichen Wörter weder auf die Wiedererkennungsleistung in Test 1 noch auf das Vergessen bedrohlicher Wörter substantiell ausgewirkt hat, kann davon ausgegangen werden, dass Enkodierungseffekte auch in Experiment 2 allenfalls eine sehr untergeordnete Rolle spielen und für interindividuelle Unterschiede im Vergessen bedrohlicher Wörter vorrangig Prozesse verantwortlich sind, die während des Behaltensintervalls operieren. Dies unterstützt das Konzept der sensitiven Aufrechterhaltung.

7.3.4.4 Fazit

Auch in Experiment 2 konnten alle Kernhypothesen zur sensitiven Aufrechterhaltung belegt werden. In Verbindung mit Experiment 1 lässt sich also folgern, dass der Prozess der sensitiven Aufrechterhaltung sowohl für bedrohliche Bilder als auch für bedrohliche Wörter existiert und sich auf das Vergessen bzw. die langfristige Erinnerbarkeit bedrohlicher Informationen auswirkt. Anders als in Experiment 1 gab es in Experiment 2 keine zwischen den Belastungsbedingungen unterschiedlichen Effekte der allgemeinen Ängstlichkeit auf das Vergessen bedrohlicher Reize, was darauf verweist, dass dieser Befund aus Experiment 1 wenig robust sein könnte.

Die Ergebnisse zum selbstberichteten Umgang mit bedrohlichen Gedanken erwiesen sich als konsistent zu den Befunden von Experiment 1. Hinsichtlich des angstbewältigungsspezifischen Interpretationsbias bei der Wortbeurteilung ergaben sich ebenfalls erwartungskonforme und zu Experiment 1 konsistente Befunde, wenngleich diese – vermutlich aufgrund der generell geringeren Ambivalenz der Wörter im Vergleich zu den Bildern – schwächer ausfielen. Wie oben erklärt, war eine Auswertung der ambivalenten Wörter in Experiment 2 nicht vorgesehen und auch nicht sinnvoll durchführbar.

Noch eindeutiger als in Experiment 1 konnte belegt werden, dass die Enkodierungszeit der bedrohlichen Wörter – im vorliegenden experimentellen Paradigma – keinen Einfluss auf die Wiedererkennungsleistung oder das Vergessen dieser Wörter hat. Dies unterstützt erneut die Forderung, Gedächtnisprozessen, die während des Behaltensintervalls operieren, mehr Beachtung zu schenken.

In Experiment 1 wurden erste Hinweise darauf gefunden, dass die repressive Inhibierung ebenfalls kognitive Verarbeitungskapazitäten benötigt. In Experiment 2 ergaben sich analoge Tendenzen. Eine Diskussion dieser Effekte wird für die Gesamtdiskussion (Abschnitt 7.7) aufgespart, nachdem in Abschnitt 7.6 die Metaeffekte über die Experimente 1 bis 3 berechnet wurden.

Insgesamt wurde durch Experiment 2 die Annahme der sensitiven Aufrechterhaltung weiter fundiert und die Generalisierbarkeit auf unterschiedliche Reize demonstriert. Offen ist allerdings nach wie vor, inwieweit sensitive Aufrechterhaltung auch auf ambivalente Inhalte wirkt. In Experiment 1 ähnelte das angstbewältigungsspezifische Vergessensmuster der ambivalenten Bilder dem der nichtbedrohlichen Bilder. In Experiment 2 hingegen war das Befundmuster weniger einheitlich, und zumindest deskriptiv ähnelte für die Sensitizer das Vergessensmuster der ambivalenten Wörter stärker dem der bedrohlichen Wörter als dem der nichtbedrohlichen. In beiden Experimenten zeichneten sich die ambivalenten Reize aber weniger durch ein hohes Ausmaß tatsächlicher Ambivalenz aus als vielmehr dadurch, dass sie in ihrer Bedrohlichkeit zwischen den bedrohlichen und den nichtbedrohlichen Reizen lagen. Experiment 3 soll dazu beitragen, die Rolle der Ambivalenz weiter aufzuklären.

7.4 Experiment 3: Vergewaltigungsassoziierte Bilder I

7.4.1 Einführung

Mit Experiment 3 wurden zwei Ziele verfolgt: (a) Zum einen sollten die Befunde aus den Experimenten 1 und 2 dadurch, dass sensitive Aufrechterhaltung auch für eine *spezifische Angst* nachgewiesen wird, weiter fundiert und die Generalisierbarkeit der Ergebnisse demonstriert werden; (b) zum anderen sollte geklärt werden, wie bedeutsam die Ambivalenz der Reize für die sensitive Aufrechterhaltung ist. Es wäre zu erwarten, dass auch ambivalente Reize speziell bei Sensitizern aktiv aufrechterhalten werden, da diese Reize zumindest potentiell Information enthalten, die in künftigen Situationen zur Unsicherheitsreduktion beitragen bzw. handlungsrelevant sein können. In Experiment 1 war für ambivalente Bilder zwar keine sensitive Aufrechterhaltung nachweisbar, dies könnte jedoch an der geringen genuinen Ambivalenz der ambivalenten Reize dieses Experiments gelegen haben.

Ambivalente Reize in Experiment 1 waren Bilder beispielsweise von einem Leichenwagen, einer Axt, einem mäßig aggressiven Gesicht oder einem leichten Autounfall mit Blechschaden. In Experiment 2 dienten als ambivalente Reize Wörter wie z. B. *Bruch, Flamme, Prüfung, Schlange* oder *Untersuchung*. Sowohl hinsichtlich der Bilder als auch hinsichtlich der Wörter waren es solche Stimuli, die in Voruntersuchungen von den Probanden als am stärksten ambivalent beurteilt wurden. Wie dargestellt, erreichten auch diese Reize in den Vorstudien zur Stimulusauswahl aber durchschnittlich nur recht mäßige Ambivalenzurteile, die noch unterhalb der Skalenmitte der Ambivalenzskalen lagen (vgl. Abschnitte 7.2.2.4 und 7.3.2.4). Auf inhaltlicher Ebene kann man zudem fragen, ob sich viele der verwendeten ambivalenten Reize nicht primär dadurch auszeichnen, dass sie „etwas bedrohlich" – aber nicht genuin mehrdeutig – sind. Außerdem sprechen viele Stimuli recht spezifische Ängste an, wie beim Wort *Prüfung* eine Prüfungsängstlichkeit oder beim Wort *Untersuchung* eine spezifische Angst vor medizinischen Eingriffen. Derartige spezifische Ängste werden jeweils nur von einigen wenigen Probanden geteilt. Für diese sind die entsprechenden ambivalenten Reize dann aber vermutlich sehr bedrohlich, wohingegen sie von den anderen Probanden als recht wenig bedrohlich wahrgenommen werden.

Daher stellte sich die Frage, ob es eine Klasse von Reizen gibt, die einen höheren Grad genuiner Ambivalenz aufweist und gleichzeitig auf viele Probanden (nicht nur auf eine Gruppe mit einer spezifischen Phobie) potentiell bedrohlich wirkt. Inspiriert von den Arbeiten von Krahé (1999, 2005) fiel die Wahl auf Bilder, die (potentielle) sexuelle Gewalt gegen Frauen darstellen. Angst vor sexueller Gewalt sollte sich dabei aus zwei Gründen besonders gut für die vorliegende Fragestellung eignen: (a) Sie ist – in subklinischer Ausprägung – unter Frauen (auch in studentischen Stichproben) sehr verbreitet; (b) sie ist in besonderem Maße durch eine den Reizen immanente Ambiguität gekennzeichnet.

Zum ersten Punkt, zur Prävalenz der Angst vor sexueller Gewalt, findet sich verschiedentlich die Aussage, dass Vergewaltigung dasjenige Verbrechen sei, das Frauen am meisten – mehr als jedes andere Verbrechen – fürchten (z. B. Myhill & Allen, 2002, S. 1). Diese Aussage geht wohl auf eine Studie von Warr (1984) zurück, der in einer Umfrage an US-amerikanischen Frauen herausfand, dass zumindest junge Frauen im Alter zwischen 19 und 35 Jahren für das Ereignis, vergewaltigt zu werden, höhere Furchturteile abgaben als für die anderen Verbrechen bzw. negativen Ereignisse, die Warr erfasst hat, darunter z. B., Opfer eines Raubüberfalls zu werden, ermordet zu werden, Opfer eines Einbruchs zu werden oder einen Autounfall zu erleben. Ausgehend von der plausiblen Annahme, dass die Angst vor einem negativen Ereignis eine (multiplikative) Funktion dessen subjektiver Schwere und Wahrscheinlichkeit ist, führt Warr (1984; vgl. auch Warr, 2000; Warr & Stafford, 1983) zwei Punkte an, weshalb die Angst vor Vergewaltigung bei Frauen so hoch ist. Zunächst ist Vergewaltigung ein Verbrechen, das – zumindest in der Vorstellung der befragten Frauen – häufig mit weiteren Verbrechen wie schwerer Körperverletzung oder sogar der Tötung des Opfers assoziiert ist. Das könnte erklären, warum bei der Frage nach der *Schwere* des Verbrechens bzw. Ereignisses Vergewaltigung als fast so schwerwiegend wie Mord beurteilt wurde. Daneben wird es aber auch als relativ wahrscheinlich eingeschätzt, Opfer einer Vergewaltigung zu werden. In der Studie von Warr (1984) wurde das Risiko einer Vergewaltigung von den 19- bis 35-jährigen Frauen als etwa so hoch eingeschätzt wie das Risiko, Opfer eines Raubüberfalls oder eines Wohnungseinbruchs zu werden, aber erwartungskonform als viel wahrscheinlicher als das Risiko, ermordet zu werden.

Nun könnte man vermuten, dass die in den 1980er Jahren in den USA gesammelten Daten nicht ohne weiteres auf Frauen, die etwa ein Vierteljahrhundert später in Deutschland leben, übertragbar sind. Eine im Jahre 2011 an 80 Bamberger Psychologiestudentinnen (Alter: $M = 22.6$ Jahre, $Mdn = 21$ Jahre, $SD = 4.7$ Jahre) von mir durchgeführte Fragebogenstudie[60] erbrachte jedoch, dass auch unter diesen Frauen die Angst, von einer fremden Person[61] vergewaltigt zu werden ($M = 5.9$, $SD = 2.8$, erfasst auf einer Skala von $1 = $ *sehr geringe Angst* bis $10 = $ *sehr starke Angst*), einzig von der Angst vor einem Autounfall mit *schwerer* körperlicher Verletzung ($M = 6.1$, $SD = 2.8$) marginal übertroffen wurde. Die Angst vor einem Wohnungseinbruch ($M = 4.5$, $SD = 2.4$) und die Angst, ermordet zu werden ($M = 4.3$, $SD = 3.2$), waren deutlich geringer ausgeprägt als die Angst vor einer Vergewaltigung. Dabei wurde eine Vergewaltigung tatsächlich als fast so schwerwiegend beurteilt wie eine Ermordung ($Ms = 9.5$ und 9.6, $SDs = 1.1$ und 1.6, erfasst auf einer Skala von $1 = $ *nicht schwerwiegend* bis $10 = $ *sehr schwerwiegend*). Allerdings wurde eine Vergewaltigung durch eine fremde Person mit einer Lebenszeitprävalenz von $Mdn = 3.0\%$ als viel wahrscheinlicher eingeschätzt als das Risiko, ermordet zu werden ($Mdn = 0.1\%$).[62] Die Befunde von Warr (1984), dass die Angst vor Vergewaltigung sehr verbreitet ist und Vergewaltigung zudem als ein sehr schwerwiegendes Verbrechen wahrgenommen wird, konnten also auch im Jahre 2011 an jungen Frauen (Studentinnen) in Deutschland bestätigt werden.

Oben wurde zudem postuliert, dass sich die Angst vor sexueller Gewalt bzw. Vergewaltigung insbesondere dadurch auszeichnet, dass sie sehr oft an ambivalente Reize geknüpft ist. Dies soll zunächst an einem Beispiel veranschaulicht und anschließend begründet werden. M. T. Gordon und Riger (1991) haben eine der umfassendsten Studienreihen zur Angst vor Vergewaltigung bzw. sexueller Gewalt durchgeführt.[63] In der Einleitung ihres Buches zitieren sie, wie eine ihrer Studienteilnehmerinnen eine – wie die Autorinnen finden – für das Erleben von Angst vor sexueller Gewalt prototypische Situation beschreibt:

> I emerged from the warmth and conviviality of a group of friends at a restaurant into the darkness and emptiness of a city street late at night. My car was just around the corner, but getting to it meant walking under an unlit viaduct. As I approached the viaduct, I saw a man starting toward me from the other end of the block. My heart began to pound. I held my breath,

---

60 Die Ergebnisse dieser Studie sind auch in der von mir betreuten Bachelorarbeit von Anna-Lena Pilgram (2011) zusammengefasst.

61 Tatsächlich sind Vergewaltigungen von Frauen durch Täter, die dem Opfer bekannt sind, häufiger als Vergewaltigungen durch Fremde (z. B. Wetzels & Pfeiffer, 1995). Allerdings scheint die Vergewaltigung durch einen Fremden in der Vorstellung der meisten Frauen das prototypischere Vergewaltigungsszenario zu sein, auf das sie sich bei allgemeinen Fragen zu Vergewaltigung beziehen und vor dem sie auch mehr Angst verspüren als vor der Vergewaltigung durch eine bekannte Person (z. B. Pilgram, 2011).

62 Für die Wahrscheinlichkeiten (geschätzte „Lebenszeitprävalenzen") wurden Mediane angegeben, da die Mittelwerte durch einige – unrealistisch hoch erscheinende – Wahrscheinlichkeitsangaben einzelner Probanden verzerrt sind, was sich auch an den relativ hohen Standardabweichungen ablesen lässt (Wahrscheinlichkeit, ermordet zu werden: $M = 2.0\%$, $SD = 6.2\%$; Wahrscheinlichkeit, durch einen Fremden vergewaltigt zu werden: $M = 7.5\%$, $SD = 12.3\%$).

63 Es existieren sehr viele Studien, welche die *psychologischen Konsequenzen für Opfer* sowie die *Behandlung von Opfern* sexueller Gewalt beschreiben bzw. untersuchen, allerdings nur recht wenige Studien, die sich mit der Angst von Nicht-Opfern beschäftigen. Ausnahmen stellen – neben den oben zitierten Studien von M. T. Gordon und Riger (1991; auch Riger & Gordon, 1981), Krahé (1999, 2005) und Warr (1984, 2000) – die Studien von Hickman und Muehlenhard (1997) sowie O'Donovan, Devilly und Rapee (2007) dar.

and began to calculate: Does he have bad intentions? Is he bigger than I am? Should I scream? Where can I run if he attacks? [...] My anxiety increased as the man got closer. I tightened, and the calculations continued: Should I look him directly in the eye, or will that be interpreted as a come-on? Should I walk briskly, or will that convey fear? The man approached, walked past me, and continued down the street. I was unharmed. (M. T. Gordon & Riger, 1991, S. 1)

Auffällig ist an diesem Beispiel, dass die „objektiven" Hinweise auf eine faktische Bedrohung sehr gering sind: Ein Mann geht – auf einem unbeleuchteten Fußweg – zügig in die Richtung, aus der die Frau kommt. Weitere Indizien dafür, dass der Mann unstatthafte Absichten haben könnte, finden sich in der Beschreibung nicht. Es erscheint somit sehr wahrscheinlich, dass auch der Mann beispielsweise nur auf dem Weg zu seinem Auto war. Dennoch verspürt die Frau ausgeprägte Angstsymptome und beschreibt Gedanken, die als hochgradig vigilant charakterisiert werden können.

Vergewaltigung und sexuelle Gewalt sind Verbrechen, die für Frauen eine reale Bedrohung darstellen, wie durch Kriminalstatistiken und Prävalenzstudien, die auch das bei Kriminalstatistiken auftretende Problem der Dunkelziffer adressieren (vgl. Kury, 2001), belegt wird (z. B. Bundeskriminalamt, 2010; Fisher, Cullen & Turner, 2000; Myhill & Allen, 2002; vgl. auch Krahé & Scheinberger-Olwig, 2002). Dennoch erleben Frauen wohl nur recht selten *eindeutige* Bedrohungssituationen, aber relativ häufig *ambivalente* Situationen, die ein – in der Regel recht unbestimmtes – Bedrohungspotential bergen, wie in dem obigen Beispiel aus M. T. Gordon und Riger (1991). Somit könnte ein Charakteristikum von sexuellen Bedrohungssituationen sein, dass diese oft durch einen hohen Grad von Ambivalenz gekennzeichnet sind.

Darüber hinaus ist es aus der Alltagsbeobachtung geläufig, dass es – wenn man beispielsweise auf der Straße eine lebhafte Interaktion zwischen einem Mann und einer Frau aus der Ferne betrachtet – manchmal schwierig ist, zu entscheiden, ob es sich um ein Paar handelt, das „herumalbert", oder ob beispielsweise die Frau bedroht bzw. belästigt wird. Diese Überlegungen und Befunde zur Angst vor sexueller Gewalt ließen es aussichtsreich erscheinen, sensitive Aufrechterhaltung für *ambivalente Reize* am Beispiel von Bildern zu untersuchen, die ambivalente Interaktionen zwischen einem Mann (oder auch mehreren Männern) und einer Frau zeigen.

Experiment 3 lehnt sich methodisch eng an Experiment 1 an, weist jedoch zwei wesentliche Änderungen auf. Die erste Änderung betrifft das Reizmaterial. Die verwendeten Bilder stellen ausschließlich Interaktionen zwischen einem Mann (oder mehreren Männern) und einer Frau dar, wobei es wiederum Bilder gibt, die eindeutig bedrohliche bzw. eindeutig nichtbedrohliche Situationen zeigen, sowie Bilder, die ambivalente Situationen abbilden. Hinsichtlich der ambivalenten Bilder war das Ziel, im Vergleich zu Experiment 1 eine insgesamt stärkere immanente Mehrdeutigkeit zu erreichen. Die zweite Variation gegenüber Experiment 1 ergibt sich daraus, dass durch die Bilder – im Sinne einer spezifischen Angst – die Furcht von Frauen vor sexueller Gewalt bzw. vor Vergewaltigung evoziert werden sollte. Daher waren selbstverständlich alle Probanden weiblich. Darüber hinaus gab es einige – weiter unten erläuterte – marginale Änderungen, welche die verwendeten Fragebögen und die Dauer der Bilddarbietung betrafen.

Die Hypothesen entsprachen denen, die für Experiment 1 aufgestellt wurden (vgl. Abschnitt 7.2.1). Zusätzlich wurde erwartet, dass sich für die ambivalenten Bilder das gleiche

Befundmuster ergibt wie für eindeutig bedrohliche Bilder, da Sensitizer auch für ambivalente Bilder aktive Aufrechterhaltung betreiben sollten, um auf die in diesen Bildern enthaltene Information in künftigen bedrohlichen Situationen zugreifen zu können. Represser sollten jedoch – zum Zwecke der Emotionsregulation – Gedanken an derartige ambivalente Bilder eher vermeiden.

7.4.2 Methode

Wie bereits bei der Beschreibung von Experiment 2 werden hier wiederum nur die Veränderungen gegenüber der Methode von Experiment 1 dargestellt und ansonsten wird auf den Methodenteil von Experiment 1 (Abschnitt 7.2.2) verwiesen. Die Gliederung dieses Methodenteils ist, um eine einfache Referenz zwischen den Experimenten zu ermöglichen, parallel zum Methodenteil von Experiment 1 gestaltet.

7.4.2.1 Stichprobe

Es nahmen 195 Frauen an dem Experiment teil, von denen jedoch 3 Teilnehmerinnen von der Auswertung ausgeschlossen wurden, da sie bereits im ersten Erinnerungstest Wiedererkennungswerte im Bereich von Zufallsangaben und/oder ungewöhnlich kurze Latenzzeiten bei der Abgabe der Wiedererkennungsurteile aufwiesen. Die endgültige Stichprobe umfasste somit 192 Frauen im Alter zwischen 18 und 46 Jahren ($M = 23.3$ Jahre, $Mdn = 23$ Jahre, $SD = 4.0$ Jahre). Bei 178 dieser Teilnehmerinnen handelte es sich um Studentinnen verschiedener Fachrichtungen, 9 Probanden gaben an, berufstätig zu sein, und 5 Probanden gingen noch zur Schule. Unter den Studentinnen waren 43 Psychologiestudierende, die sich alle im Grundstudium befanden. Die Psychologiestudierenden erhielten für ihre Teilnahme drei Versuchspersonenstunden, die anderen Personen wurden mit 20 Euro entschädigt.

Die Probandenakquise erfolgte durch Aushänge in Gebäuden der Universität Bamberg und über studentische E-Mail-Verteiler. Die Probanden wurden zufällig der Experimental- und der Kontrollgruppe zugewiesen, unter der Restriktion, eine relative Gleichverteilung zu erreichen. Es entfielen 94 Probanden auf die Experimentalgruppe (hohe kognitive Belastung) und 98 Probanden auf die Kontrollgruppe (niedrige kognitive Belastung).

7.4.2.2 Versuchsplanung

Das experimentelle Design von Experiment 3 entsprach dem von Experiment 1 (vgl. dazu Abschnitt 7.2.2.2 auf S. 178).

7.4.2.3 Versuchsablauf

Die Probanden wurden bei der Anwerbung und zu Beginn der Untersuchung darüber informiert, dass sich die Studie damit beschäftige, wie Frauen die Gefahr einschätzen und mit der Angst umgehen, Opfer eines sexuellen Übergriffs zu werden. Dabei erging der Hinweis, dass Bilder von teilweise bedrohlich wirkenden Situationen gezeigt würden und dass Frauen,

die Opfer eines sexuellen Verbrechens geworden sind, von einer Teilnahme Abstand nehmen sollten, sofern sie annähmen, dass derartige Bilder sie emotional aufwühlen könnten.
Jegliche Hinweise darauf, dass sich die Studie auch mit Gedächtniseffekten beschäftigt, wurden vermieden. Die Erhebung erfolgte in Einzelsitzungen; als Versuchsleiter fungierte bei
allen Erhebungen eine Frau. Wie in Experiment 1 wurden alle Fragebögen und die Zwischenaufgabe als Papierversion bearbeitet, wohingegen die experimentelle Gedächtnisaufgabe
computergestützt durchgeführt wurde, wozu die Probanden vor einem 19-Zoll-Bildschirm
(Auflösung: 1280×1024 Punkte) saßen.

   Die Abfolge der einzelnen Fragebögen sowie der experimentellen Aufgabe entsprach der
Abfolge, die für Experiment 1 beschrieben wurde. Allerdings wurden am Ende der Sitzung von
den Probanden mehrere weitere Fragebögen ausgefüllt, die überwiegend zur Untersuchung
zusätzlicher, hier nicht relevanter Fragestellungen dienten. Lediglich zwei dieser Fragebögen
sind im vorliegenden Kontext von Interesse und werden daher im Abschnitt zu den Fragebogenverfahren (Abschnitt 7.4.2.5) genauer vorgestellt. Dabei handelt es sich um einen
Fragebogen zur *Angst vor Vergewaltigung* (AV; B. Krahé, persönl. Mitteilung, 18.12.2006)
sowie eine Skala zum vergewaltigungsbezogenen *Vermeidungsverhalten* (VV; B. Krahé, persönl. Mitteilung, 18.12.2006). Die Versuchsdurchführung beanspruchte pro Teilnehmerin
etwa 2.5 Stunden.

7.4.2.4 Experimentelle Gedächtnisaufgabe

Die vier Bestandteile der experimentellen Gedächtnisaufgabe (Darbietung und Beurteilung der Bilder; unmittelbare Erinnerungsprüfung [Wiedererkennungstest 1]; Zwischenauf-
gabe mit der Between-Subjects-Variation der kognitiven Belastung; verzögerte Erinnerungs-
prüfung [Wiedererkennungstest 2]) waren bis auf zwei Aspekte identisch mit denen von
Experiment 1. Diese Aspekte, welche im Folgenden genauer behandelt werden, betreffen das
Bildmaterial und die *Darbietung der Bilder* in der Darbietungs- und Beurteilungsaufgabe.
Für die restlichen Teile der experimentellen Gedächtnisaufgabe wird auf die Darstellung von
Experiment 1 (Abschnitt 7.2.2.4) verwiesen.

Bildmaterial

Wie bei der Zusammenstellung des Bildmaterials für Experiment 1 erfolgte auch hier die
Erstellung des Bildmaterials in mehreren Schritten (vgl. S. 180 ff.). Zunächst wurde im
Internet sowie im „International Affective Picture System" (Lang et al., 2008) nach geeig-
neten Bildern gesucht. Bei den Bildern sollte es sich um Fotos handeln, die jeweils einen
Mann (oder auch mehrere Männer) und eine Frau darstellten, wobei die Situation für die
abgebildete Frau entweder eindeutig bedrohlich, eindeutig nichtbedrohlich oder ambivalent sein sollte. Wie in Experiment 1 wurden die Bilder in Sets von 3 (Bedrohlichkeit:
bedrohlich vs. ambivalent vs. nichtbedrohlich) $\times$ 2 (Prüfreiz vs. Distraktor) Bildern zusammengestellt, um zu gewährleisten, dass sich Prüfreize und Distraktoren möglichst ähneln
und es für die Bilder verschiedener Bedrohlichkeitskategorien – außer hinsichtlich der
Bedrohlichkeit (und den damit verbundenen Unterschieden in der Valenz und Ambivalenz) – keine systematischen Unterschiede (z. B. hinsichtlich der in den Bildern enthaltenen
Farben) gibt.

Tabelle 7.25 Mittelwerte (und Standardabweichungen) der Beurteilungen für die ausgewählten 360 Bilder (beruhend auf den Medianen der 10 Beurteilerinnen in der dritten Vorstudie)

Beurteilungs-skala	Bildkategorien					
	bedrohlich		ambivalent		nichtbedrohlich	
	Set 1 ($N = 60$)	Set 2 ($N = 60$)	Set 1 ($N = 60$)	Set 2 ($N = 60$)	Set 1 ($N = 60$)	Set 2 ($N = 60$)
Ambivalenz	2.6 (1.8)	2.7 (1.8)	6.0 (1.7)	6.0 (1.7)	1.6 (1.1)	1.6 (1.0)
Bedrohlichkeit	8.2 (0.8)	8.1 (0.9)	4.9 (1.4)	4.8 (1.3)	1.3 (0.6)	1.2 (0.6)
Valenz	8.0 (0.8)	7.8 (0.7)	5.8 (1.1)	5.8 (1.1)	3.1 (1.2)	2.9 (1.1)

Anmerkungen. Skalen: Ambivalenz: 1 (*überhaupt nicht*) bis 9 (*sehr mehrdeutig*); Bedrohlichkeit für einen selbst: 1 (*überhaupt nicht*) bis 9 (*sehr bedrohlich*); Valenz: 1 (*sehr positiv*), 5 (*neutral*), 9 (*sehr negativ*). Set 1 und Set 2 beziehen sich auf die Aufteilung der Bilder in Prüfreize und Distraktoren, wobei die Zuordnung zwischen den Probanden systematisch variiert wurde, so dass für die Hälfte der Probanden Set 1 die Prüfreize und Set 2 die Distraktoren darstellte und für die andere Hälfte die umgekehrte Zuordnung zutraf.

In drei konsekutiven Vorstudien wurden diese Bilder jeweils für 1000 ms[64] präsentiert und von insgesamt 24 unabhängigen Beurteilerinnen jeweils auf 9-stufigen Skalen hinsichtlich der *Ambivalenz* (1 = *überhaupt nicht* bis 9 = *sehr mehrdeutig*), der *Bedrohlichkeit* (1 = *überhaupt nicht* bis 9 = *sehr bedrohlich*) sowie der affektiven *Valenz* (1 = *sehr positiv*, 5 = *neutral*, 9 = *sehr negativ*) eingeschätzt. Nach den Vorstudien 1 und 2 wurden jeweils Bilder, die sich als ungeeignet erwiesen, entfernt und durch passendere Bilder ersetzt (die Bewertungskriterien entsprachen denen von Experiment 1).

Anhand der Ergebnisse der dritten Vorstudie, für welche 10 Beurteilerinnen alle Bilder einschätzten, wurden diejenigen 360 Bilder, die in ihren Werten am besten den Kriterien entsprachen, ausgewählt. Tabelle 7.25 gibt die Mittelwerte und Standardabweichungen der Beurteilungen der finalen Bildersets wieder, wobei – um Ausreißer weniger zu gewichten – zunächst für die einzelnen Bilder die Mediane aus den Angaben der Urteilerinnen gebildet wurden, bevor daraus die Mittelwerte und Standardabweichungen für die Bildkategorien berechnet wurden. Wie der Tabelle zu entnehmen ist, wurden bedrohliche Bilder als eindeutig bedrohlich (*Ms* = 8.2 und 8.1) und als affektiv negativ (*Ms* = 8.0 und 7.8) bewertet, waren aber nur wenig ambivalent (*Ms* = 2.6 und 2.7). Nichtbedrohliche Bilder waren eindeutig nicht-bedrohlich (*Ms* = 1.3 und 1.2), affektiv neutral bzw. leicht positiv (*Ms* = 3.1 und 2.9) und wiesen ebenfalls nur eine sehr geringe Ambivalenz auf (*Ms* = 1.6). Hinsichtlich der ambivalenten Bilder war das Hauptziel, eine genuine Ambivalenz der Bilder zu erreichen. Mit Ambivalenz-urteilen von *M* = 6.0 kann dies als erfüllt gelten. Somit liegen die Ambivalenzurteile für die vergewaltigungsassoziierten ambivalenten Bilder auch deutlich höher als die – auf der gleichen Skala erfassten – Ambivalenzurteile für die allgemein bedrohungsassoziierten ambivalenten Bilder aus Experiment 1 (*Ms* = 4.4; vgl. Tabelle 7.1 auf S. 181). Für die ambivalenten Bilder in Experiment 3 liegen die Bedrohlichkeitsurteile wunschgemäß im mittleren Skalenbereich

---

64 Für die Vorstudien zu Experiment 3 wurde mit 1000 ms eine längere Darbietungszeit gewählt als für die Vorstudien zu Experiment 1 (250 ms). Der Grund dafür ist, dass das Ambivalenzurteil auf dem Bildinhalt (und damit auf einer der dargestellten Situation immanenten Ambivalenz) beruhen und nicht durch eine sehr kurze Darbietungszeit beeinflusst werden sollte. Wird dann im Hauptexperiment die Darbietungszeit kürzer als in der Vorstudie gewählt, ist davon auszugehen, dass die wahrgenommene Ambivalenz der Bilder gegenüber der Vorstudie noch zunimmt.

(Ms = 4.9 und 4.8) und die Valenzurteile fallen leicht negativ aus (Ms = 5.8). Beispiele für die in Experiment 3 verwendeten Bilder finden sich in Anhang A.5.

Darbietung und Beurteilung der Bilder

Gegenüber der Prozedur der Darbietung und Beurteilung der Bilder in Experiment 1 wurden lediglich marginale Änderungen vorgenommen. Die erste Änderung betrifft die Präsentationszeit der Bilder: Diese wurde von 250 ms auf 300 ms erhöht. In Vorstudien hatte sich nämlich herausgestellt, dass die allgemeine Wiedererkennungsleistung für das neue Bildmaterial etwas schwächer ausfiel als in Experiment 1. Dies liegt vermutlich daran, dass sich in Experiment 3 die Distraktoren und Prüfreize teilweise noch stärker ähnelten als in Experiment 1. Um in Experiment 3 diese höhere Schwierigkeit der Wiedererkennungsaufgabe etwas zu kompensieren, aber dennoch die Gleichheit der Enkodierungszeiten zwischen Personen verschiedener Bewältigungsgruppen zu gewährleisten, wurde diese geringfügige Erhöhung der Darbietungszeit vorgenommen. Die zweite Änderung bezieht sich auf die Größe der verwendeten Bilder: Diese waren in Experiment 3 mit 400 × 400 Bildpunkten etwas größer als in Experiment 1 (350 × 350 Bildpunkte).

Schließlich wurden, abweichend von Experiment 1, die Teilnehmerinnen instruiert, sich bei der Beurteilung der Bilder in die abgebildete Frau hineinzuversetzen und ihr Bedrohlichkeitsurteil so abzugeben, als wären sie die Frau auf dem Bild. Dies sollte die Selbstrelevanz der Stimuli weiter erhöhen. Ansonsten erfolgten keine Änderungen gegenüber der Prozedur aus Experiment 1.

7.4.2.5 Fragebogenverfahren

Die für das Experiment 1 dargestellten Fragebogenverfahren (vgl. Abschnitt 7.2.2.5) wurden auch in Experiment 3 eingesetzt. Beim ABI wurden in Experiment 3 zur Auswertung allerdings nicht die Gesamtskalen, sondern die Untertestscores *Vigilanz hinsichtlich physischer Bedrohung* (VIG-P) und *kognitive Vermeidung hinsichtlich physischer Bedrohung* (KOV-P) verwendet. Der Grund dafür ist, dass sich die Angst vor Vergewaltigung bzw. sexueller Gewalt primär auf die physische Bedrohung beziehen sollte. Zwar können eine Vergewaltigung und sexuelle Gewalt für das Opfer auch selbstwertrelevant sein, beispielsweise im Sinne des Gefühls der Erniedrigung und der Einschränkung der Selbstbestimmung, aber derartige Aspekte werden durch die selbstwertrelevanten Szenarien des ABI, die sich alle auf Bewährungs- bzw. Bewertungssituationen beziehen und einen Leistungsaspekt enthalten (Vortrag halten, wichtige Prüfung, Stellenbewerbung und Fehler bei der Arbeit), nicht erfasst. Daher schien es adäquat, nur die ABI-Szenarien zur physischen Bedrohung für die Auswertung heranzuziehen (vgl. hierzu auch Krahé, 2005).

Ferner sollte neben der allgemeinen Ängstlichkeit, erfasst mit dem STAI-R, ein spezifisches Maß für die Angst vor Vergewaltigung erhoben werden. Dazu kam der Fragebogen *Angst vor Vergewaltigung* (AV; B. Krahé, persönl. Mitteilung, 18.12.2006) zum Einsatz.[65] Dieser stellt die von Krahé vorgenommene deutschsprachige Übersetzung der *Fear of Rape Scale* von Holgate (1989) dar. Der Fragebogen umfasst 11 Items[66] (z. B. „Ich denke oft daran, wie leicht

---

65 Ich danke Prof. Dr. Barbara Krahé für die Überlassung der nichtpublizierten Fragebögen *Angst vor Vergewaltigung* und *Vermeidungsverhalten*.
66 Der englischsprachige Originalfragebogen enthält 12 Items.

es passieren kann, vergewaltigt zu werden", „Ich werde nervös, wenn ich nachts auf der Straße bin und höre, dass ein Mann hinter mir geht"), zu denen die Zustimmung auf einer 5-stufigen Antwortskala (1 = *stimmt gar nicht* bis 5 = *stimmt genau*) anzugeben ist. Der vollständige Fragebogen ist in Anhang A.6 wiedergegeben.

Schließlich sollte auch das faktische (behaviorale) vergewaltigungsspezifische Vermeidungsverhalten erfasst werden. Hierzu wurde der Fragebogen *Vermeidungsverhalten* (VV; B. Krahé, persönl. Mitteilung, 18.12.2006; vgl. auch Krahé, 1999) verwendet. Dieser Fragebogen umfasst 25 Items, die Strategien beschreiben, deren Anwendung die Gefahr, Opfer sexueller Gewalt zu werden, verringern sollte. Derartige Strategien sind beispielsweise „Wenn ich nachts unterwegs bin, versuche ich, mit anderen Frauen zusammen zu gehen", „Ich gehe nicht auf abgelegene Toiletten" und „Ich versuche Kleidung zu tragen, in der ich stark wirke und in der ich mich verteidigen kann". Auf einer 5-stufigen Antwortskala (1 = *stimmt gar nicht* bis 5 = *stimmt genau*) ist für jede der Strategien anzugeben, wie gut diese das eigene Verhalten im täglichen Leben beschreibt. Der vollständige Fragebogen findet sich in Anhang A.7.

7.4.3 Ergebnisse

Wie für die beiden vorherigen Experimente werden die Selbstberichtsdaten und deren Zusammenhänge dargestellt (Abschnitt 7.4.3.1), Befunde aus der Beurteilungsaufgabe präsentiert (Abschnitt 7.4.3.2) und die Erinnerungs- und Vergessenseffekte analysiert (Abschnitt 7.4.3.3). Dabei werden Nebenbefunde, die für die Kernfragestellung von untergeordneter Bedeutung sind, kursorisch abgehandelt.

7.4.3.1 Selbstberichtsdaten

Die deskriptiven Statistiken der Fragebogendaten sind in Tabelle 7.26 zusammengefasst. Die internen Konsistenzen aller Skalen liegen in einem akzeptablen bis sehr guten Bereich. Der

Tabelle 7.26 Skalenmittelwerte, Standardabweichungen und interne Konsistenzen der Selbstberichtsmaße

Skala (Itemanzahl)	*M*	*SD*	Cronbachs α
Vigilanz (physisch) (20)[a]	0.52	0.19	.76
Kognitive Vermeidung (physisch) (20)[a]	0.55	0.19	.74
Ängstlichkeit (15)[b]	2.18	0.51	.89
Positiver Affekt 1 (6)[c]	3.19	1.17	.86
Positiver Affekt 2 (6)[c]	3.07	1.29	.90
Negativer Affekt 1 (10)[c]	2.52	1.08	.88
Negativer Affekt 2 (10)[c]	2.38	1.10	.90
TCQ-Skala Ablenkung (6)[b]	2.58	0.50	.69
TCQ-Skala Umbewertung (5)[b]	2.64	0.59	.71
WBSI-Skala Gedankenintrusionen (7)[d]	3.33	0.84	.84
WBSI-Skala Gedankenunterdrückung (7)[d]	3.01	0.75	.74
Angst vor Vergewaltigung (11)[d]	3.18	0.76	.85
Vermeidungsverhalten (25)[d]	2.83	0.65	.88

Anmerkungen. [a] Min = 0, Max = 1; [b] Min = 1, Max = 4; [c] Min = 1, Max = 7; [d] Min = 1, Max = 5.

positive Affekt nahm vom ersten zum zweiten Messzeitpunkt zwar nur schwach, aber doch signifikant ab (Ms = 3.19 und 3.07, SDs = 1.17 und 1.29), $t(191)$ = 2.20, p = .029, d = 0.10. Allerdings unterschied sich der Abfall im positiven Affekt vom ersten zum zweiten Messzeitpunkt nicht zwischen der Gruppe hoher kognitiver Belastung (Abfall um 0.11 Skalenpunkte) und der Gruppe niedriger kognitiver Belastung (Abfall um 0.13 Skalenpunkte), $t(190)$ < 1.

Ein wenig deutlicher als der positive Affekt nahm der negative Affekt vom ersten zum zweiten Messzeitpunkt ab (Ms = 2.52 und 2.38, SDs = 1.08 und 1.10), $t(191)$ = 2.94, p = .004, d = 0.13. Dabei nahm – deskriptiv – der negative Affekt in der Bedingung hoher kognitiver Belastung sogar etwas stärker ab (Abfall um 0.20 Skalenpunkte) als in der Bedingung niedriger kognitiver Belastung (Abfall um 0.08 Skalenpunkte). Allerdings war auch bezüglich des negativen Affekts der Unterschied zwischen den Gruppen nicht signifikant, $t(190)$ = 1.32, p = .19. Unabhängig davon kann ausgeschlossen werden, dass durch die kognitiv belastende Zwischenaufgabe negativer Affekt erzeugt wurde.

Für die Erfassung von Vigilanz und kognitiver Vermeidung wurden aus den dargestellten Gründen nur die Untertestscores hinsichtlich physischer Bedrohung verwendet (vgl. Abschnitt 7.4.2.5). Entsprechend sind die internen Konsistenzen der Skalen etwas geringer als bei Verwendung der Gesamtscores, liegen mit Cronbachs αs von .76 und .74 aber noch im akzeptablen Bereich. Die Dichotomisierung der Variablen Vigilanz (physisch) und kognitive Vermeidung (physisch) an deren Medianen ($Mdns$ = 0.54 und 0.56) und die anschließende Kreuzklassifikation ergaben Gruppengrößen der Bewältigungsmodi von 68 Sensitizern, 66 Repressern, 36 Niedrigängstlichen und 22 Hochängstlichen. Dabei waren in der Gruppe mit hoher kognitiver Belastung in der Zwischenaufgabe 34 Sensitizer, 33 Represser, 15 Niedrigängstliche und 12 Hochängstliche vertreten. In der Gruppe mit niedriger kognitiver Belastung gab es 34 Sensitizer, 33 Represser, 21 Niedrigängstliche und 10 Hochängstliche. Die relativ geringen Gruppengrößen der Niedrig- und Hochängstlichen beruhen auf der recht starken Korrelation von Vigilanz (physisch) und kognitiver Vermeidung (physisch), $r(190)$ = −.52, p < .001.

Tabelle 7.27 stellt neben dieser Korrelation auch die Zusammenhänge zwischen den übrigen in Tabelle 7.26 aufgeführten Fragebogenskalen dar. Da, wie bereits in den Experimenten 1 und 2, die Werte der beiden Messzeitpunkte des positiven und negativen Affekts (also PA1 mit PA2 und NA1 mit NA2) sehr hoch korreliert waren (beide rs = .82), wurden in Tabelle 7.27 nur die Mittelwerte der beiden Messzeitpunkte (also PA und NA) aufgenommen.

Die Korrelationen fallen größtenteils erwartungsgemäß aus. Insbesondere korrelieren die TCQ-Skalen Ablenkung und Umbewertung positiv mit kognitiver Vermeidung (physisch), rs = .21 und .28, ps < .005, wohingegen die WBSI-Skala Gedankenintrusionen positiv mit Vigilanz korreliert, r = .35, p < .001. Nicht erwartungskonform ist, dass die WBSI-Skala Gedankenunterdrückung positiv mit Vigilanz korreliert – hier wäre vielmehr eine negative Korrelation mit Vigilanz bzw. eine positive Korrelation mit kognitiver Vermeidung zu erwarten gewesen. Die Zusammenhänge mit den beiden erstmalig erfassten Maßen Angst vor Vergewaltigung (AV) und vergewaltigungsspezifisches Vermeidungsverhalten (VV) entsprechen den Erwartungen. Im Speziellen ist erwartungskonform, dass beide Skalen positiv mit Vigilanz (rs = .47 und .38) und mit Ängstlichkeit (rs = .37 und .24) korrelieren, aber negativ mit kognitiver Vermeidung (rs = −.35 und −.25). Vigilanz ist also mit vorsichtigerem Verhalten assoziiert und kognitive Vermeidung geht – auf behavioraler Ebene – mit unvorsichtigerem Verhalten einher. Auch die mit r = .69 sehr hohe Interkorrelation von Angst vor Vergewalti-

Tabelle 7.27 Interkorrelationen der Selbstberichtsdaten ($N = 192$)

Variable	2	3	4	5	6	7	8	9	10	11
1 VIG-P	−.52**	.49**	−.13	.31**	−.11	−.05	.35**	.25**	.47**	.38**
2 KOV-P		−.38**	.24**	−.20**	.21**	.28**	−.16*	−.11	−.35**	−.25**
3 Ängstl.			−.30**	.34**	−.40**	−.17*	.58**	.37**	.37**	.24**
4 PA				−.45**	.31**	.23**	−.27**	−.22**	−.18*	−.17*
5 NA					−.13	−.18*	.34**	.25**	.45**	.32**
6 Ablenkung						.17*	−.22**	.07	−.13	.00
7 Umbew.							−.06	−.23**	−.15*	−.13
8 Intrusion								.58**	.39**	.26**
9 Unterdr.									.30**	.25**
10 AV										.69**
11 VV										—

Anmerkungen. VIG-P = Vigilanz (physisch), KOV-P = kognitive Vermeidung (physisch), Ängstl. = Ängstlichkeit, PA/NA = positiver/negativer Affekt (gemittelt über die beiden Erhebungszeitpunkte), Ablenkung = TCQ-Subskala Ablenkung, Umbew. = TCQ-Subskala Umbewertung, Intrusion = WBSI-Skala Gedankenintrusionen, Unterdr. = WBSI-Skala Gedankenunterdrückung, AV = Angst vor Vergewaltigung, VV = vergewaltigungsspezifisches Vermeidungsverhalten.
* $p < .05$, ** $p < .01$. Korrelationen, die betragsmäßig größer .30 ($p < .001$) sind, wurden zusätzlich durch Fettdruck hervorgehoben.

gung und vergewaltigungsspezifischem Vermeidungsverhalten ist plausibel, da eine erhöhte Angst vor Vergewaltigung auf der behavioralen Ebene mit faktischem Vermeidungsverhalten verknüpft sein sollte. Die nur moderate Korrelation von allgemeiner Ängstlichkeit und Angst vor Vergewaltigung ($r = .37$) deutet darauf hin, dass die Skala Angst vor Vergewaltigung eine spezifische Angst erfasst, die nur teilweise durch allgemeine Ängstlichkeit erklärt werden kann.

Auf eine detaillierte Darstellung von bewältigungsspezifischen Gruppenunterschieden hinsichtlich der TCQ- und WBSI-Skalen wird verzichtet, da diese bereits für die Experimente 1 und 2 vorgenommen wurde. Allerdings ließen sich erwartungskonforme Gruppenunterschiede zwischen Sensitizern und Repressern hinsichtlich der Skalen Ablenkung, Umbewertung und Gedankenintrusionen, nicht jedoch hinsichtlich Gedankenunterdrückung statistisch sichern.

7.4.3.2 Bildbeurteilung

Zur Manipulationskontrolle hinsichtlich der Bedrohlichkeitsvariation des Reizmaterials stellt Tabelle 7.28 – über alle Bewältigungsgruppen hinweg – die Beurteilung der Bilder in Abhängigkeit von der Bildkategorie dar. Von den 60 bedrohlichen Bildern wurde erwartungsgemäß der Großteil, nämlich durchschnittlich $M = 49.6$ ($SD = 6.9$) Bilder, als bedrohlich eingeschätzt – das entspricht 82.7 %. Lediglich durchschnittlich $M = 1.4$ ($SD = 1.9$) der bedrohlichen Bilder – also 2.3 % – wurden als nichtbedrohlich beurteilt. Auch für die nichtbedrohlichen Bilder ergibt sich, dass die Urteile überwiegend der Bedrohungskategorie entsprachen: Von den 60 nichtbedrohlichen Bildern wurden sogar durchschnittlich $M = 54.2$ ($SD = 5.3$) – und damit 90.3 % der Bilder – als nichtbedrohlich beurteilt. Weniger als 1 % der nichtbedrohlichen Bilder wurde als bedrohlich bewertet. Von den 60 ambivalenten Bildern wurde gut die Hälfte ($M = 30.1$, $SD = 8.3$) als mehrdeutig eingeschätzt und jeweils ungefähr ein Viertel als bedrohlich ($M = 14.3$, $SD = 8.9$) bzw. nichtbedrohlich ($M = 15.6$, $SD = 9.8$). Anhand der Standardabweichungen lässt sich auch erkennen, dass die größte Varianz in den Urteilen der Probanden für die ambivalenten Bilder bestand.

Die stärksten Zusammenhänge der Bildbeurteilung mit der Angstbewältigungsdisposition sind für die Beurteilung ambivalenter Bilder als bedrohlich sowie die Beurteilung ambivalenter Bilder als nichtbedrohlich zu erwarten, weshalb sich die folgende Darstellung auf diese Bilder konzentriert. Für die Beurteilung ambivalenter Bilder als bedrohlich ergab sich – erwartungskonform – ein positiver Zusammenhang mit Vigilanz, $r = .173$, $p = .016$, und ein negativer Zusammenhang mit kognitiver Vermeidung, $r = -.198$, $p = .006$; mit dem Vigilanz-Vermeidungs-Score bestand eine Korrelation von $r = .212$, $p = .003$. Insbesondere beurteilten Sensitizer im Vergleich zu Repressern mehr ambivalente Bilder als bedrohlich ($Ms = 16.4$ und 12.2, $SDs = 9.9$ und 7.2), $t(132) = 2.86$, $p = .005$, $d = 0.66$. Für die Beurteilung ambivalenter Bilder als nichtbedrohlich zeigen sich deskriptiv zwar erwartungskonform Korrelationen in umgekehrter Richtung, diese waren jedoch nicht bzw. nur marginal signifikant (für Vigilanz: $r = -.072$, $p > .3$; für kognitive Vermeidung: $r = .134$, $p = .064$; für den Vigilanz-Vermeidungs-Score: $r = -.118$, $p = .104$). Auch beim Vergleich der Anzahl der als nichtbedrohlich beurteilten ambivalenten Bilder ergab sich kein signifikanter Gruppenunterschied zwischen Repressern ($M = 16.8$, $SD = 8.9$) und Sensitizern ($M = 14.4$, $SD = 9.5$), $t(132) = 1.48$, $p = .14$.

Hinsichtlich der Latenzzeiten ergaben sich ebenfalls Befunde, die konsistent zu denen von Experiment 1 ausfallen.[67] So benötigten Mehrdeutig-Urteile ($M = 1292$ ms, $SD = 327$ ms) durchschnittlich deutlich mehr Zeit als Bedrohlich-Urteile ($M = 904$ ms, $SD = 209$ ms), $t(191) = 21.81$, $p < .001$, $d = 1.41$, und auch deutlich mehr Zeit als Nichtbedrohlich-Urteile ($M = 897$ ms, $SD = 178$ ms), $t(191) = 23.13$, $p < .001$, $d = 1.50$. Bedrohlich- und Nichtbedrohlich-Urteile unterschieden sich hingegen nicht in ihren Latenzzeiten, $t(191) < 1$. Auch hinsichtlich der Angstbewältigungsdisposition ähnelten die Befunde zu den Latenzzeiten denen von Experiment 1. Insbesondere waren höhere Vigilanzwerte mit schnelleren Bedrohlichkeitsurteilen assoziiert, $r = .143$, $p = .048$.

Tabelle 7.28 Absolute Häufigkeiten, Standardabweichungen und Standardfehler der Beurteilungen bedrohlicher, ambivalenter und nichtbedrohlicher Bilder

| | Beurteilungen als … | | | | | | | | |
| | bedrohlich | | | mehrdeutig | | | nichtbedrohlich | | |
Bildkategorie	M	SD	SE	M	SD	SE	M	SD	SE
bedrohlich ($n = 60$)	49.6	6.9	0.5	9.0	6.0	0.4	1.4	1.9	0.1
nichtbedrohlich ($n = 60$)	0.5	0.8	0.1	5.3	5.0	0.4	54.2	5.3	0.4
ambivalent ($n = 60$)	14.3	8.9	0.6	30.1	8.3	0.6	15.6	9.8	0.7

67 Wie für Experiment 1 wurden auf der Ebene der einzelnen Probanden die Mediane der Reaktionszeiten berechnet, um den Einfluss von Ausreißerwerten zu minimieren. Eine alternative Berechnung auf der Basis von Mittelwerten, bei denen Reaktionszeiten oberhalb von 4000 ms ausgeschlossen wurden (das betraf 0.36% aller Reaktionen), erbrachte sehr ähnliche Befundmuster.

7.4.3.3 Erinnerung und Vergessen

Allgemeinpsychologische Effekte

Zunächst wurde, um die allgemeinen Effekte der experimentellen Manipulation zu analysieren, eine dreifaktorielle Varianzanalyse für die Wiedererkennungsleistung durchgeführt. Als Within-Subjects-Faktoren wurden die unabhängigen Variablen *Wiedererkennungstest* (unmittelbar vs. zeitlich verzögert) und *Bedrohlichkeit* der Bilder aufgenommen. Die *kognitive Belastung* während des Behaltensintervalls (hoch vs. niedrig) stellte einen Between-Subjects-Faktor dar. Wie erwartet, gab es einen starken Effekt des *Wiedererkennungstests*, da die Erinnerung der Probanden in Test 1 ($M = 2.08$, $SD = 0.56$) deutlich höher war als in Test 2 ($M = 1.50$, $SD = 0.55$) und somit Vergessen zwischen den Tests stattgefunden hat, $F(1, 190) = 584.91$, $p < .001$, $\eta_p^2 = .76$. Dieser Effekt ist Abbildung 7.9 zu entnehmen.

Anhand der Abbildung lässt sich auch ein Haupteffekt der Bedrohlichkeit ausmachen, $F(2, 189) = 64.77$, $p < .001$, $\eta_p^2 = .41$, der darin besteht, dass ambivalente Bilder ($M = 1.96$, $SD = 0.62$) besser als bedrohliche ($M = 1.70$, $SD = 0.55$) und nichtbedrohliche ($M = 1.71$, $SD = 0.57$) Bilder erinnert wurden. Es traten keine weiteren Haupt- oder Interaktionseffekte auf, alle *F*s < 1.

Die Wiedererkennungsaufgabe in Experiment 3 gestaltete sich für die Probanden wohl etwas schwieriger als in Experiment 1 und 2, da bereits im Wiedererkennungstest 1 die durchschnittliche Erinnerungsleistung ($M = 2.08$) etwas unterhalb der Skalenmitte von 2.5 lag. Allerdings war auch beim Wiedererkennungstest 2 die Erinnerungsleistung mit einem Wert von $M = 1.50$ noch weit genug vom Nullpunkt der Skala entfernt, um Bodeneffekte ausschließen zu können.

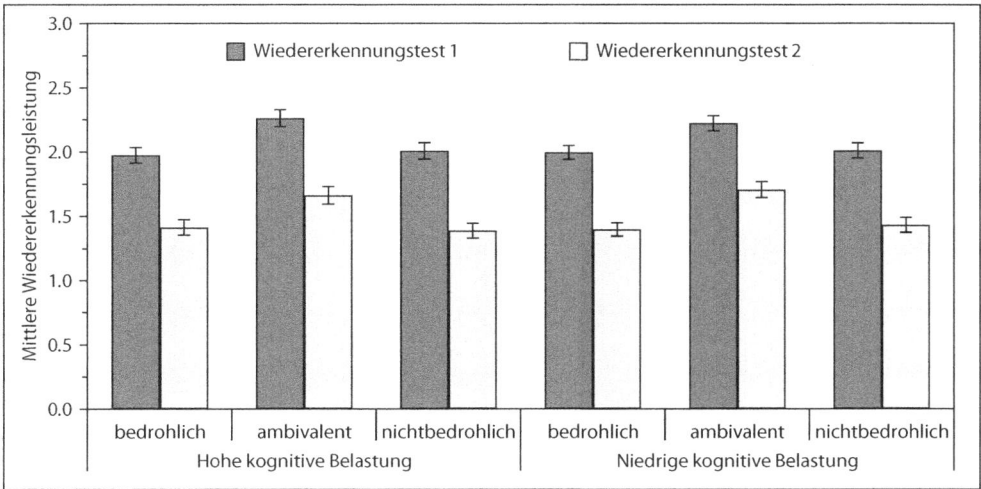

Abbildung 7.9 Mittlere Wiedererkennungsleistung in den beiden Wiedererkennungstests in Abhängigkeit von der kognitiven Belastung und der Bedrohlichkeit des Bildmaterials. Fehlerbalken indizieren einfache Standardfehler.

Vergleich der Bewältigungsgruppen

Die folgende Auswertung zur Überprüfung der Hypothesen bezieht sich wieder auf den Vergessensscore (vgl. Abschnitt 7.2.4.3). In Anhang B.3 sind aber auch die getrennten Wiedererkennungsleistungen für die beiden Tests abgedruckt. Abbildung 7.10 gibt einen Überblick über die Vergessensscores in Abhängigkeit von der Bildkategorie und den Angstbewältigungsmodi.

Die erste Hypothese, dass unter *niedriger kognitiver Belastung* Sensitizer im Vergleich zu Repressern (und auch im Vergleich zu den anderen Bewältigungsgruppen) weniger *bedrohliche Bilder* vergessen, konnte statistisch nicht gesichert werden. Zwar zeigten Sensitizer ($M = 0.53$, $SD = 0.42$) deskriptiv weniger Vergessen als Represser ($M = 0.71$, $SD = 0.52$), dieser Unterschied war jedoch nicht signifikant, $t(65) = 1.50$, $p = .14$, $d = 0.37$. Zudem unterschieden sich Sensitizer im Vergessen bedrohlicher Bilder in dieser Bedingung auch nicht signifikant von Niedrigängstlichen ($M = 0.43$, $SD = 0.46$) oder Hochängstlichen ($M = 0.51$, $SD = 0.67$), $ts < 1$. Allerdings fand sich der in Hypothese 1 formulierte Effekt für die ambivalenten Bilder: Hier vergaßen in der Bedingung niedriger kognitiver Belastung Sensitizer ($M = 0.29$, $SD = 0.51$) im Vergleich zu Repressern ($M = 0.66$, $SD = 0.43$) deutlich weniger Bilder, $t(65) = 3.28$, $p = .002$, $d = 0.80$. Auch bei Kontrastierung der Sensitizer mit den anderen drei Bewältigungsgruppen war dieser Effekt hochsignifikant $t(94) = 3.13$, $p = .002$. Hypothese 1 wurde somit zwar nicht für bedrohliche Bilder, aber für ambivalente Bilder bestätigt. Zudem vergessen Sensitizer unter hoher kognitiver Belastung mehr ambivalente Bilder als unter niedriger kognitiver Belastung ($Ms = 0.70$ und 0.29, $SDs = 0.54$ und 0.51), $t(66) = 3.27$, $p = .002$, $d = 0.81$. Für bedrohliche Bilder verfehlt dieser Effekt (bei zweiseitiger Testung) das Signifikanzniveau, $t(66) = 1.62$, $p = .11$. Abbildung 7.10 ist auch zu entnehmen, dass sich der Vergessensscore der Sensitizer für das Vergessen ambivalenter Bilder unter niedriger kognitiver Belastung ($M = 0.29$) am

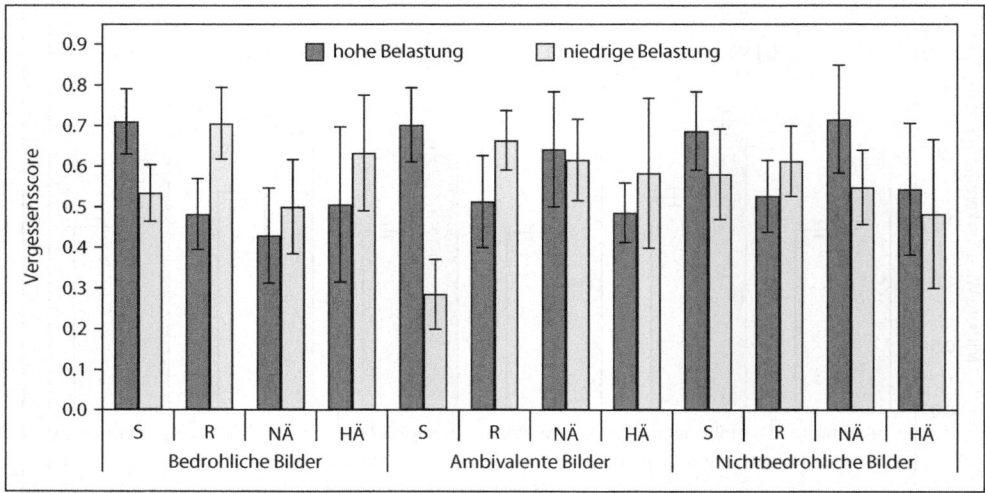

Abbildung 7.10 Vergessensscores der Sensitizer (S), Represser (R), Niedrigängstlichen (NÄ) und Hochängstlichen (HÄ) unter hoher und niedriger kognitiver Belastung für die drei Bildkategorien. Fehlerbalken indizieren einfache Standardfehler.

deutlichsten von den Vergessenswerten aller anderen Bewältigungsgruppen abhebt: Keine andere Bewältigungsgruppe vergisst – unabhängig von der Bedrohlichkeitskategorie und der kognitiven Belastung – annähernd gleich wenig wie Sensitizer in dieser Bedingung.

Hypothese 2, dass unter *hoher kognitiver Belastung* sensitive Aufrechterhaltung beeinträchtigt wird und folglich Sensitizer genauso viele *bedrohliche Bilder* vergessen wie Represser bzw. Personen der anderen Bewältigungsgruppen, konnte bestätigt werden. Abbildung 7.10 ist zu entnehmen, dass unter hoher kognitiver Belastung Sensitizer ($M = 0.71$, $SD = 0.48$) nicht nur genauso viele, sondern sogar mehr bedrohliche Bilder vergessen als Represser ($M = 0.48$, $SD = 0.51$), Niedrigängstliche ($M = 0.43$, $SD = 0.46$) und Hochängstliche ($M = 0.51$, $SD = 0.67$). Ohne Testung kann die Hypothese 2 somit als bestätigt gelten. Übrigens trifft dies, wie die Abbildung zeigt, auch für ambivalente Bilder zu: Hier vergessen Sensitizer ($M = 0.70$, $SD = 0.54$) mindestens genauso viele ambivalente Bilder wie die anderen Bewältigungsgruppen (Represser: $M = 0.51$, $SD = 0.66$; Niedrigängstliche: $M = 0.64$, $SD = 0.55$; Hochängstliche: $M = 0.49$, $SD = 0.26$).

Die dritte Hypothese, derzufolge sich für das Vergessen *nichtbedrohlicher Bilder* – unabhängig von der Bedingung der kognitiven Belastung – keine Unterschiede zwischen Sensitizern und Repressern finden lassen sollten, wurde bestätigt. In der Bedingung hoher kognitiver Belastung unterschieden sich Sensitizer ($M = 0.69$, $SD = 0.57$) nicht signifikant von Repressern ($M = 0.53$, $SD = 0.52$), $t(65) = 1.20$, $p = .24$, $d = 0.29$. Dasselbe galt für die Bedingung niedriger kognitiver Belastung (Sensitizer: $M = 0.58$, $SD = 0.66$; Represser: $M = 0.61$, $SD = 0.51$), $t(65) < 1$, $d = 0.05$.

Wie bereits in den Experimenten 1 und 2 lässt sich auch in Abbildung 7.10 erkennen, dass Represser zumindest einen Trend aufweisen, *bedrohliche Bilder* unter *niedriger kognitiver Belastung* ($M = 0.71$, $SD = 0.52$) nicht nur gleich stark, sondern offenbar sogar stärker zu vergessen als unter hoher kognitiver Belastung ($M = 0.48$, $SD = 0.51$), $t(64) = 1.78$, $p = .08$, $d = 0.44$. Für ambivalente Bilder ist deskriptiv zwar eine Differenz in gleicher Richtung zu verzeichnen, allerdings ist hier der Unterschied deutlich geringer und nicht signifikant ($Ms = 0.66$ und 0.51, $SDs = 0.43$ und 0.66), $t(64) = 1.09$, $p = .28$, $d = 0.27$.

Regressionsanalytischer Ansatz zur Kontrolle weiterer Einflussfaktoren

Auch für das Experiment 3 soll wieder untersucht werden, ob die Angstbewältigungsdisposition einen inkrementellen Varianzaufklärungsbeitrag liefern kann, wenn für andere potentielle Einflussfaktoren kontrolliert wird. Da im vorliegenden Experiment zumindest beim Vergleich der Bewältigungsgruppen der Effekt der sensitiven Aufrechterhaltung für ambivalente Bilder größer war als für eindeutig bedrohliche Bilder, werden neben Regressionsanalysen mit dem Kriterium *Vergessen bedrohlicher Bilder* auch Regressionsanalysen mit dem Kriterium *Vergessen ambivalenter Bilder* durchgeführt. Hinsichtlich der Kontrolle für die Ängstlichkeit ergeben sich im vorliegenden Fall die Optionen, entweder – wie in den Experimenten 1 und 2 – für die allgemeine Ängstlichkeit (erfasst mittels des STAI-R) oder für das spezifischere Selbstberichtsmaß *Angst vor Vergewaltigung* (AV) zu kontrollieren. Berichtet werden im Folgenden, um eine bessere Vergleichbarkeit mit den Experimenten 1 und 2 zu gewährleisten, die Regressionsanalysen mit dem STAI-R. Alternativ mit der AV-Skala durchgeführte Analysen erbrachten aber im Wesentlichen identische Befunde, so dass sich die Darstellung auf eine der Alternativen beschränken kann. Da Vigilanz (physisch) und kognitive Vermeidung (physisch) in dem vorliegenden Experiment hoch korreliert waren ($r = -.52$) und sich zudem in den Experimenten 1 und 2 der Vigilanz-Vermeidungs-Score als ein Maß herausgestellt hat, das robust Unterschiede in der Angstbewältigungsdisposition wiederzugeben vermag, wird auf eine separate Analyse von Vigilanz und kognitiver Vermeidung verzichtet und nur der Vigilanz-Vermeidungs-Score zur Auswertung herangezogen.

In Tabelle 7.29 sind die bivariaten Korrelationen für die Kriterien (Vergessen bedrohlicher Bilder sowie Vergessen ambivalenter Bilder) und die Prädiktorvariablen der Regressionsanalyse, getrennt für die Gruppe mit niedriger kognitiver Belastung (oberhalb der Diagonalen) und hoher kognitiver Belastung (unterhalb der Diagonalen), angegeben. Die bivariaten Korrelationen der Prädiktoren mit dem Kriterium *Vergessen bedrohlicher Bilder* fallen insgesamt recht schwach aus. In der Bedingung niedriger kognitiver Belastung erreicht kein Zusammenhang das Signifikanzkriterium, in der Bedingung hoher kognitiver Belastung ist lediglich der Zusammenhang zum Vigilanz-Vermeidungs-Score signifikant, $r(92) = .207$, $p = .045$. Hinsichtlich des Kriteriums *Vergessen ambivalenter Bilder* wird die Korrelation mit dem Vigilanz-Vermeidungs-Score in der Bedingung niedriger kognitiver Belastung signifikant, $r(96) = -.261$, $p = .010$, nicht jedoch in der Bedingung hoher kognitiver Belastung. Folglich sind in der Bedingung hoher kognitiver Belastung höhere Vigilanz-Vermeidungs-Werte mit mehr Vergessen bedrohlicher Bilder assoziiert und in der Bedingung niedriger kognitiver Belastung sind höhere Vigilanz-Vermeidungs-Werte mit weniger Vergessen ambivalenter Bilder verbunden.

Die Zeit, die für die Bearbeitung des Fragebogens zwischen den beiden Teilen der Zwischenaufgabe benötigt wurde, betrug durchschnittlich $M = 8.6$ min ($SD = 1.8$ min). Lediglich in der Gruppe mit hoher kognitiver Belastung fand sich ein marginal signifikanter negativer Zusammenhang zum Vergessen ambivalenter Bilder, $r(92) = -.179$, $p = .087$.

Tabelle 7.30 fasst die Ergebnisse der sequentiellen Regressionsanalysen mit dem Kriterium *Vergessen bedrohlicher Bilder* für die beiden Gruppen mit unterschiedlicher kognitiver Belastung zusammen. Im ersten Schritt der Regression kann keiner der Prädiktoren (Vergessen nichtbedrohlicher Bilder und Bearbeitungszeit für den Fragebogen in der Zwischenaufgabe) in signifikantem Umfang Varianz binden. Auch im zweiten Schritt erfolgt

Tabelle 7.29 Bivariate Korrelationen der Prädiktoren und Kriterien der Regressionsanalysen für die Gruppe mit niedriger kognitiver Belastung ($n = 98$; oberhalb der Diagonalen) und die Gruppe mit hoher kognitiver Belastung ($n = 94$; unterhalb der Diagonalen)

Variable	1	2	3	4	5	6	7	8
1 Vergessensscore bedrohlich	—	.15	−.07	.11	.01	.07	.07	−.12
2 Vergessensscore ambivalent	.28**	—	.12	.00	−.18°	−.12	.16	−.26**
3 Vergessensscore nichtbedrohlich	−.07	.12	—	−.02	−.04	−.01	.03	.00
4 Zeit FB-Zwischenaufgabe	.00	−.18°	.07	—	−.24*	.05	−.19°	−.17
5 Ängstlichkeit	.01	.02	.25**	−.10	—	.28**	−.20°	.41**
6 Negativer Affekt	−.07	.09	.03	−.20°	.41**	—	−.51**	.22*
7 Positiver Affekt	.05	−.19°	−.14	.00	−.41**	−.39**	—	−.19°
8 Vigilanz-Vermeidungs-Score	.21*	.10	.09	−.03	.45**	.38**	−.24*	—

Anmerkungen. Zeit FB-Zwischenaufgabe = Bearbeitungszeit des Fragebogens zwischen den beiden Teilen der Zwischenaufgabe, Negativer/Positiver Affekt = gemittelter negativer bzw. positiver Affekt von Erhebungszeitpunkt 1 und 2.
° $p < .10$, * $p < .05$, ** $p < .01$.

durch keinen der hinzugenommenen Prädiktoren (allgemeine Ängstlichkeit sowie negativer und positiver Affekt) eine signifikante Varianzaufklärung. Lediglich im dritten Schritt bindet der Vigilanz-Vermeidungs-Score in signifikantem Umfang Varianz, allerdings nicht – wie erwartet und wie in den Experimenten 1 und 2 – in der Bedingung niedriger kognitiver Belastung, sondern in der Bedingung hoher kognitiver Belastung ($\beta = .286$, $p = .020$). Dieser Zusammenhang ist zudem positiv, d. h., höhere Vigilanz-Vermeidungs-Werte führen in der Bedingung *hoher kognitiver Belastung* zu *mehr Vergessen bedrohlicher Bilder* oder – andersherum formuliert – geringere Vigilanz-Vermeidungs-Werte sind in der Bedingung hoher kognitiver Belastung mit *weniger* Vergessen bedrohlicher Bilder assoziiert. Erwartet wurde, dass höhere Vigilanz-Vermeidungs-Werte in der Bedingung *niedriger kognitiver Belastung* mit *weniger Vergessen bedrohlicher Bilder* zusammenhängen. Wenngleich dieser Effekt in der Bedingung niedriger kognitiver Belastung in die erwartete Richtung geht, ist er nicht signifikant ($\beta = -.171$, $p = .160$).

Wie sich Tabelle 7.31 entnehmen lässt, wird bei einer Prüfung, welche Regressionskoeffizienten sich zwischen den Bedingungen niedriger und hoher kognitiver Belastung unter-

Tabelle 7.30 Getrennte hierarchische Regressionsanalysen für das Vergessen bedrohlicher Bilder unter niedriger und unter hoher kognitiver Belastung

	Kriterium: Vergessensscore für bedrohliche Bilder							
	Kognitive Belastung							
	niedrig				hoch			
Prädiktoren	b	$SE b$	β	p	b	$SE b$	β	p
Schritt 1:								
Vergessen nichtbed. Bilder	−0.06	0.09	−.07	.47	−0.03	0.10	−.03	.77
Zeit FB-Zwischenaufgabe	0.00	0.00	.11	.30	0.00	0.00	.00	.98
R^2	.017 ($p = .444$)				.001 ($p = .958$)			
Schritt 2:								
Vergessen nichtbed. Bilder	−0.07	0.09	−.08	.45	−0.05	0.11	−.05	.66
Zeit FB-Zwischenaufgabe	0.00	0.00	.14	.20	0.00	0.00	.00	.98
Ängstlichkeit	0.02	0.11	.02	.86	0.10	0.12	.10	.42
Negativer Affekt	0.07	0.06	.15	.21	−0.03	0.06	−.06	.62
Positiver Affekt	0.08	0.05	.19	.11	0.01	0.05	.03	.81
ΔR^2	.030 ($p = .410$)				.009 ($p = .858$)			
Schritt 3:								
Vergessen nichtbed. Bilder	−0.07	0.09	−.07	.47	−0.05	0.10	−.05	.64
Zeit FB-Zwischenaufgabe	0.00	0.00	.13	.24	0.00	0.00	−.01	.90
Ängstlichkeit	0.10	0.12	.10	.41	0.00	0.13	.00	.98
Negativer Affekt	0.07	0.06	.16	.19	−0.07	0.06	−.13	.29
Positiver Affekt	0.07	0.05	.18	.14	0.01	0.05	.03	.79
Vigilanz-Vermeidungs-Score	−0.24	0.17	−.17	.16	0.45	0.19	.29	.02
ΔR^2	.021 ($p = .160$)				.061 ($p = .020$)			
Gesamt R^2	.068				.071			

Anmerkungen. nichtbed. = nichtbedrohlich, Zeit FB-Zwischenaufgabe = Bearbeitungszeit für den Fragebogen zwischen den beiden Teilen der Zwischenaufgabe.

Tabelle 7.31 Regressionsanalyse für das Vergessen bedrohlicher Bilder unter hoher und unter niedriger kognitiver Belastung

Prädiktoren	b	SE b	β	p
Kognitive Belastung	−0.004	0.036	−.008	.918
Vergessen nichtbedrohlicher Bilder	−0.031	0.037	−.062	.406
Zeit FB-Zwischenaufgabe	0.028	0.038	.055	.468
Ängstlichkeit	0.025	0.045	.049	.586
Negativer Affekt	0.004	0.043	.009	.920
Positiver Affekt	0.052	0.042	.103	.222
Vigilanz-Vermeidungs-Score	0.102	0.128	.068	.425
Kognitive Belastung × Vergessen nichtbedrohlicher Bilder	−0.005	0.037	−.010	.893
Kognitive Belastung × Zeit FB-Zwischenaufgabe	0.034	0.038	.069	.368
Kognitive Belastung × Ängstlichkeit	0.026	0.045	.052	.562
Kognitive Belastung × Negativer Affekt	0.073	0.043	.145	.094
Kognitive Belastung × Positiver Affekt	0.036	0.042	.072	.396
Kognitive Belastung × Vigilanz-Vermeidungs-Score	−0.347	0.128	−.233	.007
R^2	.070 ($p = .434$)			

Anmerkungen. Kognitive Belastung: effektkodierte Belastung (−1 = hoch, 1 = niedrig), Zeit FB-Zwischenaufgabe = Bearbeitungszeit für den Fragebogen zwischen den beiden Teilen der Zwischenaufgabe.

Tabelle 7.32 Getrennte hierarchische Regressionsanalysen für das Vergessen ambivalenter Bilder unter hoher und unter niedriger kognitiver Belastung (mit Vigilanz und kognitiver Vermeidung)

	Kriterium: Vergessensscore für ambivalente Bilder Kognitive Belastung							
	niedrig				hoch			
Prädiktoren	b	SE b	β	p	b	SE b	β	p
Schritt 1:								
Vergessen nichtbed. Bilder	0.12	0.09	.13	.21	0.11	0.11	.10	.33
Zeit FB-Zwischenaufgabe	0.00	0.00	.00	.98	0.00	0.00	−.19	.08
R^2	.017 ($p = .449$)				.042 ($p = .144$)			
Schritt 2:								
Vergessen nichtbed. Bilder	0.11	0.09	.12	.25	0.12	0.11	.11	.30
Zeit FB-Zwischenaufgabe	0.00	0.00	−.01	.94	0.00	0.00	−.20	.06
Ängstlichkeit	−0.14	0.11	−.14	.21	−0.16	0.13	−.14	.23
Negativer Affekt	−0.01	0.06	−.01	.93	0.00	0.07	.00	.00
Positiver Affekt	0.05	0.05	.11	.35	−0.10	0.06	−.21	.08
ΔR^2	.041 ($p = .275$)				.041 ($p = .284$)			
Schritt 3:								
Vergessen nichtbed. Bilder	0.11	0.09	.12	.23	0.12	0.11	.11	.30
Zeit FB-Zwischenaufgabe	0.00	0.00	−.02	.83	0.00	0.00	−.21	.05
Ängstlichkeit	−0.04	0.13	−.03	.78	−0.21	0.14	−.19	.14
Negativer Affekt	0.00	0.06	.00	.98	−0.02	0.07	−.03	.80
Positiver Affekt	0.04	0.05	.10	.42	−0.10	0.06	−.21	.08
Vigilanz-Vermeidungs-Score	−0.32	0.18	−.22	.07	0.21	0.20	.12	.31
ΔR^2	.033 ($p = .074$)				.011 ($p = .331$)			
Gesamt R^2	.091				.094			

Anmerkungen. nichtbed. = nichtbedrohlich, Zeit FB-Zwischenaufgabe = Bearbeitungszeit für den Fragebogen zwischen den beiden Teilen der Zwischenaufgabe.

Tabelle 7.33 Regressionsanalyse für das Vergessen ambivalenter Bilder unter hoher und unter niedriger kognitiver Belastung

Prädiktoren	b	SE b	β	p
Kognitive Belastung	−0.041	0.039	−.077	.289
Vergessen nichtbedrohlicher Bilder	0.062	0.039	.116	.115
Zeit FB-Zwischenaufgabe	−0.064	0.040	−.121	.110
Ängstlichkeit	−0.062	0.048	−.114	.197
Negativer Affekt	−0.009	0.046	−.017	.839
Positiver Affekt	−0.034	0.045	−.063	.448
Vigilanz-Vermeidungs-Score	−0.057	0.135	−.036	.672
Kognitive Belastung × Vergessen nichtbedrohlicher Bilder	0.000	0.039	−.001	.992
Kognitive Belastung × Zeit FB-Zwischenaufgabe	0.052	0.040	.098	.193
Kognitive Belastung × Ängstlichkeit	0.044	0.048	.081	.359
Kognitive Belastung × Negativer Affekt	0.008	0.046	.015	.862
Kognitive Belastung × Positiver Affekt	0.084	0.045	.155	.063
Kognitive Belastung × Vigilanz-Vermeidungs-Score	−0.266	0.135	−.166	.051
R^2		.096 (p = .143)		

Anmerkungen. Kognitive Belastung: effektkodierte Belastung (−1 = hoch, 1 = niedrig), Zeit FB-Zwischenaufgabe = Bearbeitungszeit für den Fragebogen zwischen den beiden Teilen der Zwischenaufgabe.

scheiden, einzig der Produktterm von kognitiver Belastung und dem Vigilanz-Vermeidungs-Score signifikant (β = −.233, p = .007). Dieser signifikante Unterschied war aufgrund der Regressionsanalysen in Tabelle 7.30 zu erwarten, da sich – wie beschrieben – der Vigilanz-Vermeidungs-Score in den beiden Belastungsbedingungen in unterschiedlicher Richtung auf das Vergessen bedrohlicher Bilder auswirkte und zumindest in einer der Bedingungen dieser Effekt auch signifikant war.

Berechnet man die Regressionsanalysen mit identischen Prädiktoren, aber mit dem Kriterium Vergessen ambivalenter (statt bedrohlicher) Bilder, ergibt sich ein etwas anderes Befundmuster. Die Ergebnisse der sequentiellen Regressionsanalysen mit dem Kriterium *Vergessen ambivalenter Bilder* für die beiden Gruppen mit unterschiedlicher kognitiver Belastung sind in Tabelle 7.32 dargestellt. Der wesentliche Unterschied ist, dass nun in der Bedingung niedriger kognitiver Belastung der Zusammenhang mit dem Vigilanz-Vermeidungs-Score – in erwarteter Richtung – zumindest marginal signifikant ist (β = −.216, p = .074), so dass höhere Vigilanz-Vermeidungs-Werte mit weniger Vergessen ambivalenter Bilder verbunden sind. Demgegenüber besitzt in der Bedingung hoher kognitiver Belastung der Vigilanz-Vermeidungs-Score keine signifikante Prädiktionskraft (β = .121, p = .311), der deskriptive Effekt ist aber der gleiche wie für bedrohliche Bilder, d. h., unter der Bedingung hoher kognitiver Belastung sind *geringere* Vigilanz-Vermeidungs-Werte mit weniger Vergessen ambivalenter Bilder assoziiert.

Eine Prüfung auf Unterschiede der Parameterschätzungen zwischen den Bedingungen hoher und niedriger kognitiver Belastung für das in Tabelle 7.32 dargestellte Regressionsmodell erbringt – wie sich Tabelle 7.33 entnehmen lässt – eine marginale Signifikanz des Produktterms *Kognitive Belastung × Vigilanz-Vermeidungs-Score* (β = −.166, p = .051). Außerdem wird die Interaktion von kognitiver Belastung und positivem Affekt marginal signifikant

(β = .155, p = .063), in dem Sinne, dass bei niedriger kognitiver Belastung eine Zunahme des positiven Affekts mit mehr Vergessen ambivalenter Bilder assoziiert ist, wohingegen bei hoher kognitiver Belastung eine Zunahme des positiven Affekts zu weniger Vergessen ambivalenter Bilder führt. Weitere Interaktions- oder auch Haupteffekte werden nicht signifikant.

Zusammenhang von Vergessen und Enkodierung

Abschließend wurde wieder überprüft, ob sich Enkodierungsunterschiede auf die Erinnerungsleistung im Wiedererkennungstest 1 und/oder auf das Vergessen auswirkten. Für bedrohliche Bilder war dies nicht der Fall: In der Bedingung hoher kognitiver Belastung korrelierte die Latenzzeit für die Beurteilung *bedrohlicher Bilder* weder nennenswert mit der Wiedererkennungsleistung in Test 1, $r(92)$ = .07, p > .4, noch mit dem Vergessen bedrohlicher Bilder, $r(92)$ = −.08, p > .4; in der Bedingung niedriger kognitiver Belastung bestand ebenfalls keine bedeutsame Korrelation mit der Wiedererkennungsleistung in Test 1, $r(96)$ = −.04, p > .6, oder mit dem Vergessen bedrohlicher Bilder, $r(96)$ = .05, p > .6.

Für *ambivalente Bilder* bestand lediglich in der Bedingung hoher kognitiver Belastung eine schwache negative Korrelation zwischen der Urteilszeit für ambivalente Bilder und dem Vergessen ambivalenter Bilder, $r(92)$ = −.26, p = .01. (Dieser Effekt blieb auch bestehen, wenn regressionsanalytisch für das Vergessen nichtbedrohlicher Bilder und für den Vigilanz-Vermeidungs-Score kontrolliert wurde.) Zwischen der Urteilszeit und der Wiedererkennungsleistung in Test 1 bestand hingegen kein bedeutsamer Zusammenhang, $r(92)$ = −.04, p > .6. In der Bedingung niedriger kognitiver Belastung war keiner der Zusammenhänge signifikant, rs < .09, ps ≥ .4. Dieses Befundmuster für ambivalente Bilder ähnelt stark demjenigen, das sich in Experiment 1 für bedrohliche Bilder ergeben hatte.

7.4.4   Diskussion

7.4.4.1   Selbstberichtsdaten

Im Vergleich zu den Experimenten 1 und 2 war in Experiment 3 generell der positive Affekt der Probanden etwas niedriger und der negative Affekt etwas höher ausgeprägt. Dies ist wohl der für die Teilnehmerinnen aversiven Thematik der Studie geschuldet und konsistent dazu, dass in der Vorstudie zu Experiment 3 die bedrohlichen Bilder als noch bedrohlicher und negativer beurteilt wurden als die Bilder von Experiment 1. Diese Beobachtungen verweisen darauf, dass vergewaltigungsassoziiertes Bildmaterial bzw. allgemein die Thematik sexueller Gewalt geeignet dafür ist, Zusammenhänge mit kognitiven Angstbewältigungsdispositionen zu untersuchen. Dies wird ferner dadurch gestützt, dass Vigilanz und kognitive Vermeidung hoch mit der Angst vor Vergewaltigung korrelierten.

Der selbstberichtete Umgang mit unangenehmen Gedanken (Ablenkung und Umbewertung) sowie die berichtete Häufigkeit von Gedankenintrusionen belegen die Befunde aus den ersten beiden Experimenten, dass es sich bei Ablenkung und Umbewertung um Strategien handelt, die vermeidendes Verhalten widerspiegeln und mit repressiver Inhibierung verwandt sind, wohingegen Gedankenintrusionen mit vigilantem Verhalten assoziiert sind und mit Prozessen der sensitiven Aufrechterhaltung verbunden sein könnten. Die erwartungsinkonsistenten Befunde hinsichtlich der Skala der Gedankenunterdrückung wurden bereits im Rahmen von Experiment 1 auf die Invalidität der Skala zurückgeführt.

7.4.4.2 Bildbeurteilung

Die Bildbeurteilungsaufgabe konnte belegen, dass die experimentelle Manipulation der Bedrohlichkeit des Reizmaterials gelungen ist. Der angstbewältigungsspezifische Interpretationsbias – also dass Sensitizer im Vergleich zu Repressern ambivalente Bilder häufiger als bedrohlich einschätzen – konnte erneut bestätigt werden. Zudem waren, wie in Experiment 1, höhere Vigilanzwerte mit der schnelleren Abgabe von Bedrohlichkeitsurteilen assoziiert. Dies entspricht der Erwartung, dass Represser zwar die bedrohlichen Aspekte ambivalenter Reize initial erkennen, aber zögern, bevor sie einen ambivalenten Reiz in Richtung eines Bedrohlich-Urteils disambiguieren, bzw. dass sie im Vergleich zu Sensitizern weniger spontan auf die bedrohlichen Aspekte eines Reizes reagieren.

7.4.4.3 Erinnerung und Vergessen

Der Hauptbefund von Experiment 3 ist, dass sensitive Aufrechterhaltung, anders als in Experiment 1, nicht für die eindeutig bedrohlichen Bilder nachgewiesen werden konnte, wohl aber für die ambivalenten Bilder. Die deskriptiven Daten sind damit konsistent, dass Sensitizer, sofern sie kognitive Ressourcen für Aufrechterhaltungsprozesse zur Verfügung hatten, diese Aufrechterhaltung primär auf die ambivalenten Bilder gerichtet haben, für die sie entsprechend am wenigsten Vergessen aufwiesen. Für die bedrohlichen Bilder fand sich nur ein nichtsignifikanter Effekt in erwarteter Richtung.

Bezugnehmend auf die postulierte Informationsfunktion der sensitiven Aufrechterhaltung erscheint es – gerade im Kontext des verwendeten Reizmaterials – plausibel, dass es die ambivalenten Bilder sind, welche den größten *handlungsrelevanten Informationsgehalt* besitzen und folglich von Sensitizern langfristig am besten aufrechterhalten werden. Die eindeutig bedrohlichen Bilder zeigten überwiegend Situationen, in denen eine Frau physisch – teilweise unter Verwendung von Messern oder anderen Waffen – angegriffen wurde. In derartigen Situationen sind die Handlungsoptionen des Opfers bereits sehr eingeschränkt bzw. kaum noch vorhanden. Entsprechend ist es für die Bewältigung künftiger Situationen wenig relevant, sich gut an derartige Situationen erinnern zu können. Die auf den ambivalenten Bildern dargestellten Situationen bieten hingegen noch Handlungsoptionen, vor allem die Möglichkeit, einer ambivalenten Situation zu entgehen, bevor sie sich in eine eindeutig bedrohliche Situation verwandelt. Diese Interpretation wird auch durch das einleitend zitierte Beispiel aus der Studie von M. T. Gordon und Riger (1991) gestützt: Die Frau, die das Erlebnis schildert, berichtet hochgradig vigilantes Verhalten – wie die Suche nach Fluchtmöglichkeiten und weiteren Handlungsoptionen – zu einem Zeitpunkt, zu dem die Bedrohung, die sich ja auch nicht manifestiert, allenfalls sehr vage ist.

Auch in der Bedingung niedriger kognitiver Belastung steht den Probanden selbstverständlich nur eine beschränkte kognitive Verarbeitungskapazität für Aufrechterhaltungsprozesse zur Verfügung. Wenn nun, wie in den vorliegenden Experimenten, eine relativ große Anzahl sowohl ambivalenter als auch eindeutig bedrohlicher Reize dargeboten wird, müssen die selektiven Aufrechterhaltungsprozesse zwangsläufig auf eine begrenzte Anzahl von Reizen beschränkt werden. Wenn dabei, wie in diesem Experiment, die ambivalenten Reize aus den beschriebenen Gründen einen höheren Informationsgehalt aufweisen als die eindeutig bedrohlichen Reize, werden die kognitiven Ressourcen überwiegend durch die Aufrechterhaltung dieser ambivalenten Reize gebunden, so dass keine oder nur noch wenig Ressourcen für die Aufrechterhaltung bedrohlicher Reize verbleiben.

Allerdings ist die Überlegung, dass sich sensitive Aufrechterhaltung auf die Reize mit dem größten Informationsgehalt (hinsichtlich zukünftiger Situationsbewältigung) – was häufig die ambivalenten Reize sein werden – konzentriert, nicht auf Prozesse der repressiven Inhibierung übertragbar. Repressive Inhibierung dient – anders als sensitive Aufrechterhaltung – der Emotionsregulation. Der von einem Reiz ausgelöste negative Affekt sollte aber – vor allem für Represser – primär mit der Bedrohlichkeit und der affektiven Valenz dieses Reizes variieren, nicht mit seiner Ambivalenz. Folglich könnte man postulieren, dass sich sensitive Aufrechterhaltung auf die Reize mit dem größten Informationsgehalt hinsichtlich künftiger Handlungen richtet (oft also auf ambivalente Reize), repressive Inhibierung allerdings auf die Reize mit der größten Aversivität (i. d. R. also auf eindeutig bedrohliche Reize).

Dieses Postulat ist auch konform zu dem regressionsanalytischen Befundmuster von Experiment 3: Für eindeutig bedrohliche Bilder waren unter der Bedingung *hoher* kognitiver Belastung niedrigere Vigilanz-Vermeidungs-Werte mit weniger Vergessen assoziiert, da in dieser Bedingung die repressive Inhibierung (die zu mehr Vergessen bedrohlicher Reize führt) unterbunden wurde; in der Bedingung niedriger kognitiver Belastung fand sich kein signifikanter Zusammenhang des Vergessens mit dem Vigilanz-Vermeidungs-Score. Für ambivalente Bilder war (zumindest marginal signifikant) in der Bedingung niedriger kognitiver Belastung ein höherer Vigilanz-Vermeidungs-Wert mit weniger Vergessen ambivalenter Bilder verbunden – dies entspricht den Erwartungen für den Mechanismus der sensitiven Aufrechterhaltung, der unter dieser Bedingung operieren sollte. Hingegen bestand in der Bedingung hoher kognitiver Belastung kein Zusammenhang der Angstbewältigungsdisposition mit dem Vergessen ambivalenter Bilder. Ich werde auf diese Überlegungen bei der Betrachtung der Metaeffekte der Experimente 1 bis 3 zurückkommen (vgl. Abschnitt 7.6).

Für bedrohliche Bilder konnte belegt werden, dass Unterschiede in der Dauer der Enkodierung nicht mit Unterschieden in der Erinnerung oder im Vergessen assoziiert waren. Für ambivalente Bilder zeigte sich jedoch, dass – allerdings nur in der Bedingung hoher kognitiver Belastung – längere Reaktionszeiten bei deren Beurteilung (und damit verbunden eine längere Enkodierungszeit für diese Bilder) damit verbunden waren, dass sie weniger stark vergessen wurden. Dieser Befund ähnelt dem Muster, das sich in Experiment 1 für bedrohliche Bilder ergab und damit erklärt wurde, dass bei hoher kognitiver Belastung Prozesse der Enkodierung mehr Relevanz erhalten, da in dieser Bedingung die für das Vergessen bzw. die Aufrechterhaltung von Inhalten relevanten Prozesse während des Behaltensintervalls weitgehend eliminiert werden. Diese Erklärung greift auch im vorliegenden Fall.

7.4.4.4 Fazit

Insgesamt konnte Experiment 3 die postulierten Prozesse der sensitiven Aufrechterhaltung unter Verwendung von vergewaltigungsassoziiertem Bildmaterial erneut bestätigen. Durch den Einsatz von Reizmaterial zu einer spezifischen Angst konnte somit auch die Generalisierbarkeit des Effekts der sensitiven Aufrechterhaltung weiter fundiert werden.

Eine wesentliche Neuerung gegenüber den Experimenten 1 und 2 bestand darin, dass erstmalig auch *genuin ambivalente* Reize (statt „mittelmäßig bedrohliche") untersucht wurden. Dass der Effekt der sensitiven Aufrechterhaltung für die ambivalenten Reize deutlicher ausfiel als für die eindeutig bedrohlichen Reize, ist konsistent zu der Annahme, dass sich sensitive Aufrechterhaltung auf diejenigen Inhalte richtet, die den größten Informationsgehalt bezüglich der Bewältigung künftiger Bedrohungssituationen besitzen. Dies waren im vorliegenden Fall die ambivalenten Bilder. Repressive Inhibierung, für die sich in dieser Studie wiederum Hinweise fanden, sollte jedoch am stärksten auf eindeutig bedrohliche Inhalte wirken.

Zusammenfassend scheint die akkumulierte Evidenz aus den Experimenten 1 bis 3 den Prozess der sensitiven Aufrechterhaltung gut zu belegen. Eine statistische Integration der Effekte dieser Experimente erfolgt in Abschnitt 7.6, wobei unter anderem untersucht wird, ob sich der Effekt der repressiven Inhibierung statistisch sichern lässt. Zunächst soll aber mit Experiment 4 ausgelotet werden, ob auch ein kürzeres Behaltensintervall als das etwa 40-minütige Intervall, das in den bisherigen Experimenten realisiert wurde, ausreicht, um Effekte der sensitiven Aufrechterhaltung nachzuweisen.

7.5 Experiment 4: Vergewaltigungsassoziierte Bilder II (verkürztes Behaltensintervall)

7.5.1 Einführung

Mit den Experimenten 1 bis 3 konnte der Prozess der sensitiven Aufrechterhaltung für allgemein bedrohliche Bilder, für allgemein bedrohliche Wörter und für vergewaltigungsassoziierte ambivalente Bilder nachgewiesen werden. Den ersten drei Experimenten ist gemeinsam, dass das Behaltensintervall etwa 40 Minuten dauerte. Mit Experiment 4 sollte untersucht werden, ob auch bereits ein 15-minütiges Behaltensintervall ausreicht, um die Effekte der sensitiven Aufrechterhaltung statistisch zu sichern. Diese Verkürzung des Behaltensintervalls stellt die Hauptvariation gegenüber Experiment 3 dar. Weitere kleinere methodische Variationen werden in Abschnitt 7.5.2 erläutert.

Die Hypothesen entsprachen denen, die für Experiment 1 aufgestellt wurden (vgl. Abschnitt 7.2.1). Zusätzlich wurde – wie bereits für Experiment 3 – erwartet, dass sich für genuin ambivalente Bilder das gleiche (bzw. noch stärker ausgeprägte) Befundmuster ergibt wie für eindeutig bedrohliche Bilder, da Sensitizer auch auf ambivalente Bilder sensitive Aufrechterhaltung anwenden sollten, um auf die in diesen Bildern enthaltene Information in künftigen bedrohlichen Situationen zugreifen zu können. Represser sollten jedoch – zum Zwecke der Emotionsregulation – Gedanken an derartige ambivalente Bilder eher vermeiden.

7.5.2 Methode

Im Folgenden werden die Veränderungen gegenüber der Methode von Experiment 3 dargestellt und ansonsten wird auf die Methodenteile von Experiment 1 (Abschnitt 7.2.2) und Experiment 3 (Abschnitt 7.4.2) verwiesen. Die Gliederung dieses Methodenteils orientiert sich wieder an der Gliederung des Methodenteils von Experiment 1.

7.5.2.1 Stichprobe

Von den 122 erhobenen Teilnehmerinnen wurde eine aufgrund unvollständiger Fragebogendaten ausgeschlossen. Die verbleibende Stichprobe umfasste somit 121 Probanden im Alter zwischen 19 und 39 Jahren ($M = 23.2$ Jahre, $Mdn = 22$ Jahre, $SD = 4.1$ Jahre). Von den Teilnehmerinnen waren 115 Personen Studentinnen verschiedener Fachrichtungen (darunter 40 Psychologiestudentinnen). Lediglich sechs Probanden gaben an, berufstätig zu sein, bzw. machten keine Angabe. Die Probanden wurden für ihre Teilnahme mit 10 Euro entschädigt bzw. erhielten, im Falle der Psychologiestudentinnen, zwei Versuchspersonenstunden.

Die Teilnehmerinnen wurden durch Aushänge auf dem Campus der Universität Mainz geworben oder von den Versuchsleiterinnen auf dem Campusgelände direkt angesprochen. Die Aufteilung auf die Experimental- und Kontrollgruppe erfolgte randomisiert unter der Restriktion einer relativen Gleichverteilung auf die Gruppen. Es wurden 61 Personen der Experimentalgruppe (hohe kognitive Belastung) und 60 Personen der Kontrollgruppe (niedrige kognitive Belastung) zugewiesen.

7.5.2.2 Versuchsplanung

Das experimentelle Design von Experiment 4 entsprach dem von Experiment 1 (vgl. dazu Abschnitt 7.2.2.2 auf S. 178).

7.5.2.3 Versuchsablauf

Der Versuchsablauf entsprach im Wesentlichen dem von Experiment 3 (vgl. Abschnitt 7.4.2.3). Da allerdings die Zwischenaufgabe nur noch aus einem Block bestand, entfiel auch die Pause zwischen den beiden Teilen der Zwischenaufgabe. Daher war es erforderlich, die Fragebögen, die zuvor in dieser Pause bearbeitet wurden, anders zu verteilen. Wie in Abbildung 7.11 dargestellt, bearbeiteten die Versuchsteilnehmerinnen das WBSI, den Fragebogen zur Angst vor Vergewaltigung (AV) und den Fragebogen zum vergewaltigungsbezogenen Vermeidungsverhalten (VV) bereits vor der Darbietung der Bilder. Ferner wurden der positive und negative Affekt nur ein Mal (unmittelbar vor dem Wiedererkennungstest 1) erhoben. Auf die Erhebung des TCQ wurde verzichtet. Die Versuchsdauer betrug knapp 2 Stunden.

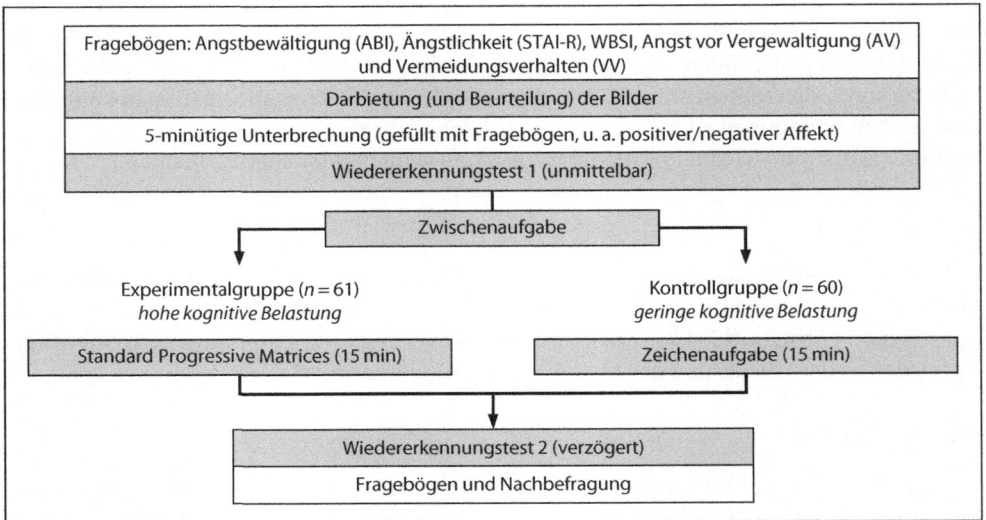

Abbildung 7.11 Versuchsablauf von Experiment 4 (Erläuterungen im Text).

7.5.2.4 Experimentelle Gedächtnisaufgabe

Die Bestandteile der experimentellen Gedächtnisaufgabe (Darbietung und Beurteilung der Bilder; Wiedererkennungstest 1; Zwischenaufgabe mit der Between-Subjects-Variation der kognitiven Belastung; Wiedererkennungstest 2) waren bis auf drei Aspekte identisch mit denen von Experiment 3. Diese drei Aspekte betreffen die *Darbietungszeit der Bilder* in der Darbietungs- und Beurteilungsaufgabe, das *Antwortformat in den Wiedererkennungstests* und die *Zwischenaufgabe*. Entsprechend werden diese drei Aspekte hier genauer beschrieben. Für die restlichen Aspekte der experimentellen Gedächtnisaufgabe wird auf Experiment 1 (Abschnitt 7.2.2.4) verwiesen.

Bildmaterial

Es wurde dasselbe Bildmaterial wie in Experiment 3 verwendet (vgl. S. 250 ff.).

Darbietung und Beurteilung der Bilder

Die Darbietung und Beurteilung der Bilder entsprach bis auf die Änderung der Darbietungszeit der Prozedur von Experiment 3. Der Grund für diese Änderung war, dass in Experiment 3 die Wiedererkennungsleistung bereits im ersten Test mit einem Wert von $M = 2.08$ leicht unterhalb der Scoremitte von 2.5 lag. Damit befand sich die Wiedererkennungsleistung zwar in einem vollkommen akzeptablen, aber eben nicht optimalen Bereich, um größtmögliche Varianz im Vergessen zwischen den Probanden zu ermöglichen (ideal wäre im ersten Wiedererkennungstest ein Wert zwischen 2.5 und 3 gewesen). Entsprechend wurde für Experiment 4 die Darbietungszeit auf 500 ms (gegenüber 300 ms in Experiment 3) erhöht, was die allgemeine Wiedererkennungsleistung etwas verbessern sollte. Eine Zeit von 500 ms ist höchstwahrscheinlich immer noch kurz genug, um Unterschiede in der Aufmerksamkeitsausrichtung zwischen Sensitzern und Repressern gering zu halten. Alle sonstigen Parameter bzw. Abläufe in diesem Aufgabenteil entsprachen denen von Experiment 3.

Wiedererkennungstest 1

Der einzige Unterschied zu den Wiedererkennungstests der Experimente 1 und 3 bestand im Antwortformat: Statt per Mausklick auf einer 6-stufigen Skala anzugeben, wie sicher man sich ist, dass das Bild alt bzw. neu ist, wurden die Probanden aufgefordert, mit einer von zwei markierten Tasten auf einer Probandentastatur (*response pad*) anzugeben, ob das Bild *bereits dargeboten* wurde (es also „alt" ist) oder *noch nicht dargeboten* wurde (und somit „neu" ist). Die Auswirkungen dieser Variation auf die Berechnung des Maßes für die Wiedererkennungsleistung werden im Rahmen der Ergebnisdarstellung dargelegt (vgl. Abschnitt 7.5.3.3).

Zwischenaufgabe: hohe vs. geringe kognitive Belastung

Die Zwischenaufgabe bestand – anders als in den Experimenten 1 bis 3 – nicht aus zwei jeweils 15-minütigen Teilen, die durch einen Fragebogen getrennt wurden, sondern beschränkte sich auf einen einzelnen Block, der 15 Minuten dauerte. In der Bedingung niedriger kognitiver Belastung bearbeiteten die Probanden den bereits beschriebenen Wartegg-Zeichentest. In der Bedingung hoher kognitiver Belastung wurden als Zwischenaufgabe die *Standard Progressive Matrices* (SPM; Heller, Kratzmeier & Lengfelder, 1998) des Matrizen-Tests von Raven bearbeitet. In diesem Test werden aus Symbolen bestehende Matrizen mit 3×3 Feldern vor-

gegeben, wobei jedoch eines der neun Felder durch einen Platzhalter ersetzt ist. Aus acht vorgegebenen Symbolen muss dasjenige Symbol gewählt werden, das – setzt man es an die Stelle des
Platzhalters – die Matrix in logisch konsistenter Weise ergänzt. Ähnlich wie das in den Experimenten 1 und 3 eingesetzte FAIR sollten die SPM – aufgrund ihrer graphischen Symbole – den
visuell-räumlichen Notizblock nach Baddeley (1999, 2000) belasten und somit die Aufrechterhaltung von Bildmaterial unterbinden. Ebenfalls wie beim FAIR ist aber davon auszugehen,
dass die Symbole der SPM nicht mit dem fotografischen Bildmaterial interferieren.

Um die Auslastung des Arbeitsgedächtnisses zu gewährleisten, wurden die Probanden
instruiert, die Matrizen so schnell wie möglich – also im Sinne eines Schnelligkeitstests
(*speed test*) – zu bearbeiten. Die Wahl der Zwischenaufgabe fiel auf die relativ einfachen SPM
– und nicht z. B. auf die *Advanced Progressive Matrices* (APM) –, da bei der vorliegenden
studentischen Stichprobe zu erwarten war, dass alle Items der SPM von allen Probanden
problemlos zu lösen waren, der Test somit keinen Niveautest (*power test*) darstellte. Das war
wichtig, da Misserfolgserlebnisse, wie sie beim Scheitern an einer Aufgabe entstehen und die
sich auf den aktuellen Affekt auswirken können, vermieden werden sollten.

Wiedererkennungstest 2

Der zweite Wiedererkennungstest war – bis auf das präsentierte Reizmaterial – identisch mit
dem ersten Wiedererkennungstest.

7.5.2.5 Fragebogenverfahren

Alle verwendeten Fragebögen wurden bei der Darstellung von Experiment 1 (vgl. Ab-
schnitt 7.2.2.5) bzw. von Experiment 3 (vgl. Abschnitt 7.4.2.5) beschrieben. Analog zum
Vorgehen in Experiment 3 wurden für die Berechnung der Werte für Vigilanz und kognitive
Vermeidung nur die physisch bedrohlichen Szenarien des ABI verwendet.

7.5.3 Ergebnisse

7.5.3.1 Selbstberichtsdaten

Die deskriptiven Statistiken der Fragebogenmaße sind in Tabelle 7.34 wiedergegeben. Im
Vergleich zu den Experimenten 1 und 2 ist der mittlere positive Affekt um etwa 1.5 Ska-
lenpunkte niedriger ausgeprägt und auch der negative Affekt ist um 1 bis 1.5 Skalenpunkte
erhöht. Dennoch liegt der negative Affekt ($M = 3.03$, $SD = 1.22$) noch deutlich unterhalb der
Skalenmitte von 4.0. Die übrigen Mittelwerte weisen keine Besonderheiten auf. Alle internen
Konsistenzen der Skalen liegen im akzeptablen bis guten Bereich.

Tabelle 7.35 zeigt die Interkorrelationen der Fragebogenskalen. Vigilanz (physisch) und
kognitive Vermeidung (physisch) sind mit $r(119) = -.50$, $p < .001$, recht hoch korreliert. Die
Dichotomisierung der Variablen Vigilanz (physisch) und kognitive Vermeidung (physisch) an
deren Medianen (*Mdn*s = 0.51 und 0.54) und die anschließende Kreuzklassifikation ergaben
Gruppengrößen der Bewältigungsgruppen von 41 Sensitizern, 45 Repressern, 22 Niedrigängstlichen und 13 Hochängstlichen. Dabei waren in der Gruppe mit hoher kognitiver
Belastung 20 Sensitizer, 24 Represser, 10 Niedrigängstliche und 7 Hochängstliche vertreten. In der Gruppe mit niedriger kognitiver Belastung gab es 21 Sensitizer, 21 Represser,
12 Niedrigängstliche und 6 Hochängstliche.

Tabelle 7.34 Skalenmittelwerte, Standardabweichungen und interne Konsistenzen der Selbstberichtsmaße

Skala (Itemanzahl)	M	SD	Cronbachs α
Vigilanz (physisch) (20)[a]	0.50	0.21	.80
Kognitive Vermeidung (physisch) (20)[a]	0.53	0.19	.75
Ängstlichkeit (15)[b]	2.24	0.51	.89
Potivier Affekt (6)[c]	2.45	1.07	.80
Negativer Affekt (10)[c]	3.03	1.22	.87
WBSI-Skala Gedankenintrusionen (7)[d]	3.34	1.01	.90
WBSI-Skala Gedankenunterdrückung (7)[d]	3.06	0.83	.79
Angst vor Vergewaltigung (11)[d]	3.04	0.74	.82
Vermeidungsverhalten (25)[d]	2.88	0.64	.87

Anmerkungen. [a] Min = 0, Max = 1; [b] Min = 1, Max = 4; [c] Min = 1, Max = 7; [d] Min = 1, Max = 5.

Tabelle 7.35 Interkorrelationen der Selbstberichtsdaten ($N = 121$)

Variable	2	3	4	5	6	7	8	9
1 Vigilanz (physisch)	−.50**	.26**	−.17°	.29**	.18*	.30**	.48**	.53**
2 Kogn. Vermeid. (physisch)		−.34**	.24**	−.25**	−.17°	−.26**	−.36**	−.36**
3 Ängstlichkeit			−.16°	.07	.56**	.52**	.31**	.19*
4 Positiver Affekt				−.35**	−.06	−.19°	−.25**	−.19*
5 Negativer Affekt					.01	.11	.37**	.33**
6 Gedankenintrusionen						.64**	.34**	.09
7 Gedankenunterdrückung							.26**	.11
8 Angst vor Vergewaltigung								.63**
9 Vermeidungsverhalten								—

Anmerkungen. Kogn. Vermeidung = kognitive Vermeidung.
° $p < .10$, * $p < .05$, ** $p < .01$. Korrelationen, die betragsmäßig größer .30 ($p < .001$) sind, wurden zusätzlich durch Fettdruck hervorgehoben.

Die weiteren Korrelationen in Tabelle 7.35 entsprechen dem Muster, das sich auch in Experiment 3 bzw. den ersten beiden Experimenten ergeben hat, und brauchen daher nicht im Detail erläutert zu werden. Auffällig sind allerdings die hohen Korrelationen zwischen Vigilanz (physisch) und der Angst vor Vergewaltigung, $r(119) = .480$, $p < .001$, sowie zwischen Vigilanz (physisch) und dem vergewaltigungsspezifischen Vermeidungsverhalten, $r(119) = .525$, $p < .001$. Auch hinsichtlich der WBSI-Skala Gedankenintrusionen finden sich – erwartungskonform – ein positiver Zusammenhang mit Vigilanz, $r(119) = .184$, $p = .043$, und ein negativer (tendenzieller) Zusammenhang mit kognitiver Vermeidung, $r(119) = −.172$, $p = .059$. Die Zusammenhänge von Vigilanz und kognitiver Vermeidung mit Gedankenunterdrückung ($rs = .298$ und $−.256$, $ps = .001$ und $.005$) entsprechen dem – wenngleich in dieser Form nicht erwarteten – Befundmuster von Experiment 3.

7.5.3.2 Bildbeurteilung

Die Beurteilungen der bedrohlichen, nichtbedrohlichen sowie ambivalenten Bilder sind in Tabelle 7.36 zusammengefasst. Das Muster entspricht dem von Experiment 3, in welchem ja die identischen Bilder verwendet wurden. Somit ist auch in Experiment 4 die Manipulation

Tabelle 7.36 Absolute Häufigkeiten, Standardabweichungen und Standardfehler der Beurteilungen bedrohlicher, ambivalenter und nichtbedrohlicher Bilder

| | Beurteilungen als ... | | | | | | | | |
| | bedrohlich | | | mehrdeutig | | | nichtbedrohlich | | |
Bildkategorie	M	SD	SE	M	SD	SE	M	SD	SE
bedrohlich ($n = 60$)	50.9	7.4	0.7	7.8	6.4	0.6	1.3	2.1	0.2
nichtbedrohlich ($n = 60$)	0.8	1.7	0.2	6.8	6.7	0.6	52.4	7.7	0.7
ambivalent ($n = 60$)	17.0	9.9	0.9	26.9	10.4	0.9	16.0	11.4	1.0

der Bedrohlichkeit der Bilder gelungen. Die Verlängerung der Darbietungszeit von 300 ms auf 500 ms scheint die Bildbeurteilung nicht merklich beeinflusst zu haben.

Die Zusammenhänge zwischen der Beurteilung ambivalenter Bilder und den Bewältigungsdispositionen waren noch ausgeprägter als in Experiment 3. So bestand für die Beurteilung *ambivalenter Bilder als bedrohlich* ein höchstsignifikanter positiver Zusammenhang mit Vigilanz (physisch), $r(119) = .391$, $p < .001$, und ein hochsignifikanter negativer Zusammenhang mit kognitiver Vermeidung (physisch), $r(119) = -.274$, $p = .002$; die Korrelation der Beurteilung eines ambivalenten Bildes als bedrohlich mit dem Vigilanz-Vermeidungs-Score war ebenfalls höchstsignifikant, $r(119) = .386$, $p < .001$. Ähnlich ausgeprägte Korrelationen mit erwartungsgemäß umgekehrten Vorzeichen fanden sich für die Zusammenhänge der Beurteilung *ambivalenter Bilder als nichtbedrohlich* mit Vigilanz (physisch), $r(119) = -.353$, $p < .001$, und mit kognitiver Vermeidung (physisch), $r(119) = .228$, $p = .012$; die Korrelation der Beurteilung eines ambivalenten Bildes als nichtbedrohlich mit dem Vigilanz-Vermeidungs-Score betrug $r(119) = -.339$, $p < .001$.

Auch die Gruppenunterschiede hinsichtlich der Bildbeurteilung waren zwischen Repressern und Sensitizern sehr deutlich ausgeprägt. So beurteilten Sensitizer im Vergleich zu Repressern deutlich mehr ambivalente Bilder als bedrohlich ($Ms = 20.8$ und 13.5, $SDs = 10.0$ und 8.5), $t(84) = 3.64$, $p < .001$, $d = 0.78$, und deutlich weniger ambivalente Bilder als nichtbedrohlich ($Ms = 13.8$ und 19.7, $SDs = 10.1$ und 12.3), $t(84) = 2.46$, $p < .016$, $d = 0.54$.

Hinsichtlich der Latenzzeiten[68] in der Bildbeurteilungsaufgabe wurde das Befundmuster von Experiment 3 repliziert: Mehrdeutig-Urteile ($M = 1346$ ms, $SD = 362$ ms) wurden langsamer abgegeben als Bedrohlich-Urteile ($M = 973$ ms, $SD = 236$ ms), $t(117) = 16.45$, $p < .001$, $d = 1.22$, und ebenfalls langsamer als Nichtbedrohlich-Urteile ($M = 986$ ms, $SD = 231$ ms), $t(117) = 15.35$, $p < .001$, $d = 1.19$. Signifikante korrelative Zusammenhänge zwischen der Beurteilungszeit für die Bilder (aggregiert nach dem Urteil) und der Bewältigungsdisposition (Vigilanz und kognitive Vermeidung) fanden sich jedoch nicht (alle $|r|s < .14$, alle $ps > .13$).

7.5.3.3 Erinnerung und Vergessen

Wie im Methodenteil beschrieben, wurden die Wiedererkennungsurteile in Experiment 4 nicht auf einer mehrstufigen Skala, sondern mit einem dichotomen Antwortformat (*Bild bereits dargeboten* vs. *Bild noch nicht dargeboten*) erfasst. Folglich wurde als Maß für die Dis-

---

68 Es wurden wiederum auf der Ebene der einzelnen Probanden die Mediane der Reaktionszeiten berechnet, um den Einfluss von Ausreißerwerten zu minimieren. Eine alternative Berechnung auf der Basis von Mittelwerten, bei denen Reaktionszeiten oberhalb von 4000 ms ausgeschlossen wurden (das betraf 0.35% aller Reaktionen), erbrachte sehr ähnliche Resultate.

kriminationsleistung zwischen Distraktoren und Prüfreizen – auf der Basis von *Treffern* (also der korrekten Identifikation eines Prüfreizes als alt) und *Falschen Alarmen* (der fälschlichen Identifikation eines Distraktors als alt) – getrennt für die drei Bedrohlichkeitskategorien der nonparametrische Signalentdeckungsindex A' berechnet (Grier, 1971; vgl. auch Hock, 1999; Hock et al., 1996). A' ist ein von individuellen Antworttendenzen bereinigtes Maß der Unterscheidungsfähigkeit zwischen Prüfreizen und Distraktoren, wobei A' bei perfekter Diskriminationsleistung einen Wert von 1 annimmt und bei Zufallsentscheidungen auf einen Wert von 0.5 absinkt.

Allgemeinpsychologische Effekte

Abbildung 7.12 stellt die allgemeinen Effekte der experimentellen Manipulationen auf die Wiedererkennungsleistung dar. Eine Varianzanalyse für die Diskriminationsleistung (A') in Abhängigkeit vom *Wiedererkennungstest* (Test 1 vs. Test 2), von der *kognitiven Belastung* (hoch vs. niedrig) und der *Bedrohlichkeit* der Bilder erbrachte einen starken Effekt des Wiedererkennungstests, da die Diskriminationsleistung in Test 1 ($M = .865, SD = .047$) deutlich besser ausfiel als in Test 2 ($M = .819, SD = .055$), $F(1, 119) = 184.51, p < .001, \eta_p^2 = .61$. Auch ein Haupteffekt der Bedrohlichkeit wurde signifikant, da die Wiedererkennungsleistung für ambivalente Bilder ($M = .868, SD = .052$) besser war als die für bedrohliche Bilder ($M = .840, SD = .050$) und diese wiederum besser als die für nichtbedrohliche Bilder ($M = .818, SD = .061$), $F(2, 118) = 92.39, p < .001, \eta_p^2 = .38$. Weitere Haupt- oder Interaktionseffekte traten nicht auf, alle $Fs < 1.4$, alle $ps > .25$. Insbesondere hatte die Manipulation der kognitiven Belastung keinen nennenswerten Einfluss auf die Erinnerungsleistung in Test 2.

Vergleich der Bewältigungsgruppen

Zur Überprüfung der eigentlichen Hypothesen wurde das Vergessen wieder als Differenzscore aus den Diskriminationsleistungen in den beiden Wiedererkennungstests operationalisiert

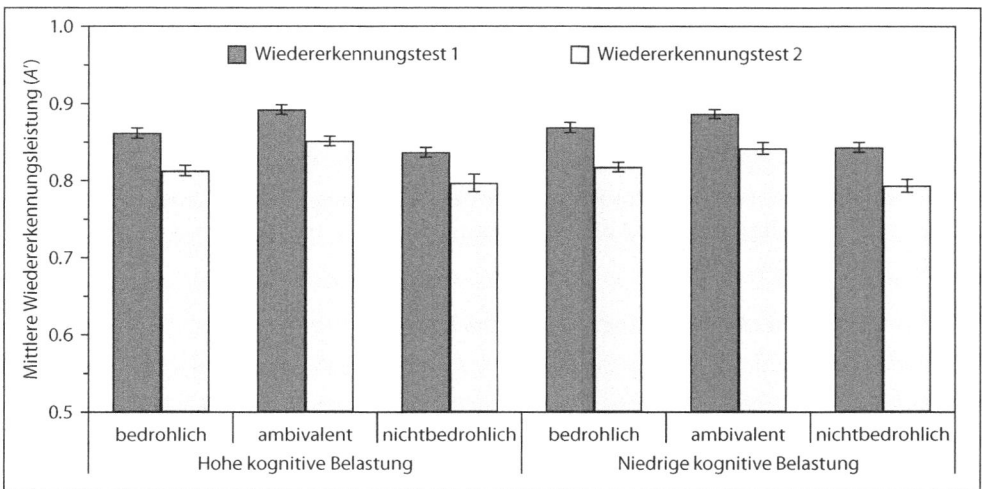

Abbildung 7.12 Mittlere Wiedererkennungsleistung (A') in den beiden Wiedererkennungstests in Abhängigkeit von der kognitiven Belastung und der Bedrohlichkeit des Bildmaterials. Fehlerbalken indizieren einfache Standardfehler.

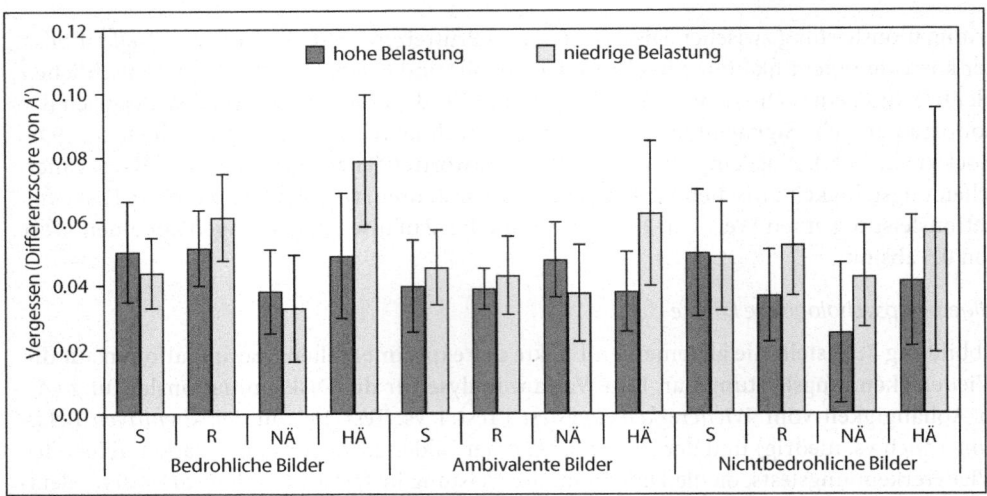

Abbildung 7.13 Vergessensscores der Sensitizer (S), Represser (R), Niedrigängstlichen (NÄ) und Hochängstlichen (HÄ) unter hoher und niedriger kognitiver Belastung für die drei Bildkategorien. Fehlerbalken indizieren einfache Standardfehler.

(die separaten Daten für die beiden Wiedererkennungstests finden sich in Anhang B.4). Abbildung 7.13 stellt das Vergessen in Abhängigkeit von der kognitiven Belastung in der Zwischenaufgabe, der Bedrohlichkeit der Bilder und den Bewältigungsmodi dar.

Es ist ersichtlich, dass Hypothese 1 nicht bestätigt werden kann. Zwar vergessen in der Bedingung niedriger kognitiver Belastung Sensitizer im Vergleich zu Repressern bedrohliche Bilder etwas weniger stark ($Ms = .044$ vs. $.061$, $SDs = .051$ vs. $.063$), dieser Unterschied ist jedoch nicht signifikant, $t(40) = 0.98$, $p = .33$, $d = 0.15$. Ferner besteht der Unterschied im Vergessen bedrohlicher Bilder zwischen Sensitizern in den Bedingungen hoher und niedriger kognitiver Belastung zwar in erwartungskonformer Richtung ($Ms = .051$ vs. $.044$, $SDs = .071$ und $.051$), ist aber so gering, dass er das Signifikanzniveau nicht annähernd erreicht, $t(39) = 0.34$, $p = .73$, $d = 0.05$. Aus Abbildung 7.13 lässt sich ferner entnehmen, dass auch für ambivalente Bilder nicht einmal ein Trend in die hypothesenkonforme Richtung besteht. Somit ist eine Testung der weiteren Hypothesen, um zu demonstrieren, dass sensitive Aufrechterhaltung spezifisch für bedrohliche (bzw. ambivalente) Reize unter der Bedingung niedriger kognitiver Belastung operiert, hinfällig. Sensitive Aufrechterhaltung konnte in Experiment 4 folglich nicht nachgewiesen werden.

Regressionsanalytischer Ansatz zur Kontrolle weiterer Einflussfaktoren

Da die regressionsanalytischen Auswertungen primär das Ziel verfolgten, bei angstbewältigungsspezifischen Vergessensunterschieden nachzuweisen, dass die Angstbewältigungsvariablen inkrementell zu anderen Persönlichkeitseigenschaften bzw. inkrementell zu aktuellen Zuständen Varianz binden, erübrigen sich diese Analysen im vorliegenden Fall eigentlich. Dennoch wurden sie durchgeführt, um auszuschließen, dass Effekte der Angstbewältigungsdisposition auf das Vergessen bestehen, die durch den Ansatz der Einteilung der Personen in Bewältigungsgruppen nicht erfasst wurden.

Auf der Ebene der bivariaten Korrelationen fanden sich keine signifikanten Assoziationen zwischen dem Vergessen von bedrohlichen bzw. ambivalenten Bildern und der Angstbewältigungsdisposition (Vigilanz und kognitive Vermeidung bzw. dem Vigilanz-Vermeidungs-Score), weder für die Bedingung hoher kognitiver Belastung (alle $|r|$s $< .15$, alle ps $> .26$) noch für die Bedingung niedriger kognitiver Belastung (alle $|r|$s $\leq .14$, alle ps $\geq .25$).

In Regressionsanalysen, die analog zum Vorgehen in Experiment 3 für die Kriterien *Vergessen bedrohlicher Bilder* und *Vergessen ambivalenter Bilder* mit den Prädiktoren *Vergessen nichtbedrohlicher Bilder, Ängstlichkeit, negativer Affekt, positiver Affekt* und dem *Vigilanz-Vermeidungs-Score* getrennt für die Bedingungen hoher und niedriger kognitiver Belastung durchgeführt wurden, war – außer für das Vergessen nichtbedrohlicher Bilder – keiner der Regressionskoeffizienten auch nur marginal signifikant. Ferner ergaben sich keinerlei signifikante Unterschiede in den Parameterschätzungen zwischen den Bedingungen hoher und niedriger kognitiver Belastung. Auf eine Darstellung der Zusammenhänge der Wiedererkennungs- bzw. Vergessensvariablen mit der Enkodierungszeit der entsprechenden Bilder kann verzichtet werden (durchgeführte Korrelationsanalysen erbrachten keine signifikanten Zusammenhänge).

7.5.4 Diskussion

Da die Befunde zu den Selbstberichtsmaßen denen von Experiment 3 bzw. allgemein denen der bisherigen Experimente entsprechen, brauchen diese hier nicht weiter erörtert werden. Hinsichtlich der Bildbeurteilung zeigten sich ausgeprägte Zusammenhänge in dem Sinne, dass Vigilanz mit dem Interpretationsbias verbunden war, ambivalente Bilder vermehrt als bedrohlich und seltener als nichtbedrohlich zu beurteilen, wohingegen sich mit kognitiver Vermeidung genau umgekehrte Zusammenhänge statistisch sichern ließen. Dieser erwartungskonforme Interpretationsbias trat hier noch stärker hervor als in Experiment 3, wenngleich im vorliegenden Experiment keine bewältigungsspezifischen Zusammenhänge mit der Latenzzeit bei der Abgabe der Urteile nachweisbar waren.

Wesentlich ist, dass sich in Experiment 4 keine Vergessenseffekte ergaben, welche die Annahmen der sensitiven Aufrechterhaltung bzw. repressiven Inhibierung stützen würden. Da sich in Experiment 3 aber bei Verwendung des identischen Bildmaterials und einer relativ ähnlichen Prozedur deutliche Belege für die sensitive Aufrechterhaltung (und auch für die repressive Inhibierung) zeigten, lag das Ausbleiben dieser Effekte in Experiment 4 vermutlich an dem verkürzten Behaltensintervall. Eine nur 15-minütige kognitive Belastung scheint zu kurz zu sein, um – beim vorliegenden Stichprobenumfang von etwa 60 Probanden je Belastungsbedingung – Effekte der sensitiven Aufrechterhaltung statistisch sichern zu können. Natürlich ist nicht gänzlich auszuschließen, dass das Ausbleiben der Effekte auf eine der anderen Variationen zurückzuführen ist (wie die Erhöhung der Präsentationszeit von 300 ms auf 500 ms oder das dichotome Antwortformat in den Wiedererkennungsaufgaben, das weniger sensitiv sein könnte als die 6-stufige Antwortskala). Da es sich dabei jedoch um eher marginale Änderungen handelte, erscheint dies unwahrscheinlich.

Wie bei der Betrachtung der Metaeffekte der Experimente 1 bis 3 in Abschnitt 7.6 dargestellt wird, betrug für die drei ersten Experimente die mittlere Effektstärke der sensitiven Aufrechterhaltung (operationalisiert als Differenz des Vergessens von Sensitzern unter hoher und niedriger kognitiver Belastung) bei einem 40-minütigen Behaltensintervall (davon 30 Minuten mit der Variation hohe vs. niedrige kognitive Belastung) für die bedrohlichen Reize Cohens $d = 0.69$ (vgl. Tabelle 7.37 auf S. 277). Das ist bereits ein sehr deutlicher Effekt, der – bei zweiseitiger Testung und einem Alpha-Fehler von .05 – Gruppengrößen von lediglich 34 Sensitizern pro Belastungsgruppe braucht, um mit 80%iger Wahrscheinlichkeit als signifikant nachgewiesen zu werden. Dies ist übrigens genau die Gruppengröße, die in Experiment 3 realisiert wurde. Nimmt man nun allerdings an, dass sich bei einer Halbierung der Dauer, für welche die Probanden hoher bzw. niedriger kognitiver Belastung ausgesetzt sind, auch die Größe des Effektes halbiert, ist bei einem 15-minütigen Behaltensintervall nur noch ein Effekt von zirka $d = 0.35$ zu erwarten. Um diesen mit 80%iger Wahrscheinlichkeit nachweisen zu können, wären (lässt man die anderen oben aufgeführten Parameter unverändert) bereits 130 Sensitizer pro Belastungsbedingung und damit eine Gesamtstichprobengröße von etwa 720 bis 1040 Probanden (je nach Korrelation von Vigilanz und kognitiver Vermeidung) notwendig. In Experiment 4 waren jedoch nur jeweils 20 bzw. 21 Sensitizer in den Gruppen mit hoher bzw. niedriger kognitiver Belastung vertreten. Die Teststärke (*Power*) für einen Effekt der Größe $d = 0.35$ lag somit – sogar bei einseitiger Testung mit einem Alpha-Fehler von .05 – lediglich bei .29 (Power-Berechnungen nach Faul, Erdfelder, Lang & Buchner, 2007, durchgeführt mit dem dort beschriebenen Programm G*Power, Version 3.1.3).

Dementsprechend ist also keineswegs auszuschließen, dass sich bereits bei einem 15-minütigen Behaltensintervall bzw. einer etwa 15 Minuten dauernden Variation der kognitiven Belastung ein durchaus bedeutsamer Effekt (d um 0.35) der sensitiven Aufrechterhaltung einstellt. Allerdings hat das obige Rechenexempel offenbart, dass im Rahmen des Stichprobenumfangs von Experiment 4 der statistische Nachweis eines Effekts dieser Größe sehr unwahrscheinlich wird und erst relativ große Effekte (d um 0.80), die wohl aber längerer Behaltensintervalle bedürfen, mit akzeptabler Wahrscheinlichkeit statistisch gesichert werden können.

7.6   Metaeffekte der Experimente 1 bis 3

In den Experimenten 1 bis 3 haben sich für das Vergessen bedrohlicher und/oder ambivalenter Reize wiederholt zwei Effekte gezeigt, die in Abbildung 7.14 schematisch dargestellt sind. Zum einen ist dies auf Seiten der Sensitizer der Effekt, dass unter niedriger kognitiver Belastung weniger bedrohliche bzw. ambivalente Reize vergessen werden als unter hoher kognitiver Belastung. Erklären lässt sich dies dadurch, dass Sensitizer unter niedriger kognitiver Belastung ihre kognitiven Ressourcen verwenden, um bedrohliche bzw. ambivalente Reize aufrechtzuerhalten, was ihnen unter hoher kognitiver Belastung nicht möglich ist. Der Wert aus *Vergessen unter hoher kognitiver Belastung* minus *Vergessen unter niedriger kognitiver Belastung*, der in Abbildung 7.14 durch den linken Pfeil repräsentiert ist, stellt somit eine Operationalisierung der sensitiven Aufrechterhaltung dar.

Auf Seiten der Represser wurde wiederholt beobachtet, dass bedrohliche Reize unter niedriger kognitiver Belastung stärker vergessen wurden als unter hoher kognitiver Belastung. Dieser Effekt wurde im Rahmen der Experimente 1 bis 4 nicht als A-priori-Hypothese formuliert, ist aber plausibel, wenn man annimmt, dass auch die Inhibierung von unerwünschten Erinnerungsinhalten kognitive Ressourcen beansprucht. Dann ist nämlich repressive Inhibierung ebenfalls nur unter der Bedingung niedriger kognitiver Belastung uneingeschränkt möglich. Entsprechend stellt hier der Wert aus *Vergessen unter niedriger kognitiver Belastung* minus

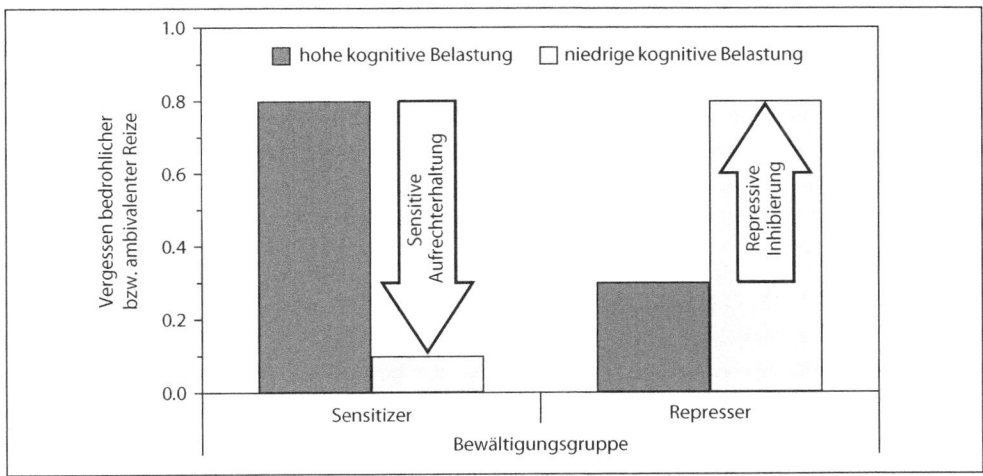

Abbildung 7.14 Schematische Darstellung der Operationalisierung der Effekte der sensitiven Aufrechterhaltung und der repressiven Inhibierung.

Vergessen unter hoher kognitiver Belastung, der in Abbildung 7.14 durch den rechten Pfeil repräsentiert ist, eine Operationalisierung der repressiven Inhibierung dar.

Im Folgenden werden die derart indizierten Maße für sensitive Aufrechterhaltung und repressive Inhibierung aus den Experimenten 1 bis 3, die sich im Aufbau grundlegend ähnelten und alle ein Behaltensintervall von 40 Minuten realisiert haben, gegenübergestellt und die Metaeffekte aus diesen drei Experimenten berechnet.[69] Tabelle 7.37 gibt die entsprechenden Effekte wieder. Bei der Interpretation der Effekte ist zu beachten, dass zwar in allen drei

Tabelle 7.37 Metaeffekte der sensitiven Aufrechterhaltung und repressiven Inhibierung für bedrohliche, ambivalente und – als Kontrollbedingung – nichtbedrohliche Reize

Reize	Experiment 1[a]		Experiment 2[b]		Experiment 3[c]		Metaeffekte		
	d	*n*	*d*	*n*	*d*	*n*	*d*	*z*	*p*
Effekte der sensitiven Aufrechterhaltung									
bedrohlich	0.61	36	1.07	45	0.40	68	0.69	3.995	<.001
ambivalent	−0.16	36	0.59	45	0.81	68	0.53	3.128	.001
nichtbedrohlich	−0.23	36	−0.09	45	0.17	68	0.00	−0.009	.504
Effekte der repressiven Inhibierung									
bedrohlich	0.54	45	0.41	50	0.44	66	0.49	2.964	.002
ambivalent	0.72	45	−0.06	50	0.27	66	0.31	1.888	.029
nichtbedrohlich	0.05	45	0.01	50	0.17	66	0.09	0.566	.286

Anmerkungen. d = Cohens *d, n* = Anzahl der Probanden in dem jeweiligen Vergleich. [a] Reizmaterial bestand aus Bildern. [b] Reizmaterial bestand aus Wörtern. [c] Reizmaterial bestand aus vergewaltigungsassoziierten Bildern.

---

69 Die Metaeffekte wurden berechnet, indem die einzelnen Effektgrößen in Fisher-Z-Werte transformiert wurden. Aus diesen wurde ein gewichteter Gesamt-Z-Wert gebildet, auf dessen Basis wieder Cohens *d* sowie der z-Wert bestimmt wurden (vgl. dazu z. B. Bortz & Döring, 2002).

Experimenten die bedrohlichen Reize eindeutig bedrohlich waren, dass jedoch nur für Experiment 3 davon auszugehen ist, dass die ambivalenten Reize auch tatsächlich sehr mehrdeutig waren (vgl. die Einführung zu Experiment 3, Abschnitt 7.4.1). Alle Metaeffekte für bedrohliche und ambivalente Reize sind signifikant, am stärksten fällt der Metaeffekt der sensitiven Aufrechterhaltung für bedrohliche Bilder aus ($d = 0.69$). Dass der Metaeffekt der sensitiven Aufrechterhaltung für ambivalente Reize schwächer ausfällt ($d = 0.53$), beruht primär darauf, dass in den Experimenten 1 und 2 der Effekt der sensitiven Aufrechterhaltung für die ambivalenten Reize entweder nicht vorhanden war, wie in Experiment 1, oder zumindest deutlich schwächer als der Effekt für bedrohliche Reize, wie in Experiment 2. In Experiment 3, welches das erste Experiment mit genuin ambivalenten Reizen darstellt, ist der Effekt für ambivalente Bilder ($d = 0.81$) doppelt so groß wie für bedrohliche ($d = 0.40$).

Der Metaeffekt der repressiven Inhibierung ist für bedrohliche Reize ebenfalls größer als für ambivalente Reize ($ds = 0.49$ und 0.31). Dabei war der Effekt für die ambivalenten Wörter in Experiment 2 gar nicht nachweisbar ($d = -0.06$), für die ambivalenten Bilder in Experiment 1 allerdings recht stark ($d = 0.72$). In demjenigen Experiment, das sich am stärksten durch die Ambivalenz seiner Reize auszeichnet – nämlich in Experiment 3 –, war der Effekt für ambivalente Bilder ($d = 0.27$) deskriptiv schwächer als für bedrohliche Bilder ($d = 0.44$).

Für die nichtbedrohlichen Reize, die als Kontrollbedingung betrachtet werden können und für die keine Effekte der kognitiven Belastung erwartet wurden, trat erwartungskonform in keinem der Experimente ein signifikanter Effekt auf, weder für Sensitizer noch für Represser. Auch der Metaeffekt war sowohl für Sensitizer ($|d| < 0.01$) als auch für Represser ($d = 0.09$) jeweils marginal und trotz der relativ großen Gesamtstichproben (149 Sensitizer bzw. 161 Represser) auch nicht annähernd signifikant ($ps > .28$). In der folgenden Gesamtdiskussion werden auch die Metaeffekte wieder aufgegriffen.

7.7   Gesamtdiskussion

Das Hauptziel der Experimente 1 bis 4 war es, den Prozess der sensitiven Aufrechterhaltung zu belegen. Dies wurde mit den Experimenten 1 und 2 eindeutig erreicht. In Experiment 1 vergaßen Sensitizer – im Vergleich zu Repressern, aber auch im Vergleich zu den anderen Bewältigungsgruppen – deutlich weniger bedrohliche Bilder, wenn ihnen die kognitiven Ressourcen für Aufrechterhaltungsprozesse zur Verfügung standen. Wurden ihnen diese Ressourcen durch eine kognitive Belastung genommen, verschwand dieser Effekt gänzlich. Darüber hinaus war der Effekt der sensitiven Aufrechterhaltung spezifisch für bedrohliche Bilder und trat nicht für nichtbedrohliche Bilder auf. Mit Experiment 2 wurden analoge Befunde erzielt, allerdings für Wortmaterial. Diese Feststellung ist wichtig, da damit nicht nur die Robustheit, sondern auch die Generalisierbarkeit der Ergebnisse von Experiment 1 bestätigt wird. Zwar sollten die für Sensitizer postulierten Aufrechterhaltungsprozesse (also das wiederholte Abrufen, die Auffrischung und die Elaboration von Gedächtnisinhalten) sowohl für Bilder als auch für Wörter die gleiche Funktion erfüllen – nämlich die langfristige Verfügbarhaltung von Informationen, die in künftigen (potentiell) bedrohlichen Situationen (handlungs-)relevant sein können –, aber an der Aufrechterhaltung von Bild- und von Wortmaterial sind höchstwahrscheinlich unterschiedliche kognitive Prozesse beteiligt (z. B. Greene, 1987; vgl. auch M. J. Watkins & Peyn\cioglu, 1982; M. J. Watkins, Peynircioglu & Brems, 1984). Dies wird auch durch den Umstand gestützt, dass in Experiment 1 die Belastung des visuell-räumlichen Notizblocks und in Experiment 2 die Belastung der phonologischen Schleife erfolgreiche Manipulationen darstellten, um Aufrechterhaltungsprozesse zu unterbinden oder zumindest deutlich einzuschränken. Somit wurde auch der Forderung von Roediger (2008), die Robustheit und Generalisierbarkeit von Gedächtnisphänomenen mittels unterschiedlicher Untersuchungsmaterialien bzw. unter Einbeziehung unterschiedlicher Reizmodalitäten zu überprüfen, in einem ersten Schritt nachgekommen. Sicherlich wäre es für künftige Studien interessant, weitere Reize wie Videofilme (statt Bildern) oder ganze Sätze (statt Wörtern) zu verwenden. Auch könnten Reize auditiv dargeboten werden oder – hinsichtlich der ökologischen Validität der Effekte besonders interessant – reale Lebensereignisse untersucht werden.

Bemerkenswert ist ferner, dass bereits ein etwa 40-minütiges Behaltensintervall, von welchem zudem nur für 30 Minuten die Manipulation der kognitiven Belastung gegeben war, ausreichte, um als stark zu bezeichnende Effekte der sensitiven Aufrechterhaltung zu erzielen. Wie im Rahmen der Berechnung der Metaeffekte dargestellt (vgl. Abschnitt 7.6), zeigten sich in den Experimenten 1 und 2 hinsichtlich des Vergessens bedrohlicher Reize für Sensitizer unter hoher und unter niedriger kognitiver Belastung bereits Unterschiede mit Effektstärken von Cohens $d = 0.61$ bzw. 1.07. In Experiment 4 stellte sich heraus, dass eine nur 15-minütige Variation der kognitiven Belastung nicht ausreichte, um Effekte der sensitiven Aufrechterhaltung statistisch sichern zu können. Allerdings ergaben nachträglich durchgeführte Poweranalysen, dass die in den Experimenten 1 und 2 erzielten Effektstärken bei den realisierten Stichprobenumfängen der Experimente 1 bis 4 (nämlich zwischen 121 und 192 Probanden pro Experiment) das Minimum dessen darstellen, was notwendig ist, um mit angemessener Wahrscheinlichkeit vorhandene Effekte auch statistisch zu sichern. Um signifikante Effekte bei kürzeren Behaltensintervallen (z. B. 15 Minuten) zu erzielen, wäre ein entsprechend großer praktischer Forschungsaufwand (d. h. sehr große Stichprobenumfänge von etwa 800 oder mehr Probanden) notwendig oder gegebenenfalls die Untersuchung von Extremgruppen von Sensitizern und Repressern (vgl. dazu aber die Erörterungen in Abschnitt 7.2.3).

In künftigen Studien sollte untersucht werden, ob eine weitere Verlängerung der Belastungsvariation zu noch stärkeren Effekten führt. Eine solche Zunahme der Effekte mit der Zeit ist aufgrund der theoretischen Annahmen (vgl. Abschnitt 5.4) zu erwarten. Allerdings ist es nicht praktikabel, die Dauer der kognitiven Belastung in dem verwendeten Paradigma beliebig zu erhöhen. Bereits bei den Experimenten 1 bis 3 wurde nach einer 15-minütigen kognitiven Belastung eine Pause eingeführt, da längere ununterbrochene Intervalle mit sehr hoher kognitiver Belastung den Probanden nicht zumutbar erschienen und da auch damit gerechnet werden muss, dass aufgrund von Ermüdungserscheinungen die intendierte kognitive Belastung bei längeren Intervallen nicht von allen Probanden aufrechterhalten wird. Künftige Studien, in denen längere Behaltensintervalle realisiert werden sollen, müssten sich also vermutlich mit einer weniger intensiven Auslastung der kognitiven Ressourcen begnügen. Dann wären auch Belastungsvariationen, die sich über mehrere Stunden erstrecken, vorstellbar. Beispielsweise könnte man zwei Gruppen von Studierenden zu Beginn des Tages Reizen unterschiedlicher Bedrohlichkeit aussetzen. Während die eine Gruppe den restlichen Tag frei hätte (niedrige kognitive Belastung), müsste die andere Gruppe den ganzen Tag über – für das Studium wichtige – Lehrveranstaltungen besuchen (hohe kognitive Belastung). Am Ende des Tages könnte dann die Erinnerungsleistung erfasst werden.

Eine derartige Studie wäre auch durch eine höhere ökologische Validität gekennzeichnet als die Experimente 1 bis 4 und könnte (in Verbindung mit weiterer Forschung) sogar Aussagen darüber erlauben, ob es ratsam erscheint, Personen, die ein traumatisierendes Erlebnis hatten, nach diesem Ereignis eher eine Phase der Ruhe (z. B. einige Tage Urlaub) zu empfehlen, oder ob – um die spätere Intrusivität von ungewollten Erinnerungen zu verringern – es ratsamer wäre, solchen Personen zu empfehlen, sich Ablenkung (z. B. auch in Form von beruflichen Tätigkeiten) zu suchen. Hier wären sogar differentielle Verhaltensempfehlungen in Abhängigkeit vom Angstbewältigungsmodus möglich: So deuten die Daten darauf hin, dass es für Sensitizer sinnvoll wäre, sich nach bedrohlichen Erlebnissen Ablenkung bzw. „kognitive Belastung" zu suchen, um eine vermehrte Aufrechterhaltung dieser aversiven Erinnerungen zu vermeiden, wohingegen für Represser eine Phase der Ruhe angebrachter sein könnte, da sie dann ihre kognitiven Ressourcen auch zur Inhibierung verwenden können.

Auch die im Rahmen von psychotherapeutischen Interventionen häufig recht unspezifisch eingesetzten Entspannungstechniken könnten für Personen mit unterschiedlicher Bewältigungsdisposition in unterschiedlichem Ausmaß indiziert bzw. unter Umständen auch kontraindiziert sein. So könnte für Sensitizer die Gefahr bestehen, dass das Auftreten von intrusiven Erinnerungen und sich daran anschließenden Aufrechterhaltungsprozessen – im Rahmen der posttraumatischen Belastungsstörung oft auch als *Grübeln* bezeichnet (vgl. z. B. Steil, Ehlers & Clark, 2009) – während dieser Phasen der Entspannung noch verstärkt wird (vgl. dazu auch das bereits von Borkovec und Kollegen aufgestellte Konzept der entspannungsinduzierten Angst [*relaxation-induced anxiety*], z. B. Borkovec, 1985; Heide & Borkovec, 1983, 1984). Derartige Überlegungen sind aber selbstverständlich spekulativ und sollen nur potentielle Anwendungsbereiche zu der in der vorliegenden Arbeit durchgeführten Grundlagenforschung aufzeigen. Bevor wissenschaftlich gesicherte Handlungsempfehlungen gegeben werden können, ist zu untersuchen, ob die im Rahmen der vorliegenden Experimente – mit im Vergleich zu traumatisierenden Erlebnissen nur leicht bedrohlichen Reizen – gefundenen Effekte auch für stark bedrohliche Reize oder Ereignisse auftreten und welche langfristigen Effekte derartige Manipulationen der kognitiven Belastung haben.

Das theoretische Konzept der sensitiven Aufrechterhaltung weist einige Gemeinsamkeiten mit kognitiven Prozessen auf, wie sie auch im Rahmen von psychischen Störungen festgestellt werden: nämlich mit *Ruminationsprozessen*, wie sie oft bei depressiven Personen zu beobachten sind (z. B. Harrington & Blankenship, 2002), mit *Besorgnisgedanken*, wie sie bei Personen mit Angststörungen auftreten (z. B. Gana, Martin & Canouet, 2001; Mathews, 1990), und mit *intrusiven Erinnerungen*, wie sie – zusammen mit Ruminationsprozessen bzw. Grübeln – im Rahmen von posttraumatischen Belastungsstörungen zu verzeichnen sind (z. B. Michael, Halligan, Clark & Ehlers, 2007; Speckens, Ehlers, Hackmann, Ruth & Clark, 2007). Entsprechend könnte es zum besseren Verständnis der kognitiven Prozesse, die bei diesen psychischen Störungen auftreten, beitragen, wenn das hier vorgestellte Paradigma zur Untersuchung von sensitiver Aufrechterhaltung auf klinische Stichproben angewandt wird. Sind beispielsweise die Ruminationsprozesse von depressiven Personen vergleichbar mit den Prozessen der sensitiven Aufrechterhaltung, so dass kognitive Belastung bzw. Tätigkeiten, die von den ruminativen Gedanken ablenken, ebenfalls Ruminationsprozesse verringern? Sofern dies so ist und die aktive Unterbindung von Ruminationsprozessen auch längerfristig die Wahrscheinlichkeit des Wiederauftretens ruminativer Gedanken reduziert, wäre dies – neben der allgemein akzeptierten Theorie der „Erhöhung der Rate positiver Verstärkung im Leben des Patienten" (Hautzinger, 2003, S. 80) – eine weitere Erklärung dafür, warum die im Rahmen von (kognitiven) Verhaltenstherapien bei depressiven Personen angestrebte Aufnahme von (ablenkenden) positiven Aktivitäten eine erfolgreiche Interventionsmaßnahme darstellt (vgl. z. B. Hautzinger, 2003, 2008).

Ausgehend von der in Kapitel 2 (speziell Abschnitt 2.4) dargestellten funktionalen Sichtweise des menschlichen Gedächtnisses ist auch der Informationsgehalt einer Erinnerung für Handlungsentscheidungen in künftigen (bedrohlichen) Situationen zu beachten. So wurde Experiment 3, in dem vergewaltigungsassoziierte Bilder zum Einsatz kamen, ursprünglich durchgeführt, um zu untersuchen, ob sich die Effekte der sensitiven Aufrechterhaltung, die in den Experimenten 1 und 2 mit Reizen aus ganz verschiedenen Inhaltsbereichen gefunden wurden, auch für eine spezifische Angst, nämlich die Angst von Frauen vor sexueller Gewalt, nachweisen lassen. Darüber hinaus sollte exploriert werden, ob die Effekte der sensitiven Aufrechterhaltung ebenfalls für genuin ambivalente Reize auftreten. Die Idee, die Rolle ambivalenter Reize zu untersuchen, ergab sich aus der Beobachtung, dass die ambivalenten Reize, die im Rahmen von Experiment 1 und 2 verwendet wurden, nur eine sehr geringe immanente Ambivalenz aufwiesen. Zwar wurde erwartet, dass für genuin ambivalente Reize *ebenfalls* – wie für eindeutig bedrohliche Reize – ein Effekt der sensitiven Aufrechterhaltung nachweisbar ist, unerwartet war jedoch der Befund, dass in Experiment 3 dieser Effekt für ambivalente Bilder noch wesentlich stärker war als für eindeutig bedrohliche Bilder. Erklärt wurde dies in der Diskussion von Experiment 3 (Abschnitt 7.4.4.3) dadurch, dass im Falle der Bedrohung durch (sexuelle) Gewalt es ambivalente Situationen sind, die dem potentiellen Opfer am meisten Handlungsoptionen lassen.

Da bei Sensitizern ja das Bedürfnis der Unsicherheitsreduktion im Vordergrund steht, wäre es für diese Personengruppe auch funktional, möglichst viele ambivalente Situationen und Inhalte in Erinnerung zu behalten. Erst wenn die Aversität bzw. Bedrohlichkeit einer Erinnerung – und damit einhergehend die emotionale Belastung – ein bestimmtes Maß überschreitet, dieser negative Effekt aber nicht durch den (potentiellen) Nutzen der Erinnerung für künftige Handlungen bzw. künftige Prozesse der Unsicherheitsreduktion kompensiert wird (wie es vermutlich bei den Auslösern posttraumatischer Belastungsstörungen der Fall ist), könnte eine derartige Erinnerung als dysfunktional bezeichnet werden. Bei Repressern gestaltet sich die Antwort, welche Erinnerungen funktional bzw. dysfunktional sind, etwas anders. Im Sinne des Ziels der Minimierung emotionaler Erregung wäre es für Represser emotionsregulativ und somit funktional, jegliche aversiven bzw. bedrohlichen Inhalte möglichst wenig zu erinnern und auch in ihrer Erinnerbarkeit zu reduzieren. Werden diese Personen dann aber mit einer (potentiell) bedrohlichen Situation konfrontiert, die allerdings prinzipiell Handlungsoptionen zu deren faktischer Bewältigung bietet, verfügen Represser über ein vergleichsweise geringes Repertoire an adäquaten Handlungen. Bezogen auf die in den Experimenten 3 und 4 verwendeten vergewaltigungsassoziierten Bilder ist also zu vermuten, dass die schlechtere Erinnerbarkeit vor allem ambivalenter Situationen für Represser zwar emotionsregulativ – und damit erwünscht – ist, dass darunter aber die faktische Bewältigung von Bedrohungssituationen leiden kann.

Diese Problematik könnte dadurch etwas reduziert werden, dass sich die repressive Inhibierung von Repressern am stärksten auf sehr bedrohliche Situationen oder Inhalte richtet, die – zumindest oft – auch nur noch wenig faktischen Handlungsspielraum lassen. Hingegen werden die – in aller Regel weniger stark bedrohlichen – ambivalenten Situationen oder Inhalte von Repressern auch weniger stark vergessen. Dies wird zumindest durch die Ergebnisse von Experiment 3 nahegelegt, in dem Represser für die eindeutig bedrohlichen vergewaltigungsassoziierten Bilder einen etwas größeren Effekt der repressiven Inhibierung aufwiesen als für die ambivalenten Bilder. Allerdings war dieser Unterschied nur deskriptiv vorhanden und keineswegs signifikant. Für die bedrohlichen und ambivalenten Wörter in Experiment 2 legten Represser – deskriptiv – zwar auch für die bedrohlichen Wörter einen größeren Effekt der repressiven Inhibierung an den Tag als für ambivalente Wörter. Experiment 2 war – aufgrund der stark reduzierten Anzahl der verwendeten ambivalenten Reize – aber gar nicht für die Erfassung von Effekten hinsichtlich ambivalenter Reize ausgelegt, so dass die diesbezüglichen Befunde von Experiment 2 mit Vorsicht zu interpretieren sind. In Experiment 1 schließlich konnte nicht bestätigt werden, dass Represser mehr repressive Inhibierung für bedrohliche als für ambivalente Bilder zeigen, da hier der Effekt – wiederum aber nur deskriptiv, also nicht signifikant – sogar umgekehrt war. Wie bereits mehrfach dargelegt, ist allerdings bei den Experimenten 1 und 2 zu beachten, dass sich die ambivalenten Reize weniger durch genuine Ambivalenz als vielmehr durch eine mittlere Bedrohlichkeit auszeichneten. Somit ist die Frage, ob Represser repressive Inhibierung stärker auf eindeutig bedrohliche als auf ambivalente Reize anwenden, noch nicht eindeutig beantwortet und bedarf weiterer Untersuchungen.

Davon abgesehen konnte aber klar belegt werden, dass Represser nicht nur keine sensitive Aufrechterhaltung betreiben, sondern – auf jeden Fall für bedrohliche Reize und höchstwahrscheinlich auch (wenngleich weniger stark) für ambivalente Reize – darüber hinaus zusätzlich Prozesse der repressiven Inhibierung aufweisen. Ein derartiger Nachweis gehörte gar nicht zum ursprünglichen Ziel der Experimente 1 bis 4, nachdem sich jedoch in Experiment 1 der Trend gezeigt hatte, dass Represser unter hoher kognitiver Belastung weniger bedrohliche Reize vergessen als unter niedriger kognitiver Belastung, wurde dieser Effekt auch über die weiteren Experimente hinweg verfolgt. Für die Experimente 1 bis 3 konnte dieser Effekt der repressiven Inhibierung metaanalytisch für bedrohliche Reize mit mittlerer Effektstärke ($d = 0.49$) hochsignifikant nachgewiesen werden (auch für ambivalente Reize war der Effekt mit einer Stärke von $d = 0.31$ signifikant). Repressive Inhibierung lässt sich somit als ein Prozess charakterisieren, der kognitive Ressourcen erfordert. Andere Bewältigungsgruppen zeigten keine vergleichbaren Effekte der repressiven Inhibierung, zumindest nicht in konsistenter Weise über die verschiedenen Experimente hinweg, so dass dieses Phänomen spezifisch für Represser zu sein scheint. Da für die Experimente 1 bis 4 dieser Effekt der repressiven Inhibierung allerdings nicht a priori postuliert wurde, wird auf eine weitere Diskussion verzichtet, bis die Experimente 5 bis 8, deren genuines Ziel der Nachweis der repressiven Inhibierung war, dargestellt wurden.

Durch die – stets zusätzlich zu den bewältigungsgruppenbasierten Hypothesentestungen – durchgeführten regressionsanalytischen Auswertungen konnte gezeigt werden, dass die Effekte der sensitiven Aufrechterhaltung (und der repressiven Inhibierung) auch bei Verwendung kontinuierlicher Maße für die Angstbewältigungsdisposition nachweisbar sind. Noch wesentlicher ist aber, dass nachgewiesen werden konnte, dass die beobachteten Vergessenseffekte genuin von der Angstbewältigungsdisposition abhängen und andere Variablen, wie die allgemeine Ängstlichkeit oder aktuelle Affektzustände, diese Effekte nicht erklären können. Zwar wies hinsichtlich des Vergessens bedrohlicher Bilder in Experiment 1 auch Ängstlichkeit einen signifikanten und Geschlecht einen marginal signifikanten Interaktionseffekt mit der kognitiven Belastung auf, aber die Angstbewältigungsdisposition klärte noch inkrementell Varianz auf. Zudem konnte der Interaktionseffekt mit der Ängstlichkeit in keinem der folgenden Experimente repliziert werden, wohingegen sich die Effekte der Angstbewältigungsdisposition in den Experimenten 1 bis 3 durchgehend zeigten. Der Einfluss des Geschlechts konnte in den weiteren Experimenten nicht mehr untersucht werden, da die Stichprobe entweder nur Frauen umfasste (in den Experimenten 3 und 4) oder der Männeranteil mit 20% (in Experiment 2) zu klein für eine sinnvolle Auswertung war. Hier wäre es wünschenswert, in künftigen Studien gleich große Stichprobenanteile von Männern und Frauen zu realisieren, um Geschlechtseffekte, wie beispielsweise Krohne und Hock (2008a) sie für das Vergessen ambivalenter Bilder gefunden haben, genauer zu untersuchen. Dabei ist zu berücksichtigen, dass das gleiche Reizmaterial für Männer und Frauen unterschiedlich bedrohlich und auch unterschiedlich ambivalent sein kann, so dass Geschlechtseffekte immer in Abhängigkeit von den verwendeten Stimuli zu betrachten sind.

Im Rahmen des in den Experimenten 1 bis 4 verwendeten Paradigmas wurde daraus, dass sich bei frei verfügbaren und nicht frei (bzw. nur eingeschränkt) verfügbaren kognitiven Ressourcen – in Abhängigkeit von der Angstbewältigungsdisposition – unterschiedliche Vergessensausmaße für bedrohliche, ambivalente und nichtbedrohliche Reize zeigten, gefolgert, dass es sich bei den ressourcenbeanspruchenden Prozessen, die zu diesen Effekten führen, um Prozesse der sensitiven Aufrechterhaltung bzw. repressiven Inhibierung handelt. Die Evidenz für die Prozesse der sensitiven Aufrechterhaltung und repressiven Inhibierung ist somit in einem gewissen Maße indirekt. Dafür, dass Sensitizer unter niedriger kognitiver Belastung tatsächlich häufiger an die bedrohlichen (bzw. ambivalenten) Stimuli gedacht und diese somit wiederholt, aufgefrischt bzw. weiter elaboriert haben, liefert das Paradigma keine unmittelbaren Belege. Ebenso wenig erbringt das Paradigma direkte Belege dafür, dass es sich bei den Prozessen, die zu dem als repressive Inhibierung bezeichneten Effekt führen, um eine von Repressern ausgeführte wiederholte Inhibierung von bedrohlichen Reizen handelt. Folglich wären unmittelbarere Belege für das Operieren dieser Prozesse wünschenswert.

Die Selbstberichtsdaten, die mit dem WBSI und dem TCQ erfasst wurden, deuten darauf hin, dass Sensitizer im Vergleich zu Repressern generell mehr Gedankenintrusionen (die als Auffrischung oder auch Wiederholung betrachtet werden können) erleben, wohingegen auf Seiten der Represser häufiger Prozesse der Ablenkung (die als Inhibierungsversuche aufgefasst werden können) operieren. Wie bereits in der Diskussion von Experiment 1 dargestellt, sind allerdings die Fragebögen, die zur Erfassung dieser Prozesse existieren, nicht optimal konstruiert. Das könnte dazu beitragen, dass die gefundenen Zusammenhänge zwar statistisch gesichert und replizierbar, aber relativ schwach sind. Die wesentlichere Schwierigkeit bei der Suche nach direkter Evidenz für die postulierten Prozesse ist aber, dass die Prozesse der sensitiven Aufrechterhaltung und der repressiven Inhibierung zwar vermutlich bewusstseinsfähig, aber in ihrer Anwendung nur teilweise intentional initiiert und wohl auch nur sehr eingeschränkt bewusst sind, weshalb vor allem retrospektive Häufigkeitsangaben zur Anwendung dieser Strategien wenig valide und reliabel sind.

Die schriftlichen Nachbefragungen, die am Ende der Experimente erfolgten, wurden bei der Beschreibung der einzelnen Experimente nicht weiter ausgeführt, um den Rahmen dieser Arbeit nicht zu sprengen. Allerdings wurde unter anderem danach gefragt, ob die Probanden während des Behaltensintervalls an die zuvor dargebotenen Reize gedacht haben. Für die Bedingung der niedrigen kognitiven Belastung ergab sich stets, dass Sensitizer häufiger als

Represser angaben, absichtlich an die bedrohlichen Reize gedacht zu haben. Für diese und ähnliche Selbstberichte waren die Unterschiede aber stets sehr klein und nicht signifikant, weshalb auch in den Ergebnisteilen der Experimente auf deren Darstellung verzichtet wurde. Ausgehend von der Annahme, dass die erfragten Prozesse aber nur bedingt bewusst sind, ist auch nicht mit starken Effekten zu rechnen.

Darüber hinaus erscheint es fraglich, ob überhaupt eine direkte Erfassung dieser latenten kognitiven Prozesse möglich ist. Würde man die Probanden beispielsweise, um einen direkteren Zugang zu den Prozessen zu haben, bitten, während des Behaltensintervalls ihre Gedanken zu berichten, wäre mit starken Verfälschungen der ansonsten spontan ablaufenden Prozesse zu rechnen, was die (ökologische) Validität des Paradigmas – ähnlich wie dies beim White-Bear-Paradigma der Fall ist (vgl. Abschnitt 3.2.3.3) – wohl sehr stark reduzieren würde. Auch neuropsychologische Verfahren wie elektroenzephalographische und bildgebende Methoden, die Prozesse online – also während diese tatsächlich operieren – registrieren, können allenfalls indirekte Hinweise für das Auftreten der postulierten kognitiven Prozesse liefern (zudem erfordern diese Verfahren die zeitlich exakt getriggerte Reproduktion gleichartiger Prozesse; dies ist bei den spontan auftretenden Aufrechterhaltungsprozessen, die auch in ihrer Ausgestaltung [Auffrischung, Wiederholung, Elaborierung etc.] variieren können, nicht gegeben). Direktere Evidenz für das Auftreten der postulierten latenten kognitiven Prozesse wäre also wünschenswert, stellt aber ein noch zu lösendes Forschungsproblem dar. Solange allerdings keine plausible Alternativerklärung für das Zustandekommen der Effekte vorliegt, erscheint es legitim, die Prozesse der sensitiven Aufrechterhaltung (und repressiven Inhibierung) als beste aktuelle Erklärung anzunehmen.

Im Rahmen einer Nebenfragestellung wurde untersucht, ob sich angstbewältigungsspezifische Unterschiede in der Bedrohlichkeitsbeurteilung der Reize zeigen. Diese interindividuellen Beurteilungsunterschiede traten in der Tat in erwartungskonformer Weise auf, wobei der Hauptbefund, der sich in allen Experimenten zumindest abzeichnete und oft auch signifikant war, darin besteht, dass Sensitizer im Vergleich mit Repressern Reize häufiger als bedrohlich und seltener als nichtbedrohlich bewerten. Dieser Befund steht in Einklang unter anderem mit den Resultaten der Arbeiten von Hock et al. (1996), Hock und Krohne (2004) sowie Krohne und Hock (2008a; vgl. auch Derakshan et al., 2007). Auch die Latenzzeitunterschiede, nämlich dass Represser für Bedrohlich- und für Mehrdeutig-Urteile mehr Zeit benötigen als die Personen der anderen Bewältigungsgruppen, sind konform mit der beispielsweise in Hock et al. (1996), Hock und Krohne (2004) sowie Krohne und Hock (2011) formulierten Annahme, dass Represser in frühen (automatischen) Phasen der Reizwahrnehmung durchaus vigilant sind und kognitiv vermeidende Formen der Informationsverarbeitung erst in etwas später einsetzenden (strategischen) Prozessen der Reizinterpretation verwenden. Vor allem bei Reizen, die zumindest so ambivalent bzw. bedrohlich sind, dass diese nicht ohne weiteres als nichtbedrohlich beurteilt werden können, benötigen Represser mehr Zeit für das Fällen eines Urteils. Bei solchen Reizen tritt bei Repressern vermutlich eine Art „kognitiver Widerstreit" ein, bevor sie sich zu einem Bedrohlich- bzw. Mehrdeutig-Urteil durchringen. Gegenüber den Studien von Hock et al. (1996), Hock und Krohne (2004) sowie Krohne und Hock (2008a) stellen die diesbezüglichen Befunde dieser Arbeit insofern eine Erweiterung dar, als in den Experimenten 1 bis 4 sowohl die realisierten Darbietungszeiten (für Bilder maximal 500 ms, für Wörter 1000 ms) als auch die Reaktionszeiten der Probanden (in Experiment 1 beispielsweise im Mittel 1091 ms ab Reizdarbietung) durchschnittlich deutlich kürzer waren als in den Experimenten von Hock und Kollegen (vgl. die Diskussion von Experiment 1 in Abschnitt 7.2.5.2). Die strategischen Prozesse der Represser müssen also bereits innerhalb der ersten 1500 ms ab Reizdarbietung operieren. Damit kann die Abfolge von automatischen und strategischen Prozessen zeitlich genauer eingegrenzt werden, als es auf Grundlage der früheren Studien möglich war.

Zusammenfassend lässt sich festhalten, dass der Prozess der sensitiven Aufrechterhaltung mit den Experimenten 1 bis 4 gut belegt werden konnte. Damit liegt eine auch empirisch fundierte Theorie vor, die – anders als bisherige Theorien zur Erklärung von Erinnerungs-unterschieden zwischen Repressern und Sensitzern – Prozesse annimmt und expliziert, die während des Behaltensintervalls operieren, und die zudem den Fokus weg von den Repres-sern hin auf Prozesse lenkt, die genuin für Sensitizer sind. Sicherlich sind, wie dargestellt, weitere Studien wünschenswert, die sensitive Aufrechterhaltung mit anderen Reizmaterialien und ausgedehnteren Behaltensintervallen untersuchen. Um beispielsweise Ableitungen für psychotherapeutische Interventionsmaßnahmen zu erhalten, sind zudem weitere Studien mit klinischen Stichproben notwendig sowie Studien, welche die dargestellten Mechanismen an noch stärker bedrohlichem Material – unter Umständen sogar an Fällen tatsächlicher Traumatisierung – untersuchen. Dabei scheint der potentielle Anwendungsbereich sowohl für das hier vorgestellte experimentelle Paradigma als auch für die Theorie der sensitiven Auf-rechterhaltung sehr umfangreich zu sein. Für die allgemeine Gedächtnispsychologie erscheint es darüber hinaus relevant, dass hier für einen Prozess, der während des Behaltensintervalls spontan auftritt, belegt wurde, dass dieser sich in relevanter Weise auf die spätere Erinne-rungsleistung auswirkt. Dies sollte dazu beitragen, in Zukunft generell davon abzurücken, sich nahezu ausschließlich auf Prozesse der Enkodierung und des Abrufs zu konzentrieren und das Behaltensintervall als „Phase der passiven Speicherung" unbeachtet zu lassen (vgl. dazu Abschnitt 5.2.2 sowie die allgemeinen Ausführungen in Kapitel 3). In der Integration der Befunde (Kapitel 9) werden einige der hier angerissenen Punkte noch einmal aufgegriffen. Zunächst werden aber die Experimente 5 bis 8, die dem Prozess der repressiven Inhibierung gewidmet sind, in Kapitel 8 dargestellt.

8 Experimente zur repressiven Inhibierung

8.1 Überblick und Hypothesen

Während mit den bisher vorgestellten Experimenten 1 bis 4 der Prozess der sensitiven Aufrechterhaltung belegt werden sollte, widmen sich die folgenden vier Experimente dem Prozess der *repressiven Inhibierung*. Wie im Rahmen der Explikation des Zwei-Prozess-Modells bewältigungsspezifischer Erinnerungsunterschiede dargelegt (vgl. Abschnitt 5.4), wird angenommen, dass Represser im Vergleich zu Sensitzern deswegen mehr bedrohliche Inhalte vergessen, weil sie bedrohliche oder allgemein ungewollte Erinnerungen, die ins Bewusstsein treten, wiederholt stoppen bzw. inhibieren. In Abschnitt 3.2.3 wurden verschiedene Paradigmen zum motivierten Vergessen vorgestellt und es wurde gefolgert, dass das Think-/No-Think (TNT)-Paradigma dasjenige experimentelle Vorgehen ist, das den Prozess der spontanen Gedankenunterdrückung im Alltag am besten nachbildet. Dabei sprachen zwei wesentliche Argumente, die auf die anderen Paradigmen nicht in gleicher Weise zutreffen, für die Verwendung des TNT-Paradigmas. Das erste Argument war, dass es auch zum „Vergessen" im realen Leben vermutlich wiederholter Unterdrückungsversuche bedarf und nicht zu erwarten ist, dass der einmalige Wunsch (wie beispielsweise im Kontext von Erklärungen zum Directed-Forgetting-Effekt angenommen wird), etwas zu vergessen, bzw. das einmalige Nicht-daran-Denken ausreicht, damit sich substantielles Vergessen manifestiert. Das zweite Argument betrifft die Dauer, für welche die Inhibition eines Gedankens aufrechterhalten werden muss. Beim TNT-Paradigma sind dies wenige Sekunden, was vermutlich mehr den spontanen Inhibitionsprozessen im Alltag (bei klinisch unauffälligen Personen) entspricht als beispielsweise die 5 Minuten, wie sie im Rahmen des White-Bear-Paradigmas üblicherweise realisiert werden.

Zwar wurde in der Vergangenheit auch das Directed-Forgetting-Paradigma verwendet, um zu untersuchen, ob Represser gegenüber anderen Bewältigungsgruppen eine überlegene Abrufinhibierung aufweisen (z. B. Myers et al., 1998; Myers & Derakshan, 2004). Wie jedoch bei der Erörterung dieser Arbeiten dargestellt wurde (vgl. S. 148 ff.), ist fraglich, ob diese Experimente geeignet waren, um die Auswirkungen der (wiederholten) Unterdrückung von Erinnerungen bzw. Gedanken auf deren Erinnerbarkeit zu erfassen. Generell kann bezweifelt werden, dass das Directed-Forgetting-Paradigma intentionalen Vergessen valide erfasst (vgl. dazu Abschnitt 3.2.3.1).

Daher wurde für die im Folgenden dargestellten Experimente das TNT-Paradigma gewählt. Der grundlegende Aufbau von TNT-Studien wurde in Abschnitt 3.2.3.1 erläutert (vgl. speziell Abbildung 3.5 auf S. 67) und wird hier daher nur noch einmal kurz umrissen: Nachdem die Probanden Wortpaare gelernt haben und auf die linken Wörter hin (bzw. zumindest auf 50 % aller linken Wörter) mit den korrekten rechten Wortpartnern antworten können, folgt die eigentliche TNT-Phase. In dieser bekommen die Probanden wieder die linken Wörter gezeigt und sollen entweder mit der Nennung des rechten Wortpartners reagieren (Think-Wortpaare) oder für ein festes Zeitintervall (3 oder 4 Sekunden) nicht an das rechte Wort denken (No-Think-Wortpaare). Je ein Drittel der zuvor gelernten Wortpaare wird der Think- und der No-Think-Bedingung zugeordnet, ein weiteres Drittel der Wortpaare erscheint während der TNT-Phase gar nicht (Baseline-Wortpaare). Jedes linke Wort der Think- und No-Think-Wortpaare wird wiederholt präsentiert (i. d. R. 16 Mal). Anschließend erfolgt in einem nicht-angekündigten gestützten Wiedergabetest die Abfrage aller Wortpaare. Die Differenz aus der Erinnerungsleistung für die Baseline-Wortpaare und für die No-Think-Wortpaare ergibt den TNT-Effekt, also um wie viel schlechter – aufgrund der wiederholten Inhibierung der rechten No-Think-Wortpartner – diese No-Think-Wortpartner im Vergleich zu den entsprechenden Baseline-Wortpartnern abgerufen werden können.

Eine grundlegende Annahme zur repressiven Inhibierung ist, dass Represser häufiger als Personen anderer Bewältigungsgruppen – insbesondere häufiger als Sensitizer – im Alltag Strategien und Mechanismen der Gedankenunterdrückung auf bedrohliche bzw. ungewollte Gedanken und Erinnerungen anwenden. Entsprechend sollten Represser im Vergleich zu den anderen Bewältigungsgruppen generell „geübter" im Unterdrücken sein und folglich auch dann, wenn sie instruiert werden, Erinnerungen wiederholt zu inhibieren, diese stärker vergessen. *Hypothese 1* lautet entsprechend, dass Represser im Vergleich zu Sensitizern (unabhängig vom Wortmaterial) einen stärkeren TNT-Effekt aufweisen.

Im realen Leben sollten Represser Inhibierungsmechanismen aber primär auf *bedrohliche* Inhalte richten. Somit wäre zu vermuten, dass sie auch speziell bedrohliche Inhalte besonders gut inhibieren und folglich vergessen können. Bezogen auf die Wortpaare in einer TNT-Aufgabe wäre also anzunehmen, dass sie dann – im Vergleich zu Sensitizern sowie im Vergleich zu nichtbedrohlichen Wortpaaren – einen *besonders* starken TNT-Effekt zeigen, wenn der *rechte Wortpartner* eines No-Think-Wortpaares bedrohlich ist. Dies stellt *Hypothese 2* dar.

Die in diesem Kapitel vorgestellten Experimente 5 bis 8 waren alle nach demselben oben beschriebenen Schema und somit insgesamt sehr ähnlich aufgebaut. Variationen bestanden hinsichtlich des verwendeten Wortmaterials (und dessen Bedrohlichkeitsausprägungen) sowie kleinerer methodischer Details wie den Instruktionen und der genauen Versuchsdurchführung. Tabelle 8.1 gibt einen Überblick über die Bedrohlichkeitskombinationen der Wortpaare, die in den vier TNT-Experimenten verwendet wurden. Weitere methodische Detailänderungen zwischen den vier konsekutiv durchgeführten Experimenten ergaben sich jeweils aus den Befunden der vorherigen Experimente. Da diese Veränderungen auch erst

Tabelle 8.1 Überblick über die vier TNT-Experimente

Experiment	Bedrohlichkeitskombinationen der verwendeten Wortpaare
5	BB, BN, NB, NN (je 12 Wortpaare)
6	BB, NN (je 18 Wortpaare)
7	BB, NN (je 24 Wortpaare)
8	keine systematische Variation der Bedrohlichkeit (36 Wortpaare)

Anmerkungen. B = bedrohlich, N = nichtbedrohlich, BB = Bedrohlich-bedrohlich-Wortpaar, NB = Nichtbedrohlich-bedrohlich-Wortpaar etc.

auf der Grundlage dieser Befunde verständlich werden, werden sie erst im Rahmen der Darstellung der einzelnen Experimente erläutert und in der Gesamtdiskussion (Abschnitt 8.6) zusammengefasst.

In Experiment 5 wurden, um Hypothese 2 differenziert überprüfen zu können, die Bedrohlichkeiten der linken und rechten Wortpartner systematisch variiert. Das heißt, es wurden Wortpaare gebildet, die entweder nur aus bedrohlichen oder nur aus nichtbedrohlichen Wörtern bestanden oder bei denen entweder das linke oder das rechte Wort bedrohlich und das jeweils andere Wort nichtbedrohlich war. Aus Gründen der Kürze werden diese vier Bedrohlichkeitsbedingungen im Folgenden mit *BB* (bedrohlich-bedrohlich), *BN* (bedrohlich-nichtbedrohlich), *NB* (nichtbedrohlich-bedrohlich) und *NN* (nichtbedrohlich-nichtbedrohlich) bezeichnet. Diese systematische experimentelle Manipulation der Bedrohlichkeit der Wörter ist deshalb hervorzuheben, da die meisten bisherigen TNT-Studien anderer Autoren der Bedrohlichkeit oder Valenz der Wörter keine besondere Beachtung geschenkt haben (vgl. z. B. die Überblicksarbeit von M. C. Anderson & Levy, 2009; für erst kürzlich erschienene Ausnahmen siehe Lambert, Good & Kirk, 2010, und Nørby, Lange & Larsen, 2010). Entsprechend der oben formulierten zweiten Hypothese sollte der TNT-Effekt für Represser bei BB- und NB-Wortpaaren (gegenüber BN- und NN-Wortpaaren) besonders prononciert ausfallen, da in diesen Fällen das Reaktionswort bedrohlich ist. Für die Variation der Bedrohlichkeit des linken Wortpartners wurde hingegen kein Effekt erwartet.

Die Experimente 6 und 7 realisierten – aus methodischen Gründen, die in der Diskussion von Experiment 5 erläutert werden – ein etwas vereinfachtes Design, weshalb in diesen beiden Studien nur BB- und NN-Wortpaare verwendet wurden. In Experiment 8 fand schließlich keine systematische Variation der Bedrohlichkeit der Wortpartner statt, d. h., es wurden überwiegend NN-Wortpaare eingesetzt, was zwar lediglich die Überprüfung von Hypothese 1 erlaubte, dies jedoch mit einer höheren Teststärke. Eine weitere Besonderheit von Experiment 8 bestand darin, dass in der TNT-Phase die Unterdrückungsdauer pro Durchgang nur 3 Sekunden statt 4 Sekunden betrug. Die Idee, die hinter dieser Variation steht, wird im Rahmen der Diskussion von Experiment 7 (Abschnitt 8.4.4) und der Einführung von Experiment 8 (Abschnitt 8.5.1) erörtert. Wie auch bereits für die Experimente zur sensitiven Aufrechterhaltung wird im Folgenden die Methode des ersten Experiments der Studienreihe – also von Experiment 5 – ausführlich dargestellt und in den Beschreibungen der Experimente 6 bis 8 primär auf Veränderungen gegenüber diesem ersten TNT-Experiment eingegangen.

8.2 Experiment 5: Think-/No-Think-Aufgabe mit vier Bedrohlichkeitsbedingungen

8.2.1 Einführung

Das Ziel von Experiment 5 bestand darin, Hypothese 1, dass Represser im Vergleich zu Sensitizern (unabhängig vom Wortmaterial) einen stärkeren TNT-Effekt aufweisen, sowie Hypothese 2, dass dieser Unterschied dann besonders ausgeprägt ist, wenn der rechte Wortpartner (das Reaktions- oder Antwortwort) eines No-Think-Wortpaares bedrohlich ist, zu überprüfen. Die Variation der Bedrohlichkeit des linken Wortpartners (also des Reiz- oder Hinweiswortes) sollte keinen Einfluss auf den TNT-Effekt der Represser haben.

Der experimentelle Aufbau und die Durchführung der TNT-Aufgabe orientieren sich stark an den Originalarbeiten zum TNT-Paradigma von M. C. Anderson und Green (2001) sowie M. C. Anderson et al. (2004), wobei die vereinfachte Prozedur gewählt wurde, die M. C. Anderson et al. beschreiben (vgl. dazu Abschnitt 3.2.3.2). Die wesentliche Neuerung bzw. Besonderheit gegenüber diesen Arbeiten von M. C. Anderson und Kollegen stellt die Variation des Wortmaterials, also die Realisierung von BB-, BN-, NB- und NN-Wortpaaren, dar.

8.2.2 Methode

8.2.2.1 Stichprobe

Es nahmen insgesamt 136 Probanden an der Untersuchung teil. Von diesen erfüllten allerdings nur 89 Probanden in der Lernphase der TNT-Aufgabe das vorgegebene Lernkriterium (detaillierte Ausführungen zum Lernkriterium finden sich auf S. 293 f.), so dass nur diese Probanden die eigentliche TNT-Phase beginnen und somit das Experiment vollständig durchlaufen konnten. Die Probanden erhielten für die 2 bis 2.5 Stunden dauernde Teilnahme 15 Euro oder – im Falle von Psychologiestudierenden – 2.5 Versuchspersonenstunden. Wenn die Erhebung einer Person abgebrochen werden musste, da das Lernkriterium nicht erreicht wurde, erhielten diese Probanden 5 Euro bzw. eine Versuchspersonenstunde. Die Probandenanwerbung erfolgte mit Flyern und Aushängen auf dem Campus der Universität Mainz sowie über studentische E-Mail-Verteiler.

Die verbleibenden 89 Probanden (davon waren 65% weiblich) waren 17 bis 44 Jahre alt (M = 24.2 Jahre, Mdn = 23 Jahre, SD = 4.8 Jahre). Die meisten Probanden studierten, sechs waren berufstätig. Der Anteil der Psychologiestudierenden lag bei 20%; die Psychologiestudierenden befanden sich alle im Grundstudium, überwiegend im ersten Semester. Alle Probanden gaben Deutsch als ihre Muttersprache an.[70] Im Ergebnisteil wird in Abschnitt 8.2.3.1 darauf eingegangen, ob bzw. inwiefern sich die Gruppe der Abbrecher von den anderen Probanden unterschied.

8.2.2.2 Versuchsplanung

In der TNT-Aufgabe wurden drei vollständig gekreuzte Within-Subjects-Faktoren realisiert. Der erste Faktor – *TNT-Bedingung* – bezieht sich auf die drei experimentellen Bedingungen *Baseline*, *No-Think* und *Think* während der TNT-Phase. Für die Auswertung sind allerdings nur die Faktorstufen Baseline und No-Think relevant, aus denen – als primär interessierende abhängige Variable – der TNT-Effekt berechnet wird. Der zweite Faktor – *Reizwort* – beschreibt die Bedrohlichkeit (*bedrohlich* vs. *nichtbedrohlich*) des linken Wortes eines Wortpaares. Der dritte Faktor – *Reaktionswort* – charakterisiert entsprechend die Bedrohlichkeit (*bedrohlich* vs. *nichtbedrohlich*) des rechten Wortes eines Wortpaares. Jede der so entstehenden vier Bedrohlichkeitskategorien der Wortpaare wurde – auf jeder Stufe des Faktors *TNT-Bedingung* – mit vier Wortpaaren besetzt.

---

70 Da davon auszugehen ist, dass sich Sprachkenntnisse und auch frühkindliche Spracherfahrungen auf das Paarassoziationslernen auswirken können (vgl. z. B. Näätänen, 2001), wurde als Teilnahmekriterium festgelegt, dass die Probanden spätestens ab dem dritten Lebensjahr mit Deutsch als primärer Sprache aufgewachsen waren.

8.2.2.3 Versuchsablauf

Die Probanden nahmen einzeln an der Untersuchung teil. Zunächst bearbeiteten sie das ABI, das STAI-R und das WBSI (zur Beschreibung der Fragebögen siehe Abschnitt 7.2.2.5). Im Anschluss daran wurde die TNT-Aufgabe, die im folgenden Abschnitt genauer beschrieben wird, durchgeführt. Danach beantworteten die Probanden Items zur Erfassung des negativen Affekts, bearbeiteten eine schriftliche Nachbefragung und machten demographische Angaben. Abschließend wurden die Probanden über den Zweck der Studie aufgeklärt und um Verschwiegenheit gebeten. Die TNT-Aufgabe wurde am Computer durchgeführt, wobei die Probanden vor einem 19-Zoll-Monitor saßen. Alle Fragebögen wurden als Papierversion bearbeitet.

Bei der Anwerbung wurde den Probanden mitgeteilt, dass es sich um eine Studie zum Thema „Lernen" handele. Alle Hinweise darauf, dass es um Angstbewältigung geht, wurden im Vorfeld und auch während des Experiments vermieden.

8.2.2.4 TNT-Aufgabe

Die TNT-Aufgabe bestand aus drei Phasen: der *Lernphase*, der *TNT-Phase* und der Phase der *Erinnerungstestung* (vgl. Abbildung 8.1). Diese Phasen werden im Folgenden einzeln beschrieben. Zunächst erfolgt jedoch die Darstellung des *Wortmaterials*.

Wortmaterial

Zur Auswahl des Wortmaterials wurden 192 Wortpaare aus zwei- bis viersilbigen Substantiven erstellt, wobei jeweils ein Viertel der Paare den Bedrohlichkeitsbedingungen BB, BN, NB und NN entsprechen sollte. In einer Vorstudie bewerteten 13 Probanden (davon 10 Frauen) die einzelnen Wörter dieser Wortpaare auf 7-stufigen Skalen hinsichtlich ihrer *Bedrohlichkeit* (1 = *überhaupt nicht* bis 7 = *voll und ganz bedrohlich*), affektiven *Valenz* (1 = *sehr negativ* bis 7 = *sehr positiv*), *Geläufigkeit* (1 = *überhaupt nicht* bis 7 = *voll und ganz geläufig*) und *Bildhaftigkeit* (1 = *überhaupt nicht* bis 7 = *voll und ganz bildhaft*). Zusätzlich wurde die Stärke der Assoziation zwischen den beiden Wörtern eines Wortpaares beurteilt (1 = *überhaupt nicht* bis 7 = *voll und ganz assoziiert*). Anhand dieser Urteile und zusätzlich der Wortlänge (Buchstabenanzahl) wurden insgesamt 48 Wortpaare ausgewählt und in parallelisierte Sets geordnet, so dass sich die Wortpaare in den vier Bedrohlichkeitsbedingungen für jede der drei TNT-Bedingungen hinsichtlich der Geläufigkeit, Bildhaftigkeit, Wortlänge und Stärke der Assoziation möglichst glichen. Zusätzlich mussten bedrohliche Wörter als bedrohlich (Skalenwerte ≥ 5.0)

TNT-Bedingung (Within-Subjects)	Lernphase	TNT-Phase	Erinnerungstest
No-Think	Absturz – Überfall	Absturz – XXX	Absturz – ...
Think	Quälerei – Bombe	Quälerei – ___	Quälerei – ...
Baseline	Verlust – Geschwür		Verlust – ...
Anmerkungen:	wenn mind. 50% korrekt, Übergang zur TNT-Phase	jeweils 16 Wiederholungen	

Abbildung 8.1 Darstellung der Phasen und Bedingungen der TNT-Aufgabe (die Wortpaare sind Beispiele aus der Kategorie der Bedrohlich-bedrohlich-Paare).

und negativ (Skalenwerte ≤ 2.0) beurteilt werden, nichtbedrohliche Wörter hingegen als nichtbedrohlich (Skalenwerte ≤ 2.0) und affektiv neutral (Skalenwerte zwischen 3.0 und 5.0). Die Assoziiertheit der Wörter eines Wortpaares sollte – entsprechend der Beschreibung von M. C. Anderson und Green (2001), dass die Wortpaare in deren TNT-Experimenten keine bzw. nur eine schwache präexperimentelle Beziehung aufwiesen – relativ gering sein. Tabelle 8.2 gibt die Mittelwerte und Standardabweichungen der Urteile sowie der Wortlänge getrennt für die Kategorien der Wortpaare wieder (bevor die Mittelwerte und Standardabweichungen über die Wörter hinweg berechnet wurden, wurde für jedes Wort der Median der Beurteilungen durch die 13 Urteiler gebildet, um Effekte von Ausreißern zu verringern). Dabei wird – der Übersichtlichkeit halber – auf die Angabe von Werten für die Think-Wörter verzichtet, da diese nicht in die Berechnung des TNT-Effekts eingehen und daher von untergeordneter Bedeutung sind. Die Werte für die Think-Wörter entsprachen aber in etwa denen für die Baseline- und No-Think-Wörter.

Tabelle 8.2 ist zu entnehmen, dass bedrohliche Wörter als eindeutig bedrohlich (Ms ≥ 5.5) sowie negativ (Ms ≤ 2.0) und nichtbedrohliche Wörter als eindeutig nichtbedrohlich (Ms ≤ 1.3) und affektiv neutral (3.8 ≤ Ms ≤ 4.5) beurteilt wurden. Die Mittelwerte der Geläufigkeits- und Bildhaftigkeitsurteile bewegen sich alle in einem mittleren Skalenbereich (Ms von 3.9

Tabelle 8.2 Mittelwerte (und Standardabweichungen) der Beurteilungen (von 13 Urteilern) sowie der Buchstabenanzahl der Wortpartner für die ausgewählten 32 Wortpaare der Baseline- und No-Think-Bedingungen

Bedrohl.	Bedingungen TNT	Position	Bedrohlichkeit	Valenz	Beurteilungsskala Geläufigkeit	Bildhaftigkeit	Assoziation	Buchstaben
BB	Baseline	L	5.9 (0.8)	1.8 (0.5)	4.8 (0.8)	4.8 (1.0)	2.5 (1.0)	7.0 (0.6)
		R	6.0 (1.2)	1.3 (0.5)	4.5 (0.8)	4.3 (0.5)		9.3 (1.8)
	No-Think	L	5.8 (1.0)	1.8 (0.5)	4.5 (1.0)	5.0 (1.4)	2.5 (1.3)	7.0 (1.6)
		R	5.8 (1.0)	1.8 (0.5)	4.5 (0.6)	4.8 (1.0)		8.8 (1.7)
BN	Baseline	L	6.3 (1.0)	1.5 (0.6)	4.0 (0.0)	5.4 (0.8)	1.3 (0.5)	8.8 (1.0)
		R	1.0 (0.0)	3.8 (0.5)	5.5 (1.3)	4.5 (1.9)		7.8 (1.5)
	No-Think	L	5.8 (0.5)	1.5 (0.6)	4.5 (0.6)	4.0 (0.8)	1.5 (0.6)	9.8 (0.5)
		R	1.0 (0.0)	4.0 (0.0)	5.3 (0.5)	4.8 (1.5)		8.0 (1.4)
NB	Baseline	L	1.0 (0.0)	4.5 (1.0)	5.4 (0.5)	5.4 (2.6)	1.8 (0.5)	8.5 (0.6)
		R	5.6 (0.9)	1.8 (0.5)	4.8 (0.5)	4.0 (1.8)		9.5 (1.7)
	No-Think	L	1.0 (0.0)	4.3 (0.5)	5.5 (0.6)	4.5 (2.4)	1.5 (0.6)	8.5 (1.9)
		R	5.5 (0.6)	2.0 (0.0)	3.9 (1.2)	2.5 (0.6)		7.8 (1.7)
NN	Baseline	L	1.0 (0.0)	4.5 (0.6)	4.8 (0.5)	5.0 (2.2)	1.3 (0.6)	8.5 (2.6)
		R	1.3 (0.5)	4.5 (0.6)	4.6 (0.9)	3.9 (2.0)		7.8 (1.3)
	No-Think	L	1.0 (0.0)	4.1 (0.3)	4.8 (0.6)	4.6 (2.2)	1.3 (0.6)	8.0 (2.3)
		R	1.3 (0.5)	3.9 (0.3)	4.6 (1.3)	4.8 (0.5)		9.3 (1.0)

Anmerkungen. Bedrohl. = Bedrohlichkeitsbedingung; TNT = TNT-Bedingung (Baseline vs. No-Think); Position = Position des Wortes als linkes (L) bzw. rechtes (R) Wort des Wortpaares
Skalen: Bedrohlichkeit (1 = *überhaupt nicht* bis 7 = *voll und ganz bedrohlich*), Valenz (1 = *sehr negativ* bis 7 = *sehr positiv*), Geläufigkeit (1 = *überhaupt nicht* bis 7 = *voll und ganz geläufig*), Bildhaftigkeit (1 = *überhaupt nicht* bis 7 = *voll und ganz bildhaft*), Assoziation = Stärke der Assoziation zwischen dem linken und und rechten Wortpartner (1 = *überhaupt nicht* bis 7 = *voll und ganz assoziiert*).

bis 5.5 bzw. von 2.5 bis 5.4). Da es – aufgrund der Gemeinsamkeit der Bedrohlichkeit – nur schwer möglich war, BB-Wortpaare zu erstellen, die gar nicht assoziiert sind, fallen deren Assoziationswerte ($M = 2.5$) etwas höher aus als die Assoziationswerte der Wortpaare in den anderen Bedrohlichkeitskategorien (Ms von 1.3 bis 1.8), sind aber noch als gering zu bewerten.

Beispiele für die verwendeten Wortpaare sind „Absturz – Überfall", „Leukämie – Missbrauch" (BB-Paare), „Totschlag – Laterne", „Amputation – Filiale" (BN-Paare), „Klarheit – Großbrand", „Dackel – Erdbeben" (NB-Paare) sowie „Schachtel – Gespräch", „Tapete – Unterricht" (NN-Paare). Eine vollständige Zusammenstellung der Wortpaare findet sich in Anhang A.8. Zusätzlich zu den je 16 Wortpaaren für die Baseline-, No-Think- und Think-Bedingung wurden insgesamt sechs weitere Wortpaare ausgewählt, die als Übungs- bzw. Füllitems verwendet wurden.

Lernphase

Wie in der Originalstudie zum TNT-Paradigma von M. C. Anderson und Green (2001) wurde als Lernkriterium festgelegt, dass die Probanden mindestens 50% der Wortpaare beherrschen mussten, bevor in die TNT-Phase übergegangen wurde (vgl. Abbildung 8.1). Bei der Festsetzung des Lernkriteriums ist zu beachten, dass die Probanden in der TNT-Phase natürlich nur die Wörter vergessen können, die sie zuvor gelernt haben. Das heißt, die Unterdrückung in der TNT-Phase kann sich nur dann in einem TNT-Effekt niederschlagen, wenn die Probanden einen substantiellen Anteil der Wortpaare gelernt haben. Allerdings ist auch zu vermuten, dass die Erinnerungsunterdrückung bei sehr gut gelernten Wortpaaren ihre Wirkung nicht entfalten kann, d. h., die Probanden sollten die Wortpaare auch nicht zu gut gelernt haben, da dann kein Vergessen aufgrund der Erinnerungsunterdrückung eintritt. Daher war das Ziel der Lernphase, dass jeder Proband mindestens 50% der Wortpaare korrekt erinnern kann, aber auch kein Proband die Wortpaare „überlernt" und daher immun gegen Vergessen aufgrund der Erinnerungsunterdrückung ist.

Am Anfang der Lernphase wurden die Probanden instruiert, dass sie 54 Wortpaare dergestalt lernen müssen, dass sie später auf das linke Wort hin mit dem korrekten rechten Wortpartner antworten können. Dazu wurde ihnen in einem ersten Durchgang zunächst jedes einzelne Wortpaar für 5 Sekunden dargeboten. In einem zweiten Durchgang wurde jedes Wortpaar erneut für nunmehr 3 Sekunden präsentiert. Das Intertrial-Intervall zwischen zwei Wortpaaren betrug 1 Sekunde. Die Darbietung der Wortpaare erfolgte auf einem Monitor mittig zentriert in schwarzer Schrift vor einem hellgrauen Hintergrund. Die Darbietungsreihenfolge der Wortpaare war dabei für jede Versuchsperson und jeden Durchgang randomisiert. Während dieser beiden Lerndurchgänge waren die Probanden allein im Versuchsraum.

An diese beiden initialen Lerndurchgänge schlossen sich Lernabfragen an, die sowohl zur Erfassung des aktuellen Lernstandes dienten als auch den Probanden die Möglichkeit bieten sollten, noch nicht gekonnte Wortpaare zu lernen. In der ersten Lernabfrage wurde jeweils das linke Wort (Reizwort) eines Wortpaares auf dem Monitor dargeboten und die Probanden hatten 5 Sekunden Zeit, den dazugehörigen rechten Wortpartner (Reaktionswort) laut und so schnell wie möglich zu nennen. Ein Versuchsleiter, der mit im Raum war, kodierte auf der Computertastatur, ob (a) die Antwort des Probanden korrekt war, (b) der Proband keine Antwort gegeben hatte oder (c) der Proband ein falsches Wort genannt hatte. Nach dem Ende der

Antwortzeit von 5 Sekunden wurde das korrekte Reaktionswort zusammen mit dem Reizwort noch einmal für 2 Sekunden dargeboten. Die Probanden wurden zu Beginn der Lernabfrage darauf hingewiesen, dass sie diese Zeit nutzen sollten, um noch nicht gekonnte Wortpaare erneut zu lernen. Der Versuchsleiter saß während der Lernabfrage in etwa einem Meter Abstand schräg hinter dem Probanden, um diesen nicht zu stören. Am Ende der Lernabfrage erschien am Monitor, wie viel Prozent der Reaktionswörter der Proband korrekt genannt hatte. Lag dieser Wert bei 50% oder mehr, wurde mit der TNT-Phase fortgefahren.[71] Betrug der Wert weniger als 50%, wurde eine erneute Lernabfrage angeschlossen, deren Ablauf sich analog zur ersten Lernabfrage gestaltete. Um allerdings ein Überlernen einzelner Wortpaare zu vermeiden, wurde die Auflösung, also das Reaktionswort, statt für 2 Sekunden nur noch für 1 Sekunde dargeboten. Wenn am Ende der zweiten Lernabfrage das Lernkriterium von 50% korrekt genannter Reaktionswörter erreicht war, wurde zur TNT-Phase übergegangen. War dies nicht der Fall, folgte eine dritte Lernabfrage. Auch diese lief genauso wie die vorherige Lernabfrage ab, nur dass die Darbietung der Auflösung auf 0.5 Sekunden verkürzt wurde. Hatte ein Proband auch am Ende der dritten Lernabfrage das Lernkriterium nicht erreicht, wurde die Erhebung abgebrochen und der Proband entlassen.

TNT-Phase

Zu Beginn der TNT-Phase wurden die Probanden informiert, dass ihnen nun wieder einzelne linke Wortpartner präsentiert werden, dass diese aber entweder in roter oder in grüner Schrift erscheinen. Wenn das Wort in Rot (gefolgt von „XXX"; siehe Abbildung 8.1) dargeboten werde, sollten sie für die 4 Sekunden der Darbietung vermeiden, an das Reaktionswort zu denken. Gleichwohl sollten sie sich während der gesamten Darbietungszeit auf das Reizwort konzentrieren (also nicht etwa wegschauen oder die Augen schließen), allerdings ohne dass das rechte Wort ins Bewusstsein trete. Werde das Wort hingegen in Grün (gefolgt von einer grünen Linie; siehe Abbildung 8.1) dargeboten, sollten sie so schnell wie möglich das korrekte Reaktionswort laut nennen. Sobald auf ein grünes Wort die korrekte Antwort gegeben werde, werde zum nächsten Wort übergegangen. Wenn sie innerhalb von 4 Sekunden keine oder aber eine falsche Antwort gäben, werde der Versuchsleiter ihnen die richtige Antwort erneut sagen. Sollten sie auf ein rotes Wort versehentlich mit der Nennung eines Wortes reagieren, werde der Versuchsleiter sie auf diesen Fehler hinweisen. Um den Probanden individuellen Spielraum zu lassen, die Unterdrückungsstrategien einzusetzen, die sie besonders gut beherrschen bzw. die für sie besonders effektiv sind, wurde ihnen keine konkrete Strategie vorgegeben, wie sie es verhindern sollten, dass bei den No-Think-Wörtern das Reaktionswort in ihr Bewusstsein tritt.

Jedes Reizwort der Think- und der No-Think-Wortpaare wurde 16 Mal wiederholt. Da der Think- und der No-Think-Bedingung jeweils 16 Wortpaare zugeordnet waren, ergaben sich somit 512 kritische Durchgänge. Um – wie bei Go-/No-Go-Aufgaben – eine generelle Antworttendenz zu erzeugen (vgl. M. C. Anderson & Green, 2001), wurden zusätzlich als

---

71 Da alle Probanden in der Lernabfrage, in der sie das Lernkriterium erreichten, stets auch noch einmal die Möglichkeit hatten, nicht gekonnte Wortpaare zu lernen, sollte beim Übergang in die TNT-Phase die Abrufbarkeit der Reaktionswörter stets besser ausfallen als das Ergebnis der letzten Lernabfrage, die der Proband durchlaufen hat. Folglich ist anzunehmen, dass beispielsweise ein Proband, der in der letzten Lernabfrage 52% der Wortpaare konnte, zu Beginn der TNT-Phase vielleicht 60% der Wortpaare beherrscht. – Dieser Aspekt wurde bei der Festlegung des Lernkriteriums auf 50% bereits berücksichtigt.

Füllitems vier Think-Reizwörter verwendet, die jeweils 32 Mal über die TNT-Phase verteilt dargeboten wurden. Somit bestand die TNT-Phase aus insgesamt 640 Durchgängen, bei denen in 60% der Fälle geantwortet werden musste (Think-Wortpaare) und in 40% der Fälle die Antwort und der Gedanke an das zuvor gelernte Reaktionswort unterdrückt werden sollten (No-Think-Wortpaare). Die Darbietung der Wörter erfolgte in einer für alle Probanden fixierten Zufallsreihenfolge, bei der allerdings sichergestellt wurde, dass sich ein Think- bzw. No-Think-Reizwort erst dann zum $x + 1$-ten Mal wiederholte, wenn alle anderen Think- bzw. No-Think-Reizwörter (ausgenommen die Füllitems) bereits $x - 1$ Mal präsentiert worden waren.

Der Versuchsleiter saß – wie bei den Lernabfragen in der Lernphase – während der TNT-Phase schräg hinter dem Probanden und kodierte auf der Computertastatur, ob eine Antwort richtig oder falsch war bzw. gar keine Antwort gegeben wurde. Die Kodierung einer Antwort als korrekt war notwendig, um die Darbietung eines grünen Reizwortes vorzeitig abzubrechen und zum nächsten Durchgang überzugehen. Dieses vorzeitige Übergehen zum nächsten Durchgang sollte die Probanden auch motivieren, bei den grünen Reizwörtern möglichst schnell zu antworten.

Ein einzelner Durchgang gestaltete sich folgendermaßen: Es wurde für 200 ms ein mittig zentriertes Fixationskreuz dargeboten. An dieser Stelle erschien dann entweder für 4000 ms ein rotes No-Think-Reizwort (mit einem dreifachen X in Rot rechts daneben) oder – für maximal 4000 ms – ein grünes Think-Reizwort (mit einer grünen Linie rechts daneben). Gab die Person die korrekte Antwort auf ein grünes Reizwort, schaltete der Versuchsleiter zum nächsten Durchgang weiter. Ansonsten blieb auch das grüne Think-Reizwort für 4000 ms auf dem Monitor stehen und nach Ablauf dieser Zeitspanne sagte der Versuchsleiter dem Probanden die korrekte Antwort. Das Intertrial-Intervall betrug für alle Durchgänge 800 ms.

Den 640 Durchgängen der eigentlichen TNT-Phase gingen 12 Übungsdurchgänge voraus, die dazu dienten, die Probanden mit dem Ablauf vertraut zu machen und ggf. vorhandene letzte Unklarheiten zu beseitigen. In diesen Übungsdurchgängen kamen die oben erwähnten sechs Übungs- und Füllwortpaare zum Einsatz, von denen vier auch als Think-Füllitems in den Hauptdurchgängen dienten. Nach jeweils 160 Hauptdurchgängen erhielten die Probanden die Möglichkeit, eine kurze Pause von zirka einer halben Minute Dauer einzulegen, um die Augen kurz zu entspannen oder einen Schluck zu trinken. Die TNT-Phase beanspruchte – inklusive der Pausen und der Übungsdurchgänge – etwa 45 bis 55 Minuten.

Erinnerungstestung

In der Phase der Erinnerungstestung wurde die gestützte Wiedergabeleistung für die 48 Wortpaare aus allen drei TNT-Bedingungen erfasst (vgl. Abbildung 8.1). Zunächst wurden die Probanden eindringlich darauf hingewiesen, dass sie sich nun an *alle* Wörter erinnern sollten, auch an diejenigen, zu denen ihnen zuvor mitgeteilt worden war, dass sie nicht an diese denken sollten. Dann erschien jeweils ein einzelnes Reizwort in schwarzer Schrift auf dem Bildschirm und die Probanden sollten das dazugehörige Reaktionswort laut nennen. Dabei bestand keinerlei zeitliche Restriktion und es wurde erst zum nächsten Reizwort übergegangen, wenn der Proband eine (richtige bzw. falsche) Antwort gegeben hatte bzw. bekundete, dass ihm die Antwort nicht einfiel. Der Versuchsleiter saß, wie auch in der TNT-Phase, schräg hinter dem Probanden, notierte die Korrektheit der Antworten und schaltete zum nächsten Reizwort weiter. Die Abfrage erfolgte in einer für alle Probanden identischen Zufallsreihenfolge.

8.2.2.5 Fragebogenverfahren

Die eingesetzten Fragebogenverfahren (ABI, STAI-R, WBSI und negativer Affekt) wurden bereits in Abschnitt 7.2.2.5 (S. 186 ff.) dargestellt. In der schriftlichen Nachbefragung am Ende der Erhebung wurden die Probanden auch nach ihren Strategien, die sie zur Erinnerungsunterdrückung eingesetzt hatten, gefragt.

8.2.3 Ergebnisse

8.2.3.1 Selbstberichtsdaten

Die deskriptiven Statistiken der Fragebogendaten sind in Tabelle 8.3 zusammengefasst. Die internen Konsistenzen der Skalen liegen alle in einem akzeptablen bis guten Bereich und die Mittelwerte zeigen keine Auffälligkeiten. Der negative Affekt war mit einem durchschnittlichen Wert von $M = 1.85$ (auf einer Antwortskala von 1 bis 7) sehr gering ausgeprägt.

Die Dichotomisierung der Variablen Vigilanz und kognitive Vermeidung an deren Medianen (Mdns = 0.54 und 0.53) ergab Gruppengrößen der Bewältigungsmodi von 31 Sensitizern, 28 Repressern, 14 Niedrigängstlichen und 16 Hochängstlichen. Vigilanz und kognitive Vermeidung waren moderat korreliert, $r(87) = -.36$, $p < .001$. Tabelle 8.4 gibt Auskunft über die weiteren Zusammenhänge der erfassten Fragebogenskalen sowie über Zusammenhänge mit dem Geschlecht. Die Korrelationen entsprechen dem Befundmuster, das

Tabelle 8.3 Skalenmittelwerte, Standardabweichungen und interne Konsistenzen der Selbstberichtsmaße

Skala (Itemanzahl)	M	SD	Cronbachs α
Vigilanz (40)[a]	0.52	0.16	.83
Kognitive Vermeidung (40)[a]	0.53	0.15	.79
Ängstlichkeit (15)[b]	2.12	0.48	.89
Negativer Affekt (10)[c]	1.85	0.67	.78
WBSI-Skala Gedankenintrusionen (7)[d]	3.09	0.85	.81
WBSI-Skala Gedankenunterdrückung (7)[d]	2.76	0.82	.80

Anmerkungen. [a] Min = 0, Max = 1; [b] Min = 1, Max = 4; [c] Min = 1, Max = 7; [d] Min = 1, Max = 5.

Tabelle 8.4 Interkorrelationen der Selbstberichtsdaten und des Geschlechts ($N = 89$)

Variable	2	3	4	5	6	7
1 Geschlecht	−.32**	.07	−.25*	.02	−.23*	−.31**
2 Vigilanz		−.36**	.28**	.19°	.26*	.27*
3 Kognitive Vermeidung			−.42**	.05	−.03	.08
4 Ängstlichkeit				.23*	.54**	−.49**
5 Negativer Affekt					.21*	.19°
6 WBSI-Gedankenintrusionen						.67**
7 WBSI-Gedankenunterdrückung						—

Anmerkungen. Geschlechtskodierung: 0 = Frauen, 1 = Männer.
° $p < .10$, * $p < .05$, ** $p < .01$. Korrelationen, die betragsmäßig größer .30 ($p < .005$) sind, wurden zusätzlich durch Fettdruck hervorgehoben.

bereits aus den Experimenten 1 bis 4 bekannt ist, und brauchen daher nicht weiter erläutert werden.

Wie in der Stichprobenbeschreibung (Abschnitt 8.2.2.1) dargestellt, musste bei 47 von 136 Probanden der Versuch vorzeitig abgebrochen werden, da diese auch in der dritten Lernabfrage das Lernkriterium nicht erreicht hatten. Dieser hohe Anteil von fast 35% Abbrechern war unerwartet, da aufgrund der Angaben in den Arbeiten von M. C. Anderson und Green (2001) und M. C. Anderson et al. (2004) sowie auf Basis einer mit der beschriebenen Lernprozedur durchgeführten Vorstudie an 10 Probanden, von denen alle das Lernkriterium spätestens bei der zweiten Lernabfrage erfüllten, erwartet wurde, dass sich die Abbrecherquote im Bereich bis maximal 5% bewegen würde. Daher wurden von den Abbrechern auch keine speziellen Daten erhoben, die Aufschluss darüber geben könnten, warum es gerade diese Personen waren, die das Lernkriterium nicht erreichten. Auch demographische Angaben, die standardmäßig erst nach der TNT-Aufgabe erfasst wurden, liegen von den Abbrechern nicht bzw. nur unvollständig vor.[72] Da die Probanden allerdings das ABI, das STAI-R und das WBSI bereits vor der TNT-Aufgabe bearbeitet haben, sind für diese Fragebögen vollständige Daten auch von den Abbrechern vorhanden. Im Folgenden werden diese Daten daraufhin überprüft, ob sich darin Unterschiede zwischen den Probanden, die das Lernkriterium erreicht haben, und denen, die es nicht erreicht haben, abzeichnen.

Tabelle 8.5 gibt die deskriptiven Statistiken für die Fragebogenmaße, die für alle Probanden erfasst wurden, getrennt für die Probanden an, die das Lernkriterium erreicht bzw. nicht erreicht haben. Wie die Überprüfung der Gruppenunterschiede ergab, ist nur der Unterschied in der Ängstlichkeit signifikant: Die Abbrecher gaben an, etwas weniger ängstlich zu sein, $t(134) = 2.17$, $p = .03$. Deskriptiv ergaben sich auch Unterschiede in Vigilanz und kognitiver Vermeidung, in dem Sinne, dass die Abbrecher – im Vergleich zu den Probanden, die das Lernkriterium erfüllten – weniger Vigilanz ($M = 0.50$ vs. $M = 0.52$) und mehr kognitive Vermeidung ($M = 0.56$ vs. $M = 0.53$) angaben, damit also eher dem repressiven Bewältigungsmodus entsprachen; allerdings erreichten diese Unterschiede nicht das Signifikanzniveau ($ps > .3$).

Tabelle 8.5 Unterschiede zwischen Probanden, die das Lernkriterium erreicht haben, und solchen, die es nicht erreicht haben (Abbrecher), auf den für beide Gruppen erfassten Fragebogenskalen

| | Lernkriterium | | | | | |
| | erreicht | | nicht erreicht | | t-Test | |
Skala	M	SD	M	SD	t(134)	p
Vigilanz	0.52	0.16	0.50	0.18	0.83	.41
Kognitive Vermeidung	0.53	0.15	0.56	0.17	1.03	.31
Ängstlichkeit	2.12	0.48	1.95	0.39	2.17	.03
WBSI-Skala Gedankenintrusionen	3.09	0.85	3.08	0.84	0.07	.94
WBSI-Skala Gedankenunterdrückung	2.76	0.82	2.56	0.75	1.41	.16

Anmerkung. Testung auf Gruppenunterschiede mit zweiseitigem *t*-Test.

---

72 Als sich abzeichnete, dass die Abbrecherquote recht hoch ausfallen würde, wurden auch von den Abbrechern demographische Daten erfasst. Allerdings liegen somit nur für etwa die Hälfte der Abbrecher derartige Daten vor, so dass eine Auswertung wenig sinnvoll ist.

8.2.3.2 Intentionales Vergessen

Allgemeinpsychologische Effekte

Zur Analyse der allgemeinen Effekte der experimentellen Manipulationen wurde eine Varianzanalyse mit den drei Within-Subjects-Faktoren *Reizwort* (bedrohlich vs. nichtbedrohlich), *Reaktionswort* (bedrohlich vs. nichtbedrohlich) sowie *TNT-Bedingung* (Baseline vs. No-Think) für die Wiedergabeleistung durchgeführt. Abbildung 8.2 gibt für beide TNT-Bedingungen die mittlere Wiedergabeleistung getrennt für die einzelnen Bedrohlichkeitsbedingungen sowie die über alle Bedrohlichkeitsbedingungen hinweg gemittelten Wiedergabeleistungen (= Gesamt) an. Die Varianzanalyse erbrachte einen Haupteffekt der TNT-Bedingung, $F(1,88) = 6.07$, $p = .016$, $\eta_p^2 = .065$. Dieser Effekt beruht darauf, dass in der Baseline-Bedingung ($M = 69.9\%$, $SD = 14.2\%$) mehr Reaktionswörter korrekt genannt werden konnten als in der No-Think-Bedingung ($M = 65.8\%$, $SD = 14.0\%$). Dieser Effekt wird in Abbildung 8.2 durch die beiden rechten Balken (*Gesamt*) repräsentiert. Da der TNT-Effekt die Differenz der Wiedergabeleistungen in der Baseline- und der No-Think-Bedingung indiziert, heißt dies, dass in dieser Studie insgesamt ein signifikanter TNT-Effekt von 4.1% zu verzeichnen ist.

Neben diesem Haupteffekt der TNT-Bedingung gab es jeweils höchstsignifikante Haupteffekte des Reizwortes, $F(1,88) = 209.28$, $p < .001$, $\eta_p^2 = .704$, und des Reaktionswortes, $F(1,88) = 70.31$, $p < .001$, $\eta_p^2 = .444$. Der Haupteffekt des Reizwortes ist darauf zurückzuführen, dass Wortpaare mit einem bedrohlichen Reizwort ($M = 56.7\%$, $SD = 15.1\%$) generell deutlich schlechter erinnert wurden als Wortpaare mit einem nichtbedrohlichen Reizwort ($M = 79.1\%$, $SD = 12.5\%$). Auch hinsichtlich des Reaktionswortes wurden Wortpaare mit einem bedrohlichen Reaktionswort schlechter erinnert als solche mit einem nichtbedrohli-

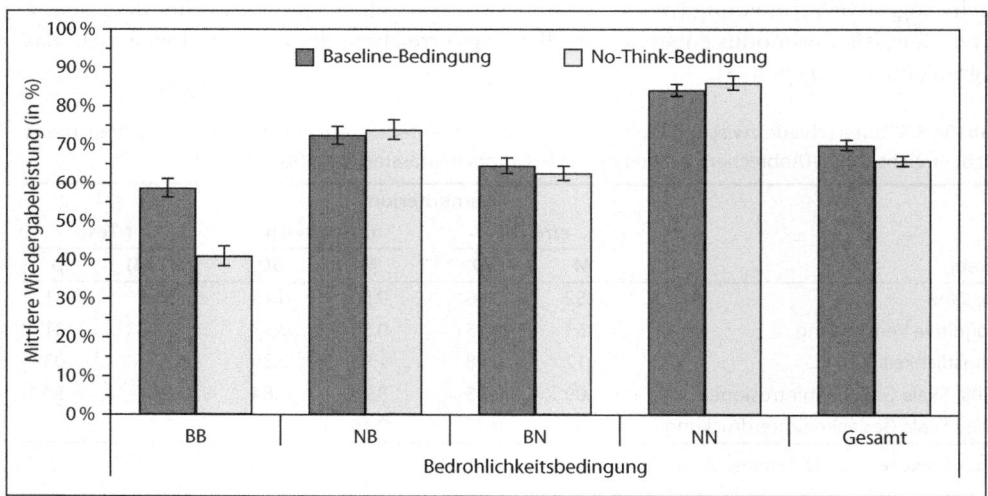

Abbildung 8.2 Mittlere Wiedergabeleistungen (in Prozent) in der Baseline- und No-Think-Bedingung in Abhängigkeit von der Bedrohlichkeitsbedingung (BB = bedrohlich-bedrohlich, NB = nichtbedrohlich-bedrohlich, BN = bedrohlich-nichtbedrohlich, NN = nichtbedrohlich-nichtbedrohlich) sowie über alle Bedrohlichkeitsbedingungen hinweg (Gesamt). Fehlerbalken indizieren einfache Standardfehler.

chen Reaktionswort (Ms = 61.5% und 74.3%, SDs = 16.1% und 11.1%). Eine Interaktion von Reiz- und Reaktionswort bestand nicht, $F(1,88) < 1$.

Darüber hinaus gab es Interaktionseffekte zwischen der TNT-Bedingung und dem Reizwort, $F(1,88) = 15.45$, $p < .001$, $\eta_p^2 = .149$, und der TNT-Bedingung und dem Reaktionswort, $F(1,88) = 15.45$, $p = .003$, $\eta_p^2 = .096$, sowie eine Dreifach-Interaktion von TNT-Bedingung, Reiz- und Reaktionswort, $F(1,88) = 5.80$, $p = .018$, $\eta_p^2 = .062$. Die Interaktion von Reizwort und TNT-Bedingung lässt sich am besten damit erklären, dass bei bedrohlichem Reizwort insgesamt ein deutlicher TNT-Effekt bestand, bei nichtbedrohlichem Reizwort hingegen nicht (hier wurden tendenziell sogar mehr No-Think- als Baseline-Wortpaare erinnert). Die Interaktion von Reaktionswort und TNT-Bedingung kann analog dazu beschrieben werden: Bei nichtbedrohlichem Reaktionswort bestand insgesamt kein TNT-Effekt, bei bedrohlichem Reizwort hingegen sehr wohl. Wie sich Abbildung 8.2 entnehmen lässt, beruhen diese beiden Haupteffekte aber eigentlich darauf, dass für BB-Wortpaare ein sehr starker TNT-Effekt von 17.7% existierte, wohingegen die TNT-Effekte für NB-, BN- und NN-Wortpaare lediglich zwischen 2.0% und −2.0% lagen. Damit lässt sich ebenfalls erklären, warum auch die Dreifach-Interaktion signifikant war.

Die allgemeinpsychologischen Befunde sprechen also dafür, dass – da insgesamt ein TNT-Effekt vorlag – das wiederholte Inhibieren der Reaktionswörter dazu geführt hat, dass diese später auch schlechter abgerufen werden können. Allerdings ergibt die Aufgliederung des TNT-Effekts nach den Bedrohlichkeitsbedingungen (vgl. Abbildung 8.2), dass der TNT-Effekt für BB-Wortpaare mit Abstand am größten und für die anderen Wortpaare nicht existent war.

Differentielle Effekte

Im nächsten Auswertungsschritt erfolgte die Aufteilung der Vergessenseffekte (TNT-Effekte) in Abhängigkeit vom Bewältigungsmodus. Abbildung 8.3 stellt die entsprechenden Ergebnisse dar. Zunächst fällt auf, dass – ohne Berücksichtigung der Bedrohlichkeitsbedingungen – Represser keineswegs einen größeren TNT-Effekt aufweisen als Sensitizer. In der Abbildung ist dies auf der rechten Seite durch den Gesamt-TNT-Effekt dargestellt: Der Gesamt-TNT-Effekt der Represser ($M = 4.24\%$, $SD = 14.64\%$) ist kleiner als der der Sensitizer ($M = 6.45\%$, $SD = 17.42\%$), wenngleich der Unterschied nicht signifikant ist, $t(57) < 1$. Tatsächlich ist auch nur der Gesamt-TNT-Effekt der Sensitizer signifikant größer als null, $t(30) = 2.06$, $p = .048$. Die Gesamt-TNT-Effekte der anderen drei Bewältigungsgruppen weichen nicht signifikant von null ab, alle ts < 1.6, alle ps > .13. – Somit kann Hypothese 1, dass – unabhängig vom Wortmaterial – Represser im Vergleich zu Sensitizern einen stärkeren TNT-Effekt aufweisen, nicht belegt werden.

Hypothese 2 besagt, dass der TNT-Effekt der Represser dann besonders stark ausgeprägt sein sollte, wenn das *Reaktionswort bedrohlich* ist. Abbildung 8.3 ist unzweifelhaft zu entnehmen, dass zwar der TNT-Effekt für BB-Wortpaare generell – und so auch für Represser – am höchsten ist, allerdings weisen Represser ($M = 19.64\%$, $SD = 29.15\%$) im Vergleich zu Sensitizern ($M = 18.55\%$, $SD = 29.56\%$) hier einen nur unbedeutsam größeren TNT-Effekt auf, $t(57) < 1$. Tatsächlich ist der TNT-Effekt der Niedrigängstlichen ($M = 25.00\%$, $SD = 33.97\%$) noch etwas größer, wenngleich auch dieser Effekt weit davon entfernt ist, signifikant größer als der TNT-Effekt der Represser zu sein, $t(43) < 1$. Die Betrachtung der NB-Wortpaare, für

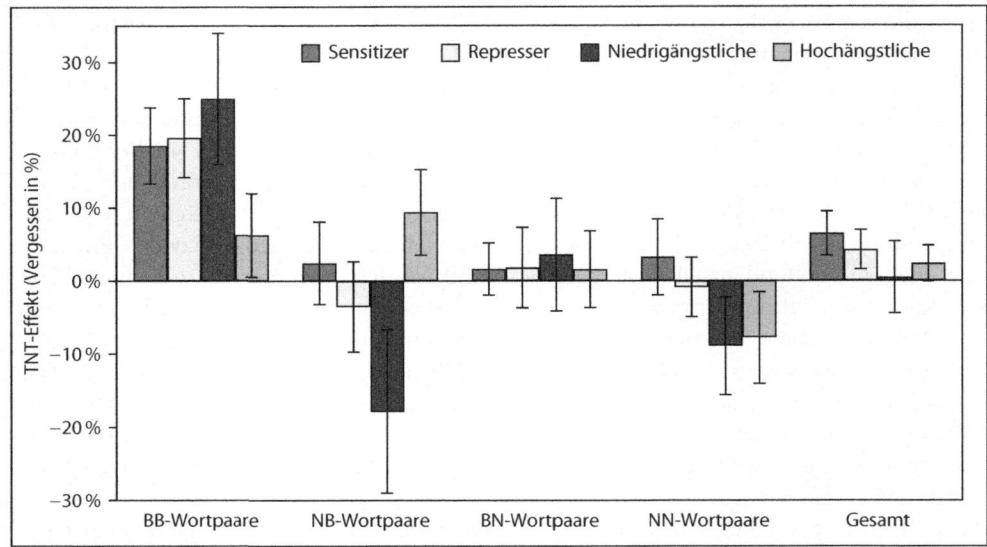

Abbildung 8.3 TNT-Effekte getrennt für die Bewältigungsmodi in Abhängigkeit von der Bedrohlichkeits-bedingung (BB = bedrohlich-bedrohlich, NB = nichtbedrohlich-bedrohlich, BN = bedrohlich-nichtbedroh-lich, NN = nichtbedrohlich-nichtbedrohlich) sowie über alle Bedrohlichkeitsbedingungen hinweg (Gesamt). Fehlerbalken indizieren einfache Standardfehler.

die gemäß Hypothese 2 ebenfalls ein besonders ausgeprägter TNT-Effekt der Represser zu erwarten wäre, offenbart bereits ohne jegliche Testung, dass dies nicht der Fall ist, da hier der TNT-Effekt der Represser ($M = -3.57\%$, $SD = 33.13\%$) sogar negativ ausfällt (wenngleich wiederum nicht signifikant von null verschieden). Es ist evident, dass auch der gemeinsame TNT-Effekt für Wortpaare mit bedrohlichem Reaktionswort (also für BB- und NB-Wortpaare) für Represser ($M = 8.04\%$, $SD = 21.57\%$) keinesfalls größer ist als für Sensitizer ($M = 10.48\%$, $SD = 23.30\%$). Somit kann auch Hypothese 2 auf Grundlage dieser Daten nicht angenommen werden.

Auch wenn, analog zu dem Vorgehen in den Experimenten 1 bis 4, statt der Bewältigungs-gruppen die Dimensionen Vigilanz und kognitive Vermeidung bzw. der Vigilanz-Vermei-dungs-Score zur Auswertung herangezogen werden, ergeben sich keinerlei hypothesenkon-forme Befunde. Daher wird auf eine Darstellung dieser Analysen verzichtet.

8.2.4   Diskussion

Obwohl in dieser Studie ein allgemeiner TNT-Effekt auftrat, konnte nicht belegt werden, dass Represser einen größeren TNT-Effekt als Sensitizer aufweisen. Tatsächlich widerspricht das deskriptive Befundmuster dieser Annahme sogar. Dies könnte zum einen an der sehr großen Anzahl von Probanden, die das Lernkriterium nicht erreicht haben und deshalb den Versuch abbrechen mussten, gelegen haben. Zwar unterschieden sich die Abbrecher von den übrigen Probanden hinsichtlich der erfassten Persönlichkeitseigenschaften nur dahingehend signifikant, dass die Abbrecher etwas geringere Ängstlichkeitswerte aufwiesen, aber dies ist konform zu dem Befund, dass – auf deskriptiver Ebene – die Abbrecher auch leicht erhöhte Werte in kognitiver Vermeidung und etwas erniedrigte Werte auf der Vigilanz-Dimension erzielten. Somit könnte es sich bei den Abbrechern also tendenziell vermehrt um Personen mit einem repressiven Angstbewältigungsstil gehandelt haben, die sich ja auch dadurch auszeichnen, dass sie vergleichsweise wenig Ängstlichkeit berichten. Dies könnte den zwischen Repressern und Sensitizern zu erwartenden Effekt zumindest reduziert haben.

Darüber hinaus ist deutlich geworden, dass – bei einem Stichprobenumfang von 89 Personen – die Teststärke deutlich zu gering ist, um bei einer Aufgliederung der Wortpaare in vier verschiedene Bedrohlichkeitsbedingungen signifikante Unterschiede im TNT-Effekt zwischen den Bewältigungsgruppen aufdecken zu können. So lag der Gesamt-TNT-Effekt in dieser Studie bei 4.1%. Der Unterschied zwischen zwei Bewältigungsgruppen hätte für eine einzelne Bedrohlichkeitsbedingung (z. B. für die BB-Wortpaare) mindestens 3- bis 4-mal so groß wie dieser Gesamt-TNT-Effekt ausfallen müssen, um bei der gegebenen Fehlervarianz eine realistische Chance zu haben, das Signifikanzniveau zu erreichen. Derartig große TNT-Effekt-Unterschiede sind aber kaum zu erwarten.

Auffällig an den Ergebnissen ist, dass sich nur für BB-Wortpaare ein wirklich substantieller TNT-Effekt gezeigt hat, wohingegen dieser für alle anderen Wortpaare sehr marginal war. Allerdings wäre es verfrüht, daraus zu schlussfolgern, dass eine notwendige Bedingung für einen (starken) TNT-Effekt die Bedrohlichkeit beider Wortpartner ist. Wie bei der Darstellung des Wortmaterials erläutert wurde, zeichneten sich die BB-Wortpaare gegenüber allen anderen Wortpaaren auch dadurch aus, dass ihre Wortpartner zumindest leicht assoziiert waren (die Wortpartner der anderen Wortpaare waren fast gar nicht assoziiert).

Dass die Assoziation der Wortpartner eines Wortpaares ein relevanter Faktor für den TNT-Effekt sein könnte, wird noch durch einen anderen Umstand nahegelegt. So waren offenbar fast alle Probanden in der Original-TNT-Studie von M. C. Anderson und Green (2001; vgl. auch M. C. Anderson et al., 2004) problemlos in der Lage, das Lernkriterium innerhalb der ersten drei Lernabfragen zu erreichen. In der vorliegenden Studie fiel dies jedoch, wie beschrieben, vielen Probanden schwer. Dies war der Fall, obwohl in beiden Studien die Lernprozedur sehr ähnlich gestaltet war und auch eine vergleichbare Anzahl von Wortpaaren gelernt werden musste (52 Wortpaare in der vorliegenden Studie und 50 Wortpaare in der Studie von M. C. Anderson und Green). Darüber hinaus war in der vorliegenden Studie die initiale Darbietung der Wortpaare noch länger als in der Studie von M. C. Anderson und Green (nämlich insgesamt 8 Sekunden statt nur 5 Sekunden).

Da es wenig wahrscheinlich erscheint, dass die (deutsche) studentische Stichprobe der vorliegenden Studie generell deutlich schlechter im Paarassoziationslernen ist als die (US-amerikanische) studentische Stichprobe von M. C. Anderson und Green (2001), liegt die Vermutung nahe, dass es dem Wortmaterial immanente Faktoren waren, die zu diesen Unterschieden in deren Erlernbarkeit geführt haben. Dies könnten Faktoren wie die Geläufigkeit und Bildhaftigkeit der Wörter sein (diese lagen in der vorliegenden Studie allerdings im mittleren bis leicht oberen Bereich; vgl. Tabelle 8.2) oder eben auch die Assoziationsstärke der Wortpartner. – Das im Folgenden dargestellte Experiment 6 sollte die methodischen und interpretatorischen Schwierigkeiten, die sich aus dem hohen Abbrecheranteil sowie aus der geringen Teststärke für die einzelnen Bedrohlichkeitsbedingungen ergeben, beheben.

8.3   Experiment 6: Think-/No-Think-Aufgabe mit zwei Bedrohlichkeitsbedingungen I

8.3.1   Einführung

Ausgehend von den Ergebnissen von Experiment 5, welche die postulierten Hypothesen nicht bestätigen konnten, war das Ziel von Experiment 6, die hohe Abbrecherquote deutlich zu reduzieren und die Teststärke für die einzelnen postulierten Effekte zu erhöhen. Um dies zu erreichen, wurden methodische Änderungen vorgenommen, die das *Wortmaterial* und die *Lernprozedur* betrafen.

Eine wesentliche Änderung gegenüber Experiment 5 ist, dass nur noch zwei Bedrohlichkeitsbedingungen der Wortpaare realisiert wurden, nämlich BB- und NN-Wortpaare, da zwischen diesen der größte Kontrast hinsichtlich der bewältigungsabhängigen TNT-Effekte zu erwarten ist. Sofern der Prozess der repressiven Inhibierung spezifisch für bedrohliche Inhalte ist bzw. für diese zumindest besonders ausgeprägt auftritt, sollten Represser für BB-Wortpaare auch den größten TNT-Effekt aufweisen. Als Kontrollbedingung dazu fungieren die NN-Wortpaare. Gemäß Hypothese 1 (vgl. Abschnitt 8.1) wäre zwar – sofern es sich bei der Inhibierung um eine generelle Fertigkeit handelt – auch für NN-Wortpaare zu erwarten, dass Represser im Vergleich zu Sensitizern einen größeren TNT-Effekt aufweisen, dieser Kontrast sollte jedoch für BB-Wortpaare noch ausgeprägter ausfallen (Letzteres entspricht Hypothese 2).

Zwar kann daraus, dass sich im TNT-Paradigma die Unterdrückung auf das Reaktionswort richtet, abgeleitet werden, dass die bewältigungsabhängigen TNT-Effekte für BN-Wortpaare denen für NN-Wortpaare ähneln, wohingegen die bewältigungsabhängigen TNT-Effekte für NB-Wortpaare mehr denen für BB-Wortpaare gleichen, aber diese Annahme ist von untergeordneter Bedeutung. Daher kann auf ihre Überprüfung hier verzichtet werden.

Durch die Beschränkung auf BB- und NN-Wortpaare war es möglich, die Anzahl der Wortpaare pro Bedrohlichkeitsbedingung zu erhöhen und/oder die Anzahl aller Wortpaare zu verringern, um so die Lernaufgabe für die Probanden einfacher zu gestalten. In der vorliegenden Studie wurde ein Kompromiss zwischen diesen beiden Optionen realisiert: So wurde die Anzahl der Wortpaare pro Bedrohlichkeitsbedingung auf 18 (gegenüber 12 in Experiment 5) erhöht und gleichzeitig die Anzahl aller zu lernenden Wortpaare (inklusive der Füll- und Übungsitems) auf 44 (gegenüber 52 in Experiment 5) verringert. Ferner wurden stärker assoziierte Wortpaare verwendet, da sich so das Paarassoziationslernen für die Probanden vereinfachen lässt, und die Lernprozedur wurde noch stärker adaptiv darauf ausgerichtet, denjenigen Probanden, die keine so raschen Lernfortschritte erzielten, mehr Lernzeit zur Verfügung zu stellen.

Die methodischen Details werden in den entsprechenden Abschnitten des folgenden Methodenteils erläutert. Abgesehen von diesen Änderungen, die auf die methodische Optimierung des Versuchs abzielen, kann Experiment 6 als Wiederholung von Experiment 5 betrachtet werden. Für Experiment 6 gelten somit auch die Hypothesen, die in Abschnitt 8.1 aufgestellt wurden.

8.3.2   Methode

Die Gliederung des Methodenteils erfolgt analog zum Methodenteil von Experiment 5 (vgl. Abschnitt 8.2.2). Hinsichtlich der Aspekte, die sich gegenüber Experiment 5 nicht geändert haben, wird auf die dortigen Abschnitte verwiesen, so dass hier wiederum primär die Änderungen im Vergleich zu Experiment 5 genauer ausgeführt werden.

8.3.2.1 Stichprobe

Die Anwerbung der Probanden erfolgte wie in Experiment 5 beschrieben und fand ebenfalls an der Universität Mainz statt. Die Aufwandsentschädigung für die etwa zweistündige Versuchsteilnahme betrug 15 Euro. Psychologiestudierende erhielten stattdessen zwei Versuchspersonenstunden. Falls eine Person den Versuch abbrechen musste, weil sie das Lernkriterium nicht erreicht hatte, wurde sie mit 8 Euro bzw. einer Versuchspersonenstunde entschädigt.

Es nahmen 90 Probanden an der Studie teil, wovon 3 Probanden den Versuch jedoch abbrechen mussten, da sie das Lernkriterium nicht erreicht haben (Abbrecherquote von 3.3%). Von den verbleibenden 87 Probanden waren 57.5% weiblich. Die Teilnehmer(innen) waren zwischen 18 und 39 Jahre alt ($M = 22.7$, $Mdn = 22$ Jahre, $SD = 3.6$ Jahre). Fast alle Probanden (94.3%) studierten, die übrigen waren berufstätig bzw. befanden sich im Zivildienst. Der Anteil der Psychologiestudierenden an der Gesamtstichprobe betrug 27.6%. Die Psychologiestudierenden befanden sich maximal im dritten Semester. Alle Probanden gaben an, dass ihre Muttersprache Deutsch ist bzw. sie spätestens ab dem dritten Lebensjahr mit Deutsch als primärer Sprache aufgewachsen sind.

8.3.2.2 Versuchsplanung

In der TNT-Aufgabe wurden die beiden vollständig gekreuzten Within-Subjects-Faktoren *TNT-Bedingung* (*Baseline* vs. *No-Think* vs. *Think*) und *Bedrohlichkeit* der Wortpaare (*BB-* vs. *NN-Wortpaare*) realisiert. Zusätzlich wurde als Methodenfaktor – um systematische Materialeffekte zu vermeiden – der Between-Subjects-Faktor *Wortzuordnung* eingeführt. In Experiment 5 wurden die Wortpaar-Sets, die den drei TNT-Bedingungen zugeordnet waren, parallelisiert. Im vorliegenden Experiment wurde – zusätzlich zu einer derartigen Parallelisierung – die Zuordnung der Wortpaare zu den drei TNT-Bedingungen nach einem lateinischen Quadrat systematisch variiert, so dass sich drei Stufen des Faktors *Wortzuordnung* ergaben. Dieser Methodenfaktor wurde eingeführt, da ausgeschlossen werden sollte, dass subtile Unterschiede im Wortmaterial bzw. Unterschiede, die durch die Beurteilungen in den Vorstudien zur Wortauswahl nicht erfasst werden und daher auch nicht in die Parallelisierung des Wortmaterials einbezogen werden können, sich möglicherweise – in für die Bewältigungsgruppen unterschiedlicher Form – auf den TNT-Effekt auswirken.

8.3.2.3 Versuchsablauf

Der Versuchsablauf entsprach im Wesentlichen dem von Experiment 5. Abweichend wurde jedoch, am Ende der Erhebung, zusätzlich zum negativen Affekt auch der positive Affekt

– retrospektiv auf die TNT-Aufgabe bezogen – per Fragebogen erfasst. Ferner füllten die Probanden – ebenfalls am Ende des Versuchs – zusätzlich zum WBSI den TCQ aus. Weitere Änderungen bezogen sich nur auf die TNT-Aufgabe, die im Folgenden beschrieben wird.

8.3.2.4 TNT-Aufgabe

Änderungen gegenüber der TNT-Aufgabe von Experiment 5 (vgl. Abschnitt 8.2.2.4) bestanden im verwendeten Wortmaterial und in der Lernphase. Entsprechend werden diese Aspekte hier genauer erläutert.

Wortmaterial

Abweichend von Experiment 5 sollten die Wortpaare in Experiment 6 nicht kaum bzw. schwach, sondern „mittelstark" assoziiert sein. Dazu wurden – auf Basis eigener Vorstudien aus anderen Experimenten – 80 Wortpaare (jeweils 40 BB- und NN-Wortpaare) zusammengestellt, die mittelstark assoziiert sein sollten. Diese Wortpaare wurden von 12 Probanden auf Ratingskalen hinsichtlich der Assoziation ihrer Wortpartner (1 = *überhaupt nicht* bis 7 = *voll und ganz assoziiert*) beurteilt. Ferner wurden von denselben Probanden die einzelnen Reiz- und Reaktionswörter der Wortpaare – wie in der Vorstudie für Experiment 5 – hinsichtlich ihrer *Bedrohlichkeit* (1 = *überhaupt nicht* bis 7 = *voll und ganz bedrohlich*), affektiven *Valenz* (1 = *sehr negativ* bis 7 = *sehr positiv*) und *Bildhaftigkeit* (1 = *überhaupt nicht* bis 7 = *voll und ganz bildhaft*) eingeschätzt.[73] Auf Basis dieser Urteile wurden ungeeignete Wortpaare entfernt und grenzwertig geeignete Wortpaare revidiert, indem das Reiz- oder das Reaktionswort durch ein anderes Wort ersetzt wurde (zu den Kriterien hinsichtlich der Bedrohlichkeit und Valenz der Wörter vgl. den entsprechenden Abschnitt von Experiment 5, S. 291 ff.). Die auf diese Weise erhaltenen 68 Wortpaare wurden erneut von 12 neuen Probanden auf die gleiche Art und Weise wie in der ersten Vorstudie beurteilt. Zusätzlich wurden diese 68 Wortpaare einer Lernvorstudie unterzogen, in der weitere 15 Probanden, die an keiner der beiden Wortbeurteilungsvorstudien teilgenommen hatten, die 68 Wortpaare (mit einer ähnlichen Lernprozedur, wie sie auch im Hauptexperiment im Rahmen der TNT-Aufgabe realisiert werden sollte) bis zum Erreichen eines Lernkriteriums von 60% korrekt erinnerter Reaktionswörter lernen mussten. Nach einer anschließenden 30-minütigen Unterbrechung wurde die Erinnerung der Probanden in einem gestützten Wiedergabetest, der dem Erinnerungstest in der TNT-Aufgabe der Hauptstudie entsprach, erfasst. Diese Lernvorstudie diente dazu, generell zu einfache Wortpaare (d. h. Wortpaare, die von fast allen Probanden erinnert wurden) sowie zu schwierige Wortpaare (also Wortpaare, die nur von sehr wenigen Probanden erinnert wurden) auszuschließen.

Auf Basis der Beurteilungen der zweiten Beurteilungsvorstudie sowie der Ergebnisse der Lernvorstudie wurden für die TNT-Aufgabe 36 Wortpaare (je zur Hälfte BB- und NN-Paare), die den Kriterien am besten entsprachen, ausgewählt. (Zusätzlich wurden als Füllitems acht

---

73 Da sich herausgestellt hatte, dass Probanden in der Einschätzung der Geläufigkeit von Wörtern eine sehr geringe Interrater-Reliabilität aufweisen, wurde auf die Erfassung der Geläufigkeit durch Probandenurteile verzichtet. Stattdessen wurde mittels der CELEX-Datenbank (Baayen et al., 1995) überprüft, dass keine ungebräuchlichen Wörter verwendet wurden.

Wortpaare hinzugenommen, die sich als besonders einfach zu lernen herausgestellt hatten.) Die deskriptiven Statistiken zu den erfassten Parametern des Wortmaterials finden sich – aufgeteilt nach den Bedrohlichkeitsbedingungen und Wortsets – in Tabelle 8.6. Es ist ersichtlich, dass sich alle mittleren Assoziationsstärken der Wortpaare im mittleren Skalenbereich bewegen (Ms zwischen 3.8 und 4.8 auf einer Skala von 1 bis 7). Zudem wurden die Wörter der BB-Wortpaare als relativ bedrohlich ($M = 4.7$, $SD = 0.6$) und als negativ ($M = 1.9$, $SD = 0.4$) beurteilt, wenngleich noch höhere Bedrohlichkeitswerte wünschenswert gewesen wären. Alle Wörter der NN-Wortpaare wurden als nichtbedrohlich ($M = 1.3$, $SD = 0.4$) und als neutral ($M = 4.2$, $SD = 0.4$) bewertet. Die Bildhaftigkeit der Wörter lag wieder in einem mittleren Bereich. Die Parallelisierung zwischen den drei Wortsets innerhalb einer Bedrohlichkeitsbedingung kann hinsichtlich aller erfassten Parameter als weitgehend gelungen betrachtet werden. Zudem ähneln sich auch die BB- und NN-Wortpaare – wie beabsichtigt – hinsichtlich der Bildhaftigkeit, Assoziation und Wortlänge. Die Erinnerungswerte aus der Vorstudie zeigen, dass alle Subsets von Wortpaaren ungefähr gleich gut erinnert wurden (mittlere Erinnerungswerte zwischen 73.3 und 78.9%).

Beispiele für die verwendeten Wortpaare sind „Zeckenbiss – Lähmung", „Wutausbruch – Massaker" (BB-Paare) und „Nachricht – Pinnwand", „Päckchen – Unterschrift" (NN-Paare). Eine vollständige Auflistung der verwendeten Wortpaare bietet Anhang A.9.

Tabelle 8.6 Mittelwerte (und Standardabweichungen) der Beurteilungen (von 12 Urteilern), der Erinnerungswerte aus der Lernvorstudie ($N = 15$) sowie der Buchstabenanzahl der Wortpartner für die ausgewählten 36 Wortpaare

Bedingungen			Beurteilungsskala					Prozent
Be-drohl.	Wort-set	Posi-tion	Bedroh-lichkeit	Valenz	Bildhaftig-keit	Asso-ziation	Buch-staben	korrekt erinnert
BB	A	L	4.5 (0.7)	2.0 (0.3)	4.0 (1.0)	4.8 (0.9)	8.5 (2.9)	78.9 (17.6)
		R	4.8 (0.6)	1.8 (0.2)	3.8 (1.6)		10.3 (3.8)	
	B	L	4.5 (0.5)	2.1 (0.5)	4.1 (0.9)	4.0 (0.8)	9.8 (2.9)	74.5 (19.0)
		R	4.9 (0.8)	1.9 (0.4)	4.9 (1.4)		10.2 (2.6)	
	C	L	5.0 (0.3)	1.7 (0.3)	4.1 (1.3)	4.7 (0.9)	8.7 (2.2)	76.7 (13.8)
		R	4.5 (0.8)	2.1 (0.4)	4.5 (1.6)		10.0 (4.3)	
	Gesamt		4.7 (0.6)	1.9 (0.4)	4.2 (1.3)	4.5 (0.9)	9.6 (3.0)	76.7 (16.0)
NN	A	L	1.2 (0.2)	4.3 (0.3)	3.7 (1.8)	4.1 (0.9)	9.0 (1.9)	76.7 (17.3)
		R	1.2 (0.2)	4.5 (0.3)	4.6 (2.0)		10.0 (2.8)	
	B	L	1.1 (0.1)	4.5 (0.3)	4.2 (1.4)	4.0 (1.3)	8.2 (1.8)	74.5 (19.5)
		R	1.6 (0.7)	3.9 (0.6)	4.8 (1.1)		10.2 (3.0)	
	C	L	1.1 (0.1)	4.3 (0.2)	4.1 (1.1)	3.8 (0.7)	8.2 (1.9)	73.3 (19.8)
		R	1.4 (0.4)	3.9 (0.5)	3.1 (1.2)		10.3 (2.9)	
	Gesamt		1.3 (0.4)	4.2 (0.4)	4.1 (1.5)	3.9 (1.0)	9.3 (2.4)	74.8 (17.8)

Anmerkungen. Bedrohl. = Bedrohlichkeitsbedingung; Wortset = die Wortsets (A, B und C) wurden – ausbalanciert nach einem lateinischen Quadrat – den drei TNT-Bedingungen zugeordnet; Position = Position des Wortes als linkes (L) bzw. rechtes (R) Wort des Wortpaares; Prozent korrekt erinnert = durchschnittliche Wiedergabeleistung in der Lernvorstudie. Skalen: Bedrohlichkeit (1 = *überhaupt nicht* bis 7 = *voll und ganz bedrohlich*), Valenz (1 = *sehr negativ* bis 7 = *sehr positiv*), Bildhaftigkeit (1 = *überhaupt nicht* bis 7 = *voll und ganz bildhaft*), Assoziation = Stärke der Assoziation zwischen dem linken und rechten Wortpartner (1 = *überhaupt nicht* bis 7 = *voll und ganz assoziiert*).

Lernphase

Eine Veränderung gegenüber der Lernphase von Experiment 5 bestand darin, dass in den beiden initialen Lerndurchgängen die Wortpaare jeweils für 2 Sekunden (statt 5 und 3 Sekunden) dargeboten wurden. Diese Zeiten hatten sich in Vorstudien als sinnvoll erwiesen, da bei längerer Darbietung einige Probanden nach dem initialen Lerndurchgang bereits mehr als 90% der Wortpaare korrekt erinnerten und daher Deckeneffekte zu befürchten waren. An diese Lerndurchgänge schloss sich die Lernabfrage 1 an, die der ersten Lernabfrage von Experiment 5 entsprach. In dieser Lernabfrage 1 wurde – nachdem der Proband geantwortet hatte bzw. nach Verstreichen des 5-sekündigen Antwortzeitfensters – das korrekte Wortpaar jeweils nochmals für 2 Sekunden präsentiert, so dass diese Zeit für das erneute Lernen eines nichtgekonnten Wortpaares zur Verfügung stand.

Einen weiteren Unterschied zu Experiment 5 stellte die anschließende adaptive Verzweigung in Abhängigkeit vom Ergebnis dieser ersten Lernabfrage dar. Diese Art der Verzweigung sollte es auch langsamer lernenden Probanden ermöglichen, das Lernkriterium zu erreichen, und gleichzeitig das „Überlernen" der Wortpaare verhindern. Der Verzweigungsalgorithmus ist in Abbildung 8.4 dargestellt. Da sich unter den 44 zu lernenden Wortpaaren 8 Füllwortpaare befanden, die auch besonders einfach zu erlernen waren, wurde das Lernkriterium für diese Studie auf 55% festgelegt, d. h., es mussten wenigstens 25 der 44 Wortpaare korrekt erinnert werden, bevor die Probanden in die TNT-Phase übergingen. Somit sollte sichergestellt werden, dass auch ungefähr 50% oder mehr der 36 relevanten Wortpaare gekonnt wurden.

Wie Abbildung 8.4 zeigt, wurden Personen, die in der Lernabfrage 1 maximal 15% der Wortpaare (also maximal 6 Wortpaare) beherrschten, vom weiteren Versuch ausgeschlossen, da es unrealistisch erschien, dass diese Personen in einer vertretbaren Zeit das Lernkrite-

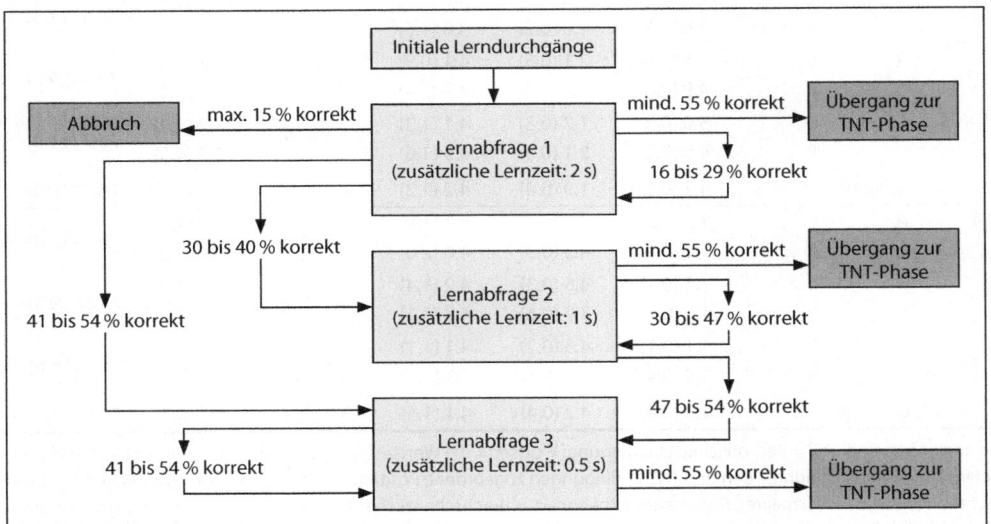

Abbildung 8.4 Adaptive Verzweigung zu den Lernabfragen in Abhängigkeit von der erbrachten Erinnerungsleistung.

rium erreichen würden. Wer in der ersten Lernabfrage bereits 55% der Wortpaare konnte, ging direkt zur TNT-Phase über. Alle anderen Personen wurden so durch die weiteren Lernabfragen geleitet, dass ihnen dann, wenn sie nur geringe Lernfortschritte machten, relativ viel weitere Lernzeit zur Verfügung gestellt wurde (z. B. indem sie die Lernabfrage 1, bei der die zusätzliche Lernzeit 2 Sekunden betrug, wiederholten). Machten sie hingegen große Lernfortschritte, so dass abzusehen war, dass sie zur Erreichung des Lernkriteriums nur noch wenig zusätzliche Lernzeit benötigen würden, wurden sie schneller zur Lernabfrage 2 (mit einer zusätzlichen Lernzeit von 1 Sekunde) bzw. zur Lernabfrage 3 (mit einer zusätzlichen Lernzeit von 0.5 Sekunden) weitergeleitet. Der Großteil der Probanden erreichte auf diese Weise innerhalb von ein bis zwei Lernabfragen das Lernkriterium, wenige Probanden benötigten drei oder mehr Lernabfrage-Durchgänge.

TNT-Phase

Die TNT-Phase gestaltete sich genauso wie für Experiment 5 beschrieben (vgl. dazu Abschnitt 8.2.2.4 ab S. 294). Aufgrund der reduzierten Anzahl der Wortpaare unterschied sich lediglich die Anzahl der Durchgänge. Da sich in der Think- und der No-Think-Bedingung je 12 Wortpaare befanden, die jeweils 16 Mal wiederholt wurden, ergaben sich 384 kritische Durchgänge. Ähnlich wie in Experiment 5 wurden, um eine Tendenz zum Antworten zu erzeugen, diese kritischen Durchgänge durch 128 zusätzliche Think-Durchgänge ergänzt, die sich dadurch ergaben, dass vier Füllitems je 32 Mal wiederholt wurden. Somit bestand die TNT-Phase aus insgesamt 512 Durchgängen, von denen 62.5% Durchgänge der Think-Bedingung waren. Durch die gegenüber Experiment 5 etwas reduzierte Gesamtanzahl der Durchgänge beanspruchte die TNT-Phase nur noch etwa 40 Minuten. Die Gestaltung der Pausen sowie der Übungsdurchgänge war identisch zu der in Experiment 5.

Erinnerungstestung

Die Erinnerungstestung erfolgte so, wie für Experiment 5 dargestellt (vgl. S. 295).

8.3.2.5 Fragebogenverfahren

Die verwendeten Fragebögen (ABI, STAI-R, WBSI, TCQ sowie negativer und positiver Affekt) wurden alle bereits in Abschnitt 7.2.2.5 (S. 186 ff.) beschrieben. In der schriftlichen Nachbefragung am Ende der Erhebung wurden die Probanden wiederum nach ihren Strategien, die sie zur Erinnerungsunterdrückung eingesetzt hatten, gefragt.

8.3.3 Ergebnisse

8.3.3.1 Selbstberichtsdaten

Tabelle 8.7 gibt die deskriptiven Statistiken der Fragebogenmaße wieder. Die internen Konsistenzen der Skalen liegen in einem akzeptablen bis sehr guten Bereich, die Mittelwerte zeigen keine Auffälligkeiten.

Die Dichotomisierung der Variablen Vigilanz und kognitive Vermeidung an deren Medianen (beide Mdns = 0.52) führte zu Gruppengrößen der Bewältigungsmodi von 26 Sensitzern, 27 Repressern, 15 Niedrigängstlichen und 19 Hochängstlichen. Vigilanz und kognitive Vermeidung waren moderat korreliert, $r(85) = -.38$, $p < .001$. In Tabelle 8.8 sind die weiteren

Tabelle 8.7 Skalenmittelwerte, Standardabweichungen und interne Konsistenzen der Selbstberichtsmaße

Skala (Itemanzahl)	M	SD	Cronbachs α
Vigilanz (40)[a]	0.51	0.18	.87
Kognitive Vermeidung (40)[a]	0.52	0.15	.81
Ängstlichkeit (15)[b]	2.25	0.56	.91
Positiver Affekt (6)[c]	3.76	1.20	.84
Negativer Affekt (10)[c]	1.98	0.81	.81
TCQ-Skala Ablenkung (6)[d]	2.61	0.52	.69
TCQ-Skala Umbewertung (5)[d]	2.56	0.60	.75
WBSI-Skala Gedankenintrusionen (7)[d]	3.37	0.87	.83
WBSI-Skala Gedankenunterdrückung (7)[d]	3.06	0.81	.79

Anmerkungen. [a] Min = 0, Max = 1; [b] Min = 1, Max = 4; [c] Min = 1, Max = 7; [d] Min = 1, Max = 5.

Tabelle 8.8 Interkorrelationen der Selbstberichtsdaten und des Geschlechts ($N = 87$)

Variable	2	3	4	5	6	7	8	9	10
1 Geschlecht	−.21°	.11	−.13	.00	.17	−.18°	.02	−.17	−.27*
2 Vigilanz		−.38**	.37**	.04	.18°	.09	.12	.31**	.29**
3 Kognitive Vermeidung			−.52**	.22*	−.37**	.28**	.16	−.37**	−.18°
4 Ängstlichkeit				−.10	.36**	−.27*	.03	.49**	.36**
5 Positiver Affekt					−.11	.35**	.11	−.06	.02
6 Negativer Affekt						−.15	−.08	.23*	.16
7 Ablenkung							.00	.01	.36**
8 Umbewertung								.06	−.11
9 Intrusionen									.65**
10 Unterdrückung									—

Anmerkungen. Geschlechtskodierung: 0 = Frauen, 1 = Männer; Ablenkung = TCQ-Subskala Ablenkung; Umbewertung = TCQ-Subskala Umbewertung; Intrusionen = WBSI-Skala Gedankenintrusionen; Unterdrückung = WBSI-Skala Gedankenunterdrückung.
° $p < .10$, * $p < .05$, ** $p < .01$. Korrelationen, die betragsmäßig größer .30 ($p < .005$) sind, wurden zusätzlich durch Fettdruck hervorgehoben.

Korrelationen zwischen den erfassten Fragebogenskalen sowie mit dem Geschlecht dargestellt. Die Korrelationen entsprechen dem Befundmuster, das bereits aus den Experimenten 1 bis 5 bekannt ist, und bedürfen daher auch keiner eingehenden Erläuterung. Insbesondere finden sich wieder positive Zusammenhänge von kognitiver Vermeidung mit den TCQ-Skalen Ablenkung, $r(85) = .28$, $p < .01$, und Umbewertung, $r(85) = .16$, $p = .15$, wenngleich letzterer Zusammenhang nicht signifikant ist, sowie ein positiver Zusammenhang zwischen Vigilanz und der WBSI-Skala Gedankenintrusionen, $r(85) = .31$, $p = .004$.

8.3.3.2 Intentionales Vergessen

Allgemeinpsychologische Effekte

Zur Analyse der allgemeinen Effekte der experimentellen Manipulationen wurde eine zweifaktorielle Varianzanalyse für die Wiedergabeleistung mit den Within-Subjects-Faktoren *Bedroh-*

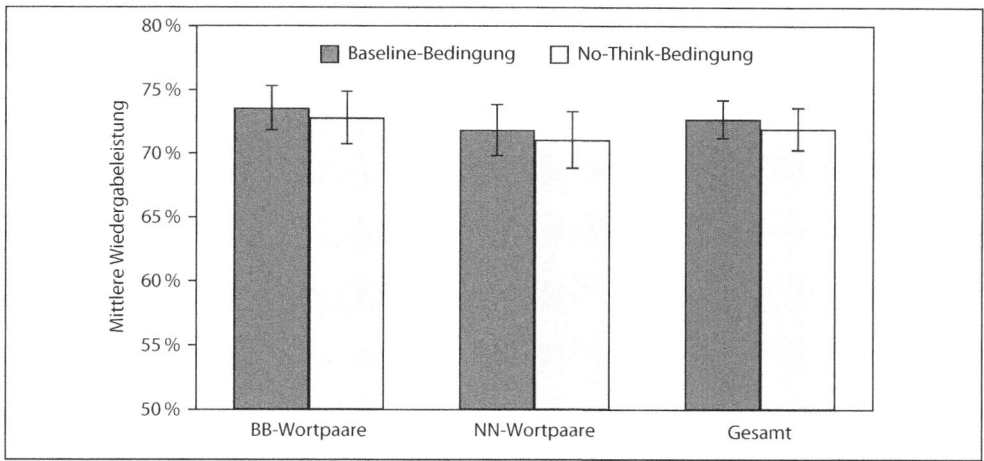

Abbildung 8.5 Mittlere Wiedergabeleistungen (in Prozent) in der Baseline- und No-Think-Bedingung in Abhängigkeit von der Bedrohlichkeitsbedingung (BB =bedrohlich-bedrohlich, NN =nichtbedrohlich-nicht-bedrohlich) sowie über beide Bedrohlichkeitsbedingungen hinweg (Gesamt). Fehlerbalken indizieren einfache Standardfehler.

lichkeitsbedingung (BB- vs. NN-Wortpaare) und *TNT-Bedingung* (Baseline vs. No-Think) durchgeführt.[74] Die Varianzanalyse erbrachte keinerlei Haupt- oder Interaktionseffekte, alle $Fs < 1$. Insbesondere gab es keinen Effekt der TNT-Bedingung und somit auch keinen TNT-Effekt, da die Wiedergabeleistung in der Baseline-Bedingung ($M = 72.70\%$, $SD = 14.42\%$) nur unbedeutend größer war als in der No-Think-Bedingung ($M = 71.93\%$, $SD = 15.93\%$). Der – nicht signifikante – TNT-Effekt betrug somit lediglich 0.77. Um diesen Unterschied in Abbildung 8.5, welche die mittleren Wiedergabeleistungen getrennt für die beiden Bedrohlichkeitsbedingungen sowie die über beide Bedrohlichkeiten gemittelte Wiedergabeleistung (= Gesamt) darstellt, überhaupt sichtbar zu machen, wurde die Ordinatenachse verkürzt und beginnt erst bei einer 50%igen Wiedergabeleistung. Aus der Abbildung wird auch deutlich, warum keine Interaktion der Bedrohlichkeitsbedingung mit der TNT-Bedingung bestand: Der Unterschied in der Wiedergabeleistung zwischen der Baseline- und der No-Think-Bedingung war für die BB- und die NN-Wortpaare gleich groß, nämlich jeweils 0.77%. Die BB-Wortpaare wurden zwar marginal besser erinnert als die NN-Wortpaare ($Ms = 73.18\%$ und 71.46%, $SDs = 14.79\%$ und 14.47%), aber auch dieser Effekt war zu klein, um das Signifikanzniveau zu erreichen. Daher gab es auch keinen Haupteffekt der Bedrohlichkeitsbedingung.

Differentielle Effekte

Um zu überprüfen, ob Unterschiede im intentionalen Vergessen für die Bewältigungsgruppen bestehen, wurde für den TNT-Effekt eine Varianzanalyse mit dem Within-Subjects-Faktor *Bedrohlichkeitsbedingung* und dem Between-Subjects-Faktor *Bewältigungsmodus* berech-

---

74 Eine Aufnahme des dreistufigen Methodenfaktors *Wortzuordnung* erbrachte keine relevanten Effekte, weshalb auf die Darstellung einer ANOVA mit diesem Faktor verzichtet wird. Analoges gilt für den folgenden Abschnitt der differentiellen Effekte.

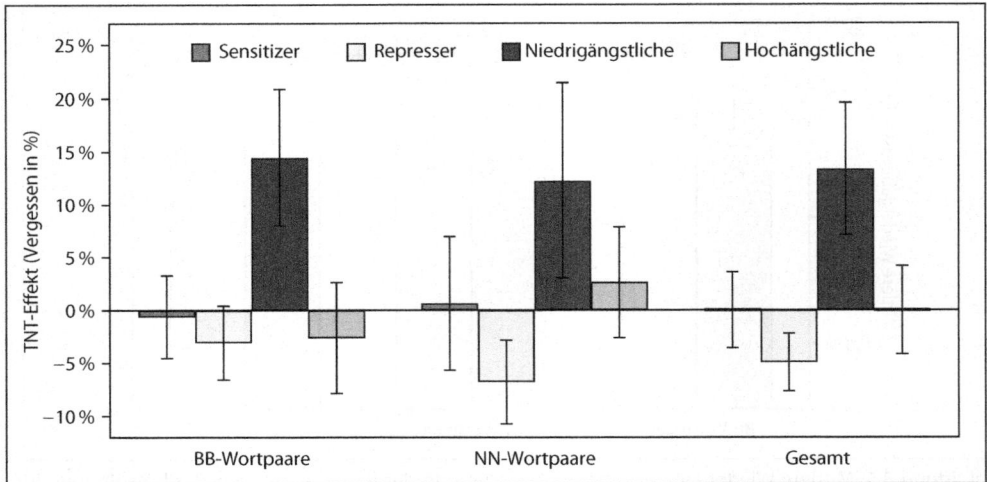

Abbildung 8.6 TNT-Effekte getrennt für die Bewältigungsmodi in Abhängigkeit von der Bedrohlichkeits-bedingung (BB = bedrohlich-bedrohlich, NN = nichtbedrohlich-nichtbedrohlich) sowie über alle Bedrohlich-keitsbedingungen hinweg (Gesamt). Fehlerbalken indizieren einfache Standardfehler.

net. Wie aufgrund der vorherigen Auswertung bekannt, gab es keinen Haupteffekt der Bedroh-lichkeit, $F(1, 83) < 1$. Ferner lag keine Interaktion von Bedrohlichkeit und Bewältigungsmodus vor, $F(3, 83) < 1$. Allerdings ergab sich ein signifikanter Haupteffekt des Bewältigungsmodus, $F(3, 83) = 3.18$, $p = .028$, $\eta_p^2 = .10$. Wie Abbildung 8.6 zu entnehmen ist, bestand dieser Effekt aber keineswegs, weil – wie es Hypothese 1 entsprechen würde – Represser einen größe-ren TNT-Effekt aufwiesen als Sensitizer bzw. die anderen Bewältigungsgruppen. Der größte Unterschied bestand vielmehr darin, dass Represser insgesamt einen *kleineren* TNT-Effekt an den Tag legten als Niedrigängstliche ($Ms = -4.9\%$ und 13.3%, $SDs = 14.5\%$ und 24.4%), $t(40) = 3.06$, $p = .004$. Die Niedrigängstlichen stechen in der Abbildung dadurch hervor, dass sie als einzige Gruppe einen erwartungskonformen Gesamt-TNT-Effekt aufweisen ($M = 13.3\%$, $SD = 24.4\%$), allerdings ist auch dieser Effekt nur marginal signifikant von null verschieden, $t(14) = 2.12$, $p = .052$.

Abbildung 8.6 zeigt unzweifelhaft, dass Represser sowohl für BB- als auch für NN-Wort-paare einen negativen TNT-Effekt aufwiesen. Wenngleich dieser in keiner der Bedingungen signifikant von null abwich, $ts < 1.7$, $ps > .10$, so müssen beide Hypothesen – nämlich dass Represser generell einen größeren TNT-Effekt aufweisen als Sensitizer und dass dieser Unter-schied für BB-Wortpaare besonders markant ausfällt – doch eindeutig zurückgewiesen werden. Die Befunde widersprechen so deutlich den Hypothesen, dass sich auch Analysen mit den dimensionalen Angstbewältigungsvariablen erübrigen.

8.3.4 Diskussion

Der erste unerwartete Befund dieses Experimentes ist, dass es keinen generellen TNT-Effekt gab. In Experiment 5 trat zumindest für die BB-Wortpaare ein massiver TNT-Effekt von 17.7% auf, wenngleich für die anderen Wortpaare kein TNT-Effekt zu verzeichnen war. Abgesehen davon, dass somit auf den ersten Blick der TNT-Effekt von der Bedrohlichkeit der Wortpaare abzuhängen scheint, wurde in der Diskussion von Experiment 5 erwogen, dass es an der etwas stärkeren Assoziiertheit der Wortpaare in der BB-Bedingung lag, dass es für diese einen TNT-Effekt gab, für die anderen Wortpaare hingegen nicht.

Wenn man das Ausbleiben eines TNT-Effektes selbst für die BB-Wortpaare in Experiment 6 erklären möchte, liegt es nahe – da sich die Prozeduren während der TNT-Phase und auch der Erinnerungstestung zwischen Experiment 5 und 6 nicht nennenswert unterschieden –, auch hier nach Ursachen zu suchen, die das Wortmaterial betreffen. So waren in der vorliegenden Studie die Wörter der BB-Wortpaare etwas weniger bedrohlich als in Experiment 5 (Ms = 4.7 vs. 5.9 auf einer Bedrohlichkeitsskala von 1 bis 7). Der größere und vermutlich bedeutsamere Unterschied bestand jedoch hinsichtlich der Assoziiertheit der Wortpaare. In Experiment 5 waren die Wortpartner der BB-Wortpaare leicht (M = 2.5) und die der NN-Wortpaare überhaupt nicht (M = 1.3) assoziiert (erfasst jeweils auf einer Assoziationsskala von 1 bis 7). In Experiment 6 hingegen waren die Wortpartner der BB-Wortpaare mittelstark assoziiert (M = 4.5); die Assoziation der NN-Wortpaare fiel nur ein wenig geringer aus (M = 3.9). Sowohl für die gar nicht assoziierten Wortpaare aus Experiment 5 als auch für die mittelstark assoziierten Wortpaare aus Experiment 6 fand sich kein allgemeiner TNT-Effekt. Lediglich für die schwach assoziierten BB-Wortpaare aus Experiment 5 konnte ein allgemeiner TNT-Effekt gesichert werden.

Es könnte somit sein, dass in Experiment 5 die Wortpartner der NN-Wortpaare (übrigens auch der NB- und BN-Wortpaare) eine so schwache präexperimentelle Assoziation aufwiesen, dass es den Probanden sehr schwerfiel, diese zu lernen. Diese Annahme wird dadurch gestützt, dass – im Vergleich zu Experiment 6, aber auch zu der Studie von M. C. Anderson und Green (2001) – die Lernzeiten in Experiment 5 relativ lang waren, es aber dennoch eine sehr hohe Quote von Personen gab, die das Lernkriterium gar nicht erreicht haben. Hat man es jedoch erst einmal geschafft, ein solch schwieriges Wortpaar zu erlernen, könnte es sein, dass die Paarassoziation nur noch schwer wieder auflösbar ist und somit im Zuge der wiederholten Inhibierung in der TNT-Phase kein ausreichendes Vergessen stattfindet. Demgegenüber könnte in Experiment 6 die präexperimentelle Assoziation so stark gewesen sein, dass es den Probanden zum einen sehr leichtfiel, die Wortpaare zu lernen, dass zum anderen aber auch kein (intentionales) Vergessen der Reaktionswörter mehr möglich war, da das Reizwort bereits einen so starken assoziativen Hinweis auf das Reaktionswort gab, dass diese Verbindung durch die 16-malige Inhibierung nicht oder kaum aufgehoben werden konnte.

Es stellt sich somit die Frage, ob das Wortmaterial, das beispielsweise M. C. Anderson und Green (2001) oder M. C. Anderson et al. (2004) verwendet haben, irgendwelche Besonderheiten aufweist, die zwar zum einen den Probanden ein relativ leichtes Erlernen der Wortpaare ermöglichen, aber andererseits auch das intentionale Vergessen zulassen bzw. sogar erleichtern. Eine genaue Inspektion des Originalwortmaterials von M. C. Anderson (persönl. Mitteilung, 14.06.2010) bringt Aufschluss darüber: Viele der Wortpaare der TNT-Experimente von M. C. Anderson zeichnen sich durch etwas aus, was sich als *schwache Vorwärts-, aber starke Rückwärtsassoziation* charakterisieren lässt.[75] Damit ist Folgendes gemeint: Sieht man nur das

---

75 Ich danke Prof. Dr. Michael C. Anderson für die Überlassung des von ihm verwendeten Reizmaterials sowie weiterer ausführlicher unveröffentlichter Details zur Prozedur seiner TNT-Experimente.

Reizwort eines Wortpaares, wäre es (bei „freiem Assoziieren") recht unwahrscheinlich, auf das dazugehörige Reaktionswort zu kommen – dies stellt die *schwache Vorwärtsassoziation* dar. Kennt man jedoch bereits das Reaktionswort des Wortpaares, ist es sehr leicht, sich eine Assoziation zu bilden, mit der man die beiden Wortpartner verknüpfen kann und die es bei einer späteren Präsentation des Reizwortes relativ einfach macht, sich an das Reaktionswort zu erinnern – dies ist die *starke Rückwärtsassoziation*. Beispiele für derartige Wortpaare von M. C. Anderson sind „crack – lobster", „nail – picture", „steam – train", „decay – carbon" oder „candle – wine". So wird bei dem Wort „Knacken" (*crack*) vermutlich kaum jemand direkt an „Hummer" (*lobster*) denken (es besteht also nur eine schwache Vorwärtsassoziation); hat man dieses Wortpaar jedoch vollständig gesehen, ist es leicht, sich als Reaktionswort zu „Knacken" das Wort „Hummer" zu merken (d. h., es existiert eine starke Rückwärtsassoziation). Ebenso wird bei dem Wort „Dampf" die erste Assoziation der meisten Menschen kaum „Eisenbahn" sein. Wahrscheinlichere Vorwärtsassoziationen wären beispielsweise „Wasser", „Kochen" oder „Bügeleisen". Auch hier ist es bei Kenntnis des kompletten Wortpaares aber sehr einfach, sich eine (Rückwärts-)Assoziation aufzubauen und zu merken.

Dieses Spezifikum der schwachen Vorwärts- und starken Rückwärtsassoziation, das fast alle der von M. C. Anderson in seinen TNT-Experimenten verwendeten Wortpaare aufweisen, ist nur ungenügend dadurch charakterisiert, dass die Wortpartner eine schwache präexperimentelle Assoziation aufweisen.[76] Es ist aber plausibel, dass diese spezielle Form von Wortpaaren es den Probanden einerseits ermöglicht, schnell eine Assoziation aufzubauen und das Wortpaar somit leicht zu lernen, dass es jedoch auch – da die präexperimentelle Vorwärtsassoziation tatsächlich schwach ist – relativ einfach möglich ist, das korrekte Reaktionswort wieder zu vergessen. Das Reizwort stellt nämlich keinen an sich starken Abrufhinweis für das Reaktionswort dar, sondern bahnt lediglich aufgrund der kürzlich erworbenen Assoziation, die aufgrund ihrer „Frische" vermutlich auch leicht wieder aufgehoben werden kann, den Pfad zum Reaktionswort. Es erscheint daher angeraten, in künftigen Experimenten diese Assoziations-Charakteristik der von M. C. Anderson verwendeten Wortpaare zu übernehmen und somit Wortpaare mit einer schwachen Vorwärts- und starken Rückwärtsassoziation einzusetzen.

Die einzige Bewältigungsgruppe, die im vorliegenden Experiment einen – zumindest marginal signifikanten – erwartungskonformen TNT-Effekt zeigte, ist die Gruppe der Niedrigängstlichen. Dieser Befund sollte nicht überinterpretiert werden, da zu den Niedrigängstlichen keine spezifischen A-priori-Hypothesen formuliert wurden und es sich bei diesem Effekt eben auch nur um einen Trend handelt. Dennoch soll ausgehend von diesem Befund eine weitere Möglichkeit diskutiert werden, weshalb die anderen Gruppen keinen TNT-Effekt aufweisen. In der TNT-Phase war stets ein Versuchsleiter im Raum anwesend. Dies war notwendig, da dieser bei korrekten Antworten auf Think-Reizwörter dies auf der Computertastatur kodierte und damit auch schneller zum nächsten Durchgang weiterschaltete. Zwar saß der Versuchsleiter in einigem Abstand schräg hinter dem Probanden, um diesen eben nicht durch seine Anwesenheit zu stören, allerdings ist nicht auszuschließen, dass Represser – unter Umständen aber auch Sensitizer und Hochängstliche – durch die Anwesenheit des Versuchsleiters stärker beeinflusst wurden als Niedrigängstliche.

---

76 M. C. Anderson und Green (2001) beschreiben die Assoziiertheit ihres Stimulusmaterials lediglich mit dem Satz: „The stimulus and response members of each pair had a weak preexperimental relationship" (S. 368).

So zeigten beispielsweise in der Directed-Forgetting-Studie von Myers und Derak-shan (2004) Represser im Vergleich zu anderen Bewältigungsgruppen nur dann eine schlech-tere Erinnerungsleistung für aversive Information, wenn sie sich unbeobachtet fühlten. Es ist also nicht auszuschließen, dass die bloße Anwesenheit einer anderen Person bzw. das Gefühl, sich in einer evaluativen Situation zu befinden, die Inhibierungsfertigkeit der Represser beein-trächtigt. Dies könnte z. B. dadurch geschehen, dass die Bewältigung dieser (subjektiven) Bewertungssituation kognitive Ressourcen bindet, die dann nicht mehr für Inhibierungspro-zesse bezüglich des zu unterdrückenden Reizmaterials zur Verfügung stehen. Generell ist anzunehmen, dass auch Sensitizer und Hochängstliche stärker als Niedrigängstliche durch die Anwesenheit eines Versuchsleiters gestört werden bzw. diese Personen eher kognitive Ressourcen auf die Bewältigung dieser evaluativen Situation richten. Auch wenn es speku-lativ ist, dass die Anwesenheit des Versuchsleiters tatsächlich – zumindest bei Repressern – zu einer Verringerung des TNT-Effektes beiträgt, erscheint es wünschenswert, in künftigen Experimenten die TNT-Phase so zu gestalten, dass kein Versuchsleiter zugegen ist. Diese Überlegungen wurden für die Gestaltung von Experiment 7 aufgegriffen.

8.4 Experiment 7: Think-/No-Think-Aufgabe mit zwei Bedrohlichkeitsbedingungen II

8.4.1 Einführung

Nach der Entdeckung, dass sich die Wortpaare in den TNT-Studien von M. C. Anderson und Kollegen durch eine schwache Vorwärtsassoziation bei gleichzeitiger starker Rückwärts-assoziation auszeichnen, und der in der vorherigen Diskussion ausgeführten Überlegung, weshalb dies eine kritische Voraussetzung für den TNT-Effekt sein könnte, wurde in Expe-riment 7 versucht, derartige Wortpaare zu verwenden. Dabei wurde das experimentelle Design aus Experiment 6 beibehalten, d. h., es wurden sowohl NN- als auch BB-Wortpaare realisiert.

Ferner wurden die Aufgaben des Versuchsleiters in der TNT-Phase von einer computer-gesteuerten Sprachregistrierung übernommen, um die Möglichkeit auszuräumen, dass Repres-ser aufgrund dessen, dass sie sich während der TNT-Phase beobachtet fühlen, keine wirk-same Inhibierung an den Tag legen und sich folglich kein TNT-Effekt manifestiert. Somit waren die Probanden während der TNT-Phase von Experiment 7 allein im Raum. Zusätz-lich wurden einige weitere methodische Details umgesetzt, die M. C. Anderson (persönl. Mitteilung, 14.06.2010) als wesentlich für das TNT-Paradigma erachtet, die in seinen Publi-kationen allerdings in dieser Form nicht erwähnt werden. Diese betrafen (a) die Coverstory, welche die Probanden glauben lassen sollte, dass sie an einer Aufmerksamkeitsstudie teilneh-men (und nicht an einem Experiment, das sich mit Lernen beschäftigt), (b) den Einsatz von Screeningfragen, um Probanden mit neurologischen Auffälligkeiten bzw. potentiell instruktionswidrigem Verhalten ausschließen zu können, und (c) die zeitliche Restrik-tion des Antwortfensters in der Erinnerungstestung. All diese methodischen Details wer-den im Folgenden genauer dargestellt. Die Hypothesen blieben gegenüber Experiment 6 unverändert.

8.4.2 Methode

Die Gliederung des Methodenteils entspricht der aus dem vorherigen Experiment (vgl. Abschnitt 8.3.2). Entsprechend dem bisherigen Vorgehen werden hier wieder nur die relevanten Änderungen, die gegenüber Experiment 6 vorgenommen wurden, beschrieben und ansonsten wird auf die dortige Darstellung verwiesen.

8.4.2.1 Stichprobe

Es nahmen 139 Personen an der Studie teil, von denen jedoch drei von den weiteren Analysen ausgeschlossen wurden. Zwei der drei Probanden erreichten das Lernkriterium nicht. Eine Person wurde ausgeschlossen, da sie in der Nachbefragung angab, fest mit einem Erinnerungstest am Ende der Studie gerechnet zu haben, und sich während der TNT-Phase offensichtlich instruktionswidrig verhalten hatte.[77]

Die verbleibenden 136 Probanden (davon 54.4% weiblich) waren zwischen 18 und 32 Jahre alt ($M = 23.4$ Jahre, $Mdn = 23$ Jahre, $SD = 2.8$ Jahre). Bei den Versuchsteilnehmer(inne)n handelte es sich zu 86.8% um Studierende verschiedener Fachrichtungen, von denen jedoch keiner Psychologie studierte. Die restlichen Probanden waren berufstätig, gingen noch zur Schule oder absolvierten ihren Zivildienst.

Die Anwerbung der Probanden erfolgte über Aushänge in Gebäuden der Universität Bamberg, über die Internetseite einer studentischen Jobbörse sowie über die persönliche Ansprache durch die Versuchsleiter. Für ihre etwa 2.5-stündige Teilnahme erhielten die Probanden 20 Euro (bei Nichterreichen des Lernkriteriums, verbunden mit einem vorzeitigen Versuchsabbruch, wurden 10 Euro ausbezahlt).

8.4.2.2 Versuchsplanung

Das experimentelle Design der Studie entsprach exakt dem Design von Experiment 6 (vgl. Abschnitt 8.3.2.2).

8.4.2.3 Versuchsablauf

Den Probanden wurde sowohl im Vorfeld der Untersuchung (also bei der Anwerbung) als auch zu Beginn der Erhebung mitgeteilt, dass es sich um eine Studie zur Aufmerksamkeit handele. Alle Hinweise darauf, dass sich die Untersuchung mit Gedächtnisprozessen beschäftigt, wurden vermieden. Die Erhebungen fanden in Einzelsitzungen statt.

---

77 Bei insgesamt acht weiteren Probanden wurde – den Kriterien der TNT-Studien von M. C. Anderson (persönl. Mitteilung, 14.06.2010) folgend – ein Ausschluss aus den folgenden Gründen erwogen: Eine Person gab in der Nachbefragung an, erst seit ihrem 10. Lebensjahr Deutsch zu sprechen, womit sie das Kriterium der Muttersprachlichkeit (bzw. dass Deutsch ab dem 3. Lebensjahr die primäre Sprache war) nicht erfüllte. Drei weitere Probanden gaben an, Medikamente (z. B. Diazepam) zu nehmen, welche die Aufmerksamkeit beeinflussen könnten, und/oder an einer psychischen Störung (Depression und posttraumatische Belastungsstörung) zu leiden. Für fünf weitere Probanden ergaben sich aus der Nachbefragung Hinweise, dass sich diese möglicherweise instruktionswidrig verhalten haben könnten – nach dem Vorgehen von M. C. Anderson wären diese Probanden ausgeschlossen worden. – Da jedoch eine Analyse nach Ausschluss dieser acht Probanden keine substantiell anderen Resultate erbrachte als bei Einschluss dieser Personen, wurden sie für die folgenden Darstellungen in der Stichprobe belassen.

Nachdem die Probanden das ABI und das STAI-R bearbeitet hatten, wurde zunächst eine Stroop-Aufgabe (Stroop, 1935; vgl. auch C. M. MacLeod, 1991) durchgeführt. Diese Stroop-Aufgabe ist für die vorliegende Arbeit nur insofern relevant, als dadurch der Eindruck bei den Probanden verstärkt werden sollte, dass es sich bei der gesamten Untersuchung um eine Aufmerksamkeitsstudie handelte, bei der untersucht wurde, wie sich Personen in ihrer Fähigkeit unterscheiden, sich auf relevante Reize zu konzentrieren und irrelevante Reize auszublenden. Diese Begründung wurde verwendet, um den Probanden auch den Sinn der TNT-Aufgabe, in der bestimmte (relevante) Wörter abgerufen, Gedanken an andere (irrelevante) Wörter jedoch vermieden werden sollen, im Rahmen einer Aufmerksamkeitsstudie plausibel zu machen.

An die Stroop-Aufgabe schloss sich – nach einer kurzen Pause – die TNT-Aufgabe an (vgl. Abschnitt 8.4.2.4). Nach Beendigung der TNT-Aufgabe bearbeiteten die Probanden Items zum positiven und negativen Affekt – retrospektiv für die Zeit während der TNT-Aufgabe – und füllten den TCQ und das WBSI aus. In einer schriftlichen Nachbefragung wurden weitere Fragen dazu gestellt, ob sich die Probanden während der TNT-Aufgabe instruktionsgemäß verhalten hatten, und schließlich dazu, ob sie unter irgendwelchen psychischen oder neurologischen Störungen leiden und/oder Psychopharmaka oder andere Medikamente, welche die Aufmerksamkeit beeinträchtigen können, nehmen. Abschließend wurden die Probanden über den wahren Versuchszweck aufgeklärt und um Verschwiegenheit gebeten.

8.4.2.4 TNT-Aufgabe

Der grundlegende Ablauf der TNT-Aufgabe entsprach dem aus den Experimenten 5 und 6 (vgl. v. a. Abschnitt 8.2.2.4). Für das vorliegende Experiment vorgenommene Änderungen werden im Folgenden erläutert.

Wortmaterial

Die Wortpaare sollten, wie die Wortpaare in den Studien von M. C. Anderson, eine schwache Vorwärts- und gleichzeitig eine starke Rückwärtsassoziation aufweisen. Dazu wurden 114 Wortpaare (je zur Hälfte BB- und NN-Wortpaare) erstellt, die dieses Charakteristikum augenscheinlich besaßen. Darüber hinaus wurde darauf geachtet, dass es sich bei den BB-Wortpaaren entweder um physisch bedrohliche Wortpaare (z. B. „Autounfall – Koma", „Atemnot – Ertrinken") oder um selbstwertbedrohliche Wortpaare (z. B. „Misserfolg – Prüfung", „Krise – Selbstzweifel") handelte. Dadurch sollten die beiden entsprechenden Bedrohungsbereiche, die vom ABI erfasst werden, abgedeckt werden. Diese Wortpaare wurden von 12 Probanden (je 6 Männern und Frauen) auf verschiedenen 7-stufigen Skalen bewertet. Zunächst beurteilten die Probanden zur Erfassung der *Vorwärtsassoziation* die Wortpaare daraufhin, wie leicht bzw. schnell sie beim „freien Assoziieren" vom linken Wort auf das rechte Wort kommen würden (1 = *sehr schwache Vorwärtsassoziation [komme sehr schwer auf das rechte Wort]* bis 7 = *sehr starke Vorwärtsassoziation [komme sehr leicht auf das rechte Wort]*). Anschließend wurde die *Rückwärtsassoziation* erhoben, die über die „Leichtigkeit des Assoziationsaufbaus" erfasst wurde, also wie leicht oder schwer es den Probanden fiel, eine Assoziation zwischen den Wörtern herzustellen, wenn sie beide Wörter gleichzeitig sahen (1 = *sehr schwache Rückwärtsassoziation [Assoziationsaufbau fällt sehr schwer]* bis 7 = *sehr starke Rückwärtsassoziation [Assoziationsaufbau fällt sehr leicht]*). Ferner wurden, analog zu den

Vorstudien zum Wortmaterial der TNT-Experimente 5 und 6, die einzelnen Wörter der Wortpaare auf den folgenden Skalen beurteilt: *Bedrohlichkeit für die eigene Person* (1 = *überhaupt nicht* bis 7 = *voll und ganz bedrohlich*), affektive *Valenz* (1 = *sehr negativ* bis 7 = *sehr positiv*), *Verwendungshäufigkeit* (1 = *sehr selten* bis 7 = *sehr häufig*) und *Bildhaftigkeit* (1 = *überhaupt nicht* bis 7 = *voll und ganz bildhaft*). Hinsichtlich der Bedrohlichkeitsurteile ist wichtig, dass – abweichend von den Experimenten 5 und 6 – nicht allgemein danach gefragt wurde, wie bedrohlich ein Wort ist, sondern dass beurteilt werden sollte, wie bedrohlich das Wort *für einen selbst* ist. Damit wurde also die *selbstbezogene/selbstrelevante Bedrohlichkeit* der Wörter erfasst, die hinsichtlich des für Represser erwarteten Effektes, dass diese für BB-Wortpaare einen besonders ausgeprägten TNT-Effekt an den Tag legen, ausschlaggebend sein sollte. Allerdings wird die selbstbezogene Bedrohlichkeit von Reizen i.d.R. deutlich niedriger eingeschätzt als die allgemeine Bedrohlichkeit derselben Reize (vgl. dazu die Ausführungen zum Material von Experiment 1 auf S. 180).

Auf Basis dieser Daten wurden für die TNT-Aufgabe 48 Wortpaare (24 BB- und 24 NN-Wortpaare) ausgewählt, welche die Kriterien am besten erfüllten, wobei ein Hauptkriterium die relativ schwache Vorwärts- und relativ starke Rückwärtsassoziation der einzelnen Wortpaare war. Diese Wortpaare wurden – getrennt für die BB- und die NN-Wortpaare – so weit wie möglich parallelisiert auf drei Wortsets (A, B und C) aufgeteilt. Dabei bestand in jedem

Tabelle 8.9 Mittelwerte (und Standardabweichungen) der Beurteilungen (von 12 Urteilern) für die ausgewählten 48 Wortpaare

Bedrohl.	Wortset	Position	Bedrohlichkeit	Valenz	Häufigkeit	Bildhaftigkeit	Vorw.-assoziat.	Rückw.-assoziat.	Buchstaben
BB	A	L	3.7 (0.6)	2.0 (0.3)	3.1 (0.9)	3.6 (1.3)	3.3 (0.9)	5.1 (0.9)	9.3 (3.5)
		R	3.5 (0.4)	2.2 (0.5)	3.0 (0.7)	4.0 (1.1)			9.4 (2.7)
	B	L	3.8 (0.7)	2.1 (0.3)	2.6 (0.9)	3.8 (1.4)	3.3 (0.8)	5.2 (0.9)	9.4 (1.7)
		R	3.7 (0.5)	1.8 (0.7)	3.1 (1.6)	3.9 (1.1)			9.1 (3.6)
	C	L	4.1 (0.8)	2.0 (0.5)	3.2 (1.1)	3.3 (1.0)	3.3 (0.4)	5.3 (0.3)	8.8 (2.5)
		R	3.8 (0.6)	2.1 (0.5)	3.1 (0.8)	3.4 (1.3)			8.9 (4.2)
	Gesamt		3.8 (0.6)	2.0 (0.5)	3.0 (1.0)	3.7 (1.2)	3.3 (0.7)	5.2 (0.7)	9.1 (3.0)
NN	A	L	1.1 (0.1)	4.4 (0.5)	3.0 (1.0)	4.9 (1.7)	3.1 (0.5)	5.4 (0.6)	8.0 (1.9)
		R	1.3 (0.2)	4.4 (0.4)	3.5 (0.9)	4.1 (1.6)			8.6 (1.7)
	B	L	1.1 (0.2)	4.4 (0.4)	3.8 (0.8)	5.0 (1.2)	2.8 (0.4)	5.3 (0.5)	8.4 (1.8)
		R	1.2 (0.2)	4.4 (0.4)	3.7 (1.1)	4.6 (1.8)			8.9 (3.4)
	C	L	1.1 (0.1)	4.4 (0.8)	3.3 (1.1)	4.2 (1.8)	3.1 (0.8)	5.2 (0.7)	8.3 (1.8)
		R	1.1 (0.1)	4.6 (0.6)	3.4 (1.3)	5.3 (1.4)			8.6 (2.8)
	Gesamt		1.1 (0.2)	4.4 (0.5)	3.4 (1.0)	4.7 (1.6)	3.0 (0.6)	5.3 (0.6)	8.5 (2.2)

Anmerkungen. Bedrohl. = Bedrohlichkeitsbedingung; Wortset = die Wortsets (A, B und C) wurden – ausbalanciert nach einem lateinischen Quadrat – den drei TNT-Bedingungen zugeordnet; Position = Position des Wortes als linkes (L) bzw. rechtes (R) Wort des Wortpaares; Häufigkeit = eingeschätzte Verwendungshäufigkeit; Vorw.-/Rückw.-assoziat. = Vorwärts- bzw. Rückwärtsassoziation.

Skalen: Bedrohlichkeit für einen selbst (1 = *überhaupt nicht* bis 7 = *voll und ganz bedrohlich*), Valenz (1 = *sehr negativ* bis 7 = *sehr positiv*), Häufigkeit (1 = *sehr selten* bis 7 = *sehr häufig*), Bildhaftigkeit (1 = *überhaupt nicht* bis 7 = *voll und ganz bildhaft*), Vorwärts-/Rückwärtsassoziation (1 = *sehr schwach* bis 7 = *sehr stark*).

Wortset die Hälfte der BB-Wortpaare aus physisch bedrohlichen und die andere Hälfte aus selbstwertbedrohlichen Wortpaaren.

Tabelle 8.9 gibt die Mittelwerte und Standardabweichungen der bewerteten Eigenschaften des Wortmaterials getrennt für die Bedrohlichkeitsbedingungen und die Wortsets wieder. Zusätzlich wurden für die TNT-Aufgabe acht Übungswortpaare (je vier NN- und BB-Wortpaare), welche die Kriterien ebenfalls weitestgehend erfüllten, hinzugenommen. Beispiele für die verwendeten Wortpaare sind „Kampfhund – Verstümmelung", „Vergiftung – Intensivstation", „Leistungsdruck – Blamage" (BB-Wortpaare) sowie „Oktober – Regenschirm", „Bleistift – Gedanke", „Kopierer – Bücherei" (NN-Wortpaare). In Anhang A.10 ist das vollständige Wortmaterial abgedruckt.

Wie Tabelle 8.9 zu entnehmen ist, unterscheiden sich die BB- und die NN-Wortpaare deutlich in der selbstbezogenen Bedrohlichkeit (Skalenwerte von $M = 3.8$ und 1.1) sowie in der Valenz (Skalenwerte von $M = 2.0$ und 4.4). Dennoch wurden somit die Wörter der BB-Wortpaare nur als mittelstark selbstbedrohlich bewertet. Die Stärke der Vorwärtsassoziation (Ms von 3.3 und 3.0 für die BB- und die NN-Wortpaare) ist – wie beabsichtigt – deutlich schwächer als die der Rückwärtsassoziation (Ms von 5.2 und 5.3). Die Parallelisierung der Wörter zwischen den Wortsets kann als gelungen bewertet werden. Auch die Parallelisierung zwischen den BB- und den NN-Wortpaaren ist hinsichtlich der Verwendungshäufigkeit, der Assoziationsstärken und der Wortlänge geglückt, allerdings wurden die Wörter der BB-Wortpaare als etwas weniger bildhaft eingeschätzt als die Wörter der NN-Wortpaare ($Ms = 3.7$ und 4.7, $SDs = 1.2$ und 1.6).

Lernphase

Die Lernphase folgte im Wesentlichen der Prozedur, die für Experiment 5 (vgl. S. 293 f.) beschrieben wurde, wies jedoch einige Detailänderungen auf. So wurden im initialen Lerndurchgang alle 56 Wortpaare (d. h. die 48 Wortpaare der drei TNT-Bedingungen sowie die acht Übungswortpaare) ein Mal für je 8 Sekunden dargeboten. Während dieses Lerndurchgangs waren die Probanden wieder allein im Versuchsraum. In den anschließenden Lernabfragen wurden – wie in den Experimenten 5 und 6 – alle Reizwörter einzeln dargeboten und die Probanden hatten 5 Sekunden Zeit, die korrekte Antwort zu geben. Der Versuchsleiter war dazu wieder – schräg hinter dem Probanden sitzend – im Raum und kodierte durch das Drücken von Computermaus-Tasten, ob die Antwort korrekt oder inkorrekt war bzw. keine Antwort gegeben wurde.

Im vorliegenden Experiment wurde die Adaptivität der zusätzlich gewährten Lernzeit in Abhängigkeit von der bisherigen Erinnerungsleistung – anders als in Experiment 6 – nicht über einen komplexen Verzweigungsalgorithmus realisiert (vgl. S. 306 f.), sondern dadurch, dass bei Reizwörtern, zu denen der Proband die korrekte Antwort nicht nennen konnte, das dazugehörige Reaktionswort für 5 Sekunden aufgedeckt wurde, wohingegen bei gekonnten Reaktionswörtern diese lediglich für 1 Sekunde noch einmal eingeblendet wurden. Diese Zeiten blieben für alle Lernabfragen gleich, d. h., auch wenn ein Proband einen zweiten oder dritten Lerndurchgang bzw. noch weitere Lerndurchgänge benötigte, um das Lernkriterium zu erreichen, wurden die nichtgekonnten Wortpaare für 5 Sekunden und die gekonnten für 1 Sekunde aufgelöst. Diese Prozedur sollte – auf der Ebene der einzelnen Wortpaare – ein „Überlernen" bereits gekonnter Wortpaare verhindern und gleichzeitig durch die relativ lange Auflösungszeit von 5 Sekunden für nichtgekonnte Wortpaare für diese rasche weitere

Lernfortschritte ermöglichen. Hatte ein Proband nach insgesamt sechs Lernabfragen das Lernkriterium noch nicht erreicht, wurde der Versuch für diese Person abgebrochen.

Da in den TNT-Experimenten von M. C. Anderson und Kollegen die Wiedergabeleistung in der Baseline-Bedingung mit durchschnittlich etwa 83% (siehe M. C. Anderson & Levy, 2009; Levy & Anderson, 2008) etwas höher lag als die Baseline-Wiedergabeleistung in den Experimenten 5 und 6 dieser Arbeit (durchschnittlich etwa 71%), wurde das Lernkriterium leicht angehoben, so dass die Probanden mindestens 60% der kritischen Wortpaare beherrschen mussten (also mindestens 29 der 48 TNT-Wortpaare; die acht Übungswortpaare wurden für das Lernkriterium nicht beachtet), bevor zur TNT-Phase übergegangen wurde. Um die Probanden in dem Glauben zu lassen, dass es sich um eine Studie zur Aufmerksamkeit handelte, wurde betont, dass das Merken der Wortpaare nur notwendig sei, um die anschließende eigentliche Aufmerksamkeitsaufgabe durchführen zu können.

TNT-Phase

Damit die Probanden auch während der TNT-Phase dachten, dass Aufmerksamkeitsprozesse untersucht werden, wurden im Rahmen der Instruktionen die Parallelen zur vorherigen Stroop-Aufgabe herausgestellt, nämlich dass es darum gehe, Irrelevantes (hier die Reaktionswörter der No-Think-Wortpaare) ausblenden und sich auf Relevantes (hier die Reaktionswörter der Think-Wortpaare) konzentrieren zu können. Eine wesentliche Änderung gegenüber den Experimenten 5 und 6 bestand darin, dass – aus den beschriebenen Gründen – die Probanden während der TNT-Phase allein sein sollten. Hierzu mussten die Aufgaben, die in den vorherigen Experimenten vom Versuchsleiter erfüllt wurden (d. h. das schnellere Weiterschalten, wenn bei grünen Wörtern geantwortet wurde, sowie der Hinweis auf einen Fehler, wenn bei roten Wörtern etwas gesagt wurde), vom Computer übernommen werden. Um das zu ermöglichen, trugen die Probanden ein Headset mit einem Mikrophon. Wenn der Proband nun bei grünen Reizwörtern etwas sagte, wurde durch die Sprachsteuerung zum nächsten Durchgang weitergeschaltet. Dabei reagierte die Sprachsteuerung allerdings nur darauf, ob die Person etwas sagte oder nicht, d. h., die Kontrolle, ob eine richtige oder falsche Antwort gegeben wurde, war nicht möglich. Da die grünen Wörter, also die Think-Wortpaare, nicht in die Berechnung des TNT-Effektes eingehen, erschien diese Kontrolle allerdings auch unbedeutend und entbehrlich. Zeichnete das Mikrophon bei roten Wörtern ein Geräusch auf, ertönte ein Signalton, der den Probanden auf seinen Fehler hinwies.

Die Aufnahmesensitivität des Mikrophons und die Sprachsteuerung wurden für jeden Probanden individuell adjustiert, also an die Sprechlautstärke der Person angepasst, um so einerseits zu vermeiden, dass die Sprachsteuerung auf Äußerungen nicht reagierte, andererseits aber auch mögliche Fehlauslösungen durch Störgeräusche zu verhindern. Diese Adjustierung erfolgte allerdings bereits im Rahmen der zuvor durchgeführten Stroop-Aufgabe, die ebenfalls sprachgesteuert ablief. Im Rahmen der Stroop-Aufgabe wurden die Probanden auch schon damit vertraut gemacht, wie laut sie sprechen müssen, um eine Reaktion des Programms auszulösen, wie sich der Signalton (bei Fehlern) anhört und welche Störgeräusche (z. B. durch heftiges Bewegen oder sehr laute Atmung) zu vermeiden sind. Somit entstand zwischen dem Lernen der Wortpaare und der TNT-Phase keine größere zeitliche Verzögerung, wie dies der Fall gewesen wäre, wenn erst jetzt das Headset und die Sprachsteuerungssoftware eingerichtet worden wären.

Nachdem die Probanden zu Beginn der TNT-Phase das Headset aufgesetzt hatten, absolvierten sie – in Anwesenheit des Versuchsleiters – 20 TNT-Übungsdurchgänge, für welche die zuvor gelernten Übungswortpaare genutzt wurden. Um das instruktionsgemäße Handeln des Probanden sicherzustellen, stellte der Versuchsleiter anschließend in einem Interview Fragen aus einem sogenannten „Diagnostik-Fragebogen", den M. C. Anderson (persönl. Mitteilung, 14.06.2010) in seinen Studien verwendet. Dieser Fragebogen umfasst Items wie „Wenn Sie das rote Hinweiswort gesehen haben: Haben Sie jemals – auch nur für einen kurzen Moment – an das rechte Wort gedacht, um zu sehen, ob Sie es noch wussten?" oder „Wenn rote Hinweiswörter erschienen: Wie lange haben Sie diese roten Hinweiswörter angeschaut?". Durch diese Fragen sollte unter anderem sichergestellt werden, dass den Probanden klar war, dass sie niemals – auch nicht für einen kurzen Moment – an die Reaktionswörter der No-Think-Wortpaare denken und die roten Reizwörter die gesamte Darbietungszeit über anschauen sollten. Deuteten die Äußerungen eines Probanden während dieses diagnostischen Interviews darauf hin, dass die Instruktionen entweder nicht vollständig verstanden oder nicht befolgt wurden, wurde diese Gelegenheit genutzt, dem Probanden die Instruktionen noch einmal zu erklären und auf die Wichtigkeit deren Befolgung hinzuweisen. An dieses Interview schlossen sich 16 weitere Übungsdurchgänge an, während derer der Versuchsleiter beobachtete, ob nun auch alle Instruktionen korrekt befolgt wurden.

Anschließend wurden die Probanden für die Hauptdurchgänge allein gelassen. Diese liefen – abgesehen von der oben dargestellten computerisierten Sprachsteuerung – identisch zu den Hauptdurchgängen der Experimente 5 und 6 ab. Da 16 Think- und 16 No-Think-Reizwörter je 16 Mal wiederholt wurden, wurden insgesamt 512 Durchgänge realisiert. Die (bei Think-Reizwörtern maximale) Präsentationszeit der Reizwörter betrug wiederum 4000 ms. Auf das Auffüllen der Think-Durchgänge mit Füllitems (wie dies in den Experimenten 5 und 6 geschah) wurde verzichtet, da dies – wie eigene Vorversuche gezeigt hatten – offenbar keine für den TNT-Effekt kritische Manipulation darstellt und auf diese Weise Zeit gespart werden konnte. (Letzteres war in Anbetracht der etwa 2.5-stündigen Sitzungsdauer erstrebenswert.) Die Hauptdurchgänge der TNT-Phase beanspruchten etwa 35 Minuten. In Verbindung mit den Instruktionen, den Übungsdurchgängen und dem diagnostischen Interview dauerte die TNT-Phase insgesamt zirka 45 Minuten.

Erinnerungstestung

Die Erinnerungstestung lief ähnlich wie in den Experimenten 5 und 6 (wieder in Anwesenheit des Versuchsleiters) ab. Eine wesentliche Änderung war jedoch, dass die maximale Antwortzeit auf 4 Sekunden beschränkt wurde. Das heißt, wenn ein Proband nicht innerhalb von 4 Sekunden auf das Reizwort mit dem korrekten Reaktionswort antwortete, wurde dieser Durchgang als „falsch" gewertet. (In den Experimenten 5 und 6 war die Antwortzeit nicht beschränkt.) Um zu überprüfen, ob sich die Dauer des Antwortzeitfensters auf den TNT-Effekt auswirkt, wurde an die erste Erinnerungstestung – mit einer Antwortzeit von maximal 4 Sekunden – eine zweite Erinnerungstestung – mit einer Antwortzeit von maximal 15 Sekunden – angeschlossen. In den Erinnerungsabfragen wurden die 48 Reizwörter (d. h. alle Reizwörter ohne die Übungsreizwörter) in einer für alle Probanden identischen Zufallsreihenfolge dargeboten, wobei sich diese Reihen-folge zwischen der ersten und der zweiten Erinnerungsabfrage unterschied.

8.4.2.5 Fragebogenverfahren

Alle relevanten Fragebögen (ABI, STAI-R, positiver und negativer Affekt, TCQ sowie WBSI) wurden bereits in Abschnitt 7.2.2.5 (S. 186 ff.) beschrieben. Die Nachbefragungsitems zu psychischen und neurologischen Auffälligkeiten sowie zum Medikamentenkonsum wurden in Abschnitt 8.4.2.3 erläutert.

8.4.3 Ergebnisse

8.4.3.1 Selbstberichtsdaten

Zunächst werden wieder die Selbstberichtsdaten kurz dargestellt. In Tabelle 8.10 sind die deskriptiven Statistiken der Fragebogenskalen angegeben. Die internen Konsistenzen der Skalen liegen fast alle in einem akzeptablen bis guten Bereich, lediglich die TCQ-Skala Umbe-

Tabelle 8.10 Skalenmittelwerte, Standardabweichungen und interne Konsistenzen der Selbstberichtsmaße

Skala (Itemanzahl)	M	SD	Cronbachs α
Vigilanz (40)[a]	0.53	0.16	.82
Kognitive Vermeidung (40)[a]	0.51	0.14	.76
Ängstlichkeit (15)[b]	2.10	0.46	.87
Positiver Affekt (6)[c]	3.68	1.02	.78
Negativer Affekt (10)[c]	2.23	0.80	.77
TCQ-Skala Ablenkung (6)[d]	3.29	0.64	.73
TCQ-Skala Umbewertung (5)[d]	3.31	0.61	.58
WBSI-Skala Gedankenintrusionen (7)[d]	3.28	0.86	.84
WBSI-Skala Gedankenunterdrückung (7)[d]	2.85	0.77	.77

Anmerkungen. [a] Min = 0, Max = 1; [b] Min = 1, Max = 4; [c] Min = 1, Max = 7; [d] Min = 1, Max = 5.

Tabelle 8.11 Interkorrelationen der Selbstberichtsdaten und des Geschlechts ($N = 136$)

Variable	2	3	4	5	6	7	8	9	10
1 Geschlecht	−**.32****	.20*	−.21*	−.09	.02	−.27**	.16	−.11	−.22*
2 Vigilanz		−**.42****	**.35****	−.14	.24**	.11	−.05	.20*	.23**
3 Kognitive Vermeidung			−**.41****	.16	−.20*	.09	**.33****	−.05	−.06
4 Ängstlichkeit				−.17*	**.39****	−.16	−.12	**.38****	**.31****
5 Positiver Affekt					−.27**	.17	.04	−.07	.03
6 Negativer Affekt						.15	−.02	.29**	.19*
7 Ablenkung							−.15	−.13	.18*
8 Umbewertung								−.09	−**.23****
9 Intrusionen									**.62****
10 Unterdrückung									—

Anmerkungen. Geschlechtskodierung: 0 = Frauen, 1 = Männer; Ablenkung = TCQ-Subskala Ablenkung; Umbewertung = TCQ-Subskala Umbewertung; Intrusionen = WBSI-Skala Gedankenintrusionen; Unterdrückung = WBSI-Skala Gedankenunterdrückung.
* $p < .05$, ** $p < .01$. Korrelationen, die betragsmäßig größer .30 ($p < .001$) sind, wurden zusätzlich durch Fettdruck hervorgehoben.

wertung weist eine unbefriedigende interne Konsistenz auf (Cronbachs α = .58). Gegenüber den bisherigen Experimenten wurde der TCQ statt mit einer 4-stufigen mit einer 5-stufigen Antwortskala appliziert, aber diese Änderung sollte nicht zu einer Verringerung der internen Konsistenz führen. Die Mittelwerte und Standardabweichungen der Skalen zeigen keine Auffälligkeiten.

Die Dichotomisierung der Variablen Vigilanz und kognitive Vermeidung an deren Medianen (beide Mdns = 0.52) führte zu Gruppengrößen der Bewältigungsmodi von 42 Sensitizern, 46 Repressern, 24 Niedrigängstlichen und 24 Hochängstlichen. Vigilanz und kognitive Vermeidung waren moderat korreliert, $r(134) = -.42$, $p < .001$. In Tabelle 8.11 sind die weiteren Korrelationen zwischen den erfassten Fragebogenskalen sowie mit dem Geschlecht dargestellt. Die Interkorrelationen weisen im Vergleich mit den Korrelationsmustern aus den bisherigen Experimenten keine Besonderheiten auf und brauchen daher nicht genauer erläutert zu werden.

8.4.3.2 Intentionales Vergessen

Die im Folgenden dargestellten Befunde beziehen sich primär auf die erste Erinnerungstestung, bei der das Antwortfenster 4 Sekunden betrug. Befunde für den konsekutiven zweiten Erinnerungstest – mit einem Antwortfenster von 15 Sekunden – werden nur berichtet, wenn bzw. insofern sich bedeutsame Unterschiede zu den Ergebnissen des ersten Erinnerungstests ergaben.

Allgemeinpsychologische Effekte

Eine Varianzanalyse zur Aufdeckung von Effekten der TNT-Bedingung (Baseline vs. No-Think) und der Bedrohlichkeitsvariation der Wortpaare (BB vs. NN) auf die Wiedergabeleistung im ersten Erinnerungstest erbrachte einen signifikanten Effekt der TNT-Bedingung, $F(1, 135) = 6.51$, $p = .012$, $\eta_p^2 = .023$. Dieser Effekt beruht darauf, dass mehr Baseline-Wortpaare ($M = 73.35\%$, $SD = 11.52\%$) als No-Think-Wortpaare ($M = 69.58\%$, $SD = 16.24\%$) korrekt erinnert wurden, also ein allgemeiner TNT-Effekt von 3.77% auftrat. Wie der Umstand, dass die Interaktion von TNT-Bedingung und Bedrohlichkeit der Wortpaare nicht signifikant war, $F(1, 135) < 1$, andeutet, unterschieden sich der TNT-Effekt für BB-Wortpaare ($M = 3.13\%$, $SD = 25.90\%$) und der TNT-Effekt für NN-Wortpaare ($M = 4.41\%$, $SD = 17.84\%$) nur unwesentlich voneinander. Allerdings bestand ein höchstsignifikanter und sehr starker Haupteffekt der Bedrohlichkeitsbedingung, da generell mehr NN- als BB-Wortpaare erinnert wurden (Ms = 89.8% und 53.1%, SDs = 16.9% und 9.7%), $F(1, 135) = 690.38$, $p < .001$, $\eta_p^2 = .84$. All diese Effekte sind in Abbildung 8.7 veranschaulicht.

Eine analoge Auswertung der Daten des zweiten Erinnerungstests (mit einem 15-sekündigen Antwortfenster) erbrachte recht ähnliche Befunde. Wie zu erwarten, lag die allgemeine durchschnittliche Wiedergabeleistung im zweiten Erinnerungstest ein wenig – nämlich um 7.6% – höher als im ersten Erinnerungstest. Der allgemeine TNT-Effekt war mit $M = 2.67\%$ ($SD = 13.52\%$) im Vergleich zum ersten Erinnerungstest etwas schwächer ausgeprägt, aber dennoch signifikant, $F(1, 135) = 5.29$, $p = .023$, $\eta_p^2 = .038$. Im Unterschied zum ersten Erinnerungstest war der TNT-Effekt für BB-Wortpaare deutlich größer ($M = 4.87\%$, $SD = 23.58\%$) als für NN-Wortpaare ($M = 0.46\%$, $SD = 12.02\%$), weshalb auch die Interaktion von Bedrohlichkeitsbedingung und TNT-Bedingung knapp signifikant war, $F(1, 135) = 3.95$, $p = .049$,

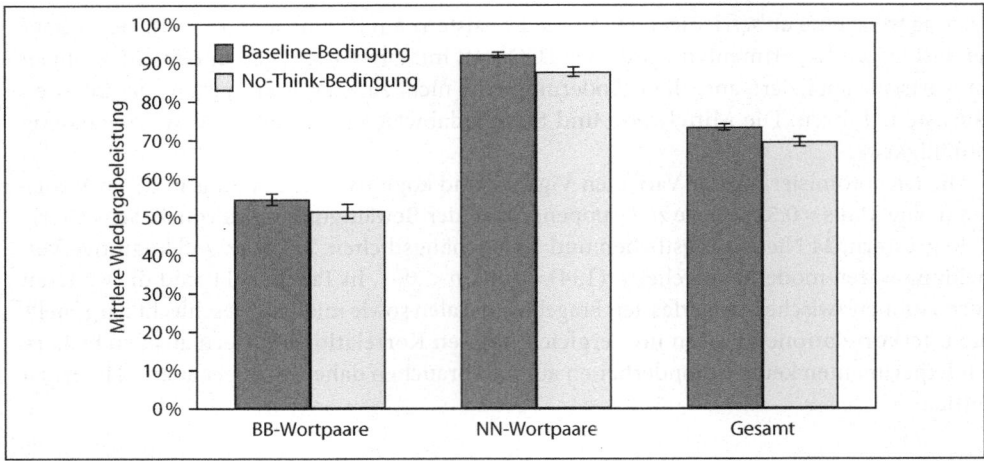

Abbildung 8.7 Mittlere Wiedergabeleistungen (in Prozent) in der Baseline- und No-Think-Bedingung in Abhängigkeit von der Bedrohlichkeitsbedingung (BB = bedrohlich-bedrohlich, NN = nichtbedrohlich-nichtbedrohlich) sowie über beide Bedrohlichkeitsbedingungen hinweg (Gesamt) im ersten Erinnerungstest. Fehlerbalken indizieren einfache Standardfehler.

$\eta_p^2 = .028$. Der sehr starke Haupteffekt der Bedrohlichkeit auf die Wiedergabeleistung, der im ersten Erinnerungstest zutage trat, bestand vergleichbar auch im zweiten Erinnerungstest, $F(1, 135) = 531.41, p < .001, \eta_p^2 = .80$.

Differentielle Effekte

Wie für die Experimente 5 und 6 wurde eine Varianzanalyse mit dem TNT-Effekt als abhängige Variable und der Bedrohlichkeit der Wortpaare sowie den Bewältigungsmodi als unabhängige Variablen durchgeführt, wobei zunächst wieder die Ergebnisse für den ersten Erinnerungstest dargestellt werden. Die Interaktion von Bedrohlichkeit und Bewältigungsmodus war nicht signifikant, $F(3, 132) < 1$. Allerdings gab es einen signifikanten Haupteffekt des Bewältigungsmodus, $F(3, 132) = 3.24, p = .024, \eta_p^2 = .069$. Wie sich Abbildung 8.8 entnehmen lässt, beruht dieser Effekt aber nicht darauf, dass – wie es Hypothese 1 entsprechen würde – Represser im Vergleich mit Sensitizern einen größeren generellen TNT-Effekt aufweisen. Tatsächlich lässt sich in der Abbildung erkennen, dass das Befundmuster dieser Erwartung widerspricht, da Represser einen *kleineren* TNT-Effekt aufweisen als Sensitizer (Ms = 1.36% und 6.70%, SDs = 17.28% und 16.41%), wenngleich dieser Unterschied nicht signifikant ist, $t(86) = 1.48$, $p = .14$. Gesamt-TNT-Effekte, die signifikant größer als null sind, bestehen lediglich für Niedrigängstliche ($M = 10.16\%, SD = 18.50\%$), $t(23) = 2.69, p = .013$, und Sensitizer ($M = 6.70\%$, $SD = 16.41\%$), $t(41) = 2.64, p = .012$.

Für BB-Wortpaare, für die – entsprechend Hypothese 2 – Represser einen noch ausgeprägteren größeren TNT-Effekt aufweisen sollten als Sensitizer, fällt dieser Unterschied noch stärker in einer der Hypothese *entgegengesetzten* Richtung aus. Hier zeigen Sensitizer einen TNT-Effekt von immerhin $M = 8.93\%$ ($SD = 27.37\%$), wohingegen Represser selbst deskriptiv keinerlei TNT-Effekt an den Tag legen ($M = -0.54\%, SD = 27.00\%$), wobei jedoch auch hier der Unterschied nicht signifikant ist, $t(86) = 1.63, p = .106$.

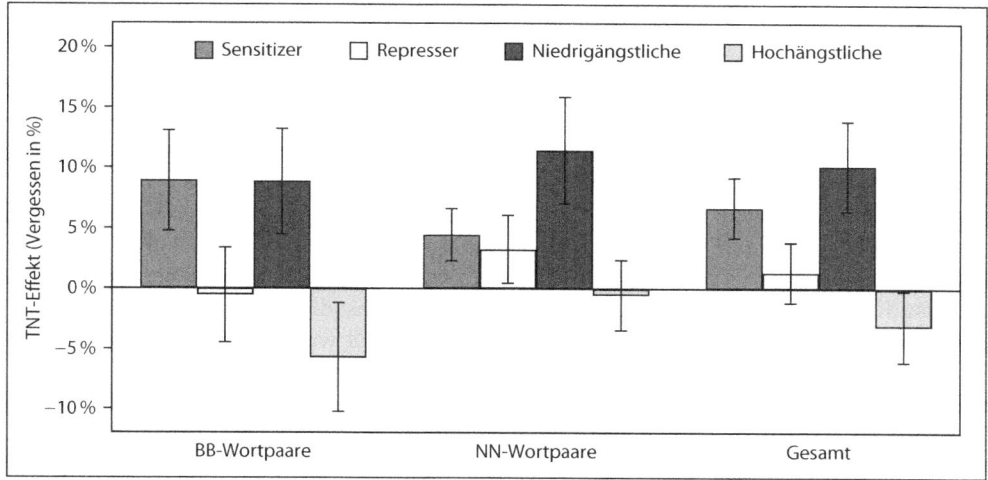

Abbildung 8.8 TNT-Effekte getrennt für die Bewältigungsmodi in Abhängigkeit von der Bedrohlichkeitsbedingung (BB = bedrohlich-bedrohlich, NN = nichtbedrohlich-nichtbedrohlich) sowie über alle Bedrohlichkeitsbedingungen hinweg (Gesamt) im ersten Erinnerungstest. Fehlerbalken indizieren einfache Standardfehler.

Folglich müssen – für den ersten Erinnerungstest – die Hypothesen 1 und 2 eindeutig abgelehnt werden, da Represser weder generell noch für BB-Wortpaare einen größeren TNT-Effekt aufweisen als Sensitizer. Vielmehr zeigt sich, wenngleich in nichtsignifikanter Weise, ein umgekehrtes Befundmuster, nämlich dass Sensitizer mehr intentional vergessen als Represser. Dabei ist die Diskrepanz zwischen den in den Hypothesen formulierten Erwartungen und dem Befundmuster so evident, dass sich wiederum eine Auswertung mittels der dimensionalen Angstbewältigungsvariablen erübrigt.

Auch bei einer differentiellen Betrachtung der Daten des zweiten Erinnerungstests bestätigen sich die Befunde des ersten Erinnerungstests. Im zweiten Test zeigen Represser weder einen Gesamt-TNT-Effekt ($M = -0.1\%$, $SD = 14.5\%$) noch einen TNT-Effekt für BB-Wortpaare ($M = -0.8\%$, $SD = 24.6\%$) oder für NN-Wortpaare ($M = 0.5\%$, $SD = 12.3\%$). Substantielle Gesamt-TNT-Effekte, die signifikant größer als null sind, weisen lediglich Sensitizer ($M = 4.0\%$, $SD = 10.9\%$), $t(41) = 2.40$, $p = .021$, und Niedrigängstliche ($M = 10.2\%$, $SD = 15.3\%$), $t(23) = 3.25$, $p = .003$, auf, wobei diese TNT-Effekte vor allem auf die BB-Wortpaare zurückzuführen sind, für die – wie oben bei den allgemeinpsychologischen Effekten dargestellt – im zweiten Erinnerungstest der TNT-Effekt ja generell deutlich größer war. – Auch auf Basis des zweiten Erinnerungstests müssen die Hypothesen eindeutig abgelehnt werden, da nicht einmal deskriptiv Effekte in der erwarteten Richtung auftraten.

8.4.4 Diskussion

In Experiment 7 trat – wie auch in Experiment 5 – ein signifikanter Gesamt-TNT-Effekt auf. Die intentionale Unterdrückung der Reaktionswörter während der TNT-Phase schlägt sich also offenbar in einer generell verringerten Abrufbarkeit dieser inhibierten Reaktionswörter nieder. Auffällig ist jedoch, dass – entgegen allen Erwartungen – keineswegs die Represser den größten TNT-Effekt aufwiesen. Vielmehr zeigten Represser – genauso wie Hochängstliche – kein intentionales Vergessen in nennenswertem Umfang. Der allgemeine TNT-Effekt in Experiment 7 beruhte vor allem auf den TNT-Effekten der Sensitizer und Niedrigängstlichen. Zumindest die Sensitizer sollten allerdings eher keinen oder zumindest einen vergleichsweise schwachen TNT-Effekt aufweisen, sofern man davon ausgeht, dass Inhibierung und somit intentionales Vergessen Fertigkeiten sind, in denen Represser besonders und Sensitizer eher weniger geübt sein sollten.

An den Befunden von Experiment 7 fällt weiterhin auf, dass die bedrohlichen Wortpaare generell viel schlechter als die nichtbedrohlichen erinnert wurden, was möglicherweise daran lag, dass die nichtbedrohlichen Wörter – trotz des Versuchs, die Wortpaare möglichst gut zu parallelisieren – durchschnittlich als bildhafter beurteilt wurden als die bedrohlichen Wörter (vgl. Tabelle 8.9). Zwar war der allgemeine TNT-Effekt für bedrohliche Wortpaare nur geringfügig kleiner als der TNT-Effekt für nichtbedrohliche, allerdings könnten durch die sehr ungleiche generelle Erinnerbarkeit der bedrohlichen und nichtbedrohlichen Wortpaare auch die angstbewältigungsspezifischen TNT-Effekte für bedrohliche und nichtbedrohliche Wortpaare in ihrer Relation zueinander verzerrt sein. Das würde dafür sprechen, das Design in künftigen Studien noch weiter zu vereinfachen und im Rahmen eines einzelnen Experimentes auch lediglich eine Bedrohlichkeitsbedingung zu realisieren. Alternativ könnte man die Bedrohlichkeit der Wortpaare nur zwischen den Probanden (und nicht als Within-Subjects-Faktor) variieren.

Dass in der TNT-Phase die Weiterschaltung zum nächsten Reizwort von der computerisierten Sprachsteuerung übernommen wurde und somit kein Versuchsleiter anwesend sein musste, scheint das Verhalten der Represser nicht beeinflusst zu haben – auf jeden Fall nicht in einer Weise, die deren TNT-Effekt verändert hätte. Da Represser jedoch in keiner der beiden Varianten (also weder in den Experimenten 5 und 6 bei Anwesenheit des Versuchsleiters noch in Experiment 7, bei dem kein Versuchsleiter anwesend war) einen TNT-Effekt aufwiesen, bleibt offen, ob die An- bzw. Abwesenheit des Versuchsleiters während der TNT-Phase ein für den TNT-Effekt relevanter Faktor ist. Um allerdings die Gefahr zu minimieren, dass Personen verschiedener Bewältigungsgruppen unterschiedlich auf die sozial-evaluative Situation, die bei Anwesenheit des Versuchsleiters entstehen könnte, reagieren, ist eine Computerisierung dieser Phase generell vorzuziehen. Weiterhin ist zu beachten, dass in allen Experimenten während der Erinnerungstestung ein Versuchsleiter zugegen war. Es ist also nicht gänzlich auszuschließen, dass die Anwesenheit des Versuchsleiters in dieser letzten Phase der TNT-Aufgabe bei Repressern zu einer Verminderung des TNT-Effekts führt. Allerdings erscheint dies sehr unwahrscheinlich, da zu diesem Zeitpunkt die Prozesse, die zu einer Verminderung der Abrufbarkeit der No-Think-Reaktionswörter führen sollten (nämlich die wiederholte Inhibierung während der TNT-Phase), bereits abgeschlossen sind. Generelle Effekte auf die Wiedergabeleistung (im Sinne von Parallelverschiebungen der Leistung) sollten sich allerdings nicht auf die Größe des TNT-Effekts auswirken. Aus praktischer Sicht ist zudem anzumerken, dass während der Erinnerungstestung nicht ohne weiteres auf den Versuchsleiter verzichtet werden kann, es sei denn, man würde die Antwortmodalität ändern (z. B. die Probanden die Antworten aufschreiben statt mündlich nennen lassen). Ein derartiger Wechsel der Antwortmodalität könnte aber den TNT-Effekt beeinträchtigen bzw. verändern (vgl. z. B. Challis, Velichkovski & Craik, 1996; Philipp & Koch, 2005; Roediger, 2008).

Frappierend ist, dass über die Experimente 5 bis 7 hinweg Represser im Vergleich mit Sensitzern immer einen – zumindest deskriptiv – kleineren Gesamt-TNT-Effekt aufgewiesen haben, obwohl das umgekehrte Befundmuster erwartet wurde. Hält man an der Hypothese, dass Represser generell eine überlegene Inhibierungsfertigkeit aufweisen, fest, betrifft eine – wenngleich spekulative – Erklärung für diesen überraschenden Befund die *Dauer der einzelnen Unterdrückungsversuche.* In Abschnitt 3.2.3.5 wurde argumentiert, dass das TNT-Paradigma Prozesse der Gedankenunterdrückung ökologisch valider als das White-Bear-Paradigma widerspiegelt, da im White-Bear-Paradigma ein Gedanke für eine (im Alltag unrealistisch) lange Zeit (i. d. R. 5 Minuten) unterdrückt werden soll, wohingegen im TNT-Paradigma eine einzelne Abrufunterdrückung lediglich 4 Sekunden andauert. Ausgehend von der Annahme, dass es für eine erfolgreiche Erinnerungsunterdrückung im Alltag ausreicht, einen Gedanken, der gerade ins Bewusstsein tritt, kurzzeitig zu unterdrücken, es aber überhaupt nicht notwendig ist, eine derartige Unterdrückung über eine längere Zeit aufrechtzuerhalten, besteht folgende Möglichkeit: Represser könnten Sensitzern oder anderen Personen in einer sehr kurzzeitigen Erinnerungsunterdrückung überlegen sein; bereits ein 4-sekündiges Unterdrückungsintervall könnte aber so lang sein, dass Represser diese Überlegenheit wieder einbüßen. Nahegelegt wird diese Idee auch durch die TNT-Studie von Lee et al. (2007; vgl. die Darstellung der Studie auf S. 75 f.), die einen allgemeinen TNT-Effekt bei einem 3-sekündigen Unterdrückungsintervall nachweisen konnten, allerdings nicht mehr bei einem 5-sekündigen Unterdrückungsintervall. Eine Erklärung dafür ist, dass 5 Sekunden für die Mehrheit der Probanden zu lang waren, um die Unterdrückung permanent aufrechtzuerhalten, und dass das Zusammenbrechen der Unterdrückung gegen Ende dieses 5-Sekunden-Intervalls den Effekt der initialen Unterdrückung auf die spätere Abrufbarkeit wieder aufhebt. Nicht auszuschließen ist, dass für Represser das in den Experimenten 5 bis 7 realisierte 4-Sekunden-Intervall bereits zu lang für eine durchgehende Erinnerungsunterdrückung war, dass Represser aber dennoch in einer noch kurzfristigeren Unterdrückung den Personen anderer Bewältigungsgruppen überlegen sind. Dies soll in Experiment 8 untersucht werden.

8.5 Experiment 8: Think-/No-Think-Aufgabe ohne Bedrohlichkeitsvariation

8.5.1 Einführung

Wie in der Diskussion von Experiment 7 (Abschnitt 8.4.4) ausgeführt, ist eine mögliche Erklärung dafür, dass Represser in den Experimenten 5 bis 7 keinen TNT-Effekt aufwiesen, die Annahme, dass das 4-sekündige Unterdrückungsintervall für Represser bereits zu lang war, um eine permanente Unterdrückung aufrechtzuerhalten. Daher wurde in Experiment 8 die Darbietungsdauer der einzelnen Reizwörter in der TNT-Phase von 4000 ms auf 3000 ms reduziert.

Ferner wurde auf eine systematische Bedrohlichkeitsvariation der Wortpaare verzichtet, d. h., es wurden überwiegend NN-Wortpaare dargeboten, wobei allerdings – um mehr Freiheiten hinsichtlich der Auswahl der Wörter zu erhalten – abweichend von den bisherigen

TNT-Experimenten in dieser NN-Kategorie auch Wörter zugelassen wurden, die etwas positiv bzw. etwas negativ und bedrohlich waren. Diese Lockerung der Auswahlkriterien wurde auch vorgenommen, um möglichst viele der Originalwortpaare aus den TNT-Studien von M. C. Anderson (persönl. Mitteilung, 14.06.2010) – in deutscher Übersetzung – übernehmen zu können. Zwar wurden bereits in Experiment 7 einige der Originalwortpaare von M. C. Anderson übernommen, beispielsweise „Linse – Physik", die meisten Wortpaare konnten jedoch nach den bisherigen Selektionskriterien nicht verwendet werden, da sie entweder zu positiv waren (z. B. „candle – wine") oder aber nur eines der beiden Wörter des Wortpaares bedrohlich war (z. B. „remove – cancer", „accident – snow"). Auch bei neu generierten Wortpaaren erlaubte die Lockerung der Selektionskriterien hinsichtlich der Bedrohlichkeit und Valenz es, die besondere Eigenschaft der Wortpaare von M. C. Anderson (nämlich eine schwache Vorwärts- und gleichzeitig eine starke Rückwärtsassoziation aufzuweisen) besser nachzubilden, da dadurch wesentlich mehr Wortkombinationen möglich waren.

Gegenüber Experiment 7 wies Experiment 8 somit die folgenden wesentlichen Veränderungen auf: (a) keine systematische Variation der Bedrohlichkeit der Wortpaare; (b) Wortpaare, die das Kriterium „schwache Vorwärts- und starke Rückwärtsassoziation" noch besser als bisher erfüllten; (c) eine Verkürzung der Unterdrückungsdauer auf 3000 ms je Reizwortdarbietung. Aufgrund des Wegfalls der systematischen Bedrohlichkeitsvariation der Wortpaare konnte Hypothese 2, dass Represser für Wortpaare mit einem bedrohlichen Reaktionswort einen (gegenüber anderen Personen und gegenüber Wortpaaren mit einem nichtbedrohlichen Reaktionswort) besonders starken TNT-Effekt aufweisen, selbstverständlich nicht mehr explizit überprüft werden. Daher diente Experiment 8 nur der Überprüfung von Hypothese 1, dass Represser im Vergleich zu Sensitzern generell einen größeren TNT-Effekt aufweisen.

8.5.2 Methode

Die Methode von Experiment 8 entsprach weitestgehend – bis auf die oben genannten Änderungen – der Methode von Experiment 7. Insbesondere wurde, wie in Experiment 7, Wert darauf gelegt, dass die Probanden meinten, an einer Aufmerksamkeitsstudie teilzunehmen. Außerdem wurde die TNT-Aufgabe wiederum mit einer computerisierten Sprachsteuerung realisiert, so dass während der TNT-Phase kein Versuchsleiter zugegen war. Die folgende Darstellung der Methode erfolgt parallel zu der Darstellung in Experiment 7 (Abschnitt 8.4.2), wobei nur die vorgenommenen Änderungen genauer behandelt werden und ansonsten auf den entsprechenden Abschnitt von Experiment 7 verwiesen wird.

8.5.2.1 Stichprobe

An der Studie nahmen 76 Probanden (davon 88.2% weiblich) teil, die zwischen 18 und 43 Jahre alt waren ($M = 21.5$ Jahre, $Mdn = 20$ Jahre, $SD = 3.8$ Jahre). Bei den Probanden handelte es sich ausschließlich um (Schul-)Psychologiestudierende im ersten und dritten Semester ihres Studiums, die für ihre Teilnahme zwei Versuchspersonenstunden erhielten. Die Anwerbung erfolgte über Aushänge in Gebäuden der Universität Bamberg und über studentische E-Mail-Verteiler. Alle Probanden absolvierten das Experiment vollständig und es wurde keine Person von der Auswertung ausgeschlossen.

8.5.2.2 Versuchsplanung

Das experimentelle Design entsprach dem Design von Experiment 6 (vgl. Abschnitt 8.3.2.2), mit der Ausnahme, dass der Within-Subjects-Faktor der Bedrohlichkeit der Wortpaare wegfiel. Somit gab es als experimentelle Variationen nur noch die Within-Subjects-Variation der TNT-Bedingung sowie den Methodenfaktor der Wortzuordnung, nach dem die Zuordnung der drei Wortsets zu den drei TNT-Bedingungen nach einem lateinischen Quadrat zwischen den Probanden ausbalanciert wurde.

8.5.2.3 Versuchsablauf

Experiment 8 wurde im Rahmen einer Studienreihe durchgeführt, die für die Probanden drei Sitzungen – verteilt über einen Zeitraum von etwa acht Monaten – umfasste. Dabei wurde die Studienreihe bei der Probandenakquise sowie im späteren Kontakt mit den Versuchsteilnehmer(inne)n als „Studienreihe zur Aufmerksamkeit" bezeichnet. Experiment 8 stellte für die Probanden die erste der drei Sitzungen dar, so dass Einflüsse der beiden nachfolgenden Versuche bzw. sich aus den anderen Studien ergebende Erwartungseffekte seitens der Probanden auszuschließen sind.[78]

Der Ablauf von Experiment 8 gestaltete sich wie folgt: Nach einem ersten Fragebogenblock (ABI und STAI-R) erfolgte die individuelle Einrichtung des Mikrophons (vgl. S. 318), wobei die Probanden auch wiederum damit vertraut gemacht wurden, welche Verhaltensweisen für das problemlose Operieren der Sprachsteuerung zu beachten sind. Daran schloss sich die unten beschriebene TNT-Aufgabe an. (Die Stroop-Aufgabe, die in Experiment 7 der TNT-Aufgabe vorangestellt war, entfiel.) Nach der TNT-Aufgabe beantworteten die Probanden Items zum positiven und negativen Affekt, wobei diese Items wieder retrospektiv auf die TNT-Aufgabe zu beziehen waren. Nach einer schriftlichen Nachbefragung, die derjenigen von Experiment 7 (vgl. Abschnitt 8.4.2.3) entsprach, wurden die Probanden um Verschwiegenheit gebeten und entlassen. Die Aufklärung über den eigentlichen Zweck der Studie erfolgte erst am Ende der dritten Sitzung der Studienreihe. Zu Beginn der zweiten Sitzung, die etwa drei Monate nach der TNT-Studie stattfand, füllten die Probanden das WBSI und den TCQ aus. Diese Daten werden für das vorliegende Experiment mit herangezogen.

8.5.2.4 TNT-Aufgabe

Gegenüber der TNT-Aufgabe von Experiment 7 (vgl. Abschnitt 8.4.2.4) bestanden Änderungen im Wortmaterial sowie in den Darbietungszeiten in der Lernphase und der TNT-Phase. Die entsprechenden Änderungen werden im Folgenden genauer behandelt.

Wortmaterial

Den Ausgangspunkt für die Wortauswahl stellten die insgesamt 47 Originalwortpaare der TNT-Studien von M. C. Anderson (persönl. Mitteilung, 14.06.2010) dar, die ins Deutsche übersetzt wurden. Allerdings beruhte bei einigen dieser Wortpaare die Assoziiertheit auf spezifisch US-amerikanischen Gegebenheiten bzw. kulturellen Hintergründen, wie beispielsweise bei

---

78 In der zweiten und dritten Sitzung wurden Directed-Forgetting-Experimente durchgeführt, die jedoch für die vorliegende Arbeit nicht relevant sind.

dem Wortpaar „officer – blue". Daher wurden derartige Wortpaare an eine deutschsprachige Stichprobe adaptiert und es wurden – teilweise beruhend auf den für das Experiment 7 durchgeführten Vorstudien zum Wortmaterial – weitere Wortpaare zusammengestellt. Auf diese Weise wurden insgesamt 70 Wortpaare gewonnen, für die eine fünfköpfige Expertengruppe aus Psychologen und Psychologiestudierenden in mehreren Schritten der Revision und Auswahl der Wortpaare konsensuell zu dem Schluss gekommen war, dass diese das Kriterium erfüllen, gleichzeitig eine schwache Vorwärts- und eine starke Rückwärtsassoziation zu besitzen.

Da die Bedrohlichkeit und Valenz der Wörter bei deren Auswahl keine Rolle spielte, wurde auf eine diesbezügliche Beurteilung der Wörter durch Probanden verzichtet. Es wurden allerdings von vornherein extrem positive Wörter (z. B. „Liebe") sowie extrem negative Wörter (z. B. „Terror") ausgeschlossen. Da die Wortpaare, die M. C. Anderson (persönl. Mitteilung, 14.06.2010) in seinen TNT-Experimenten einsetzt, nicht hinsichtlich ihrer Assoziationsstärken oder der Bildhaftigkeit oder Geläufigkeit der Wörter beurteilt und somit auch nicht danach parallelisiert wurden, wurde auch für das vorliegende Experiment auf ein derartiges Vorgehen verzichtet.[79] Allerdings wurde für das vorliegende Experiment eine Lernvorstudie mit 12 Probanden durchgeführt, in der die 70 Wortpaare mit einer ähnlichen Prozedur wie in der TNT-Lernphase gelernt und – nach einer Unterbrechung von 30 Minuten – wie im Erinnerungstest des TNT-Experiments abgefragt wurden. Anhand dieser Daten wurden besonders schwer und besonders leicht zu erlernende Wortpaare ausgesondert. Aus den verbleibenden Wortpaaren wurden 36 kritische Wortpaare ausgewählt. Zu diesen wurden 11 (besonders einfach zu erlernende) Füll- und Übungswortpaare hinzugenommen. Die 36 kritischen Wortpaare wurden drei Wortsets zugeordnet, wobei darauf geachtet wurde, dass sich die Wortpaare der Wortsets in ihrer mittleren Erlernbarkeit (operationalisiert über die Erinnerungsleistung in der Lernvorstudie) sowie in der mittleren Buchstabenanzahl ihrer Wörter möglichst ähnelten. Die entsprechenden deskriptiven Statistiken für die drei Wortsets sind in Tabelle 8.12 zusammengefasst. Wie sich der Tabelle entnehmen lässt, sind sowohl die mittleren Erinnerungsleistungen als auch die mittleren Wortlängen für die drei Wortsets nahezu identisch.

Tabelle 8.12 Mittelwerte (und Standardabweichungen) der Erinnerungsleistung (von 12 Probanden) in der Lernvorstudie sowie der Wortlänge für die ausgewählten 36 Wortpaare

Wortset	Erinnerungsleistung	Buchstabenanzahl	
		linkes Wort	rechtes Wort
A	89.6% (29.6%)	6.4 (1.8)	6.8 (2.4)
B	89.6% (30.3%)	6.6 (1.7)	6.7 (2.8)
C	89.6% (30.0%)	6.5 (2.5)	6.4 (2.1)

Anmerkung. Wortset = Die Wortsets (A, B und C) wurden – ausbalanciert nach einem lateinischen Quadrat – den drei TNT-Bedingungen zugeordnet.

---

79 Zur Kontrolle von Materialeffekten wurden die Wortpaare in den Studien von M. C. Anderson (persönl. Mitteilung, 14.06.2010) randomisiert drei Wortsets zugeordnet, die nach einem lateinischen Quadrat mit den TNT-Bedingungen ausbalanciert wurden. Dies entspricht dem Vorgehen, das – allerdings zusätzlich zur Parallelisierung des Wortmaterials zwischen den drei Wortsets – bereits in den Experimenten 6 und 7 der vorliegenden Arbeit angewendet wurde.

Von den 36 kritischen Wortpaaren sind 14 direkte Übersetzungen von Wortpaaren aus den TNT-Studien von M. C. Anderson, bei 8 weiteren Wortpaaren handelt es sich um recht enge Anlehnungen an die Originalwortpaare. Beispiele für verwendete Wortpaare sind „Krümel – Toaster", „Pumpe – Benzin", „Schnur – Forelle" und „Versteck – Ostern". In Anhang A.11 ist das vollständige Wortmaterial abgedruckt, wobei auch angegeben ist, ob es sich um eine wörtliche Übersetzung oder um eine Abwandlung von einem der Originalwortpaare von M. C. Anderson handelt.

Lernphase

Die Lernphase entsprach weitestgehend der in Experiment 7 verwendeten Prozedur (vgl. S. 317 f.). Im initialen Lerndurchgang wurden 47 Wortpaare für je 3 Sekunden dargeboten. Die anschließenden Lernabfragen gestalteten sich – bis auf die Darbietungszeiten für gekonnte und nicht gekonnte Wortpaare – identisch zu denen von Experiment 7. Wurde ein Reizwort nicht korrekt beantwortet, erschien die Auflösung für 1400 ms, wurde es korrekt beantwortet, wurde die Auflösung lediglich für 400 ms eingeblendet. Diese im Vergleich zu Experiment 7 kürzeren Auflösungszeiten wurden gewählt, da die Lernvorstudie ergeben hatte, dass die Wortpaare von Experiment 8 vergleichsweise einfach zu erlernen waren.

Zur TNT-Phase wurde übergegangen, wenn die Probanden in einer Lernabfrage mindestens 50% der 36 kritischen Wortpaare beherrschten (die Füll- und Übungswortpaare wurden ebenfalls abgefragt, aber bei der Bestimmung, ob das Lernkriterium erfüllt war, nicht berücksichtigt).[80] Es waren maximal sechs Lernabfragen vorgesehen, wobei kein Proband mehr als vier Abfragen benötigte, um das Lernkriterium zu erreichen.

TNT-Phase

Der Ablauf der TNT-Phase ähnelte derjenigen von Experiment 7 (vgl. S. 318 f.). Insbesondere waren der Ablauf der TNT-Übungsphase – einschließlich der Applikation des Diagnostik-Fragebogens – sowie die computerisierte Sprachsteuerung identisch mit dem für Experiment 7 beschriebenen Verfahren.

Die wesentliche Änderung gegenüber den Experimenten 5 bis 7 bestand darin, dass die Darbietungszeit der roten No-Think-Reizwörter 3000 ms (statt wie bisher 4000 ms) betrug und dass auch die grünen Think-Reizwörter für maximal 3000 ms präsentiert wurden (wenn die Probanden antworteten, wurde früher zum nächsten Durchgang übergegangen). Da die Wortsets jeweils 12 Wörter umfassten, wurden insgesamt 12 Think- und 12 No-Think-Reizwörter je 16 Mal wiederholt, woraus sich 384 kritische Durchgänge ergaben. Dies entspricht übrigens genau der Anzahl kritischer Durchgänge in den TNT-Studien von M. C. Anderson und Green (2001) sowie M. C. Anderson et al. (2004). Entsprechend dem aktuellen Vorgehen von M. C. Anderson (persönl. Mitteilung, 14.06.2010) wurden die 24 Wortpaare in jedem der 16 Wiederholungsblöcke durch ein No-Think- und zwei Think-Füllwortpaare ergänzt. Somit bestand die TNT-Hauptphase aus insgesamt 432 Durchgängen, von denen 51.9% Think-

---

80 In Experiment 7 war das Lernkriterium von 50% auf 60% angehoben worden, da die bisherigen TNT-Experimente eine im Vergleich zu den Originalstudien von M. C. Anderson relativ schlechte Erinnerungsleistung der Probanden in der Baseline-Bedingung erbracht hatten (vgl. S. 318). Da sich in der Vorstudie zu Experiment 8 aber herausstellte, dass das Wortmaterial dieser Studie recht einfach zu erlernen war, wurde das Lernkriterium wieder auf 50% zurückgesetzt.

Durchgänge waren. Die Hauptdurchgänge der TNT-Phase beanspruchten etwa 25 Minuten. In Verbindung mit den Instruktionen, den Übungsdurchgängen sowie dem diagnostischen Interview dauerte die TNT-Phase insgesamt zirka 35 Minuten.

Erinnerungstestung

Die Erinnerungstestung gestaltete sich identisch zu der Erinnerungstestung von Experiment 7. Allerdings wurde nur der erste Erinnerungstest mit einem 4-sekündigen Antwortzeitfenster durchgeführt, da sich in Experiment 7 herausgestellt hatte, dass aller Wahrscheinlichkeit nach durch den (nachfolgenden) Erinnerungstest mit einem 15-sekündigen Antwortzeitfenster keine stärkeren TNT-Effekte erzielt werden, weshalb auf diesen verzichtet werden kann.

8.5.2.5 Fragebogenverfahren

Alle relevanten Fragebögen (ABI, STAI-R, positiver und negativer Affekt, TCQ sowie WBSI) wurden bereits in Abschnitt 7.2.2.5 (S. 186 ff.) beschrieben.

8.5.3 Ergebnisse

8.5.3.1 Selbstberichtsdaten

Wie in den bisherigen Studien werden zunächst die Selbstberichtsdaten dargestellt. Deskriptive Statistiken der Fragebogendaten sind in Tabelle 8.13 zusammengefasst. Da einer der 76 Probanden nicht zur zweiten Sitzung erschienen ist, liegen für den TCQ und das WBSI nur von 75 Personen Werte vor. Die internen Konsistenzen der Skalen liegen alle in einem akzeptablen bis guten Bereich und die Mittelwerte und Standardabweichungen der Skalen weisen keine Auffälligkeiten auf. Die Probanden empfanden – entsprechend ihren Angaben – während der TNT-Aufgabe in mittlerem Maße positiven Affekt und nur in sehr geringem Umfang negativen Affekt.

Die Dichotomisierung der Variablen Vigilanz und kognitive Vermeidung an deren Medianen (Mdns = 0.54 und 0.56) führte zu Gruppengrößen der Bewältigungsmodi von 25 Sensiti-

Tabelle 8.13 Skalenmittelwerte, Standardabweichungen und interne Konsistenzen der Selbstberichtsmaße

Skala (Itemanzahl)	M	SD	Cronbachs α
Vigilanz (40)[a]	0.53	0.19	.87
Kognitive Vermeidung (40)[a]	0.56	0.16	.83
Ängstlichkeit (15)[b]	2.16	0.50	.90
Positiver Affekt (6)[c]	4.16	0.99	.83
Negativer Affekt (10)[c]	1.90	0.67	.77
TCQ-Skala Ablenkung (6)[d]	3.35	0.61	.79
TCQ-Skala Umbewertung (5)[d]	3.43	0.54	.62
WBSI-Skala Gedankenintrusionen (7)[d]	3.31	0.73	.80
WBSI-Skala Gedankenunterdrückung (7)[d]	2.93	0.66	.73

Anmerkungen. Die Skalen des TCQ und des WBSI wurden etwa drei Monate nach dem TNT-Experiment erhoben.
[a] Min = 0, Max = 1; [b] Min = 1, Max = 4; [c] Min = 1, Max = 7; [d] Min = 1, Max = 5.

Tabelle 8.14 Interkorrelationen der Selbstberichtsdaten und des Geschlechts (*N* = 76 bzw. – für Korrelationen mit den TCQ- und WBSI-Skalen – *N* = 75)

Variable	2	3	4	5	6	7	8	9	10
1 Geschlecht	−.38**	.14	−.14	−.05	.05	−.17	.06	−.33**	−.25*
2 Vigilanz		−.53**	.41**	−.01	.30**	.08	−.02	.38**	.26*
3 Kognitive Vermeidung			−.45**	−.02	−.23*	.22°	.24*	−.15	−.02
4 Ängstlichkeit				−.11	.32**	−.09	−.03	.35**	.24*
5 Positiver Affekt					−.16	−.02	.14	−.07	−.17
6 Negativer Affekt						.04	−.09	.17	.22°
7 Ablenkung							−.03	.00	.44**
8 Umbewertung								.08	−.03
9 Intrusionen									.52**
10 Unterdrückung									—

Anmerkungen. Geschlechtskodierung: 0 = Frauen, 1 = Männer; Ablenkung = TCQ-Subskala Ablenkung; Umbewertung = TCQ-Subskala Umbewertung; Intrusionen = WBSI-Skala Gedankenintrusionen; Unterdrückung = WBSI-Skala Gedankenunterdrückung.
° *p* < .10, * *p* < .05, ** *p* < .01. Korrelationen, die betragsmäßig größer .30 sind, wurden zusätzlich durch Fettdruck hervorgehoben.

zern, 24 Repressern, 11 Niedrigängstlichen und 16 Hochängstlichen. Vigilanz und kognitive Vermeidung waren deutlich korreliert, $r(74) = -.53$, $p < .001$, wodurch sich die relativ kleinen Gruppengrößen der Niedrig- und Hochängstlichen erklären.

Tabelle 8.14 stellt die weiteren Interkorrelationen der Fragebogenskalen sowie Korrelationen dieser Skalen mit dem Geschlecht dar. Die Interkorrelationen weisen im Vergleich mit den Korrelationsmustern aus den bisherigen Experimenten keine Besonderheiten auf und bedürfen daher keiner eingehenderen Erläuterung. Es sei nur darauf hingewiesen, dass sich auch bei einer Erhebung der TCQ- und WBSI-Skalen mehrere Monate nach der Erfassung der anderen Fragebogenmaße die bekannten Zusammenhänge mit diesen Skalen zeigten. Insbesondere war kognitive Vermeidung mit Ablenkung, $r(73) = .224$, $p = .053$, sowie mit Umbewertung, $r(73) = .241$, $p = .038$, assoziiert und Vigilanz mit Gedankenintrusionen, $r(73) = .383$, $p < .001$.

8.5.3.2 Intentionales Vergessen

Allgemeinpsychologische Effekte

Die Bedrohlichkeit der Wortpaare wurde in dieser Studie nicht experimentell variiert. Daher beschränkt sich der allgemeinpsychologische Befund darauf, dass ein deutlicher TNT-Effekt von 5.59% vorlag (das 95%-Konfidenzintervall erstreckt sich von 0.93% bis 10.25%), da weniger Reaktionswörter der No-Think- als der Baseline-Wortpaare erinnert wurden (*M*s = 81.91% und 87.50%, *SD*s = 18.18% und 10.23%), $t(75) = 2.39$, $p = .019$, $d = 0.38$.[81]

---

81 Wurde in Varianzanalysen zusätzlich der Methodenfaktor *Wortzuordnung* (vgl. Abschnitt 8.5.2.2) aufgenommen, ergaben sich weder hinsichtlich der allgemeinpsychologischen noch hinsichtlich der im Folgenden dargestellten differenziellen Effekte irgendwelche Haupt- oder Wechselwirkungen mit diesem Faktor. Daher wird auf diesen Methodenfaktor in der weiteren Darstellung nicht mehr eingegangen.

Differentielle Effekte

Zur Analyse der bewältigungsspezifischen Unterschiede hinsichtlich des TNT-Effekts wurde eine einfaktorielle Varianzanalyse mit dem Faktor Bewältigungsmodi berechnet. Der Haupteffekt des Bewältigungsmodus war zwar nicht signifikant, $F(3, 72) = 1.49$, $p = .22$, $\eta_p^2 = .059$, ein direkter Vergleich von Repressern und Sensitizern mittels eines geplanten linearen Kontrasts erbrachte jedoch einen signifikanten Effekt, $t(72) = 2.10$, $p = .039$, $d = 0.55$. Wie Abbildung 8.9 zeigt, ist dieser Effekt darauf zurückzuführen, dass Represser mit $M = 11.8\%$ ($SD = 23.0\%$) den größten TNT-Effekt aufwiesen, wohingegen Sensitizer gar keinen bzw. sogar einen minimal negativen TNT-Effekt von $M = -0.3\%$ ($SD = 22.4\%$) zeigten. Hypothese 1, dass Represser im Vergleich zu Sensitizern einen größeren TNT-Effekt aufweisen, konnte für Experiment 8 somit belegt werden.

Tatsächlich unterscheidet sich auch nur der TNT-Effekt der Represser signifikant von null, $t(23) = 2.51$, $p = .020$. Lediglich der TNT-Effekt der Hochängstlichen, der im Mittel $M = 6.25\%$ ($SD = 14.11\%$) beträgt, ist zumindest noch marginal signifikant größer als null, $t(15) = 2.77$, $p = .097$.

Bei einer dimensionalen Betrachtung des Zusammenhangs zwischen dem TNT-Effekt und den Angstbewältigungsdispositionen findet man – erwartungskonform – eine positive bivariate Korrelation von TNT-Effekt und kognitiver Vermeidung, $r(74) = .265$, $p = .021$, sowie eine – nicht signifikante – negative Korrelation von TNT-Effekt und Vigilanz, $r(74) = -.180$, $p = .12$. Da, wie oben dargestellt, Vigilanz und kognitive Vermeidung im vorliegenden Experiment recht stark miteinander korreliert waren ($r = -.53$), bietet sich wieder die Berechnung eines Vigilanz-Vermeidungs-Differenzscores an. Dieser korrelierte mit dem TNT-Effekt zu $r(74) = -.250$, $p = .029$. Geringere Vigilanz-Vermeidungs-Werte sind also mit einem größeren TNT-Effekt assoziiert.

Analog zum Vorgehen bei den Experimenten 1 bis 4 (vgl. Kapitel 7) sollte – bei Vorliegen erwartungskonformer Zusammenhänge der Angstbewältigungsdisposition mit dem TNT-Effekt – überprüft werden, ob dieser Zusammenhang genuin auf die Angstbewältigungsdisposition zurückzuführen ist und auch dann bestehen bleibt, wenn für Ängstlichkeit

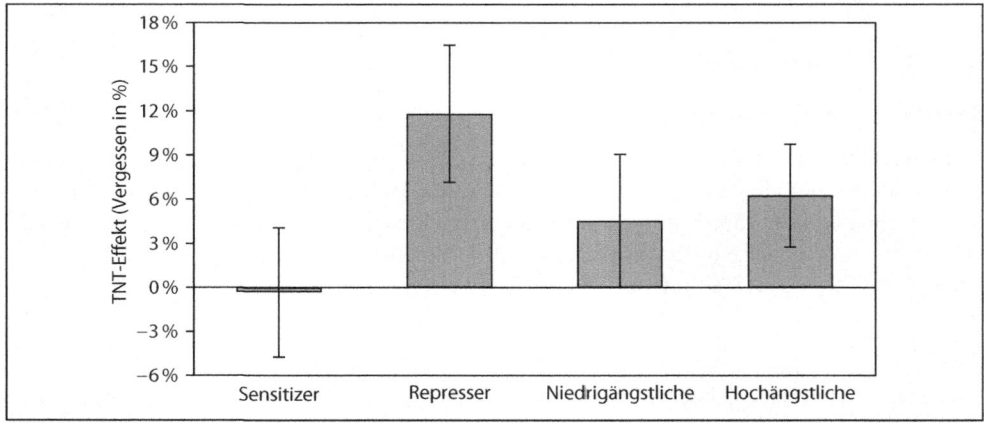

Abbildung 8.9 TNT-Effekte für die vier Bewältigungsmodi. Fehlerbalken indizieren einfache Standardfehler.

Tabelle 8.15 Hierarchische Regressionsanalyse für den TNT-Effekt

Prädiktoren	b	$SE b$	β	p
Schritt 1:				
Ängstlichkeit	−0.055	0.050	−.136	.273
Negativer Affekt	−0.015	0.024	−.073	.537
Positiver Affekt	0.016	0.038	.054	.668
R^2	.021 (p = .671)			
Schritt 2:				
Ängstlichkeit	−0.006	0.054	−.014	.919
Negativer Affekt	−0.010	0.024	−.050	.667
Positiver Affekt	0.031	0.038	.103	.409
Vigilanz-Vermeidungs-Score	−0.186	0.091	−.275	.044
ΔR^2	.055 (p = .044)			
Gesamt R^2	.076			

sowie positiven und negativen Affekt kontrolliert wird. Die entsprechende hierarchische Regressionsanalyse ist in Tabelle 8.15 dargestellt. Es ist ersichtlich, dass Ängstlichkeit, negativer Affekt und positiver Affekt, die im ersten Schritt aufgenommen wurden, keinen nennenswerten Beitrag zur Varianzaufklärung des TNT-Effekts liefern. Allerdings ist, nimmt man im zweiten Schritt der Regressionsanalyse den Vigilanz-Vermeidungs-Score in das Modell auf, dieser ein signifikanter Prädiktor (β = −.275, p = .044). Somit klärt die Angstbewältigungsdisposition – inkrementell zu anderen potentiellen Prädiktoren – Varianz im Effekt des intentionalen Vergessens auf.

8.5.4 Diskussion

In Experimen 8 wiesen Represser im Vergleich mit den anderen Bewältigungsgruppen – erstmalig in der Reihe der Experimente 5 bis 8 – den stärksten TNT-Effekt auf. Insbesondere war der TNT-Effekt der Represser signifikant größer als der TNT-Effekt der Sensitizer, womit Hypothese 1 bestätigt wurde. Korrelationsanalysen und eine regressionsanalytische Auswertung erbrachten, dass vor allem höhere Ausprägungen in kognitiver Vermeidung mit größeren TNT-Effekten assoziiert sind und dass der Vigilanz-Vermeidungs-Score auch dann das intentionale Vergessen prädiziert, wenn für Ängstlichkeit sowie für den aktuellen Affekt statistisch kontrolliert wurde.

Der allgemeine TNT-Effekt in Experiment 8 war mit 5.6% deskriptiv größer als die TNT-Effekte der Experimente 5 bis 7. Da sich das 95%-Konfidenzintervall des TNT-Effekts in Experiment 8 jedoch von 0.9% bis 10.3% erstreckte, kann nicht gefolgert werden, dass der TNT-Effekt in Experiment 8 überzufällig größer war als in Experiment 5 (TNT-Effekt von 4.1%) oder in Experiment 7 (TNT-Effekt von 3.8%). Zumindest bewegt sich der allgemeine TNT-Effekt in Experiment 8 aber in einem Bereich, der auch dem mittleren TNT-Effekt in den Studien von M. C. Anderson und Kollegen entspricht: So fanden nämlich Levy und Anderson (2008) in einer Metaanalyse eigener TNT-Studien (mit insgesamt 687 Probanden) einen durchschnittlichen TNT-Effekt von ca. 6.4% (vgl. die Darstellung auf S. 70 in Abschnitt 3.2.3.2). Auch die Wiedererkennungsleistung in der Baseline-Bedingung entsprach – obwohl das Lernkriterium in Experiment 8 wieder auf 50% zurückgesetzt wurde – mit 87.5% stärker dem Wert, der sich in den TNT-Studien von M. C. Anderson und Kollegen zeigte (vgl. z. B. Levy & Anderson, 2008). Somit glich nicht nur die Prozedur von Experiment 8 recht genau derjenigen der TNT-Studien von M. C. Anderson und Kollegen, sondern auch die allgemeinpsychologischen Befunde entsprechen denjenigen der Arbeitsgruppe um M. C. Anderson (zum Überblick vgl. M. C. Anderson & Levy, 2009; Levy & Anderson, 2008).

Worauf lässt es sich nun aber zurückführen, dass in Experiment 8 hypothesenkonforme Resultate zutage traten, in den Experimenten 5 bis 7 jedoch nicht? Während eine Vergrößerung des allgemeinpsychologischen TNT-Effekts durch das Wortmaterial bedingt sein könnte, also beispielsweise dadurch, dass die Wortpaare – noch mehr als beispielsweise in Experiment 7 – eine schwache Vorwärts- und gleichzeitig eine starke Rückwärtsassoziation aufwiesen, ist der differentielle Befund, dass Represser im Vergleich zu Sensitzern einen größeren TNT-Effekt manifestierten, vermutlich eher auf die Verkürzung der Inhibierungsdauer in den einzelnen Durchgängen zurückzuführen. Es erscheint nämlich wenig plausibel, dass eine leichte Optimierung des Wortmaterials von Experiment 7 zu Experiment 8 dafür verantwortlich zeichnet, dass sich die Differenz im intentionalen Vergessen zwischen Repressern und Sensitzern von einem den Hypothesen deutlich *entgegengerichteten* Trend in Experiment 7 zu einem hypothesenkonformen Effekt in Experiment 8 umwandelte.

Die Ergebnisse der Experimente 5 bis 8 sind allerdings gut mit der Annahme vereinbar, dass Represser für eine recht kurze Zeit (nämlich 3 Sekunden) effektiv unerwünschte Gedanken bzw. Erinnerungen inhibieren können, dass diese Inhibierung aber bereits bei einem 4-sekündigen Unterdrückungsintervall zusammenbricht. Die dadurch zustande kommenden „misslungenen Inhibierungsversuche" scheinen einem erfolgreichen intentionalen Vergessen entgegenzuwirken.

Auch wenn ein nur einsekündiger Unterschied auf den ersten Blick unbedeutend erscheinen mag, wird die Vermutung, dass bereits relativ kleine Variationen in der Inhibierungsdauer darüber entscheiden können, ob sich ein allgemeiner TNT-Effekt zeigt oder nicht, von der bereits geschilderten Studie von Lee et al. (2007) gestützt, da diese Autoren bei einem 3-sekündigen, nicht aber bei einem 5-sekündigen Unterdrückungsintervall einen TNT-Effekt nachweisen konnten (vgl. auch die Ausführungen auf S. 75 f.). In der folgenden Gesamtdiskussion (Abschnitt 8.6) werden noch weitere Studien erörtert, die auf eine gewisse „Fragilität" des TNT-Effekts hinweisen. Auch lässt sich fragen, warum – wenn es theoretisch doch Represser sind, die besonders gut ungewollte Gedanken bzw. Erinnerungen inhibieren können – gerade diese Personen die Inhibition nur so kurzfristig aufrechtzuerhalten vermögen und warum andere Personen, wie die Niedrigängstlichen, offenbar auch für längere Zeiten problemlos inhibieren können. Diese Aspekte werden im folgenden Abschnitt diskutiert.

8.6   Gesamtdiskussion

In dieser Gesamtdiskussion werden zunächst die methodischen Variationen zwischen den Experimenten 5 bis 8 sowie die Befunde dieser Studien gegenübergestellt und miteinander verglichen, um zu analysieren, welche methodischen Details im Rahmen von TNT-Aufgaben kritisch sein könnten, damit (a) ein genereller TNT-Effekt auftritt und damit (b) Represser einen im Vergleich zu anderen Personen stärkeren TNT-Effekt aufweisen. Ferner werden Alternativerklärungen dafür erörtert, weshalb Represser – zumindest in den Experimenten 5 bis 7 – nicht als überlegene Inhibierer hervortraten. Ausführungen zu Implikationen beispielsweise für das Vergessen traumatisierender Erlebnisse und für die posttraumatische Belastungsstörung werden weitestgehend für die Integration der Befunde beider Studienreihen in Kapitel 9 aufgespart.

Tabelle 8.16 gibt die methodischen Unterschiede wieder, die zwischen den Experimenten 5 bis 8 hinsichtlich des Designs (d. h. der realisierten Bedrohlichkeitskombinationen), der Eigenschaften des Wortmaterials und der Versuchsdurchführung bestanden. Die weiter unten stehende Tabelle 8.17 fasst die wesentlichen Befunde dieser vier Experimente zusammen.

In Experiment 5 ergab sich lediglich für die BB-Wortpaare ein bedeutsamer und signifikanter allgemeiner TNT-Effekt (Tabelle 8.17). Belege zur Unterstützung der eigentlichen Hypothesen, nämlich dass Represser generell – insbesondere aber im Vergleich mit Sensitizern – einen relativ starken TNT-Effekt aufweisen (Hypothese 1) und dass dieser Unterschied für Wortpaare mit einem bedrohlichen Reaktionswort besonders prononciert ausfällt (Hypothese 2), fanden sich keine. Die Befunde von Experiment 5 sind aber generell mit Vorsicht zu interpretieren, da durch den relativ hohen Anteil von Personen, die das Lernkriterium nicht erreicht haben und deshalb den Versuch vorzeitig abbrechen mussten (knapp 35% der Gesamtstichprobe), eine Verfälschung der gruppenspezifischen TNT-Effekte aufgetreten sein kann. Zwar bestanden Unterschiede hinsichtlich Vigilanz und kognitiver Vermeidung zwischen den Abbrechern und den Nichtabbrechern nur deskriptiv, wurden also nicht signifikant, allerdings ist eine Verzerrung der Stichprobenzusammensetzung dennoch nicht auszuschließen. Wie in der Diskussion zu Experiment 5 ausgeführt, scheint ein wesentlicher Unterschied gegenüber den Originalstudien von M. C. Anderson und Kollegen (z. B. M. C. Anderson & Green, 2001; M. C. Anderson et al., 2004) in der Assoziiertheit der Wortpartner bestanden zu haben, die in Experiment 5 – außer eben für die BB-Wortpaare, für die ein allgemeiner TNT-Effekt auftrat – so gut wie gar nicht gegeben war (vgl. Tabelle 8.16).

Diese methodischen Schwierigkeiten wurden in Experiment 6 dadurch angegangen, dass die Wortpartner der Wortpaare nun deutlich stärker miteinander assoziiert waren. Außerdem erfolgte eine Beschränkung auf BB- und NN-Wortpaare, was die Wahrscheinlichkeit, für eine einzelne Bedrohlichkeitsbedingung signifikante TNT-Effekt-Unterschiede zwischen den Bewältigungsgruppen zu erzielen, erhöhen sollte. Durch die stärkere Assoziiertheit der Wortpartner (und auch durch eine leichte Veränderung der Lernprozedur) wurde die Abbrecherquote zwar erfolgreich auf 3% reduziert (eine vergleichbare Abbrecherquote gibt auch M. C. Anderson [persönl. Mitteilung, 14.06.2010] für seine TNT-Experimente an), allerdings konnte in Experiment 6 nicht einmal ein signifikanter allgemeiner TNT-Effekt gesichert werden – die Größe dieses Effekts war mit 0.8% vernachlässigbar gering. Bei der Betrachtung der TNT-Effekte in Abhängigkeit vom Bewältigungsmodus stellte sich heraus, dass Represser weder für bedrohliche noch für nichtbedrohliche Wortpaare einen auch nur nominal positiven TNT-Effekt aufwiesen. Tatsächlich war – zumindest deskriptiv – der Gesamt-TNT-Effekt der Represser mit −4.9% sogar kleiner bzw. stärker negativ als der TNT-Effekt irgendeiner anderen Bewältigungsgruppe. Somit waren die Annahmen der Hypothesen 1 und 2 auf Basis der Befunde von Experiment 6 zurückzuweisen.

Die Schlussfolgerung aus der Synopse der Experimente 5 und 6, dass sowohl für Wortpaare mit fast gar nicht assoziierten als auch für Wortpaare mit mittelstark assoziierten Wortpartnern kein allgemeiner TNT-Effekt auftrat, gab Anlass zu einer eingehenderen Inspektion der nichtpublizierten Wortpaare der Originalstudien von M. C. Anderson und Kollegen. Daraus entstand die Annahme, dass für einen (starken) TNT-Effekt ein notwendiges Charakteristikum der Wortpaare ist, dass diese eine schwache Vorwärts- und gleichzeitig eine starke Rückwärtsassoziation aufweisen. Diese besondere Eigenschaft der Wortpaare sollte in Experiment 7 umgesetzt werden. Darüber hinaus wurde – in Anlehnung an die Studie von Myers und Derakshan (2004) – spekuliert, dass der TNT-Effekt von Repressern dadurch beeinflusst (nämlich reduziert) werden könnte, dass in den bisherigen Experimenten 5 und 6 ein Versuchsleiter während der TNT-Phase anwesend war. Dies könnte bei Repressern das Gefühl einer sozial-evaluativen Situation auslösen und deren Inhibierungsfertigkeit – möglicherweise durch die Bindung kognitiver Ressourcen – beeinträchtigen. Um diese Alternativerklärung für das Ausbleiben eines TNT-Effektes bei Repressern auszuschließen, sollten in den weiteren Experimenten die Versuchsleiteraufgaben während der TNT-Phase von einer computerisierten Sprachsteuerung übernommen werden, wodurch auf die Anwesenheit des Versuchsleiters während dieser Phase verzichtet werden konnte.

In Experiment 7 wurden schließlich noch zwei weitere Variationen gegenüber den Experimenten 5 und 6 vorgenommen, da diese laut M. C. Anderson (persönl. Mitteilung, 14.06.2010) relevant für das Zustandekommen des TNT-Effekts sein könnten (vgl. Tabelle 8.16). So wurde das Experiment den Probanden gegenüber als Aufmerksamkeitsstudie (statt als Lernexperiment) ausgegeben und es wurde großer Wert darauf gelegt, jeglichen Hinweis darauf

Tabelle 8.16 Experimentelle Variationen der vier TNT-Experimente

Experiment	Stichprobe (*N*)	Bedrohlichkeitskombinationen der Wortpaare	Coverstory	Assoziiertheit der Wortpartner	Inhibierungszeit pro Durchgang	Anwesenheit des Versuchsleiters in TNT-Phase	Maximale Antwortzeit im Erinnerungstest
5	89[a]	BB, BN, NB, NN (je 12 Wortpaare)	Lernstudie	für BB-Wortpaare leicht, ansonsten sehr schwach	4000 ms	anwesend	keine Beschränkung
6	87[b]	BB, NN (je 18 Wortpaare)	Lernstudie	mittelstark	4000 ms	anwesend	keine Beschränkung
7	136[c]	BB, NN (je 24 Wortpaare)	Aufmerksamkeitsstudie	schwache Vorwärts- und starke Rückwärtsassoziation	4000 ms	nicht anwesend (sprachgesteuerte Durchführung)	in Erinnerungstest 1: 4 s, in Erinnerungstest 2: 15 s
8	76	keine systematische Variation (36 Wortpaare)	Aufmerksamkeitsstudie	schwache Vorwärts- und starke Rückwärtsassoziation	3000 ms	nicht anwesend (sprachgesteuerte Durchführung)	4 s

Anmerkungen. B = bedrohlich, N = nichtbedrohlich, BB = Bedrohlich-bedrohlich-Wortpaar, NB = Nichtbedrohlich-bedrohlich-Wortpaar etc.
[a] Es nahmen 136 Probanden teil, allerdings erreichten nur 89 das Lernkriterium, das erfüllt werden musste, um zur TNT-Phase übergehen zu können. [b] Es nahmen 90 Probanden teil, 3 Probanden erreichten das Lernkriterium nicht. [c] Es nahmen 139 Probanden teil, 3 Probanden wurden aus verschiedenen Gründen ausgeschlossen.

zu vermeiden, dass es in der Studie um Lernen geht und dass später ein Erinnerungstest folgt. Schließlich wurde von den TNT-Experimenten von M. C. Anderson und Kollegen übernommen, dass die maximale Antwortzeit im Erinnerungstest nach der TNT-Phase lediglich 4 Sekunden betrug. Tatsächlich wurden in Experiment 7 zwei konsekutiv durchgeführte Erinnerungstests realisiert, wobei der erste Test ein Antwortzeitfenster von 4 Sekunden und der zweite Test eines von 15 Sekunden besaß. Der allgemeine TNT-Effekt war in dem Erinnerungstest mit 4-sekündigem Antwortfenster deskriptiv etwas größer als in dem Erinnerungstest mit 15-sekündigem Antwortfenster. Hier sind zwar Sequenzeffekte nicht auszuschließen, so dass sich dieser Vorteil des kürzeren Antwortfensters für den Nachweis des TNT-Effekts bei umgekehrter Abfolge der beiden Wiedergabetests wieder verlieren könnte. Da jedoch die zeitliche Verkürzung des Antwortfensters der Größe des TNT-Effekts aller Wahrscheinlichkeit nach zumindest nicht abträglich ist und noch stärker dem Vorgehen von M. C. Anderson entspricht (z. B. M. C. Anderson & Green, 2001; M. C. Anderson, persönl. Mitteilung, 14.06.2010), sollte auch in künftigen TNT-Experimenten das Antwortzeitfenster auf etwa 4 Sekunden restringiert werden. Dadurch wird vermutlich erreicht, dass auch No-Think-Reaktionswörter, deren Zugänglichkeit durch die Inhibierung in der TNT-Phase lediglich leicht reduziert wurde, mit höherer Wahrscheinlichkeit nicht innerhalb des Antwortzeitfensters abgerufen werden. Somit sollte ein Wiedergabetest mit kürzerem Antwortzeitfenster sensitiver gegenüber derartigen Verringerungen der Zugänglichkeit sein.

Obwohl in Experiment 7 ein allgemeiner TNT-Effekt akzeptabler Größe (3.8%) auftrat, wiesen keineswegs Represser den größten TNT-Effekt auf. Ganz im Gegenteil: Nur Sensitizer und Niedrigängstliche zeigten signifikante Gesamt-TNT-Effekte, Represser (und Hochängstliche) hingegen nicht (vgl. Tabelle 8.17). Dies widerspricht den differentiellen Hypothesen, die zum intentionalen Vergessen von Repressern und Sensitizern formuliert wurden.

Tabelle 8.17 Befunde der vier TNT-Experimente

Experiment	Allgemeinpsychologische Befunde	Differentielle Befunde	Besonderheiten
5	signifikanter allgemeiner TNT-Effekt (4.1%), vor allem starker TNT-Effekt (17.7%) für die – leicht assoziierten – BB-Wortpaare; kein TNT-Effekt für die – nicht assoziierten – BN-, NB- und NN-Wortpaare	Represser zeigten weder generell noch für eine der Bedrohlichkeitsbedingungen einen (signifikant) größeren TNT-Effekt als Sensitizer; Hypothesen 1 und 2 nicht bestätigt	hohe Abbrecherquote (fast 35%)
6	allgemeiner TNT-Effekt (0.8%) nicht signifikant	keine Bestätigung von Hypothese 1 oder 2 (Represser wiesen mit −4.9% deskriptiv sogar den kleinsten bzw. negativsten TNT-Effekt auf)	keine bedeutsamen Unterschiede zwischen BB- und NN-Wortpaaren
7	signifikante allgemeine TNT-Effekte (3.8% im ersten und 2.7% im zweiten Erinnerungstest)	keine Bestätigung von Hypothese 1 oder 2 (Represser zeigten deskriptiv in allen Bedingungen einen *kleineren* TNT-Effekt als Sensitizer)	
8	signifikanter allgemeiner TNT-Effekt (5.6%)	Bestätigung von Hypothese 1 (Hypothese 2 aufgrund des Designs nicht überprüfbar)	

Auf Basis der Experimente 5 bis 7 müsste die Annahme, dass Represser eine überlegene Inhibierungsfertigkeit aufweisen und aufgrund dieser auch stärkeres intentionales Vergessen zeigen als die anderen Bewältigungsgruppen (speziell als Sensitizer), zurückgewiesen werden. Inspiriert durch die Studie von Lee et al. (2007) wurde allerdings die Möglichkeit erwogen – und in Experiment 8 getestet –, dass Represser nur im kurzfristigen Unterdrücken von unerwünschten Erinnerungen anderer Personen überlegen sind, dass aber schon bei etwas längerer Unterdrückungsdauer diese Inhibierung bei Repressern zusammenbricht. Als Konsequenz des Zusammenbruchs der Inhibition – und damit verbunden einer Auffrischung der Paarassoziation – könnten sich dann auch die erwarteten Effekte des intentionalen Vergessens verlieren.

Um diese Annahme zu überprüfen, wurde in Experiment 8 das Unterdrückungsintervall auf 3000 ms reduziert. Tatsächlich ergab sich in Experiment 8 nicht nur ein relativ starker allgemeiner TNT-Effekt, sondern Represser wiesen auch einen deutlich und signifikant größeren TNT-Effekt auf als Sensitizer, wodurch Hypothese 1 bestätigt wurde. Da allerdings auch vermutet wurde, dass die Stärke des TNT-Effekts davon abhängt, dass die Wortpaare eine schwache Vorwärts- und eine starke Rückwärtsassoziation besitzen, wurde – um diese Voraussetzung möglichst gut erfüllen zu können – auf eine Variation der Bedrohlichkeit der Wortpaare verzichtet. Daher kann auf Basis von Experiment 8 keine Aussage darüber getroffen werden, ob Represser für bedrohliche Wortpaare einen noch prononcierteren TNT-Effekt an den Tag legen würden.

Die Ergebnisse der Experimente 5 bis 8 sind konform dazu, dass Represser für eine recht kurze Zeit (nämlich 3 Sekunden) gut und effektiv unerwünschte Gedanken bzw. Erinnerungen inhibieren können, dass diese Inhibierung aber bereits bei etwa 4-sekündigen Unterdrückungsintervallen zusammenbricht. Die bei den längeren Behaltensintervallen demzufolge zustande kommenden *misslungenen Inhibierungsversuche* scheinen einem erfolgreichen intentionalen Vergessen entgegenzuwirken.

Zur Absicherung dieser Annahme sind aber Replikationen von Experiment 8 wünschenswert. Ferner sollte die Unterdrückungsdauer auch im Rahmen *einer* Studie variiert werden. Dies könnte entweder als Between-Subjects-Variation oder aber auch als Variation innerhalb der Probanden erfolgen, wobei im letzteren Fall in der TNT-Phase beispielsweise einige No-Think-Reizwörter für 3 Sekunden und andere No-Think-Reizwörter für 4 Sekunden präsentiert werden könnten. Sollte sich auch in einer derartigen Studie zeigen, dass Represser bei dem 3-sekündigen Unterdrückungsintervall TNT-Effekte manifestieren, bei dem 4-sekündigen Unterdrückungsintervall hingegen nicht, wäre dies ein starker Beleg für die Annahme, dass Represser nur recht kurzzeitig unerwünschte Gedanken bzw. Erinnerungen gut inhibieren können. Bei positiven diesbezüglichen Befunden sollte dann in weiteren Experimenten wiederum versucht werden, die Bedrohlichkeit der Wortpaare zu variieren, um zu überprüfen, ob Represser – bei einem 3-sekündigen Inhibierungsintervall – für bedrohliche Inhalte einen im Vergleich zu nichtbedrohlichen Inhalten stärkeren Effekt des intentionalen Vergessens aufweisen.

Die Arbeiten von M. C. Anderson und Kollegen (vgl. zum Überblick M. C. Anderson & Levy, 2009) erzeugen den Eindruck, dass es sich beim TNT-Effekt um ein sehr robustes Phänomen handelt. Deskriptiv traten zwar in allen Experimenten der vorliegenden Studienreihe TNT-Effekte zwischen 0.8% und 5.6% auf, woraus sich ein mittlerer TNT-Effekt von 3.5% ergibt, der – bei insgesamt 388 Probanden – höchstsignifikant ist, allerdings ist dieser Effekt deutlich kleiner als der durchschnittliche TNT-Effekt von 6.4%, den Levy und Anderson (2008; vgl. auch M. C. Anderson & Levy, 2009) als Metaeffekt ihrer Studien berichten.

In der Kommunikation mit M. C. Anderson (persönl. Mitteilung, 14.06.2010) wurde deutlich, dass er und seine Arbeitsgruppe einen recht großen Aufwand betreiben, um möglichst starke TNT-Effekte zu erzielen. So wird in der Arbeitsgruppe um M. C. Anderson beispielsweise – bei allgemeinpsychologischen Studien – das Höchstalter der Probanden auf 35 Jahre beschränkt, da sich herausgestellt hatte, dass der TNT-Effekt bei älteren Personen (über 65 Jahre) schwächer ausfällt (persönl. Mitteilung, 14.06.2010; vgl. dazu M. C. Anderson, Reinholz, Kuhl & Mayr, 2011). Auch würden Probanden nur noch am Nachmittag erhoben, da sich bei Erhebungen am Vormittag kleinere TNT-Effekte ergeben hätten. M. C. Andersons Empfehlung ist daher:

> Run subjects in the afternoon only (we run subjects from noon until the mid-evening). We are presently finishing up several experiments showing the effects of time of day on inhibition. In two studies, we manipulated the time of day during which people are suppressing memories (morning or afternoon) and found a significant modulation of inhibition (college students show more inhibition in the afternoon than in the morning). (M. C. Anderson, persönl. Mitteilung, 14.06.2010)

Diese Empfehlung von M. C. Anderson wurde in keinem der Experimente 5 bis 8 befolgt, da – zumindest zurzeit – keine fundierte psychologische Begründung dafür vorliegt, warum Probanden (bzw. speziell Studierende) nachmittags stärkere TNT-Effekte aufweisen sollten.[82] Vielmehr ist von großen individuellen Unterschieden hinsichtlich der tageszeitabhängigen Leistungs- und Inhibierungsfähigkeit auszugehen (z. B. Matchock & Mordkoff, 2009; vgl. auch C. Schmidt et al., 2007), so dass die Beschränkung der Erhebung auf eine spezielle Tageszeit auch zu unerwünschten Konfundierungen mit Personenvariablen führen kann. Abgesehen davon wäre von einem robusten Effekt zu erwarten, dass dieser relativ unabhängig von der Tageszeit auftritt. Die Empfehlung von M. C. Anderson wurde hier angeführt, um aufzuzeigen, dass selbst in seinem Labor, in dem der TNT-Effekt in den vergangenen zehn Jahren in vielen Experimenten erfolgreich demonstriert wurde, immer noch neue methodische Bemühungen erfolgen, um die Größe des TNT-Effekts zu erhöhen.

Es soll nicht unerwähnt bleiben, dass es einige Arbeiten gibt, die den TNT-Effekt nicht nachweisen konnten. So haben Bulevich et al. (2006) in insgesamt drei Experimenten (mit jeweils 32 Probanden) erfolglos versucht, den TNT-Effekt zu replizieren. Dazu verwendeten sie entweder die Originalprozedur von M. C. Anderson und Green (2001) oder die etwas vereinfachte Prozedur von M. C. Anderson et al. (2004; vgl. Abschnitt 3.2.3.2), wie sie auch den Studien der vorliegenden Arbeit zugrunde lag. Obwohl Bulevich et al. versuchten, ihre TNT-Experimente denen von M. C. Anderson und Kollegen möglichst ähnlich zu gestalten, und daher auch das Originalwortmaterial von M. C. Anderson und Green verwendeten,

---

82 Studien zur kognitiven Leistungsfähigkeit bzw. auch speziell zur inhibitorischen Kontrolle lassen zwar die begründete Annahme zu, dass es – mit dem Lebensalter variierende – tageszeitliche Unterschiede hinsichtlich der optimalen Leistungsfähigkeit gibt (für einen Überblick siehe C. Schmidt, Collette, Cajochen & Peigneux, 2007). Aufgrund starker individueller Unterschiede und auch von Unterschieden in Abhängigkeit von dem zur Erfassung der Inhibition verwendeten Paradigma lässt sich aus diesen Befunden allerdings nicht zuverlässig ableiten, dass bei jungen Erwachsenen die kognitive Inhibitionsfähigkeit (auch nur im Durchschnitt) am Nachmittag besser als am Vormittag ausfällt (vgl. z. B. Hasher, Zacks & May, 1999).

konnten sie den TNT-Effekt in keiner der Studien in signifikanter Weise replizieren. In ihren drei Experimenten erzielten Bulevich et al. TNT-Effekte zwischen 1% und 4%, aber selbst bei einer Aggregation dieser Effekte über die drei Experimente hinweg ergab sich kein signifikanter Effekt. Die Autoren erörtern verschiedene Erklärungsmöglichkeiten dafür, dass sie keinen signifikanten TNT-Effekt nachweisen konnten (z. B. Stichprobenunterschiede im Vergleich zu den Studien von M. C. Anderson und Kollegen). Da es ihnen aber gelingt, diese Alternativerklärungen weitestgehend auszuräumen, vertreten sie die Meinung, dass der TNT-Effekt ein wenig robustes Phänomen sei.

Hertel und Calcaterra (2005) fanden – bei Verwendung einer mit den Experimenten von M. C. Anderson und Green (2001) identischen Prozedur, aber anderem Wortmaterial – keinen generellen TNT-Effekt, sofern den Probanden die Unterdrückungsstrategie in der TNT-Phase freigestellt war. Wurde den Probanden jedoch für die No-Think-Wortpaare ein alternatives Reaktionswort angeboten, an das sie während der Unterdrückung anstelle des eigentlichen Reaktionswortes denken sollten, zeigten die Probanden einen starken TNT-Effekt von 15%. Hertel und Calcaterra (2005) bieten für die Effektivität dieser Substitutionsstrategie (d. h., die Probanden substituieren während der TNT-Phase das zu unterdrückende Originalreaktionswort durch ein alternatives Reaktionswort) die folgenden Erklärungsmöglichkeiten: „The thought substitution strategy might be effective either due to practice in retrieving the substitutes (classic inhibition or interference explanations) or simply because the focus on some other matter keeps the temptation of ironic control at bay" (S. 488). Hervorzuheben ist hieran, dass die Autorinnen in der letzteren Erklärung den ironischen Monitoring- bzw. Überwachungsprozess von Wegner (1992, 1994) ansprechen (vgl. die Ausführungen dazu in Abschnitt 3.2.3.3). Sofern die Probanden lediglich nicht an das eigentliche Reaktionswort zu denken versuchen, könne der automatische Überwachungsprozess, der kontrolliert, ob doch an dieses Wort gedacht wird (vgl. Wenzlaff & Wegner, 2000), dazu führen, dass das Reaktionswort ins Bewusstsein tritt, wodurch der Effekt der vorherigen Unterdrückung zumindest nivelliert wird (zum Überwachungsprozess vgl. die Erläuterungen in Abschnitt 3.2.3.3). Gibt man den Probanden jedoch etwas, womit sie sich während der Unterdrückungsphase beschäftigen können (nämlich ein alternatives Reaktionswort), treten diese Intrusionen des eigentlichen Reaktionswortes nicht oder zumindest mit geringerer Wahrscheinlichkeit auf, was den TNT-Effekt vergrößert. Möglich wäre also, dass in den Studien von M. C. Anderson und Kollegen (z. B. M. C. Anderson & Green, 2001) ein größerer Anteil der Probanden spontan diese Substitutionsstrategie angewandt hat als bei Hertel und Calcaterra (2005). Allerdings ist unklar, warum dies der Fall gewesen sein sollte, da den Probanden in den Studien von M. C. Anderson keine spezielle Unterdrückungsstrategie nahegelegt wurde. Plausibler erscheint mir daher, dass bei Hertel und Calcaterra das Ausbleiben eines generellen TNT-Effekts (wenn keine spezifische Strategie vorgegeben wurde) darauf zurückzuführen ist, dass die Wortpartner der von ihnen verwendeten Wortpaare – wie die Autorinnen selbst feststellen – stärker assoziiert waren als in den Experimenten von M. C. Anderson und Green (2001). Diese stärkere präexperimentelle (Vorwärts-)Assoziation könnte es auch schwerer bzw. unwahrscheinlicher machen, dass – durch die wiederholte Inhibierung des Reaktionswortes – diese Assoziation erfolgreich aufgehoben wird (vgl. hierzu die Diskussion von Experiment 6, Abschnitt 8.3.4).

Abweichend von dem Befund von Hertel und Calcaterra (2005), dass nur die Substitutionsstrategie zu einem TNT-Effekt führt, haben Bergström, Fockert und Richardson-Klavehn (2009) nachgewiesen, dass sowohl die direkte Erinnerungsunterdrückung (ohne dass die Probanden während der Unterdrückung des Reizwortes an etwas anderes dachten) als auch eine Selbstablenkung (mittels der von Hertel & Calcaterra, 2005, beschriebenen Substitutionsstrategie) zu signifikanten TNT-Effekten führen. Zwar seien an diesen beiden Strategien unterschiedliche neuronale Prozesse beteiligt (Bergström et al., 2009), aber dessen ungeachtet sind beide Strategien effektiv.

Auch Meier, König, Parak und Henke (2011) konnten kürzlich im Rahmen eines einzelnen Experimentes sowohl einen TNT-Effekt nachweisen, wenn die Probanden instruiert wurden, das No-Think-Reaktionswort durch ein anderes Wort zu substituieren, als auch dann, wenn sie instruiert wurden, einfach nicht an das No-Think-Reaktionswort zu denken. Die Vorgabe einer bestimmten Methode, um das No-Think-Reaktionswort nicht ins Bewusstsein treten zu lassen, kann also möglicherweise die Stärke des TNT-Effekts beeinflussen, ist aber auf keinen Fall eine notwendige Voraussetzung.[83]

Die vielen Studien, die den TNT-Effekt gefunden haben (aktuelle Übersichten geben A. J. Butler & James, 2010, sowie M. C. Anderson et al., 2011), weisen diesen als ein gut replizierbares Phänomen aus,[84] wenngleich dessen Effektstärke eher gering ist.[85] Dabei entscheiden sicherlich verschiedene Parameter bzw. Rahmenbedingungen über die Stärke des Effekts. Eine wesentlichere Rolle, als dies den meisten Forschern, die dieses Paradigma verwenden, bewusst sein mag, scheint mir die Assoziiertheit der Wortpaare zu spielen. Dies wird zumindest von den Ergebnissen der Experimente 5 bis 8 dieser Arbeit nahegelegt und kann auch zumindest teilweise das Ausbleiben von TNT-Effekten in anderen Studien erklären, in denen die Wortpartner der verwendeten Wortpaare entweder sehr schwach (z. B. Dieler, Plichta, Dresler & Fallgatter, 2010; Nørby, Lange & Larsen, 2010; Waldhauser, Johansson, Bäckström & Mecklinger, 2011) oder sehr stark (z. B. Hertel & Calcaterra, 2005) assoziiert waren. Um die Rolle der Assoziiertheit für den TNT-Effekt genauer abzuklären, sind aber sicherlich weitere Studien notwendig, in denen dieser Parameter experimentell variiert wird.

Ferner ist die Erkenntnis wichtig, dass es starke interindividuelle Unterschiede im TNT-Effekt gibt. Dass diese bestehen, ist evident, wenn man sich verdeutlicht, dass selbst ein relativ starker TNT-Effekt von 6.4%, wie ihn die Arbeitsgruppe um M. C. Anderson durchschnittlich findet, bedeutet, dass – bei den üblichen 36 kritischen Wortpaaren, die sich auf die Think-, Baseline- und No-Think-Bedingung verteilen – ein Proband im Mittel in der No-Think-Bedingung nicht einmal 0.8 Reaktionswörter[86] weniger erinnert als in der Baseline-Bedingung. Folglich muss es Probanden geben, die gar keinen TNT-Effekt zeigen. Tatsächlich

---

83 Auch in den Experimenten 5 bis 8 der vorliegenden Arbeit gaben die Probanden in der Nachbefragung an, welche Strategien zur Inhibierung sie verwendet hatten. Zwar gab es interindividuelle Unterschiede in den verwendeten Strategien (z. B. *an etwas anderes denken* vs. *an nichts denken*), allerdings fanden sich keine Zusammenhänge mit der Stärke des TNT-Effekts und/oder mit der Angstbewältigungsdisposition.

84 Nicht auszuschließen ist eine sogenannte File-Drawer-Problematik (Rosenthal, 1979), d. h., dass Studien, die den TNT-Effekt nicht replizieren konnten, im Vergleich zu Studien, die den Effekt belegen, häufiger nicht publiziert wurden.

85 Wie Levy und Anderson (2008) anmerken, ist bei der Einschätzung der Größe des TNT-Effekts auch zu beachten, dass in den üblichen TNT-Studien die No-Think-Reaktionswörter maximal 16 Mal für je 4 Sekunden inhibiert werden, die gesamte Inhibierungszeit also nur 64 Sekunden beträgt. Bei dieser niedrigen Gesamtinhibierungsdauer seien keine großen Effekte zu erwarten. Im realen Leben (z. B., wenn reale traumatische Erlebnisse vergessen werden sollen) sei hingegen von einer wesentlich längeren Gesamtinhibierungszeit auszugehen.

86 6.4% von 12 No-Think-Reaktionswörtern sind 0.768 Wörter.

entnehmen Levy und Anderson (2008) den Daten ihrer Metaanalyse, dass einzelne Probanden TNT-Effekte von bis zu 60% aufweisen, wohingegen andere Probanden *umgekehrte* TNT-Effekte von bis zu 40% zeigen. Dies entspricht auch den Daten aus den Experimenten der vorliegenden Arbeit. Am Beispiel von Experiment 8, in dem ja der stärkste allgemeine TNT-Effekt dieser Studienreihe nachgewiesen wurde, zeigten immerhin 23.7% der Probanden gar keinen bzw. einen umgekehrten TNT-Effekt, wobei der negativste TNT-Effekt –42% betrug. Dieser Umstand verweist aber nicht zwangsläufig auf die Unreliabilität des TNT-Effekts, sondern kann auch dadurch zustande kommen, dass Personen sich stark in ihrer Inhibierungsfähigkeit unterscheiden. So wurden nämlich auch in Studien, die keinen allgemeinen TNT-Effekt belegen konnten, oft signifikante Gruppenunterschiede bzw. Zusammenhänge mit Personenvariablen gefunden (z. B. Waldhauser et al., 2011).

Levy und Anderson (2008) erklären derartige Unterschiede im TNT-Effekt mit interindividuellen Unterschieden in der Fähigkeit zur exekutiven Kontrolle (vgl. dazu die in Abschnitt 3.2.2.3 dargestellte *exekutive Kontrolltheorie des Vergessens* von M. C. Anderson, 2003). Personen mit geringen bzw. sogar umgekehrten TNT-Effekten würden somit Defizite hinsichtlich der exekutiven Kontrollfunktion aufweisen. Diese Erklärung steht im Einklang mit inzwischen mehreren Studien, die gezeigt haben, dass depressive (Joormann, Hertel, LeMoult & Gotlib, 2009) bzw. dysphorische (Hertel & Gerstle, 2003) Personen geringere TNT-Effekte aufweisen – diese Personen zeichnen sich nämlich auch durch kognitive Defizite aus (vgl. die Metaanalyse von McDermott & Ebmeier, 2009). Auch der Befund, dass ältere im Vergleich zu jüngeren Personen einen geringeren TNT-Effekt manifestieren (M. C. Anderson, Reinholz, Kuhl & Mayr, 2011), ist kompatibel mit Theorien zu einer allgemeinen Abnahme der Funktion der exekutiven Kontrolle im Alter (z. B. Hasher & Zacks, 1988). Die Abnahme der Inhibierungsfähigkeit mit dem Alter mag übrigens wiederum erklären, warum posttraumatische Belastungsstörungen teilweise mit einer zeitlichen Verzögerung von Jahren bzw. Jahrzehnten nach dem traumatisierenden Ereignis erst im höheren Lebensalter einsetzen (Floyd, Rice & Black, 2002; Hamilton & Workman, 1998; Ruzich, Looi & Robertson, 2005; vgl. auch M. C. Anderson et al., 2011).

Eine bislang im Kontext von intentionalem Vergessen wenig beachtete Möglichkeit ist die im Verlauf der Experimente 5 bis 8 dieser Arbeit aufgestellte Annahme, dass die Fertigkeit, einen ungewollten Gedanken *kurzfristig* effektiv zu inhibieren, keineswegs immer damit einhergehen muss, dass diese Personen auch in der langfristigen Inhibition überlegen sind. Wenn es so ist, dass sich Represser im Alltag dadurch auszeichnen, im Inhibieren unerwünschter Gedanken erfolgreich zu sein (und das ist vermutlich eine Voraussetzung dafür, dass sie auch langfristig bei diesem Bewältigungsverhalten bleiben; vgl. Laux & Glanzmann, 1996), benötigen diese Personen höchstwahrscheinlich gar keine längeren Phasen der Inhibierung.

Genauso wie im Rahmen des White-Bear-Paradigmas der automatische (ironische) Überwachungsprozess, wie in Abschnitt 3.2.3.3 erläutert, artifiziell durch die sehr lange Dauer der Suppression-Phase induziert sein könnte und im realen Leben gesunder Probanden kaum auftritt, genauso könnte auch im Rahmen des TNT-Paradigmas bereits die 4-sekündige Unterdrückungsdauer zumindest für einige Probanden bereits ungewöhnlich lang sein. Die fehlgeschlagene Aufrechterhaltung der Inhibition führt dann zu einer Aufhebung oder sogar zu einer Umkehrung des TNT-Effekts. In der White-Bear-Studie von Wegner et al. (1987) betrug – wie auf Seite 73 im Abschnitt zum White-Bear-Paradigma erläutert – in der Suppression-Phase die durchschnittliche Dauer eines intrusiven Gedankens an einen weißen

Bären lediglich 1.4 Sekunden. Das heißt, den Probanden haben durchschnittlich 1.4 Sekunden ausgereicht, um an einen weißen Bären zu denken und diesen Gedanken sodann erfolgreich zu inhibieren. Im Vergleich dazu sind die 4 Sekunden, für die das Reaktionswort im TNT-Paradigma durchgehend zu unterdrücken ist, also schon relativ lang. Der Befund, dass Represser in Experiment 8, in dem die Unterdrückung pro Durchgang nur 3 Sekunden betrug, den im Vergleich mit anderen Bewältigungsgruppen größten TNT-Effekt aufwiesen, deutet darauf hin, dass Represser – vielleicht gerade deshalb, weil sie im Alltag erfolgreiche Inhibierer sind – diesen anderen Personen im *kurzzeitigen* Inhibieren unerwünschter Erinnerungen überlegen sind. Gleichwohl sollten diese Befunde, wie bereits beschrieben, künftig durch weitere Studien abgesichert werden.

Instruktiv ist, dass in einer der jüngsten TNT-Studien der Arbeitsgruppe um M. C. Anderson (M. C. Anderson et al., 2011) statt des in früheren Studien üblichen 4-sekündigen Unterdrückungsintervalls – ohne Angabe von Gründen – nun ein 3-sekündiges Unterdrückungsintervall realisiert wurde. Hier könnte man spekulieren, dass diese Variation einen weiteren Versuch darstellt, die Effektstärke des TNT-Effekts zu optimieren, da eine 3-sekündige Inhibierung von mehr Personen erfolgreich aufrechterhalten werden kann als eine 4-sekündige. Dies würde sich mit den Daten von Experiment 8 der vorliegenden Arbeit decken.

Es gibt allerdings noch eine weitere Erklärung dafür, dass Represser sich in den vier TNT-Experimenten dieser Arbeit nicht durchgehend als „bessere Inhibierer" ausgezeichnet haben: Das TNT-Paradigma erfasst eine *Fertigkeit*, die vermutlich auf recht basalen kognitiven Fähigkeiten – speziell auf der exekutiven Kontrollfunktion – beruht (vgl. z. B. M. C. Anderson & Levy, 2009; Levy & Anderson, 2008; siehe auch Abschnitte 3.2.2.3 und 3.2.3.2). Nun könnte es sein, dass es sich bei repressiver Inhibierung – analog zur sensitiven Aufrechterhaltung – nicht darum handelt, dass Represser *besser* als Sensitizer darin sind, zu inhibieren, sondern darum, dass Represser im Vergleich zu anderen Bewältigungsgruppen Inhibierung häufiger spontan anwenden. Derartige spontane Anwendungsunterschiede werden von dem TNT-Paradigma nicht erfasst, da ja alle Probanden aufgefordert werden, ihre „maximale Inhibierungsfertigkeit" aufzubringen.

In Einklang mit der Annahme, dass das den Repressern zugeschriebene Erinnerungsdefizit auf spontanen Anwendungsunterschieden und nicht auf Fähigkeits- oder Fertigkeitsunterschieden beruht, vertreten Fujiwara et al. (2008) die Ansicht, dass Represser volitional mehr bedrohliche Inhalte vergessen.[87] Eine Bestätigung ihrer Position sehen Fujiwara et al. darin, dass in ihrem Experiment Represser spontan (also uninstruiert) für negative selbstrelevante Wörter eine vergleichsweise schlechte explizite Erinnerung aufwiesen, aber eine intakte implizite. Bei der Interpretation ihrer Befunde gehen die Autoren allerdings von der – wenig fundierten – Prämisse aus, dass sich das vermehrte Vergessen der Represser – wenn es darauf beruhen würde, dass diese über eine besonders ausgeprägte Fähigkeit zu vergessen verfügten – auch in einer reduzierten impliziten Erinnerung niederschlagen sollte.

Auch Barnier et al. (2004) kommen zu dem Schluss, dass sich Represser weniger durch eine besondere Unterdrückungsfähigkeit als vielmehr durch die spontane Anwendung von Unterdrückung auszeichnen könnten.[88] Sie führten dazu ein Gedankenunterdrückungsexperiment durch, das in Anlehnung an das White-Bear-Paradigma gestaltet war (vgl. Abschnitt 3.2.3.3).

---

87 Fujiwara et al. (2008) verwendeten den Weinberger-Ansatz zur Einteilung der Bewältigungsgruppen.
88 Barnier et al. (2004) verwendeten den Weinberger-Ansatz zur Einteilung der Bewältigungsgruppen.

Um Selbstrelevanz herzustellen, diente als relevanter Gedanke ein peinliches autobiographisches Erlebnis. Neben der üblichen Suppression-Bedingung, in der die Probanden instruiert wurden, nicht an dieses Erlebnis zu denken, und der üblichen Expression-Bedingung, in der die Probanden an das Erlebnis denken sollten, gab es noch eine liberale Nonsuppression-Bedingung, in der die Probanden an ihr aversives Erlebnis denken konnten, aber nicht mussten. In der Suppression-Phase hatten die Represser zwar geringfügig weniger ungewollte Gedanken als die Nichtrepresser, der wesentlich größere Unterschied bestand aber in der Nonsuppression-Bedingung, in der den Probanden freigestellt war, woran sie denken wollten: Hier zeigten die Represser mit Abstand am wenigsten Gedanken an das peinliche Erlebnis. Demnach wäre zu schlussfolgern, dass Represser spontan – deutlich stärker als andere Bewältigungsgruppen – aversive Erinnerungen bzw. Gedanken inhibieren (Unterschied in der Anwendungshäufigkeit); erfolgt jedoch eine Aufforderung zur Gedankenunterdrückung, sind Represser den anderen Bewältigungsgruppen allenfalls leicht überlegen (Inhibierungsfertigkeit). – Auch wenn die Verwendung autobiographischer Erlebnisse in der Studie von Barnier und Kollegen auf den ersten Blick im Sinne einer hohen ökologischen Validität attraktiv erscheinen mag, besteht methodisch das Problem, dass diese Erinnerungen, die sich die Probanden selbst auswählten, bereits in der Vergangenheit Gegenstand vieler Inhibierungs- oder – auf Seiten der Sensitizer – auch Aufrechterhaltungsprozesse gewesen sein können. Vielleicht haben sich Represser also diejenigen Erinnerungen ausgewählt, die sie in der Vergangenheit gut volitional kontrollieren bzw. vermeiden konnten.

Wenngleich es möglich ist, dass sich Represser von anderen Bewältigungsgruppen primär dadurch unterscheiden, dass sie spontan häufiger unerwünschte Gedanken bzw. Erinnerungen inhibieren, ohne dass sich dies langfristig in einem Fertigkeitsunterschied niederschlagen muss, kann auf Grundlage der bisherigen Studien und Befunde nicht eindeutig entschieden werden, ob es sich bei repressiver Inhibierung um den Effekt eines Anwendungs- oder eines Fertigkeitsunterschieds handelt. Möglicherweise – und dies wäre aus theoretischer Perspektive sogar am wahrscheinlichsten – bildet der Effekt der repressiven Inhibierung aber auch die Kombination von vermehrter Anwendung und (aufgrund von Übung) besserer Fertigkeit zur Inhibierung ab. Auf Grundlage der Experimente 5 bis 7 der vorliegenden Arbeit ist lediglich auszuschließen, dass Represser in *länger andauernder* Inhibierung besser sind als andere Bewältigungsgruppen.

Schließlich ist ebenfalls nicht gänzlich auszuschließen, dass – sofern Unterschiede in der repressiven Inhibierung doch auf Fertigkeitsunterschieden beruhen – diese überlegene Inhibierungsfertigkeit der Represser spezifisch für bedrohliche selbstrelevante Reize bzw. Inhalte ist, dass aber in den Experimenten 5 bis 7 die bedrohlichen Wortpaare nicht bedrohlich genug und/oder nicht selbstrelevant genug waren.[89] Eine derartige Erklärung steht aber im Widerspruch zu den Ergebnissen von Experiment 8, in dem die Represser ja – sogar für relativ neutrale bzw. nichtbedrohliche Wortpaare – den stärksten Effekt intentionalen Vergessens aufwiesen.

Zusammenfassend konnte der Prozess der repressiven Inhibierung mit den Experimenten 5 bis 8 nicht mit gleicher Eindeutigkeit nachgewiesen werden, wie dies für den Prozess der sen-

---

89 Anders als z. B. in Experiment 2, in dem die Probanden für alle Wörter angeben mussten, wie bedrohlich diese auf sie wirken, wurde in den TNT-Experimenten kein derartiger Versuch der Selbstrelevanz-Induktion unternommen. Dies sollte jedoch in künftigen Studien erfolgen.

sitiven Aufrechterhaltung mit den Experimenten 1 bis 4 möglich war. Bei einem 4-sekündigen Inhibierungsintervall waren Represser anderen Bewältigungsgruppen in der Inhibierung und dem daraus folgenden intentionalen Vergessen nicht überlegen, bei einem 3-sekündigen Inhibierungsintervall jedoch schon. Wie diskutiert wurde, ist dieser Befund gut mit der Annahme vereinbar, dass Represser im Alltag effiziente Inhibierer sind und daher auch immer nur eine sehr kurze Zeitspanne (weniger als 4 Sekunden) benötigen, um einen ungewollten Gedanken oder eine ungewollte Erinnerung erfolgreich zu unterdrücken. Diese Vermutung sollte aber mit weiteren Studien untermauert werden. Eine alternative Erklärung ist, dass der Effekt der repressiven Inhibierung nicht auf Fertigkeits- oder Fähigkeitsunterschieden zwischen Repressern und anderen Bewältigungsgruppen beruht, sondern dass Represser diese Prozesse nur häufiger spontan auf unerwünschte Erinnerungen anwenden. Dies würde dem Konzept der sensitiven Aufrechterhaltung entsprechen, bei dem ja auch von Unterschieden in der spontanen Anwendung und eben nicht von Fähigkeits- oder Fertigkeitsunterschieden ausgegangen wird. Sofern es sich bei repressiver Inhibierung um Unterschiede in der spontanen Anwendungshäufigkeit von Inhibierung handelt, wäre allerdings das TNT-Paradigma keine geeignete Methode zu deren Nachweis. Wie in Abschnitt 3.2.3 erläutert, stellen aber auch die anderen etablierten Paradigmen des motivierten Vergessens keine sinnvollen Alternativen dar, da diese Paradigmen theoretische Mängel bzw. Probleme hinsichtlich ihrer ökologischen Validität aufweisen. Daher müssten wohl neue Paradigmen entwickelt werden, um für das Operieren von – spontanen – wiederholten Inhibierungsprozessen bei Repressern einen direkteren Nachweis zu führen, als dies mit den Experimenten 1 bis 4 möglich war. Diese Experimente konnten zwar Hinweise auf repressive Inhibierung liefern, aber die tatsächlich operierenden Prozesse nicht direkt erfassen.

Im folgenden Kapitel werden die Befunde zur sensitiven Aufrechterhaltung und repressiven Inhibierung hinsichtlich des Zwei-Prozess-Modells bewältigungsspezifischer Erinnerungsunterschiede integriert. Ferner wird der Versuch unternommen, Implikationen nicht nur für die weitere Forschung im Kontext dispositioneller Angstbewältigung aufzuzeigen, sondern auch Verbindungen zur Theorie und Behandlung psychischer Störungen, speziell der posttraumatischen Belastungsstörung, darzulegen.

9   Integration und Ausblick

Das Ziel dieser Arbeit war es, zu untersuchen, wie die Unterschiede in der Erinnerung an bedrohliche Inhalte bzw. im Vergessen dieser Information zwischen Personen mit unterschiedlichen Angstbewältigungsdispositionen zustande kommen – insbesondere zwischen Repressern und Sensitizern als denjenigen Personen, die sich am stärksten in ihrer (kognitiven) Angstbewältigung unterscheiden und zudem relativ homogene Gruppen darstellen. Die klassischen Erklärungen für diese Erinnerungsunterschiede basieren auf der Annahme, dass bei Repressern ein relativ instantan wirkender Mechanismus (entweder bei der Enkodierung oder beim Abruf) operiert, der dazu führt, dass diese sich schlechter an bedrohliche Informationen erinnern (vgl. Abschnitt 5.2). Wie ausgeführt, können diese Theorien aber nicht erklären, warum sich die Erinnerungsunterschiede zwischen Repressern und Sensitizern erst mit einer gewissen zeitlichen Verzögerung etablieren (Hock & Krohne, 2004; Krohne & Hock, 2008a; vgl. Abschnitt 5.3). Dies gab Anlass zur Erstellung eines neuen Erklärungsmodells: des *Zwei-Prozess-Modells bewältigungsspezifischer Erinnerungsunterschiede* (Abschnitt 5.4). In diesem Modell wird erstmals in Erwägung gezogen, dass auch auf Seiten der Sensitizer Mechanismen bzw. Prozesse – nämlich Aufrechterhaltungsprozesse – wirksam sind, die zu dem Erinnerungsunterschied zwischen Repressern und Sensitizern beitragen. Auch wurde die Vorstellung instantan wirkender Mechanismen zugunsten wiederholt auftretender kognitiver Prozesse verworfen, die den Vergessensunterschied hinsichtlich bedrohlicher Inhalte zwischen Sensitizern und Repressern langsam und kontinuierlich vergrößern.

Eine allgemeine wissenschaftstheoretische Forderung ist, dass Theorien in ihren Annahmen möglichst sparsam sein und gleichzeitig einen möglichst großen Anwendungsumfang (Extension) aufweisen sollten (bezüglich psychologischer Theorien vgl. dazu z. B. Dalgleish, 2004). Daher ist die Feststellung wesentlich, dass es sich bei den im Zwei-Prozess-Modell postulierten Prozessen keineswegs um neuartige, in irgendeiner Weise für die Aufrechterhaltung bzw. das Vergessen bedrohlicher Inhalte spezifische Prozesse handelt. Vielmehr bezeichnen *sensitive Aufrechterhaltung* und *repressive Inhibierung* etablierte und seit langem bekannte Prozesse, wie sie auf jegliche Gedächtnisinhalte angewendet werden können und die prinzipiell jeder Mensch – wenngleich unter Umständen (z. B. aufgrund von Übung) mit unterschiedlich ausgeprägter Fertigkeit – intentional einsetzen kann.

Sensitive Aufrechterhaltungsprozesse beschreiben nichts anderes als das wiederholte An-etwas-Denken bzw. Über-etwas-Nachdenken, also Prozesse der Wiederholung, Auffrischung und Elaboration. Dass derartige Prozesse dazu führen, dass die entsprechenden Inhalte besser zugänglich und abrufbar bleiben, ist evident und gilt für bedrohliche wie für nichtbedrohliche Inhalte gleichermaßen (vgl. Abschnitt 3.3.2).

Repressive Inhibierung beschreibt demgegenüber das wiederholte Nicht-an-etwas-Denken bzw. den Vorgang, sich von einem ungewollten Gedanken oder einer ungewollten Erinnerung abzulenken. Dass diese Prozesse langfristig auch zu einer Verringerung der Zugänglichkeit der unterdrückten Gedächtnisinhalte führen, ist vielleicht nicht gleichermaßen offensichtlich und wird auch von Wissenschaftlern, vor allem von klinischen Psychologinnen und Psychologen, oft bezweifelt (z. B. A. Ehlers, 1999; Steil & Schönfeld, 2011). Diese Zweifel beruhen vermutlich überwiegend auf Fehlinterpretationen von Gedankenunterdrückungsexperimenten nach dem White-Bear-Paradigma sowie auf unzulässigen Verallgemeinerungen aus der Beobachtung von Personen mit Zwangsgedanken oder posttraumatischer Belastungsstörung. Wie in Abschnitt 3.2.3.3 ausgeführt wurde und wie beispielsweise auch Rassin, Muris, Jong und de Bruin (2005) direkt belegt haben, besteht der empirisch gesicherte Befund des White-Bear-Paradigmas aber lediglich darin, dass Menschen, die sich – nachdem sie 5 Minuten lang einen Gedanken unterdrückt haben – bemühen, so viel wie möglich an den zuvor unterdrückten Inhalt zu denken, es tatsächlich schaffen, öfter an diesen Inhalt zu denken als Menschen, die den Inhalt zuvor nicht unterdrückt haben (vgl. aber Barnier et al., 2004, für eine Studie, in der den Probanden sogar dies nicht gelang). Keineswegs lässt sich daraus ableiten – und dies wurde auch empirisch widerlegt (z. B. Merckelbach et al., 1991; Rassin et al., 2005) –, dass klinisch unauffällige Probanden nach einer Phase der Unterdrückung häufiger an den zuvor unterdrückten Gedanken denken *müssen*, sofern ihnen freigestellt ist, woran sie denken wollen. Wie Studien mit dem TNT-Paradigma gezeigt haben, stellt die wiederholte Inhibierung von unerwünschten Erinnerungen eine wirksame Strategie dar, um deren spätere Abrufbarkeit zu verringern (für einen Überblick siehe M. C. Anderson & Levy, 2009). Weiter unten werde ich darauf zurückkommen, warum jedoch diese an psychisch unauffälligen Personen mit emotional relativ neutralen Reizen gewonnenen Befunde vermutlich nur eingeschränkt auf sehr emotionale bzw. traumatisierende Stimuli oder Erlebnisse übertragbar sind.

Die Studienreihe der Experimente 1 bis 4 dieser Arbeit konnte die Annahmen zum Prozess der sensitiven Aufrechterhaltung eindeutig belegen. Dabei konnten die Erwartungen sowohl mit Bild- als auch mit Wortmaterial bestätigt werden und es wurde – im Kontext vergewaltigungsassoziierter Bilder – gezeigt, dass die sensitive Aufrechterhaltung für ambivalente Reize (sofern diese in Bezug auf künftige Handlungen informativ sind) womöglich noch stärker ausfällt als für eindeutig bedrohliche Reize. Über die sensitive Aufrechterhaltung hinaus verwiesen die Experimente 1 bis 3 (vgl. Abschnitt 7.6) darauf, dass auf Seiten der Represser ebenfalls ein Prozess existiert, der für sein Operieren kognitiver Ressourcen bedarf. Der Effekt der repressiven Inhibierung war allerdings schwächer ausgeprägt als der Effekt der sensitiven Aufrechterhaltung. Somit kann man vermuten, dass der Prozess der sensitiven Aufrechterhaltung im Vergleich zu dem der repressiven Inhibierung auch etwas stärker zum Vergessensunterschied zwischen Sensitizern und Repressern beiträgt. Dies ist in Abbildung 9.1 schematisch dargestellt.

Die bisherigen Studien sind zwar nicht hinreichend, um eine exakte Aussage über die relativen Anteile der sensitiven Aufrechterhaltung und der repressiven Inhibierung an den Erinnerungsunterschieden zu treffen – dazu sind die Konfidenzintervalle zu groß und die Effekte vermutlich auch zu stark material- und stichprobenabhängig. Aber bereits die empirisch begründete Möglichkeit, dass Sensitizer einen größeren Anteil an den Erinnerungsunterschieden haben als Represser, spricht dafür, der Gruppe der Sensitizer – und (kognitiven) Prozessen, die dieser Gruppe eigen sind – in künftigen Untersuchungen noch mehr Aufmerksamkeit zu widmen. Die tradierte Annahme, dass alle angstbewältigungsspezifischen Unterschiede auf Mechanismen zurückgehen, die spezifisch für Represser sind, sollte aufgegeben werden.

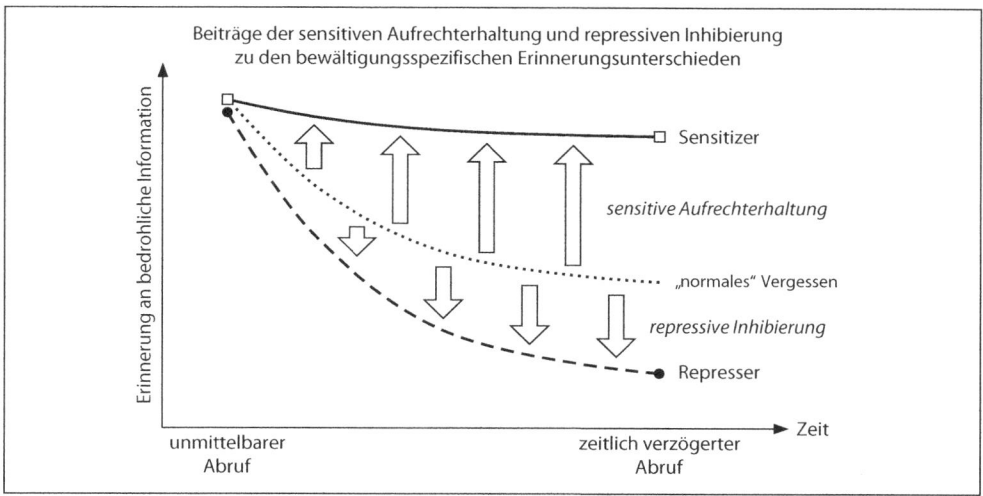

Abbildung 9.1 Schematische Darstellung der vermuteten relativen Beiträge der sensitiven Aufrechterhaltung und der repressiven Inhibierung zu den bewältigungsspezifischen Erinnerungsunterschieden zwischen Repressern und Sensitizern.

Die Experimente 5 bis 8 zum Nachweis der repressiven Inhibierung waren nicht in gleicher Weise erfolgreich wie die Studien zur sensitiven Aufrechterhaltung. Tatsächlich konnte nur in Experiment 8 belegt werden, dass Represser eine den Sensitizern überlegene Inhibierungsfertigkeit aufweisen. Wie in der Gesamtdiskussion zu Kapitel 8 bereits erläutert, besteht eine naheliegende und plausible Erklärung für diesen Umstand darin, dass Represser nur im kurzzeitigen Inhibieren anderen Personen überlegen sind. Um diese Annahme abzusichern, sollten aber weitere Studien, die eine direkte Manipulation des Inhibierungsintervalls einplanen, durchgeführt werden. Auch konnte bisher nicht geklärt werden, ob Represser für bedrohliches Material (bzw. im TNT-Paradigma speziell für Wortpaare mit bedrohlichen Reaktionswörtern) besonders ausgeprägt intentionales Vergessen an den Tag legen.

Es könnte allerdings auch sein, dass ein experimentelles Paradigma wie die TNT-Aufgabe, das Inhibieren als Fertigkeit operationalisiert, überhaupt nicht geeignet ist, um inhibierungsspezifische Unterschiede zwischen Repressern und Sensitizern nachzuweisen. Dies wäre dann der Fall, wenn die in anderen Studien beobachteten Erinnerungsdifferenzen auf spontane Anwendungsunterschiede, aber nicht auf Fertigkeitsunterschiede zwischen diesen Personengruppen zurückzuführen sind. Dann wäre ein Paradigma, wie es im Rahmen der Experimente zur sensitiven Aufrechterhaltung verwendet wurde, auch für die Erfassung der repressiven Inhibierung angebrachter. Allerdings sollte – zusätzlich zu der Evidenz für die sensitive Aufrechterhaltung und die repressive Inhibierung, die mit den Experimenten 1 bis 4 erbracht wurde – versucht werden, die zugrunde liegenden kognitiven Prozesse noch direkter zu erfassen.

Wie bereits diskutiert (vgl. Abschnitt 7.7), ist dies kein einfaches Unterfangen, da es sich ja um latente Prozesse handelt, die nur teilweise bewusst und daher mittels Selbstberichtsdaten prinzipiell nur sehr ungenau erfassbar sind. Allerdings könnte man die Probanden beispielsweise auch instruieren, entweder (a) aktive Aufrechterhaltungsprozesse oder (b) aktive Inhibierungsprozesse intentional auszuführen. Sofern die Vergessensunterschiede zwischen Repressern und Sensitizern nämlich auf spontanen Anwendungsunterschieden und nicht auf Fertigkeitsunterschieden beruhen, sollte es möglich sein, dass die eine Bewältigungsgruppe jeweils die Erinnerungs- bzw. Vergessenseffekte der anderen Bewältigungsgruppe simuliert, wenn sie dazu instruiert wird. Die Erinnerungsleistungen, die dann unter dieser Instruktion erreicht werden, könnten mit den Erinnerungsleistungen ohne Instruktion verglichen werden. Auf das Paradigma der Experimente 1 bis 4 bezogen würde dies bedeuten, dass man neben den Bedingungen der hohen und niedrigen kognitiven Belastung noch zwei weitere Bedingungen einführt, in der die Probanden aufgefordert werden, entweder (a) während des Behaltensintervalls an die zuvor dargebotenen bedrohlichen Reize zu denken (*instruierte Aufrechterhaltung*) oder (b) die Gedanken daran aktiv zu vermeiden (*instruierte Inhibierung*). Konzeptualisiert man Erinnerungsdifferenzen aufgrund von sensitiver Aufrechterhaltung und repressiver Inhibierung nicht als Fertigkeitsunterschiede, sondern als Unterschiede in der spontanen Anwendung, sollten unter der Bedingung *instruierte Aufrechterhaltung* auch die Represser in ihrer Aufrechterhaltung zu den Sensitizern aufschließen, also während des Behaltensintervalls genauso wenig bedrohliche Reize vergessen, wie Sensitizer dies bereits aufgrund spontaner Prozesse tun. Entsprechend sollten Sensitizer in den Bedingungen *instruierte Aufrechterhaltung* und *niedrige kognitive Belastung* vergleichbar wenig bedrohliche Information vergessen, da sie das, wozu Represser erst mit Instruktionen zu bewegen sind, bereits spontan betreiben. In der Bedingung *instruierte Inhibierung* hingegen sollten Sensitizer genauso viel bedrohliche Information vergessen, wie Represser dies bereits spontan in der Bedingung *niedrige kognitive Belastung* tun. Für Represser sollte gelten, dass diese unter instruierter Inhibierung und niedriger kognitiver Belastung vergleichbar viel bedrohliche Information vergessen. Eine derartige Studie würde einen direkteren Nachweis der tatsächlichen Prozesse ermöglichen und – sofern sich die hier postulierten Effekte bestätigen – belegen, dass die Vergessensunterschiede zwischen den Angstbewältigungsgruppen auf Anwendungs- und nicht auf Fertigkeitsunterschieden beruhen. Dabei sollte man allerdings nicht a priori ausschließen, dass die Erinnerungsdifferenzen auch durch eine Kombination aus Anwendungs- und Fertigkeitsunterschieden verursacht sein könnten.

Ausgehend von den in Kapitel 2 angestellten Überlegungen zur Funktionalität von Erinnerungen und zur unterschiedlichen Motivationslage hinsichtlich der Informationsfunktion und der Emotionsregulationsfunktion bei Repressern und Sensitizern, könnte man auch versuchen, *Motivation* zur Aufrechterhaltung bzw. zur Inhibierung noch auf anderem Wege als dem der direkten Instruktion zu erzeugen und die Konsequenzen einer derartigen Motivationsvariation zu untersuchen. So wurde zur sozioemotionalen Selektivitätstheorie dargestellt, dass ältere im Vergleich zu jüngeren Personen zwar einen Positivitätsbias aufweisen, dass dieser sich jedoch verringert, wenn die älteren Probanden erfahren, dass sich – aufgrund medizinischer Fortschritte – ihre Lebenserwartung verlängert (z. B. Mather, 2006; vgl. Abschnitt 2.3). Erklärt wurde dies damit, dass sich mit der Abnahme der antizipierten noch verbleibenden Lebenszeit das Informationsbedürfnis kontinuierlich verringert und das Emotionsregulationsbedürfnis im Gegenzug an Relevanz gewinnt. Durch die in Aussicht gestellte Lebenszeitverlängerung steigt auch wieder das Informationsbedürfnis, da mehr neuartige Situationen, die zu bewältigen sind, erwartet werden.

Diese Überlegung könnte man auf angstbewältigungsspezifische Erinnerungsunterschiede übertragen. Generell sollten Represser ein höheres Emotionsregulationsbedürfnis aufweisen als Sensitizer. Letztere sollten hingegen über ein erhöhtes Informationsbedürfnis verfügen.[90] Die Bedürfnisse nach Information und nach Emotionsregulation werden aber kaum monokausal von der Angstbewältigungsdisposition bestimmt. Auch Sensitizer und Represser sollten – zumindest in gewissem Maße – auf situative Anforderungen und somit Veränderungen der Bedürfnislagen reagieren. Wenn Represser davon überzeugt werden können, dass die momentane kognitive Beschäftigung mit bedrohlichen bzw. unangenehmen Inhalten dazu führt, dass es ihnen in einer späteren Situation wesentlich besser ergeht, sollten auch Represser Aufrechterhaltungsprozesse für derartiges Material aufweisen (vgl. z. B. Baumeister & Cairns, 1992); entsprechend sollte bei Sensitizern, die davon überzeugt sind, dass ihnen die Beschäftigung mit bestimmten bedrohlichen Inhalten keinen späteren Handlungsvorteil bzw. keinen Vorteil für die Unsicherheitsreduktion künftiger Situationen verspricht, die momentane Emotionsregulation an Bedeutung gewinnen und bedrohliche Inhalte sollten eher inhibiert als aufrechterhalten werden.

Dies sei an einem Beispiel veranschaulicht, das gleichzeitig Möglichkeiten für Anschlussstudien aufzeigt: In vielen Studiengängen stehen am Ende des Studiums mehrere mündliche Prüfungen an, die für die Abschlussnote relevant sind, wobei die Studierenden im bisherigen Studienverlauf oft wenig Kontakt mit mündlichen Prüfungen hatten. Negative Rückmeldungen (und schlechte Noten) in diesen Prüfungen können als selbstwertbedrohliche Information betrachtet werden. Gleichwohl bieten derartige Rückmeldungen Informationen, die nützlich für die erfolgreiche Bewältigung der noch ausstehenden Prüfungen sein können. Der informationelle Wert dieser Rückmeldungen sollte deshalb besonders hoch sein, da diese Informationen für die Studierenden – aufgrund der fehlenden Erfahrung mit mündlichen Prüfungen – relativ neuartig sind. Da nach Abschluss des Studiums i. d. R. keine weiteren derartigen Prüfungen anstehen, sollte die Relevanz dieser Informationen nach der letzten Prüfung jedoch recht gering sein.

Analog zur sozioemotionalen Selektivitätstheorie ist also anzunehmen, dass der informationelle Nutzen von negativen Rückmeldungen in der ersten mündlichen Prüfung am größten ist und von der ersten zur letzten mündlichen Prüfung abnimmt. Niedrigängstliche Personen (bzw. die Subgruppe der „Angepasst-Flexiblen", die ihr Bewältigungsverhalten recht frei an die situativen Gegebenheiten anpassen können; vgl. Abschnitt 4.2.2, speziell Abschnitt 4.2.2.3) sollten für negative Rückmeldungen aus der ersten mündlichen Prüfung somit mehr Aufrechterhaltung und auch eine langfristig bessere Erinnerung aufweisen als für negative Rückmeldungen aus der letzten Prüfung. Sensitizer sollten dadurch gekennzeichnet sein, dass sie negative Informationen aus den ersten Prüfungen noch intensiver aufrechterhalten als Personen anderer Bewältigungsgruppen. Allerdings sollten auch bei Sensitizern negative Informationen aus der letzten mündlichen Prüfung vergleichsweise schlecht erinnert werden, da diese Informationen keinen informationellen Wert für die künftige Reduzierung von Unsicherheit bzw. die Bewältigung neuer Situationen haben. Man könnte somit vermuten, dass – gegenüber Niedrigängstlichen – Sensitizer für negative Informationen aus den ersten

---

90 Diese Bedürfnisse sollten übrigens in künftigen Studien nicht nur über die Angstbewältigungsdispositionen Vigilanz und kognitive Vermeidung, die auf diese Bedürfnisse verweisen, erfasst werden, sondern möglichst auch über direktere (Selbstberichts-)Maße.

Prüfungen eine noch bessere langfristige Erinnerung aufweisen. Bei Repressern hingegen sollte – zugunsten einer besseren Emotionsregulation – bereits negatives Feedback aus den ersten Prüfungen recht schlecht erinnert werden. Auch für diese Personen wäre allerdings zu erwarten, dass die Erinnerung an bedrohliche Inhalte noch weiter abnimmt, je später die Prüfung in der Abfolge der Abschlussprüfungen liegt. So konnten etwa Baumeister und Cairns (1992) zeigen, dass selbstwertbedrohliche Informationen, die Represser für künftige Handlungen als relevant erachten, von diesen auch intensiv verarbeitet werden.

Nun sind verschiedene experimentelle Manipulationen vorstellbar, welche die Motivation zur Aufrechterhaltung bzw. zum Vergessen verändern sollten. So könnte man einem Teil der Studierenden unmittelbar *nach* der letzten Abschlussprüfung glaubhaft machen, dass – beispielsweise aufgrund einer aktuellen Änderung der Prüfungsordnung – die vermeintlich letzte Prüfung doch nicht die letzte war und noch eine weitere folgt. In dieser Gruppe sollte nun generell weniger Vergessen für negative Rückmeldungen aus der vermeintlich letzten Prüfung eintreten als bei den Studierenden, die überzeugt sind, dass dies ihre letzte Prüfung war. Auch hier sollten Sensitizer im Vergleich mit Repressern aber eine stärkere Reduzierung des Vergessens aufweisen. Darüber hinaus könnte die Motivation zur Aufrechterhaltung dadurch variiert werden, dass man den Probanden mitteilt, ob die noch ausstehenden Prüfungen der jetzigen Prüfung sehr ähnlich oder sehr unähnlich sind. So könnte der Prüfer am Ende – nachdem er dem Studierenden eine negative Rückmeldung gegeben hat – entweder die Bemerkung fallen lassen, dass er von seinen Kolleginnen und Kollegen wisse, dass diese (a) ganz anders prüfen (z. B. mehr Wert auf Detailwissen als auf ein integratives Verständnis des Fachgebiets legen) oder (b) sehr ähnlich prüfen wie er. In der Gruppe, welche die letztere Bemerkung zu hören bekommt, sollte die Aufrechterhaltung für das negative Feedback – aufgrund dessen höherer Relevanz für die ausstehenden Prüfungen – allgemein besser ausfallen als in der ersten Gruppe. Gleichwohl sollte die individuelle Angstbewältigungsdisposition zusätzliche Varianz in der längerfristigen Erinnerung an das negative Feedback aufklären.

Über den Bereich der Erinnerung an bedrohliche Inhalte bei Personen mit unterschiedlichen Angstbewältigungsstilen hinaus kann die vorliegende Arbeit Anregungen für die allgemeine Gedächtnispsychologie sowie für die Konzeptualisierung von Gedächtnisprozessen im Rahmen psychischer Störungen, speziell der posttraumatischen Belastungsstörung, liefern. Hinsichtlich der allgemeinen Gedächtnispsychologie erscheint relevant, dass mit dieser Arbeit – speziell mit den Experimenten 1 bis 4 – erneut demonstriert wurde, dass *aktive* kognitive Prozesse, die *zwischen* der Enkodierung und dem Abruf stattfinden, substantiell zur Verbesserung bzw. auch Verschlechterung der späteren Erinnerungsleistung beitragen können und dass diese Prozesse durch dispositionelle Unterschiede in informationellen und emotionsregulativen Bedürfnissen moderiert werden. Wenngleich dies keine grundlegend neue Erkenntnis ist, werden die während des Behaltensintervalls operierenden Prozesse und deren motivationale Modulation immer noch oft vernachlässigt (vgl. Abschnitt 3.3.2). Die Vernachlässigung des Behaltensintervalls in der Forschung zu angstbewältigungsspezifischen Erinnerungsunterschieden kann dabei als paradigmatisch für die generelle Vernachlässigung kognitiver Prozesse in dieser Informationsverarbeitungsphase gelten.

Abschließend sollen Implikationen für Prozesse behandelt werden, die im Rahmen der posttraumatischen Belastungsstörung auftreten und die der sensitiven Aufrechterhaltung und der repressiven Inhibierung zumindest ähnlich sind. Viele Manuale zur kognitiv-verhaltenstherapeutischen Behandlung von Personen mit posttraumatischer Belastungsstörung enthalten die Empfehlung, den Klienten zu verdeutlichen, dass das Vermeiden oder Unterdrücken intrusiver Gedanken *schädlich* ist, da dies zu vermehrten Intrusionen führe (z. B. A. Ehlers, 1999; Steil & Schönfeld, 2011). Als Beleg für diese Empfehlung werden dann i. d. R. die White-Bear-Experimente von Wegner (z. B. Wegner et al., 1987) angeführt. Wie erläutert, sollte eine derartige Empfehlung allerdings nicht aus den Studien von Wegner abgeleitet werden, da Personen mit posttraumatischer Belastungsstörung wohl kaum auf die Idee verfallen werden, nach einem Unterdrückungsversuch möglichst intensiv und oft an die intrusiven Gedanken zu denken. Sofern dies jedoch nicht versucht wird, kann aus den White-Bear-Studien nicht abgeleitet werden, dass dann vermehrte Gedanken an den zuvor unterdrückten Inhalt auftreten (vgl. z. B. Barnier et al., 2004; Merckelbach et al., 1991; Rassin et al., 2005; vgl. auch Abschnitt 3.2.3.3).

Allerdings könnte es andere Erklärungen dafür geben, weshalb die Inhibierung intrusiver Gedanken bei Vorliegen einer posttraumatischen Belastungsstörung tatsächlich nicht effektiv ist. So zeichnen sich die intrusiven Gedanken im Rahmen dieser Störung dadurch aus, dass sie emotional viel intensiver und somit auch salienter sind als die Reize, die in Experimenten aus ethischen Gründen überhaupt verwendet werden können. Deshalb ist es wahrscheinlich, dass die Inhibierungsversuche bei Personen mit posttraumatischer Belastungsstörung nicht erfolgreich sind, d. h., es gelingt – aufgrund der besonderen Charakteristik der Inhalte – diesen Personen i. d. R. nicht, die aversiven Gedanken erfolgreich zu inhibieren. Daher kommt es auch bei Unterdrückungsversuchen immer wieder zur Auffrischung des eigentlich unterdrückten Gedankens.

In diesem Kontext ist allerdings relevant, dass von den Personen, die einem als traumatisch zu klassifizierenden Ereignis ausgesetzt waren, durchschnittlich nur etwa 10% eine posttraumatische Belastungsstörung entwickeln, wobei diese Wahrscheinlichkeit mit der Art des Traumas und in Abhängigkeit von Organismus- bzw. Persönlichkeitsvariablen stark variiert (z. B. Hennig-Fast & Markowitsch, 2010; Kessler, Sonnega, Bromet, Hughes, Nelson, 1995; Maercker, 2009). Diese relativ geringe Rate von Personen, die eine posttraumatische Belastungsstörung manifestieren, lässt es möglich erscheinen, dass für diejenigen Personen, die keine derartige Störung ausbilden, Inhibierung eine wirksame Strategie ist. Darüber hinaus bildet sich bei etwa 50% der Personen, bei denen eine posttraumatische Belastungsstörung diagnostiziert wurde, diese spontan – ohne therapeutische Intervention – zurück (z. B. A. Ehlers, 1999). Auch für diese Personengruppe ist nicht auszuschließen, dass Inhibierung intrusiver Gedanken erfolgreich dazu führt, dass diese seltener auftreten. Daher sollte die Empfehlung an die Klienten nicht lauten, Gedankenunterdrückung grundsätzlich zu vermeiden. Adäquater wäre vielleicht die folgende Empfehlung: „Wenn Sie feststellen, dass Sie aversive Gedanken gut unterdrücken können, machen Sie dies ruhig weiterhin. Stellen Sie jedoch fest, dass Ihre Unterdrückungsversuche nicht erfolgreich sind, da der unterdrückte Gedanke doch immer recht schnell wieder ins Bewusstsein tritt, dann können Sie auch nicht erwarten, dass der Versuch der Unterdrückung zu einer Abnahme der intrusiven Gedanken führt, weshalb sie dann auch auf diese Inhibierungsversuche verzichten können."

In der Regel werden die intrusiven Gedanken, die als Symptom der posttraumatischen Belastungsstörung auftreten, als dysfunktional und behandlungsbedürftig betrachtet. Krans et al. (2009) haben allerdings gefragt, ob diesen Gedankenintrusionen nicht ein zumindest prinzipiell funktionaler Mechanismus zugrunde liegen könnte. So stellen die Autoren fest, dass nach traumatischen Ereignissen, die von anderen Personen verursacht werden und (daher) – subjektiv – oft als zumindest teilweise kontrollierbar oder vermeidbar eingeschätzt werden, wie beispielsweise Vergewaltigungen oder andere Gewaltverbrechen, der Anteil der Individuen, die eine posttraumatische Belastungsstörung entwickeln, sehr hoch ist (nach einer Vergewaltigung z. B. 65% der Männer und 46% der Frauen; Kessler et al., 1995; vgl. auch Kushner, Riggs, Foa & Miller, 1993; Maercker, 2009). Nach Naturkatastrophen oder ähnlichen Ereignissen, auf die – sowohl subjektiv als auch objektiv – kein Einfluss genommen werden kann, liegt die Prävalenzrate für eine posttraumatische Belastungsstörung lediglich bei etwa 5% (Kessler et al., 1995).[91] Relevant ist dabei die Erkenntnis, dass nur Erinnerungen an – zumindest in einem gewissen Umfang – kontrollierbare Ereignisse funktional sind, da nur diese künftig Handlungen ermöglichen, die ein traumatisches Ereignis zu vermeiden oder zumindest dessen Folgen abzumindern vermögen.

Diese Überlegung ist auch konsistent mit der *Warnhinweis-Hypothese* (*warning signal hypothesis*) von A. Ehlers et al. (2002). A. Ehlers und Kollegen wollten herausfinden, wodurch sich intrusive Erinnerungen von Personen mit posttraumatischer Belastungsstörung auszeichnen, und sammelten dazu die Aussagen von Personen, die verschiedene Arten von Traumata erlebt hatten. Als prototypisch erachten die Autoren z. B. die intrusiven Erinnerungen eines Mannes, der als Autofahrer einen Frontalzusammenstoß mit einem anderen Wagen erlebt hatte und seitdem in Form von Intrusionen wiedererlebt, wie sich die Scheinwerfer des entgegenkommenden Wagens nähern, bevor die Kollision erfolgt. Auch die intrusiven Erinnerungen einer Frau, die in ihrem Schlafzimmer von einem Eindringling vergewaltigt wurde und nun intrusiv wiedererlebt, wie der Täter im Türrahmen steht, werden als paradigmatisch angeführt. Die geschilderten Intrusionen beziehen sich also auf den Moment *kurz vor dem traumatischen Erlebnis* und können folglich als Warnhinweis für die unmittelbare Bedrohung aufgefasst werden. A. Ehlers et al. (2002) beschreiben dies wie folgt:

> A closer look at the content of intrusions suggested that they are not random fragments of the experience. They mainly appeared to represent stimuli that were present shortly before the moments with the largest emotional impact. They can be understood as stimuli that—through *temporal* [Hervorhebung im Original] association with the traumatic event—acquired the status of warning signals: stimuli, that if encountered again would indicate impending danger. (S. 999)

Wesentlich in diesem Zitat ist der letzte Satz, der ausdrückt, dass diejenigen Aspekte intrusiv erinnert bzw. wiedererlebt werden, die auch in künftigen Situationen als Warnhinweis für eine bevorstehende Bedrohung dienen können. Somit ist die Erinnerung an derartige Warnhinweise also durchaus für künftiges Handeln und das Abwenden bzw. Abwehren von Gefahren relevant. Diese Überlegung ist konform mit dem im Zwei-Prozess-Modell bewältigungsspezifischer Erinnerungsunterschiede formulierten Gedanken, dass sensitive Aufrechterhal-

---

91 Sicherlich ist es fraglich, ob es objektiv kontrollierbarer ist, nicht Opfer eines Gewaltverbrechens als einer Naturkatastrophe zu werden. Zumindest subjektiv werden aber wohl Ereignisse, die von anderen Personen ausgehen, von vielen Menschen als kontrollierbarer eingestuft als beispielsweise Naturkatastrophen. Ein Indiz dafür ist die hohe Rate von Vergewaltigungsopfern, die sich Selbstvorwürfe machen und sich zumindest eine Mitschuld an dem Ereignis geben (z. B. im Sinne von „wäre ich nicht alleine nachts nach Hause gegangen, hätte ich mich anders gekleidet, hätte ich einen bestimmten Ort nicht aufgesucht etc., wäre mir dies nicht passiert") – nach Janoff-Bulman (1979) trifft dies immerhin auf 74% der Vergewaltigungsopfer zu (vgl. z. B. auch Frazier, 2003). Nach Naturkatastrophen oder ähnlichen Ereignissen erscheint es eher unwahrscheinlich, dass sich die Opfer eine Mitschuld (und damit eine gewisse Kontrolle über das Ereignis) zusprechen.

tung ein Prozess ist, der dazu beiträgt, künftiges Unsicherheitserleben zu reduzieren und auch das Repertoire an adaptiven Handlungsoptionen in neuen Situationen zu vergrößern.

Dysfunktional werden intrusive Erinnerungen allerdings dann, wenn diese Warnhinweise auf Situationen oder Reize generalisieren, die an sich keine Gefahr signalisieren. Wenn also die Frau aus dem obigen Beispiel immer in Angst gerät, wenn sie die Silhouette eines Menschen im Türrahmen sieht – z. B. auch tagsüber im Büro –, ist der an sich nützliche Warnhinweis so weit generalisiert und auch auf nichtbedrohliche Situationen ausgeweitet, dass er das tägliche Leben belastet.

Man könnte nun spekulieren, dass sich Personen, die eine chronische posttraumatische Belastungsstörung ausbilden – zumindest in Bezug auf das traumatische Ereignis und die intrusiven Gedanken daran –, ähnlich verhalten wie diejenigen Personen, die im Rahmen des Modells der Bewältigungsmodi als Hochängstliche bezeichnet werden. Wie bei hochängstlichen Personen treten auch bei traumatisierten Personen Erinnerungen an die Bedrohungssituation spontan ins Bewusstsein. Dies kann – nach Krans et al. (2009) – zunächst durchaus als funktional angesehen werden, da das traumatische Ereignis Informationen enthält, die für künftige Situationen handlungsrelevant sein können. Aufgrund der hohen emotionalen Erregung, die mit der Erinnerung an dieses Ereignis einhergeht, können die Gedanken daran allerdings nicht lange ausgehalten werden, weshalb ein Versuch der Inhibierung bzw. kognitiven Vermeidung erfolgt. Da die Erinnerung an das traumatische Ereignis aber prinzipiell eine hohe Relevanz für die künftige Lebensbewältigung aufweist, kann auch die Unterdrückung nicht langfristig aufrechterhalten werden und die intrusiven Gedanken drängen wieder ins Bewusstsein. Demnach würden Personen mit einer posttraumatischen Belastungsstörung die gleiche Form fluktuierenden Bewältigungsverhaltens aufweisen, die auch von Hochängstlichen an den Tag gelegt wird, wobei Hochängstliche derartiges Verhalten aber bereits für weniger stark bedrohliche Reize oder Inhalte manifestieren.

Vor dem Hintergrund dieser Erklärung wird auch ein wesentliches Ziel der aktuellen Behandlungsprinzipien kognitiver Verhaltenstherapie bei posttraumatischer Belastungsstörung verständlich. So wird nämlich versucht, die Klienten in die Lage zu versetzen, die intrusiven Traumaerinnerungen, die bruchstückhaft und nicht integriert sind, in eine zusammenhängende Erzählung einzubetten (z. B. A. Ehlers, Clark, Hackmann, McManus & Fennell, 2005; Steil & Schönfeld, 2011). Es wird also quasi ein vigilantes Bewältigungsverhalten forciert, was dazu führt, dass die für die Daseinsbewältigung relevanten Informationen, die sich aus dem traumatischen Erlebnis ableiten, im Gedächtnis gut verfügbar und intentional zugänglich sind (vgl. auch A. Ehlers & Steil, 1995). Somit ist die Funktion der nichtintentionalen Aufrechterhaltungsprozesse – also der Intrusionen – hinfällig, da das Ziel, diese Informationen verfügbar zu halten, bereits erfüllt ist. Deshalb sollten auch die intrusiven Gedanken seltener auftreten.

Es ist bekannt, dass das Risiko, eine posttraumatische Belastungsstörung zu entwickeln, mit dem Neurotizismusscore der Person zunimmt (z. B. Hyer et al., 1994; Rubin, Berntsen & Bohni, 2008; vgl. auch Hennig-Fast & Markowitsch, 2010). Dies legt nahe, zukünftig genauer zu untersuchen, ob Personen, die durch hohe Vigilanz bei gleichzeitig hoher kognitiver Vermeidung gekennzeichnet sind (also nach dem MBM hochängstliche Personen), ebenfalls eine erhöhte Wahrscheinlichkeit aufweisen, eine posttraumatische Belastungsstörung zu entwickeln. Für die Formulierung von Interventionsmaßnahmen nach traumatischen Erlebnissen könnte zudem überprüft werden, ob die Empfehlung, intrusive Gedanken nicht zu unterdrücken, in dieser undifferenzierten Form adäquat ist. Alternativ erscheint es möglich, dass Inhibierung und Gedankenunterdrückung für viele Personen eine sinnvolle und effektive Bewältigungsstrategie darstellen kann. Dann sollte nur in den Fällen, in denen – aufgrund der Schwere und der damit einhergehenden emotionalen Intensität des Traumas oder auch aufgrund dispositioneller Eigenschaften – Inhibierung immer wieder fehlschlägt, empfohlen werden, diese zugunsten der Integration des traumatischen Erlebnisses in eine intentional zugängliche Erinnerungsstruktur aufzugeben.

Viele psychopathologische Theorien und Modelle postulieren störungsspezifische Mechanismen, Prozesse oder Strukturen. Dies trifft auch auf Modelle zur posttraumatischen Belastungsstörung zu. So spricht beispielsweise A. Ehlers (1999) in ihrer Theorie von einem „Trauma-Gedächtnis" (vgl. auch A. Ehlers & Clark, 2000). Brewin, Dalgleish und Joseph (1996) gehen in ihrem dualen Repräsentationsmodell der posttraumatischen Belastungsstörung davon aus, dass traumatische Ereignisse in zwei separaten Gedächtnissystemen abgespeichert werden („verbally accessible memories" und „situationally accessible memories"; Brewin et al., 1996, S. 676). Während sich derartige „Mikrotheorien" (Dalgleish, 2004) – also Theorien, die sich auf die Erklärung spezifischer, relativ umgrenzter Phänomene beschränken und auch nur bedingt den Anschluss an allgemeinere Theorien suchen – im pragmatischen Feld der Psychotherapie als sinnvoll erweisen und den Bedürfnissen der Kliniker bzw. klinischen Forscher entsprechen können, sind sie aus Sicht der Grundlagenforschung von zweifelhaftem Wert. Dalgleish (2004) stellt diesen Konflikt zwischen den Ansprüchen, die Kliniker und Grundlagenwissenschaftler an eine Theorie stellen, folgendermaßen dar:

> In clinician/clinical researcher stakeholder terms, a theory of PTSD should offer an account of the symptoms of the disorder and their treatment, should have prospective utility in terms of being a tool for thinking about how treatments might be developed and/or why existing treatments might fail for some individuals, and ideally, should be reducible to a digestible form that can be discussed with patients to provide them with a rationale for the treatment that is being carried out. [...] The basic science/pure theorist stakeholder has an altogether different set of expectations of a theory than the clinician/clinical researcher. [...] Pure theorists are more motivated to broaden theoretical horizons from disorder-specific, microtheoretical approaches (such as those that focus only on PTSD) to what might be called *macrotheory* (Barnard, May, Duke, & Duce, 2000)—comprising models that embrace various psychopathological and nonpsychopathological presentations. [...] Because of [... a] variety of psychopathology with the same ostensible etiological agent, as well as the presence of large numbers of traumatized individuals with no apparent psychological problems posttrauma, it is increasingly difficult for the pure theorist to defend any theory that speaks only to PTSD, rather than to more general issues of stress response. Similarly, for the basic empirical scientist it is not really enough that the current theories are useful conceptual tools for generating ideas and interventions. Ideally, the theories should offer up unique, tightly prescribed, and falsifiable empirical predictions. (S. 253)

Das im Rahmen dieser Arbeit vorgestellte und empirisch untermauerte Zwei-Prozess-Modell bewältigungsspezifischer Erinnerungsunterschiede könnte einen ersten Schritt in Richtung einer Makrotheorie für Gedächtnisprozesse im Rahmen klinischer Störungen darstellen. Dadurch, dass allgemeine Gedächtnisprozesse herangezogen wurden, um bewältigungsspezifische Erinnerungs- und Vergessensunterschiede zu erklären, verweist das Zwei-Prozess-Modell darauf, dass sich die bewältigungsspezifischen Phänomene in einen größeren Kontext von Gedächtnisprozessen einordnen lassen. Auch die Phänomene, die zu Beginn dieser Arbeit im Rahmen der sozioemotionalen Selektivitätstheorien dargestellt wurden (Abschnitt 2.3), lassen sich mit den Aufrechterhaltungs- und Inhibierungsprozessen des Zwei-Prozess-Modells beschreiben. Das verbindende Glied ist dabei lediglich die Annahme, dass Gedächtnisprozesse prinzipiell funktional sind, wie es mit dem *motivational-kognitiven Rahmenmodell zur Zielgerichtetheit von Gedächtnisprozessen* in Abschnitt 2.4 (speziell Abbildung 2.4) herausgestellt wurde. Dieses motivational-kognitive Rahmenmodell beschreibt, dass Erinnerungsinhalte – in Abhängigkeit davon, wie sehr sie den emotionalen und kognitiven (bzw. prospektiv direktiven) Bedürfnissen des Individuums entsprechen bzw. dienen – aufrechterhalten bzw. auch motiviert vergessen werden (vgl. die Begriffe des *Emotionsregulationsbedürfnisses* und des *Informationsbedürfnisses* in Abschnitt 2.4). Die Prozesse, die dann zur Aufrechterhaltung bzw. Inhibierung dieser Gedächtnisinhalte beitragen, sind dieselben Prozesse, die auch zur Aufrechterhaltung bzw. Inhibierung von emotional neutralen Inhalten verwendet werden. Dadurch werden Konstrukte wie „Trauma-Gedächtnis" und „Flashbulb memories" unnötig. Eine derartige Theorie, die auf die Annahme einer Reihe spezifischer (Gedächtnis-)Systeme verzichten kann und hinsichtlich der Prozesse keine neuen spezifischen Prozesse annimmt, erfüllt auch besser das wissenschaftstheoretische Postulat der Sparsamkeit. Es ist lediglich die Annahme notwendig, dass bekannte und in der Gedächtnispsychologie etablierte Prozesse situativ und interindividuell variabel – also an die Bedürfnislage des Individuums angepasst – zum Einsatz gelangen können. Zu überprüfen, ob sich diese Annahme auch bezüglich weiterer Phänomene aus dem Bereich der Gedächtnisforschung als wissenschaftlich fruchtbar erweist, bleibt die Aufgabe künftiger Forschung.

10 Zusammenfassung

Bedrohungssituationen zeichnen sich aus (a) durch Gefahrenreize, die zur *Wahrnehmung körperlicher Erregung* (Emotionalität) führen, und (b) durch die Mehrdeutigkeit der Situation, die zum *Erleben von Unsicherheit* (Besorgnis) beiträgt. Menschen unterscheiden sich nun darin, wie gut sie diese Zustände aushalten oder tolerieren können. Eine Intoleranz hinsichtlich des Erlebens körperlicher Erregung sollte die *kognitive Vermeidung* von Gefahrenreizen (z. B. durch Ablenkung) zur Folge haben. Demgegenüber sollte eine Intoleranz hinsichtlich des Erlebens von Unsicherheit zu *Vigilanz* führen, d. h. zu der vermehrten Suche nach und Aufnahme von Informationen, die dabei helfen, die Unsicherheit darüber, was auf einen zukommt, zu reduzieren. Die dispositionellen Ausprägungen auf den Dimensionen Vigilanz und kognitive Vermeidung werden als voneinander unabhängig betrachtet, so dass alle Ausprägungskonstellationen möglich sind. Die deutlichsten Unterschiede im Angstbewältigungsverhalten werden jedoch zwischen *Repressern* (niedrige Vigilanz, hohe kognitive Vermeidung), also konsistenten kognitiven Vermeidern, und *Sensitizern* (hohe Vigilanz, niedrige kognitive Vermeidung), also konsistenten Überwachern, erwartet.

Unterschiede in Angstbewältigungsdispositionen spiegeln sich auch in interindividuellen Unterschieden hinsichtlich des Erinnerns und Vergessens bedrohlicher Information wider. Klassischerweise wurde bisher angenommen, dass Represser im Vergleich zu anderen Personen bedrohliche Inhalte konsistent schlechter erinnern und dass dies auf Mechanismen in der Phase der Enkodierung und/oder der Phase des Abrufs beruht, die spezifisch für Represser sind. Neuere Befunde haben jedoch gezeigt, dass sich die Erinnerungsunterschiede zwischen Repressern und Nichtrepressern erst mit einem gewissen zeitlichen Abstand zur Enkodierung ausbilden: So erinnern sich Represser bei einem unmittelbaren Erinnerungstest genauso gut wie andere Personen an bedrohliche Reize; bei einem verzögerten Erinnerungstest zeigt sich jedoch das für Represser typische Erinnerungsdefizit.

Dies legt nahe, dass auch *während* des Behaltensintervalls Prozesse operieren, die zu den Erinnerungsunterschieden zwischen den Bewältigungsgruppen beitragen. In dieser Arbeit wird postuliert, dass auf Seiten der Represser die wiederholte Inhibierung unerwünschter Erinnerungen zu deren schlechteren Erinnerbarkeit beiträgt (*repressive Inhibierung*). Da sich das Erinnerungsdefizit der Represser immer aus dem Vergleich von Repressern mit Nichtrepressern – speziell Sensitizern – ergibt, wird erstmals auch ein Prozess postuliert, der genuin für Sensitizer sein soll und dazu führt, dass sich diese langfristig besonders gut an bedrohliche Inhalte erinnern. Dabei wird angenommen, dass Sensitizer bedrohliche Gedächtnisinhalte vermehrt abrufen, wiederholen und elaborieren, wodurch es zur langfristig besseren Abrufbarkeit dieser Inhalte kommt (*sensitive Aufrechterhaltung*). Diese beiden Prozesse – die *repressive Inhibierung* und die *sensitive Aufrechterhaltung* –, die antagonistisch auf die Erinnerbarkeit bedrohlicher Information einwirken, wurden in dem *Zwei-Prozess-Modell bewältigungsspezifischer Erinnerungsunterschiede* zusammengefasst und in zwei Studienreihen, die jeweils aus vier Experimenten bestanden, untersucht.

Die erste Studienreihe widmete sich primär der sensitiven Aufrechterhaltung. Die Grundidee der Experimente 1 bis 4 ist, dass sensitive Aufrechterhaltung kognitive Ressourcen beansprucht und somit unterbunden oder zumindest eingeschränkt wird, wenn der Person keine freien Verarbeitungskapazitäten zur Verfügung stehen. In Experiment 1 ($N = 128$) und Experiment 2 ($N = 145$) wurden den Probanden kurzfristig Bilder bzw. Wörter dargeboten. Diese Stimuli waren in jeder Studie zum Teil bedrohlich, zum Teil ambivalent und zum Teil nichtbedrohlich (neutral). Im Anschluss daran erfolgte ein unmittelbarer Wiedererkennungstest. Danach wurde in jedem der Experimente etwa die Hälfte der Probanden für eine Zeitspanne von 30 Minuten unter hohe und die andere Hälfte unter geringe kognitive Belastung gesetzt. Unmittelbar danach wurde die Wiedererkennungsleistung für die anfänglich präsentierten Reize erneut getestet. Aus den Daten der beiden zeitlich versetzten Wiedererkennungstests konnte somit ein Vergessensmaß gebildet werden. Die Hypothesen waren, (a) dass Sensitizer, sofern sie nur einer geringen kognitiven Belastung ausgesetzt sind, Aufrechterhaltungsprozesse speziell für die bedrohlichen Reize zeigen und somit im Vergleich zu Repressern weniger dieser Reize vergessen. (b) Da die sensitiven Aufrechterhaltungsprozesse jedoch spezifisch auf bedrohliches Material gerichtet sind, sollten sich für neutrale Reize keine Unterschiede zwischen Repressern und Sensitizern finden lassen. (c) Schließlich sollte unter hoher kognitiver Belastung der Erinnerungsvorteil, den Sensitizer gegenüber Repressern für bedrohliche Reize aufweisen, verloren gehen: Unter hoher kognitiver Belastung würden auch den Sensitizern keine kognitiven Ressourcen zur Verfügung stehen, um Aufrechterhaltung zu betreiben. – Alle Hypothesen wurden in Experiment 1 und 2 bestätigt.

Mit den Experimenten 1 und 2 wurde bereits eine gewisse Generalisierbarkeit der Befunde nachgewiesen, da sowohl Bild- als auch Wortmaterial verwendet wurde. Das Ziel von Experiment 3 und 4 ($Ns = 192$ und 121) war es, die zuvor an allgemein bedrohlichem Material gefundenen Ergebnisse für einen spezifischeren Bedrohungsbereich, nämlich denjenigen der Angst vor sexueller Gewalt bei Frauen, zu replizieren. Daher ähnelte der Aufbau der Experimente 3 und 4 stark dem von Experiment 1, nur dass die Bilder nun speziell Interaktionen zwischen einer Frau und einem Mann (oder auch mehreren Männern) zeigten, die als bedrohlich, ambivalent oder nichtbedrohlich zu interpretieren waren. Darüber hinaus sollte mit diesen Experimenten die Rolle ambivalenter Reize genauer untersucht werden und schließlich sollte mit Experiment 4 durch eine Verkürzung der Phase der hohen bzw. niedrigen kognitiven Belastung von 30 auf 15 Minuten überprüft werden, ob diese kürzere Zeitspanne bereits ausreicht, damit sich substantielle Vergessensunterschiede zwischen Repressern und Sensitizern manifestieren. Mit Experiment 3 konnten die Befunde der Experimente 1 und 2 bestätigt werden und es ergaben sich Hinweise darauf, dass ambivalente Reize – sofern diese eine informationelle Relevanz für künftige Situationsbewältigungen besitzen – von Sensitizern besonders intensiv aufrechterhalten werden. Experiment 4 erbrachte keine signifikanten Resultate, woraus gefolgert wird, dass ein 15-minütiges Behaltensintervall zu kurz ist, als dass sich Vergessensunterschiede zumindest moderater Effektstärke zwischen Repressern und Sensitizern etablieren können. Insgesamt konnte mit der ersten Studienreihe die These der sensitiven Aufrechterhaltung bestätigt werden. Ferner erbrachten diese Studien Hinweise darauf, dass auch seitens der Represser ein – kognitive Ressourcen beanspruchender – Prozess operiert, der zum vermehrten Vergessen bedrohlicher Inhalte beiträgt.

Diesem Prozess der repressiven Inhibierung galten die Experimente der zweiten Studienreihe. Für diese wurde das Think-/No-Think (TNT)-Paradigma verwendet, das die wiederholte

Inhibierung unerwünschter Erinnerungen simuliert: Die Probanden lernten in allen vier Experimenten zunächst Wortpaare auswendig; in der nachfolgenden TNT-Phase musste – wiederholt – auf einige der linken Wortpartner dieser Wortpaare hin der rechte Wortpartner entweder inhibiert (No-Think-Bedingung) oder genannt (Think-Bedingung) werden, einige Wortpaare wurden in dieser Phase gar nicht dargeboten (Baseline-Bedingung); im abschließenden Erinnerungstest sollte zu allen linken Wortpartnern mit dem dazugehörigen rechten Wortpartner geantwortet werden. Der Effekt des wiederholten Inhibierens, also des intentionalen Vergessens, ergibt sich als Differenz aus der Erinnerungsleistung für Baseline- und No-Think-Wortpaare. Es wurde erwartet, dass Represser gegenüber Sensitizern in derartigen TNT-Aufgaben einen größeren Effekt des intentionalen Vergessens aufweisen. Ferner sollte – bei systematischer Variation der Bedrohlichkeit der Wörter – dieser Effekt dann besonders ausgeprägt sein, wenn der rechte Wortpartner bedrohlich ist, da Represser im Alltag vor allem Gedanken an bedrohliche Inhalte vermeiden und daher im Inhibieren derartiger Inhalte besonders geübt sein sollten. In den ersten drei Experimenten dieser zweiten Studienreihe (Experimente 5 bis 7; $Ns = 89$, 87 und 136), in denen in der No-Think-Bedingung der Gedanke an den linken Wortpartner wiederholt für jeweils 4 Sekunden inhibiert werden sollte, fanden sich keinerlei hypothesenkonforme Befunde. Vielmehr zeigten Represser zumindest deskriptiv im Vergleich zu den anderen Bewältigungsgruppen oft am wenigsten intentionales Vergessen. In Experiment 8 ($N = 76$), in dem die Unterdrückungsdauer auf jeweils 3 Sekunden reduziert wurde, bestätigte sich jedoch, dass Represser den größten Vergessenseffekt aufweisen. Es wird diskutiert, ob diese Diskrepanz der Ergebnisse zwischen Experiment 8 und den Experimenten 5 bis 7 darauf zurückgeführt werden könnte, dass Represser im Alltag erfolgreiche Inhibierer sind und daher für gewöhnlich gar keine längeren Phasen der permanenten Inhibierung benötigen, um unerwünschte Gedanken zu vermeiden. Möglicherweise war daher das in den Experimenten 5 bis 7 verwendete Unterdrückungsintervall für die Represser schon ungewöhnlich lang, so dass am Ende dieses Intervalls regelmäßig die Inhibierung zusammenbrach und es somit zu einer Auffrischung des rechten Wortpartners kam. Darüber hinaus wird aber auch diskutiert, ob es adäquat ist, repressive Inhibierung als Fertigkeit (wie es der Operationalisierung im TNT-Paradigma entspricht) aufzufassen, in der Represser besonders geübt sind, oder ob die Phänomene der repressiven Inhibierung nicht vielmehr auf Unterschieden in der spontanen Anwendung von Inhibierung beruhen.

Abschließend wird die Bedeutung der Befunde aus den beiden Studienreihen für die Validierung des Zwei-Prozess-Modells bewältigungsspezifischer Erinnerungsunterschiede erörtert. Darüber hinaus wird aufgezeigt, dass dem Behaltensintervall – als Ort aktiver Gedächtnisprozesse – in der Gedächtnisforschung ungerechtfertigterweise oft wenig Beachtung geschenkt wird. Zudem werden Parallelen zur sozioemotionalen Selektivitätstheorie gezogen, welche die Zielgerichtetheit und emotional-motivationale Adaptivität von Gedächtnisprozessen betont, und es werden Verbindungen zu Gedächtnisprozessen im Rahmen psychischer Störungen, insbesondere der posttraumatischen Belastungsstörung, erörtert.

Literatur

Airaksinen, E., Larsson, M., Lundberg, I., & Forsell, Y. (2004). Cognitive functions in depressive disorders: Evidence from a population-based study. *Psychological Medicine, 34*, 83–91.

Alberini, C. M. (2005). Mechanisms of memory stabilization: Are consolidation and reconsolidation similar or distinct processes? *Trends in Neurosciences, 28*, 51–56.

Alberini, C. M., & Taubenfeld, S. M. (2008). Memory reconsolidation. In J. H. Byrne (Ed.), *Learning and memory: A comprehensive reference: Vol. 4. Molecular mechanisms of memory* (pp. 235–244). Oxford, UK: Academic Press.

Altmann, E. M. (2002). Functional decay of memory for tasks. *Psychological Research, 66*, 287–297.

Altmann, E. M. (2009). Evidence for temporal decay in short-term episodic memory (Letter). *Trends in Cognitive Sciences, 13*, 279.

Altmann, E. M., & Gray, W. D. (2002). Forgetting to remember: The functional relationship of decay and interference. *Psychological Science, 13*, 27–33.

Altmann, E. M., & Gray, W. D. (2008). An integrated model of cognitive control in task switching. *Psychological Review, 115*, 602–639.

Altmann, E. M., & Schunn, C. D. (2002). Integrating decay and interference: A new look at an old interaction. In Cognitive Science Society (Ed.), *Proceedings of the 24th annual meeting of the Cognitive Science Society* (pp. 65–70). Hillsdale, NJ: Erlbaum.

Anderson, A. K., Wais, P. E., & Gabrieli, J. D. E. (2006). Emotion enhances remembrance of neutral events past. *Proceedings of the National Academy of Sciences of the United States of America, 103*, 1599–1604.

Anderson, A. K., Yamaguchi, Y., Grabski, W., & Lacka, D. (2006). Emotional memories are not all created equal: Evidence for selective memory enhancement. *Learning and Memory, 13*, 711–718.

Anderson, J. R. (1974). Retrieval of propositional information from long-term memory. *Cognitive Psychology, 6*, 451–474.

Anderson, J. R. (1983). A spreading activation theory of memory. *Journal of Verbal Learning and Verbal Behavior, 22*, 261–295.

Anderson, J. R. (2007). *Kognitive Psychologie*. Berlin: Spektrum Akademischer Verlag.

Anderson, J. R., & Milson, R. (1989). Human memory: An adaptive perspective. *Psychological Review, 96*, 703–719.

Anderson, J. R., & Schooler, L. J. (1991). Reflections of the environment in memory. *Psychological Science, 2*, 396–408.

Anderson, J. R., & Schooler, L. J. (2000). The adaptive nature of memory. In E. Tulving & F. I. M. Craik (Eds.), *The Oxford handbook of memory* (pp. 557–570). Oxford: Oxford University Press.

Anderson, M. C. (2003). Rethinking interference theory: Executive control and the mechanisms of forgetting. *Journal of Memory and Language, 49*, 415–445.

Anderson, M. C. (2005). The role of inhibitory control in forgetting unwanted memories: A consideration of three methods. In N. Ohta, C. M. MacLeod, & B. Uttl (Eds.), *Dynamic cognitive processes* (pp. 159–189). Tokyo: Springer.

Anderson, M. C. (2006). Repression: A cognitive neuroscience approach. In M. Mancia (Ed.), *Psychoanalysis and neuroscience* (pp. 327–349). Milan: Springer.

Anderson, M. C. (2009a). Incidental forgetting. In A. D. Baddeley, M. W. Eysenck, & M. C. Anderson (Eds.), *Memory* (pp. 191–216). Hove, UK: Psychology Press.

Anderson, M. C. (2009b). Motivated forgetting. In A. D. Baddeley, M. W. Eysenck, & M. C. Anderson (Eds.), *Memory* (pp. 217–244). Hove, UK: Psychology Press.

Anderson, M. C., Bjork, R. A., & Bjork, E. L. (1994). Remembering can cause forgetting: Retrieval dynamics in long-term memory. *Journal of Experimental Psychology: Learning, Memory, and Cognition, 20*, 1063–1087.

Anderson, M. C., & Green, C. (2001). Suppressing unwanted memories by executive control. *Nature, 410*, 366–369.

Anderson, M. C., & Levy, B. J. (2009). Suppressing unwanted memories. *Current Directions in Psychological Science, 18*, 189–194.

Anderson, M. C., Ochsner, K. N., Kuhl, B., Cooper, J., Robertson, E., Gabrieli, S. W., …, Gabrieli, J. D. E. (2004). Neural systems underlying the suppression of unwanted memories. *Science, 303*, 232–235.

Anderson, M. C., Reinholz, J., Kuhl, B. A., & Mayr, U. (2011). Intentional suppression of unwanted memories grows more difficult as we age. *Psychology and Aging, 26*, 397–405.

Anderson, M. C., & Spellman, B. A. (1995). On the status of inhibitory mechanisms in cognition: Memory retrieval as a model case. *Psychological Review, 102*, 68–100.

Anderson, M. C., & Weaver, C. (2009). Inhibitory control over action and memory. In L. R. Squire (Ed.), *The Encyclopedia of Neuroscience* (Vol. 5, pp. 153–163). Oxford: Academic Press.

Arndt, J., Greenberg, J., Solomon, S., Pyszczynski, T., & Simon, L. (1997). Suppression, accessibility of death-related thoughts, and cultural worldview defense: Exploring the psychodynamics of terror management. *Journal of Personality and Social Psychology, 73*, 5–18.

Arnold, M. B. (1960). *Emotion and personality*. New York, NY: Columbia University Press.

Aron, A. R., Fletcher, P. C., Bullmore, E. T., Sahakian, B. J., & Robbins, T. W. (2003). Stop-signal inhibition disrupted by damage to right inferior frontal gyrus in humans. *Nature Neuroscience, 6*, 115–116.

Asendorpf, J. B., & Scherer, K. R. (1983). The discrepant repressor: Differentiation between low anxiety, high anxiety, and repression of anxiety by autonomic-facial-verbal patterns of behavior. *Journal of Personality and Social Psychology, 45*, 1334–1346.

Asendorpf, J. B., & Wallbott, H. G. (1985). Formen der Angstabwehr: Zweidimensionale Operationalisierung eines Bewältigungsstils. In K. R. Scherer, H. G. Wallbott, F. J. Tolkmitt, & G. Bergmann (Eds.), *Die Streß-reaktion: Physiologie und Verhalten*. Göttingen: Verlag für Psychologie, Hogrefe.

Asendorpf, J. B., Wallbott, H. G., & Scherer, K. R. (1983). Der verflixte Represser: Ein empirisch begründeter Vorschlag zu einer zweidimensionalen Operationalisierung von Repression-Sensitization. *Zeitschrift für Differentielle und Diagnostische Psychologie, 4*, 113–128.

Ashley, A., & Holtgraves, T. (2003). Repressors and memory: Effects of self-deception, impression management, and mood. *Journal of Research in Personality, 37*, 284–296.

Atkinson, R. C., & Shiffrin, R. M. (1968). Human memory: A proposed system and its control processes. *Psychology of Learning and Motivation, 2*, 89–195.

Ayers, M. S., & Reder, L. M. (1998). A theoretical review of the misinformation effect: Predictions from an activation-based memory model. *Psychonomic Bulletin & Review, 5*, 1–21.

Baayen, R. H., Piepenbrock, R., & Rijn, H. van (1995). *The CELEX lexical data base* (CD-ROM, 2nd ed.). Linguistic Data Consortium, University of Pennsylvania, Philadelphia.

Baddeley, A. D. (1988). But what the hell is it for? In M. M. Gruneberg, P. E. Morris, & R. N. Sykes (Eds.), *Practical aspects of memory: Current research and issues* (Vol. 1, pp. 3–18). Chichester, UK: John Wiley & Sons.

Baddeley, A. D. (1999). *Essentials of human memory*. Hove, UK: Psychology Press.

Baddeley, A. D. (2000). Short-term and working memory. In E. Tulving & F. I. M. Craik (Eds.), *The Oxford handbook of memory* (pp. 77–92). Oxford: Oxford University Press.

Baddeley, A. D. (2001). The concept of episodic memory. *Philosophical Transactions of the Royal Society of London, Series B, 356*, 1345–1350.

Baddeley, A. D. (2004). The psychology of memory. In A. D. Baddeley, M. D. Kopelman, & B. A. Wilson (Eds.), *The essential handbook of memory disorders for clinicians* (pp. 1–13). Chichester, UK: Wiley.

Bahrick, H. P. (1979). Maintenance of knowledge: Questions about memory we forgot to ask. *Journal of Experimental Psychology: General, 108*, 296–308.

Bahrick, H. P. (1984). Semantic memory content in permastore: Fifty years of memory for Spanish learned in school. *Journal of Experimental Psychology: General, 113*, 1–29.

Bailey, C. H., & Chen, M. (1989). Structural plasticity at identified synapses during long-term memory in Aplysia. *Journal of Neurobiology, 20*, 356–372.

Ball, C. T., & Little, J. C. (2006). A comparison of involuntary autobiographical memory retrievals. *Applied Cognitive Psychology, 20*, 1167–1179.

Barclay, C. R., & Wellman, H. (1986). Accuracies and inaccuracies in autobiographical memories. *Journal of Memory and Language, 25*, 93–103.

Barnier, A. J., Levin, K., & Maher, A. (2004). Suppressing thoughts of past events: Are repressive copers good suppressors? *Cognition and Emotion, 18*, 513–531.

Bartlett, F. C. (1932/1997). *Remembering: A study in experimental and social psychology.* Cambridge, UK: Cambridge University Press. (Reprint der Ausgabe von 1932)

Basden, B. H., & Basden, D. R. (1996). Directed forgetting: Further comparisons of the item and list methods. *Memory, 4*, 633–653.

Basden, B. H., & Basden, D. R. (1998). Directed forgetting: A contrast of methods and interpretations. In J. M. Golding & C. M. MacLeod (Eds.), *Intentional forgetting: Interdisciplinary approaches* (pp. 139–172). Mahwah, NJ: Erlbaum.

Basden, B. H., Basden, D. R., & Gargano, G. J. (1993). Directed forgetting in implicit and explicit memory tests: A comparison of methods. *Journal of Experimental Psychology: Learning, Memory, and Cognition, 19*, 603–616.

Baumeister, R. F., Bratslavsky, E., Finkenauer, C., & Vohs, K. D. (2001). Bad is stronger than good. *Review of General Psychology, 5*, 323–370.

Baumeister, R. F., & Cairns, J. (1992). Repression and self-presentation: When audiences interfere with self-deceptive strategies. *Journal of Personality and Social Psychology, 62*, 851–862.

Bäuml, K.-H. (2008). Inhibitory processes. In H. L. Roediger, III. (Ed.), *Cognitive psychology of memory. Vol. 2 of Learning and memory: A comprehensive reference* (pp. 195–220). Oxford, UK: Elsevier.

Bäuml, K.-H., & Hanslmayr, S. (2010). Forgetting in the no-think paradigm: Interference or inhibition? *Proceedings of the National Academy of Sciences, 107*(2), E3.

Bäuml, K.-H., Pastötter, B., & Hanslmayr, S. (2010). Binding and inhibition in episodic memory: Cognitive, emotional, and neural processes. *Neuroscience and Biobehavioral Reviews, 34*, 1047–1054.

Beck, A. T. (1972). Comments on Dr. Epstein's paper. In C. D. Spielberger (Ed.), *Anxiety: Current trends in theory and research* (Vol. 2, pp. 339–342). New York, NY: Academic Press.

Beevers, C. G., Wenzlaff, R. M., Hayes, A. M., & Scott, W. D. (1999). Depression and the ironic effects of thought suppression: Therapeutic strategies for improving mental control. *Clinical Psychology: Science and Practice, 6*, 133–148.

Bell, P. A., & Byrne, D. (1978). Repression-sensitization. In H. London & J. E. Exner (Eds.), *Dimensions of personality* (pp. 449–485). New York, NY: John Wiley & Sons.

Benjamin, A. S. (2006). The effects of list-method directed forgetting on recognition memory. *Psychonomic Bulletin & Review, 13*, 831–836.

Benjamin, A. S., & Bjork, R. A. (2000). On the relationship between recognition speed and accuracy for words rehearsed via rote versus elaborative rehearsal. *Journal of Experimental Psychology: Learning, Memory, and Cognition, 26*, 638–648.

Bergström, Z. M., Fockert, J. W. de, & Richardson-Klavehn, A. (2009). ERP and behavioural evidence for direct suppression of unwanted memories. *NeuroImage, 48*, 726–737.

Bergström, Z. M., Velmans, M., Fockert, J. de, & Richardson-Klavehn, A. (2007). ERP evidence for successful voluntary avoidance of conscious recollection. *Brain Research, 1151*, 119–133.

Bernblum, R., & Mor, N. (2010). Rumination and emotion-related biases in refreshing information. *Emotion, 10*, 423–432.

Berntsen, D. (1996). Involuntary autobiographical memories. *Applied Cognitive Psychology, 10*, 435–454.

Berntsen, D. (2002). Tunnel memories for autobiographical events: Central details are remembered more frequently from shocking than from happy experiences. *Memory & Cognition, 30*, 1010–1020.

Berntsen, D. (2009). *Involuntary autobiographical memories: An introduction to the unbidden past.* Cambridge, UK: Cambridge University Press.

Berntsen, D., & Hall, N. M. (2004). The episodic nature of involuntary autobiographical memories. *Memory & Cognition, 32*, 789–803.

Berntsen, D., & Rubin, D. C. (2008). The reappearance hypothesis revisited: Recurrent involuntary memories after traumatic events and in everyday life. *Memory & Cognition, 36*, 449–460.

Birbaumer, N., & Schmidt, R. F. (2006). *Biologische Psychologie* (6th ed.). Heidelberg: Springer.

Bjork, E. L., & Bjork, R. A. (1988). On the adaptive aspects of retrieval failure in autobiographical memory. In M. M. Gruneberg, P. E. Morris, & R. N. Sykes (Eds.), *Practical aspects of memory: Current research and issues* (Vol. 1, pp. 283–288). Chichester, UK: John Wiley & Sons.

Bjork, R. A. (1970). Positive forgetting: The noninterference of items intentionally forgotten. *Journal of Verbal Learning and Verbal Behavior, 9*, 255–268.

Bjork, R. A. (1972). Theoretical implications of directed forgetting. In A. W. Melton & E. Martin (Eds.), *Coding processes in human memory* (pp. 217–235). Washington, DC: Winston.

Bjork, R. A. (1975). Retrieval as a memory modifier. In R. L. Solso (Ed.), *Information processing and cognition: The Loyola symposium* (pp. 123–144). Hillsdale, NJ: Lawrence Erlbaum Associates.

Bjork, R. A. (1989). Retrieval inhibition as an adaptive mechanism in human memory. In H. L. Roediger, III., & F. I. M. Craik (Eds.), *Varieties of memory and consciousness: Essays in honor of Endel Tulving* (pp. 309–330). Hillsdale, NJ: Erlbaum.

Bjork, R. A. (2003). Interference and forgetting. In J. H. Byrne (Ed.), *Macmillan psychology reference series. Learning & memory* (2nd ed., pp. 268–273). New York, NY: Macmillan.

Bjork, R. A., & Bjork, E. L. (1992). A new theory of disuse and an old theory of stimulus fluctuation. In A. F. Healy, S. M. Kosslyn, & R. M. Shiffrin (Eds.), *From learning processes to cognitive processes: Essays in honor of William K. Estes* (Vol. 2, pp. 35–67). Hillsdale, NJ: Erlbaum.

Blaney, P. H. (1986). Affect and memory: A review. *Psychological Bulletin, 99*, 229–246.

Bluck, S. (2003). Autobiographical memory: Exploring its functions in everyday life. *Memory, 11*, 113–123.

Bluck, S. (2009). Baddeley revisited: The functional approach to autobiographical memory. *Applied Cognitive Psychology, 23*, 1050–1058.

Bluck, S., Alea, N., Habermas, T., & Rubin, D. C. (2005). A tale of three functions: The self-reported uses of autobiographical memory. *Social Cognition, 23*, 91–117.

Blumberg, S. J. (2000). The white bear suppression inventory: Revisiting its factor structure. *Personality and Individual Differences, 29*, 943–950.

Boag, S. (2006). Freudian repression, the common view, and pathological science. *Review of General Psychology, 10*, 74–86.

Boden, J. M. (2006). Motive and consequence in repression. *Behavioral and Brain Sciences, 29*, 514–515.

Bohannon, J. N. (1988). Flashbulb memories for the Space Shuttle disaster: A tale of two theories. *Cognition, 29*, 179–196.

Bohn, A., & Berntsen, D. (2007). Pleasantness bias in flashbulb memories: Positive and negative flashbulb memories of the fall of the Berlin Wall among East and West Germans. *Memory & Cognition, 35*, 565–577.

Bohne, A., Keuthen, N. J., Tuschen-Caffier, B., & Wilhelm, S. (2005). Cognitive inhibition in trichotillomania and obsessive-compulsive disorder. *Behaviour Research and Therapy, 43*, 923–942.

Bonanno, G. A. (2006). The illusion of repressed memory. *Behavioral and Brain Sciences, 29*, 515–516.

Borkovec, T. D. (1985). The role of cognitive and somatic cues in anxiety and anxiety disorders: Worry and relaxation-induced anxiety. In H. A. Tuma & J. Maser (Eds.), *Anxiety and the anxiety disorders* (pp. 463–478). Hillsdale, NJ: Lawrence Erlbaum Associates.

Bortz, J., & Döring, N. (2002). *Forschungsmethoden und Evaluation für Human- und Sozialwissenschaftler* (3rd ed.). Berlin: Springer.

Bower, G. H. (1970). Organizational factors in memory. *Cognitive Psychology, 1*, 18–46.

Bower, G. H. (1981). Mood and memory. *American Psychologist, 36*, 129–148.

Bower, G. H. (1990). Awareness, the unconscious, and repression: An experimental psychologists perspective. In J. L. Singer (Ed.), *Repression and dissociation: Implications for personality theory, psychopathology, and health* (pp. 209–231). Chicago, IL: University of Chicago Press.

Bower, G. H. (2000). A brief history of memory research. In E. Tulving & F. I. M. Craik (Eds.), *The Oxford hand-book of memory* (pp. 3–32). Oxford: Oxford University Press.

Bowers, K. S., & Farvolden, P. (1996). Revisiting a century-old freudian slip: From suggestion disavowed to the truth repressed. *Psychological Bulletin, 119*, 355–380.

Bradley, M. M., Greenwald, M. K., Petry, M. C., & Lang, P. J. (1992). Remembering pictures: Pleasure and arousal in memory. *Journal of Experimental Psychology: Learning, Memory, and Cognition, 18*, 379–390.

Brainerd, C. J., & Reyna, V. F. (Eds.). (2005). *The science of false memory*. Oxford, UK: Oxford University Press.

Breuer, J., & Freud, S. (1895/1952). Studien über Hysterie. In A. Freud (Ed.), *Sigm. Freud – Gesammelte Werke* (Vol. 1, pp. 81–98). London: Imago Publishing.

Brewin, C. R. (2003). *Posttraumatic stress disorder: Malady or myth?* New Haven, CT: Yale University Press.

Brewin, C. R. (2007). Autobiographical memory for trauma: Update on four controversies. *Memory, 15*, 227–248.

Brewin, C. R., Dalgleish, T., & Joseph, S. (1996). A dual representation theory of posttraumatic stress disorder. *Psychological Review, 103*, 670–686.

Breznitz, S. (1984). *Cry wolf: The psychology of false alarms*. Hillsdale, NJ: Erlbaum.

Brown, D., Scheflin, A. W., & Hammond, D. C. (1998). *Memory, trauma treatment, and the law*. New York, NY: Norton.

Brown, G. D. A., & Lewandowsky, S. (2010). Forgetting in memory models. In S. Della Sala (Ed.), *Forgetting* (pp. 49–75). Hove, UK: Psychology Press.

Brown, G. D. A., Neath, I., & Chater, N. (2007). A temporal ratio model of memory. *Psychological Review, 114*, 539–576.

Brown, J. (1954). The nature of set-to-learn and of intra-material interference in immediate memory. *Quarterly Journal of Experimental Psychology, 6*, 141–148.

Brown, R., & Kulik, J. (1977). Flashbulb memories. *Cognition, 5*, 73–99.

Brown, S. C., & Craik, F. I. M. (2000). Encoding and retrieval of information. In E. Tulving & F. I. M. Craik (Eds.), *The Oxford handbook of memory* (pp. 93–107). Oxford: Oxford University Press.

Bruce, K. R., & Pihl, R. O. (1997). Forget "drinking to forget": Enhanced consolidation of emotionally charged memory by alcohol. *Experimental and Clinical Psychopharmacology, 5*, 242–250.

Bruner, J. S., & Postman, L. (1947). Emotional selectivity in perception and reaction. *Journal of Personality, 16*, 69–72.

Buchanan, T. W. (2007). Retrieval of emotional memories. *Psychological Bulletin, 133*, 761–779.

Buchanan, T. W., & Adolphs, R. (2004). The neuroanatomy of emotional memory in humans. In D. Reisberg & P. T. Hertel (Eds.), *Memory and emotion* (pp. 42–75). Oxford, UK: Oxford University Press.

Buchanan, T. W., Etzel, J. A., Adolphs, R., & Tranel, D. (2006). The influence of autonomic arousal and semantic relatedness on memory for emotional words. *International Journal of Psychophysiology, 61*, 26–33.

Buchanan, T. W., & Lovallo, W. R. (2001). Enhanced memory for emotional material following stress-level cortisol treatment in humans. *Psychoneuroendocrinology, 26*, 307–317.

Bulevich, J. B., Roediger, H. L., III., Balota, D. A., & Butler, A. C. (2006). Failures to find suppression of episodic memories in the think/no-think paradigm. *Memory & Cognition, 34*, 1569–1577.

Bundeskriminalamt (Ed.). (2010). *Polizeiliche Kriminalstatistik Bundesrepublik Deutschland: Berichtsjahr 2009*. Wiesbaden: Bundeskriminalamt.

Burke, A., Heuer, F., & Reisberg, D. (1992). Remembering emotional events. *Memory & Cognition, 20*, 277–290.

Butler, A. C., & Roediger, H. L., III. (2007). Testing improves long-term retention in a simulated classroom setting. *European Journal of Cognitive Psychology, 19*, 514–527.

Butler, A. J., & James, K. H. (2010). The neural correlates of attempting to suppress negative versus neutral memories. *Cognitive, Affective, & Behavioral Neuroscience, 10*, 182–194.

Byrne, D. (1961). The repression-sensitization scale: Rationale, reliability, and validity. *Journal of Personality, 29*, 334–349.

Byrne, D. (1964). Repression-sensitization as a dimension of personality. In B. A. Maher (Ed.), *Progress in experimental personality research* (Vol. 1, pp. 169–220). New York, NY: Academic Press.

Byrne, D., Barry, J., & Nelson, D. (1963). Relation of the revised Repression-Sensitization Scale to measures of self-description. *Psychological Reports, 13*, 323–334.

Cahill, L., & Alkire, M. T. (2003). Epinephrine enhancement of human memory consolidation: Interaction with arousal at encoding. *Neurobiology of Learning and Memory, 79*, 194–198.

Cahill, L., Gorski, L., & Le, K. (2003). Enhanced human memory consolidation with post-learning stress: Interaction with the degree of arousal at encoding. *Learning and Memory, 10*, 270–274.

Cahill, L., & McGaugh, J. L. (1995). A novel demonstration of enhanced memory associated with emotional arousal. *Consciousness and Cognition, 4*, 410–421.

Cahill, L., & McGaugh, J. L. (1998). Mechanisms of emotional arousal and lasting declarative memory. *Trends in Neurosciences, 21*, 294–299.

Caldwell, T. L., & Newman, L. S. (2005). The timeline of threat processing in repressors: More evidence for early vigilance and late avoidance. *Personality and Individual Differences, 38*, 1957–1967.

Calvo, M. G., & Eysenck, M. W. (2000). Early vigilance and late avoidance of threat processing: Repressive coping versus low/high anxiety. *Cognition and Emotion, 14*, 763–787.

Carpenter, S. K. (2009). Cue strength as a moderator of the testing effect: The benefits of elaborative retrieval. *Journal of Experimental Psychology: Learning, Memory, and Cognition, 35*, 1563–1569.

Carpenter, S. K., & DeLosh, E. L. (2006). Impoverished cue support enhances subsequent retention: Support for the elaborative retrieval explanation of the testing effect. *Memory & Cognition, 34*, 268–276.

Carrier, M., & Pashler, H. (1992). The influence of retrieval on retention. *Memory & Cognition, 20*, 633–642.

Carstensen, L. L. (1995). Evidence for a life-span theory of socioemotional selectivity. *Current Directions in Psychological Science, 4*, 151–156.

Carstensen, L. L., & Fredrickson, B. L. (1998). Influence of HIV status and age on cognitive representations of others. *Health Psychology, 17*, 494–503.

Carstensen, L. L., Fung, H. H., & Charles, S. T. (2003). Socioemotional selectivity theory and the regulation of emotion in the second half of life. *Motivation and Emotion, 27*, 103–123.

Carver, C. S., & Scheier, M. F. (1990). Origins and functions of positive and negative affect: A control-process view. *Psychological Review, 97*, 19–35.

Carver, C. S., & Scheier, M. F. (2002). Control processes and self-organization as complementary principles underlying behavior. *Personality and Social Psychology Review, 6*, 304–315.

Cautela, J. R., & Wisocki, P. A. (1977). The thought stopping procedure: Description, application, and learning theory interpretations. *Psychological Record, 27*, 255–264.

Challis, B. H., Velichkovski, B. M., & Craik, F. I. M. (1996). Levels-of-processing effects on a variety of memory tasks: New findings and theoretical implications. *Consciousness and Cognition, 5*, 142–146.

Charles, S. T., Mather, M., & Carstensen, L. L. (2003). Aging and emotional memory: The forgettable nature of negative images for older adults. *Journal of Experimental Psychology: General, 132*, 310–324.

Charles, S. T., Reynolds, C. A., & Gatz, M. (2001). Age-related differences and change in positive and negative affect over 23 years. *Journal of Personality and Social Psychology, 80*, 136–151.

Christianson, S.-Å. (1989). Flashbulb memories: Special, but not so special. *Memory & Cognition, 17*, 435–443.

Christianson, S.-Å. (1992). Remembering emotional events: Potential mechanisms. In S.-Å. Christianson (Ed.), *The handbook of emotion and memory: Research and theory* (pp. 307–340). Hillsdale, NJ: Erlbaum.

Christianson, S.-Å., & Loftus, E. F. (1991). Remembering emotional events: The fate of detailed information. *Cognition and Emotion, 5*, 81–108.

Christianson, S.-Å., Loftus, E. F., Hoffman, H., & Loftus, G. R. (1991). Eye fixations and memory for emotional events. *Journal of Experimental Psychology: Learning, Memory, and Cognition, 17*, 693–701.

Cohen, G., Conway, M. A., & Maylor, E. A. (1994). Flashbulb memories in older adults. *Psychology and Aging, 9*, 454–463.

Cohen, J. (1983). The cost of dichotomization. *Applied Psychological Measurement, 7*, 249–253.

Cohen, J., Cohen, P., West, S. G., & Aiken, L. S. (2003). *Applied multiple regression/correlation analysis for the behavioral sciences* (3rd ed.). Mahwah, NJ: Lawrence Erlbaum Associates.

Compton, R. J. (2003). The interface between emotion and attention: A review of evidence from psychology and neuroscience. *Behavioral and Cognitive Neuroscience Reviews, 2*, 115–129.

Conn, L. J., & Crowne, D. P. (1964). Instigation to aggression, emotional arousal and defensive emulation. *Journal of Personality, 32*, 163–179.

Connor-Smith, J. K., & Flachsbart, C. (2007). Relations between personality and coping: A meta-analysis. *Journal of Personality and Social Psychology, 93*, 1080–1107.

Conway, A. R. A., Skitka, L. J., Hemmerich, J. A., & Kershaw, T. C. (2008). Flashbulb memory for 11 September 2001. *Applied Cognitive Psychology, 23*, 605–623.

Conway, M., Howell, A., & Giannopoulos, C. (1991). Dysphoria and thought suppression. *Cognitive Therapy and Research, 15*, 153–166.

Conway, M. A. (1995). *Flashbulb memories. Essays in cognitive psychology*. Hove: Erlbaum.

Conway, M. A., Anderson, S. J., Larsen, S., Donnelly, C. M., McDaniel, M. A., McClelland, A. G. R., …, Logie, R. H. (1994). The formation of flashbulb memories. *Memory & Cognition, 22*, 326–343.

Conway, M. A., Harries, K., Noyes, J., Racsmány, M., & Frankish, C. R. (2000). The disruption and dissolution of directed forgetting: Inhibitory control of memory. *Journal of Memory and Language, 43*, 409–430.

Conway, M. A., & Pleydell-Pearce, C. W. (2000). The construction of autobiographical memories in the self-memory system. *Psychological Review, 107*, 261–288.

Conway, M. A., Sharman, S. J., & Garry, M. (2007). False claims about false memory research. *Consciousness and Cognition, 16*, 18–28.

Craik, F. I. M. (2002). Levels of processing: Past, present … and future? *Memory, 10*, 305–318.

Craik, F. I. M., & Lockhart, R. S. (1972). Levels of processing: A framework for memory research. *Journal of Verbal Learning and Verbal Behavior, 11*, 671–684.

Crowder, R. G. (1976). *Principles of learning and memory*. Hillsdale, NJ: Lawrence Erlbaum Associates.

Crowder, R. G. (1982). The demise of short-term memory. *Acta Psychologica, 50*, 291–323.

Crowne, D. P., & Marlowe, D. (1964). *The approval motive: Studies in evaluative dependence*. New York, NY: John Wiley & Sons.

Cutler, S. E., Larsen, R. J., & Bunce, S. C. (1996). Repressive coping style and the experience and recall of emotion: A naturalistic study of daily affect. *Journal of Personality, 64*, 379–405.

Dalgleish, T. (2004). Cognitive approaches to posttraumatic stress disorder: The evolution of multirepresentational theorizing. *Psychological Bulletin, 130*, 228–260.

Danziger, K. (2008). *Marking the mind: A history of memory*. Cambridge, UK: Cambridge University Press.

D'Argembeau, A., Comblain, C., & van der Linden, M. (2003). Phenomenal characteristics of autobiographical memories for positive, negative, and neutral events. *Applied Cognitive Psychology, 17*, 281–294.

Davies, G. M., & Dalgleish, T. (Eds.) (2001). *Recovered memories: Seeking the middle ground*. Chichester, UK: Wiley.

Davis, J. C., & Okada, R. (1971). Recognition and recall of positively forgotten items. *Journal of Experimental Psychology, 89*, 181–186.

Davis, P. J. (1987). Repression and the inaccessibility of affective memories. *Journal of Personality and Social Psychology, 53*, 585–593.

Davis, P. J. (1989). Repression and the inaccessibility of emotional memories. In A. F. Bennett & K. M. McConkey (Eds.), *Cognition in individual and social contexts* (pp. 399–406). Amsterdam: Elsevier.

Davis, P. J. (1990). Repression and the inaccessibility of emotional memories. In J. L. Singer (Ed.), *Repression and dissociation: Implications for personality theory, psychopathology, and health* (pp. 387–403). Chicago, IL: University of Chicago Press.

Davis, P. J. (1999). Gender differences in autobiographical memory for childhood emotional experiences. *Journal of Personality and Social Psychology, 76*, 498–510.

Davis, P. J., & Schwartz, G. E. (1987). Repression and the inaccessibility of affective memories. *Journal of Personality and Social Psychology, 52*, 155–162.

Davis, P. J., Singer, J. L., Bonanno, G. A., & Schwartz, G. E. (1988). Repression and response bias during an affective memory recognition task. *Australian Journal of Psychology: International Congress Issue, 40,* 147–157.

Del Cerro, S., Jung, M., & Lynch, G. (1992). Benzodiazepines block long-term potentiation in slices of hippocampus and piriform cortex. *Neuroscience, 49,* 1–6.

Delaney, P. F., & Sahakyan, L. (2007). Unexpected costs of high working memory capacity following directed forgetting and contextual change manipulations. *Memory & Cognition, 35,* 1074–1082.

Delaney, P. F., Sahakyan, L., Kelley, C. M., & Zimmerman, C. A. (2010). Remembering to forget: The amnesic effect of daydreaming. *Psychological Science, 21,* 1036–1042.

Depue, B. E., Banich, M. T., & Curran, T. (2006). Suppression of emotional and nonemotional content in memory: Effects of repetition on cognitive control. *Psychological Science, 17,* 441–447.

Depue, B. E., Curran, T., & Banich, M. T. (2007). Prefrontal regions orchestrate suppression of emotional memories via a two-phase process. *Science, 317,* 215–219.

Derakshan, N., & Eysenck, M. W. (1997). Repression and repressors: Theoretical and experimental approaches. *European Psychologist, 2,* 235–246.

Derakshan, N., & Eysenck, M. W. (1999). Are repressors self-deceivers or other-deceivers? *Cognition and Emotion, 13,* 1–17.

Derakshan, N., Eysenck, M. W., & Myers, L. B. (2007). Emotional information processing in repressors: The vigilance-avoidance theory. *Cognition and Emotion, 21,* 1585–1614.

Derakshan, N., Myers, L. B., Hansen, J., & O'Leary, M. (2004). Defensiveness and attempted thought suppression of negative material. *European Journal of Personality, 18,* 521–535.

Diekelmann, S., & Born, J. (2010). The memory function of sleep. *Nature Reviews Neuroscience, 11,* 114–126.

Dieler, A. C., Plichta, M. M., Dresler, T., & Fallgatter, A. J. (2010). Suppression of emotional words in the Think/No-Think paradigm investigated with functional near-infrared spectroscopy. *International Journal of Psychophysiology, 78,* 129–135.

Dolcos, F., LaBar, K. S., & Cabeza, R. (2004). Interaction between the amygdala and the medial temporal lobe memory system predicts better memory for emotional events. *Neuron, 42,* 855–863.

Draaisma, D. (2000). *Metaphors of memory: A history of ideas about the mind.* Cambridge, UK: Cambridge University Press.

Drosopoulos, S., Wagner, U., & Born, J. (2005). Sleep enhances explicit recollection in recognition memory. *Learning and Memory, 12,* 44–51.

Dudai, Y. (1996). Consolidation: Fragility on the road to the engram. *Neuron, 17,* 367–370.

Dudai, Y. (2004). The neurobiology of consolidations, or, how stable is the engram? *Annual Review of Psychology, 55,* 51–86.

Dudai, Y. (2006). Reconsolidation: The advantage of being refocused. *Current Opinion in Neurobiology, 16,* 174–178.

Dudai, Y. (2009). Predicting not to predict too much: How the cellular machinery of memory anticipates the uncertain future. *Philosophical Transactions of the Royal Society of London, Series B, 364,* 1255–1262.

Duyck, W., Desmet, T., Verbeke, L. P. C., & Brysbaert, M. (2004). WordGen: A tool for word selection and nonword generation in Dutch, English, German, and French. *Behavior Research Methods, Instruments, and Computers, 36,* 488–499.

Earhard, M. (1967). Cued recall and free recall as function of the number of items per cue. *Journal of Verbal Learning and Verbal Behavior, 6,* 257–263.

Ebbinghaus, H. (1885/1966). *Über das Gedächtnis: Untersuchungen zur experimentellen Psychologie.* Amsterdam: Bonset. (Reprint der Ausgabe von 1885)

Egloff, B. (1997). *Dispositionelle Vigilanz und kognitive Vermeidung als Prädiktoren der Verarbeitung emotionsbezogener Information* (Dissertation). Johannes Gutenberg-Universität Mainz, Mainz.

Egloff, B., & Hock, M. (1997). A comparison of two approaches to the assessment of coping styles. *Personality and Individual Differences, 23,* 913–916.

Egloff, B., & Hock, M. (1999). When is an agreement between two methods for assessing coping styles "good"? A reply to Mendolia. *Personality and Individual Differences, 27,* 1021–1023.

Egloff, B., & Krohne, H. W. (1996). Repressive emotional discretness after failure. *Journal of Personality and Social Psychology, 70*, 1318–1326.

Egloff, B., & Krohne, H. W. (1998). Die Messung von Vigilanz und kognitiver Vermeidung: Untersuchungen mit dem Angstbewältigungs-Inventar (ABI). *Diagnostica, 44*, 189–200.

Ehlers, A. (1999). *Posttraumatische Belastungsstörung*. Göttingen: Hogrefe.

Ehlers, A., & Clark, D. M. (2000). A cognitive model of posttraumatic stress disorder. *Behaviour Research and Therapy, 38*, 319–345.

Ehlers, A., Clark, D. M., Hackmann, A., McManus, F., & Fennell, M. (2005). Cognitive therapy for post-traumatic stress disorder: Development and evaluation. *Behaviour Research and Therapy, 43*, 413–431.

Ehlers, A., Hackmann, A., Steil, R., Clohessy, S., Wenninger, K., & Winter, H. (2002). The nature of intrusive memories after trauma: The warning signal hypothesis. *Behaviour Research and Therapy, 40*, 995–1002.

Ehlers, A., & Steil, R. (1995). Maintenance of intrusive memories in posttraumatic stress disorder: A cognitive approach. *Behavioural and Cognitive Psychotherapy, 23*, 217–249.

Ehlers, W. (2008). Abwehrmechanismen. In W. Mertens & B. Waldvogel (Eds.), *Handbuch psychoanalytischer Grundbegriffe* (3rd ed., pp. 13–25). Stuttgart: Kohlhammer.

Eich, E., & Forgas, J. P. (2003). Mood, cognition, and memory. In A. F. Healy & I. B. Weiner (Eds.), *Handbook of psychology: Vol. 4. Experimental psychology* (pp. 61–83). Hoboken, NJ: Wiley.

Eich, E., Macaulay, D., & Ryan, L. (1994). Mood dependent memory for events of the personal past. *Journal of Experimental Psychology: General, 123*, 201–215.

Eich, J. E., Weingartner, H., Stillman, R. C., & Gillin, J. C. (1975). State-dependent accessibility of retrieval cues in the retention of a categorized list. *Journal of Verbal Learning and Verbal Behavior, 14*, 408–417.

Epstein, S. (1972). The nature of anxiety with emphasis upon its relationship to expectancy. In C. D. Spielberger (Ed.), *Anxiety: Current trends in theory and research* (Vol. 2, pp. 291–337). New York, NY: Academic Press.

Epstein, W. (1972). Mechanisms of directed forgetting. In G. H. Bower (Ed.), *The psychology of learning and motivation: Advances in research and theory* (Vol. 6, pp. 147–191). New York, NY: Academic Press.

Epstein, W., Massaro, D. W., & Wilder, L. (1972). Selective search in directed forgetting. *Journal of Experimental Psychology, 94*, 18–24.

Epstein, W., & Wilder, L. (1972). Searching for to-be-forgotten material in a directed forgetting task. *Journal of Experimental Psychology, 95*, 349–357.

Erdelyi, M. H. (1985). *Psychoanalysis: Freud's cognitive psychology*. New York, NY: Freeman.

Erdelyi, M. H. (1990). Repression, reconstruction, and defense: History and integration of the psychoanalytic and experimental frameworks. In J. L. Singer (Ed.), *Repression and dissociation: Implications for personality theory, psychopathology, and health* (pp. 1–31). Chicago, IL: University of Chicago Press.

Erdelyi, M. H. (2006). The unified theory of repression. *Behavioral and Brain Sciences, 29*, 499–551.

Erdelyi, M. H., & Goldberg, B. (1979). Let's not sweep repression under the rug: Toward a cognitive psychology of repression. In J. F. Kihlstrom & F. J. Evans (Eds.), *Functional disorders of memory* (pp. 355–402). Hillsdale, NJ: Lawrence Erlbaum Associates.

Eriksen, C. W. (1951). Some implications for TAT interpretation arising from need and perception experiments. *Journal of Personality, 19*, 282–288.

Eriksen, C. W. (1952a). Defense against ego-threat in memory and perception. *Journal of Abnormal and Social Psychology, 47*, 230–235.

Eriksen, C. W. (1952b). Individual differences in defensive forgetting. *Journal of Experimental Psychology, 44*, 442–446.

Eriksen, C. W. (1954). Psychological defenses and the "ego strength" in the recall of completed and incompleted tasks. *Journal of Abnormal and Social Psychology, 49*, 45–50.

Eriksen, C. W. (1966). Cognitive responses to internally cued anxiety. In C. D. Spielberger (Ed.), *Anxiety and behavior* (pp. 327–360). New York, NY: Academic Press.

Erskine, J. A., Kvavilashvili, L., Conway, M. A., & Myers, L. B. (2007). The effects of age on psychopathology, well-being and repressive coping. *Aging & Mental Health, 11*, 394–404.

Estes, W. K. (1955). Statistical theory of spontaneous recovery and regression. *Psychological Review, 62*, 145–154.

Evans, M. S., & Viola-McCabe, K. E. (1996). Midazolam inhibits long-term potentiation through modulation of GABA(A) receptors. *Neuropharmacology, 35,* 347–357.

Eysenck, M. W. (1976). Arousal, learning and memory. *Psychological Bulletin, 83,* 389–404.

Eysenck, M. W. (1997). *Anxiety and cognition: A unified theory.* Hove, UK: Psychology Press.

Eysenck, M. W., & Keane, M. T. (2010). *Cognitive psychology: A student's handbook.* Hove: Psychology Press.

Faul, F., Erdfelder, E., Lang, A.-G., & Buchner, A. (2007). G*Power 3: A flexible statistical power analysis program for the social, behavioral, and biomedical sciences. *Behavior Research Methods, 39,* 175–191. G*POWER 3.1.3 (Shareware): Zugriff am 19.09.2011. Verfügbar unter http://www.psycho.uni-duesseldorf.de/abteilungen/aap/gpower3/

Fawcett, J. M., & Taylor, T. L. (2008). Forgetting is effortful: Evidence from reaction time probes in an item-method directed forgetting task. *Memory & Cognition, 36,* 1168–1181.

Fawcett, J. M., & Taylor, T. L. (2010). Directed forgetting shares mechanisms with attentional withdrawal but not with stop-signal inhibition. *Memory & Cognition, 38,* 797–808.

Fehm, L. B. (1999). *Unerwünschte Gedanken bei Angststörungen: Diagnostik und experimentelle Befunde* (Dissertation). Universität Dresden, Dresden.

Fehm, L. B., & Hoyer, J. (2004). Measuring thought control strategies: The thought control questionnaire and a look beyond. *Cognitive Therapy and Research, 28,* 105–117.

Ferree, N. K., & Cahill, L. (2009). Post-event spontaneous intrusive recollections and strength of memory for emotional events in men and women. *Consciousness and Cognition, 18,* 126–134.

Field, D. (1981). Retrospective reports by healthy intelligent elderly people of personal events of their adult lives. *International Journal of Behavioral Development, 4,* 77–97.

Filipp, S.-H. (1996). „Wie schön war doch die Jugendzeit …": Lebensrückschau im Alter. In R. Schumann-Hengsteler & H. M. Trautner (Eds.), *Entwicklung im Jugendalter* (pp. 217–238). Göttingen: Hogrefe.

Fillmore, M. T., Kelly, T. H., Rush, C. R., & Hays, L. (2001). Retrograde facilitation of memory by triazolam: Effects on automatic processes. *Psychopharmacology, 158,* 314–321.

Fisher, B. S., Cullen, F. T., & Turner, M. G. (2000). *The sexual victimization of college women* (Research Report National Institute of Justice No. 182369). Zugriff am 30.09.2011. Verfügbar unter http://www.ojp.usdoj.gov/nij/pubs-sum/182369.htm

Fleckner, U. (1995). *Die Schatzkammer der Mnemosyne.* Dresden: Verlag der Kunst.

Floyd, M., Rice, J., & Black, S. R. (2002). Recurrence of posttraumatic stress disorder in late life: A cognitive aging perspective. *Journal of Clinical Geropsychology, 8,* 303–311.

Förster, J., Liberman, N., & Higgins, E. T. (2005). Accessibility from active and fulfilled goals. *Journal of Experimental Social Psychology, 41,* 220–239.

Frazier, P. A. (2003). Perceived control and distress following sexual assault: A longitudinal test of a new model. *Journal of Personality and Social Psychology, 84,* 1257–1269.

Freud, A. (1936/2000). *Das Ich und die Abwehrmechanismen* (unveränderte Neuauflage). Frankfurt am Main: Fischer.

Freud, S. (1926/1963). Hemmung, Symptom und Angst. In A. Freud (Ed.), *Sigm. Freud – Gesammelte Werke* (3rd ed., Vol. 14, pp. 111–205). London: Imago Publishing.

Friedman, D. (1990). Cognitive event-related potential components during continuous recognition memory for pictures. *Psychophysiology, 27,* 136–148.

Frijda, N. H. (1986). *The emotions.* Cambridge, UK: Cambridge University Press.

Frijda, N. H. (1987). Emotion, cognitive structure, and action tendency. *Cognition and Emotion, 1,* 115–143.

Frijda, N. H. (1993). The place of appraisal in emotion. *Cognition and Emotion, 7,* 357–387.

Fujiwara, E., Levine, B., & Anderson, A. K. (2008). Intact implicit and reduced explicit memory for negative self-related information in repressive coping. *Cognitive, Affective, & Behavioral Neuroscience, 8,* 254–263.

Furnham, A., Petrides, K. V., & Spencer-Bowdage, S. (2002). The effects of different types of social desirability on the identification of repressors. *Personality and Individual Differences, 33,* 119–130.

Furnham, A., & Traynar, J. (1999). Repression and effective coping styles. *European Journal of Personality, 13*, 465–492.

Gable, P. A., & Harmon-Jones, E. (2008). Approach-motivated positive affect reduces breadth of attention. *Psychological Science, 19*, 476–482.

Gable, P. A., & Harmon-Jones, E. (2010). The blues broaden, but the nasty narrows: Attentional consequences of negative affects low and high in motivational intensity. *Psychological Science, 21*, 211–215.

Gais, S., & Born, J. (2004). Declarative memory consolidation: Mechanisms acting during human sleep. *Learning and Memory, 11*, 679–685.

Gana, K., Martin, B., & Canouet, M.-D. (2001). Worry and anxiety: Is there a causal relationship? *Psychopathology, 34*, 221–229.

Ganzach, Y. (1997). Misleading interaction and curvilinear terms. *Psychological Methods, 2*, 235–247.

Geiselman, R. E., Bjork, R. A., & Fishman, D. L. (1983). Disrupted retrieval in directed forgetting: A link with posthypnotic amnesia. *Journal of Experimental Psychology: General, 112*, 58–72.

Gelman, A., & Hill, J. (2007). *Data analysis using regression and multilevel-hierarchical models.* New York, NY: Cambridge University Press.

Gerrig, R. J., & Zimbardo, P. G. (2008). *Psychologie* (18th ed.). München: Pearson Studium.

Gerstorf, D., & Lindenberger, U. (2006). Vergessen: Forgetting. In J. Funke & P. A. Frensch (Eds.), *Handbuch der Psychologie. Handbuch der Allgemeinen Psychologie: Kognition* (pp. 371–378). Göttingen: Hogrefe.

Giezen, A. E. van, Arensman, E., Spinhoven, P., & Wolters, G. (2005). Consistency of memory for emotionally arousing events: A review of prospective and experimental studies. *Clinical Psychology Review, 25*, 935–953.

Gilligan, S. G., & Bower, G. H. (1984). Cognitive consequences of emotional arousal. In C. E. Izard, J. Kagan, & R. B. Zajonc (Eds.), *Emotions, cognition, and behavior* (pp. 547–588). Cambridge, UK: Cambridge University Press.

Givens, B., & McMahon, K. (1995). Ethanol suppresses the induction of long-term potentiation in vivo. *Brain Research, 688*, 27–33.

Gluck, M. A., Mercado, E., & Myers, C. E. (2010). *Lernen und Gedächtnis: Vom Gehirn zum Verhalten.* Heidelberg: Spektrum Akademischer Verlag.

Godden, D. R., & Baddeley, A. D. (1975). Context-dependent memory in two natural environments: On land and underwater. *British Journal of Psychology, 66*, 325–331.

Golding, J. M., & Gottlob, L. R. (2005). Recall order determines the magnitude of directed forgetting in the within-participants list method. *Memory & Cognition, 33*, 588–594.

Golding, J. M., & Long, D. L. (1998). There's more to intentional forgetting than directed forgetting: An integrative review. In J. M. Golding & C. M. MacLeod (Eds.), *Intentional forgetting: Interdisciplinary approaches* (pp. 59–102). Mahwah, NJ: Erlbaum.

Gordon, J. E. (1957). Interpersonal predictions of repressors and sensitizers. *Journal of Personality, 25*, 686–698.

Gordon, M. T., & Riger, S. (1991). *The female fear: The social cost of rape.* Urbana and Chicago: University of Illinois Press.

Goschke, T. (1996). Gedächtnis und Emotion: Affektive Bedingungen des Einprägens, Erinnerns und Vergessens. In D. Albert & K. H. Stapf (Eds.), *Enzyklopädie der Psychologie, Themenbereich C, Serie II: Vol. 4. Gedächtnis* (pp. 605–694). Göttingen: Hogrefe.

Goschke, T., & Dreisbach, G. (2006). Kognitiv-affektive Neurowissenschaften: Emotionale Modulation des Erinnerns, Entscheidens und Handelns. In H.-U. Wittchen & J. Hoyer (Eds.), *Klinische Psychologie und Psychotherapie* (pp. 107–143). Heidelberg: Springer Medizin Verlag.

Graesser, A. C., Woll, S. B., Kowalski, D. J., & Smith, D. A. (1980). Memory for typical and atypical actions in scripted activities. *Journal of Experimental Psychology: Human Learning and Memory, 6*, 503–515.

Greenberg, R., & Underwood, B. J. (1950). Retention as a function of stage of practice. *Journal of Experimental Psychology, 40*, 452–457.

Greene, R. L. (1987). Effects of maintenance rehearsal on human memory. *Psychological Bulletin, 102*, 403–413.

Grier, J. B. (1971). Nonparametric indexes for sensitivity and bias: Computing formulas. *Psychological Bulletin, 75*, 424–429.

Gross, J. J. (1999). Emotion regulation: Past, present, future. *Cognition and Emotion, 13*, 551–573.

Gross, J. J. (2008). Emotion and emotion regulation: Personality processes and individual differences. In O. P. John, R. W. Robins, & L. A. Pervin (Eds.), *Handbook of personality: Theory and research* (3rd ed., pp. 701–724). New York, NY: Guilford.

Gruber, T. (2011). *Gedächtnis*. Wiesbaden: VS Verlag für Sozialwissenschaften.

Guy, S. C., & Cahill, L. (1999). The role of overt rehearsal in enhanced conscious memory for emotional events. *Consciousness and Cognition, 8*, 114–122.

Hager, W., & Hasselhorn, M. (1994). *Handbuch deutschsprachiger Wortnormen*. Göttingen: Hogrefe.

Hamann, S. B. (2001). Cognitive and neural mechanisms of emotional memory. *Trends in Cognitive Sciences, 5*, 394–400.

Hamann, S. B. (2009). The human amygdala and memory. In P. J. Whalen & E. A. Phelps (Eds.), *The human amygdala* (pp. 177–203). New York, NY: Guilford Press.

Hamann, S., & Canli, T. (2004). Individual differences in emotion processing. *Current Opinion in Neurobiology, 14*, 233–238.

Hamilton, J. D., & Workman, R. H. (1998). Persistence of combat-related posttraumatic stress symptoms for 75 years. *Journal of Traumatic Stress, 11*, 763–768.

Hammerton, M., & Altham, P. M. E. (1971). A non-parametric alternative to d'. *Nature, 234*, 487–488.

Hansen, C. H., Hansen, R. D., & Shantz, W. D. (1992). Repression at encoding: Discrete appraisals of emotional stimuli. *Journal of Personality and Social Psychology, 63*, 1026–1035.

Hansen, R. D., & Hansen, C. H. (1988). Repression of emotionally tagged memories: The architecture of less complex emotions. *Journal of Personality and Social Psychology, 55*, 811–818.

Hanslmayr, S., Leipold, P., Pastötter, B., & Bäuml, K.-H. (2009). Anticipatory signatures of voluntary memory suppression. *Journal of Neuroscience, 29*, 2742–2747.

Hardt, O., Einarsson, E. Ö., & Nader, K. (2010). A bridge over troubled water: Reconsolidation as a link between cognitive and neuroscientific memory research traditions. *Annual Review of Psychology, 61*, 141–167.

Harrington, J. A., & Blankenship, V. (2002). Ruminative thoughts and their relation to depression and anxiety. *Journal of Applied Social Psychology, 32*, 465–485.

Harris, C. R., & Pashler, H. (2005). Enhanced memory for negatively emotionally charged pictures without selective rumination. *Emotion, 5*, 191–199.

Harris, T. A. (1967/1975). *Ich bin ok, Du bist ok*. Reinbek bei Hamburg: Rowohlt. (deutsche Übersetzung der englischsprachigen Ausgabe von 1967)

Hasher, L., & Zacks, R. T. (1988). Working memory, comprehension, and aging: A review and a new view. *Psychology of Learning and Motivation, 22*, 193–225.

Hasher, L., Zacks, R. T., & May, C. P. (1999). Inhibitory control, circadian arousal, and age. In D. Gopher & A. Koriat (Eds.), *Attention and Performance: XVII. Cognitive regulation of performance: Interaction of theory and application* (pp. 653–675). Cambridge, MA: MIT Press.

Hathaway, S. R., McKinley, J. C., & Spreen, O. (1963). *MMPI Saarbrücken: Handbuch zur deutschen Ausgabe des Minnesota Multiphasic Personality Inventory*. Bern: Huber.

Hauswald, A. (2008). *Directed forgetting of emotional material: Cognitive and neural mechanisms* (Dissertation). Universität Konstanz, Konstanz.

Hautzinger, M. (2003). *Kognitive Verhaltenstherapie bei Depressionen* (6th ed.). Weinheim: Beltz PVU.

Hautzinger, M. (2008). Psychotherapie der Depression. *Bundesgesundheitsblatt – Gesundheitsforschung – Gesundheitsschutz, 51*, 422–429.

Hebb, D. O. (1949). *The organization of behavior: A neuropsychological theory*. New York, NY: John Wiley & Sons.

Heide, F. J., & Borkovec, T. D. (1983). Relaxation-induced anxiety: Paradoxical anxiety enhancement due to relaxation training. *Journal of Consulting and Clinical Psychology, 51*, 171–182.

Heide, F. J., & Borkovec, T. D. (1984). Relaxation-induced anxiety: Mechanisms and theoretical implications. *Behaviour Research and Therapy, 22*, 1–22.

Heller, K. A., Kratzmeier, H., & Lengfelder, A. (1998). *Matrizen-Test-Manual Band 1*. Weinheim: Beltz.

Henkel, L. A., & Coffman, K. J. (2004). Memory distortions in coerced false confessions: A source monitoring framework analysis. *Applied Cognitive Psychology, 18*, 567–588.

Hennig-Fast, K., & Markowitsch, H. J. (2010). Neuropsychologie der posttraumatischen Belastungsstörung (PTBS). In S. Lautenbacher & S. Gauggel (Eds.), *Neuropsychologie psychischer Störungen* (2nd ed., pp. 241–284). Berlin: Springer.

Hertel, P. T., & Calcaterra, G. (2005). Intentional forgetting benefits from thought substitution. *Psychonomic Bulletin & Review, 12*, 484–489.

Hertel, P. T., & Gerstle, M. (2003). Depressive deficits in forgetting. *Psychological Science, 14*, 573–578.

Hess, U., & Kappas, A. (2009). Appraisaltheorien: Komplexe Reizbewertung und Reaktionsselektion. In G. Stemmler (Ed.), *Enzyklopädie der Psychologie, Themenbereich C, Serie IV: Vol. 3. Psychologie der Emotion* (pp. 247–290). Göttingen: Hogrefe.

Heuer, F., & Reisberg, D. (1992). Emotion, arousal, and memory for detail. In S.-Å. Christianson (Ed.), *The handbook of emotion and memory: Research and theory* (pp. 151–180). Hillsdale, NJ: Erlbaum.

Hickman, S. E., & Muehlenhard, C. L. (1997). College women's fears and precautionary behaviors relating to acquaintance rape and stranger rape. *Psychology of Women Quarterly, 21*, 527–547.

Hinrichs, J. V., Ghoneim, M. M., & Mewaldt, S. P. (1984). Diazepam and memory: Retrograde facilitation produced by interference reduction. *Psychopharmacology, 84*, 158–162.

Hock, M. (1999). *Vigilanz und kognitive Vermeidung: Interindividuelle Unterschiede der Verarbeitung bedrohlicher Information* (unveröffentlichte Habilitationsschrift). Johannes Gutenberg-Universität, Mainz.

Hock, M., & Egloff, B. (1998). Interindividuelle Differenzen in Priming- und Gedächtniseffekten bedrohungsbezogener Stimuli: Der Einfluß kognitiv vermeidender und vigilanter Angstbewältigung. *Zeitschrift für Experimentelle Psychologie, 45*, 149–166.

Hock, M., & Krohne, H. W. (2004). Coping with threat and memory for ambiguous information: Testing the repressive discontinuity hypothesis. *Emotion, 4*, 65–86.

Hock, M., Krohne, H. W., & Kaiser, J. (1996). Coping dispositions and the processing of ambiguous stimuli. *Journal of Personality and Social Psychology, 70*, 1052–1066.

Hock, M., Peters, J. H., & Krohne, H. W. (2011). *Discontinuities in memory for threat: Results from a continuous task procedure.* Manuskript in Vorbereitung, Bamberg.

Hogan, R. M., & Klintsch, W. (1971). Differential effects of study and test trials on long-term recognition and recall. *Journal of Verbal Learning and Verbal Behavior, 10*, 562–567.

Holgate, A. (1989). Sexual harassment as a determinant of women's fear of rape. *Australian Journal of Sex, Marriage & Family, 10*, 21–28.

Holland, A. C., & Kensinger, E. A. (2010). Emotion and autobiographical memory. *Physics of Live Reviews, 7*, 88–131.

Holland, A. C., Tamir, M., & Kensinger, E. A. (2010). The effect of regulation goals on emotional event-specific knowledge. *Memory, 18*, 504–521.

Holmes, D. S. (1970). Differential change in affective intensity and the forgetting of unpleasant personal experiences. *Journal of Personality and Social Psychology, 15*, 234–239.

Holmes, D. S. (1974). Investigations of repression: Differential recall of material experimentally or naturally associated with ego threat. *Psychological Bulletin, 81*, 632–653.

Holmes, D. S. (1990). The evidence for repression: An examination of sixty years of research. In J. L. Singer (Ed.), *Repression and dissociation: Implications for personality theory, psychopathology, and health* (pp. 85–102). Chicago, IL: University of Chicago Press.

Holtgraves, T., & Hall, R. (1995). Repressors: What do they repress and how do they repress it? *Journal of Research in Personality, 29*, 306–317.

Holtz, B. (2006). *Dispositionelle Angstbewältigung und die Erinnerung aversiver Reize in der Continuous-Task Procedure* (unveröffentlichte Diplomarbeit). Johannes Gutenberg-Universität, Mainz.

Höping, W., & de Jong-Meyer, R. (2003). Differentiating unwanted intrusive thoughts from thought suppression: What does the White Bear Suppression Inventory measure? *Personality and Individual Differences, 34*, 1049–1055.

Hornstein, S. L., Brown, A. S., & Mulligan, N. W. (2003). Long-term flashbulb memory for learning of Princess Diana's death. *Memory, 11,* 293–306.

Hourihan, K. L., Ozubko, J. D., & MacLeod, C. M. (2009). Directed forgetting of visual symbols: Evidence for nonverbal selective rehearsal. *Memory & Cognition, 37,* 1059–1068.

Hourihan, K. L., & Taylor, T. L. (2006). Cease remembering: Control processes in directed forgetting. *Journal of Experimental Psychology: Human Perception and Performance, 32,* 1354–1365.

Hupbach, A., Hardt, O., Gomez, R., & Nadel, L. (2008). The dynamics of memory: Context-dependent updating. *Learning and Memory, 15,* 574–579.

Hyer, L., Braswell, L., Albrecht, B., Boyd, S., Boudewyns, P., & Talbert, S. (1994). Relationship of NEO-PI to personality styles and severity of trauma in chronic PTSD victims. *Journal of Clinical Psychology, 50,* 699–707.

Hyman, I. E., & Loftus, E. F. (1998). Errors in autobiographical memory. *Clinical Psychology Review, 18,* 933–947.

James, W. (1890/1931). *The principles of psychology* (Vol. 1). New York, NY: Henry Holt. (Reprint der Ausgabe von 1890)

Janoff-Bulman, R. (1979). Characterological versus behavioral self-blame: Inquiries into depression and rape. *Journal of Personality and Social Psychology, 37,* 1798–1809.

Jenkins, J. G., & Dallenbach, K. M. (1924). Obliviscence during sleep and waking. *American Journal of Psychiatry, 35,* 605–612.

Johnson, H. M. (1994). Processes of successful intentional forgetting. *Psychological Bulletin, 116,* 274–292.

Johnson, M. K. (1992). MEM: Mechanisms of recollection. *Journal of Cognitive Neuroscience, 4,* 268–280.

Johnson, M. K. (2006). Memory and reality. *American Psychologist, 61,* 760–771.

Johnson, M. K., Hashtroudi, S., & Lindsay, D. S. (1993). Source monitoring. *Psychological Bulletin, 114,* 3–28.

Johnson, M. K., Reeder, J. A., Raye, C. L., & Mitchell, K. J. (2002). Second thoughts versus second looks: An age-related deficit in reflectively refreshing just-activated information. *Psychological Science, 13,* 64–67.

Joormann, J., Hertel, P. T., Brozovich, F., & Gotlib, I. H. (2005). Remembering the good, forgetting the bad: Intentional forgetting of emotional material in depression. *Journal of Abnormal Psychology, 114,* 640–648.

Joormann, J., Hertel, P. T., LeMoult, J., & Gotlib, I. H. (2009). Training forgetting of negative material in depression. *Journal of Abnormal Psychology, 118,* 34–43.

Jost, A. (1897). *Die Assoziationsfestigkeit in ihrer Abhängigkeit von der Verteilung der Wiederholungen.* Hamburg: Voss.

Kaplan, R., & Kaplan, S. (1969). The arousal-retention interval interaction revisited: The effects of some procedural changes. *Psychonomic Science, 15,* 84–85.

Kaplan, S., & Kaplan, R. (1970). The interaction of arousal and retention interval: Ipsative vs normative scoring. *Psychonomic Science, 19,* 115–117.

Kennedy, Q., Mather, M., & Carstensen, L. L. (2004). The role of motivation in the age-related positivity effect in autobiographical memory. *Psychological Science, 15,* 208–214.

Kensinger, E. A. (2004). Remembering emotional experiences: The contribution of valence and arousal. *Reviews in the Neurosciences, 15,* 241–251.

Kensinger, E. A. (2009). Remembering the details: Effects of emotion. *Emotion Review, 1,* 99–113.

Kensinger, E. A., & Corkin, S. (2004). Two routes to emotional memory: Distinct neural processes for valence and arousal. *Proceedings of the National Academy of Sciences of the United States of America, 101,* 3310–3315.

Kensinger, E. A., Garoff-Eaton, R. J., & Schacter, D. L. (2007). Effects of emotion on memory specificity: Memory trade-offs elicited by negative visually arousing stimuli. *Journal of Memory and Language, 56,* 575–591.

Kessler, R. C., Sonnega, A., Bromet, E., Hughes, M., & Nelson, C. B. (1995). Posttraumatic stress disorder in the National Comorbidity Survey. *Archives of General Psychiatry, 52,* 1048–1060.

Kihlstrom, J. F. (2002). No need for repression. *Trends in Cognitive Science, 6,* 502–503.

Kihlstrom, J. F. (2006). Repression: A unified theory of a will-o'-the-wisp. *Behavioral and Brain Sciences, 29,* 523.

Kim, J. J., & Diamond, D. M. (2002). The stressed hippocampus, synaptic plasticity, and lost memories. *Nature Reviews Neuroscience, 3,* 453–462.

Kleinsmith, L. J., & Kaplan, S. (1963). Paired-associate learning as a function of arousal and interpolated interval. *Journal of Experimental Psychology, 65*, 190–193.

Kleinsmith, L. J., & Kaplan, S. (1964). Interaction of arousal and recall interval in nonsense syllable paired-associate learning. *Journal of Experimental Psychology, 67*, 124–126.

Klimesch, W. (1979). Vergessen: Interferenz oder Zerfall? Über neuere Entwicklungen der Gedächtnispsychologie. *Psychologische Rundschau, 30*, 34–45.

Knight, M., Seymour, T. L., Gaunt, J. T., Baker, C., Nesmith, K., & Mather, M. (2007). Aging and goal-directed emotional attention: Distraction reverses emotional biases. *Emotion, 7*, 705–714.

Kohlmann, C.-W. (1993). Development of the repression-sensitization construct: With special reference to the discrepancy between subjective and physiological stress reactions. In U. Hentschel, G. Smith, W. Ehlers, & J. W. Dragungs (Eds.), *The concept of defense mechanisms in contemporary psychology. Theoretical, research, and clinical perspectives* (pp. 184–204). New York, NY: Springer.

Kohlmann, C.-W. (1997). *Persönlichkeit und Emotionsregulation: Defensive Bewältigung von Angst und Streß.* Bern: Huber.

König, S. (2008). *Emotion and memory: The modulation of encoding, consolidation, and retrieval processes as revealed by event-related potentials (ERPs)* (Dissertation). Universität des Saarlandes, Saarbrücken.

Koriat, A., Goldsmith, M., & Pansky, A. (2000). Toward a psychology of memory accuracy. *Annual Review of Psychology, 51*, 481–537.

Krahé, B. (1999). Repression and coping with the threat of rape. *European Journal of Personality, 13*, 15–26.

Krahé, B. (2005). Cognitive coping with the threat of rape: Vigilance and cognitive avoidance. *Journal of Personality, 73*, 609–643.

Krahé, B., & Scheinberger-Olwig, R. (2002). *Sexuelle Aggression: Verbreitungsgrad und Risikofaktoren bei Jugendlichen und jungen Erwachsenen.* Göttingen: Hogrefe.

Krans, J., Näring, G., Becker, E. S., & Holmes, E. A. (2009). Intrusive trauma memory: A review and functional analysis. *Applied Cognitive Psychology, 23*, 1076–1088.

Krohne, H. W. (1974). Untersuchung mit einer deutschen Form der Repression-Sensitization-Skala. *Zeitschrift für Klinische Psychologie, 3*, 238–260.

Krohne, H. W. (1989). The concept of coping modes: Relating cognitive person variables to actual coping behavior. *Advances in Behaviour Research and Therapy, 11*, 235–248.

Krohne, H. W. (1993). Vigilance and cognitive avoidance as concepts in coping research. In H. W. Krohne (Ed.), *Attention and avoidance: Strategies in coping with aversiveness* (pp. 19–50). Seattle, WA: Hogrefe & Huber.

Krohne, H. W. (1996). Repression-Sensitization. In M. Amelang (Ed.), *Enzyklopädie der Psychologie, Themenbereich C, Serie VIII: Vol. 3. Temperaments- und Persönlichkeitsunterschiede* (pp. 153–184). Göttingen: Hogrefe.

Krohne, H. W. (2009). Individuelle Differenzen in Emotionsprozessen. In G. Stemmler (Ed.), *Enzyklopädie der Psychologie, Themenbereich C, Serie IV: Vol. 3. Psychologie der Emotion* (pp. 571–622). Göttingen: Hogrefe.

Krohne, H. W. (2010). *Psychologie der Angst: Ein Lehrbuch.* Stuttgart: Kohlhammer.

Krohne, H. W., & Egloff, B. (1999). *Das Angstbewältigungs-Inventar (ABI).* Frankfurt/Main: Swets Test Services.

Krohne, H. W., Egloff, B., Kohlmann, C.-W., & Tausch, A. (1996). Untersuchungen mit einer deutschen Version der „Positive and Negative Affect Schedule" (PANAS). *Diagnostica, 42*, 139–156.

Krohne, H. W., Egloff, B., Varner, L. J., Burns, L. R., Weidner, G., & Ellis, H. C. (2000). The assessment of dispositional vigilance and cognitive avoidance: Factorial structure, psychometric properties, and validity of the Mainz Coping Inventory. *Cognitive Therapy and Research, 24*, 297–311.

Krohne, H. W., & Hock, M. (2008a). Cognitive avoidance, positive affect, and gender as predictors of the processing of aversive information. *Journal of Research in Personality, 42*, 1572–1584.

Krohne, H. W., & Hock, M. (2008b). Vigilante und kognitiv vermeidende Stressbewältigung: Theoretische Weiterentwicklung und experimentelle Überprüfung. In W. Janke, M. Schmidt-Daffy, & G. Debus (Eds.), *Experimentelle Emotionspsychologie: Methodische Ansätze, Probleme, Ergebnisse* (pp. 809–819). Lengerich: Pabst.

Krohne, H. W., & Hock, M. (2011). Anxiety, coping strategies, and the processing of threatening information: Investigations with cognitive-experimental paradigms. *Personality and Individual Differences, 50*, 916–925.

Krohne, H. W., Hock, M., & Kohlmann, C.-W. (1992). Coping dispositions, uncertainty and emotional arousal. In K. T. Strongman (Ed.), *International review of studies on emotion* (pp. 74–95). Chichester, UK: Wiley.

Krohne, H. W., & Rogner, J. (1985). Mehrvariablen-Diagnostik in der Bewältigungsforschung. In H. W. Krohne (Ed.), *Angstbewältigung in Leistungssituationen* (pp. 45–62). Weinheim: Edition Psychologie der VCH.

Krohne, H. W., Schumacher, A., & Egloff, B. (1992). *Das Angstbewältigungs-Inventar (ABI)* (Mainzer Berichte zur Persönlichkeitsforschung No. 41). Mainz: Johannes Gutenberg-Universität Mainz, Psychologisches Institut.

Kuhn, T. S. (1996). *The structure of scientific revolutions* (3rd ed.). Chicago, IL: University of Chicago Press.

Kury, H. (2001). Das Dunkelfeld der Kriminalistik. Oder: Selektionsmechanismen und andere Verfälschungsstrukturen. *Kriminalistik, 55*, 74–84.

Kushner, M. G., Riggs, D. S., Foa, E. B., & Miller, S. M. (1993). Perceived controllability and the development of posttraumatic stress disorder (PTSD) in crime victims. *Behaviour Research and Therapy, 31*, 105–110.

LaBar, K. S., & Cabeza, R. (2006). Cognitive neuroscience of emotional memory. *Nature Reviews Neuroscience, 7*, 54–64.

Lambert, A. J., Good, K. S., & Kirk, I. J. (2010). Testing the repression hypothesis: Effects of emotional valence on memory suppression in the think – no think task. *Consciousness and Cognition, 19*, 281–293.

Lamberty, G. J., Beckwith, B. E., Petros, T. V., & Ross, A. R. (1990). Posttrial treatment with ethanol enhances recall of prose narratives. *Physiology & Behavior, 48*, 653–658.

Lambie, J. A., & Marcel, A. J. (2002). Consciousness and the varieties of emotion experience: A theoretical framework. *Psychological Review, 109*, 219–259.

Lanciano, T., Curci, A., & Semin, G. R. (2010). The emotional and reconstructive determinants of emotional memories: An experimental approach to flashbulb memory investigation. *Memory, 18*, 473–485.

Lang, P. J., Bradley, M. M., & Cuthbert, B. N. (2008). *International affective picture system (IAPS): Affective ratings of pictures and instruction manual. Technical Report A-8.* University of Florida, Gainesville, FL.

Laux, L., & Glanzmann, P. G. (1996). Angst und Ängstlichkeit. In M. Amelang (Ed.), *Enzyklopädie der Psychologie, Themenbereich C, Serie VIII: Vol. 3. Temperaments- und Persönlichkeitsunterschiede* (pp. 107–151). Göttingen: Hogrefe.

Laux, L., Glanzmann, P., Schaffner, P., & Spielberger, C. D. (1981). *Das State-Trait-Angstinventar (STAI): Theoretische Grundlagen und Handanweisung.* Weinheim: Beltz.

Laux, L., Hock, M., Bergner-Köther, R., Hodapp, V., & Renner, K.-H. (2011). *Das State-Trait-Angst-Depressionsinventar (STADI).* Manuskript in Vorbereitung, Bamberg.

Laux, L., & Weber, H. (1990). Bewältigung von Emotionen. In K. R. Scherer (Ed.), *Enzyklopädie der Psychologie, Themenbereich C, Serie IV: Vol. 3. Psychologie der Emotion* (pp. 560–629). Göttingen: Hogrefe.

Laux, L., & Weber, H. (1991). Presentation of self in coping with anger and anxiety: An intentional approach. *Anxiety Research, 3*, 233–255.

Laux, L., & Weber, H. (1993). *Emotionsbewältigung und Selbstdarstellung.* Stuttgart: Kohlhammer.

Lazarus, R. S. (1991a). Cognition and motivation in emotion. *American Psychologist, 46*, 352–367.

Lazarus, R. S. (1991b). *Emotion and adaptation.* New York, NY: Oxford University Press.

Lazarus, R. S. (1991c). Progress on a cognitive-motivational-relational theory of emotion. *American Psychologist, 46*, 819–834.

Lazarus, R. S. (1999). *Stress and emotion: A new synthesis.* New York, NY: Springer.

Lazarus, R. S. (2001). Relational meaning and discrete emotions. In K. R. Scherer, A. Schorr, & T. Johnstone (Eds.), *Appraisal processes in emotion: Theory, methods, research* (pp. 37–67). New York, NY: Oxford University Press.

Lazarus, R. S., Eriksen, C. W., & Fonda, C. P. (1951). Personality dynamics and auditory perceptual recognition. *Journal of Personality, 19*, 471–482.

Lechner, H. A., Squire, L. R., & Byrne, J. H. (1999). 100 years of consolidation: Remembering Müller and Pilzecker. *Learning and Memory, 6*, 77–87.

LeDoux, J. E. (1992). Emotion as memory: Anatomical systems underlying indelible neural traces. In S.-Å. Christianson (Ed.), *The handbook of emotion and memory. Research and theory* (pp. 269–288). Hillsdale, NJ: Erlbaum.

LeDoux, J. E. (2003). The emotional brain, fear, and the amygdala. *Cellular and Molecular Neurobiology, 23*, 727–738.

LeDoux, J. E., & Schiller, D. (2009). The human amygdala: Insights from other animals. In P. J. Whalen & E. A. Phelps (Eds.), *The human amygdala* (pp. 43–60). New York, NY: Guilford Press.

Lee, J. L. C. (2009). Reconsolidation: Maintaining memory relevance. *Trends in Neurosciences, 32*, 413–420.

Lee, Y.-s., Lee, H.-m., & Tsai, S.-h. (2007). Effects of post-cue interval on intentional forgetting. *British Journal of Psychology, 98*, 257–272.

Lehman, E. B., McKinley-Pace, M., Leonard, A. M., Thompson, D., & Johns, K. (2001). Item-cued directed forgetting of related words and pictures in children and adults: Selective rehearsal versus cognitive inhibition. *Journal of General Psychology, 128*, 81–97.

Leigland, L. A., Schulz, L. E., & Janowsky, J. S. (2004). Age related changes in emotional memory. *Neurobiology of Aging, 25*, 1117–1124.

Lerner, J. S., & Keltner, D. (2000). Beyond valence: Toward a model of emotion-specific influences on judgement and choice. *Cognition and Emotion, 14*, 473–793.

Levine, L. J., & Burgess, S. L. (1997). Beyond general arousal: Effects of specific emotions on memory. *Social Cognition, 15*, 157–181.

Levine, L. J., & Edelstein, R. S. (2009). Emotion and memory narrowing: A review and goal-relevance approach. *Cognition and Emotion, 23*, 833–875.

Levine, L. J., Lench, H. C., & Safer, M. A. (2009). Functions of remembering and misremembering emotion. *Applied Cognitive Psychology, 23*, 1059–1075.

Levine, L. J., & Pizarro, D. A. (2004). Emotion and memory research: A grumpy overview. *Social Cognition, 22*, 530–554.

Levy, B. J., & Anderson, M. C. (2008). Individual differences in the suppression of unwanted memories: The executive deficit hypothesis. *Acta Psychologica, 127*, 623–635.

Liebert, R. M., & Morris, L. W. (1967). Cognitive and emotional components of test anxiety: A distinction and some initial data. *Psychological Reports, 20*, 975–978.

Linton, M. (1975). Memory for real-world events. In D. A. Norman & D. E. Rumelhart (Eds.), *Explorations in cognition* (pp. 376–404). San Francisco, CA: Freeman.

Linton, M. (1978). Real world memory after six years: An in vivo study of very long term memory. In M. M. Gruneberg, P. E. Morris, & R. N. Sykes (Eds.), *Practical aspects of memory* (pp. 69–76). London, UK: Academic Press.

List, E. (2009). *Psychoanalyse: Geschichte, Theorien, Anwendungen.* Wien: Facultas.

Livingston, R. B. (1967a). Brain circuitry relating to complex behavior. In G. C. Quarton, T. Melnechuk, & F. O. Schmitt (Eds.), *The neurosciences: A study program* (pp. 499–515). New York, NY: Rockefeller University Press.

Livingston, R. B. (1967b). Reinforcement. In G. C. Quarton, T. Melnechuk, & F. O. Schmitt (Eds.), *The neurosciences: A study program* (pp. 568–577). New York, NY: Rockefeller University Press.

Loftus, E. F. (1993). The reality of repressed memories. *American Psychologist, 48*, 518–537.

Loftus, E. F. (1997). Creating false memories. *Scientific American, 277*, 70–75.

Loftus, E. F. (2004). Memories of things unseen. *Current Directions in Psychological Science, 13*, 145–147.

Loftus, E. F. (2005). Planting misinformation in the human mind: A 30-year investigation of the malleability of memory. *Learning and Memory, 12*, 361–366.

Loftus, E. F., & Davis, D. (2006). Recovered memories. *Annual Review of Clinical Psychology, 2*, 469–498.

Loftus, E. F., & Ketcham, K. (1996). *The myth of repressed memory: False memories and allegations of sexual abuse.* New York, NY: St. Martin's Griffin.

Loftus, E. F., & Leitner, R. L. (2003). Reconstructive memory. In J. H. Byrne (Ed.), *Macmillan psychology reference series. Learning & memory* (2nd ed., pp. 558–561). New York, NY: Macmillan.

Loftus, E. F., & Loftus, G. R. (1980). On the permanence of stored information in the human brain. *American Psychologist, 35*, 409–420.

Loftus, E. F., Loftus, G. R., & Messo, J. (1987). Some facts about "weapon focus". *Law and Human Behavior, 11*, 55–62.

Loftus, E. F., & Pickrell, J. E. (1995). The formation of false memories. *Psychiatric Annals, 25*, 720–725.

Logothetis, N. K. (2008). What we can do and what we cannot do with fMRI. *Nature, 453*, 869–878.

Luciano, J. V., & Algarabel, S. (2006). Individual differences in self-reported thought control: The role of the repressive coping sytle [*sic*]. *Psicothema, 18*, 228–231.

Luciano, J. V., Belloch, A., Algarabel, S., Tomás, J. M., Morillo, C., & Lucero, M. (2006). Confirmatory factor analysis of the white bear suppression inventory and the thought control questionnaire. *European Journal of Psychological Assessment, 22*, 250–258.

Luria, A. R. (1968/1975). *The mind of a mnemonist: A little book about a vast memory.* Harmondsworth, UK: Penguin Education. (Reprint der Ausgabe von 1968)

Lynch, M. A. (2004). Long-term potentiation and memory. *Physiological Review, 84*, 87–136.

MacCallum, R. C., & Mar, C. M. (1995). Distinguishing between moderator and quadratic effects in multiple regression. *Psychological Bulletin, 118*, 405–421.

MacCallum, R. C., Zhang, S., Preacher, K. J., & Rucker, D. D. (2002). On the practice of dichotomization of quantitative variables. *Psychological Methods, 7*, 19–40.

Mace, J. H. (2006). Episodic remembering creates access to involuntary conscious memory: Demonstrating involuntary recall on a voluntary recall task. *Memory, 14*, 917–924.

Mace, J. H. (Ed.). (2007). *Involuntary memory.* Malden, MA: Blackwell.

MacLeod, C., Mathews, A., & Tata, P. (1986). Attentional bias in emotional disorders. *Journal of Abnormal Psychology, 95*, 15–20.

MacLeod, C. M. (1975). Long-term recognition and recall following directed forgetting. *Journal of Experimental Psychology: Learning, Memory, and Cognition, 104*, 271–279.

MacLeod, C. M. (1991). Half a century of research on the stroop effect: An integrative review. *Psychological Bulletin, 109*, 163–203.

MacLeod, C. M. (1998). Directed forgetting. In J. M. Golding & C. M. MacLeod (Eds.), *Intentional forgetting: Interdisciplinary approaches* (pp. 1–57). Mahwah, NJ: Erlbaum.

MacLeod, C. M. (1999). The item and list methods of directed forgetting: Test differences and the role of demand characteristics. *Psychonomic Bulletin & Review, 6*, 123–129.

MacLeod, C. M., Dodd, M. D., Sheard, E. D., Wilson, D. E., & Bibi, U. (2003). In opposition to inhibition. *Psychology of Learning and Motivation, 43*, 163–214.

MacLeod, M. (2002). Retrieval-induced forgetting in eyewitness memory: Forgetting as a consequence of remembering. *Applied Cognitive Psychology, 16*, 135–149.

Maercker, A. (2009). Symptomatik, Klassifikation und Epidemiologie. In A. Maercker (Ed.), *Posttraumatische Belastungsstörungen* (3rd ed., pp. 13–32). Heidelberg: Springer.

Mandler, G. (1984). *Mind and body: Psychology of emotions and stress.* New York, NY: Norton.

Mann, R. E., Cho-Young, J., & Vogel-Sprott, M. (1984). Retrograde enhancement by alcohol of delayed free recall performance. *Pharmacology Biochemistry & Behavior, 20*, 639–642.

Markowitsch, H. J. (2001). Mnestische Blockaden als Stress- und Traumafolgen. *Zeitschrift für Klinische Psychologie und Psychotherapie, 30*, 204–211.

Marr, D. (1970). A theory for cerebral neocortex. *Proceedings of the Royal Society of London. Series B, Biological Sciences, 176*, 161–234.

Marx, B. P., Marshall, P. J., & Castro, F. (2008). The moderating effects of stimulus valence and arousal on memory suppression. *Emotion, 8*, 199–207.

Matchock, R. L., & Mordkoff, J. T. (2009). Chronotype and time-of-day influences on the alerting, orienting, and executive components of attention. *Experimental Brain Research, 192*, 189–198.

Mather, M. (2006). Why memories may become more positive as people age. In B. Uttl, N. Ohta, & A. L. Siegenthaler (Eds.), *Memory and emotion: Interdisciplinary perspectives* (pp. 135–158). Malden, MA: Blackwell.

Mather, M. (2007). Emotional arousal and memory binding: An object-based framework. *Perspectives on Psychological Science, 2*, 33–52.

Mather, M., & Carstensen, L. L. (2005). Aging and motivated cognition: The positivity effect in attention and memory. *Trends in Cognitive Sciences, 9*, 496–502.

Mather, M., Gorlick, M. A., & Nesmith, K. (2009). The limits of arousal's memory-impairing effects on nearby information. *American Journal of Psychology, 122*, 349–369.

Mather, M., & Knight, M. (2005). Goal-directed memory: The role of cognitive control in older adults' emotional memory. *Psychology and Aging, 20*, 554–570.

Mather, M., & Sutherland, M. (2009). Disentangling the effects of arousal and valence on memory for intrinsic details. *Emotion Review, 1*, 118–119.

Mather, M., & Sutherland, M. R. (2011). Arousal-biased competition in perception and memory. *Perspectives on Psychological Science, 6*, 114–133.

Mathews, A. (1990). Why worry? The cognitive function of anxiety. *Behaviour Research and Therapy, 28*, 455–468.

Matlin, M. W. (2004). Pollyanna principle. In R. F. Pohl (Ed.), *Cognitive illusions: A handbook on fallacies and biases in thinking, judgement and memory* (pp. 255–272). Hove: Psychology Press.

Matlin, M. W., & Stang, D. J. (1978). *The pollyanna principle: Selectivity in language, memory, and thought.* Cambridge, MA: Schenkman.

Maxwell, S. E., & Delaney, H. D. (1993). Bivariate median splits and spurious statistical significance. *Psychological Bulletin, 113*, 181–190.

Mazzoni, G., & Lynn, S. J. (2007). Using hypnosis in eyewitness memory: Past and current issues. In M. P. Toglia, J. D. Read, D. F. Ross, & R. C. L. Lindsay (Eds.), *Handbook of eyewitness psychology: Memory for events* (Vol. 1, pp. 321–338). Mahwah, NJ: Lawrence Erlbaum Associates.

McClelland, J. L., McNaughton, B. L., & O'Reilly, R. C. (1995). Why there are complementary learning systems in the hippocampus and neocortex: Insights from the successes and failures of connectionist models of learning and memory. *Psychological Review, 102*, 419–457.

McCloskey, M. (1992). Special versus ordinary memory mechanisms in the genesis of flashbulb memories. In E. Winograd & U. Neisser (Eds.), *Affect and accuracy in recall: Studies of "flashbulb" memories* (pp. 227–235). New York, NY: Cambridge University Press.

McCloskey, M., Wible, C. G., & Cohen, N. J. (1988). Is there a special flashbulb-memory mechanism? *Journal of Experimental Psychology: General, 117*, 171–181.

McDaniel, M. A., & Masson, M. E. J. (1985). Altering memory representations through retrieval. *Journal of Experimental Psychology: Learning, Memory, and Cognition, 11*, 371–385.

McDermott, L. M., & Ebmeier, K. P. (2009). A meta-analysis of depression severity and cognitive function. *Journal of Affective Disorders, 119*, 1–8.

McDonald, H. E., & Hirt, E. R. (1997). When expectancy meets desire: Motivational effects in reconstructive memory. *Journal of Personality and Social Psychology, 72*, 5–23.

McGaugh, J. L. (2000). Memory: A century of consolidation. *Science, 287*, 248–251.

McGaugh, J. L. (2003). *Memory and emotion: The making of lasting memories.* New York, NY: Columbia University Press.

McGaugh, J. L. (2004). The amygdala modulates the consolidation of memories of emotionally arousing experiences. *Annual Reviews*, 1–28.

McGaugh, J. L. (2006). Make mild moments memorable: Add a little arousal. *Trends in Cognitive Sciences, 10*, 345–347.

McGaugh, J. L., & Roozendaal, B. (2002). Role of adrenal stress hormones in forming lasting memories in the brain. *Current Opinion in Neurobiology, 12*, 205–210.

McGaugh, J. L., & Roozendaal, B. (2009). Drug enhancement of memory consolidation: Historical perspective and neurobiological implications. *Psychopharmacology, 202*, 3–14.

McGeoch, J. A. (1932). Forgetting and the law of disuse. *Psychological Review, 39*, 352–370.

McNally, R. J. (2003). *Remembering trauma.* Cambridge, MA: Belknap Press of Harvard University Press.

McNally, R. J., Clancy, S. A., Barrett, H. M., & Parker, H. A. (2004). Inhibiting retrieval of trauma cues in adults reporting histories of childhood sexual abuse. *Cognition and Emotion, 18*, 479–493.

McNally, R. J., & Geraerts, E. (2009). A new solution to the recovered memory debate. *Perspectives on Psychological Science, 4*, 126–134.

Mecklinger, A., Parra, M., & Waldhauser, G. T. (2009). ERP correlates of intentional forgetting. *Brain Research, 1255,* 132–147.

Meeter, M., & Murre, J. M. J. (2004). Consolidation of long-term memory: Evidence and alternatives. *Psychological Bulletin, 130,* 843–857.

Meeter, M., Murre, J. M. J., & Janssen, S. M. J. (2005). Remembering the news: Modeling retention data from a study with 14,000 participants. *Memory & Cognition, 33,* 793–810.

Meier, B., König, A., Parak, S., & Henke, K. (2011). Suppressed, but not forgotten. *Swiss Journal of Psychology, 70,* 5–11.

Melton, A. W. (1963). Implications of short-term memory for a general theory of memory. *Journal of Verbal Learning and Verbal Behavior, 2,* 1–21.

Melton, A. W., & Irwin, J. M. (1940). The influence of degree of interpolated learning on retroactive inhibition and the overt transfer of specific responses. *American Journal of Psychology, 53,* 173–203.

Meltzer, H. (1930). The present status of experimental studies on the relationship of feeling to memory. *Psychological Review, 37,* 124–139.

Mendolia, M. (1999). Agreement between two methods for identifying dispositional repressors: A comment on Egloff and Hock (1997). *Personality and Individual Differences, 27,* 1015–1020.

Mendolia, M. (2002). An index of self-regulation of emotion and the study of repression in social contexts that threaten or do not threaten self-concept. *Emotion, 2,* 215–232.

Mendolia, M., Moore, J., & Tesser, A. (1996). Dispositional and situational determinants of repression. *Journal of Personality and Social Psychology, 70,* 856–867.

Mensink, G.-J., & Raaijmakers, J. G. W. (1988). A model for interference and forgetting. *Psychological Review, 95,* 434–455.

Mensink, G.-J., & Raaijmakers, J. G. W. (1989). A model for contextual fluctuation. *Journal of Mathematical Psychology, 33,* 172–186.

Merckelbach, H., Muris, P., van den Hout, M., & de Jong, P. (1991). Rebound effects of thought suppression: Insruction-dependent? *Behavioural Psychotherapy, 19,* 225–238.

Merckelbach, H., Wessel, I., & Horselenberg, R. (1997). The accuracy of autobiographical memory: A replication of Barclay & Wellman (1986). *Behavioural and Cognitive Psychotherapy, 25,* 103–111.

Michael, T., Halligan, S. L., Clark, D. M., & Ehlers, A. (2007). Rumination in posttraumatic stress disorder. *Depression and Anxiety, 24,* 307–317.

Minnema, M. T., & Knowlton, B. (2008). Directed forgetting and emotional words. *Emotion, 8,* 643–652.

Misanin, J. R., Miller, R. R., & Lewis, D. J. (1968). Retrograde amnesia produced by electroconvulsive shock after reactivation of a consolidated memory trace. *Science, 160,* 554–555.

Mitchell, K. J., Livosky, M., & Mather, M. (1998). The weapon focus effect revisited: The role of novelty. *Legal and Criminological Psychology, 3,* 287–303.

Mitchell, T. R., Thompson, L., Peterson, E., & Cronk, R. (1997). Temporal adjustments in the evaluation of events: The "rosy view". *Journal of Experimental Social Psychology, 33,* 421–448.

Moore, J. L., & Roche, R. A. P. (2007). Reconsolidation revisited: A review and commentary on the phenomenon. *Reviews in the Neurosciences, 18,* 365–382.

Moosbrugger, H., & Oehlschlägel, J. (1996). *FAIR: Frankfurter Aufmerksamkeits-Inventar.* Bern: Huber.

Morris, C. D., Bransford, J. D., & Franks, J. J. (1977). Levels of processing versus transfer appropriate processing. *Journal of Verbal Learning and Verbal Behavior, 16,* 519–533.

Mueller, C. W., Lisman, S. A., & Spear, N. E. (1983). Alcohol enhancement of human memory: Tests of consolidation and interference hypotheses. *Psychopharmacology, 80,* 226–230.

Mulji, R., & Bodner, G. E. (2010). Wiping out memories: New support for a mental context change account of directed forgetting. *Memory, 18,* 763–773.

Muraven, M., Tice, D. M., & Baumeister, R. F. (1998). Self-control as limited resource: Regulatory depletion patterns. *Journal of Personality and Social Psychology, 74,* 774–789.

Murdock, B. B. (1962). The serial position curve of free recall. *Journal of Experimental Psychology, 64,* 482–488.

Muris, P., Merckelbach, H., & de Jong, P. (1993). Verbalization and environmental cuing in thought suppression. *Behaviour Research and Therapy, 31,* 609–612.

Muris, P., Merckelbach, H., & Horselenberg, R. (1996). Individual differences in thought suppression. The White Bear Suppression Inventory: Factor structure, reliability, validity and correlates. *Behaviour Research and Therapy, 34*, 501–513.

Muris, P., Merckelbach, H., van den Hout, M., & de Jong, P. (1992). Suppression of emotional and neutral material. *Behaviour Research and Therapy, 30*, 639–642.

Müsseler, J. (Ed.). (2008). *Allgemeine Psychologie.* Berlin: Spektrum Akademischer Verlag.

Muther, W. S. (1965). Erasure or partitioning in short-term memory. *Psychonomic Science, 3*, 429–430.

Myers, L. B., & Brewin, C. R. (1994). Recall of early experience and the repressive coping style. *Journal of Abnormal Psychology, 103*, 288–292.

Myers, L. B., & Brewin, C. R. (1995). Repressive coping and the recall of emotional material. *Cognition and Emotion, 9*, 637–642.

Myers, L. B., Brewin, C. R., & Power, M. J. (1992). Repression and autobiographical memory. In M. A. Conway, D. C. Rubin, H. Spinnler, & W. A. Wagenaar (Eds.), *Theoretical perspectives on autobiographical memory* (Vol. 65, pp. 375–390). Dordrecht, Netherlands: Kluwer.

Myers, L. B., Brewin, C. R., & Power, M. J. (1998). Repressive coping and the directed forgetting of emotional material. *Journal of Abnormal Psychology, 107*, 141–148.

Myers, L. B., & Derakshan, N. (2004). To forget or not to forget: What do repressors forget and when do they forget? *Cognition and Emotion, 18*, 495–511.

Myhill, A. & Allen, J. (2002). *Rape and sexual assault of women: The extent and nature of the problem* (Home Office Research Study No. 237). London, UK. Zugriff am 30.09.2011. Verfügbar unter http://rds.homeoffice.gov.uk/rds/pdfs2/hors237.pdf

Näätänen, R. (2001). The perception of speech sounds by the human brain as reflected by the mismatch negativity (MMN) and its magnetic equivalent (MMNm). *Psychophysiology, 38*, 1–21.

Nader, K. (2003). Memory traces unbound. *Trends in Neurosciences, 26*, 65–72.

Nader, K., Schafe, G. E., & LeDoux, J. E. (2000a). Fear memories require protein synthesis in the amygdala for reconsolidation after retrieval. *Nature, 406*, 722–726.

Nader, K., Schafe, G. E., & LeDoux, J. E. (2000b). The labile nature of consolidation theory. *Nature Reviews Neuroscience, 1*, 216–219.

Nairne, J. S. (2002). The myth of the encoding-retrieval match. *Memory, 10*, 389–395.

Neisser, U. (1967/1974). *Kognitive Psychologie.* Stuttgart: Ernst Klett. (deutsche Übersetzung der englischsprachigen Ausgabe von 1967)

Neisser, U. (1978). Memory: What are the important questions? In M. M. Gruneberg, P. E. Morris, & R. N. Sykes (Eds.), *Practical aspects of memory* (pp. 3–24). London, UK: Academic Press.

Neisser, U. (1981). John Dean's memory: A case study. *Cognition, 9*, 1–22.

Neisser, U. (Ed.). (1982a). *Memory observed: Remembering in natural contexts.* San Francisco, CA: Freeman.

Neisser, U. (1982b). Snapshots or benchmarks? In U. Neisser (Ed.), *Memory observed: Remembering in natural contexts* (pp. 43–48). San Francisco, CA: Freeman.

Neisser, U., & Harsch, N. (1992). Phantom flashbulbs: False recollections of hearing the news about Challenger. In E. Winograd & U. Neisser (Eds.), *Affect and accuracy in recall: Studies of "flashbulb" memories* (pp. 9–31). New York, NY: Cambridge University Press.

Newman, E. J., & Lindsay, D. S. (2009). False memories: What the hell are they for? *Applied Cognitive Psychology, 23*, 1105–1121.

Newman, L. S., Duff, K. J., Hedberg, D. A., & Blitstein, J. (1996). Rebound effects in impression formation: Assimilation and contrast effects following thought suppression. *Journal of Experimental Social Psychology, 32*, 460–483.

Newman, L. S., & Hedberg, D. A. (1999). Repressive coping and the inaccessibility of negative autobiographical memories: Converging evidence. *Personality and Individual Differences, 27*, 45–53.

Newton, T. L., & Contrada, R. J. (1992). Repressive coping and verbal-autonomic response dissociation: The influence of social context. *Journal of Personality and Social Psychology, 62*, 159–167.

Nørby, S., Lange, M., & Larsen, A. (2010). Forgetting to forget: On the duration of voluntary suppression of neutral and emotional memories. *Acta Psychologica, 133,* 73–80.

Nourkova, V., Bernstein, D. M., & Loftus, E. F. (2004). Altering traumatic memory. *Cognition and Emotion, 18,* 575–585.

Oatley, K., & Johnson-Laird, P. N. (1987). Towards a cognitive theory of emotions. *Cognition and Emotion, 1,* 29–50.

O'Donovan, A., Devilly, G. J., & Rapee, R. M. (2007). Antecedents to women's fear of rape. *Behaviour Change, 24,* 135–145.

Offer, D., Kaiz, M., Howard, K. I., & Bennett, E. S. (2000). The altering of reported experiences. *Journal of the American Academy of Child & Adolescent Psychiatry, 39,* 735–742.

Orne, M. T. (1962). On the social psychology of the psychological experiment: With particular reference to demand characteristics and their implications. *American Psychologist, 17,* 776–783.

Palm, K. M., & Strong, D. R. (2007). Using item response theory to examine the White Bear Suppression Inventory. *Personality and Individual Differences, 42,* 87–98.

Paré, D. (2003). Role of the basolateral amygdala in memory consolidation. *Progress in Neurobiology, 70,* 409–420.

Park, J. (2005). Effect of arousal and retention delay on memory: A meta-analysis. *Psychological Reports, 97,* 339–355.

Parker, E. S., Birnbaum, I. M., Weingartner, H., Hartley, J. T., Stillman, R. C., & Wyatt, R. J. (1980). Retrograde enhancement of human memory with alcohol. *Psychopharmacology, 69,* 219–222.

Parker, E. S., Cahill, L., & McGaugh, J. L. (2006). A case of unusual autobiographical remembering. *Neurocase, 12,* 35–49.

Parker, E. S., Morihisa, J. M., Wyatt, R. J., Schwartz, B. L., Weingartner, H., & Stillman, R. C. (1981). The alcohol facilitation effect on memory: A dose-response study. *Psychopharmacology, 74,* 88–92.

Parkin, A. J. (1996). *Gedächtnis: Ein einführendes Lehrbuch.* Weinheim: Beltz.

Pastötter, B., & Bäuml, K.-H. (2007). The crucial role of postcue encoding in directed forgetting and context-dependent forgetting. *Journal of Experimental Psychology: Learning, Memory, and Cognition, 33,* 977–982.

Pastötter, B., & Bäuml, K.-H. (2010). Amount of postcue encoding predicts amount of directed forgetting. *Journal of Experimental Psychology: Learning, Memory, and Cognition, 36,* 54–65.

Pauls, C. A., & Stemmler, G. (2003). Repressive and defensive coping during fear and anger. *Emotion, 3,* 284–302.

Payne, B. K., & Corrigan, E. (2007). Emotional constraints on intentional forgetting. *Journal of Experimental Social Psychology, 43,* 780–786.

Payne, J. D., Ellenbogen, J. M., Walker, M. P., & Stickgold, R. (2008). The role of sleep in memory consolidation. In J. H. Byrne (Ed.), *Learning and memory: A comprehensive reference: Vol. 2. Cognitive psychology of memory* (pp. 663–685). Oxford, UK: Academic Press.

Payne, J. D., Stickgold, R., Swanberg, K., & Kensinger, E. A. (2008). Sleep preferentially enhances memory for emotional components of scenes. *Psychological Science, 19,* 781–788.

Peigneux, P., Schmitz, R., & Urbain, C. (2010). Sleep and forgetting. In S. Della Sala (Ed.), *Forgetting* (pp. 165–184). Hove, UK: Psychology Press.

Penfield, W. (1969). Consciousness, memory, and, man's conditioned reflexes. In K. H. Pribram (Ed.), *On the biology of learning* (pp. 127–168). New York, NY: Harcourt, Brace & World.

Penfield, W., & Perot, P. (1963). The brain's record of auditory and visual experience. *Brain, 86,* 595–696.

Penfield, W., & Roberts, L. (1959). *Speech and brain-mechanisms.* Princeton, NJ: Princeton University Press.

Peters, J. H., Hock, M., & Krohne, H. W. (2012). Sensitive maintenance: A cognitive process underlying individual differences in memory for threatening information. *Journal of Personality and Social Psychology, 102,* 200–213. doi: 10.1037/a0026080

Pezdek, K., & Banks, W. P. (Eds.). (1996). *The recovered memory/false memory debate.* San Diego, CA: Academic Press.

Phelps, E. A. (2004). Human emotion and memory: Interactions of the amygdala and hippocampal complex. *Current Opinion in Neurobiology, 14*, 198–202.

Phelps, E. A. (2006). Emotion and cognition: Insights from studies of the human amygdala. *Annual Review of Psychology, 57*, 27–53.

Phelps, E. A., & LeDoux, J. E. (2005). Contributions of the amygdala to emotion processing: From animal models to human behavior. *Neuron, 48*, 175–187.

Philipp, A. M., & Koch, I. (2005). Switching of response modalities. *Quarterly Journal of Experimental Psychology, 58A*, 1325–1338.

Pilgram, A.-L. (2011). *Angst vor Vergewaltigung: Eine Fragebogenstudie über ihre Zusammensetzung, Quellen und die Wahrnehmung ambivalenter Situationen* (unveröffentlichte Bachelorarbeit). Otto-Friedrich-Universität Bamberg, Bamberg.

Pillemer, D. B. (1984). Flashbulb memories of the assassination attempt on President Reagan. *Cognition, 16*, 63–80.

Pillemer, D. B. (1992). Remembering personal circumstances: A functional analysis. In E. Winograd & U. Neisser (Eds.), *Affect and accuracy in recall: Studies of "flashbulb" memories* (pp. 236–264). New York, NY: Cambridge University Press.

Pillemer, D. B. (2003). Directive functions of autobiographical memory: The guiding power of the specific episode. *Memory, 11*, 193–202.

Pillemer, D. B. (2009). Twenty years after Baddeley (1988): Is the study of autobiographical memory fully functional? *Applied Cognitive Psychology, 23*, 1193–1208.

Pohl, R. (2007). *Das autobiographische Gedächtnis*. Stuttgart: Kohlhammer.

Pope, H. G., & Hudson, J. I. (1995). Can memories of childhood sexual abuse be repressed? *Psychological Medicine, 25*, 121–126.

Posner, J., Russell, J. A., & Peterson, B. S. (2005). The circumplex model of affect: An integrative approach to affective neuroscience, cognitive development, and psychopathology. *Development and Psychopathology, 17*, 715–734.

Power, M. J., & Dalgleish, T. (2008). *Cognition and emotion: From order to disorder* (2nd ed.). Hove, UK: Psychology Press.

Power, M. J., Dalgleish, T., Claudio, V., Tata, P., & Kentish, J. (2000). The directed forgetting task: Application to emotionally valent material. *Journal of Affective Disorders, 57*, 147–157.

Preacher, K. J., Rucker, D. D., MacCallum, R. C., & Nicewander, W. A. (2005). Use of the extreme groups approach: A critical reexamination and new recommendations. *Psychological Methods, 10*, 178–192.

Pyc, M. A., & Rawson, K. A. (2009). Testing the retrieval effort hypothesis: Does greater difficulty correctly recalling information lead to higher levels of memory? *Journal of Memory and Language, 60*, 437–447.

Raes, F., Hermans, D., Williams, J. M. G., & Eelen, P. (2006). Reduced autobiographical memory specificity and affect regulation. *Cognition and Emotion, 20*, 402–429.

Rasch, B., & Born, J. (2007). Maintaining memories by reactivation. *Current Opinion in Neurobiology, 17*, 698–703.

Rasmussen, A. R., & Berntsen, D. (2009). The possible functions of involuntary autobiographical memories. *Applied Cognitive Psychology, 23*, 1137–1152.

Rassin, E. (2003). The White Bear Suppression Inventory (WBSI) focuses on failing suppression attempts. *European Journal of Personality, 17*, 285–298.

Rassin, E., Muris, P., Jong, J., & de Bruin, G. (2005). Summoning white bears or letting them free: The influence of the content of control instructions on target thought frequency. *Journal of Psychopathology and Behavioral Assessment, 27*, 253–257.

Raye, C. L., Johnson, M. K., Mitchell, K. J., Greene, E. J., & Johnson, M. R. (2007). Refreshing: A minimal executive function. *Cortex, 43*, 135–145.

Reisberg, D. (2006). Memory for emotional episodes: The strengths and limits of arousal-based accounts. In B. Uttl, N. Ohta, & A. L. Siegenthaler (Eds.), *Memory and emotion: Interdisciplinary perspectives* (pp. 15–36). Malden, MA: Blackwell.

Reisberg, D., & Heuer, F. (2004). Memory for emotional events. In D. Reisberg & P. T. Hertel (Eds.), *Memory and emotion* (pp. 3–41). Oxford, UK: Oxford University Press.

Reisenzein, R. (2009). Einschätzung. In V. Brandstätter & J. H. Otto (Eds.), *Handbuch der Psychologie: Motivation und Emotion* (pp. 435–445). Göttingen: Hogrefe.

Reitman, W., Malin, J. T., Bjork, R. A., & Higman, B. (1973). Strategy control and directed forgetting. *Journal of Verbal Learning and Verbal Behavior, 12*, 140–149.

Riccio, D. C., Millin, P. M., & Bogart, A. R. (2006). Reconsolidation: A brief history, a retrieval view, and some recent issues. *Learning and Memory, 13*, 536–544.

Richards, J. M., & Gross, J. J. (2000). Emotion regulation and memory: The cognitive costs of keeping one's cool. *Journal of Personality and Social Psychology, 79*, 410–424.

Richards, J. M., & Gross, J. J. (2006). Personality and emotional memory: How regulating emotion impairs memory for emotional events. *Journal of Research in Personality, 40*, 631–651.

Riger, S., & Gordon, M. T. (1981). The fear of rape: A study in social control. *Journal of Social Issues, 37*, 71–92.

Riggs, L., McQuiggan, D. A., Anderson, A. K., & Ryan, J. D. (2010). Eye movement monitoring reveals differential influences of emotion on memory. *Frontiers in Psychology, 1:205*, 1–9. doi: 10.3389/fpsyg.2010.00205

Ritchie, T., Skowronski, J. J., Hartnett, J., Wells, B., & Walker, W. R. (2009). The fading affect bias in the context of emotion activation level, mood, and personal theories of emotion change. *Memory, 17*, 428–444.

Roberto, M., Nelson, T. E., Ur, C. L., & Gruol, D. L. (2002). Long-term potentiation in the rat hippocampus is reversibly depressed by chronic intermittent ethanol exposure. *Journal of Neurophysiology, 87*, 2385–2397.

Roediger, H. L., III. (2008). Relativity of remembering: Why the laws of memory vanished. *Annual Review of Psychology, 59*, 225–254.

Roediger, H. L., III., & Butler, A. C. (2011). The critical role of retrieval practice in long-term retention. *Trends in Cognitive Sciences, 15*, 20–27.

Roediger, H. L., III., & Crowder, R. G. (1972). Instructed forgetting: Rehearsal control or retrieval inhibition (repression)? *Cognitive Psychology, 3*, 244–254.

Roediger, H. L., III., Gallo, D. A., & Geraci, L. (2002). Processing approaches to cognition: The impetus from the levels-of-processing framework. *Memory, 10*, 319–332.

Roediger, H. L., III., & McDermott, K. B. (1995). Creating false memories: Remembering words not presented in lists. *Journal of Experimental Psychology: Learning, Memory, and Cognition, 21*, 803–814.

Roediger, H. L., III., & Karpicke, J. D. (2006a). Test-enhanced learning: Taking memory tests improves long-term retention. *Psychological Science, 17*, 249–255.

Roediger, H. L., III., & Karpicke, J. D. (2006b). The power of testing memory: Basic research and implications for educational practice. *Perspectives on Psychological Science, 1*, 181–210.

Rofé, Y. (2008). Does repression exist? Memory, pathogenic, unconscious and clinical evidence. *Review of General Psychology, 12*, 63–85.

Rosenthal, R. (1979). The file drawer problem and tolerance for null results. *Psychological Bulletin, 86*, 638–641.

Rosenthal, R., Rosnow, R. L., & Rubin, D. B. (2000). *Contrasts and effect sizes in behavioral research: A correlational approach.* Cambridge, UK: Cambridge University Press.

Rosenzweig, S., & Mason, G. (1934). An experimental study of memory in relation to the theory of repression. *British Journal of Psychology, 24*, 247–265.

Rösler, A., Ulrich, C., Billino, J., Sterzer, P., Weidauer, S., Bernhardt, T., …, Kleinschmidt, A. (2005). Effects of arousing emotional scenes on the distribution of visuospatial attention: Changes with aging and early subcortical vascular dementia. *Journal of the Neurological Sciences, 229–230*, 109–116.

Roth, S., & Cohen, L. J. (1986). Approach, avoidance, and coping with stress. *American Psychologist, 41*, 813–819.

Rothbart, M., & Mellinger, M. (1972). Attention and responsivity to remote dangers: A laboratory simulation for assessing reactions to threatening events. *Journal of Personality and Social Psychology, 24*, 132–142.

Rozin, P., & Royzman, E. B. (2001). Negativity bias, negativity dominance, and contagion. *Personality and Social Psychology Review, 5*, 296–320.

Rubin, D. C., & Berntsen, D. (2009). The frequency of voluntary and involuntary autobiographical memories across the life span. *Memory & Cognition, 37*, 679–688.

Rubin, D. C., Berntsen, D., & Bohni, M. K. (2008). A memory-based model of posttraumatic stress disorder: Evaluating basic assumptions underlying the PTSD diagnosis. *Psychological Review, 115*, 985–1011.

Rubin, D. C., & Friendly, M. (1986). Predicting which words get recalled: Measures of free recall, availability, goodness, emotionality, and pronunciability for 925 nouns. *Memory & Cognition, 14*, 79–94.

Rubin, D. C., & Wenzel, A. E. (1996). One hundred years of forgetting: A quantitative description of retention. *Psychological Review, 103*, 734–760.

Russell, J. A. (1980). A circumplex model of affect. *Journal of Personality and Social Psychology, 39*, 1161–1178.

Russell, J. A., Bachorowski, J.-A., & Fernández-Dols, J.-M. (2003). Facial and vocal expressions of emotion. *Annual Review of Psychology, 54*, 329–349.

Rusting, C. L. (1998). Personality, mood, and cognitive processing of emotional information: Three conceptual frameworks. *Psychological Bulletin, 124*, 165–196.

Ruzich, M. J., Looi, J. V. L., & Robertson, M. D. (2005). Delayed onset of posttraumatic stress disorder among male combat veterans: A case series. *American Journal of Geriatric Psychiatry, 13*, 424–427.

Safer, M. A., Christianson, S.-Å., Autry, M. W., & Österlund, K. (1998). Tunnel memory for traumatic events. *Applied Cognitive Psychology, 12*, 99–117.

Sahakyan, L. (2004). Destructive effects of "forget" instructions. *Psychonomic Bulletin & Review, 11*, 555–559.

Sahakyan, L., & Delaney, P. F. (2003). Can encoding differences explain the benefits of directed forgetting in the list method paradigm? *Journal of Memory and Language, 48*, 195–206.

Sahakyan, L., Delaney, P. F., & Waldum, E. R. (2008). Intentional forgetting is easier after two "shots" than one. *Journal of Experimental Psychology: Learning, Memory, and Cognition, 34*, 408–414.

Sahakyan, L., & Goodmoon, L. B. (2010). Theoretical implications of extralist probes for directed forgetting. *Journal of Experimental Psychology: Learning, Memory, and Cognition, 36*, 920–937.

Sahakyan, L., & Kelley, C. M. (2002). A contextual change account of the directed forgetting effect. *Journal of Experimental Psychology: Learning, Memory, and Cognition, 28*, 1064–1072.

Sahakyan, L., Waldum, E. R., Benjamin, A. S., & Bickett, S. P. (2009). Where is the forgetting with list-method directed forgetting in recognition? *Memory & Cognition, 37*, 464–476.

Sara, S. J. (2000). Retrieval and reconsolidation: Toward a neurobiology of remembering. *Learning and Memory, 7*, 73–84.

Schachter, S., & Singer, J. E. (1962). Cognitive, social, and physiological determinants of emotional state. *Psychological Review, 69*, 379–399.

Schacter, D. L. (1999). The seven sins of memory. *American Psychologist, 54*, 182–203.

Schacter, D. L. (2003). *How the mind forgets and remembers: The seven sins of memory.* London, UK: Souvenir Press.

Schacter, D. L., & Addis, D. R. (2007a). The cognitive neuroscience of constructive memory: Remembering the past and imagining the future. *Philosophical Transactions of the Royal Society of London, Series B, 362*, 773–786.

Schacter, D. L., & Addis, D. R. (2007b). Constructive memory: The ghosts of past and future. *Nature, 445*, 27.

Scherer, K. R. (1984). On the nature and function of emotion: A component process approach. In K. R. Scherer & P. Ekman (Eds.), *Approaches to emotion* (pp. 293–317). Hillsdale, NJ: Erlbaum.

Scherer, K. R. (1999). Appraisal theory. In T. Dalgleish & M. J. Power (Eds.), *Handbook of cognition and emotion* (pp. 637–663). Chichester, UK: John Wiley & Sons.

Scherer, K. R. (2001). Appraisal considered as a process of multilevel sequential checking. In K. R. Scherer, A. Schorr, & T. Johnstone (Eds.), *Appraisal processes in emotion: Theory, methods, research* (pp. 92–120). New York, NY: Oxford University Press.

Scherer, K. R., Schorr, A., & Johnstone, T. (Eds.). (2001). *Appraisal processes in emotion: Theory, methods, research.* New York, NY: Oxford University Press.

Schimmack, U., & Hartmann, K. (1997). Individual differences in the memory representation of emotional episodes: Exploring the cognitive processes in repression. *Journal of Personality and Social Psychology, 73*, 1064–1079.

Schlagman, S., Kvavilashvili, L., & Schulz, J. (2007). Effects of age on involuntary autobiographical memories. In J. H. Mace (Ed.), *Involuntary memory* (pp. 87–112). Malden, MA: Blackwell.

Schlagman, S., Schulz, J., & Kvavilashvili, L. (2006). A content analysis of involuntary autobiographical memories: Examining the positivity effect in old age. *Memory, 14,* 161–175.

Schmidt, C., Collette, F., Cajochen, C., & Peigneux, P. (2007). A time to think: Circadian rhythms in human cognition. *Cognitive Neuropsychology, 24,* 755–789.

Schmidt, S. R., & Saari, B. (2007). The emotional memory effect: Differential processing or item distinctiveness? *Memory & Cognition, 35,* 1905–1916.

Schmolck, H., Buffalo, E. A., & Squire, L. R. (2000). Memory distortions develop over time: Recollections of the O. J. Simpson trial verdict after 15 and 32 months. *Psychological Science, 11,* 39–45.

Schmukle, S. C., Egloff, B., & Krohne, H. W. (2000). Transsituativ konsistente und variable Bewältigungsmodi: Eine Latent-Class-Analyse des Angstbewältigungs-Inventars (ABI). *Diagnostica, 46,* 199–207.

Schooler, J. W., & Eich, E. (2000). Memory for emotional events. In E. Tulving & F. I. M. Craik (Eds.), *The Oxford handbook of memory* (pp. 379–392). Oxford: Oxford University Press.

Schooler, L. J., & Hertwig, R. (2005). How forgetting aids heuristic interference. *Psychological Review, 112,* 610–628.

Schürer-Necker, E. (1990). Arousal and paired-associate learning: Evidence refuting the action decrement theory of Walker and Tarte (1963). *Pavlovian Journal of Biological Science, 25,* 195–200.

Schwerdtfeger, A., & Kohlmann, C.-W. (2004). Repressive coping style and the significance of verbal-autonomic response dissociations. In U. Hentschel, G. Smith, J. G. Dragons, & W. Ehlers (Eds.), *Defence mechanisms: Theoretical, research, and clinical perspectives* (pp. 239–278). Amsterdam: Elsevier.

Scott, D., & Ponsoda, V. (1996). The role of positive and negative affect in flashbulb memory. *Psychological Reports, 79,* 467–473.

Sedlmeier, P., & Renkewitz, F. (2008). *Forschungsmethoden und Statistik in der Psychologie.* München: Pearson Studium.

Shane, M. S., & Peterson, J. B. (2004). Self-induced memory distortions and the allocation of processing resources at encoding and retrieval. *Cognition and Emotion, 18,* 533–558.

Shapiro, L. R. (2006). Remembering September 11th: The role of retention interval and rehearsal on flashbulb and event memory. *Memory, 14,* 129–147.

Sharot, T., & Phelps, E. A. (2004). How arousal modulates memory: Disentangling the effects of attention and retention. *Cognitive, Affective, & Behavioral Neuroscience, 4,* 294–306.

Shaw, J. S., Bjork, R. A., & Handal, A. (1995). Retrieval-induced forgetting in an eyewitness-memory paradigm. *Psychonomic Bulletin & Review, 2,* 249–253.

Sheard, E. D., & MacLeod, C. M. (2005). List method directed forgetting: Return of the selective rehearsal account. In N. Ohta, C. M. MacLeod, & B. Uttl (Eds.), *Dynamic cognitive processes* (pp. 219–248). Tokyo: Springer.

Shepard, R. N. (1967). Recognition memory for words, sentences, and pictures. *Journal of Verbal Learning and Verbal Behavior, 6,* 156–163.

Shepard, R. N., & Teghtsoonian, M. (1961). Retention of information under conditions approaching a steady state. *Journal of Experimental Psychology, 62,* 302–309.

Shiffrin, R. M., & Atkinson, C. R. (1969). Storage and retrieval processes in long-term memory. *Psychological Review, 76,* 179–193.

Sikström, S. (2002). Forgetting curves: Implications for connectionist models. *Cognitive Psychology, 45,* 95–152.

Simon, H. A. (1967). Motivational and emotional controls of cognition. *Psychological Review, 74,* 29–39.

Sinclair, J. G., & Lo, G. F. (1986). Ethanol blocks tetanic and calcium-induced long-term potentiation in the hippocampal slice. *General Pharmacology, 17,* 231–233.

Singer, J. A., & Salovey, P. (1988). Mood and memory: Evaluating the network theory of affect. *Clinical Psychology Review, 8,* 211–255.

Skinner, E. A., Edge, K., Altman, J., & Sherwood, H. (2003). Searching for the structure of coping: A review and critique of category systems for classifying ways of coping. *Psychological Bulletin, 129,* 216–269.

Skowronski, J. J., & Walker, W. R. (2004). How describing autobiographical events can affect autobiographical memories. *Social Cognition, 22,* 555–590.

Slamecka, N. J., & Neath, I. (2003). Forgetting. In J. H. Byrne (Ed.), *Macmillan psychology reference series. Learning & memory* (2nd ed., pp. 152–154). New York, NY: Macmillan.

Solso, R. L. (2005). *Kognitive Psychologie*. Heidelberg: Springer.

Sommer, T., Gläscher, J., Moritz, S., & Büchel, C. (2008). Emotional enhancement effect of memory: Removing the influence of cognitive factors. *Learning and Memory, 15*, 569–573.

Speckens, A. E. M., Ehlers, A., Hackmann, A., Ruth, F. A., & Clark, D. M. (2007). Intrusive memories and rumination in patients with post-traumatic stress disorder: A phenomenological comparison. *Memory, 15*, 249–257.

Spector, A., Laughery, K. R., & Finkelman, D. G. (1973). Rehearsal and organization in intentional forgetting. *Journal of Experimental Psychology, 98*, 169–174.

Spinhoven, P., Nijenhuis, E. R. S., & van Dyck, R. (1999). Can experimental memory research adequately explain memory for trauma? *Psychotherapy, 36*, 257–267.

Squire, L. R. (1987). *Memory and brain*. New York, NY: Oxford University Press.

Squire, L. R., & Alvarez, P. (1995). Retrograde amnesia and memory consolidation: A neurobiological perspective. *Current Opinion in Neurobiology, 5*, 169–177.

Stangl, W. (2006). Mnemotechnik. In H. Mandl & H. F. Friedrich (Eds.), *Handbuch Lernstrategien* (pp. 89–100). Göttingen: Hogrefe.

Steblay, N. M. (1992). A meta-analytic review of the weapon focus effect. *Law and Human Behavior, 16*, 413–424.

Steil, R., Ehlers, A., & Clark, D. M. (2009). Kognitionsfokussierte Therapie der posttraumatischen Belastungsstörung. In A. Maercker (Ed.), *Posttraumatische Belastungsstörungen* (3rd ed., pp. 217–235). Heidelberg: Springer.

Steil, R., & Schönfeld, S. (2011). Anpassungs- und Belastungsstörungen. In M. Hautzinger (Ed.), *Kognitive Verhaltenstherapie: Behandlung psychischer Störungen im Erwachsenenalter* (pp. 82–98). Weinheim: Beltz.

Sternberg, S. (1966). High-speed scanning in human memory. *Science, 153*, 652–654.

Stickgold, R. (2005). Sleep-dependent memory consolidation. *Nature, 473*, 1272–1278.

Stickgold, R., & Walker, M. P. (2005). Memory consolidation and reconsolidation: What is the role of sleep? *Trends in Neurosciences, 28*, 408–415.

Stroop, J. R. (1935). Studies of interference in serial verbal reactions. *Journal of Experimental Psychology, 18*, 643–662.

Talarico, J. M., & Rubin, D. C. (2003). Confidence, not consistency, characterizes flashbulb memories. *Psychological Science, 14*, 455–461.

Talarico, J. M., & Rubin, D. C. (2007). Flashbulb memories are special after all; in phenomenology, not accuracy. *Applied Cognitive Psychology, 21*, 557–578.

Talarico, J. M., & Rubin, D. C. (2009). Flashbulb memories result from ordinary memory processes and extraordinary event characteristics. In O. Luminet & A. Curci (Eds.), *Flashbulb memories. New issues and new perspectives* (pp. 79–97). Hove, UK: Psychology Press.

Taylor, J. A. (1953). A personality scale of manifest anxiety. *Journal of Abnormal and Social Psychology, 48*, 285–290.

Taylor, S. E. (1991). Asymmetrical effects of positive and negative events: The mobilization–minimization hypothesis. *Psychological Bulletin, 101*, 67–85.

Thorndike, E. L. (1914/1921). *Educational psychology: Briefer course*. New York, NY: Teachers College, Columbia University. (Reprint der Ausgabe von 1914)

Tomlinson, T. D., Huber, D. E., Rieth, C. A., & Davelaar, E. J. (2009). An interference account of cue-independent forgetting in the no-think paradigm. *Proceedings of the National Academy of Sciences of the United States of America, 106*, 15588–15593.

Tottenham, N., Tanaka, J. W., Leon, A. C., McCarry, T., Nurse, M., Hare, T. A., …, Nelson, C. (2009). The NimStim set of facial expressions: Judgments from untrained research participants. *Psychiatry Research, 168*, 242–249.

Truax, C. B. (1957). The repression response to implied failure as a function of the hysteria-psychasthenia index. *Journal of Abnormal and Social Psychology, 55*, 188–193.

Tulving, E. (1974). Cue-dependent forgetting. *American Scientist, 62*, 74–82.

Tulving, E. (1983). *Elements of episodic memory*. Oxford, UK: Clarendon Press.

Tulving, E. (1986). What kind of hypothesis is the distinction between episodic and semantic memory? *Journal of Experimental Psychology: Learning, Memory, and Cognition, 12*, 307–311.

Tulving, E. (2001). Episodic memory and common sense: How far apart? *Philosophical Transactions of the Royal Society of London, Series B, 356*, 1505–1515.

Tulving, E., & Pearlstone, Z. (1966). Availability versus accessibility of information in memory for words. *Journal of Verbal Learning and Verbal Behavior, 5*, 381–391.

Tulving, E., & Thomson, D. M. (1973). Encoding specificity and retrieval processes in episodic memory. *Psychological Review, 80*, 352–373.

Tyron, G. S. (2008). Gedankenstopp. In M. Linden & M. Hautzinger (Eds.), *Verhaltenstherapiemanual* (6th ed., pp. 170–172). Heidelberg: Springer Medizin Verlag.

Ucros, C. G. (1989). Mood state-dependent memory: A meta-analysis. *Cognition and Emotion, 3*, 139–167.

Ullsperger, M., Mecklinger, A., & Müller, U. (2000). An electrophysiological test of directed forgetting: The role of retrieval inhibition. *Journal of Cognitive Neuroscience, 12*, 924–940.

Underwood, B. J. (1957). Interference and forgetting. *Psychological Review, 64*, 49–60.

Underwood, B. J. (1983). *Attributes of memory.* Glenview, IL: Scott Foresman.

Underwood, B. J., & Ekstrand, B. R. (1966). An analysis of some shortcomings in the interference theory of forgetting. *Psychological Review, 73*, 540–549.

Underwood, B. J., & Ekstrand, B. R. (1967). Sudies of distributed practice: XXIV. Differentiation and proactive inhibition. *Journal of Experimental Psychology: Applied, 74*, 574–580.

Urban, D., & Mayerl, J. (2011). *Regressionsanalyse: Theorie, Technik und Anwendung* (4th ed.). Wiesbaden: Verlag für Sozialwissenschaften.

Vaterrodt-Plünnecke, B., & Bredenkamp, J. (2006). Gedächtnis: Definitionen, Konzeptionen, Methoden. In J. Funke & P. A. Frensch (Eds.), *Handbuch der Psychologie. Handbuch der Allgemeinen Psychologie: Kognition* (pp. 297–306). Göttingen: Hogrefe.

Verwoerd, J., & Wessel, I. (2007). Distractibility and individual differences in the experience of involuntary memories. *Personality and Individual Differences, 42*, 325–334.

Wagenaar, W. A., & Groeneweg, J. (1990). The memory of concentration camp survivors. *Applied Cognitive Psychology, 4*, 77–87.

Waldhauser, G. T., Johansson, M., Bäckström, M., & Mecklinger, A. (2011). Trait anxiety, working memory capacity, and the effectiveness of memory suppression. *Scandinavian Journal of Psychology, 52*, 21–27.

Walker, E. L. (1958). Action decrement and its relation to learning. *Psychological Review, 65*, 129–142.

Walker, M. P. (2009). The role of sleep in cognition and emotion. *Annals of the New York Academy of Sciences, 1156*, 168–197.

Walker, W. R., & Skowronski, J. J. (2009). The fading affect bias: But what the hell is it for? *Applied Cognitive Psychology, 23*, 1122–1136.

Walker, W. R., Skowronski, J. J., Gibbons, J. A., Vogl, R. J., & Thompson, C. P. (2003). On the emotions that accompany autobiographical memories: Dysphoria disrupts the fading affect bias. *Cognition and Emotion, 17*, 703–723.

Walker, W. R., Skowronski, J. J., & Thompson, C. P. (2003). Life is pleasant – and memory helps to keep it that way. *Review of General Psychology, 7*, 203–210.

Walker, W. R., Vogel, R. J., & Thompson, C. P. (1997). Autobiographical memory: Unpleasantness fades faster than pleasantness over time. *Applied Cognitive Psychology, 11*, 399–413.

Warr, M. (1984). Fear of victimization: Why are women and the elderly more afraid? *Social Science Quarterly, 65*, 681–702.

Warr, M. (2000). Fear of crime in the United States: Avenues for research and policy. In D. Duffee (Ed.), *Criminal Justice 2000. Volume Four: Measurement and analysis of crime and justice* (pp. 451–489). Washington, D.C.: U.S. Department of Justice, National Institute of Justice.

Warr, M., & Stafford, M. (1983). Fear of victimization: A look at the proximate causes. *Social Forces, 61*, 1033–1043.

Wartegg, E. (1953). *Schichtdiagnostik: Der Zeichentest (WZT).* Göttingen: Verlag für Psychologie.

Watkins, M. J., & Peynircioglu, Z. F. (1982). A perspective on rehearsal. In G. H. Bower (Ed.), *The psychology of learning and motivation: Advances in research and theory* (Vol. 16, pp. 153–190). New York, NY: Academic Press.

Watkins, M. J., Peynircioglu, Z. F., & Brems, D. J. (1984). Pictorial rehearsal. *Memory & Cognition, 12*, 553–557.

Watkins, M. J., & Tulving, E. (1975). Episodic memory: When recognition fails. *Journal of Experimental Psychology: General, 104*, 5–29.

Watkins, O. C., & Watkins, M. J. (1975). Buildup of proactive inhibition as a cue-overload effect. *Journal of Experimental Psychology: Human Learning and Memory, 1*, 442–452.

Watson, D., Clark, L. A., & Tellegen, A. (1988). Development and validation of brief measures of positive and negative affect: The PANAS scales. *Journal of Personality and Social Psychology, 54*, 1063–1070.

Waugh, N. C., & Norman, D. A. (1965). Primary memory. *Psychological Review, 72*, 89–104.

Weaver, C. A. (1993). Do you need a "flash" to form a flashbulb memory? *Journal of Experimental Psychology: General, 122*, 39–46.

Webster, J. D. (2003). The reminiscence circumplex and autobiographical memory functions. *Memory, 11*, 203–215.

Wegner, D. M. (1992). You can't always think what you want: Problems of unwanted thoughts. *Advances in Experimental Social Psychology, 25*, 193–225.

Wegner, D. M. (1994). Ironic processes of mental control. *Psychological Review, 101*, 34–52.

Wegner, D. M. (1997). When the antidote is the poison: Ironic mental control processes. *Psychological Science, 8*, 148–150.

Wegner, D. M. (2003). Thought suppression and mental control. In L. Nadel (Ed.), *Encyclopedia of Cognitive Science* (pp. 395–397). London: Macmillan.

Wegner, D. M., & Erber, R. (1992). The hyperaccessibility of suppressed thoughts. *Journal of Personality and Social Psychology, 63*, 903–912.

Wegner, D. M., & Schneider, D. J. (2003). The white bear story. *Psychological Inquiry, 14*, 326–329.

Wegner, D. M., Schneider, D. J., Carter, S. R., & White, T. L. (1987). Paradoxical effects of thought suppression. *Journal of Personality and Social Psychology, 53*, 5–13.

Wegner, D. M., & Wenzlaff, R. M. (1996). Mental Control. In E. T. Higgins & A. W. Kruglanski (Eds.), *Social psychology: Handbook of basic mechanisms and processes* (pp. 466–492). New York: Guilford.

Wegner, D. M., & Zanakos, S. (1994). Chronic thought suppression. *Journal of Personality, 62*, 615–640.

Weinberger, D. A. (1990). The construct validity of the repressive coping style. In J. L. Singer (Ed.), *Repression and dissociation: Implications for personality theory, psychopathology, and health* (pp. 337–386). Chicago, IL: University of Chicago Press.

Weinberger, D. A., & Davidson, M. N. (1994). Styles of inhibiting emotional expression: Distinguishing repressive coping from impression management. *Journal of Personality, 62*, 587–613.

Weinberger, D. A., & Schwartz, G. E. (1990). Distress and restraint as superordinate dimensions of self-reported adjustment: A typological perspective. *Journal of Personality, 58*, 381–417.

Weinberger, D. A., Schwartz, G. E., & Davidson, R. J. (1979). Low-anxious, high-anxious, and repressive coping styles: Psychometric patterns and behavioral and physiological responses to stress. *Journal of Abnormal Psychology, 88*, 369–380.

Weingartner, H. J., Sirocco, K., Curran, V., & Wolkowitz, O. (1995). Memory facilitation following the administration of the benzodiazepine triazolam. *Experimental and Clinical Psychopharmacology, 3*, 298–303.

Wells, A., & Davies, M. I. (1994). The Thought Control Questionnaire: A measure of individual differences in the control of unwanted thoughts. *Behaviour Research and Therapy, 32*, 871–878.

Wenzlaff, R. M., & Bates, D. E. (1998). Unmasking a cognitive vulnerability to depression: How lapses in mental control reveal depressive thinking. *Journal of Personality and Social Psychology, 75*, 1559–1571.

Wenzlaff, R. M., & Bates, D. E. (2000). The relative efficacy of concentration and suppression strategies of mental control. *Personality and Social Psychology Bulletin, 10*, 1200–1212.

Wenzlaff, R. M., & Luxton, D. D. (2003). The role of thought suppression in depressive rumination. *Cognitive Therapy and Research, 27*, 293–308.

Wenzlaff, R. M., & Wegner, D. M. (2000). Thought suppression. *Annual Review of Psychology, 51*, 59–91.

Wenzlaff, R. M., Wegner, D. M., & Roper, D. W. (1988). Depression and mental control: The resurgence of unwanted negative thoughts. *Journal of Personality and Social Psychology, 55*, 882–892.

Wessel, I., & Merckelbach, H. (2006). Forgetting "murder" is not harder than forgetting "circle": Listwise-directed forgetting of emotional words. *Cognition and Emotion, 20*, 129–137.

West, S. G., Aiken, L. S., & Krull, J. L. (1996). Experimental personality designs: Analyzing categorical by continuous variable interactions. *Journal of Personality, 64*, 1–48.

Wetzel, C. D., & Hunt, R. E. (1977). Cue delay and the role of rehearsal in directed forgetting. *Journal of Experimental Psychology: Human Learning and Memory, 3*, 233–245.

Wetzels, P. & Pfeiffer, C. (1995). *Sexuelle Gewalt gegen Frauen im öffentlichen und privaten Raum: Ergebnisse der KFN-Opferbefragung 1992* (KFN-Forschungsberichte No. 37). Hannover: Kriminologisches Forschungsinstitut Niedersachsen (KFN).

Wheeler, M. A., & Roediger, H. L., III. (1992). Disparate effects of repeated testing: Reconciling Ballard's (1913) and Bartlett's (1932) results. *Psychological Science, 3*, 240–245.

White, H. A., & Marks, W. (2004). Updating memory in list-method directed forgetting: Individual differences related to Adult Attention-Deficit Hyperactivity Disorder. *Personality and Individual Differences, 37*, 1453–1462.

Wickelgren, W. A. (1974). Single-trace fragility theory of memory dynamics. *Memory & Cognition, 2*, 775–780.

Williams, J. M. G., Watts, F. N., MacLeod, C. M., & Mathews, A. (1997). *Cognitive psychology and emotional disorders* (2nd ed.). Chichester, UK: Wiley.

Wilson, A. E., & Ross, M. (2003). The identity function of autobiographical memory: Time is on our side. *Memory, 11*, 137–149.

Wilson, M. A., & McNaughton, B. L. (1994). Reactivation of hippocampal ensemble memories during sleep. *Science, 265*, 676–679.

Winocur, G., Moscovitch, M., & Sekeres, M. (2007). Memory consolidation or transformation: Context manipulation and hippocampal representations of memory. *Nature Neuroscience, 10*, 555–557.

Wixted, J. T. (2004). The psychology and neuroscience of forgetting. *Annual Review of Psychology, 55*, 235–269.

Wixted, J. T. (2010). The role of retroactive interference and consolidation in everyday memory. In S. Della Sala (Ed.), *Forgetting* (pp. 285–312). Hove, UK: Psychology Press.

Wolf, O. T. (2009). Stress and memory in humans: Twelve years of progress? *Brain Research, 1293*, 142–154.

Wolpe, J. (1958). *Psychotherapy by reciprocal inhibition*. Stanford, CA: Stanford University Press.

Workman, B. (1996, 3. Juli). 'Memory' case put to rest—no retrial: Franklin to go free after almost 7 years. *San Francisco Chronicle*. Zugriff am 20.02.2011. Verfügbar unter http://www.sfgate.com/cgi-bin/article.cgi?file=/c/a/1996/07/03/mn10475.dtl

Wright, D. B. (2003). Making friends with your data: Improving how statistics are conducted and reported. *British Journal of Educational Psychology, 73*, 123–136.

Wylie, G. R., Foxe, J. J., & Taylor, T. L. (2008). Forgetting as an active process: An fMRI investigation of item-method-directed forgetting. *Cerebral Cortex, 3*, 670–682.

Yiend, J. (2010). The effects of emotion on attention: A review of attentional processing of emotional information. *Cognition and Emotion, 24*, 3–47.

Zald, D. H. (2003). The human amygdala and the emotional evaluation of sensory stimuli. *Brain Research Reviews, 41*, 88–123.

Zeigarnik, B. (1927). Das Behalten erledigter und unerledigter Handlungen. *Psychologische Forschung, 9*, 1–85.

Zimbardo, P. G., & Ruch, F. L. (1975). *Psychology and life* (9th ed.). Glenview, IL: Scott Foresman.

Anhang A: Untersuchungsmaterialien

A.1 Reizmaterial von Experiment 1 (Beispielbilder)

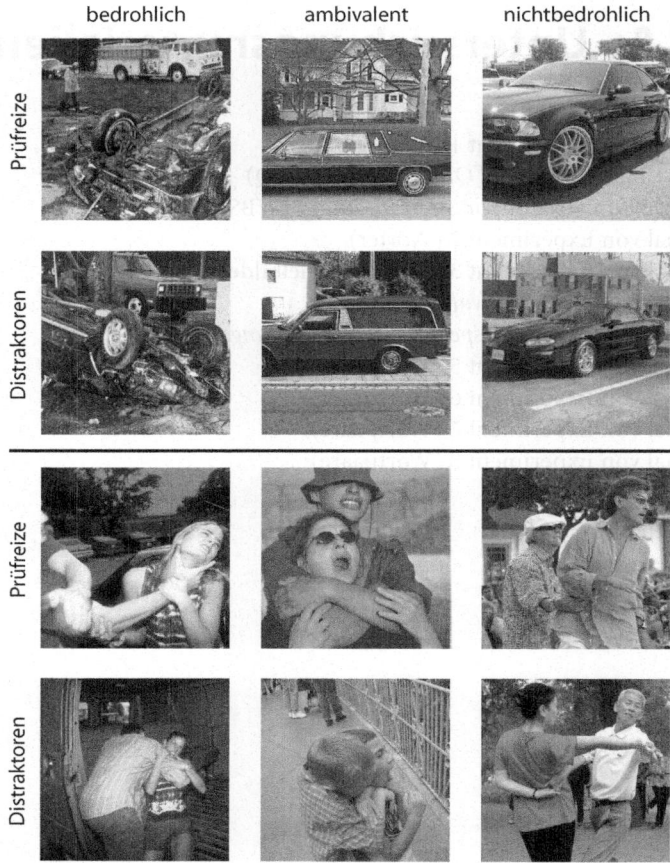

Die den Probanden präsentierten Originalbilder waren farbig. (This material originally appeared in English as Peters et al., 2012, p. 203, Figure 2. Copyright © 2012 by the American Psychological Association. Translated and reproduced with permission. The American Psychological Association is not responsible for the accuracy of this translation. This translation cannot be reproduced or distributed further without prior written permission from the APA. No further reproduction or distribution is permitted without written permission from the American Psychological Association.)

A.2   Fragebogen *Thought Control Questionnaire* (TCQ)

[Instruktion:]
Die meisten Menschen erleben unangenehme und/oder ungewollte Gedanken, sowohl in wörtlicher als auch in bildlicher Form, die schwer kontrollierbar sein können. Im Folgenden geht es um die *Strategien, die Sie im Allgemeinen* einsetzen, um solche Gedanken zu kontrollieren. Unten sind einige Verhaltensweisen aufgeführt, die man einsetzen kann, um solche Gedanken zu kontrollieren. Bitte geben Sie an, *wie oft Sie jede Strategie einsetzen.*
Wenn ich einen unangenehmen oder ungewollten Gedanken habe, tue ich Folgendes:

Item	Skala
1. Ich rufe mir stattdessen positive Bilder ins Gedächtnis.	Ablenkung
2. Ich sage zu mir selbst, dass ich nicht so dumm sein soll.	Selbstbestrafung
3. Ich konzentriere mich ganz auf den Gedanken. [Item wurde nicht zur Skalenbildung verwendet]	Umbewertung
4. Ich ersetze den Gedanken durch einen weniger bedeutsamen schlechten Gedanken.	Sorge
5. Ich spreche nicht darüber. [invers]	soziale Kontrolle
6. Ich bestrafe mich selbst dafür, dass ich diesen Gedanken habe.	Selbstbestrafung
7. Ich beschäftige mich mit anderen Sorgen.	Sorge
8. Ich behalte den Gedanken für mich. [invers]	soziale Kontrolle
9. Ich beschäftige mich stattdessen mit Arbeit.	Ablenkung
10. Ich überprüfe die Wahrheit dieses Gedankens.	Umbewertung
11. Ich ärgere mich über mich selbst, dass ich diesen Gedanken habe.	Selbstbestrafung
12. Ich vermeide es, den Gedanken zu diskutieren. [invers]	soziale Kontrolle
13. Ich beschimpfe mich selbst, weil ich diesen Gedanken habe.	Selbstbestrafung
14. Ich gehe den Gedanken ganz vernünftig durch.	Umbewertung
15. Ich schlage oder kneife mich, um den Gedanken zu stoppen.	Selbstbestrafung
16. Ich denke stattdessen an angenehme Dinge.	Ablenkung
17. Ich finde heraus, wie meine Freunde/Freundinnen mit diesen Gedanken umgehen.	soziale Kontrolle
18. Ich sorge mich stattdessen um weniger bedeutsame Dinge.	Sorge
19. Ich tue etwas, das ich mag.	Ablenkung
20. Ich versuche, dem Gedanken eine andere Bedeutung zu geben.	Umbewertung
21. Ich denke an etwas anderes.	Ablenkung
22. Ich denke stärker über die kleineren Probleme nach, die ich sonst noch habe.	Sorge
23. Ich versuche, anders darüber zu denken.	Umbewertung
24. Ich denke stattdessen an vergangene Sorgen.	Sorge
25. Ich frage meine Freunde/Freundinnen, ob sie ähnliche Gedanken haben.	soziale Kontrolle
26. Ich konzentriere mich auf andere negative Gedanken.	Sorge
27. Ich hinterfrage die Gründe, warum ich diesen Gedanken habe.	Umbewertung
28. Ich sage mir, dass etwas Schlimmes passieren wird, wenn ich diesen Gedanken habe.	Selbstbestrafung
29. Ich rede mit einem Freund/einer Freundin über den Gedanken.	soziale Kontrolle
30. Ich sorge dafür, dass ich immer beschäftigt bin.	Ablenkung

A.3 Fragebogen *White Bear Suppression Inventory* (WBSI)

| Item | Skalenzuordnung in der | |
	2-Faktor-Lösung[a]	3-Faktor-Lösung[b]
1. Es gibt Dinge, über die ich lieber nicht nachdenke.	Unterdrückung	Unterdrückung
2. Manchmal frage ich mich, warum ich die Gedanken habe, die ich habe.	Intrusionen	Intrusionen
3. Ich habe Gedanken, die ich nicht stoppen kann.	Intrusionen	Intrusionen
4. Mir kommen Bilder ins Bewusstsein, die ich nicht aus-löschen kann.	Intrusionen	Intrusionen
5. Meine Gedanken kehren oft zu einem einzigen Thema zurück.	Intrusionen	Intrusionen
6. Ich wünschte, ich könnte aufhören, über bestimmte Dinge nachzudenken.	Intrusionen	Intrusionen
7. Manchmal rasen meine Gedanken so schnell, dass ich wünschte, ich könnte sie anhalten.	Intrusionen	Intrusionen
8. Ich versuche immer, Probleme aus dem Bewusstsein zu entfernen.	Unterdrückung	Unterdrückung
9. Es gibt Gedanken, die immer wieder unvermittelt in meinem Kopf auftauchen.	Intrusionen	Intrusionen
10. Manchmal beschäftige ich mich, nur um Gedanken davon abzuhalten, in mein Bewusstsein einzudringen.	Unterdrückung	Ablenkung
11. Es gibt Dinge, an die ich nicht zu denken versuche.	Unterdrückung	Unterdrückung
12. Manchmal wünsche ich mir wirklich, dass ich aufhören könnte zu denken.	Unterdrückung	Ablenkung
13. Ich tue oft Dinge, um mich von meinen Gedanken abzu-lenken.	Unterdrückung	Ablenkung
14. Ich habe Gedanken, die ich zu vermeiden versuche.	Unterdrückung	Unterdrückung
15. Ich habe viele Gedanken, von denen ich niemandem etwas erzähle. [Item wurde nicht zur Skalenbildung verwendet]	Intrusionen	Intrusionen

Anmerkungen. [a] Faktorlösung und Skalenbenennung nach Luciano et al. (2006), [b] Faktorlösung und Skalenbenennung nach Blumberg (2000).

A.4 Reizmaterial von Experiment 2 (Wörter)

Set 1			Set 2		
bedrohlich	ambivalent	nichtbedrohlich	bedrohlich	ambivalent	nichtbedrohlich
Abgrund	Anfangsstadium	Akademie	Absturz	Abrechnung	Aluminium
Aggression	Anzeige	Angestellter	Amputation	Alleinsein	Anrichte
Angriff	Autorität	Armband	Angst	Anstalt	Asphalt
Armut	Befund	Ausbildung	Asthma	Ausbruch	Badewanne
Atemnot	Bewertung	Baumarkt	Attentat	Bakterie	Belegschaft
Ausbeutung	Bruch	Beamter	Behinderung	Diagnose	Bürgersteig
Bedrohung	Distanz	Behälter	Betrug	Druck	Deckel
Blutbad	Entladung	Briefumschlag	Bösartigkeit	Entlassung	Einzelhandel
Bombe	Entzug	Camping	Brutalität	Flamme	Farbe
Chemieunfall	Haken	Drehung	Demenz	Hochspannung	Fischer
Demütigung	Klemme	Erbschaft	Depression	Kater	Füller
Drohung	Kontrolle	Feldweg	Eifersucht	Kettenreaktion	Geldschein
Einbrecher	Laster	Frachter	Elend	Kritik	Gemälde
Entführung	Macht	Gastwirt	Erblindung	Mine	Getränk
Erniedrigung	Operation	Gießkanne	Erpressung	Pilze	Grundstück
Ersticken	Panzer	Händler	Erwürgen	Rausch	Handschuh
Explosion	Prüfung	Handwerker	Feind	Risiko	Hosentasche
Flugzeugabsturz	Revolution	Jahreszeit	Folter	Schicksal	Joggen
Gangster	Schlange	Kacheln	Gefahr	Schläfer	Kaninchen
Geisel	Spitze	Karton	Gemetzel	Sterbehilfe	Kellner
Gewalt	Strafe	Keramik	Großbrand	Stich	Kessel
Handgranate	Untersuchung	Klebstoff	Herzinfarkt	Veränderung	Kloster
Hinrichtung	Verantwortung	Kneipe	Hochwasser	Wertung	Kommode
Holocaust	Verfall	Kompass	Horror	Zeugnis	Komponist
Infektion		Kontinent	Katastrophe		Kopftuch
Kidnapping		Kugelschreiber	Killer		Kupfer
Kinderschänder		Laterne	Koma		Lehrgang
Konflikt		Leinwand	Krankheit		Luftpumpe
Krieg		Leuchtturm	Krimineller		Markierung
Krise		Lieferant	Lähmung		Matrose
Lawine		Maurer	Leukämie		Messing
Lungenkrebs		Metall	Missbrauch		Mitarbeiter
Misserfolg		Monarchie	Mobbing		Nachfrage
Mörder		Nagellack	Notlage		Natur
Pistole		Papierkorb	Rache		Navigation
Rassismus		Plakat	Räuber		Ohrring
Sadist		Quadrat	Schädelbruch		Perücke
Scheidung		Rathaus	Schießerei		Popcorn
Schlaganfall		Routine	Serientäter		Radweg
Seuche		Ruhestand	Skinhead		Rippe
Sterben		Sandmann	Strangulierung		Rücksitz
Streit		Sanierung	Terror		Schnürsenkel
Totschlag		Sekretärin	Trennung		Siegel
Tumor		Solarium	Überfall		Sprache
Unfall		Stadtrat	Unglück		Supermarkt
Verbrecher		Tapete	Verbrennung		Traktor
Verfolgung		Tresen	Vergewaltigung		Universität
Vergiftung		Wäsche	Verletzung		Weltanschauung
Verlust		Wohnung	Versagen		Wirtshaus
Virus		Zeitschrift	Zerstörung		Zement

A.5   Reizmaterial von Experiment 3 und 4 (Beispielbilder)

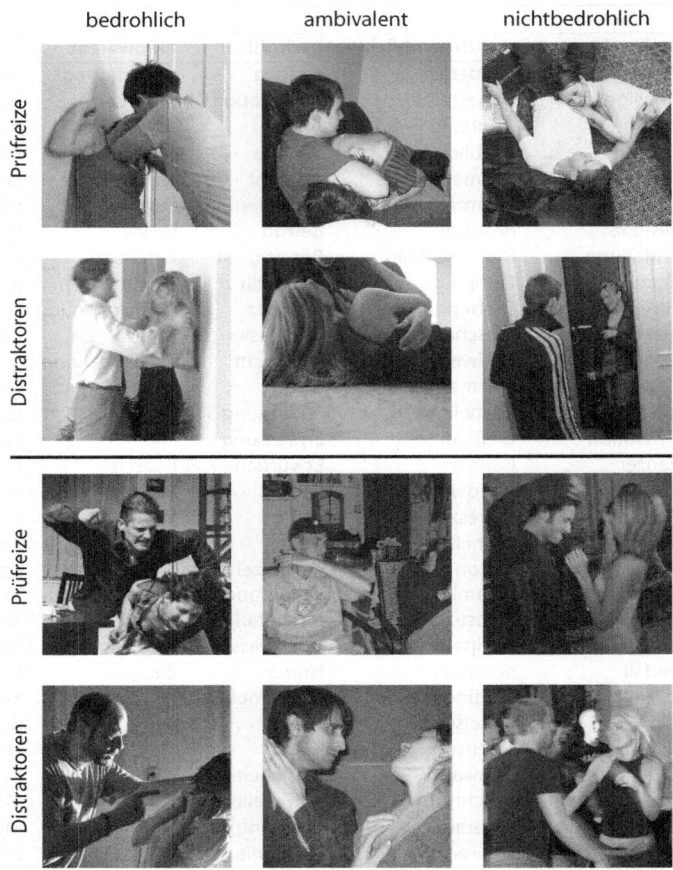

Die den Probanden präsentierten Originalbilder waren farbig.

A.6   Fragebogen *Angst vor Vergewaltigung* (AV)

[Instruktion:]
Viele Frauen erleben die Gefahr, Opfer einer Vergewaltigung zu werden, als tagtägliche Bedrohung. Im Folgenden finden Sie einige Aussagen, die sich auf das *Gefühl der Bedrohung durch sexuelle Gewalt* beziehen. Bitte kreuzen Sie auf der vorgegebenen Antwortskala diejenige Option an, die Ihrem eigenen Empfinden am besten entspricht.

Item

1. Es macht mir nichts aus, wenn ich nachts allein durch die Straßen laufen muss. [invers]

2. Ich werde nervös, wenn ich nachts auf der Straße bin und höre, dass ein Mann hinter mir geht.

3. Es ist mir unheimlich, einem Mann, den ich nicht kenne, die Türe zu öffnen, wenn ich alleine zuhause bin.

4. Wenn ein Mann mit seinem Auto anhält und mich ansprechen will, würde mir das verdächtig vorkommen.

5. Ich habe keine Angst, wenn ich im Dunkeln allein unterwegs bin und mir ein Mann entgegenkommt. [invers]

6. Wenn ich mich einer Gruppe von Männern nähere, fürchte ich, sexuell angemacht zu werden.

7. Ich denke oft daran, wie leicht es passieren kann, vergewaltigt zu werden.

8. Auch Männern, die vertrauenerweckend aussehen, kann man nicht trauen, wenn man sie nicht kennt.

9. Ich denke in meinem Alltag fast nie an die Gefahr, vergewaltigt zu werden. [invers]

10. Es ist mir unheimlich, wenn ich irgendwo entlang gehe und ein Mann in einem Auto vor mir langsamer wird.

11. Ich glaube, dass viele Männer sexuell gefährlich werden können.

A.7 Fragebogen *Vergewaltigungsspezifisches Vermeidungsverhalten* (VV)

[Instruktion:]

Frauen ergreifen unterschiedliche Vorsichtsmaßnahmen, um sich vor sexueller Gewalt zu schützen. Im Folgenden möchten wir wissen, *was Sie im Alltag tun bzw. nicht tun, damit Sie möglichst nicht in die Situation kommen, dass Ihnen ein Mann sexuelle Gewalt antun kann.*

Dazu finden Sie eine Liste verschiedener Verhaltensweisen. Bitte geben Sie für jede Verhaltensweise an, wie gut Sie Ihr eigenes Verhalten im täglichen Leben beschreibt.

Item

1. Ich meide gefährliche Gegenden.
2. Ich fahre nicht per Anhalter.
3. Ich fahre nachts möglichst nicht allein mit dem Auto.
4. Ich beobachte das Verhalten anderer Leute, um eine Gefahr rechtzeitig einschätzen zu können.
5. Ich gehe abends nicht alleine aus.
6. Ich versuche, mich möglichst unauffällig zu kleiden.
7. Ich mache mir Gedanken über Situationen, die ein hohes Risiko haben.
8. Ich benutze nachts ein Auto bzw. Taxi, um Fußwege zu vermeiden.
9. Ich versuche, eine Person zu finden, die mich bei Dunkelheit begleitet.
10. Ich gehe nicht zu Männern, die ich kaum kenne, in die Wohnung.
11. Ich gehe abends nicht allein in die Kneipe oder Diskothek.
12. Ich achte darauf, ob sich fremde Männer im Haus befinden und beobachte, was sie dort machen.
13. Ich schließe die Wohnungstür immer ab.
14. Wenn es an meiner Wohnungstür klingelt, vergewissere ich mich, wer draußen steht, bevor ich die Tür öffne.
15. Ich reagiere nicht darauf, wenn mich ein fremder Mann auf der Straße anspricht.
16. Ich habe einen Schlüssel oder einen festen Gegenstand in der Hand, um mich im Notfall zu verteidigen.
17. Ich benutze nachts keine öffentlichen Verkehrsmittel.
18. Wenn ich einer Gruppe von Männern begegne, wechsele ich die Straßenseite.
19. Wenn ich nachts unterwegs bin, versuche ich, mit anderen Frauen zusammen zu gehen.
20. Ich versuche Kleidung zu tragen, in der ich stark wirke und in der ich mich verteidigen kann.
21. Ich gehe nicht allein joggen oder spazieren.
22. Ich steige nicht allein in leere Straßenbahnwagen oder in solche, in denen sich nur Männer befinden.
23. Ich gehe nicht auf abgelegene Toiletten.
24. Ich achte darauf, dass die Haustür abgeschlossen ist.
25. Ich verschließe die Autotüren von innen, wenn ich allein unterwegs bin.

A.8   Reizmaterial von Experiment 5 (Wortpaare)

Bedrohlichkeits-bedingung	TNT-Bedingung	Reizwort	Reaktionswort
BB	Baseline	Atemnot	Blutbad
		Mörder	Schlägerei
		Unfall	Hinrichtung
		Verlust	Geschwür
	No-Think	Absturz	Überfall
		Explosion	Geiselnahme
		Kollaps	Pistole
		Waffe	Überdosis
	Think	Ausbeutung	Herzinfarkt
		Erniedrigung	Koma
		Leukämie	Missbrauch
		Quälerei	Bombe
BN	Baseline	Amputation	Filiale
		Flutwelle	Telefon
		Gemetzel	Mathematik
		Prügelei	Kapitel
	No-Think	Fehlgeburt	Grundstück
		Rassismus	Lehrgang
		Schießerei	Rathaus
		Zerstörung	Angebot
	Think	Bestrafung	Bleistift
		Lawine	Argument
		Totschlag	Laterne
		Unterdrückung	Viereck
NB	Baseline	Batterie	Bedrohung
		Klarheit	Großbrand
		Parkplatz	Munition
		Werkstatt	Verzweiflung
	No-Think	Dosenöffner	Bosheit
		Gedicht	Racheakt
		Sprache	Gefahr
		Verkäufer	Beklemmung
	Think	Anmeldung	Massaker
		Behälter	Gefängnis
		Dackel	Erdbeben
		Lagerung	Attentat
NN	Baseline	Angestellter	Quelle
		Dynamik	Zeitalter
		Museum	Getreide
		Schachtel	Gespräch
	No-Think	Atmosphäre	Theologie
		Filter	Telegramm
		Mittelwert	Personal
		Tapete	Unterricht
	Think	Ballett	Adresse
		Beutel	Dokument
		Wetterbericht	Buchhaltung
		Verjährung	Fassung

Anmerkungen. BB = Bedrohlich-bedrohlich-Wortpaare, BN = Bedrohlich-nichtbedrohlich-Wortpaare, NB = Nichtbedroh-lich-bedrohlich-Wortpaare, NN = Nichtbedrohlich-nichtbedrohlich-Wortpaare.

A.9 Reizmaterial von Experiment 6 (Wortpaare)

Wortset	Bedrohlichkeits-bedingung	Reizwort	Reaktionswort
A	BB	Verschuldung	Ungewissheit
		Krise	Selbstzweifel
		Drohbrief	Erpressung
		Vergiftung	Intensivstation
		Feind	Virus
		Zeckenbiss	Lähmung
	NN	Bedeutung	Zusammenhang
		Nachricht	Pinnwand
		Nachschub	Inventar
		Schere	Büroklammer
		Öffnungszeit	Eintrittskarte
		Durchsage	Ankunft
B	BB	Wutausbruch	Massaker
		Aggressivität	Autounfall
		Falle	Hinterhalt
		Nötigung	Schlagring
		Selbstmord	Aufprall
		Fahrerflucht	Ungerechtigkeit
	NN	Eingang	Aufnahme
		Information	Pressemitteilung
		Einkauf	Transport
		Kollektion	Aufseher
		Planung	Mannschaft
		Stempel	Verwaltung
C	BB	Panik	Bewusstlosigkeit
		Absturz	Knochenbruch
		Demütigung	Beleidigung
		Einsamkeit	Frustration
		Hungersnot	Krieg
		Busunglück	Brand
	NN	Adresse	Abwesenheit
		Grund	Argumentation
		Gegenstand	Aufbewahrung
		Oberfläche	Hülle
		Päckchen	Unterschrift
		Redaktion	Pseudonym

Anmerkungen. BB = Bedrohlich-bedrohlich-Wortpaare, NN = Nichtbedrohlich-nichtbedrohlich-Wortpaare.

A.10 Reizmaterial von Experiment 7 (Wortpaare)

Wortset	Bedrohlichkeits-bedingung	Physisch vs. selbst-wertbedrohlich	Reizwort	Reaktionswort
A	BB	physisch bedrohlich	Verbrennung	Blitzeinschlag
			Brutalität	Zerstörung
			Wunde	Schlägerei
			Elend	Krieg
		selbstwertbedrohlich	Unterdrückung	Ohnmacht
			Einsamkeit	Frustration
			Leistungsdruck	Blamage
			Betrug	Eifersucht
	NN	—	Lagerung	Werkstatt
			Kontinent	Hauptstadt
			Innovation	Neugier
			Tapete	Struktur
			Museum	Personal
			Gewächshaus	Tropen
			Oktober	Regenschirm
			Stempel	Verwaltung
B	BB	physisch bedrohlich	Kampfhund	Verstümmelung
			Zeckenbiss	Lähmung
			Raubüberfall	Messerstich
			Atemnot	Ertrinken
		selbstwertbedrohlich	Verachtung	Opfer
			Bosheit	Ungerechtigkeit
			Depression	Schuld
			Misserfolg	Prüfung
	NN	—	Sammlung	Umfang
			Entwurf	Plakat
			Nahrung	Serviette
			Feuchtigkeit	Wetterbericht
			Verkäufer	Ansprechpartner
			Kasten	Gymnastik
			Bleistift	Gedanke
			Olympiade	Flagge
C	BB	physisch bedrohlich	Tumor	Komplikation
			Vergiftung	Intensivstation
			Aggression	Mord
			Autounfall	Koma
		selbstwertbedrohlich	Beklemmung	Alptraum
			Ungewissheit	Furcht
			Krise	Selbstzweifel
			Trennung	Scheitern
	NN	—	Nachfrage	Bestellung
			Weisheit	Mönch
			Reihenhaus	Dachdecker
			Buchhaltung	Dokument
			Linse	Physik
			Vitamine	Erdbeere
			Kopierer	Bücherei
			Theater	Abendgarderobe

Anmerkungen. BB = Bedrohlich-bedrohlich-Wortpaare, NN = Nichtbedrohlich-nichtbedrohlich-Wortpaare.

A.11 Reizmaterial von Experiment 8 (Wortpaare)

Wortset	Reizwort	Reaktionswort	Originalwortpaar von M. C. Anderson (persönl. Mitteilung, 14.06.2010)
A	Anstrengung	Medaille	
	Draht	Zange	pipe – wrench (Abwandlung)
	Kerze	Wein	candle – wine
	Krümel	Toaster	crumb – toaster
	Nagel	Bild	nail – picture
	Nase	Schnupfen	
	Schnur	Forelle	line – trout
	Stempel	Reisepass	
	Stolpern	Clown	stumble – clown
	Straße	Kilometer	avenue – mile
	Wasser	Krug	
	Zerfall	Kohlenstoff	decay – carbon
B	Atem	Lunge	breath – nose (Abwandlung)
	Erde	Möhre	soil – tomato (Abwandlung)
	Freiheit	Adler	liberty – eagle
	Gebäck	Zimt	dough – salt (Abwandlung)
	Kratzen	Mücke	scratch – mosquito
	Leiter	Strom	
	Luftdruck	Wetterbericht	
	Schnitt	Pflaster	
	Versteck	Ostern	
	Waffel	Ahorn	waffle – maple
	Wolle	Vorleger	rug – wool (Abwandlung)
	Zigarette	Rauchmelder	
C	Entspannung	Sofa	relax – bed (Abwandlung)
	Gras	Rind	lawn – beef
	Haar	Bernhardiner	
	Linse	Physik	lens – physics
	Museum	Pharao	
	Pumpe	Benzin	pump – oil (Abwandlung)
	Regeln	Tennis	
	Schale	Pistazie	
	Sprung	Ballett	leap – ballet
	Stahl	Messer	antler – knife (Abwandlung)
	Unterschrift	Scheck	
	Zähne	Bonbon	jaw – gum (Abwandlung)
Füll- und Übungs-wortpaare	Antenne	Radio	tape – radio (Abwandlung)
	Aufsatz	Klasse	
	Begrüßung	Rose	hug – rose (Abwandlung)
	Chor	Gitarre	choir – guitar
	Diät	Sahne	diet – cream
	Fassung	Diamant	polish – diamond (Abwandlung)
	Flimmern	Bildschirm	
	Knopf	Hose	
	Notizen	Seminar	
	Schleife	Puppe	hair – doll (Abwandlung)
	Wiege	Vater	cradle – parent (Abwandlung)

Anmerkung. Die „Originalwortpaare von M. C. Anderson" sind angegeben, um einen Vergleich mit dessen Wortmaterial zu ermöglichen und zu veranschaulichen, wie hoch der Grad der Übereinstimmung zwischen dem Originalwortmaterial und dem Wortmaterial von Experiment 8 ist.

Anhang B: Ergänzende Ergebnisse

B.1   Ergänzende Ergebnistabelle zu Experiment 1

Mittelwerte (und Standardabweichungen) der Wiedererkennungsleistungen in den beiden Wiedererkennungstests sowie des Vergessensscores für bedrohliche, ambivalente und nichtbedrohliche Bilder in beiden kognitiven Belastungsbedingungen

| Variable | Bewältigungsmodi | | | | |
	Sensitizer	Represser	Niedrig-ängstliche	Hoch-ängstlich	Gesamt
Bedrohliche Bilder					
Hohe kognitive Belastung					
Test 1	2.15 (0.64)	1.83 (0.56)	2.19 (0.70)	1.59 (0.37)	1.94 (0.61)
Test 2	1.78 (0.47)	1.60 (0.58)	1.86 (0.77)	1.51 (0.39)	1.68 (0.57)
Vergessensscore	0.37 (0.63)	0.23 (0.59)	0.33 (0.79)	0.09 (0.31)	0.26 (0.60)
Niedrige kognitive Belastung					
Test 1	1.82 (0.53)	2.09 (0.77)	2.22 (0.64)	2.02 (0.60)	2.03 (0.65)
Test 2	1.76 (0.52)	1.58 (0.83)	1.82 (0.66)	1.59 (0.68)	1.70 (0.67)
Vergessensscore	0.06 (0.39)	0.50 (0.42)	0.40 (0.52)	0.43 (0.62)	0.34 (0.49)
Ambivalente Bilder					
Hohe kognitive Belastung					
Test 1	3.06 (0.59)	2.58 (0.58)	2.97 (0.70)	2.45 (0.57)	2.76 (0.64)
Test 2	2.04 (0.63)	1.69 (0.69)	2.06 (0.56)	1.53 (0.55)	1.82 (0.65)
Vergessensscore	1.02 (0.51)	0.89 (0.47)	0.91 (0.60)	0.92 (0.42)	0.94 (0.49)
Niedrige kognitive Belastung					
Test 1	2.74 (0.56)	2.92 (0.58)	2.97 (0.61)	2.59 (0.61)	2.84 (0.59)
Test 2	1.65 (0.65)	1.67 (0.74)	2.04 (0.62)	1.90 (0.78)	1.79 (0.70)
Vergessensscore	1.10 (0.45)	1.25 (0.54)	0.94 (0.48)	0.69 (0.61)	1.04 (0.53)
Nichtbedrohliche Bilder					
Hohe kognitive Belastung					
Test 1	3.09 (0.63)	2.64 (0.66)	3.11 (0.69)	2.45 (0.62)	2.81 (0.69)
Test 2	2.06 (0.83)	1.67 (0.74)	2.21 (0.85)	1.70 (0.56)	1.87 (0.78)
Vergessensscore	1.03 (0.68)	0.98 (0.69)	0.90 (0.63)	0.75 (0.69)	0.94 (0.67)
Niedrige kognitive Belastung					
Test 1	2.86 (0.72)	2.73 (0.66)	3.09 (0.74)	2.90 (0.61)	2.88 (0.69)
Test 2	1.69 (0.77)	1.72 (0.74)	1.76 (0.73)	1.83 (0.70)	1.74 (0.73)
Vergessensscore	1.17 (0.59)	1.01 (0.57)	1.32 (0.59)	1.07 (0.29)	1.15 (0.56)

Anmerkungen. Test 1/2 = Leistung im Wiedererkennungstest 1 bzw. 2. Die Werte der Wiedererkennungsleistung variieren zwischen 0 (keine Diskriminierung von Distraktoren und Prüfreizen) und 5 (perfekte Diskriminierung). Der Vergessensscore variiert zwischen 0 (kein Vergessen) und 5 (perfekte Diskriminierungsleistung in Test 1 und keine überzufällige Diskriminierungsleistung in Test 2). (Part of this material originally appeared in English as Peters et al., 2012, p. 206, Table 1. Copyright © 2012 by the American Psychological Association. Translated and adapted with permission. The American Psychological Association is not responsible for the accuracy of this translation. This translation cannot be reproduced or distributed further without prior written permission from the APA. No further reproduction or distribution is permitted without written permission from the American Psychological Association.)

B.2 Ergänzende Ergebnistabelle zu Experiment 2

Mittelwerte (und Standardabweichungen) der Wiedererkennungsleistungen in den beiden Wiedererkennungstests sowie des Vergessensscores für bedrohliche, ambivalente und nichtbedrohliche Wörter in beiden kognitiven Belastungsbedingungen

| | Bewältigungsmodi | | | | |
Variable	Sensitizer	Represser	Niedrig-ängstliche	Hoch-ängstlich	Gesamt
Bedrohliche Wörter					
Hohe kognitive Belastung					
Test 1	2.55 (0.56)	2.78 (0.98)	2.66 (0.75)	3.03 (0.78)	2.70 (0.79)
Test 2	2.00 (0.62)	2.58 (0.73)	2.39 (0.86)	2.39 (0.43)	2.33 (0.73)
Vergessensscore	0.55 (0.53)	0.20 (0.58)	0.27 (0.66)	0.64 (0.36)	0.37 (0.58)
Niedrige kognitive Belastung					
Test 1	2.59 (0.58)	3.03 (0.49)	2.88 (0.65)	2.81 (0.40)	2.83 (0.56)
Test 2	2.53 (0.60)	2.59 (0.74)	2.60 (0.69)	2.25 (0.76)	2.52 (0.69)
Vergessensscore	0.06 (0.38)	0.44 (0.59)	0.28 (0.50)	0.55 (0.54)	0.31 (0.53)
Ambivalente Wörter					
Hohe kognitive Belastung					
Test 1	3.15 (0.73)	3.48 (0.84)	3.29 (0.90)	3.35 (0.78)	3.32 (0.81)
Test 2	2.55 (0.86)	3.11 (0.98)	2.98 (0.73)	2.92 (1.12)	2.88 (0.92)
Vergessensscore	0.60 (0.64)	0.37 (0.76)	0.31 (0.65)	0.43 (0.87)	0.44 (0.71)
Niedrige kognitive Belastung					
Test 1	3.33 (0.70)	3.27 (0.61)	3.43 (0.59)	3.10 (0.69)	3.30 (0.64)
Test 2	3.12 (0.92)	2.94 (0.72)	3.27 (0.77)	2.97 (1.02)	3.08 (0.84)
Vergessensscore	0.21 (0.71)	0.33 (0.73)	0.16 (0.69)	0.13 (0.66)	0.22 (0.69)
Nichtbedrohliche Wörter					
Hohe kognitive Belastung					
Test 1	3.69 (0.59)	3.90 (0.64)	3.49 (0.81)	4.01 (0.83)	3.76 (0.68)
Test 2	3.16 (0.82)	3.38 (0.92)	3.12 (0.90)	3.63 (0.93)	3.28 (0.88)
Vergessensscore	0.53 (0.54)	0.52 (0.72)	0.37 (0.46)	0.38 (0.38)	0.48 (0.59)
Niedrige kognitive Belastung					
Test 1	3.87 (0.50)	3.79 (0.55)	3.95 (0.59)	3.59 (0.74)	3.82 (0.58)
Test 2	3.29 (0.80)	3.25 (0.75)	3.26 (0.89)	3.02 (1.00)	3.23 (0.83)
Vergessensscore	0.58 (0.60)	0.53 (0.59)	0.70 (0.64)	0.57 (0.58)	0.59 (0.60)

Anmerkungen. Test 1/2 = Leistung im Wiedererkennungstest 1 bzw. 2. Die Werte der Wiedererkennungsleistung variieren zwischen 0 (keine Diskriminierung von Distraktoren und Prüfreizen) und 5 (perfekte Diskriminierung). Der Vergessensscore variiert zwischen 0 (kein Vergessen) und 5 (perfekte Diskriminierungsleistung in Test 1 und keine überzufällige Diskriminierungsleistung in Test 2). (Part of this material originally appeared in English as Peters et al., 2012, p. 208, Table 2. Copyright © 2012 by the American Psychological Association. Translated and adapted with permission. The American Psychological Association is not responsible for the accuracy of this translation. This translation cannot be reproduced or distributed further without prior written permission from the APA. No further reproduction or distribution is permitted without written permission from the American Psychological Association.)

B.3   Ergänzende Ergebnistabelle zu Experiment 3

Mittelwerte (und Standardabweichungen) der Wiedererkennungsleistungen in den beiden Wiedererkennungstests sowie des Vergessensscores für bedrohliche, ambivalente und nichtbedrohliche Bilder in beiden kognitiven Belastungsbedingungen

	Bewältigungsmodi				
Variable	Sensitizer	Represser	Niedrig-ängstliche	Hoch-ängstlich	Gesamt
B e d r o h l i c h e B i l d e r					
Hohe kognitive Belastung					
Test 1	2.04 (0.68)	1.95 (0.69)	2.00 (0.60)	1.82 (0.38)	1.97 (0.64)
Test 2	1.33 (0.69)	1.47 (0.62)	1.57 (0.56)	1.32 (0.57)	1.41 (0.63)
Vergessensscore	0.71 (0.48)	0.48 (0.51)	0.43 (0.46)	0.51 (0.67)	0.56 (0.52)
Niedrige kognitive Belastung					
Test 1	1.90 (0.59)	2.03 (0.57)	1.91 (0.56)	2.36 (0.56)	1.99 (0.58)
Test 2	1.36 (0.57)	1.33 (0.58)	1.41 (0.49)	1.73 (0.54)	1.40 (0.56)
Vergessensscore	0.53 (0.42)	0.71 (0.52)	0.50 (0.53)	0.63 (0.46)	0.59 (0.48)
A m b i v a l e n t e B i l d e r					
Hohe kognitive Belastung					
Test 1	2.35 (0.77)	2.27 (0.69)	2.31 (0.68)	1.91 (0.45)	2.26 (0.70)
Test 2	1.65 (0.77)	1.76 (0.74)	1.67 (0.58)	1.42 (0.49)	1.66 (0.70)
Vergessensscore	0.70 (0.54)	0.51 (0.66)	0.64 (0.55)	0.49 (0.26)	0.60 (0.56)
Niedrige kognitive Belastung					
Test 1	2.06 (0.60)	2.34 (0.66)	2.25 (0.67)	2.34 (0.59)	2.22 (0.64)
Test 2	1.77 (0.63)	1.67 (0.76)	1.64 (0.47)	1.76 (0.88)	1.71 (0.67)
Vergessensscore	0.29 (0.51)	0.66 (0.43)	0.62 (0.47)	0.58 (0.59)	0.51 (0.51)
N i c h t b e d r o h l i c h e B i l d e r					
Hohe kognitive Belastung					
Test 1	2.07 (0.76)	2.02 (0.66)	2.01 (0.56)	1.78 (0.56)	2.01 (0.67)
Test 2	1.38 (0.72)	1.50 (0.57)	1.29 (0.41)	1.24 (0.48)	1.39 (0.60)
Vergessensscore	0.69 (0.57)	0.53 (0.52)	0.72 (0.52)	0.54 (0.57)	0.62 (0.54)
Niedrige kognitive Belastung					
Test 1	1.99 (0.56)	2.07 (0.72)	1.92 (0.65)	2.05 (0.55)	2.01 (0.63)
Test 2	1.41 (0.58)	1.46 (0.70)	1.37 (0.48)	1.57 (0.80)	1.43 (0.62)
Vergessensscore	0.58 (0.66)	0.61 (0.51)	0.55 (0.43)	0.48 (0.58)	0.58 (0.55)

Anmerkungen. Test 1/2 = Leistung im Wiedererkennungstest 1 bzw. 2. Die Werte der Wiedererkennungsleistung variieren zwischen 0 (keine Diskriminierung von Distraktoren und Prüfreizen) und 5 (perfekte Diskriminierung). Der Vergessensscore variiert zwischen 0 (kein Vergessen) und 5 (perfekte Diskriminierungsleistung in Test 1 und keine überzufällige Diskriminierungsleistung in Test 2).

B.4 Ergänzende Ergebnistabelle zu Experiment 4

Mittelwerte (und Standardabweichungen) der Wiedererkennungsleistungen (A') in den beiden Wiedererkennungstests sowie des Vergessensscores (Differenz aus A' der Tests 1 und 2) für bedrohliche, ambivalente und nichtbedrohliche Bilder in beiden kognitiven Belastungsbedingungen

| | Bewältigungsmodi | | | | |
Variable	Sensitizer	Represser	Niedrig-ängstliche	Hoch-ängstlich	Gesamt
Bedrohliche Bilder					
Hohe kognitive Belastung					
Test 1	.851 (.079)	.878 (.032)	.857 (.047)	.843 (.070)	.862 (.058)
Test 2	.801 (.063)	.826 (.067)	.819 (.046)	.794 (.037)	.813 (.060)
Vergessensscore	.051 (.071)	.052 (.059)	.038 (.042)	.049 (.052)	.049 (.059)
Niedrige kognitive Belastung					
Test 1	.880 (.031)	.874 (.054)	.868 (.069)	.817 (.096)	.869 (.058)
Test 2	.836 (.040)	.812 (.052)	.835 (.038)	.738 (.070)	.818 (.055)
Vergessensscore	.044 (.051)	.061 (.063)	.033 (.058)	.079 (.051)	.051 (.058)
Ambivalente Bilder					
Hohe kognitive Belastung					
Test 1	.893 (.077)	.893 (.042)	.903 (.054)	.872 (.036)	.892 (.057)
Test 2	.853 (.057)	.854 (.057)	.855 (.055)	.834 (.055)	.852 (.055)
Vergessensscore	.040 (.065)	.039 (.032)	.048 (.038)	.038 (.034)	.041 (.046)
Niedrige kognitive Belastung					
Test 1	.888 (.047)	.899 (.042)	.867 (.072)	.879 (.044)	.887 (.051)
Test 2	.843 (.064)	.856 (.069)	.829 (.062)	.817 (.076)	.842 (.066)
Vergessensscore	.046 (.055)	.043 (.057)	.038 (.053)	.062 (.056)	.045 (.054)
Nichtbedrohliche Bilder					
Hohe kognitive Belastung					
Test 1	.836 (.064)	.838 (.057)	.836 (.050)	.837 (.054)	.837 (.057)
Test 2	.786 (.111)	.801 (.086)	.811 (.095)	.796 (.088)	.797 (.095)
Vergessensscore	.050 (.089)	.037 (.072)	.025 (.069)	.041 (.054)	.040 (.075)
Niedrige kognitive Belastung					
Test 1	.849 (.044)	.847 (.046)	.838 (.066)	.819 (.098)	.843 (.056)
Test 2	.800 (.083)	.795 (.074)	.795 (.048)	.762 (.056)	.794 (.071)
Vergessensscore	.049 (.079)	.053 (.073)	.043 (.056)	.057 (.094)	.050 (.073)

Anmerkungen. Test 1/2 = Diskriminationsleistung (A') im Wiedererkennungstest 1 bzw. 2. Die Werte variieren zwischen 0.5 (keine Diskriminierung von Distraktoren und Prüfreizen) und 1 (perfekte Diskriminierung).

VS Forschung | VS Research
Neu im Programm Psychologie

Marina Brandes
Wie wir sterben
Chancen und Grenzen einer
Versöhnung mit dem Tod
2011. 144 S. Br. EUR 34,95
ISBN 978-3-531-17886-8

Tobias Böhmelt
**International Mediation
Interaction**
Synergy, Conflict, Effectiveness
2011. 145 S. Br. EUR 34,95
ISBN 978-3-531-18055-7

Peter Busch
**Ökologische Lernpotenziale
in Beratung und Therapie**
2011. 287 S. Br. EUR 39,95
ISBN 978-3-531-17949-0

Thomas Casper-Kroll
**Berufsvorbereitung aus
entwicklungspsychologischer
Perspektive**
Theorie, Empirie und Praxis
2011. 111 S. Br. EUR 34,95
ISBN 978-3-531-17906-3

Michael Stephan /
Peter-Paul Gross (Hrsg.)
**Organisation und Marketing
von Coaching**
Aktueller Stand in Forschung und Praxis
2011. 293 S. Br. EUR 39,95
ISBN 978-3-531-17830-1

Erhard Tietel / Roland Kunkel (Hrsg.)
Reflexiv-strategische Beratung
Gewerkschaften und betriebliche Interes-
senvertretungen professionell begleiten
2011. 227 S. Br. EUR 29,95
ISBN 978-3-531-17955-1

Robert H. Wegener / Agnès Fritze /
Michael Loebbert (Hrsg.)
Coaching entwickeln
Forschung und Praxis im Dialog
2011. 264 S. Br. EUR 34,95
ISBN 978-3-531-18024-3

Erhältlich im Buchhandel oder beim Verlag.
Änderungen vorbehalten. Stand: Juli 2011.

Einfach bestellen:
SpringerDE-service@springer.com
tel +49 (0)6221 / 3 45 – 4301
springer-vs.de

Methoden

Christian Geiser
Datenanalyse mit Mplus
Eine anwendungsorientierte Einführung

2., durchges. Aufl. 2011. ca. 300 S.
mit CD-Rom. Br. EUR 34,95
ISBN 978-3-531-18002-1

Praxisnah, mit zahlreichen Beispielen, Probedatensätzen und Abbildungen führt der Autor Schritt für Schritt in die Grundlagen der Handhabung von Mplus (Version 5) ein, und beschreibt die Anwendung grundlegender Analyseverfahren. Dabei werden nicht nur konventionelle Strukturgleichungsmodelle, sondern auch Strukturgleichungsmodelle der Veränderungsmessung sowie Mehrebenenregressionsmodelle und Latent-Class-Analysen besprochen.

Karl-Heinz Renner / Timo Heydasch /
Gerhard Ströhlein
Forschungsmethoden der Psychologie
Von der Fragestellung zur Präsentation

2011. ca. 120 S. (Basiswissen Psychologie)
Br. ca. EUR 12,95
ISBN 978-3-531-16729-9

Warum soll man sich in der Psychologie mit Forschungsmethoden auseinandersetzen? Wie können Hypothesen für empirische Untersuchungen gewonnen werden? Wie kann man psychische Phänomene messen? Warum werden in der Psychologie Experimente durchgeführt? Das Buch liefert Antworten auf diese und viele andere Fragen und führt in verständlicher, übersichtlicher Form in die Forschungsmethoden der Psychologie ein.

Günter Mey / Katja Mruck (Hrsg.)
Grounded Theory Reader

2., akt. und erw. Aufl. 2011. ca. 468 S.
Geb. EUR 39,95
ISBN 978-3-531-17103-6

Der „Grounded Theory Reader" bietet einen Überblick über die Entwicklung und den aktuellen Stand der Grounded-Theory-Methodologie, die international am weitesten verbreitete qualitative Forschungsstrategie.

Thomas Schäfer
Statistik I
Deskriptive und Explorative Datenanalyse

2010. 134 S. (Basiswissen Psychologie)
Br. EUR 14,95
ISBN 978-3-531-16939-2

Wozu braucht man überhaupt Statistik? Warum ist die Psychologie eine Wissenschaft? Lassen sich menschliches Erleben und Verhalten wirklich messen? Und wenn ja, auf welche Weise? Das Buch führt in die statistische Darstellung und Beschreibung von Daten ein und beantwortet diese und viele andere Fragen anhand von praktischen Beispielen. Die wichtigsten Möglichkeiten zur Aufbereitung und Visualisierung von Daten in Tabellen, Abbildungen und statistischen Kennwerten werden vorgestellt.

Erhältlich im Buchhandel oder beim Verlag.
Änderungen vorbehalten. Stand: Juli 2011.

Einfach bestellen:
SpringerDE-service@springer.com
tel +49 (0)6221 / 345 – 4301
springer-vs.de

 Springer VS

The manufacturer's authorised representative in the EU is Springer
Nature Customer Service Centre GmbH, Europaplatz 3, 69115 Heidelberg,
Germany. If you have any concerns regarding our products, please
contact ProductSafety@springernature.com

Printed and bound by CPI Group (UK) Ltd, Croydon, CR0 4YY
23/04/2026
02095594-0018